島　根

〈収録内容〉

2024年度 ……………………………… 数・英・理・社・国
※国語の第三問題は、問題に使用された作品の著作権者が二次使用の許可を出していないため、問題を掲載しておりません。

2023年度 ……………………………… 数・英・理・社・国

2022年度 ……………………………… 数・英・理・社・国

2021年度 ……………………………… 数・英・理・社・国

2020年度 ……………………………… 数・英・理・社・国

 2019年度 ……………………………… 数・英・理・社

便利な DL コンテンツは右の QR コードから

解答用紙

過去年度

リスニング

⇒ 

※データのダウンロードは 2025 年 3 月末日まで。
※データへのアクセスには、右記のパスワードの入力が必要となります。 ⇒ 573019

〈 各教科の受検者平均点 〉

	数 学	英 語	理 科	社 会	国 語	総得点
2024年度	26.8	27.3	25.2	27.4	28.5	135.1
2023年度	26.3	24.6	29.8	27.9	30.6	139.2
2022年度	24.7	22.2	26.9	30.5	29.0	133.2
2021年度	24.9	24.8	29.1	29.2	35.5	143.5
2020年度	24.1	19.9	22.6	25.3	29.1	120.8
2019年度	18.7	22.8	21.3	26.0	31.7	120.4

※各50点満点。

本書の特長

POINT 1　解答は全問を掲載、解説は全問に対応！

POINT 2　英語の長文は全訳を掲載！

POINT 3　リスニング音声の台本、英文の和訳を完全掲載！

POINT 4　出題傾向が一目でわかる「年度別出題分類表」は、約 10 年分を掲載！

実戦力がつく入試過去問題集

- 問題 ……………… 実際の入試問題を見やすく再編集。
- 解答用紙 …… 実戦対応仕様で収録。
- 解答解説 …… 重要事項が太字で示された、詳しくわかりやすい解説。
  ※採点に便利な配点も掲載。

合格への対策、実力錬成のための内容が充実

- 各科目の出題傾向の分析、最新年度の出題状況の確認で、入試対策を強化！
- その他、志願状況、公立高校難易度一覧など、学習意欲を高める要素が満載！

解答用紙ダウンロード	解答用紙はプリントアウトしてご利用いただけます。弊社ＨＰの商品詳細ページよりダウンロードしてください。トビラのＱＲコードからアクセス可。
リスニング音声ダウンロード	英語のリスニング問題については、弊社オリジナル作成により音声を再現。弊社ＨＰの商品詳細ページで全収録年度分を配信対応しております。トビラのＱＲコードからアクセス可。
famima PRINT	原本とほぼ同じサイズの解答用紙は、全国のファミリーマートに設置しているマルチコピー機のファミマプリントで購入いただけます。※一部の店舗で取り扱いがない場合がございます。詳細はファミマプリント（http://fp.famima.com/）をご確認ください。
UD FONT	見やすく読みまちがえにくいユニバーサルデザインフォントを採用しています。

2024年度/島根県公立高校入学者一般選抜志願状況(全日制)

学校名・学科名		入学定員	募集定員	出願者数	競争率
安来	普通	160	138	83	0.60
情報科学	情報システム 情報処理 マルチメディア	120	111	70	0.63
松江北	普通	240	236	215	0.91
	理数	40	40	40	1.00
松江南	普通	200	200	231	1.16
	探究科学	80	60	54	0.90
松江東	普通	200	181	198	1.09
松江工業	機械	40	34	27	0.79
	電子機械	40	34	29	0.85
	電気電子工学	40	30	31	1.03
	情報クリエイター学	40	30	24	0.80
	建築都市工学	40	33	25	0.76
松江商業	商業 国際ビジネス 情報処理	200	147	126	0.86
松江農林	生物生産	40	31	26	0.84
	環境土木	40	33	28	0.85
	総合	80	53	61	1.15
大東	普通	90	80	43	0.54
横田	普通	90	67	44	0.66
三刀屋	総合	160	130	128	0.98
掛合	普通	40	40	29	0.73
飯南	普通	80	42	11	0.26
平田	普通	160	125	140	1.12
出雲	普通	240	240	249	1.04
	理数	40	32	43	1.34
出雲工業	機械	40	33	24	0.73
	電気	40	32	20	0.63
	電子機械	40	32	39	1.22
	建築	40	29	29	1.00
出雲商業	商業	120	77	90	1.17
	情報処理	40	27	23	0.85
出雲農林	植物科学	40	27	16	0.59
	環境科学	40	36	20	0.56
	食品科学	40	22	18	0.82
	動物科学	40	31	18	0.58

学校名・学科名		入学定員	募集定員	出願者数	競争率
大社	普通	200	174	195	1.12
	体育	40	13	11	0.85
大田	普通	120	120	94	0.78
	理数	40	40	24	0.60
邇摩	総合	120	110	83	0.75
島根中央	普通	105	56	42	0.75
矢上	普通	72	51	42	0.82
	産業技術	36	26	21	0.81
江津	普通	80	71	47	0.66
江津工業	機械・ロボット	40	37	8	0.22
	建築・電気	40	33	18	0.55
浜田	普通	160	159	135	0.85
	理数	40	31	19	0.61
浜田商業	商業 情報処理	80	56	47	0.84
浜田水産	海洋技術	40	28	14	0.50
	食品流通	40	30	15	0.50
益田	普通	120	120	95	0.79
	理数	40	36	26	0.72
益田翔陽	電子機械	40	34	9	0.26
	電気	40	31	11	0.35
	生物環境工学	40	22	25	1.14
	総合	40	22	28	1.27
吉賀	普通	40	13	8	0.62
津和野	普通	80	56	20	0.36
隠岐	普通	60	57	38	0.67
	商業	30	30	29	0.97
隠岐島前	普通 地域共創	80	50	22	0.44
隠岐水産	海洋システム	40	30	22	0.73
	海洋生産	40	37	16	0.43
松江市立皆美が丘女子	普通	90	76	54	0.71
	国際コミュニケーション	30	27	11	0.41

※「競争率」は、「出願者数」÷「募集定員」で算出。

※「募集定員」は、「入学定員」から推薦選抜等合格内定者数を引いた数値。

数学 ●●●● 出題傾向の分析と合格への対策 ●●●●

出題傾向とその内容

〈最新年度の出題状況〉

今年度の出題数は，大問が5題，小問数にして35問であった。問題数は昨年と同じであった。問題数が多く，大問2以降では，幅広い学力や思考力，あるいは設問に対する適応力などを試す問題も出題されている。

出題内容は，大問1が数，平方根の基本的計算問題を含め，等式・不等式，方程式，円の性質と角度などから基本的小問群9問，大問2はデータの活用と1次関数のグラフの利用，大問3は確率と文字式の利用，大問4は関数$y=ax^2$，大問5は直角二等辺三角形の回転移動をテーマとした作図，証明などの問題が出題された。

難問は多くないが，確実に得点するためには，基本事項の徹底した習得と，それを使いこなす力が必要になる。

〈出題傾向〉

問題の出題数は，ここ数年，大問数で5題，小問数で35問前後が定着している。解答時間の割に問題量が多いと感じるかもしれない。試験の際には，時間内で得点できる問題とそうでない問題を見極め，時間配分にも充分注意したい。

出題内容は，大問1で2～3問の数・式，平方根の計算問題を含め，中学数学の全領域からまんべんなく，基本的な数学能力を問う小問群が10問程度出題されている。これらの問題は，授業や学校の教材を中心に基礎力をしっかり身につければ，確実に得点できる問題である。大問2以降では，式による証明，方程式の応用，規則性の問題，グラフの利用，場合の数と確率，図形と関数・グラフの融合問題，記述式の証明を含む，長さ・面積・体積を計量させる平面図形・空間図形の統合問題などから大問単位で4題が出題されている。

来年度の予想と対策

今年度も，昨年度同様，三平方の定理がほとんど出題されず，易化傾向が続いているが，来年度は例年並みの難度に戻る可能性もある。

大問1で出題される基本問題は確実に得点するだけではなく，短時間で正解する練習も積んでおきたい。幅広い学力や思考力を試す問題に，十分な時間をかけたいからである。また，大問2以降の問題も，各問題の前半は比較的得点しやすい。解ける問題を確実に得点に結びつけるような，手堅い時間配分も身につけておきたい。

作図の問題も含めて，一度は解いた経験がないと解けないような問題も出題されているが，ほとんどの問題は定型的な出題である。普段から，いかに理解しながら勉強を進めているかが問われる。したがって，数多くのパターンを，確実に身につける必要がある。また，設問の意図を理解して，的確に解答する力も求められる。問題をよく読んで，設問の意図を把握することを心掛けて練習問題に取り組みたい。

⇨学習のポイント

・証明問題や言葉で説明させる記述式問題への準備もしっかりしておこう。
・全分野の基礎力をしっかり身につけ，大問1の基本的小問群は確実に得点しよう。

年度別出題内容の分析表 数学

出題内容			27年	28年	29年	30年	2019年	2020年	2021年	2022年	2023年	2024年
数と式		数の性質	○				○		○	○	○	
		数・式の計算	○	○	○	○	○	○	○	○	○	○
		因数分解	○	○				○				
		平方根	○	○	○	○	○	○	○	○	○	○
方程式・不等式		一次方程式	○				○		○	○		○
		二次方程式	○		○	○		○	○	○	○	○
		不等式						○			○	○
		方程式の応用	○	○		○		○			○	
関数		一次関数	○	○	○	○	○	○	○	○	○	○
		関数 $y = ax^2$	○	○	○	○	○	○	○	○	○	○
		比例関数	○		○	○		○	○	○	○	
		関数とグラフ	○	○	○	○	○	○	○	○	○	○
		グラフの作成			○		○		○		○	○
図形	平面図形	角度	○	○	○	○	○	○	○	○	○	○
		合同・相似	○	○	○	○	○	○	○	○	○	○
		三平方の定理	○	○	○	○	○	○	○	○	○	○
		円の性質		○	○	○	○	○	○	○	○	○
	空間図形	合同・相似										
		三平方の定理			○	○				○		
		切断										
	計量	長さ	○	○		○	○	○		○	○	○
		面積	○	○	○	○	○	○	○	○	○	○
		体積		○	○	○		○				
		証明	○	○	○	○	○	○	○	○	○	○
		作図	○	○	○	○	○	○	○	○	○	○
		動点					○					
データの活用		場合の数			○							
		確率	○	○	○	○	○	○	○	○	○	○
		資料の散らばり・代表値(箱ひげ図を含む)	○	○	○	○	○	○	○	○	○	○
		標本調査		○						○		
融合問題		図形と関数・グラフ	○	○	○	○			○	○	○	○
		図形と確率		○								
		関数・グラフと確率										
		その他										
その他			○	○		○				○		

―島根県公立高校―

英語　●●●● 出題傾向の分析と合格への対策 ●●●●

 出題傾向とその内容

〈最新年度の出題状況〉

本年度の大問構成は，リスニングテスト1題，短文・資料の読み取り問題2題，長文読解問題1題，文法・英作文問題1題の計5題であった。

第1問題のリスニングテストは，英語の質問に対する絵を選ぶ問題，話を聞いて英語の内容に合うものを選ぶ問題，メッセージを聞いてメモを完成させ，指示に従って英文で答える問題の計3題が出題された。配点は50点満点中の11点であった。

第2～4問題は，小問の多くが文章の内容を問うものであった。出題形式としては，記号選択，日本語記述もあるが，内容を英語で答える問題や英作文も出題された。第5問題は語句補充・語句の並べ換え・英作文と，すべて英語を書くものであった。英作文は，20語以上の条件英作文が出題された。

〈出題傾向〉

ここ数年傾向に多少の変化が見られる。しかしながら，出題の意図に大きな変化はない。端的に言えば,「読む力」と「表現力」をきわめて重視した出題である。

リスニングテストの特徴として，聞いた英語をそのまま答えるのではなく，英文全体の内容を把握した上で考えなければならないものが一部見られる。問3は，メッセージの内容をふまえて自分の考えを書く問題であった。

読解問題は，語句の選択補充，内容真偽が中心であったが，英問英答なども出題されたので，注意が必要である。

文法問題の難易度は標準的である。英作文は条件英作文が会話表現や自分の考えを述べるものだが，時間を要するものが含まれるので，時間的にも対策は必須であろう。

来年度の予想と対策

大筋では来年度も同じ傾向の出題となるであろう。ただし，一部の小問では毎年のように出題形式の変更があるので，どのような問題が出されてもあわてないよう実力をつけておこう。

リスニングに関しては，普段から練習をして，英語の聞き取りに慣れておく必要がある。読解問題は，1つ1つの英文をこま切れに理解するのではなく，文章全体の内容をつかみとる練習を積み，英文を確実に解釈できるよう，語い力，文法力をつけておくことが求められる。文法・英作文に関しては，教科書の文法事項や語いをしっかり身につけよう。熟語や会話表現も多く用いられるので，知識を増やしておくこと。例年出題される英作文については，対策として，中学校で学習する文法表現をしっかり理解し，それらを使って英作文ができるように問題を数多く練習しておこう。無理に難しい表現を使わず，簡単な英語で自分の考えを表現する練習をしておくことが必要だ。

⇨学習のポイント

- さまざまな内容の英文に数多く触れ，流れをつかむ練習をすること。
- 英文和訳・和文英訳の練習を積み，条件英作文にも積極的に挑戦しよう。

年度別出題内容の分析表 英語

		出題内容	27年	28年	29年	30年	2019年	2020年	2021年	2022年	2023年	2024年
設問形式	リスニング	絵・図・表・グラフなどを用いた問題	○	○	○	○	○	○	○	○	○	○
		適文の挿入			○	○						
		英語の質問に答える問題	○	○	○	○	○	○	○	○	○	○
		英語によるメモ・要約文の完成					○	○	○	○	○	○
		日本語で答える問題	○	○								
		書き取り										
	語い	単語の発音										
		文の区切り・強勢										
		語句の問題	○	○	○	○	○	○	○	○	○	○
	読解	語句補充・選択（読解）	○	○	○	○	○	○	○	○	○	○
		文の挿入・文の並べ換え	○	○	○	○	○		○			
		語句の解釈・指示語	○	○	○	○	○	○	○	○	○	○
		英問英答（選択・記述）	○	○	○	○	○	○	○	○	○	○
		日本語で答える問題	○	○	○	○	○	○	○	○	○	○
		内容真偽	○	○	○	○	○	○	○	○	○	○
		絵・図・表・グラフなどを用いた問題	○	○	○	○	○	○	○	○	○	○
		広告・メール・メモ・手紙・要約文などを用いた問題		○	○	○	○	○		○	○	
	文法	語句補充・選択（文法）	○	○	○	○						○
		語形変化										
		語句の並べ換え	○	○	○	○	○	○	○	○	○	○
		言い換え・書き換え										
		英文和訳										
		和文英訳	○									
		自由・条件英作文	○	○	○	○	○	○	○	○	○	○
文法事項		現在・過去・未来と進行形	○	○					○	○	○	○
		助動詞	○	○				○				○
		名詞・冠詞・代名詞	○	○	○	○	○		○		○	
		形容詞・副詞	○	○	○	○		○	○	○	○	
		不定詞	○	○	○	○	○	○		○		○
		動名詞	○		○		○		○	○	○	○
		文の構造（目的語と補語）	○			○	○					
		比較		○	○	○	○		○	○	○	○
		受け身	○	○		○					○	○
		現在完了	○	○	○				○			○
		付加疑問文										
		間接疑問文	○									○
		前置詞	○	○	○		○	○	○		○	○
		接続詞	○									○
		分詞の形容詞的用法		○	○			○				
		関係代名詞	○			○					○	○
		感嘆文										
		仮定法									○	

理科 出題傾向の分析と合格への対策

出題傾向とその内容

〈最新年度の出題状況〉

例年と同様に大問5題，小問数にして40問ほどの出題である。数年間触れられなかった内容が出題されることもあるが，最新年度では，大問の中でも各小問に異なる学習内容の問いを設定することによって，出題範囲が広くなった。着目内容を指定してその理由を論述させたり，化学反応式の記入を求める問いもある。

〈出題傾向〉

解答の方法としては，記号選択もあるが，用語の記入，短文で記述するもの，計算結果の数値記入，グラフの作成や図をかくものなど多彩である。問題文や図表から，必要な情報を的確に読み取る力が必要になる。実験についての考察や，原理について出題された問題もあることから，日頃から意識して積極的に実験にも取り組む姿勢が求められる。設問のレベルは基本～標準で，問題文をよく読んで，設定を理解した上で解答すればよい。

物理的領域　小問集合では凸レンズと放射線，大問での出題の中では仕事，電流と磁界，圧力が小問として出題された。凸レンズによってできる虚像の名称を問うなど，容易な内容もあるが，放射線の性質については注意が必要である。電流と磁界は，抵抗器の組み合わせにより合成抵抗を求めて考えるなど工夫されている。いずれにしても，それぞれの枝問は順を追って出題されているので，ていねいに解き進めていくことが求められた。

化学的領域　小問集合では酸性とアルカリ性，大問での出題の中では物質の水へのとけ方，酸化と還元について，基本的な内容が出題されたが，グラフの作成や計算問題には注意を必要とするものがあった。実験結果の読み取りの練習をしっかり積んで，ケアレスミスのないように力をつけたい。化学反応式の記入にも慣れておこう。

生物的領域　小問集合では細胞と自然界のつり合い，大問での出題の中では遺伝の規則性，動物の分類と進化について出題された。与えられた資料が示す内容を理解することを意識して解き進めたり，ヒントを読み取って考察することがたいせつである。

地学的領域　小問集合では天体の動きと化石，大問での出題の中では雲のでき方，大気圧について出題された。実験や観察の結果から読みとることができる内容を整理するのはもちろん，用語の記入や指定内容にそった文章の記述などについても，落ち着いて解答するように心がけたい。

来年度の予想と対策

出題形式には大きな変化はないと考えてよいだろう。中学理科の全分野から出題されるものと認識して，不得意分野の克服に努めておく必要がある。物理分野では，実験を通しての計算問題がよく出題されている。電流・電力と熱などの計算問題は，公式を使いこなせるようにしておきたい。また，化学分野では，どのような化学変化が起こっているのかをきちんと把握し，化学反応式を書けるようにしておくこと。化学変化と物質の質量については，比例関係を理解していればほぼ解けるといってよい。また，学校での実験には積極的に参加し，実験器具の使用目的や操作方法とその理由を踏まえて，適切な文章で説明できるようにしておきたい。生物分野，地学分野では，用語を理解して覚え，その内容を説明できるようにしておこう。観察の結果や考察を，簡潔な文章で書き表す練習も重ねておく必要がある。

⇨学習のポイント

- 公式や語句など，教科書の基本的内容は，すべておさえておこう。漢字にも注意しよう。
- 説明や理由など，さまざまなことを自分の言葉で記述できるよう練習を積んでおこう。

年度別出題内容の分析表　理科

※★印は大問の中心となった単元

分野	学年	出題内容	27年	28年	29年	30年	2019年	2020年	2021年	2022年	2023年	2024年
第一分野	第1学年	身のまわりの物質とその性質	○		○	○			○	○		
		気体の発生とその性質		○			○	○			○	
		水溶液	○		○		○	○		○		○
		状態変化	○		○							
		力のはたらき(2力のつり合いを含む)	○			○		○	○			○
		光と音	○		○	○	○	○	○	○	○	○
	第2学年	物質の成り立ち							○		○	○
		化学変化，酸化と還元，発熱・吸熱反応			○	○	○		★		○	○
		化学変化と物質の質量					○		○		○	
		電流(電力，熱量，静電気，放電，放射線を含む)	○		○		○	★		○	○	○
		電流と磁界		★		○				○		○
	第3学年	水溶液とイオン，原子の成り立ちとイオン	○	○			○	○		○		○
		酸・アルカリとイオン，中和と塩	○	○				○		○		○
		化学変化と電池，金属イオン	○				○		○		○	
		力のつり合いと合成・分解(水圧，浮力を含む)	○			○	○		○	○	○	
		力と物体の運動(慣性の法則を含む)			★				○	○		
		力学的エネルギー，仕事とエネルギー		○	○	○	○					○
		エネルギーとその変換，エネルギー資源		○	○				○		○	
第二分野	第1学年	生物の観察と分類のしかた										
		植物の特徴と分類					○	○	○		○	
		動物の特徴と分類				○						○
		身近な地形や地層，岩石の観察					○			○		
		火山活動と火成岩		○		○	○		○	○		
		地震と地球内部のはたらき		★	○			★			○	
		地層の重なりと過去の様子			○	★						○
	第2学年	生物と細胞(顕微鏡観察のしかたを含む)			○							○
		植物の体のつくりとはたらき	○	○	★	○	○		○	○	★	
		動物の体のつくりとはたらき	○	★	○	○	○	★		○	○	
		気象要素の観測，大気圧と圧力	○		★	○			★	○		○
		天気の変化	○		○			○		○	○	○
		日本の気象	○		○							
	第3学年	生物の成長と生殖				○			★		○	
		遺伝の規則性と遺伝子	★				○		○			○
		生物の種類の多様性と進化				○						○
		天体の動きと地球の自転・公転	○	○		○		○			★	
		太陽系と恒星，月や金星の運動と見え方					★		○			○
		自然界のつり合い										○
自然の環境調査と環境保全，自然災害					○			○				
科学技術の発展，様々な物質とその利用												
探究の過程を重視した出題			○	○	○	○	○	○	○	○	○	○

―島根県公立高校―

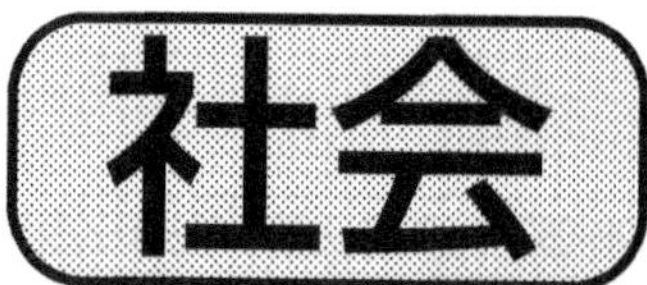

社会 ●●●● 出題傾向の分析と合格への対策 ●●●●

出題傾向とその内容

〈最新年度の出題状況〉

本年度の出題数は，大問4題，小問42問である。解答形式は語句記入が9問と記号選択が25問出題されている。また，短文の記述問題が8問出題されており，8問中6問の出題に字数制限がある。大問数は，3分野から構成される大問1題，地理1題，歴史1題，公民1題となっており，小問数は各分野のバランスがとれていると言える。

内容的には基礎的事項を問うものが多いが，やや難易度の高い問題もある。2つの資料を比べて読み取る問題が多く，文字数や書き出しの語句が指定された短文記述問題が多いことも特色である。

地理的分野では，地形図・正距方位図や写真・雨温図・グラフ等を読み取り，諸地域の特色・交通・産業・貿易などを考える出題となっている。

歴史的分野では，写真・略年表・グラフや表等の資料を読み取った上で，日本の歴史を総合的に問うという内容となっている。世界史は1題出題されている。

公民的分野では，グラフ・模式図などを読み取って，日本の政治・経済・国際社会に関する基礎的な知識が問われている。

〈出題傾向〉

地理的分野では，地図や写真・統計資料などを用い，世界や日本の諸地域の特色や産業・貿易などについて問うている。地形図の読み取り問題も毎年出題されている。

歴史的分野では，略年表・各種の資料・写真・史料などが用いられ，各時代の歴史を幅広く問う出題となっている。

公民的分野では，写真・グラフ・模式図などを用い，政治・経済のしくみや働きなどについて，幅広く問う出題となっている。

また，竹島に関わる問題は，分野を超えて，毎年出題されている。

来年度の予想と対策

来年度も本年度同様の出題数が予想される。内容的にも，過去数年間の傾向を引き継ぎ，基本的な語句の理解を求める問題と，資料を読み取る問題が中心になるであろう。字数制限のある記述問題の出題が予想されるので，問題練習を重ね，慣れておく必要がある。

地理的分野では，教科書の内容を確実に整理しておくとともに，地図帳や資料集などを十分に活用し，資料を読みとる問題にも的確に対応できるようにしておこう。

歴史的分野では，歴史の流れを確実に把握し，重要語句や人名を押さえ，重要なことがらを簡潔に説明できるようにしておきたい。図版や資料集にもよく目を通しておくことが必要である。

公民的分野では，憲法や政治・経済の基本的なしくみを確実に理解すると同時に，グラフなどの資料の読みとりにも慣れておこう。新聞・テレビのニュースに目を向けるなど，現代社会の動きを知ることも大切である。

⇨学習のポイント

・地理では，地形図や各種の地図の見方をマスターし，複数の統計資料から分析する力をつけよう！　・歴史では，資料集の写真・史料などの読みとりに慣れ，世界史との関係にも目を配ろう！
・公民では，政治・経済・国際社会・地方自治等の基礎を整理し，ニュースに注目しておこう！

年度別出題内容の分析表　社会

分野	区分	出題内容	27年	28年	29年	30年	2019年	2020年	2021年	2022年	2023年	2024年
地理的分野	日本	地形図の見方	○	○	○	○	○	○	○	○	○	○
		日本の国土・地形・気候	○	○	○	○	○	○		○	○	○
		人口・都市	○		○			○				○
		農林水産業	○	○		○	○	○		○	○	○
		工業		○		○	○	○	○			
		交通・通信	○						○			○
		資源・エネルギー				○		○	○			
		貿易			○							
	世界	人々のくらし・宗教	○	○	○		○		○	○	○	○
		地形・気候	○	○	○	○	○		○	○	○	○
		人口・都市		○	○			○		○		
		産業	○	○		○	○	○	○	○		○
		交通・貿易				○	○	○	○	○	○	○
		資源・エネルギー						○			○	
	地理総合											
歴史的分野	日本史―時代別	旧石器時代から弥生時代		○	○					○	○	○
		古墳時代から平安時代	○	○	○	○	○	○	○	○	○	○
		鎌倉・室町時代	○	○	○	○	○	○	○	○	○	○
		安土桃山・江戸時代	○	○	○	○	○	○	○	○	○	○
		明治時代から現代	○	○	○	○	○	○	○	○	○	○
	日本史―テーマ別	政治・法律	○	○	○	○	○	○	○	○	○	○
		経済・社会・技術	○	○		○	○	○	○	○	○	○
		文化・宗教・教育	○	○	○	○	○	○	○	○	○	○
		外交	○	○	○	○	○	○	○	○	○	○
	世界史	政治・社会・経済史			○	○	○		○	○	○	○
		文化史								○		
		世界史総合						○				
	歴史総合											
公民的分野		憲法・基本的人権	○	○	○	○	○	○	○	○	○	○
		国の政治の仕組み・裁判	○	○	○	○	○	○	○	○	○	○
		民主主義										
		地方自治	○				○	○	○		○	
		国民生活・社会保障							○		○	○
		経済一般	○	○	○	○	○	○	○	○	○	○
		財政・消費生活	○	○	○	○	○	○	○	○	○	○
		公害・環境問題	○		○	○		○	○	○		
		国際社会との関わり	○	○	○	○		○	○	○	○	○
時事問題												
その他				○	○							○

―島根県公立高校―

国語　出題傾向の分析と合格への対策

出題傾向とその内容

〈最新年度の出題状況〉

出題構成は，大問が5題，小問数は32問であった。

【第一問題】は，漢字の読み書き・文法・筆順が出題された。

【第二問題】は論説文で，【第三問題】は小説。現代文の読解問題は，いずれも部分的な理解だけでなく，筆者の考え方や登場人物の心情・人物像を読み取ることが求められる。

【第四問題】は，同じデータの和歌・漢詩・古文が示され，内容を比較する問題が出題された。

【第五問題】は，季節を表す言葉についての話し合い。示された言葉を選び，どのように使うかを書く課題作文が含まれている。

〈出題傾向〉

漢字や文法などの知識，現代文読解，古典読解，作文が出題されている。

本年度の知識は，漢字の読み書きや文法などが独立問題で扱われている。

現代文読解は，論説文と小説が1題ずつ。説明的文章は，文脈や，理由などの内容に関する問いが中心である。文学的文章は，登場人物の心情や人物像を読み取ることが求められている。いずれも記述問題が含まれ，限られた時間内に条件に合った内容を的確にまとめる力が必要とされる。

古文・漢文・韻文も，内容を把握することができるかどうかがポイントとなる。本年度は，三つの作品を比較する問題が出題された。歴史的仮名遣いや書き下し文のきまり，文学史などの知識も，基本をおさえておきたい。

本年度の課題作文は，話し合いが示され，条件に従って書くことが求められた。字数は150～180字。

来年度の予想と対策

来年度に向けては，読解・知識・作文を柱に対策をたてよう。

現代文については，限られた時間で文章の内容を読み取る力が必要となる。論説文は論の進め方に注意して筆者の考えを正しく理解すること，文学的文章は情景や登場人物の心情をおさえながら読み進めることが大切である。表現の特徴についても把握できるようにしたい。

古文・漢文・韻文は，多くの作品に触れて読み慣れておく。歴史的仮名遣い，書き下し文，基礎単語や文学史などの知識も身につけよう。

知識は，漢字の読み書きが必須。書き取りの練習のときは，筆順や画数にも気をつけよう。文法は，文の組み立て，品詞・用法，敬語についての知識を，教科書レベルの問題集を使って，確実に身につけておく。

課題作文は，その課題についての自分の意見を短く書いてみるところから始めたい。慣れてきたら，字数を決めたり，時間制限を設けたりするなど条件を増やしていく。初めはおっくうでも，だんだん書けるようになっていくはずである。

⇨学習のポイント

・さまざまな形式の読解問題にふれよう。
・テーマを設定した作文の練習をしよう。

年度別出題内容の分析表　国語

		出題内容	27年	28年	29年	30年	2019年	2020年	2021年	2022年	2023年	2024年
内容の分類	読解	主題・表題										
		大意・要旨	○									○
		情景・心情	○	○	○	○	○	○	○	○	○	○
		内容吟味	○	○	○	○	○	○	○	○	○	○
		文脈把握	○	○	○	○	○	○	○	○	○	○
		段落・文章構成										
		指示語の問題							○			
		接続語の問題										
		脱文・脱語補充	○	○	○	○	○	○	○	○		
	漢字・語句	漢字の読み書き	○	○	○	○	○	○	○	○	○	○
		筆順・画数・部首		○	○	○		○		○	○	○
		語句の意味		○		○					○	
		同義語・対義語										
		熟語					○					
		ことわざ・慣用句・四字熟語		○				○	○			
		仮名遣い	○	○	○	○	○		○		○	
	表現	短文作成										
		作文(自由・課題)	○	○	○	○	○	○	○	○	○	○
		その他					○	○		○	○	○
	文法	文と文節				○		○	○			
		品詞・用法	○	○	○		○			○	○	○
		敬語・その他	○		○	○		○		○		
	古文の口語訳		○	○	○	○				○		
	表現技法・形式		○									
	文学史					○						
	書写		○				○		○			
問題文の種類	散文	論説文・説明文	○	○	○	○	○	○	○	○	○	○
		記録文・実用文										
		小説・物語・伝記	○	○	○	○	○	○	○	○	○	○
		随筆・紀行・日記										
	韻文	詩								○		
		和歌(短歌)									○	○
		俳句・川柳										
	古文		○	○	○	○	○		○	○		○
	漢文・漢詩							○			○	○
	会話・議論・発表			○	○	○	○	○	○	○	○	○
	聞き取り		○	○								

―島根県公立高校―

島根県公立高校難易度一覧

目安となる偏差値	公立高校名
75 ~ 73	
72 ~ 70	
69 ~ 67	松江北(理数)
66 ~ 64	出雲(理数)
63 ~ 61	益田(理数) 大田(理数)
60 ~ 58	出雲，松江南(探究科学) 浜田(理数)
57 ~ 55	松江北
54 ~ 51	大社，松江東 大田，松江南，益田 平田
50 ~ 47	浜田 三刀屋(総合)
46 ~ 43	安来 大東，津和野，松江工業(情報クリエイター学)，松江農林(総合) 出雲商業(商業／情報処理)，益田翔陽(総合)，松江工業(機械／電子機械／電気電子工学／建築都市工学)，松江商業(商業・国際ビジネス・情報処理)，松江農林(生物生産／環境土木)，横田 江津，島根中央，益田翔陽(電子機械／電気／生物環境工学)，[市]松江市立皆美が丘女子(普／国際コミュニケーション)
42 ~ 38	出雲工業(機械／電気／電子機械／建築)，江津工業(機械・ロボット／建築・電気)，浜田商業(商業・情報処理) 隠岐，大社(体育)，矢上 出雲農林(植物科学／環境科学／食品科学／動物科学)，情報科学(情報システム・情報処理・マルチメディア) 飯南，隠岐島前(普・地域共創)，邇摩(総合)，浜田水産(海洋技術／食品流通)
37 ~	隠岐(商業)，隠岐水産(海洋システム／海洋生産)，三刀屋[掛合分校]，矢上(産業技術)，吉賀

＊(　)内は学科・コースを示します。特に示していないものは普通科(普通・一般コース)，または全学科(全コース)を表します。[市]は市立を意味します。

＊データが不足している高校，または学科・コースなどにつきましては掲載していない場合があります。

＊公立高校の入学者は，「学力検査の得点」のほかに，「調査書点」や「面接点」などが大きく加味されて選抜されます。上記の内容は想定した目安ですので，ご注意ください。

＊公立高校入学者の選抜方法や制度は変更される場合があります。また，統廃合による閉校や学校名の変更，学科の変更などが行われる場合もあります。教育委員会などの関係機関が発表する最新の情報を確認してください。

2024年度

★★★★★★★★★★★★★★★★★★★★★★★★

入 試 問 題

●くわしい解説……51ページ

＜数学＞

時間　50分　　満点　50点

【注意】 $\sqrt{}$ や円周率 π が必要なときは，およその値を用いないで $\sqrt{}$ や π のままで答えること

【第１問題】 次の問１～問９に答えなさい。

問１　$5+3\times(-4)$　を計算しなさい。

問２　$(2\sqrt{3}-\sqrt{7})(2\sqrt{3}+\sqrt{7})$　を計算しなさい。

問３　比例式 $x:(x-3)=5:3$　で，x の値を求めなさい。

問４　連立方程式 $\begin{cases}2x+3y=1\\x-y=3\end{cases}$ を解きなさい。

問５　方程式 $(x-2)^2=7$　を解きなさい。

問６　次の１，２にある数量の関係を，等式か不等式で表しなさい。

1　20Ｌ入る容器に毎分 x Ｌずつ水を入れるとき，容器が水でいっぱいになるまで y 分間かかる。

2　30mのテープから a mのテープを５本切り取ると，残りは b mより長い。

問７　図１は，底面が直角三角形で，側面がすべて長方形の三角柱である。平面ADEBと垂直な平面を，後の**ア**～**エ**からすべて選び，記号で答えなさい。

ア　平面ABC
イ　平面DEF
ウ　平面ADFC
エ　平面BEFC

図１

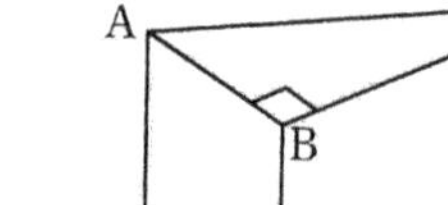
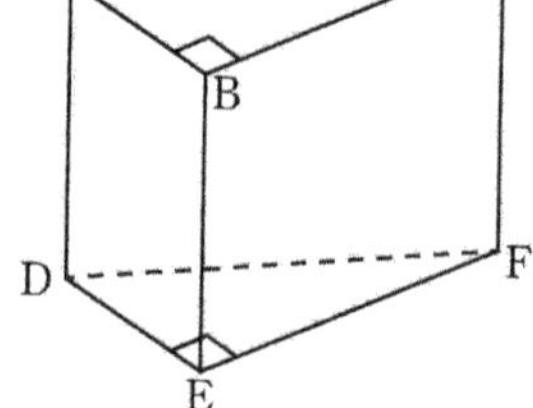

問８　図２のように，円Oの円周上に４点A，B，C，Dをとる。ABが直径であるとき，$\angle x$ の大きさを求めなさい。

図２

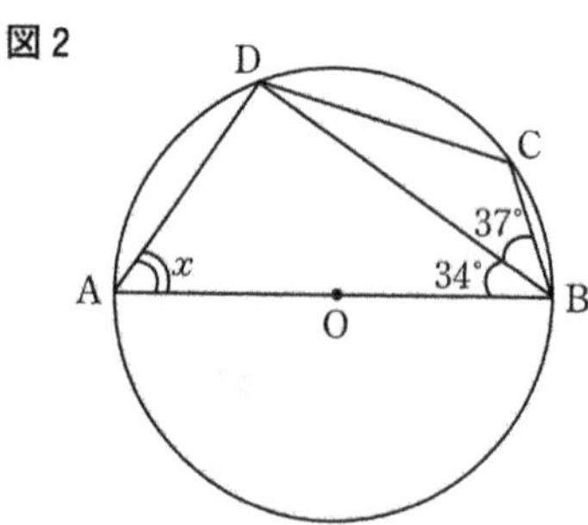

問９　太郎さんは，近所のお店に飾られている組子(くみこ)とよばれる木工細工を見た。組子の模様の１つに，図３のような二等辺三角形を組み合わせてできている「麻(あさ)の葉(は)」とよばれるものがあった。太郎さんはその美しさに感動し，図４のように組子の模様の一部を作図した。二等辺三角形をそれぞれア～カとすると，ア～カはすべて合同である。後の１，２に答えなさい。

「麻の葉」模様の組子

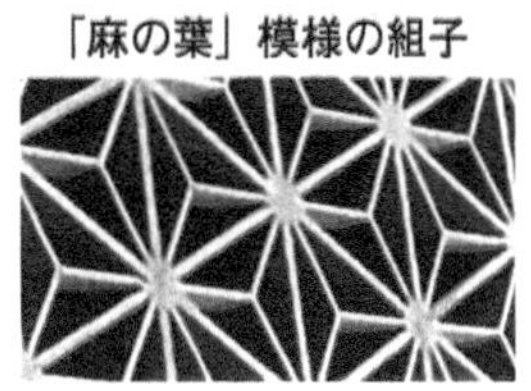

図３

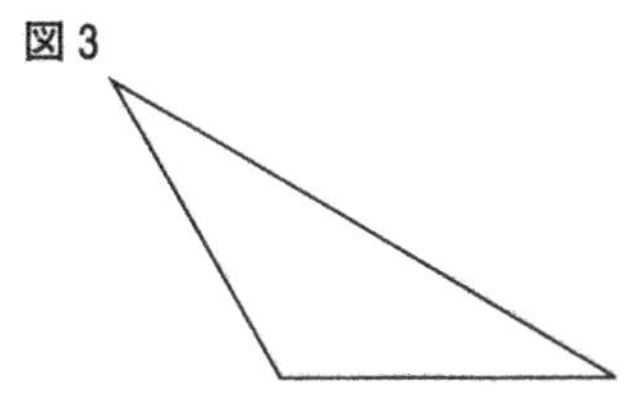

図４

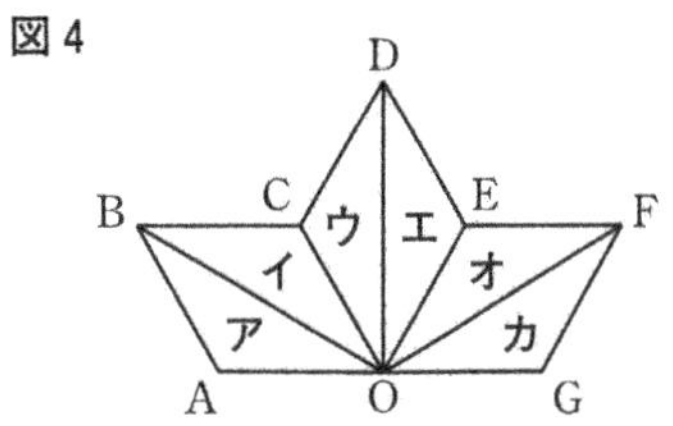

１　三角形アを，直線OCを対称の軸として，対称移動して重ね合わせることができる三角形を，イ～カから１つ選び，記号で答えなさい。

２　三角形アを，点Oを回転の中心として，回転移動して重ね合わせることができる三角形を，イ～カからすべて選び，記号で答えなさい。

【第２問題】 次の問１，問２に答えなさい。

問１　太郎さんは，生徒の名前の画数を「花子」であれば10画，「クリス」であれば６画のように調べた。図１は，太郎さんの学校の2023年度の３年生40人について，調べた結果をヒストグラムに表したものである。例えば，30画以上35画未満の階級の度数は２人である。後の１，２に答えなさい。

図１

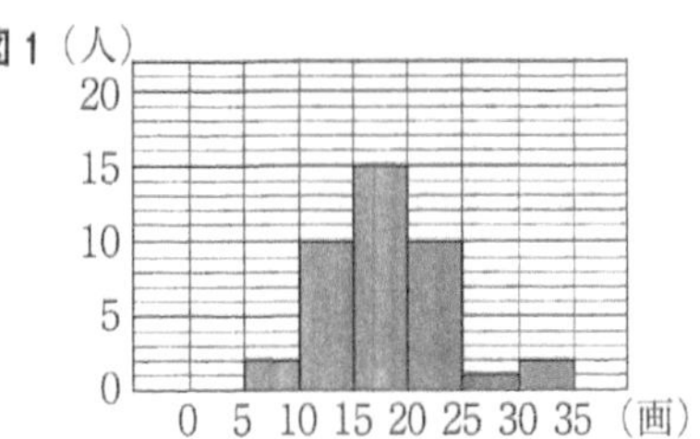

１　最初の階級から15画以上20画未満の階級までの累積度数を求めなさい。

２　図２は2023年度，2018年度，2013年度，2008年度の３年生について，調べた結果を箱ひげ図に表したものである。ただし，３年生の人数は年度によって異なる場合がある。後の(1)，(2)に答えなさい。

図２

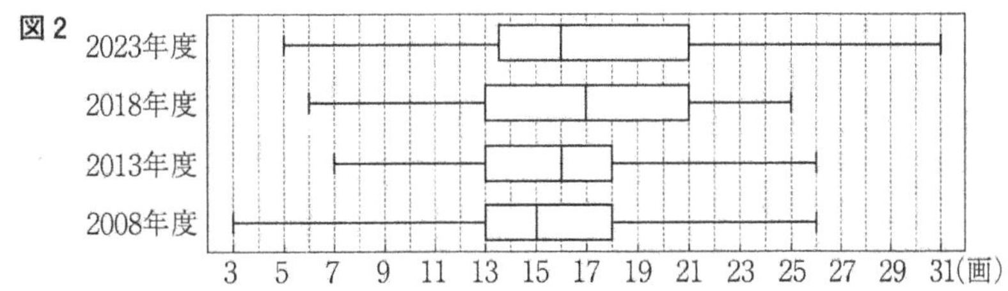

(1)　図２の箱ひげ図から読みとれることとして**正しいと判断できるもの**を，次のア～オから２つ選び，記号で答えなさい。

ア　2023年度と2018年度の第１四分位数は等しい。

イ　2023年度と2013年度では，範囲も四分位範囲も2023年度の方が大きい。

ウ　2018年度の平均値は17画である。

エ　2013年度には10画以下の人はいない。

オ　どの年度も半数以上の人が15画以上である。

(2)　次の**ア**～**ウ**は，2018年度，2013年度，2008年度のいずれかのデータを使って作成したヒストグラムであり，**図2**の箱ひげ図と対応している。**2013年度のヒストグラム**を，次の**ア**～**ウ**から1つ選び，記号で答えなさい。

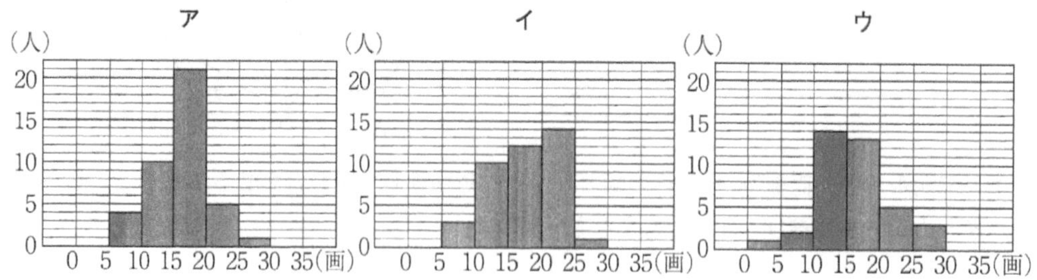

問2　太郎さんは，祭りでかき氷を販売することにした。販売した個数をx個，販売額の合計をy円とし，yをxの関数とみなして，xとyの関係について調べた。次の1，2に答えなさい。ただし，消費税は考えないものとする。

1　**図3**は，かき氷100個をすべて同じ価格で販売したときのグラフである。1個の価格を求めなさい。

図3

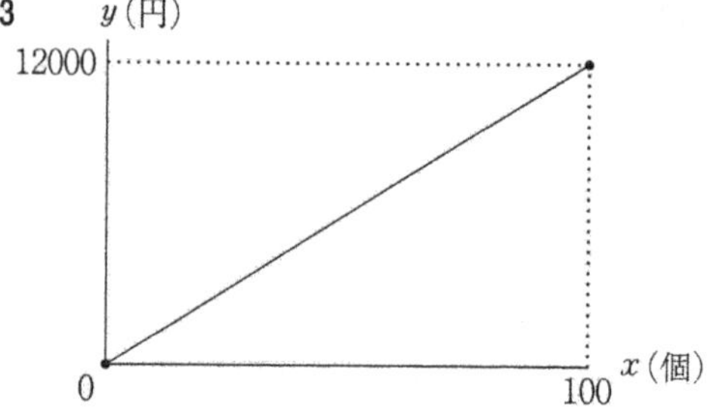

2　太郎さんは，かき氷を100個販売することにした。売れ行きによっては，途中で値下げして残りすべてを販売するつもりである。次の(1)～(3)に答えなさい。

(1)　はじめのうちは1個の価格を200円にして40個販売し，その後，1個の価格を100円に値下げして残りすべてを販売したときの，xとyの関係を表すグラフを解答用紙の**図4**にかきなさい。

図4

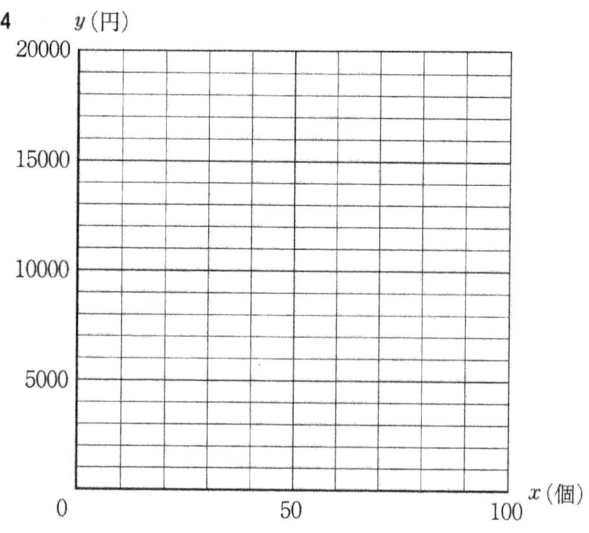

(2)　(1)の販売額の合計は，1個の価格を200円にして100個すべてを販売した場合と比べていくら少なくなるか，求めなさい。

(3)　はじめのうちは1個の価格を200円にして何個か販売し，その後，1個の価格を100円に値下げして残りすべてを販売する。販売額の合計を12000円以上にするためには，1個の価格を200円にしているときに，何個以上販売する必要があるか，求めなさい。

【第3問題】　図のようにA，B，Cと書かれた3枚のカードがある。太郎さんと花子さんは，次の**ルール**でゲームをくり返して行うことにした。後の**問1**，**問2**に答えなさい。

図

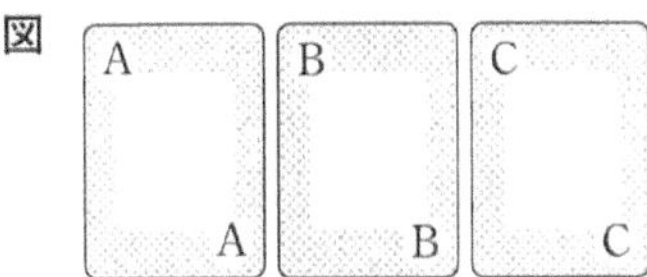

ルール

・花子さんは，異なる3つの自然数を決めて，小さい方から順にA，B，Cのカードに書く。
・花子さんは，3枚のカードをよく混ぜ，太郎さんに1枚ひいてもらう。
・ひいた1枚のカードに書かれた数の**2乗**した数を，太郎さんの得点とする。
・残った2枚のカードに書かれた2つの数の**積**を，花子さんの得点とする。
・太郎さんと花子さんの得点を比べ，大きい方を勝ちとする。ただし，得点が同じときは引き分けとする。

問1　太郎さんのカードのひき方は同様に確からしいものとする。次の**1**～**3**に答えなさい。

1　太郎さんが3枚のカードから1枚ひくとき，Aのカードをひく確率を求めなさい。

2　次の(1)，(2)に答えなさい。

(1)　カードに書かれた数が，Aは1，Bは2，Cは3のとき，太郎さんが勝つ確率を求めなさい。

(2)　カードに書かれた数が，Aは1，Bは2，Cは4のとき，花子さんが勝つ確率を求めなさい。

3　太郎さんが勝つことの起こりやすさと，花子さんが勝つことの起こりやすさとが同じになるような，カードに書かれた3つの自然数の組を**1組**答えなさい。ただし，**2**の問題文中に出てきた数の組（1，2，3），（1，2，4）以外の組を答えること。

問2　**太郎さんがBのカードをひいたとき**の2人の得点について，次の文章を読んで，後の**1**，**2**に答えなさい。

例えば，カードに書かれた数が3つの連続する自然数のとき，太郎さんと花子さんの得点は，次の**表1**のようになる。

表1

A	B	C	太郎さんの得点	花子さんの得点	得点の差
1	2	3	4	3	1
2	3	4	9	8	1
3	4	5	16	15	1

表1から，次のように予想することができる。

予想1

カードに書かれた数が３つの連続する自然数ならば，太郎さんがＢのカードをひいたとき，太郎さんの得点は，花子さんの得点よりいつでも１大きい。

予想1が正しいことは，次のように証明できる。

証明1

カードに書かれた３つの連続する自然数のうち，Ｂのカードに書かれた数をnとすると，Ａは$n-1$，Ｃは$n+1$と表すことができる。太郎さんがＢのカードをひいたとき，太郎さんの得点から花子さんの得点をひくと，

$$\begin{aligned} n^2-(n-1)(n+1) &= n^2-(n^2-1) \\ &= n^2-n^2+1 \\ &= 1 \end{aligned}$$

したがって，カードに書かれた数が３つの連続する自然数ならば，太郎さんがＢのカードをひいたとき，太郎さんの得点は，花子さんの得点よりいつでも１大きい。

カードに書かれた数がaずつはなれた自然数のとき，太郎さんと花子さんの得点は，次の**表2**，**表3**のようになる。ただし，aは自然数とする。

表2　$a=2$のとき

A	B	C	太郎さんの得点	花子さんの得点	得点の差
1	3	5	9	5	4
2	4	6	16	12	4

表3　$a=3$のとき

A	B	C	太郎さんの得点	花子さんの得点	得点の差
1	4	7	16	7	9
2	5	8	25	16	9

1　カードに書かれた数がaずつはなれた自然数のとき，どんな性質があるかを次のように予想した。［ア］にあてはまる数または式を入れ，**予想2**を完成しなさい。

予想2

カードに書かれた数がaずつはなれた自然数ならば，太郎さんがＢのカードをひいたとき，太郎さんの得点は，花子さんの得点よりいつでも［ア］大きい。

2　**予想2**が正しいことを次のページのように証明した。［イ］，［ウ］にあてはまる数または式を入れなさい。また，［エ］に証明の続きを書き入れ，**証明2**を完成しなさい。ただし，［ア］には１と同じものが入る。

証明２

カードに書かれた a ずつはなれた自然数のうち，Ｂのカードに書かれた数を n とすると，Ａは［イ］，Ｃは［ウ］と表すことができる。太郎さんがＢのカードをひいたとき，太郎さんの得点から花子さんの得点をひくと，

［エ］

したがって，カードに書かれた数が a ずつはなれた自然数ならば，太郎さんがＢのカードをひいたとき，太郎さんの得点は，花子さんの得点よりいつでも［ア］大きい。

【第４問題】 図１のように，関数 $y=x^2$…①のグラフ上に，２点Ａ，Ｂがあり，x 座標はそれぞれ－２，１である。後の**問１**～**問３**に答えなさい。

図１

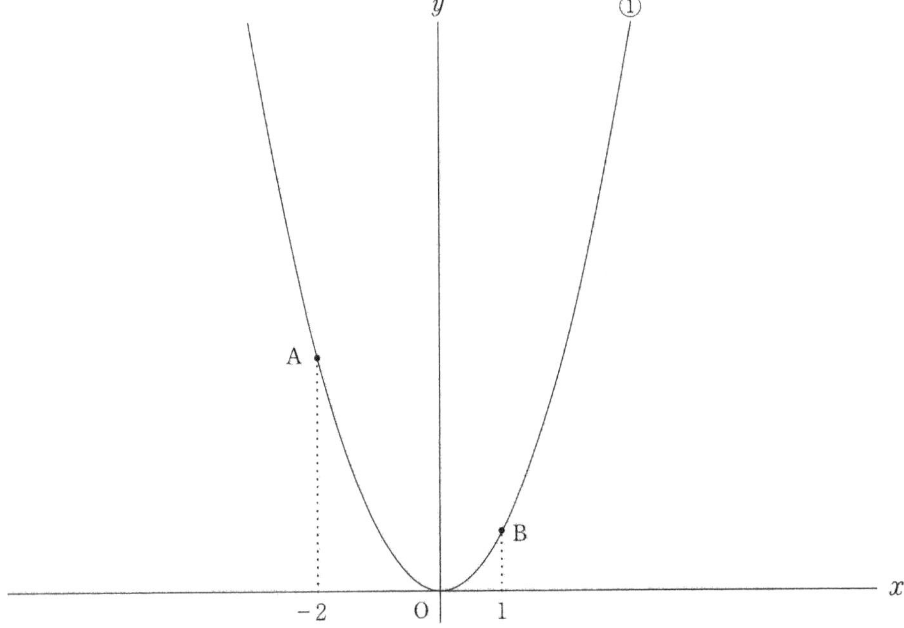

問１　次の１～３に答えなさい。

１　点Ａの y 座標を求めなさい。

２　２点Ａ，Ｂの間の距離を求めなさい。

３　直線OBと傾きが等しく，点Ａを通る直線の式を求めなさい。

問２　次の［ア］，［イ］にあてはまる数をそれぞれ求めなさい。

関数①について，x の変域が $-1\leqq x\leqq$［ア］のとき，y の変域は［イ］$\leqq y\leqq 9$ である。

問3　図2の直線ℓは，関数$y=x+4$のグラフである。直線ℓとx軸の交点をC，直線ℓとy軸の交点をDとする。線分ＯＢを延長した直線上に，四角形DCOPが平行四辺形となるような点Ｐをとる。ただし，点Ｐのx座標は正とする。また，関数$y=ax^2$（aは定数）…②のグラフは，点Ｐを通る。後の１，２に答えなさい。

図２

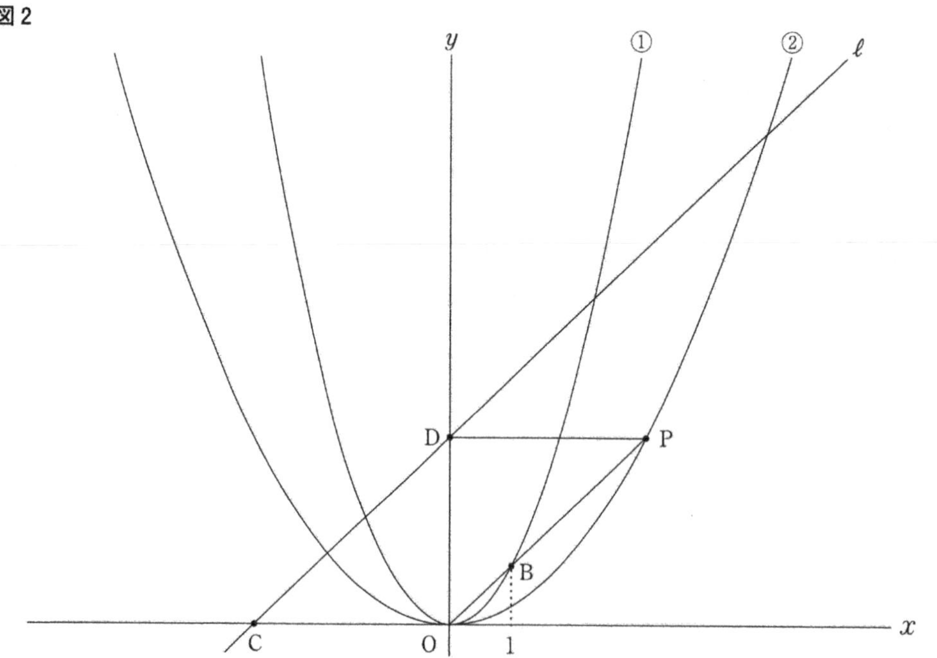

１　aの値を求めなさい。

２　関数②のグラフと辺CDの交点をＱとする。また，関数①のグラフと辺DPの交点をＲとする。△OPQと△BPRの面積の比を，最も簡単な整数の比で表しなさい。

【第５問題】　図１のように，直角二等辺三角形の三角定規を直線ℓ上におき，三角定規の頂点がある位置をO，A，Bとする。このとき，∠AOB＝90°，OA＝OBである。この三角定規を，点Oを回転の中心として時計回りに回転させたとき，移動後の頂点を，**図２**のようにP，Qとする。後の問１～問３に答えなさい。

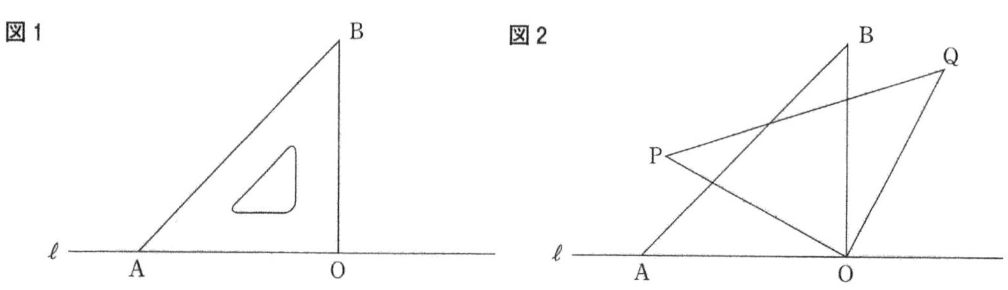

問１　∠OPQの大きさを求めなさい。

問２　次の１，２に答えなさい。

１　点Ｑを通る直線 ℓ の垂線を，コンパスと定規を用いて解答用紙の図に作図しなさい。ただし，作図に用いた線は消さないでおくこと。

２　図３のように，点Ｐ，Ｑをそれぞれ通る直線 ℓ の垂線をひき，直線 ℓ との交点を順にＣ，Ｄとする。△PCO≡△ODQであることを証明しなさい。

図３

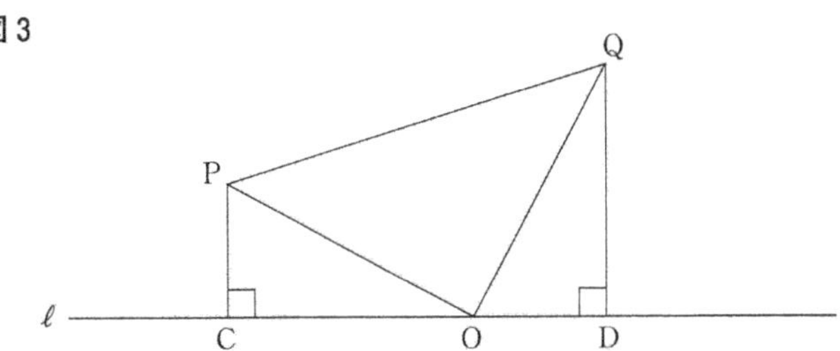

問３　図４は∠AOP＝45°となるまで三角定規を回転したものである。辺OPと辺ABの交点をＲ，辺PQと辺ABの交点をＳ，辺PQと辺OBの交点をＴとする。OA＝２のとき，後の１，２に答えなさい。

図４

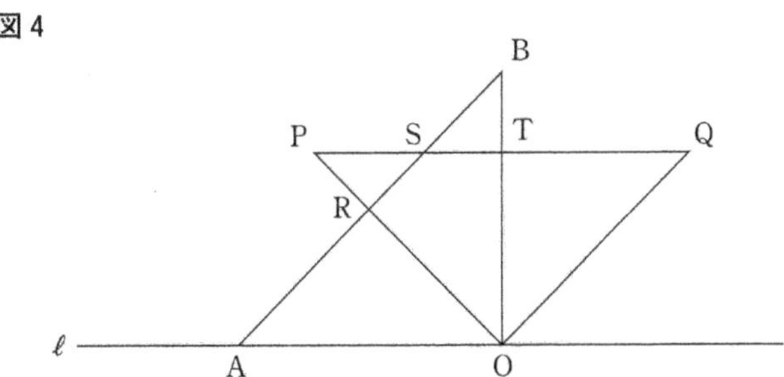

１　PRの長さを求めなさい。

２　図５の色をつけて表した部分は，∠AOP＝45°となるまで三角定規を回転したときに，三角定規が通った部分である。色をつけて表した部分の面積を求めなさい。

図５

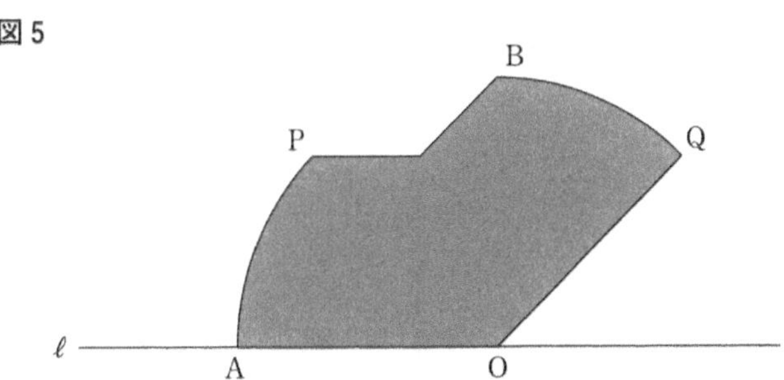

＜英語＞

時間　50分　　満点　50点

【第１問題】 放送を聞いて，次の問１～問３に答えなさい。

問１　二人の会話を聞いて，その後の質問に答える問題です。それぞれの会話の後に読まれる質問の答えとして最も適当なものを，**ア～エ**の中から**一つずつ**選び，記号で答えなさい。会話は１～４まであります。放送は１回のみです。

問2　話される英語を聞いて，書かれている問いに答える問題です。話される英語は1～3の3つあります。それぞれの問いの答えとして最も適当なものを，ア～エの中から一つずつ選び，記号で答えなさい。放送はそれぞれ2回繰り返します。（問いの英文は書かれています。）

1　What does Mr. Green do?

ア　Teacher.　イ　Clerk.　ウ　Police officer.　エ　Singer.

2　Where are they now?

ア　In the library.　イ　In the gym.

ウ　In the computer room.　エ　In the music room.

3　Why was Misaki sad?

ア　Because her summer vacation was short.

イ　Because it wasn't hot last summer.

ウ　Because the vegetables didn't grow well.

エ　Because she couldn't buy any vegetables.

問3　ホームステイ中のあなたは，ホストマザーから，次の日の準備について話を聞いています。その内容に合うように，次の〈メモ〉を完成させなさい。また，話の中にあるホストマザーからの問いかけに対して，あなたの考えを書きなさい。ただし，①，②はそれぞれ英語1語で，③は与えられた書き出しに続くように3語以上の英語で書きなさい。放送は2回くり返します。

〈メモ〉

・Buy some eggs and ＿＿①＿＿

・＿＿②＿＿ my room

〈あなたの考え〉

I want to ＿＿＿＿③＿＿＿＿.

【第2問題】　次の問1～問3に答えなさい。

問1　次のメールは，中学生のタロウ（Taro）さんが，海外でのホームステイに出発する前に，ホストファミリーのボブ（Bob）さんと連絡を取り合った時のものです。これを読み，後の1，2の問いの答えとして最も適当なものを，ア～エの中から一つずつ選び，記号で答えなさい。

宛先	Bob
差出人	Taro
日付	March 24, 2024　11:30
件名	To your house

Hi, Bob! How are you?
Tomorrow I'll fly from Japan to your country, Australia! I'll take a bus from the airport.
Will you let me know how to get to your house from the bus stop? I can't wait to see you!
Taro

To	Taro
From	Bob
Date	March 24, 2024 15:00
Subject	RE: To your house

Hi, Taro! Thank you for your message.
I'll meet you at the bus stop. So, don't worry. Please tell me what time your bus will arrive. I'm excited to see you soon!
Bob

1 When will Taro leave Japan?
ア March 24.　イ March 25.　ウ March 26.　エ March 27.

2 What does Bob want to know?
ア When Taro's bus will come.　イ Where the bus stop is.
ウ How Taro will get to Bob's house.　エ Who will come to Bob's house.

問２ 次のグラフは，1960年，1990年，2020年におけるある市の人口の年齢構成を表しています。これを見て，後の１，２の（　）に入る最も適当なものを，ア～エの中から**一つずつ**選び，記号で答えなさい。

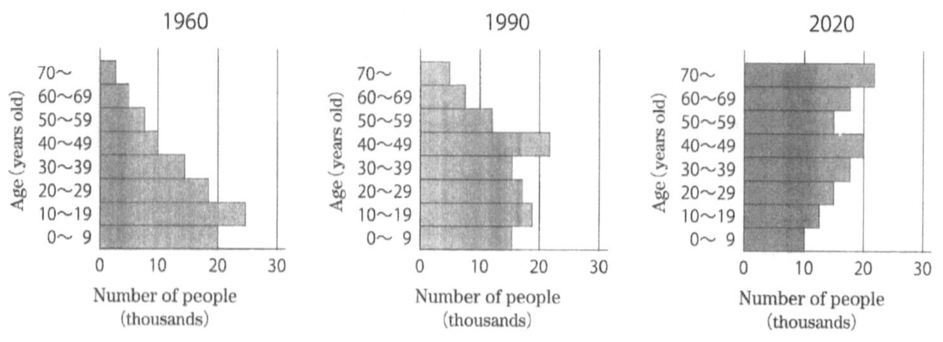

1 In 1990, the number of people between the ages of (　　) was the largest.
ア 10 and 19　イ 20 and 29　ウ 30 and 39　エ 40 and 49

2 From 1960 to 2020, the number of people who were 60 and older (　　).
ア did not change　イ went up
ウ went down　エ went up and down

問３ 留学中のあなたは，今度参加する**キャンプ**（camp）の予定表（次のページ）を見ています。これを見て，後の１，２の問いの答えとして最も適当なものを，ア～エの中から**一つずつ**選び，記号で答えなさい。

1 What is the first thing you will do after eating lunch on the first day?
ア Making tents.　イ Walking in the forest.
ウ Fishing in the river.　エ Cooking dinner.

2 Which is **NOT** true about this camp?
ア The camp will be two days and one night.
イ You will learn why forests are important.

ウ　You cannot eat any plants you find in the forest.
エ　You need to bring water, towels and warm clothes.

Green Forest Nature Camp
October 12 (Sat) & 13 (Sun)

Day1 Activities

10:00 - Making tents
10:30 - Walking in the forest
12:30 - Lunch
14:00 - Fishing in the river
16:30 - Cooking dinner
19:00 - Game
22:00 - Going to bed

(Walking in the forest) Let's learn why forests are important for us! We'll also find some plants we can eat for lunch!

(Cooking dinner) Let's cook the fish we catch!

Please bring water and towels. You also need warm clothes because it will be cold at night.

Day2 Activities

7:00 - Breakfast

【第３問題】 次の問１～問４に答えなさい。

問１　海外で生活している**ソウマ**（Soma）さんが，友人の**ショーン**（Shawn）さんと，映画館のウェブサイトを見ながら話をしています。後の会話文中の（①），（②）に入る語句の組み合わせとして最も適当なものを，**ア～エ**の中から**一つ**選び，記号で答えなさい。

ABC Movie Theater

BLUE SKY (120 min)
Four young men go to New York to be successful musicians.
10:00 a.m.　2:00 p.m.　6:00 p.m.

WISH (100 min)
A group of doctors save sick people all over the world.
10:20 a.m.　2:20 p.m.　6:20 p.m.

Morning Special
10:00 a.m. to Noon
HALF PRICE

Soma : Do you want to go to a movie this Saturday?
Shawn : Sure. Which movie do you want to see, "*BLUE SKY*" or "*WISH*"? Both movies look interesting!
Soma : Well, I want to be a doctor in the future, so I want to know how doctors

save sick people.

Shawn : That's nice!　Then, let's see "(　①　)".　What time is good for you?

Soma : Any time is OK, but I want to see a movie at half price.

Shawn : Me too!　Then, let's see the one which starts at (　②　)!

ア　(①) *BLUE SKY*　(②) 10:00 a.m.

イ　(①) *WISH*　(②) 10:20 am.

ウ　(①) *BLUE SKY*　(②) 2:00 p.m.

エ　(①) *WISH*　(②) 2:20 p.m.

問２　マイク（Mike）さんとジョン（John）さんによる次の会話文を読んで，ジョンさんが下線部で伝えたかった内容として最も適当なものを，ア～エの中から一つ選び，記号で答えなさい。

Mike : In ten minutes, we'll get to our hotel.　It'll be time for dinner then.

John : Do you have any ideas about what to eat?

Mike : According to its website, there are so many restaurants in the hotel.　I can't choose now!

John : OK.　Then, let's play it by ear.　We can decide after we arrive.

ア　get to the hotel before lunch time

イ　listen to music in the restaurant

ウ　choose a restaurant later

エ　call the hotel because we'll be late

問３　海外に留学しているケン（Ken）さんは，現地の友人であるジュディ（Judy）さんやマット（Matt）さんと，スマートフォンで次のようなメッセージのやりとりをしました。ケンさんの最後のメッセージの □ に入る最も適当なものを，ア～エの中から一つ選び，記号で答えなさい。

I'm looking for a good place to visit this weekend.　Where should I go?

The art museum is famous and has a lot of beautiful old pictures, so you can enjoy them if you like art.

If you like sports, you should watch a baseball game at the city stadium.　Actually, I'll go to a baseball game this Saturday evening with my family.

I don't like art very much, but I'm interested in sports like baseball and soccer.

Playing sports in the city park is another idea.

I hear we can't play with balls there.　I'm not happy about that.　OK, I think I'll □.　Can I go with you, Matt?

ア　enjoy art at the museum　　　　イ　play soccer at the city park
ウ　visit the city stadium for a concert　　エ　watch a baseball game

問４　ユウさんは書道について，海外の姉妹校の生徒たちに発表する予定です。次の英文はそのための原稿です。ユウさんが用意したア～ウのスライドについて，発表で使う順を記号で答えなさい。

Have you ever heard of *shodo*? It's the art of writing letters with ink and an important part of Japanese culture. At school, students practice it in class. They usually sit at their desks and write letters. Some high school students enjoy it in a new way, too. They play music and write their message on a big paper. You can watch some of the performances on the internet. Please take a look at them!

ア

イ

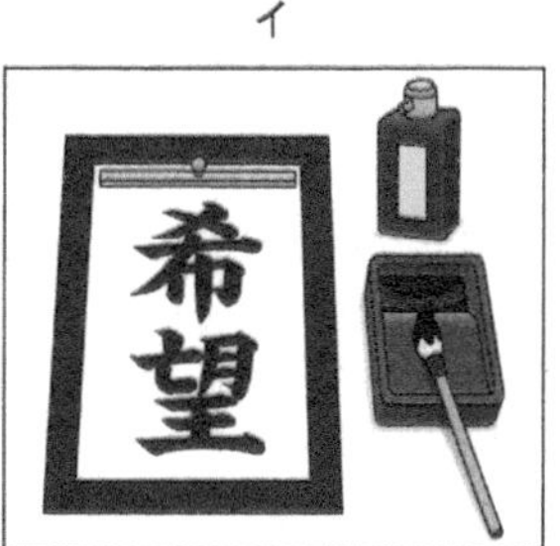

ウ

【第４問題】 中学生のヒナ（Hina）さんが，夏休みの間に読んだある本との出会いから学んだことについて，英語の授業で発表を行っています。次の英文はその原稿です。これを読んで，後の問１～問６に答えなさい。

（＊印のついている語句には本文の後に〈注〉があります。）

What will you do when you meet something difficult?

Last August, I found a book about a Japanese woman who built a school in a foreign country. I have a dream of working abroad in the future, so I started reading it. I was surprised because she went abroad alone when she was in high school. Three years later, she visited a small village in a poor country. There, she found that it had no schools and there were children who couldn't study. She wanted to do something for (1)<u>them</u> and started to think about building a school there. However, when she told people around her about it, everyone said, "It is difficult. [A]." But such words never stopped her. In the book, she said, "If things look difficult, many people will stop there. Some people may not even try from the start. However, (2)<u>when I want to do something, I always try and look for a way to reach my goal.</u> I know that I will find a way if I keep trying. Even when things do not work well, I can learn something."

After reading the book, I told my English teacher about my dream. He said to me, "It is a wonderful dream. To work abroad, it is important to practice English.

Next month, we will have an English speech contest. Do you want to try it?" At first, I thought I should say no because I was not good at speaking English or speaking in front of people. But I remembered the important thing I learned from the book: If we don't try, we don't learn anything. So, I decided to join it. I spent many days practicing and worked hard. At the contest, I did my best, but I *made a lot of mistakes on the stage. Maybe my speech was not good, but I was very happy that I tried.

So, (3) <u>when the mountain you want to climb looks too high for you, I want you to climb it.</u> I'm sure it will be a great *chance to grow.

〈注〉 made mistakes （間違いをした）　chance （機会）

問１　下線部(1)が表す具体的な内容を，本文中から**４語で抜き出して**答えなさい。

問２　[A] に入る最も適当なものを，**ア～エ**の中から**一つ**選び，記号で答えなさい。

ア　I know you always work hard　　**イ**　I can't say it is a bad idea

ウ　I don't think you can do it　　**エ**　I'm sure you can get some help

問３　下線部(2)の理由について，本の中で女性が述べていることを次のようにまとめました。本文の内容に合うように（ a ），（ b ）に入る適当な**日本語**を答えなさい。

・（　　a　　）ならば，道が開けるとわかっているから。
・たとえ物事がうまくいかなくても，（　　b　　）ことができるから。

問４　本文の内容について，次の質問の答えとして（　）に入る表現を考え，文を完成させなさい。ただし，**３語以上**の英語で書くこと。

質問　After Hina talked with her English teacher, what did she decide to do to practice English?

答え　She decided to (　　　　　　　　　　　　　　　　　　　　).

問５　**ヒナ**さんが発表原稿の中で述べている内容として最も適当なものを，**ア～エ**の中から**一つ**選び，記号で答えなさい。

ア　Hina was not interested in working in a foreign country.

イ　Hina traveled abroad alone when she was in high school.

ウ　Hina was very good at speaking English in front of people.

エ　Hina was very happy because she did her best on the stage.

問６　発表終了後，下線部(3)を通じて何を伝えたいのか説明を求められた**ヒナ**さんが，英語で答えています。ヒナさんになったつもりで次の（　）に入る表現を考え，文を完成させなさい。ただし，**３語以上**の英語で書くこと。

ヒナさん

When there is something that looks difficult, you (　　　　　　　　　　　　).

【第５問題】 次の問１～問４に答えなさい。

問１　次の１，２の会話文について，（　）に入る最も適当な**英語１語**を答えなさい。

1　A：（　　　　）house is that?
　B：That's Mr. Takahashi's.　It was built a few months ago.

2　A：How should we get to the station?
　B：We don't want to use money, so let's go by bicycle（　　　　）of bus.

問２　次の１～３の会話文について，（　）内のすべての語を意味が通じるように並べかえて，英文を完成させなさい。なお，解答欄には（　）内の語句のみを答えること。

1　A：Are you feeling sad about leaving Japan?
　B：Yes.　It（ full / memories / is / good / of ）.

2　A：Why do you look so tired?
　B：Because（ studying / for / have / I / been ）more than ten hours.

3　A：Which is more difficult to learn, English or Japanese?
　B：Well,（ said / that / is / Japanese / it ）is more difficult than English.

問３　次の１，２のイラストについて，自然な会話になるように（　a　），（　b　）に入る適当な表現をそれぞれ**３語以上**の英語で書きなさい。２文以上になってもかまいません。なお，会話は①～④の順に行われています。（．，？！などの符号は語数に含めません。）

1

2

問４　英語の授業で卒業文集を作ることになりました。先生からの次のページの指示を読み，あなた自身のことについて**一つ取り上げ**て，**20語以上**の英語で書きなさい。全体としてまとまりのある文章にすること。
（＊印のついている語句には本文の後に〈注〉があります。．，？！などの符号は語数に含めません。）

This month, you will *graduate from junior high school. So, write about one thing you remember the most during your junior high school days.

〈注〉 graduate （卒業する）

解答欄への記入例

Is　that　a　school ?

（上の例は１文で，４語である。）

＜理科＞

時間　50分　満点　50点

【第１問題】 次の問１～問３に答えなさい。

問１　次の１～４に答えなさい。

1　図１の X は，植物の細胞に見られる特徴的なつくりである。X を何というか，その名称を答えなさい。

図１

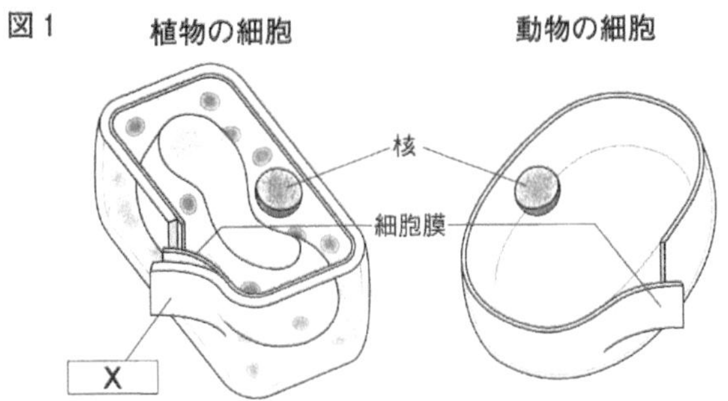

2　アルカリ性を示すものを，次のア～エから一つ選び，記号で答えなさい。

ア　せっけん水　　イ　酢　　ウ　炭酸水　　エ　レモン汁

3　虫めがね（凸レンズ）で物体を観察すると，物体と上下左右が同じ向きで，物体より大きい像が見えた。この像を何というか，その名称を答えなさい。

4　太陽，月，地球が図２の位置にあるとき，地球から太陽を見ると，月によって太陽の一部または全部がかくされる現象が起こる。この現象を何というか，その名称を答えなさい。

図２

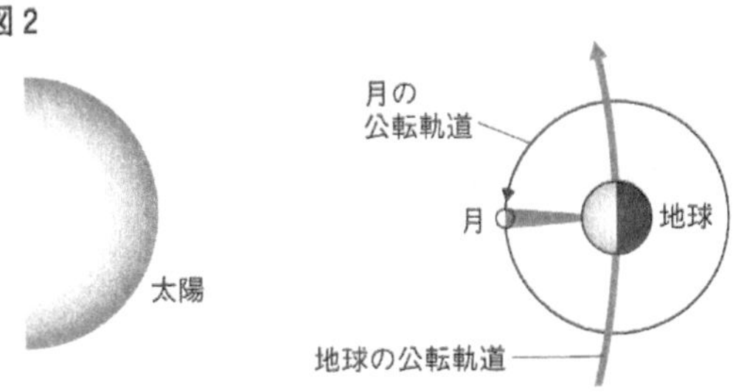

問２　次の文章を読んで，後の１，２に答えなさい。

> 原子は，中心にある原子核と，そのまわりにある－(マイナス)の電気をもつ P からできている。さらに原子核は，＋(プラス)の電気をもつ陽子と，電気をもたない Q からできている。同じ元素でも，Q の数が異なる原子を同位体といい，放射線を出すものも存在する。放射線のうち α(アルファ)線はヘリウムの原子核，β(ベータ)線は P ，X(エックス)線と γ(ガンマ)線は電磁波である。

1　文章中の P ，Q にあてはまる語句をそれぞれ答えなさい。

2 図3のⅠ，Ⅱ，Ⅲは，放射線の透過性を表している。図3について説明した文として最も適当なものを，次の**ア**～**ウ**から**一つ**選び，記号で答えなさい。

ア Ⅰはα線の透過性を表している。

イ Ⅱは X線とγ線の透過性を表している。

ウ Ⅲはβ線の透過性を表している。

図3

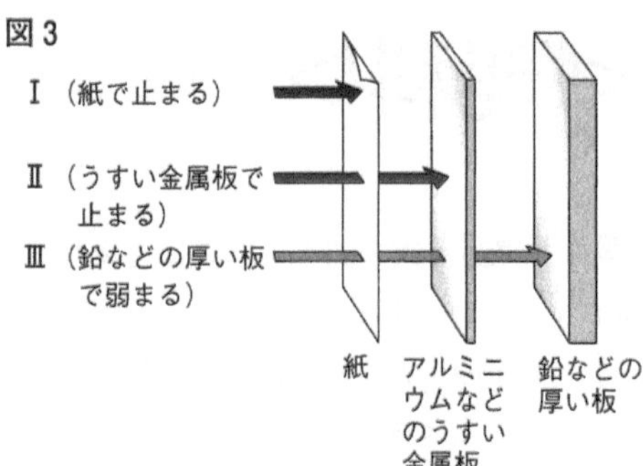

問3 生態系について，次の1，2に答えなさい。

1 図4は，ある海の生態系での，大型の魚，小型の魚，動物プランクトンの数量的な関係を，図形の面積の大小で表したものである。また，図5は，何らかの原因により大型の魚が一時的に増加したあと，再び図4の状態にもどるまでの変化を表している。図5の X ～ Z にあてはまるものとして最も適当なものを，後の**ア**～**ウ**から**一つずつ**選び，記号で答えなさい。ただし，図形の-----線は図4の状態を表している。

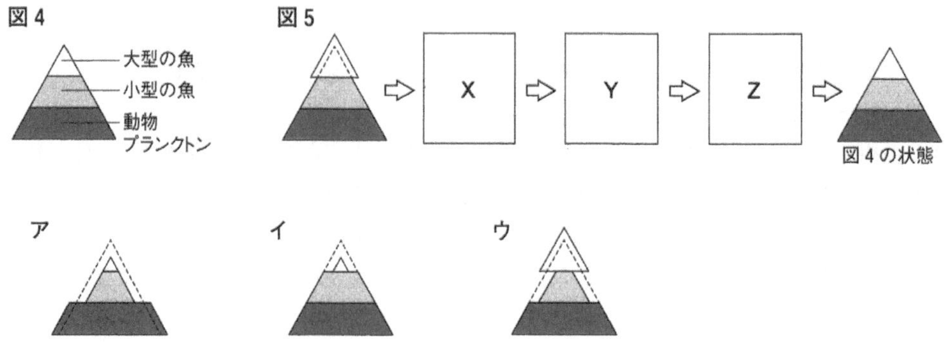

2 長い年月をかけて変化した生態系は，地層をつくる岩石や地層にふくまれる化石から推定することができる。地層が堆積した当時の環境を示す**示相化石**を，次の**ア**～**エ**から**一つ**選び，記号で答えなさい。

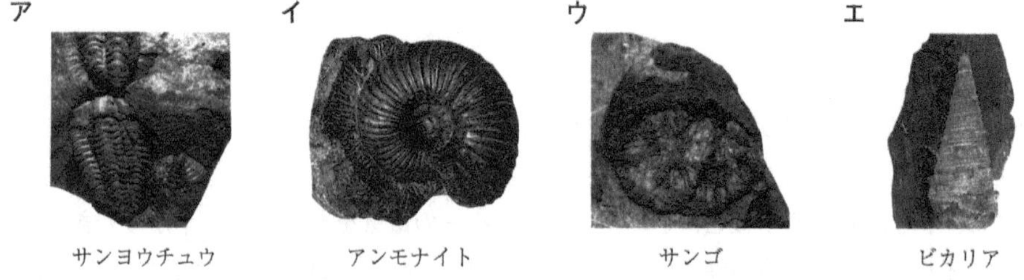

サンヨウチュウ アンモナイト サンゴ ビカリア

【第２問題】　次の問１，問２に答えなさい。

問１　次の資料は，19世紀の中ごろに，メンデルが行った遺伝の実験を簡単にまとめたものである。これについて，後の１～４に答えなさい。

資　料

交配１　図のように，丸形の種子をつくる遺伝子Ａだけをもつ純系のエンドウのめしべに，しわ形の種子をつくる遺伝子ａだけをもつ純系のエンドウの花粉を受粉させると，丸形の種子だけができた。

図

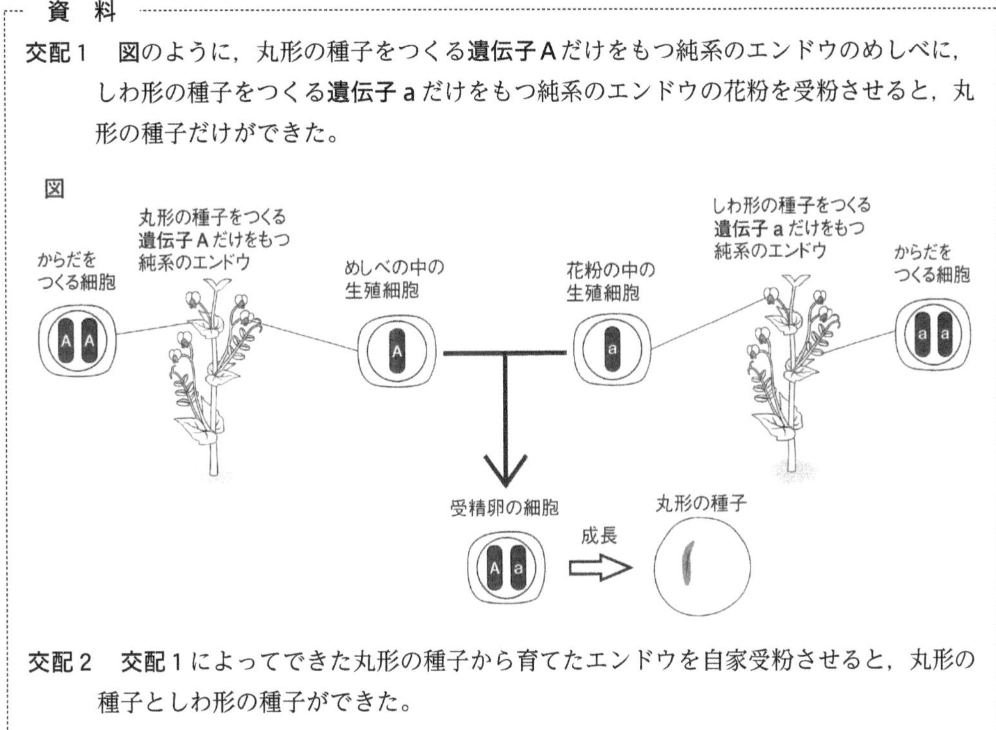

交配２　交配１によってできた丸形の種子から育てたエンドウを自家受粉させると，丸形の種子としわ形の種子ができた。

1　交配１によってできた丸形の種子は，遺伝子Ａが伝える形質（丸）しか現れず，遺伝子ａが伝える形質（しわ）はかくれたままになっている。このとき，丸形のように子に現れる形質を何というか，その名称を答えなさい。

2　交配２によってできた丸形の種子としわ形の種子の数を，最も簡単な整数の比で答えなさい。

3　交配２によってできた丸形の種子を１個選び，これを種子Ｓとする。次の文章は，種子Ｓが純系かどうかを調べるために行う交配について説明したものである。［Ｘ］，［Ｙ］にあてはまる言葉として最も適当なものを，後のア～オから一つずつ選び，記号で答えなさい。ただし，［Ｘ］はア，イから，［Ｙ］はウ～オから選ぶこと。

> 種子Ｓから育てたエンドウと，交配２によってできた［Ｘ］の種子から育てたエンドウを交配する。その結果，［Ｙ］ができれば，種子Ｓは純系である。

	Ｘ
ア	丸形
イ	しわ形

	Ｙ
ウ	丸形の種子だけ
エ	しわ形の種子だけ
オ	丸形の種子としわ形の種子

4　親の遺伝子が子に受けつがれるしくみは，分離の法則によって説明できる。分離の法則とは

どのような法則か，図を参考にして解答欄に合うように答えなさい。

問2　次の**ノートの一部**は，サルのなかまが出現した順を探究するために佐藤さんがまとめたものである。佐藤さんはセキツイ動物について学習したことを振り返り，**表1**のように整理し**気づいたこと**をまとめた。そして，サルのなかまの特徴と出現した年代の関係について**仮説**を設定し，**表2**のように調べたことをまとめた。これについて，後の1～3に答えなさい。

ノートの一部

〈セキツイ動物のなかま〉

表1　セキツイ動物の出現した年代と特徴

		魚類	両生類	ハチュウ類	鳥類・ホニュウ類
出現した年代		約5億年前	約4億年前	約3億年前	約2億年前
特徴	背骨の有無	有り	有り	有り	有り
	からだを支えるあしの有無	無し	有り	有り	有り
	生活場所	水中	幼生：水中 成体：陸上	陸上	陸上
	羽毛または毛の有無	無し	無し	無し	有り

気づいたこと

セキツイ動物のなかまのからだのつくりや生活場所などの特徴を比べたとき，共通点が多いほど，互いに出現した年代が近い。

〈サルのなかま〉

仮説　サルのなかまのからだのつくりや生活場所などの特徴を比べたとき，共通点が多いほど，互いに出現した年代が近い。

表2　サルのなかまの特徴

		A チンパンジー	B メガネザル	C オランウータン	D ヒト
特徴	背骨と頭の骨がつながる位置	頭の骨の後頭部側	頭の骨の後頭部側	頭の骨の後頭部側	頭の骨の真下
	手の親指と他の指のつくり	向かい合うことができ，ものをつかみやすい	向かい合うことができにくく，ものをつかみにくい	向かい合うことができ，ものをつかみやすい	向かい合うことができ，ものをつかみやすい
	生活場所	地上と木の上の両方	木の上	木の上	地上

1　**セキツイ動物ではない**ものを，次の**ア**～**エ**から**一つ**選び，記号で答えなさい。

ア　メダカ　　**イ**　コウモリ　　**ウ**　イモリ　　**エ**　ザリガニ

2　ホニュウ類は，卵が受精した後に母親の体内である程度育ち，子としてのからだができてからうまれる。このような子のうまれ方を何というか，その**名称**を答えなさい。

3　**仮説**が正しいとした場合，**表2のA～Dが出現した順**を解答欄に合うように記号で答えなさい。ただし，Dが最後に出現したことはわかっている。

【第3問題】 次の問1，問2に答えなさい。

問1　物質の水へのとけ方を調べる目的で**実験1**を行い，**実験2**を計画した。これについて，後の1～4に答えなさい。

実験1

操作1　4個のビーカーに，水をそれぞれ20g，30g，50g，80g入れた。

操作2　室温（20℃）のもとで，それぞれの水にとけた塩化ナトリウムの質量を記録した。

結　果　この実験の結果は，**表1**のようになった。

表1

水の質量〔g〕	20	30	50	80
とけた塩化ナトリウムの質量〔g〕	7	11	18	29

1　水の質量を横軸に，とけた塩化ナトリウムの質量を縦軸にとり，その関係を表すグラフをかきなさい。なお，横軸と縦軸に必要な数値をかき入れること。

実験2

操作1　硝酸カリウム8.50gを試験管に入れ，水10gを加えて室温(20℃)に保ってよくふる。

操作2　操作1の試験管を熱し，温度を60℃に保ってよくふる。

操作3　試験管の加熱をやめ，空気中で放置して温度を少しずつ下げていき，ふたたび室温（20℃）に戻す。

予　想　図1の硝酸カリウムの溶解度曲線をもとに，それぞれの操作の結果を予想し，**表2**のようにまとめた。

表2

操作1	20℃の水10gに硝酸カリウムは3.16gまでとけるので，硝酸カリウムはとけ残るだろう
操作2	60℃の水10gに硝酸カリウムは［X］gまでとけるので，硝酸カリウムはすべてとけるだろう
操作3	約［Y］℃で硝酸カリウムの結晶ができはじめ，室温（20℃）まで下げると［Z］gの結晶が出てくるだろう

図1

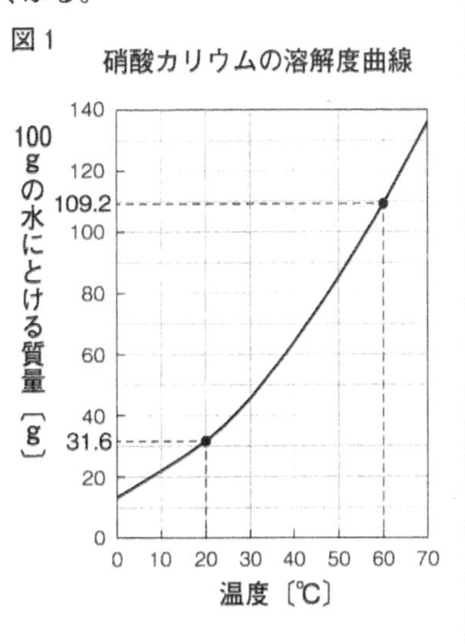

2　**表2**の［X］にあてはまる**数値**を，**小数第2位**まで求めなさい。

3　**表2**の［Y］にあてはまる数値として最も適当なものを，次の**ア～エ**から**一つ**選び，記号で答えなさい。

ア 30　**イ** 38　**ウ** 50　**エ** 53

4　表2の Z にあてはまる**数値**を，**小数第2位**まで求めなさい。

問2　物質によって酸素との結びつきやすさにちがいがあることを調べる目的で**実験3**を行った。これについて，後の1～4に答えなさい。

実験3

操作1　酸化銅と炭素の粉末をよく混ぜ，試験管に入れた。そして，**図2**のような装置で混合物を加熱した。反応後，<u>ガラス管を石灰水の中から出し，加熱をやめて試験管を冷ました</u>。試験管が冷めてから試験管の中の物質をとり出し，薬品さじで強くこすった。

操作2　**図3**のように，二酸化炭素で満たした集気びんの中に，火をつけたマグネシウムリボンを入れた。

操作3　酸化銅とマグネシウムの粉末をよく混ぜ，試験管に入れた。そして，**図4**のような装置で混合物を加熱した。反応後，試験管の中の物質をとり出し，薬品さじで強くこすった。

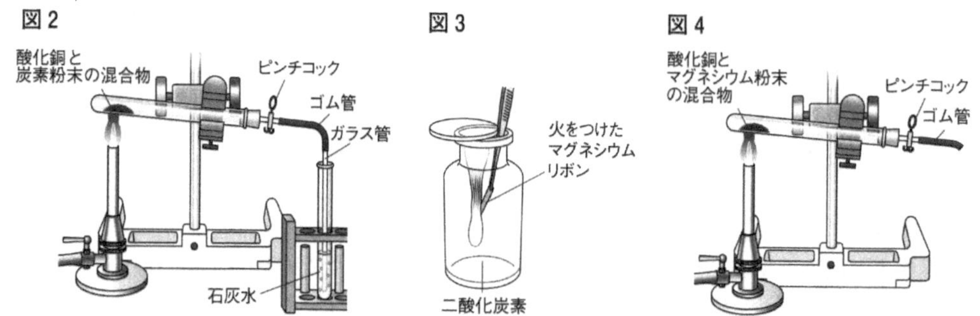

結　果　それぞれの操作で起こった反応について，見られたようすとその化学変化を表したモデルを**表3**にまとめた。

表3

	見られたようす	化学変化を表したモデル
操作1	・気体が発生し，石灰水は白くにごった ・薬品さじでこすると，赤い光沢が見られた	(Cu)(O)，(Cu)(O) ＋ (C) → (Cu)，(Cu) ＋ (O)(C)(O)
操作2	・マグネシウムリボンは燃焼して，白色の物質に変化した ・集気びんの中に黒色の物質ができた	(Mg)，(Mg) ＋ (O)(C)(O) → (Mg)(O)，(Mg)(O) ＋ (C)
操作3	・薬品さじでこすると，赤い光沢が見られた	(Cu)(O) ＋ (Mg) → (Cu) ＋ (Mg)(O)

1　**操作1**で起こった反応について，次の文の X ， Y にあてはまる**語句**をそれぞれ答えなさい。

> 酸化銅は X され，同時に炭素は Y された。

2　**操作1**で起こった反応について，**表3**の化学変化を表したモデルを**化学反応式**でかきなさい。

3　**操作1**の**下線部**について，加熱をやめた後すぐにしなければならない**具体的な操作**と，その操作を行う**理由**を簡単に答えなさい。

4　**結果**をもとに，銅，マグネシウム，炭素を，**酸素と結びつきやすい**順に並べなさい。

【第４問題】 次の問１，問２に答えなさい。

問１　同じおもりを同じ高さまで引き上げるときに，その方法と仕事の大きさの関係を調べる目的で**実験１**を行った。これについて，後の１～４に答えなさい。ただし，質量100ｇの物体にはたらく重力の大きさを１Ｎとする。

実験１

質量800ｇのおもりに軽い糸をつけて高さ0.15ｍまで引き上げる。このときに必要な力の大きさと糸を引いた距離を測定した。

方法１　**図１**のように，直接引き上げた。

方法２　**図２**のように，質量60ｇの動滑車を使って引き上げた。

方法３　**図３**のように，斜面を使って引き上げた。

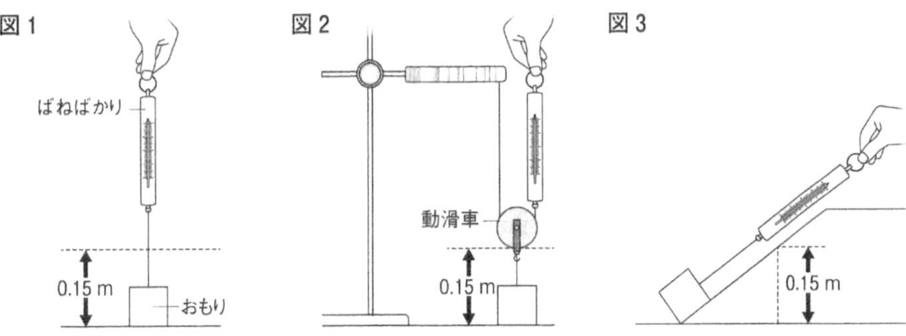

結　果　それぞれの方法による結果は，**表**のようになった。

表

	引き上げた力の大きさ	糸を引いた距離
方法１	8.0 N	0.15 m
方法２	4.3 N	0.30 m
方法３	7.0 N	0.25 m

1　**方法１**で，高さ0.15ｍまで引き上げておもりが静止しているとき，おもりにはたらく重力とつり合う力を，解答欄の重力にならって**作用点**を●で示し，**矢印**でかきなさい。

2　**方法１**で，おもりを引き上げるのにかかった時間は2.0秒だった。おもりを引き上げた力がした仕事の**仕事率は何Ｗか**，求めなさい。

3　**方法２**の結果について考察している２人の会話文の［Ｘ］にあてはまる**理由**を答えなさい。

鈴木さん「引き上げた力の大きさは，仕事の原理から予想すると4.0Ｎになるはずなのに，結果は予想より大きくなったね。これはなぜだろうか。」

田中さん「動滑車と糸の間ではたらく摩擦力はとても小さくて，実験の結果にほとんど影響がないため，理由は［　Ｘ　］だと思うよ。」

4　**方法３**の結果も，引き上げた力の大きさは，仕事の原理から予想される力の大きさよりも大きい。何N大きいか，求めなさい。

問２　電流がつくる磁界や，電流が流れているコイルが磁界から受ける力を調べる目的で**実験２**を行った。これについて，後の１～４に答えなさい。

実験２

操作１　図４のように，コイルにＡからＢの向きに電流を流したとき，電流がつくる磁界のようすを調べた。

操作２　図５のような実験装置を組み立てて電流を流し，コイルが受ける力の向きを調べた。

操作３　**操作２**と電流の向きを逆向きにして，コイルが受ける力の向きを調べた。

操作４　**操作３**に続けて，**操作３**と磁石の磁界の向きを逆向きにして，コイルが受ける力の向きを調べた。

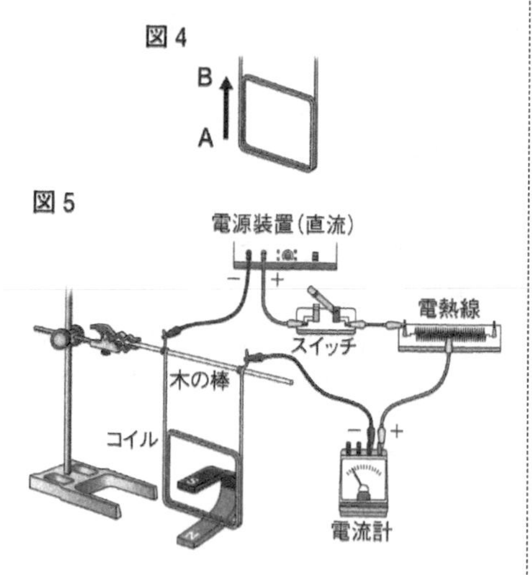

１　**操作１**で，ＡからＢに向かって流れる電流がつくる磁界のようすを磁力線で表したものとして最も適当なものを，次の**ア～エ**から**一つ**選び，記号で答えなさい。

ア
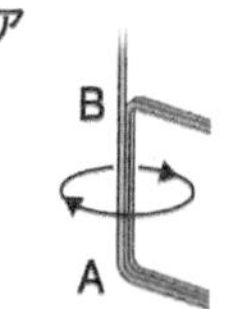

イ
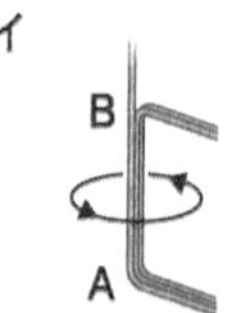

ウ
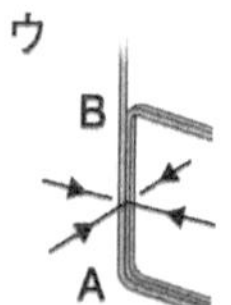

エ
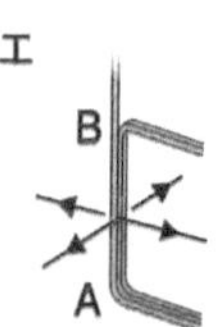

２　**操作２**で，コイルは**図６**の矢印の向きに動いた。**操作３**，**操作４**の結果について述べた次の文の［X］，［Y］にあてはまる**語句**をそれぞれ答えなさい。

図６
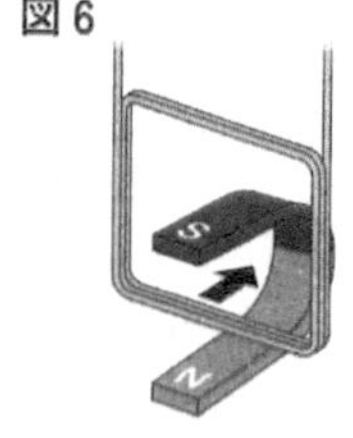

> コイルが受ける力の向きは，**操作３**では**操作２**のときと［X］であり，**操作４**では**操作２**のときと［Y］であった。

３　10Ω，20Ω，30Ωの３種類の抵抗器が１個ずつある。この中から２個の抵抗器を選んで直列または並列につなぎ，**図５**の実験装置の電熱線のかわりに使用する。コイルが受ける力の大きさが**最も大きくなる**抵抗器の組み合わせとつなぎ方を，解答欄に合うように答えなさい。ただし，電源装置の電圧は一定になるようにして実験を行う。

４　私たちは，電流が磁界から受ける力を日常生活のさまざまな場面で利用している。その例として最も適当なものを，次の**ア～エ**から**一つ**選び，記号で答えなさい。

ア　蛍光灯の光であたりを照らす。
イ　電気ポットの電熱線で水を温める。
ウ　マイクロホン（マイク）で音をひろう。
エ　換気扇をまわして排気する。

【第５問題】 次の**問１**, **問２**に答えなさい。

問１　吉田さんは，**図１**のような雲ができるしくみに興味をもち，次の**仮説１**を設定して**実験１**を行い，湿度，気圧の変化と雲のでき方の関係を調べることにした。これについて，後の１～４に答えなさい。

図１

> **仮説１**　空気の湿度が高いほど，気圧を下げたときに雲ができやすくなるだろう。

実験１

操作１　ビニルぶくろの中に少量の水と少量の線香のけむりを入れ，口を輪ゴムできつくしばった。

操作２　図２のように，簡易真空容器の中に**操作１**のビニルぶくろ，気圧計，デジタル温度計を入れてふたをした。このときの気圧，温度，ビニルぶくろのようすを記録した。

操作３　簡易真空容器の中の空気をぬいて，気圧，温度，ビニルぶくろのようすを記録した。

図２

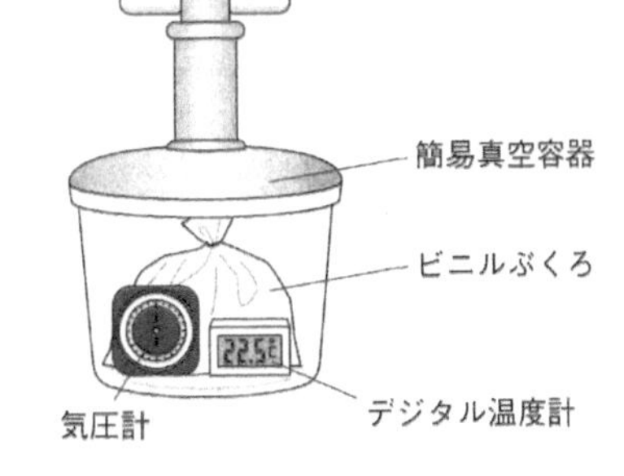

結　果　**操作２**，**操作３**の結果は，**表１**のようになった。

表１

	気圧〔hPa〕	温度〔℃〕	ビニルぶくろのようす
操作２	1000	22.5	中はくもっていなかった
操作３	650	20.7	ふくらんで，その中がくもった

１　**図１**は，積雲が発達したもので，雷やひょう，大雨の原因となる雲である。この雲を何というか，その**名称**を答えなさい。

２　**操作３**の**下線部**は，自然界で雲ができるときのどのような現象を再現したものか。次の文の［X］，［Y］にあてはまる語句の組み合わせとして最も適当なものを，後の**ア**～**エ**から**一つ**選び，記号で答えなさい。

> 水蒸気をふくむ空気のかたまりが［X］して，まわりの気圧が［Y］なる現象を再現している。

	X	Y
ア	上昇	高く
イ	上昇	低く
ウ	下降	高く
エ	下降	低く

３　次のページの文章は，**操作３**でビニルぶくろの中がくもった理由を説明したものである。［Z］にあてはまる適当な**言葉**を答えなさい。

> 気圧が変化することで，ビニルぶくろの中の空気が膨張して温度が下がった。このことで，温度が［　Z　］なったため，空気にふくまれていた水蒸気が水滴になった。

4　**仮説 1** を確かめるためには，さらに**図 2** の装置で湿度を変えて実験を行う必要がある。**実験 1** のときと比べて**湿度を高く**するにはどうしたらよいか，その**方法**を答えなさい。

問 2　吉田さんは，吸盤が平面にはりつくことに疑問をもち，次の**仮説 2** を設定して，**実験 2** を行った。これについて，後の 1 ～ 4 に答えなさい。

> **仮説 2**　吸盤の［　X　］が大きいほど，吸盤がはずれるのに必要な［　Y　］が大きくなるだろう。

実験 2

操作 1　**表 2** のような 3 種類の吸盤を用意した。

表 2

吸盤	A 約 2 cm	B 約 3 cm	C 約 4 cm
平面にはりついたときの吸盤の面積	0.0003 m^2	0.0007 m^2	0.0013 m^2

操作 2　実験室の気圧を測定した。

操作 3　**図 3** のように，軽いふくろをとり付けた吸盤を机の下にはりつけた。

操作 4　質量50 g のおもりをふくろに入れていき，吸盤が机からはずれたときのおもりの個数と力の大きさを，それぞれ 1 回だけ調べた。

結　果　この実験の結果は，**表 3** のようになった。

図 3

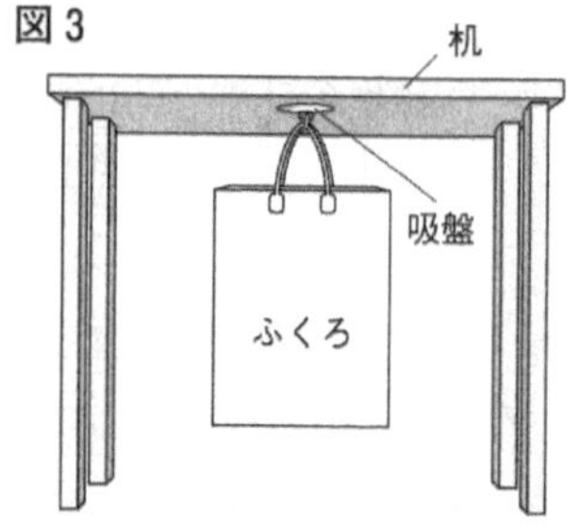

表 3

吸盤	A	B	C
実験室の気圧〔hPa〕	998	998	998
吸盤が机からはずれたときのおもりの個数〔個〕	38	52	162
吸盤が机からはずれたときの力の大きさ〔N〕	19	26	81

1　**仮説 2** の［　X　］，［　Y　］にあてはまる適当な**語句**をそれぞれ答えなさい。

2　吉田さんは，同じ学級の前田さんから「吉田さんが行った実験の結果では，測定値が足りないので仮説が正しいことを十分に判断できません。」と意見をもらった。どのように改善すればよいか，**具体的な操作**を答えなさい。

3　吉田さんはその日のうちに実験を改善して行い，その結果をもとにして次のように考えをまとめた。 Z にあてはまる**語句**を答えなさい。

> 実験の結果から，**仮説2**が正しいことがわかった。このような結果になるのは，吸盤の面積によって， Z が吸盤をおす力が変化したためであると考えられる。

4　別の日に，吉田さんが改善した操作でもう一度実験を行うと，どの吸盤も机からはずれたときのおもりの個数が，前に行った実験の結果より増えた。その**理由**を答えなさい。

＜社会＞

時間 50分 満点 50点

【第1問題】 世界と日本の地理について，次の**問1～問3**に答えなさい。

問1 **略地図①**，**略地図②**について，後の1～3に答えなさい。なお，**略地図②**は図の中心（**東京**）からの距離と方位が正しい。

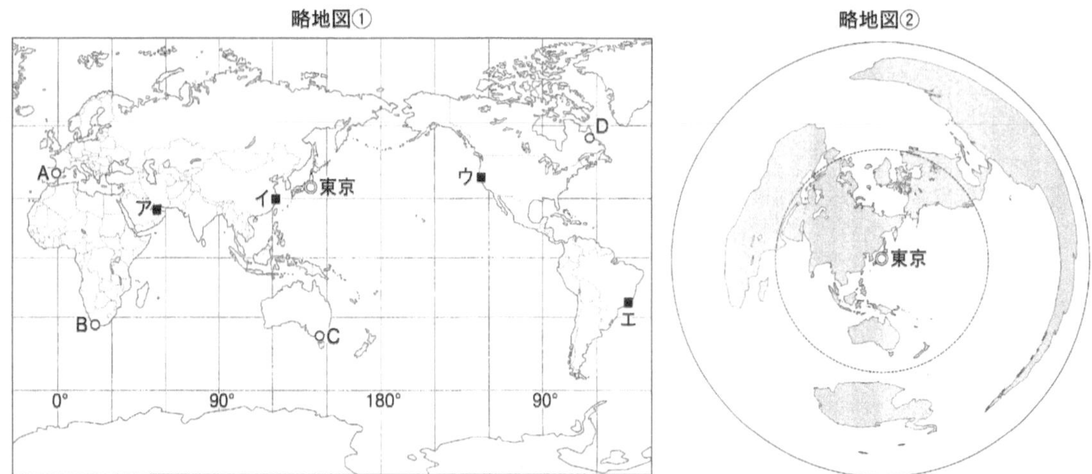

1 **グラフ①**，**写真①**は，いずれも同じ都市について示したものである。この都市の位置として最も適当なものを，**略地図①**中の**ア～エ**から**一つ**選び，記号で答えなさい。

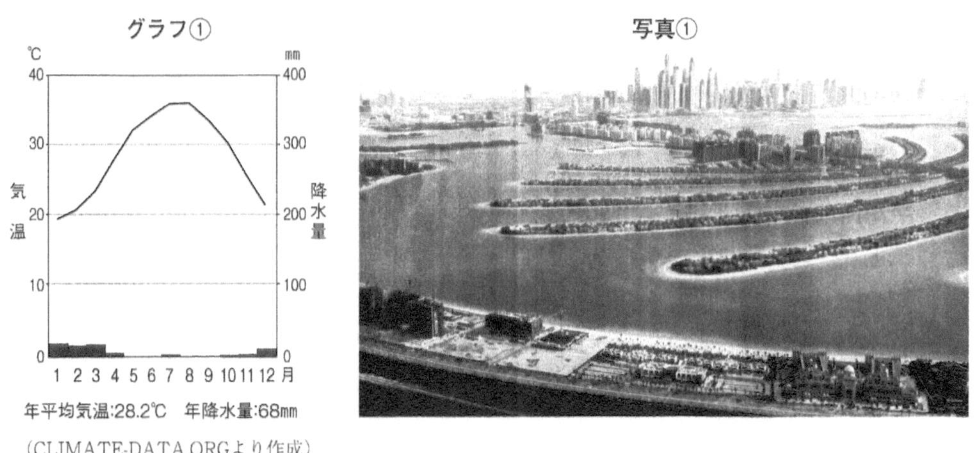

2 **略地図①**中の**ア～エ**のうち，最も早く日付が変わる都市を**一つ**選び，記号で答えなさい。

3 **略地図①**中の**A～D**のうち，**東京**からの距離が**最も遠い地点**を，**略地図②**を参考にして**一つ**選び，記号で答えなさい。

問2 **地図①**，**地図②**は，**千葉県**の**木更津市**周辺の同じ地域のものである。後の1～3に答えなさい。

（**地図①**，**地図②**は次のページにあります。）

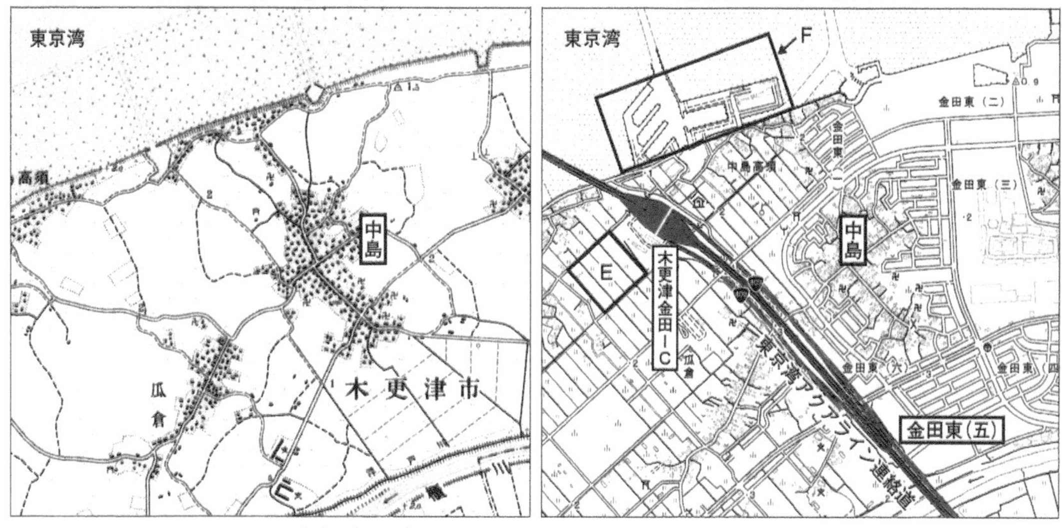

（２万５千分の１地形図「奈良輪」より作成）　（２万５千分の１地形図「奈良輪」より作成）

1　**地図①**と**地図②**の比較から読み取れることとして最も適当なものを，次の**ア**～**エ**から**一つ**選び，記号で答えなさい。

ア　区画整理されたＥの区域は，地図上で１辺が約１cmの正方形なので実際の面積は約１km²である。

イ　「金田東（五）」は，1965年頃に山地であった場所を切り開いて造成された。

ウ　「木更津金田ＩＣ」から南西に延びる東京湾アクアライン連絡道が建設された。

エ　「中島」の集落を囲むように整備された道路沿いに，消防署が設置された。

2　**地図②**中のＦの区域には，新たに埋め立てられた場所が含まれている。埋め立て地では，地震の震動により，水と砂を多く含む地面が一時的にやわらかくなる現象が発生することがある。この現象を何というか，**漢字３字**で答えなさい。

3　**表①**中の**ア**～**エ**は，千葉県，愛知県，滋賀県，島根県のいずれかである。**千葉県**にあたるものを，**表①**中の**ア**～**エ**から**一つ**選び，記号で答えなさい。

表①

	野菜の産出額（億円）	漁業生産量（トン）	製造品出荷額（億円）	昼夜間人口比率（％）
ア	105	1122	75971	96.6
イ	1011	69437	439880	101.3
ウ	1383	103423	119264	88.3
エ	101	93927	11651	100.1

※漁業生産量は，海面と内水面（河川･湖沼）での漁業生産量を合わせたもの
※昼夜間人口比率は，夜の人口を100としたときの昼の人口の割合
※**表①**中の値は，すべて2020年のもの
（「データでみる県勢2023年版」より作成）

問３　あるクラスで，世界の諸地域について学んだことをもとにして学習課題を設定し，**表②**（次のページ）にまとめた。**表②**を見て，後の**１**～**５**に答えなさい。

表②

	アジア州	南アメリカ州	ヨーロッパ州	アフリカ州
学んだこと	多様な(a)気候が見られる。	コーヒー豆やさとうきびの生産がさかんである。	ＥＵ加盟国は増加している。	紛争や食料不足，環境問題などの課題がある。
学習課題	気候は，そこで暮らす人々にどのような影響を与えているか。	(b)農地の開発は，地域にどのような影響を与えているか。	(c)ＥＵ加盟国の拡大によって，どのような問題が生じているか。	(d)紛争の背景や原因は何か。

1 グラフ②，表③中のア～エは，表②中の各州に位置するインド，チリ，イギリス，南アフリカ共和国のいずれかである。インドにあてはまるものを，ア～エから一つ選び，記号で答えなさい。ただし，グラフ②中のア～エと表③中のア～エは，それぞれ同じ国を表している。

グラフ② 一人あたりの国民総所得の変化

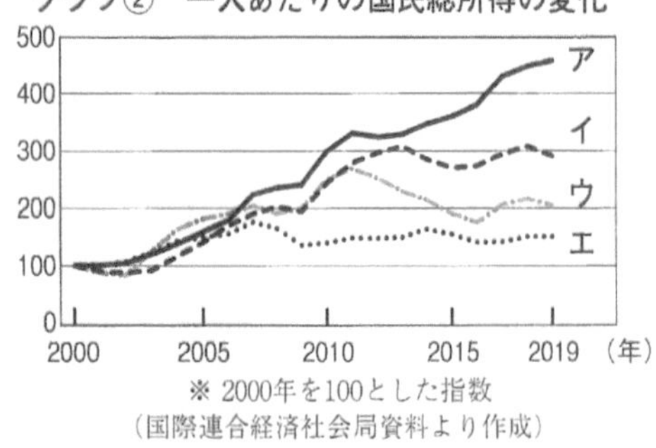

※ 2000年を100とした指数
(国際連合経済社会局資料より作成)

表③ 輸出品上位３品目（2019年）

	1位	2位	3位
ア	石油製品	機械類	ダイヤモンド
イ	銅鉱	銅	野菜・果実
ウ	自動車	白金族	機械類
エ	機械類	自動車	医薬品

※ 白金族とはプラチナなどのこと
(「世界国勢図会2021/22年版」などより作成)

2 下線部（a）に関連して，東南アジアなどでは，写真②のように，7月と１月の景観が大きく異なる地域が見られる。７月の景観が１月と大きく異なる理由を，図①を参考にして，解答欄に合うように，30字以内で答えなさい。ただし，図①中に示されている風の名称を必ず用いること。

写真② 7月と１月のトンレサップ湖（カンボジア）のようす

図① 7月と１月の風向き

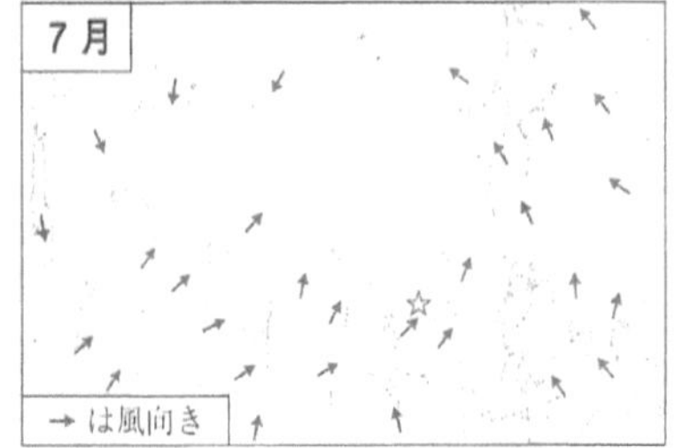

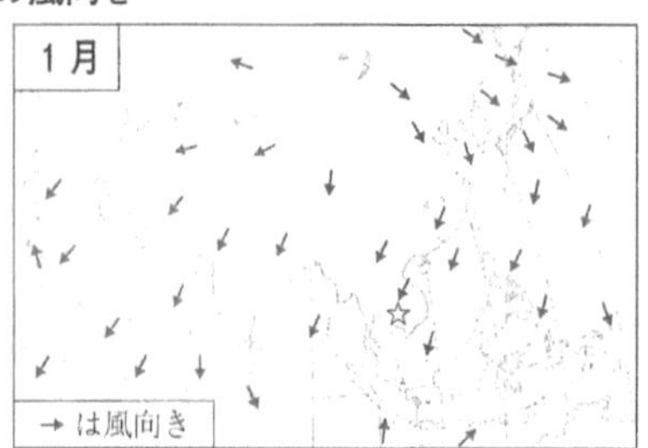

※☆は，写真②のトンレサップ湖の位置を示している。

3　下線部（b）に関連して，多くの労働者を雇って輸出向けの作物を大量に生産する，おもに熱帯に見られる大規模な農園を何というか，**カタカナ**で答えなさい。

4　下線部（c）に関連して，ＥＵは加盟国の拡大によってＥＵ域内の経済格差が大きくなり，共通政策をとりにくくなっている。**図②**，**図③**から読み取れる傾向について述べた下の文中の［G］，［H］にあてはまる語の組み合わせとして最も適当なものを，後の**ア**～**エ**から**一つ**選び，記号で答えなさい。

図②　ＥＵ加盟国の拡大

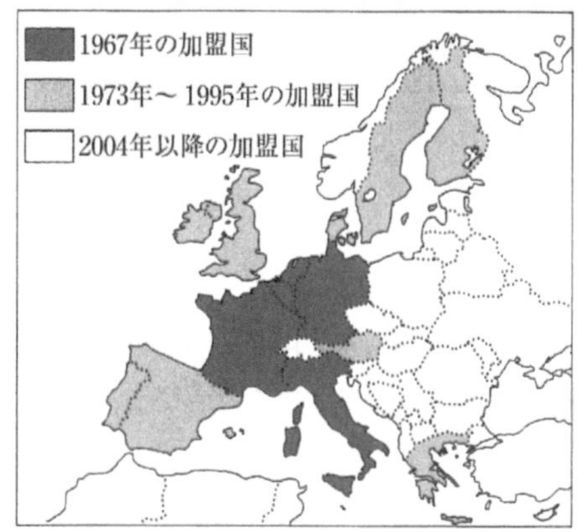

※イギリスは2020年にＥＵを離脱した。
（「世界国勢図会2019/20年版」より作成）

図③　ＥＵ加盟国の一人あたりの国民総所得（2017年）

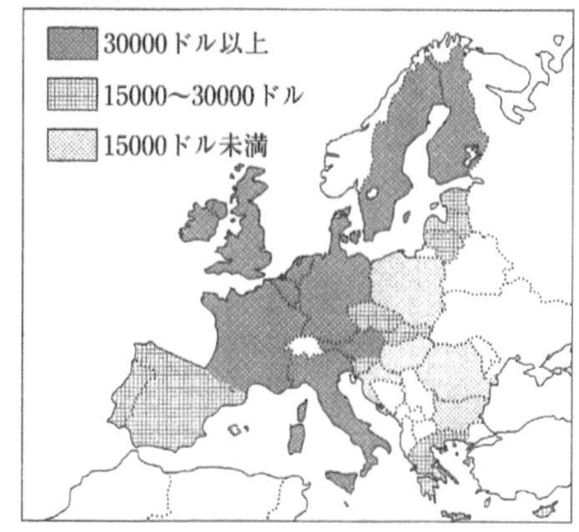

※イギリスは2020年にＥＵを離脱した。
（「世界国勢図会2019/20年版」より作成）

> 加盟時期が遅い国は，一人あたりの国民総所得が［G］傾向にあり，そのような国は［H］に多くみられる。

ア　G…低い　　H…西ヨーロッパ
イ　G…低い　　H…東ヨーロッパ
ウ　G…高い　　H…西ヨーロッパ
エ　G…高い　　H…東ヨーロッパ

5　下線部（d）に関連して，**図④**に示すナイジェリアは，かつてこの国を植民地として支配していたイギリスの言語を公用語にしている。ナイジェリアが公用語を設定している理由を，**表④**を参考にして，**40字以内**で答えなさい。ただし，**「共通」**という語を必ず用いること。

図④　ナイジェリアの位置

表④　ナイジェリアの民族・言語

民族	ヨルバ人，ハウサ人，イボ人など250以上の民族
言語	英語（公用語），ヨルバ語，ハウサ語，イボ語など500以上の言語

（「データブック オブ・ザ・ワールド2023年版」より作成）

【第2問題】 歴史について，次の問1，問2に答えなさい。

問1 古代から近世について，次の1～7に答えなさい。

1 弥生時代に稲作が盛んになったことを示すものとして最も適当なものを，次の**ア**～**エ**から**一つ**選び，記号で答えなさい。

2 次の文章は，**表①**について説明したものである。文章中の A ， B にあてはまる語の組み合わせとして最も適当なものを，後の**ア**～**エ**から一つ選び，記号で答えなさい。

> **表①**は，奈良時代に現在の島根県から都に税として納めた物品についてまとめたものである。この中には地方の特産物を納める A という税が含まれており，各地から B たちによって都まで運ばれていた。

表①

国	納めた物品の例
出雲	絹布，絹糸，あわび
石見	綿，紙，紅花
隠岐	あわび，いか，なまこ

（「延喜式」などより作成）

ア A…調 B…農民
イ A…調 B…国司
ウ A…庸 B…農民
エ A…庸 B…国司

3 平安時代の中頃，紫式部が仮名文字で著した世界初の長編小説とされる文学作品を，**漢字**で答えなさい。

4 鎌倉時代におこり，武士や庶民を中心に広まった新しい仏教について説明した文として最も適当なものを，次の**ア**～**エ**から**一つ**選び，記号で答えなさい。

ア 栄西は，念仏（南無阿弥陀仏）を唱えれば，死後，だれでも極楽浄土に生まれ変われると説いた。

イ 親鸞は，座禅によって自分の力でさとりを開こうとする教えを，宋から伝えた。

ウ 法然は，山奥の寺での厳しい修行を重視し，災いを取り除く祈とうを取り入れた。

エ 日蓮は，法華経の題目（南無妙法蓮華経）を唱えれば，国も人々も救われると説いた。

5 **資料①**は，**図①**に示す鐘に刻まれた文字の一部で，15世紀に成立したある国が，日本などとの貿易によって繁栄しているようすを表している。**資料①**中の「この国」の貿易港の場所として最も適当なものを，**略地図①**中の**ア**～**エ**から**一つ**選び，記号で答えなさい。

（**資料①**，**略地図①**は次のページにあります。）

資料①

> この国は，南海の景勝の地にあり，(中略)船を通わせることで万国のかけ橋となり，外国の産物や宝物が至る所にあふれている。
> (一部要約し，読みやすく改めてある。)

図①

略地図①

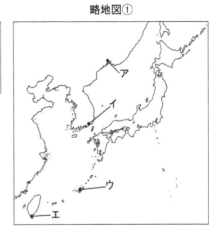

6　**年表①**は，豊臣秀吉の全国統一の過程をまとめたものである。豊臣秀吉は，**年表①**中の［C］に就任した後，どのように全国統一を進めていったか，**年表①**，**資料②**をもとに，解答欄に合うように，**25字以内**で答えなさい。ただし，「**権威**」という語と，**年表①**中の［C］**にあてはまる語**を必ず用いること。

年表①　豊臣秀吉の全国統一の過程

年	おもなできごと
1582	明智光秀を滅ぼす
1583	大阪城を築く
1585	成人の天皇を補佐する職である［C］に就任する
	四国の大名を従える
1587	九州の大名を従える
1588	京都の邸宅に天皇を招く
1590	関東の北条氏を滅ぼす
	東北の大名を従え，全国統一を完成させる

資料②　豊臣秀吉が1585年に九州の大名に出した命令

> 各地が平穏になりつつあるのに，九州で大名たちによる戦乱がやまないのは大変けしからんことである。領地争いについてお互い主張があれば，それは天皇に聞き届けられ，ご裁決がくだされる。天皇は戦いをやめることをお望みであるので，この命令に従わぬ者がいれば，必ず成敗されることになるであろう。　(読みやすく改めてある。)

7　江戸時代の政治について説明した次の**ア**～**ウ**を，年代の**古い**順に並べて，記号で答えなさい。

ア　幕府の学校では朱子学以外の学問を禁止し，試験による人材登用を進めた。

イ　異国船打払令を緩め，外国船が寄港すれば燃料や水を与えて退去させるよう命じた。

ウ　それまでの法を整理して，公事方御定書という裁判や刑罰の基準となる法律を定めた。

問2　近現代の日本と国際社会の関係についてまとめた**年表②**（次のページ）を見て，後の1～7に答えなさい。

年表②

年	おもなできごと	
1871	(a) 岩倉使節団が欧米に向けて出発する	(e)
1895	(b) 下関条約を締結する	
1914	(c) 第一次世界大戦に参戦する	
1937	(d) 日中戦争がはじまる	
1945	ポツダム宣言を受諾する	
1956	(f) 国際連合への加盟が認められる	(g)
1975	第1回先進国首脳会議に参加する	

1　下線部（a）に関連して，**資料③**，**資料④**は使節団の団員が欧米諸国を視察した際の感想などである。**資料③**，**資料④**を参考にして，使節団が帰国した直後の日本のようすについて述べたⅠ，Ⅱの文の正誤を判断し，組み合わせとして正しいものを，後の**ア**～**エ**から**一つ**選び，記号で答えなさい。

資料③　大久保利通の手紙

近ごろ，政府はさまざまな近代化政策を進め，形は整えたようであるが，実質はどうだろうか。(中略) 欧米諸国の文明化ははるかに進んでいて，とても日本のおよぶものではない。

(要約し，読みやすく改めてある。)

資料④　久米邦武の記録

欧米諸国では自由や自主の考え方が広がっている。(中略) 国民は開墾や事業をおこすことに盛んに励むが，(中略) 国民の自主の権利を強くすれば政府の指導力が弱くなり，自由を増やせば秩序が緩む。一長一短である。

(「米欧回覧実記」より引用。要約し，読みやすく改めてある。)

Ⅰ　国力の充実のためには国内の整備が優先だとして，征韓論が抑えられた。
Ⅱ　文明化には国民の自由や権利の拡大が重要だとして，すみやかに立憲体制が整備された。

ア　Ⅰ…正　Ⅱ…正　　**イ**　Ⅰ…正　Ⅱ…誤
ウ　Ⅰ…誤　Ⅱ…正　　**エ**　Ⅰ…誤　Ⅱ…誤

2　下線部（b）に関連して，日本が獲得した遼東半島を清に返還するように，ロシアなどが要求したできごとを何というか，答えなさい。

3　下線部（c）に関連して，第一次世界大戦中に**写真①**のようなようすが見られるようになった理由を，**グラフ①**をふまえながら，解答欄に合うように，**30字以内**で答えなさい。ただし，**「労働力」**という語を必ず用いること。

写真①　軍需工場で働く女性（イギリス）

グラフ①　イギリスの対外戦争の動員兵数

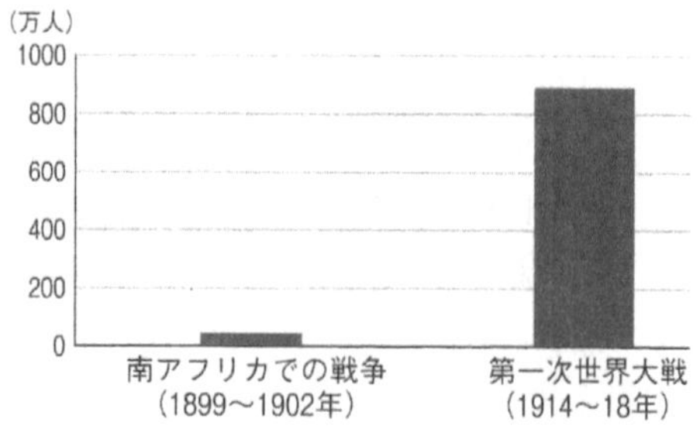

(「イギリスの歴史を知るための50章」などより作成)

4　下線部（d）に関連して，国民や物資を優先して戦争に回すために，1938年に制定された法律の名称を答えなさい。

5　次の**ア**～**ウ**は，**年表②**中の（e）の期間によまれた短歌である。短歌によまれている事柄から判断し，**ア**～**ウ**を年代の**古い順**に並べて，記号で答えなさい。

ア　草原に疎開(そかい)児童のひとり居(お)り　草の中にて　家思ふらん

イ　地図の上　朝鮮国に　黒々と　墨をぬりつつ　秋風を聴く

ウ　リットンの　報告書読みて　安からず　起きいる夜半の　甚(ひど)く饑(ひも)じき

6　下線部（f）と最も関係の深いできごとを，次の**ア**～**エ**から**一つ**選び，記号で答えなさい。

ア　サンフランシスコ平和条約の調印　　**イ**　日韓基本条約の調印

ウ　日中平和友好条約の調印　　**エ**　日ソ共同宣言の調印

7　**年表②**中の（g）の期間に関連して，D・Eは当時の新聞記事，F・Gは当時のようすを示したグラフである。このうち，新聞記事とグラフを一つずつ用いて，「**高度経済成長によって発生した社会問題**」というタイトルでレポートを書くとしたら，どれを選べばよいか。新聞記事とグラフの組み合わせとして最も適当なものを，後の**ア**～**エ**から**一つ**選び，記号で答えなさい。

D

デモ、徹夜で国会を包む

安保新条約 ついに自然承認

社党、不承認を宣言

反対は一部分子

一般市民参加、目立つ

三十三万を動員

（「朝日新聞（1960年6月19日付記事）」より作成）

E

水俣病、チッソに全面責任

四大公害裁判

患者側勝訴に終わる

注意義務、怠った

九億三千万円支払え

見舞金契約は無効

（「毎日新聞（1973年3月20日付記事）」より作成）

F

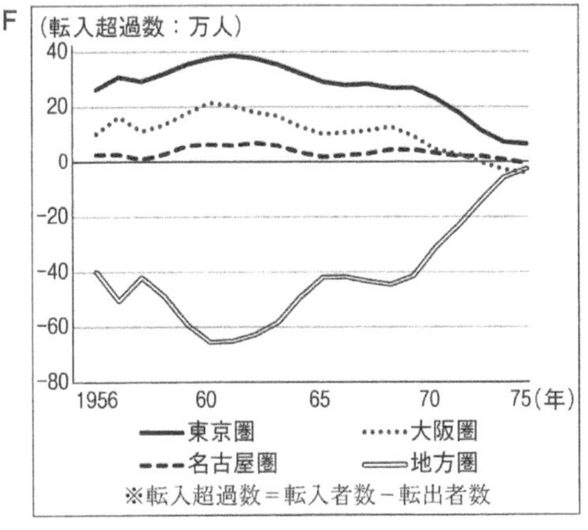

（総務省統計局資料より作成）

G

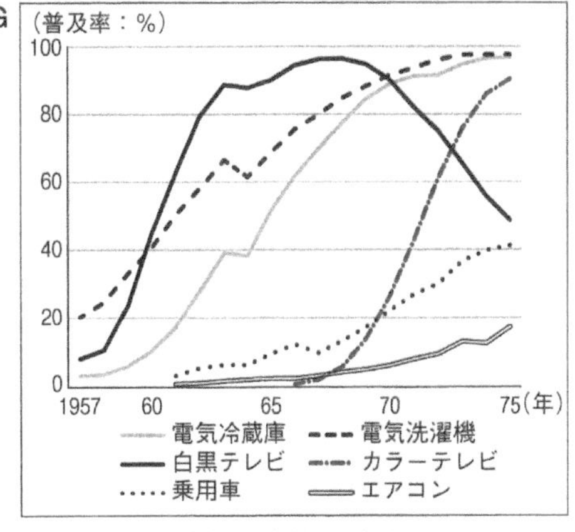

（内閣府資料より作成）

ア　DとF　　**イ**　DとG　　**ウ**　EとF　　**エ**　EとG

【第３問題】 次の問１～問３に答えなさい。

問１　政治について，次の１～３に答えなさい。

１　日本国憲法が保障する自由権には，精神の自由，身体の自由，経済活動の自由がある。**精神の自由にあてはまらないもの**を，次の**ア**～**エ**から**一つ**選び，記号で答えなさい。

ア　職業選択の自由　　**イ**　信教の自由　　**ウ**　学問の自由　　**エ**　思想・良心の自由

２　日本の裁判員制度について説明したⅠ，Ⅱの文の正誤を判断し，組み合わせとして正しいものを，後の**ア**～**エ**から**一つ**選び，記号で答えなさい。

> Ⅰ　裁判員制度は，殺人などの重大な犯罪についての刑事裁判の第一審と第二審を対象とする。
>
> Ⅱ　裁判員は，法廷で証拠を見聞きし，裁判官と話し合って，被告人が有罪か無罪かを判断する。

ア　Ⅰ…正　Ⅱ…正　　**イ**　Ⅰ…正　Ⅱ…誤　　**ウ**　Ⅰ…誤　Ⅱ…正　　**エ**　Ⅰ…誤　Ⅱ…誤

３　日本の選挙制度について考えるために，モデルとして**表①**を作成してみた。**表①**は，定数が４人の比例代表制の選挙区における政党別の得票数と，ドント式の計算の結果を示している。後の⑴，⑵に答えなさい。

表①

政党	得票数	ドント式の計算		
		÷１	÷２	÷３
ハル党	3000	3000	1500	1000
ナツ党	1800	1800	900	600
アキ党	1440	1440	720	480
フユ党	1200	1200	600	400

⑴　**表①**において，**アキ党**が得た議席数を答えなさい。

⑵　**比例代表制の長所**を，**表①**を参考にして，解答欄に合うように，**30字以内**で答えなさい。ただし，「**世論**」という語を必ず用いること。

問２　経済について，次の１～３に答えなさい。

１　次の文章は，**図①**について説明したものである。文章中の［A］にあてはまる語を，**漢字２字**で答えなさい。ただし，文章中と**図①**中の［A］には，同じ語があてはまる。

> 銀行は，家計や企業にお金を貸し出し，返済にあたって［A］が上乗せされた金額を受け取る。
>
> 一方，家計や企業が銀行に預けたお金を引き出す際に，銀行は，［A］を上乗せした金額を家計や企業に支払う。

図①　銀行と家計・企業間のお金の流れ

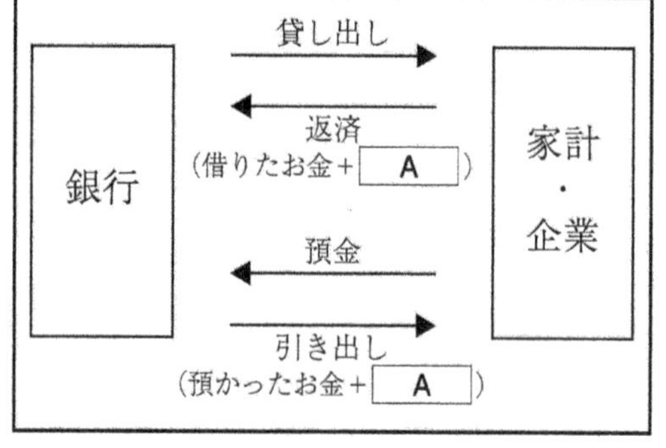

2　<事例>Ⅰ，Ⅱのそれぞれには，<法律>a～dのどれが適用されるか。事例と法律の組み合わせとして最も適当なものを，後の**ア～エ**から**一つ**選び，記号で答えなさい。

<事例>

Ⅰ　X社から「自然環境に優しい製品を購入しないか」と電話で勧誘があり，製品のことを十分に理解せずに購入する契約をしてしまった。X社との契約を解除したい。

Ⅱ　大手家電メーカーのY社が製造した電化製品を使用した際に，発火してけがをしてしまった。損害賠償をY社に請求したい。

<法律>

a　環境基本法　　b　個人情報保護法　　c　製造物責任法　　d　独占禁止法

ア　Ⅰとa　　**イ**　Ⅰとb　　**ウ**　Ⅱとc　　**エ**　Ⅱとd

3　**資料①**は，為替相場の変動が与える影響について説明したものである。［B］～［D］にあてはまる語の組み合わせとして正しいものを，後の**ア～エ**から**一つ**選び，記号で答えなさい。

資料①

円とドルの為替相場が，1ドル＝100円から1ドル＝150円となるように，ドルに対して円の価値が低くなることを［B］という。

日本からアメリカに旅行に行くために，おこづかい30000円を銀行でドルに交換する場合，1ドル＝100円のときに比べて，1ドル＝150円のときの方が受け取るドルの額が［C］なるため，アメリカで買い物をするときに［D］になる。

（ここでは為替相場以外の影響は考えないものとする。）

ア　B…円高ドル安　　C…多く　　D…有利

イ　B…円高ドル安　　C…少なく　　D…不利

ウ　B…円安ドル高　　C…多く　　D…有利

エ　B…円安ドル高　　C…少なく　　D…不利

問3　国際社会について，次の1～3に答えなさい。

1　国際連合は，紛争の起こった地域で，道路の補修や停戦後の監視などの活動を行っている。日本も参加しているこの活動の略称を，**アルファベット3字**で答えなさい。

2　**資料②**は，島根県に属する竹島の領有権問題に関するものである。**資料②**中の［E］にあてはまる国際連合の機関として正しいものを，後の**ア～エ**から**一つ**選び，記号で答えなさい。

資料②

韓国による竹島の不法占拠に対し，日本政府は問題の平和的解決を図っており，1954年，1962年及び2012年の3回，竹島問題の解決を［E］に委ねようと韓国に提案しました。しかし，韓国は「日韓に領土問題は存在しない」としてこれを拒否したため，実現していません。問題の解決を［E］に委ねるためには，当事者双方の合意が必要だからです。

（「竹島学習リーフレット」などより作成）

ア　国際司法裁判所　　**イ**　安全保障理事会　　**ウ**　総会　　**エ**　経済社会理事会

3　国際社会における，地球規模の社会的課題や現状について述べた文として最も適当なものを，次のページの**ア～エ**から**一つ**選び，記号で答えなさい。

ア 世界全体の人口に対して食料生産が大幅に不足しているため，発展途上国を中心に食料が十分に得られず，栄養不足による飢餓の状態にある人がたくさんいる。

イ 軍事力によって国家の安全保障を維持するという従来の考え方から，一人一人の生活を守ることによって平和と安全を実現するという考え方に転換することが求められている。

ウ 国際的な合意である温室効果ガスの削減に向けて，発電にかかる費用が安く，安定的な電力供給が可能な，太陽光や風力などの再生可能エネルギーの技術を開発する国が増えている。

エ 冷戦の終結後，民族や宗教，経済格差などを背景にした地域紛争や内戦が増加しているが，世界全体としては軍縮が進められており，日本など多くの国で防衛費や軍事費が減少している。

【第４問題】 えみさんたちは，社会科の授業で，「笑顔で暮らせる島根をつくる」をテーマに学習しています。次の会話文を読んで，後の**問１～問６**に答えなさい。

先生「島根県には豊かな自然や (a)伝統文化など，たくさんの魅力がありますが，長い間，人口減少が続いています。幸せに暮らし続けられる島根県にするにはどうすればよいか，考えてみましょう。」
えみ「(b)交通網を整備すると産業が発展するし，観光客も増えると思います。」
けん「(c)仕事と子育てが両立できる環境づくりを進めることも必要ですね。」
あや「職場の (d)労働条件が改善されると，若い世代が増えると思います。」
ゆう「島根県は，他県に比べて (e)高齢化が進んでいるから，高齢者への配慮も必要ですね。」
先生「さまざまな意見が出ましたね。誰もが笑顔で暮らせる (f)持続可能な社会にしたいですね。」

問１ 下線部（a）に関連して，**資料①**は，17世紀はじめごろに京都などで流行した踊りについて記録したものである。この踊りのようすを描いた**図①**を参考にして，**資料①**中の A にあてはまる，江戸時代に発展して現代に受け継がれている芸能の名称を，**ひらがな**で答えなさい。

資料①

最近 A 踊りというものがはやっている。これは出雲出身の巫女（みこ）で，名前を国（くに）という女性が京都に上ってはじめたもので，めずらしい男装をして演技をするのがとても上手である。身分の上下を問わず，京都中の人々から大変もてはやされている。
（「当代記」より引用。読みやすく改めてある。）

図①

問２ 下線部（b）に関連して，**図②**（次のページ）は，1989年と2019年の島根県東部の工業団地の立地の変化を示している。**図②**から工業団地の多くはどのようなところに増設されたかを読み取り，解答欄に合うように，**20字以内**で答えなさい。ただし，「**製品**」という語を必ず用いること。

図②　島根県東部の工業団地の立地の変化

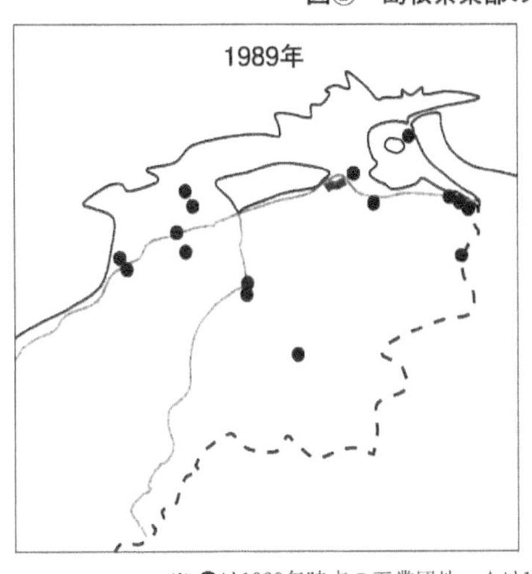

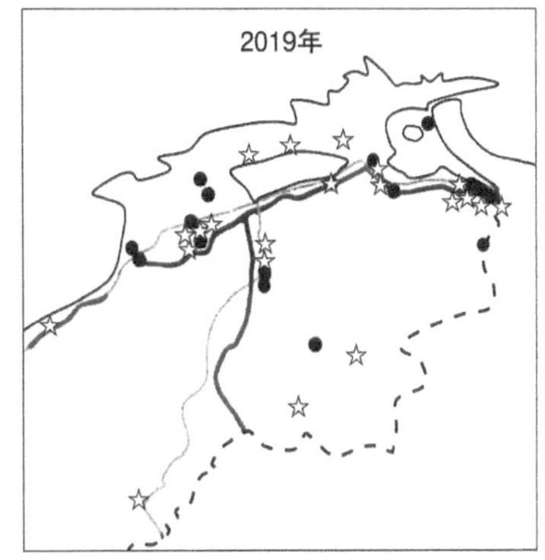

※ ●は1989年時点の工業団地，☆は1990年以降に増設された工業団地を示す。
※ ――― は国道9号と国道54号，━━━ は自動車専用道路を示す。
※ - - - - は島根県と他県の県境を示す。
(NEXCO西日本資料より作成)

問3　下線部（c）に関連して，**グラフ①**，**グラフ②**は，日本，ドイツ，スウェーデンのデータを示している。**グラフ①**，**グラフ②**から読み取れる内容として最も適当なものを，後の**ア**～**エ**から**一つ**選び，記号で答えなさい。

グラフ①　各国の一人あたりの年間の労働時間の推移

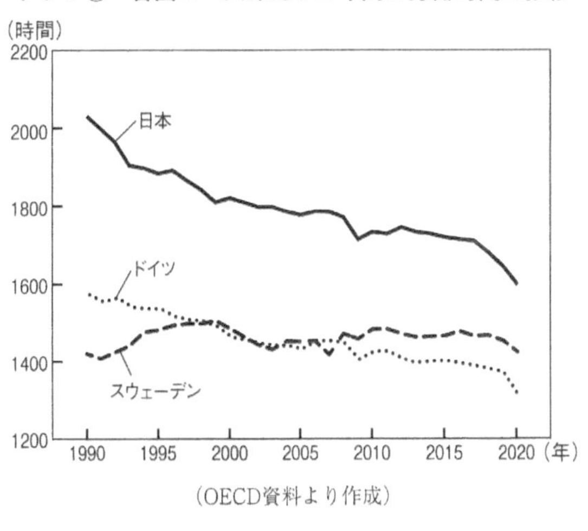

(OECD資料より作成)

グラフ②　少子化社会に関する国際意識調査（2020年）

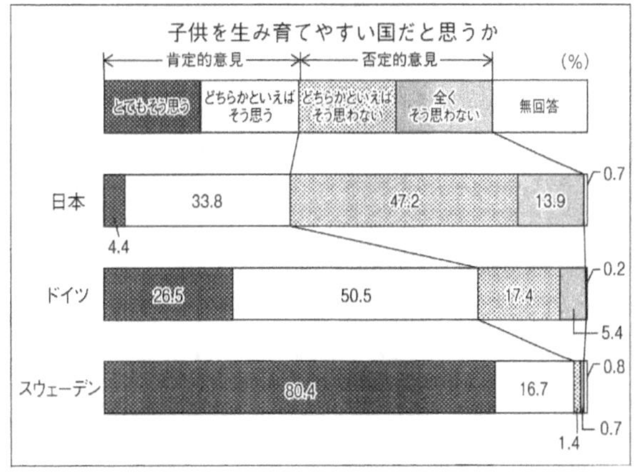

(内閣府資料より作成)

ア　3か国とも，1990年から2020年にかけて，労働時間が減少し続けている。

イ　1990年と2020年を比べると，3か国のうち最も労働時間が減少したのはスウェーデンである。

ウ　意識調査で否定的意見の割合が最も小さい国は，2020年の労働時間が最も短い。

エ　意識調査におけるスウェーデンの肯定的意見の割合は，日本の肯定的意見の割合の2倍以上である。

問4　下線部（d）に関連して，**資料②**は，19世紀の終わりごろの，ある綿糸紡績工場の労働のようすを記録したものである。**資料②**の労働のようすを，現在施行されている労働基準法の**資料③**に示されている内容に照らし合わせた場合，問題があると考えられることを，**二つ**答えなさい。ただし，二つの解答欄に一つずつ書くこと。

資料②

> 工場で働く女子の年齢は15歳から20歳までが多いが，(中略) 仕上げの工程に従事する者は年齢が若く，(中略) 大体12歳から14，15歳，はなはだしい所は7，8歳の女子を工場で見ることもある。働き方は昼夜交替制が一般的で，昼業は朝6時から晩の6時まで，夜業は午後6時から朝の6時までが通常である。
>
> (「日本之下層社会」より引用。一部省略し，読みやすく改めてある。)

資料③ 労働基準法 (部分)

第4条	使用者は，労働者が女性であることを理由として，賃金について，男性と差別的取扱いをしてはならない。
第32条②	使用者は，1週間の各日については，労働者に，休憩時間を除き1日について8時間を超えて，労働させてはならない。
第35条①	使用者は，労働者に対して，毎週少(すくな)くとも1回の休日を与えなければならない。
第56条①	使用者は，児童が満15歳に達した日以後の最初の3月31日が終了するまで，これを使用してはならない。

問5 下線部 (e) に関連して，**図③**は，仮想のB市～E市を示している。それぞれの市の高齢者の割合をいくつかの階級に区分して，地域差を**図③**上に表す場合，最も適当な表現方法を，後の**ア**～**エ**から**一つ**選び，記号で答えなさい。

図③

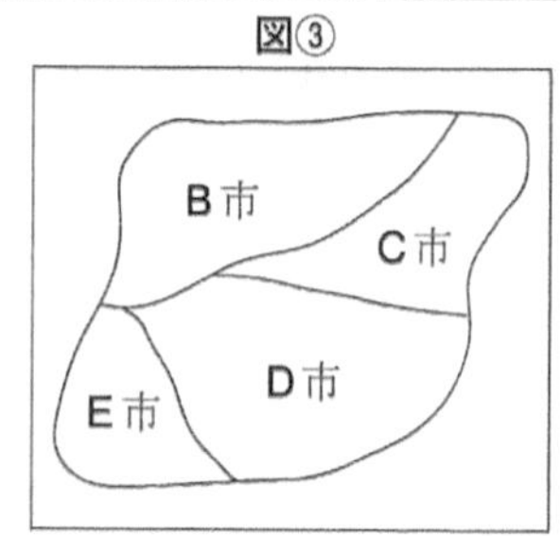

ア

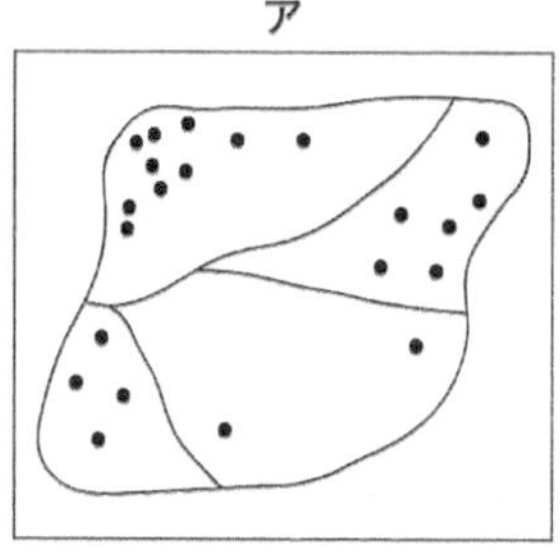

イ

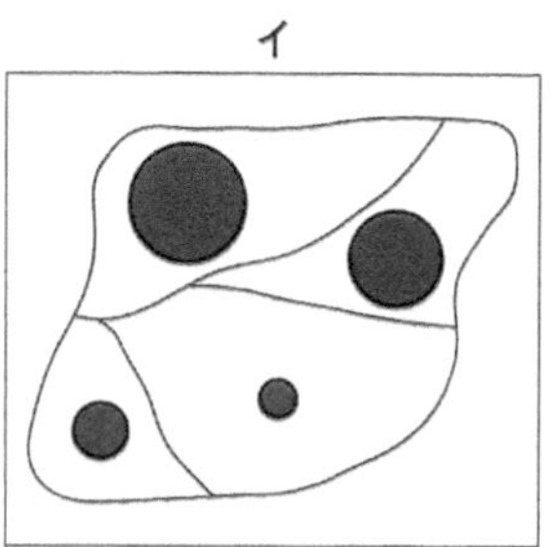

ウ

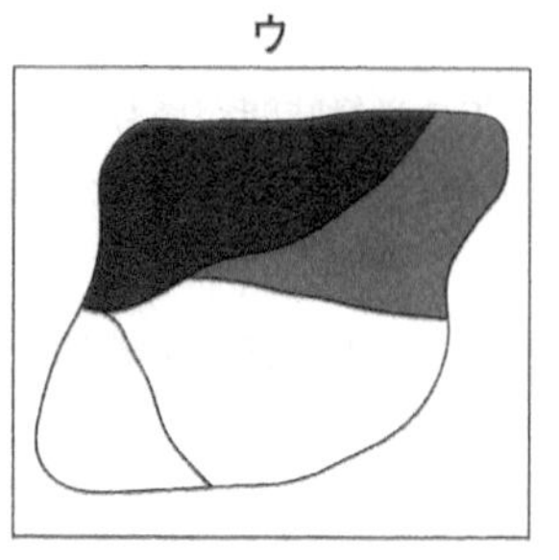

エ

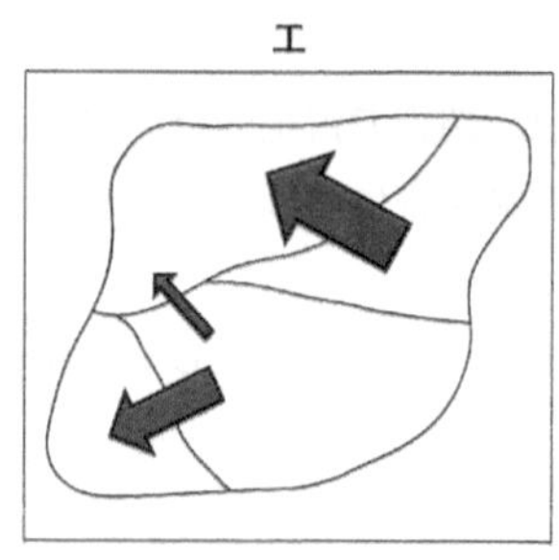

問6　下線部（f）に関連して，次の文章中の [F]，[G] にあてはまる語の組み合わせとして最も適当なものを，後の**ア～カ**から**一つ**選び，記号で答えなさい。ただし，[F]，[G] のそれぞれには，同じ語があてはまる。

> 医療保険や年金保険などの社会保険は，社会全体でリスクを分担する [F] であり，保険料の負担が給付を得るための条件になっている。また，[F] によってもなお，生活に困っている人などのために，政府が生活を保障する [G] のしくみもとられている。
> 地震などの災害の時間に，国や都道府県，市町村などが被災者の救助や支援を行うことも [G] にあたる。しかし，災害時には [G] に頼るだけでなく，住民どうしが協力して助けあう [F] が求められている。

ア　F…自助　G…公助　　**イ**　F…自助　G…共助
ウ　F…公助　G…自助　　**エ**　F…公助　G…共助
オ　F…共助　G…自助　　**カ**　F…共助　G…公助

ことを述べること。

⑤ **百五十字以上、百八十字以内**でまとめること。句読点や記号も一字として数える。ただし、**一マス目から書き始め**、段落は設けない。

※読み返して文章の一部を直したいときは、二本線で消したり、余白に書き加えたりしてもよい。

アキラ　そうですね。私は文化委員なので、学校新聞の記事を書くときに「木枯らし」という言葉を使ってみたいです。季節を表す言葉は他にもたくさんあるので、意味を知っていろいろなときに使いたいですね。

チヒロ　それでは、使ってみたい言葉をいくつか選んで、意味を調べてみませんか。

［表］

言葉	季節	意味
花(はな)いかだ	春	散った桜の花びらが帯状に水面を流れる様子。
せみ時雨(しぐれ)	夏	たくさんのせみが鳴いている様子。
山(やま)よそおう	秋	山々が紅葉する様子。
冬化粧(ふゆげしょう)	冬	雪が降り積もって辺り一面が白くなる様子。

問一　グループでの話し合いを効果的に行う際の注意点として**適当でないもの**を、次の**ア**～**エ**から**一つ**選び、記号で答えなさい。

ア　話し合いで自分の意見を出せるように、自分の体験を振り返るなどしてあらかじめ考えておく。

イ　話し合いの話題と目的を決めた上で、まずは互いの考えを自由に伝え合うことを大切にする。

ウ　結論を出すときには、複数の意見を結び付けるのではなく、司会が考えた意見を優先する。

エ　付箋(ふせん)や模造紙などを使って、グループで出た意見を確認できるようにする。

問二　〔**話し合いの様子**〕のサツキさんの発言の（A）に入るものとして最も適当なものを、次の**ア**～**エ**から**一つ**選び、記号で答えなさい。

ア　季節を表す言葉から、その季節特有の情景を想像することができる

イ　季節を表す言葉から、その言葉を使った人の好きな季節が分かる

ウ　季節を表す言葉は、誰もが知っているので全員に全く同じ印象を与える

エ　季節を表す言葉は、文字にすることでその言葉が一層魅力的になる

問三　チヒロさんたちは、**［表］**の**言葉**をどのようなときに使ってみたいかについて、意見を出し合いました。あなたなら、どのような意見を出しますか。次の①～⑤の条件に従って作文しなさい。

①　**［表］**の**言葉**の「花いかだ」「せみ時雨」「山よそおう」「冬化粧」から**一つ**選び、文章中に記すこと。

②　①で選んだ**言葉**を、どのようなときに使ってみたいかを述べること。ただし、〔**話し合いの様子**〕の傍線部「学校新聞の記事を書くとき」は**用いない**こと。

③　②で述べたことの理由を、①で選んだ**言葉**の**［表］**の**意味**と関連付けて述べること。

④　③で述べた理由の根拠として、あなた自身の経験や見聞きした

C

四月（うづき）のつごもり、五月（さつき）のついたちの①ころほひ、橘の葉の濃く青きに、花のいと白う咲きたるが、雨うち降りたるつとめてなどは、世になう心あるさまにをかし。花の中より黄金（こがね）の玉かと見えて、いみじうあざやかに見えたるなど、朝露にぬれたるあさぼらけの桜におとらず。

（『枕草子』による）

（注）四月のつごもり＝月末　ついたち＝月初め　つとめて＝早朝　世になう心あるさまに＝またとないほど風情がある様子で　花の中より＝花と花の間から　黄金の玉かと見えて＝黄金色の宝石のように見えて、　いみじうあざやかに見えたるなど＝たいへんくっきりと実が見えているのなどは、　あさぼらけ＝明け方

〔会話文〕

先生　Aは和歌、Bは二句でできている漢詩、Cは『枕草子』の一節です。いずれも初夏に花が咲く橘を取り上げたものです。橘はミカン科の木で、花は香り高く、冬に黄色く実った果実が、初夏に残っていることもあります。A、B、Cを比べてみましょう。

マヒロ　A、B、Cの共通点は、橘が雨とともに描かれていることです。

レイ　AとBの共通点は、風が橘の花の（　Ⅰ　）を際立たせていることです。

先生　そうですね。他に気づくことはありますか。

マヒロ　Cは、（　Ⅰ　）については描かれていませんが、橘の色に着目して②三つのものが描かれていて、橘の視覚的な美しさを想像することができます。

レイ　Cでは、雨にぬれている早朝の橘と、（　Ⅱ　）とを比べることで、橘を高く評価しています。

先生　そのとおりです。二人とも、よく気づきましたね。

問一　傍線部①「ころほひ」を**現代仮名遣い**に改めなさい。

問二　（Ⅰ）に入る適当な言葉を、**三字以内の現代語**で答えなさい。

問三　傍線部②「三つのもの」について、一つは黄金の実であるが、他の二つのものは何か。**色も含めて三字**の**現代語**でそれぞれ答えなさい。

問四　（Ⅱ）に入る適当な言葉を、**十五字以内の現代語**で答えなさい。

【第五問題】

白鳥中学校の生徒が、国語の時間に季節を表す言葉について学習しています。次は、あるグループの話し合いの様子と、季節を表す言葉の意味を生徒が調べて表にしたものです。あとの**問一～問三**に答えなさい。

〔話し合いの様子〕

チヒロ　季節を表す言葉はいろいろありますが、例えば「木枯（こが）らし」という言葉についてどう思いますか。

ショウ　「木枯らし」とは、秋の終わりから冬の初めにかけて吹く冷たい強風のことですが、この言葉から、冷たい風が吹き荒れて枯れ葉の舞っている様子が思い浮かび、寒々とした印象を受けます。

サツキ　つまり、（　A　）ということですね。

3 「他者の意見に影響され」ながらも、「自己形成」をめざすために必要なことはどのようなことか。[Y]**の文章中の言葉を用いて、五十五字以上、六十五字以内**で答えなさい。

問四 傍線部③「自分一人……大切さ」について、二人の生徒が次のように会話をしています。**〔会話文〕**の（A）に入る適当な言葉を、[X]**の文章中から二十字**で抜き出して答えなさい。

〔会話文〕

ルイ　「自分一人だけの時空間を持ち、思索すること」は、どうして大切なのかな。

ナオ　それは、[Ⅰ]の[X]の文章中にあったように、自分という存在は、（ A ）していくものだからではないかな。

ルイ　なるほど。人は自分一人だけの時空間を持つことで成長していくんだね。[Ⅰ]を参考にして読むと、[Ⅱ]の内容がよく理解できるね。

問五 [Ⅰ]、[Ⅱ]の文章の説明として最も適当なものを、次の**ア**～**エ**から**一つ**選び、記号で答えなさい。

ア [Ⅰ]は自分の意見を持つこと、[Ⅱ]は自分だけの時空間を持つことの大切さが書いてあり、違うようで実は全く同じことを述べている。

イ [Ⅰ]、[Ⅱ]はどちらも人間関係の対立について書いてあり、[Ⅰ]は他者との関わりの大切さを主張し、[Ⅱ]は今の若者の孤独感について述べている。

ウ [Ⅰ]、[Ⅱ]はどちらも他者との付き合い方について書いてあり、上手に付き合う方法について、[Ⅰ]と[Ⅱ]では逆のことを述べている。

エ [Ⅰ]、[Ⅱ]はどちらも自分を見つめることについて書いてあり、[Ⅰ]はさらに、自己形成における他者との関わりについても述べている。

【第三問題】 ※問題に使用された作品の著作権者が二次使用の許可を出していないため、問題を掲載しておりません。

（出典：塩野米松『少年時代～飛行機雲はるか～』による）

【第四問題】 次の[A]、[B]、[C]と、先生と生徒の**〔会話文〕**を読んで、あとの**問一**～**問四**に答えなさい。

[A]

橘の　花こそいとど　香るなれ　風まぜに降る　雨の夕暮れ

（『建礼門院右京大夫集』による）

〔橘の花がいっそう強く香ってくるようだ。風まじりに雨の降るこの夕暮れに。〕

[B]

具平親王　　（参考）

枝には金鈴を繋けたり春雨の後　　枝ニハ繋ケタリ二金鈴ヲ一春雨ノ後

花は紫麝を薫ず凱風の程　　花ハ薫ズ二紫麝ヲ一凱風ノ程

（『和漢朗詠集』による）

〔晩春の雨の後、橘の枝には金の鈴をかけたように熟した実がなっている。初夏の南風に吹かれて、花は麝香というお香をたいたようによい香りを放っている。〕

分の思いに正直であることも大切です。「人の意見に影響されて」もそれをバネに自己形成をめざすこと。これは一生の課題ですが、若いときにこそ、心がけていただきたいものです。

（『扉をひらく哲学－人生の鍵は古典のなかにある』の芦名定道の文章による）

（注）プロセス…過程。

Ⅱ

携帯メールに振り回され、他のことを考える余力もなくなって、「メールが来ないと淋しい」「携帯がなかったら生きていけない」「メールが来ないのはみんなに嫌われているからだ」といった強迫観念に追い込まれてはいませんか？

もし思い当たる点があるなら、しばらくの間、携帯電話なしで生活してみたらどうでしょう。

そうすれば、③自分一人だけの時空間を持ち、思索することの大切さがわかると思います。

読書が好きな人もいるでしょう。日記を書くことに意味を見出している人もいるでしょう。あるいは公園のベンチに腰掛けて考えることがリフレッシュにつながるという人もいるでしょう。それぞれにあった趣味というものは、人間にとって大事なことです。しかし、どれも、誰かにメールを打ちながらやるものではありません。

朝の洗面の時だってそうです。一人きりでしょう？　鏡の中の自分の顔を見て、「昨日、友達と喧嘩した。今日は普通に話せるかな」とか、「宿題やってない。当てられたらどうしよう」などといろんなことを思いながら、自分自身と会話をしているわけです。その時に携帯メールが気になるようなら、かなり問題です。

一人きりで自分と向き合う時空間には、友達と話したりメールしたりしている時とはまったく違う、独特の感覚があるはずです。

（今北純一『自分力を高める』による）

問一　傍線部①「『男子……見よ』との格言」について、「三日会わざれば刮目して見よ」とは、「三日会わなければ深い関心を持って見なさい」という意味であるが、筆者がこの格言を取り上げたのは何を説明するためか。最も適当なものを、次のア～エから**一つ**選び、記号で答えなさい。

ア　人の記憶は長くは保つことができないこと。
イ　自己形成途上の人は短期間に成長すること。
ウ　自己形成の時間はあっという間に過ぎること。
エ　若者同士の絆は対面することで生まれること。

問二　傍線部②「キルケゴールが……明らかです。」とあるが、「自己関係」の例として挙げられている行為を、**X の文章中から十二字**で抜き出して答えなさい。

問三　波線部「自己形成の……悪いわけではありません。」について、次の1～3に答えなさい。

1　「自己形成」にとって「他者の意見に影響されること自体が悪いわけではありません。」と筆者が言うのはなぜか。次の形式の（A）に入る適当な言葉を、**Y の文章中から四十三字**で探し、**初めの五字**を抜き出して答えなさい。

> （　A　）ため、他者の意見に影響されることは自己形成にとって必要だから。

2　「他者の意見に影響されること」が問題となる例として、筆者はどのような場合を挙げているか。**Y の文章中から二十八字**で探し、**初めの五字**を抜き出して答えなさい。

目して見よ」との格言が示すとおりです。以上の意味で、人間は「未完のプロセス」(注)、しかも「変化を介した自己形成プロセス」であると表現することができます。

次に、人間が自己形成のプロセスのうちにあることを理解するために、キルケゴール『死に至る病』を参照してみましょう。19世紀の思想家キルケゴールは、人間とは何かという根本問題について、次のように論じています。

> 人間とは精神である。精神とは何であるか？　精神とは自己である。自己とは何であるか？　自己とは自己自身に関係するところの関係である、すなわち関係ということには関係が自己自身に関係するものなることが含まれている、——それで自己とは単なる関係ではなしに、関係が自己自身に関係するというそのことである。
>
> （斎藤信治　訳、岩波文庫）

X

このキルケゴールの議論はの引用文だけでは不明な点もあると思いますが、②キルケゴールが人間（＝自己）を自己関係（自分自身へ関係すること）において生きる存在者として描いていることは明らかです。出発点の自己を自己Aと表記しこのAが自分自身に関係aを持つとすれば、その結果として自己は自己B（＝A＋a）に変化します。自己関係は鏡で自分を見るという行為が例として挙げられますが、鏡で身だしなみを整えた自己が自己Bに当たります。そして、このBは自分自身に対する関係bを持ち、自己Cへ変化する。こうして、自己は自己関係を組み込むことによって次々に変化（＝生成）し続ける一つのプロセスとして存在するということになります。これは先に「人間の特徴として、常に変化のうちにあること、つまり未完成であること」と述べたことの言い換えにほかなりません。キルケゴールは、人間とは常に自分自身になる途上、生成プロセスのうちにあると指摘しているわけです。その意味で「人間は生成である」と述べることもできるでしょう。

Y

キルケゴールの先の引用では、自己の生成は自己関係という点から述べられていますが、ここで、これに他者関係を加えてみればどうなるでしょうか。実は自己関係と他者関係は相互に繋がっています。私たち人間は他者との関わりによって他者からさまざまな影響を受けつつ自分であり続けているのであって、他者からの影響は自己形成にとって欠くことができないものなのです。他者から切断されてしまうとき、私たちは自分自身を維持することに困難を感じないでしょうか。

説明が長くなりましたが、以上よりわかるのは、他者から影響されること自体は悪いことではない、それは自己形成（自己生成のプロセス）にとって不可欠なものである、ということです。

問題は、自己形成にとって必要な他者との関わりが自己形成自体を妨げるものとなるときに生じます。たとえば、特定の他者への過剰な依存が自己の成長・形成を抑圧する場合です。「人の意見にすぐ影響されてしまいます」とは、このような歪な他者関係の一例と言えるでしょうか。では、他者から影響を受けつつも、自己形成をめざして進むことはどうしたら可能になるのでしょうか。おそらく、それに対する一つの答えは、できるだけ多くの複数の意見（友達、家族、先輩、先生……など）を参考にすることでしょう。

さらに「人の意見にすぐ影響されて」も、それに流されないためには、自分自身の感性に正直であること、特に他者に共感できる自

〈国語〉

時間 五〇分　満点 五〇点

【第一問題】 次の問一～問五に答えなさい。

問一 次の1～4の傍線部の読みを、それぞれひらがなで書きなさい。

1 師と仰ぐ。
2 腰を据えて取り組む。
3 先人の軌跡をたどる。
4 作品の巧拙を問わない。

問二 次の1～3の傍線部のカタカナを、それぞれ漢字で書きなさい。ただし、楷書で丁寧に書くこと。

1 荷物をアズける。
2 一部の例外をノゾく。
3 店のカンバンを取り付ける。

問三 次の文の傍線部のカタカナを漢字で書いたとき、正しいものを、後のア～エから一つ選び、記号で答えなさい。

> 四つの段落でコウセイされた文章。

ア 攻勢　イ 後世　ウ 公正　エ 構成

問四 次の文の傍線部「決して」の品詞を、後のア～エから一つ選び、記号で答えなさい。

> 失敗した経験を決して無駄にしない。

ア 動詞　イ 連体詞　ウ 副詞　エ 助動詞

問五 次のア～エの行書で書いた漢字のうち、楷書で書いたときと比べて筆順が変化しないものを一つ選び、記号で答えなさい。

ア 採　イ 神　ウ 細　エ 草

【第二問題】 次のⅠ、Ⅱの文章を読んで、あとの問一～問五に答えなさい。

Ⅰ

「人の意見」に左右されて自分を見失いがちになること、これは性格の弱さとでも言うべきものかもしれませんが、本人にとって大きな悩みの種であると思います。もちろん、いつまでたっても、自分のしっかりした意見を持つことができないのは困ったことに違いありませんが、自己形成の途上にある人の場合は、他者の意見に影響されること自体が悪いわけではありません。

この点について、人間の有り様（原点）に戻って考えてみましょう。変化のうちにあること、つまり常に未完成であることは人間の本質に属しています。1年前の自分と今の自分は同じ自分でありながら、しかし、そこにはさまざまな変化が存在し、まったく同一と言うことはできません。10年後の自分がどんな人間になっているかについて、はっきり見通せる人は少ないでしょう。これは若者に限ったことではありませんが、若い自己形成途上の人間であれば心身ともに急激な成長を経験することは少なくありません。①「男子、三日会わざれば刮(かつ)

2024年度

解 答 と 解 説

《2024年度の配点は解答用紙集に掲載してあります。》

<数学解答>

【第1問題】 問1　-7　問2　5　問3　$x=\frac{15}{2}$　問4　$x=2,\ y=-1$　問5　$x=2\pm\sqrt{7}$
問6　1　$xy=20$　2　$30-5a>b$　問7　ア，イ，エ　問8　$\angle x=56°$
問9　1　エ　2　ウ，オ

【第2問題】 問1　1　27人　2　(1)　イ，オ　(2)　ア　問2　1　120円
2　(1)　下図1　(2)　6000円　(3)　20個以上

【第3問題】 問1　1　$\frac{1}{3}$　2　(1)　$\frac{2}{3}$　(2)　$\frac{1}{3}$　3　(例)(1，3，9)
問2　1　ア　a^2　2　イ　$n-a$　ウ　$n+a$　エ　解説参照

【第4問題】 問1　1　4　2　$3\sqrt{2}$　3　$y=x+6$　問2　ア　3　イ　0
問3　1　$a=\frac{1}{4}$　2　△OPQ：△BPR＝8：3

【第5問題】 問1　∠OPQ＝45°　問2　1　下図2　2　【証明】　解説参照
問3　1　$2-\sqrt{2}$　2　$\pi+4-2\sqrt{2}$

図1

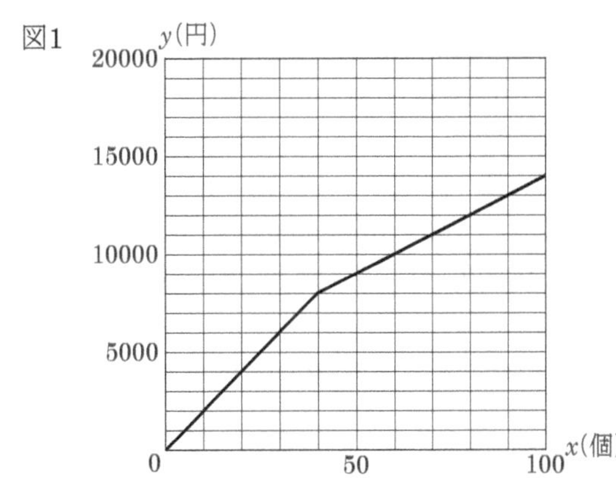

図2

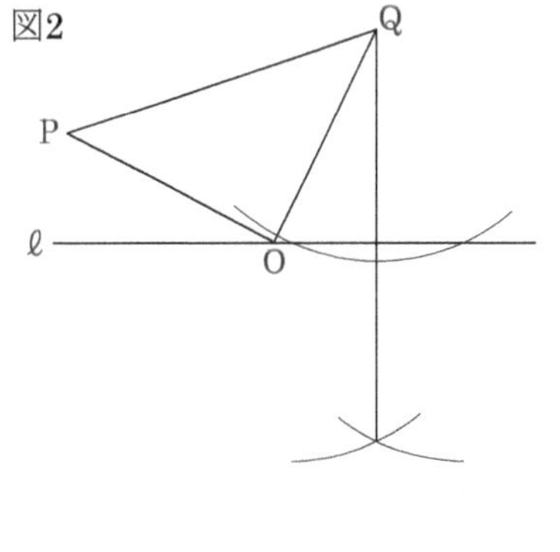

<数学解説>

【第1問題】 (数の計算，平方根，比例式，連立方程式，二次方程式，等式・不等式，2平面の位置関係，円の性質と角度，図形の移動)

問1　$5+3\times(-4)=5-12=-7$

問2　$(2\sqrt{3}-\sqrt{7})(2\sqrt{3}+\sqrt{7})=(2\sqrt{3})^2-(\sqrt{7})^2=12-7=5$

問3　$x:(x-3)=5:3$　$3x=5(x-3)$　$3x=5x-15$　$-2x=-15$　$x=\frac{15}{2}$

問4　上式を①，下式を②とする。①＋②×3より，$5x=10$　$x=2$　$x=2$を②へ代入して，$2-y=3$　$-y=1$　$y=-1$

問5　$(x-2)^2=7$　$x-2=\pm\sqrt{7}$　よって，$x=2\pm\sqrt{7}$

問6　1　y分間に入る水の量は，$x\times y=xy$(L)　これが，20Lに等しいから，$xy=20$

2 切り取った残りの長さは，$30-a\times5=30-5a$(m) これが，bmより長いから，$30-5a>b$

問7 平面ABC，平面DEF，平面BEFCの3つ

問8 線分ABは円Oの直径だから，$\angle ADB=90°$ よって，△ABDで，内角の和は180°だから，$\angle x=180°-(90°+34°)=56°$

問9 1 2点A，Eと2点B，Dはそれぞれ直線OCについて対称だから，求める三角形は三角形エ。

2 時計回りに60°回転移動させると，三角形ウと重なり，時計回りに120°回転移動させると，三角形オと重なる。

【第2問題】 (データの活用，累積度数，箱ひげ図，ヒストグラム，一次関数のグラフの利用，グラフの作成)

問1 1 5画以上10画未満の階級の度数は2人，10画以上15画未満の階級の度数は10人，15画以上20画未満の階級の度数は15人だから，求める累積度数は，$2+10+15=27$(人)

2 (1) ア 2023年度の第1四分位数は13.5画，2018年度の第1四分位数は13画だから，等しくない。 イ 2023年の範囲は，$31-5=26$(画)，四分位範囲は，$21-13.5=7.5$(画) 2013年度の範囲は，$26-7=19$(画)，四分位範囲は，$18-13=5$(画) よって，範囲も四分位範囲も2023年度の方が大きい。 ウ 2018年度の第2四分位数(中央値)は17画であるが，平均値はわからない。 エ 2013年度の最小値は7画なので，10画以下の人はいる。 オ 第2四分位数(中央値)に着目すると，すべての年度で15画以上なので，どの年度も半数以上の人が15画以上である。よって，正しいと判断できるものは，イとオ。

(2) 0画以上5画未満の階級の度数に着目すると，ウは2008年度のヒストグラムであることがわかる。また，ア，イは度数の合計がともに40人なので，第3四分位数は画数の小さい方から30番目と31番目の平均となる。アは15画以上20画未満の階級，イは20画以上25画未満の階級に入っているので，アが2013年度，イが2018年度のヒストグラムであることがわかる。

問2 1 100個の販売額の合計が12000円だから，1個の価格は，$12000\div100=120$(円)

2 (1) 200円で販売したときの販売額の合計は，$200\times40=8000$(円) 値下げしたときの販売額の合計は，$100\times(100-40)=100\times60=6000$(円)より，点(0, 0)，(40, 8000)，(100, 14000)をそれぞれ線分で結ぶ。

(2) 200円で100個販売したときの販売額の合計は，$200\times100=20000$(円)より，$20000-14000=6000$(円)少ない。

(3) 1個の価格を200円で販売した個数をx個とすると，販売額の合計は，$200\times x+100\times(100-x)=200x+10000-100x=100x+10000$(円) $x=20$のとき，$100\times20+10000=12000$(円)になるから，20個以上販売する必要がある。

【第3問題】 (確率，文字式の利用)

問1 1 A，B，Cの3枚のカードから，Aのカード1枚をひく確率だから，$\frac{1}{3}$

2 (1) 太郎さんがAのカードをひいた場合：太郎さんの得点は，$1^2=1$(点)，花子さんの得点は，$2\times3=6$(点) 太郎さんがBのカードをひいた場合：太郎さんの得点は，$2^2=4$(点)，花子さんの得点は，$1\times3=3$(点) 太郎さんがCのカードをひいた場合：太郎さんの得点は，$3^2=9$(点)，花子さんの得点は，$1\times2=2$(点) よって，太郎さんがBまたはCのカードをひくとき，太郎さんが勝つから，確率は$\frac{2}{3}$

(2) 太郎さんがAのカードをひいた場合：太郎さんの得点は，$1^2=1$(点)，花子さんの得点は，

$2\times4=8$(点)　太郎さんがBのカードをひいた場合：太郎さんの得点は，$2^2=4$(点)，花子さんの得点は，$1\times4=4$(点)　太郎さんがCのカードをひいた場合：太郎さんの得点は，$4^2=16$(点)，花子さんの得点は，$1\times2=2$(点)　よって，太郎さんがAのカードをひくとき，花子さんが勝つから，確率は$\frac{1}{3}$

3　太郎さんがどのカードをひくかで，太郎さんが勝つ場合，花子さんが勝つ場合，引き分けになる場合の3通りになる3つの自然数の組を考える。3つの自然数を小さい方からa，b，cとすると，引き分けがあることから，$b^2=ac$が成り立つ。これを満たすa，b，cの組は，$(a,\ b,\ c)=(1,\ 3,\ 9)$，$(1,\ 4,\ 16)$，$(2,\ 4,\ 8)$などがある。

問2　1　$a=2$のとき，得点の差は，$4=2^2$　$a=3$のとき，得点の差は，$9=3^2$　よって，得点の差は$_{ア}\underline{a^2}$と考えられる。

2　Bのカードに書かれた数をnとすると，Aは$_{イ}\underline{n-a}$，Cは$_{ウ}\underline{n+a}$と表すことができる。太郎さんの得点から花子さんの得点をひくと，$_{エ}\underline{n^2-(n-a)(n+a)=n^2-(n^2-a^2)=n^2-n^2+a^2=a^2}$　よって，太郎さんの得点は，花子さんの得点よりいつでも$_{ア}\underline{a^2}$大きい。

【第4問題】（図形と関数・グラフ，2点間の距離，直線の式，変域，面積比）

問1　1　点Aのx座標は-2だから，$y=x^2$に$x=-2$を代入して，$y=(-2)^2=4$

2　点Bのy座標は，$y=x^2$に$x=1$を代入して，$y=1^2=1$　よって，B(1，1)
$AB=\sqrt{\{1-(-2)\}^2+(4-1)^2}=\sqrt{9+9}=\sqrt{18}=3\sqrt{2}$

3　直線OBの傾きは1だから，求める直線の式を$y=x+b$とおいて，A$(-2,\ 4)$より，$x=-2$，$y=4$を代入して，$4=-2+b$　$b=6$　よって，$y=x+6$

問2　1　$3^2=9$より，xの変域は$-1\leqq x\leqq{}_{ア}\underline{3}$　このとき，yの最小値は0だから，yの変域は$_{イ}\underline{0}\leqq y\leqq9$

問3　1　点Cのx座標は，$y=x+4$に$y=0$を代入して，$0=x+4$　$x=-4$　よって，C$(-4,\ 0)$　また，D(0，4)　四角形DCOPは平行四辺形だから，PD＝OC＝4　直線OBの式は$y=x$より，点Pのy座標は，$y=x$に$x=4$を代入して，$y=4$　よって，点Pの座標は(4，4)　点Pは関数$y=ax^2$のグラフ上の点でもあるから，$y=ax^2$に$x=4$，$y=4$を代入して，$4=a\times4^2$　$16a=4$　$a=\frac{1}{4}$

2　点Rのy座標は4より，x座標は，$y=x^2$に$y=4$を代入して，$4=x^2$　$x=\pm2$　$x>0$より，$x=2$　よって，点Rは線分DPの中点である。△BPRと△BPDの底辺をそれぞれPR，PDとすると，高さが等しいから，面積の比は底辺の比PR：PD＝1：2に等しい。したがって，△BPR＝$\frac{1}{2}$△BPD…①　また，点B，Pのx座標はそれぞれ1，4だから，OB：OP＝1：4　よって，△BPD：△OPD＝(4−1)：4＝3：4より，△BPD＝$\frac{3}{4}$△OPD…②　①，②より，△BPR＝$\frac{1}{2}\times\frac{3}{4}$△OPD＝$\frac{3}{8}$△OPD　ここで，OP//CDなので，**平行線と面積の関係**から，△OPD＝△OPQ　以上より，△BPR＝$\frac{3}{8}$△OPQより，△OPQ：△BPR＝8：3

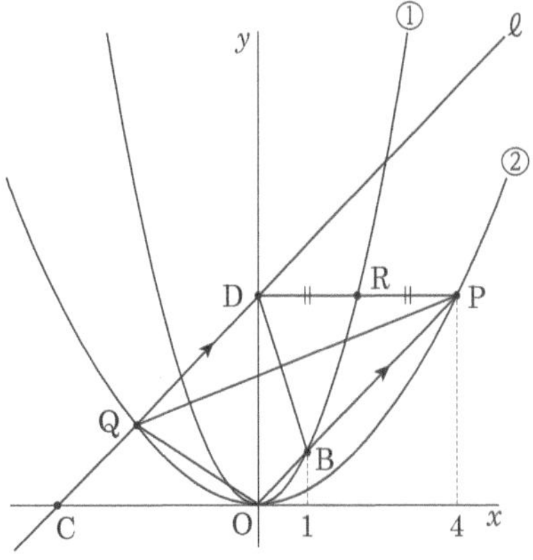

【第5問題】（平面図形，角の大きさ，作図，合同の証明，線分の長さ，面積）

問1　△OQPは△OBAを回転移動させた図形だから，∠OPQ＝∠OAB＝45°

問2 1 作図方法 (i) 点Qを中心とする円をかき，直線ℓとの交点をS，Tとする。 (ii) 点S，Tをそれぞれ中心とする同じ半径の円をかき，交点の1つをUとする。 (iii) 2点Q，Uを通る直線をひく。

2 【証明】(例)△PCOと△ODQにおいて，仮定より，OP＝QO…① ∠PCO＝∠ODQ＝90°…② △PCOにおいて，三角形の内角の和は180°だから，∠OPC＝180°－90°－∠COP＝90°－∠COP…③ 3点C，O，Dが一直線上にあるから，∠QOD＝180°－90°－∠COP＝90°－∠COP…④ ③，④より，∠OPC＝∠QOD…⑤ ①，②，⑤より，直角三角形で，斜辺と1つの鋭角がそれぞれ等しいから，△PCO≡△ODQ

問3 1 ∠AOP＝45°より，△AORは∠ORA＝90°の直角二等辺三角形。よって，OA：OR＝$\sqrt{2}$：1より，OR＝$\frac{1}{\sqrt{2}}$OA＝$\frac{1}{\sqrt{2}}\times 2=\frac{2\sqrt{2}}{\sqrt{2}\times\sqrt{2}}=\frac{2\sqrt{2}}{2}=\sqrt{2}$ OP＝OA＝2より，PR＝$2-\sqrt{2}$

2 対称性より，求める面積は，おうぎ形OPAの面積と△POSの面積の和の2倍で求められる。おうぎ形OPAの面積は，$\pi\times 2^2\times\frac{45}{360}=\frac{\pi}{2}$ △PSRは∠PRS＝90°の直角二等辺三角形より，PS＝$\sqrt{2}$ PR＝$\sqrt{2}\times(2-\sqrt{2})=2\sqrt{2}-2$ △OTPは∠OTP＝90°の直角二等辺三角形より，OT＝$\frac{1}{\sqrt{2}}$OP＝$\frac{1}{\sqrt{2}}\times 2=\sqrt{2}$ よって，△POSの面積は，$\frac{1}{2}\times(2\sqrt{2}-2)\times\sqrt{2}=2-\sqrt{2}$ したがって，求める面積は，$\left(\frac{\pi}{2}+2-\sqrt{2}\right)\times 2=\pi+4-2\sqrt{2}$

<英語解答>

【第1問題】 問1 1 イ 2 ア 3 エ 4 ウ 問2 1 ア 2 イ 3 ウ 問3 ① milk ② Clean ③ (例)give her flowers[sing a song for her]

【第2問題】 問1 1 イ 2 ア 問2 1 エ 2 イ 問3 1 ウ 2 ウ

【第3問題】 問1 イ 問2 ウ 問3 エ 問4 イ→ウ→ア

【第4問題】 問1 children who couldn't study 問2 ウ 問3 a 挑戦し続ける b 何かを学ぶ 問4 join an English speech contest 問5 エ 問6 (例)should try it

【第5問題】 問1 1 Whose 2 instead 問2 1 is full of good memories 2 I have been studying for 3 it is said that Japanese 問3 a (例)You can sit here. b (例)What do you want? 問4 (例1)I practiced volleyball every day. It was very hard for me, but we finally won in July. It made me strong. (例2)My best memory is the school trip. We visited some temples in Kyoto and Nara. After that, I became interested in Japanese history.

<英語解説>

【第1問題】 (リスニング)

放送台本の和訳は，60ページに掲載。

【第2問題】 (短文読解問題・手紙文・資料読解：英問英答・選択，グラフを用いた問題，語句補

充・選択，内容真偽，未来，不定詞，間接疑問文，比較，関係代名詞，過去，動名詞，前置詞)

問1　(全訳)宛先：ボブ／差出人：タロウ／日付：2024年3月24日11:30／件名：あなたの家へ

こんにちは，ボブ。お元気ですか？／明日，日本からあなたの国，オーストラリアへと飛行機で向かいます。空港からはバスに乗るつもりです。バス停からあなたの家への行き方を教えてくれますか？あなたに会えるのが待ちきれません。／タロウ

宛先：タロウ／差出人：ボブ／日付：2024年3月24日15:00／件名：RE(関して)：あなたの家へ

こんにちは，タロウ。メッセージをありがとうございます。私はあなたをバス停まで迎えに行きます。ですから，心配しないでください。何時にあなたのバスが到着するかを教えてください。まもなくあなたに会えることにワクワクしています。／ボブ

1　質問：いつタロウは日本を出発するか？　3月24日のメールで，Tomorrow I' ll fly from Japan to your country, Australia! と述べていることから考える。正解は，イ「3月25日」。I' ll fly = I will fly　**<未来の助動詞 will +原形>「～するでしょう，するつもりだ」**／fly「飛ぶ／(飛行機で)行く」　ア　3月24日。　ウ　3月26日。　エ　3月27日。

2　質問：ボブは何を知りたいか？　ボブは Please tell me what time your bus will arrive. と述べている。正解は，ア「いつタロウのバスが来るか」。want to know← <want +不定詞[to +原形]>「～したい」 Please tell me what time your bus will arrive. ← **疑問文**(What time will your bus arrive?) **が他の文に組み込まれる[間接疑問文]と，<疑問詞＋主語＋動詞>の語順**になる。　イ　どこにバス停があるか。　ウ　どうやってタロウはボブの家へ到着するか。 **get to「～へ到着する」**　エ「誰がボブの家に来るか」

問2　1「1990年には，エ40歳から49歳の年齢間の人々の数が最大だった」1990年に人口が最大の年齢層をグラフより確認する。largest ← large「大きい」の最上級　ア　10歳から19歳　イ　20歳から29歳　ウ　30歳から39歳

2「1960年から2020年まで，60歳以上の人々の数はイ増加した」60歳以上の人口は増加している。people who are ~ ← **<先行詞(人)＋主格の関係代名詞 who +動詞>「～する先行詞」** A and older「A歳以上」 go up「上がる，上昇する，増す」⇔ go down　went ← go「行く」の過去形　ア「変化しなかった」　ウ「減少した」　エ「上下動した」

問3　(全訳)

グリーン・フォレスト自然キャンプ
10月12日(土)&13日(日)

初日　活動
10:00 —　テント設営
10:30 —　森林を散策　←　なぜ森林が私達にとって重要かを学ぼう。昼食に食べられる植物も見つけます。
12:30 —　昼食
14:00 —　川で魚釣り
16:30 —　夕食の準備　←　獲った魚を調理しよう。
19:00 —　ゲーム
22:00 —　就寝
2日目
7:00　朝食

水とタオルを持参してください。
夜，寒くなるので，暖かい服も必要です。

1 「初日に昼食を食べた後にする最初のものは何か？」魚釣りなので，正解は，ウ 「川で魚を釣ること」。the first thing▼you will do ← **＜先行詞(＋目的格の関係代名詞)＋主語＋動詞＞「主語が動詞する先行詞」目的格の関係代名詞の省略**　after eating ← ＜前置詞＋動名詞[-ing]＞　ア　テントを設営すること。　イ　森林を歩くこと。　エ　夕食を調理すること。　making／walking／fishing／cooking ← **動名詞[-ing]「～すること」**

2 「このキャンプに関して事実ではないのはどれか？」　ア 「キャンプは2日間と一晩である」(一致)キャンプの日付は10月12日と13日の両日となっており，初日の予定には22:00就寝と記されている。　イ 「なぜ森林が重要かを学ぶ」(一致)森林散策の欄に Let's learn why forests are important for us！と書かれている。～ learn why forests are important ← **疑問文(Why are forests important?) が他の文に組み込まれる[間接疑問文]と，＜疑問詞＋主語＋動詞＞の語順になる。　＜Let's ＋原形＞「～しよう」**　ウ 「森林で見つけたいかなる植物も食べられない」(不一致)森林散策の欄に We'll also find some plants we can eat for lunch！と書かれてある。～ cannot eat any plants▼you find ～／～ find some plants▼we can eat ～　← **＜先行詞(＋目的格の関係代名詞)＋主語＋動詞＞「主語が動詞する先行詞」目的格の関係代名詞の省略**　エ 「水，タオル，暖かい服を持参する必要がある」(一致)持参する品目として正しい。

【第3問題】 (短文読解問題・資料読解・会話文・手紙文：語句補充・選択，語句の解釈，語句の問題，絵を用いた問題，不定詞，接続詞，間接疑問文)

問1 (全訳)

ABC映画館

モーニング・スペシャル／午前10時から正午まで／半額

ブルー・スカイ(120分)

成功した音楽家になるために，4人の若者がニューヨークへ向かう。

午前10時　午後2時　午後6時

ウィッシュ(100分)

医師の集団が世界中の病人を救う。

午前10時20分　午後2時20分　午後6時20分

ソウマ：今度の土曜日に映画に行かない？／ショーン：もちろん。ブルー・スカイとウィッシュのどちらの映画を見たい？　両方の映画共におもしろそうだね。／ソウマ：そうだなあ，僕は将来医者になりたいので，どのように医者が病人を救っているかが，知りたいなあ。／ショーン：それは良いね。じゃあ，①ウィッシュを見よう。何時がいい？／ソウマ：何時でも平気だよ，でも，半額で映画を見たいなあ。／ショーン：ぼくもだよ！　では，②10時20分に始めるのを見よう！

(　①　)ソウマは2番目のせりふで，I want to be a doctor in the future, so I want to know how doctors save sick people. と述べており，それに対して，ショーンは That's nice. Then, let's see(　①　). と応じているので，空所①には，2人が見る映画 WISH が当てはまる。　(　②　)文脈より，WISHの上映開始時間を入れる。ソウマは3番目のせりふで I want to see a movie at half price. と述べており，半額で(at half price)映画鑑賞ができるのは，モーニング・スペシャルが適応される午前10時から正午までなので，WISH の午前中に上映される回の開始時間，午前10時20分が，空所②に当てはまる。<**Let's ＋原形**>「～しよう」the one which starts at ～　← one　前出の<a[an]＋単数名詞>の代わりに使う用法がある。「(同じ種類のもののうちの)」1つ，(～の)もの」／<**先行詞(もの)＋主格の関係代名詞 which ＋動詞**>「～する先行詞」 want to be／want to see ← <want ＋不定詞[to ＋原形]>「～したい」 in(the)future「今後，これから先，将来は」 **～，so ……「～である，だから……」** I want to know how doctors save sick people. ← 疑問文(How do doctors save sick people ?)が他の文に組み込まれる[間接疑問文]と，<疑問詞＋主語＋動詞>の語順になる。

問2　(全訳)マイク：あと10分で，私達はホテルに着きます。そして，夕食の時間になります。／ジョン：何を食べたらいいか，何か考えはありますか？／マイク：ウェブサイトによると，ホテルにはとても多くのレストランがあります。今，決められません。／ジョン：よろしい。じゃあ，その場で臨機応変にやりましょう。到着した際に，決めることができます。　play it by ear「腹案なしでやる，即興でやる，ぶっつけ本番で(臨機応変に)やる」正解は，　ウ「後で，レストランを選ぶ」。　ア「昼食前にホテルへ着く」**get to「～へ着く」**　イ「レストランで音楽を聴く」　エ「遅れそうなので，ホテルに電話する」

問3　(全訳)ケン：今週末に訪れるのに良い場所を探しているよ。どこへ行ったらいいかなあ？／ジュディ：美術館は有名で，多くの美しい古い絵画を収蔵しているので，もし美術が好きなら，楽しめるわよ。／マット：もしスポーツが好きなら，市立競技場で野球の試合を見るべきだよ。実は，僕は，家族と一緒に，今度の土曜日に，野球の試合を見に行くことになっているんだ。／ケン：僕はそれほど芸術に興味はないけれど，野球やサッカーのようなスポーツに関心があるんだ。／ジュディ：市立公園でスポーツをするのも，もう1つの考え方ね。／ケン：そこではボール遊びができないそうだよ。そのことは残念に思っている。よし，エ野球の試合を見ることにしょうと思う。マット，一緒に行ってもいいかなあ？　ケンの I don't like art very much, but I'm interested in sports like baseball and soccer. という発言から，ジュディ提案の美術館は，ケンの訪問先としては不適。ジュディが再提案した「市立公園でスポーツをする」は，球技に興味のあるケンが，I hear we can't play with balls there. I'm not happy about that. と述べており，これも候補から外れる。最後に Can I go with you, Matt ? という発言があるので，マットが予定している野球観戦に関する選択肢を選ぶこと。　ア「美術館で芸術を楽しもうと思う」　イ「市立公園でサッカーをしようと思う」　ウ「コンサートのために市立競技場を訪れようと思う」**<be動詞＋ interested in>「～に興味がある」**

問4　(全訳)書道という言葉を今までに聞いたことがありますか？　書道は，墨で文字を書く芸術であり，日本文化の重要な一部を占めています。学校では，生徒が授業で練習します。通常，机に就いて，文字を書きます。新しいやり方で楽しむ高校生もいます。音楽を流して，大きな紙に自分らのメッセージを書きます。インターネットで見られる演技もあります。どうかそれらを見てください。　<書道とは何か>→<学校での書道の練習>→<書道パフォーマンス>の順で原稿が書かれていることから考える。

【第4問題】　**(長文読解問題・エッセイ：指示語，文の挿入，日本語で答える問題，英問英答・記述，内容真偽，条件英作文，関係代名詞，助動詞，不定詞，受け身，前置詞，動名詞，接続詞)**

(全訳)　何か困難なことに遭遇した時に，あなたはどうするでしょうか？

この前の8月に，外国のある国で，学校を建設した日本人女性に関する本を見つけました。将来，海外で働くという夢があるので，私はその本を読み始めました。高校生だった時に，彼女は1人で海外へ行った，ということに私は驚きました。3年後に，彼女は貧しい国のある小さな村を訪れました。そこで，学校がなくて，勉強することができない子供達がいることを，彼女は知りました。彼女は(1)彼らのために何かをしたいと思い，学校を建設することを考え始めました。でも，そのことを周囲の人々に話しても，皆が口を揃えて，「それは難しいですね。A ウそのことをできるとは思えません」と言うばかりでした。しかし，そのような言葉に彼女はひるみませんでした。本の中で，彼女は次のように語っています。「物事が難しく思えたら，多くの人々がそこでやめてしまうでしょう。最初から挑戦すらしない人々がいるかもしれません。でも，(2)何かしたいと感じたら，私は常に挑戦して，目標へと到達する方法を探します。挑戦し続ければ，方法は見つかるだろう，ということが分かっています。物事が上手く行かない時でさえ，何かを学ぶことができます」

その本を読んだ後に，英語の先生に私の夢について話しました。彼は私に言いました。「それは素晴らしい夢ですね。海外で働くには，英語を練習することが大切です。来月に，英語のスピーチコンテストがあります。チャレンジしてみたいですか？」当初，英語を口にすることや人前で話すことは苦手なので，断るべきである，と思いました。でも，本から学んだ大切な教訓を思い出しました。もし挑戦しなければ，何も学べない，ということです。そこで，私は，スピーチコンテストに参加することにしました。練習に何日も費やし，必死に努力しました。コンテストでは，最善を尽くしましたが，舞台で多くの間違いを犯してしまいました。おそらく私のスピーチは優れたものではありませんでしたが，取り組んだことに対して，私はとても満足しました。

従って，(3)登りたい山が皆さんにとって高すぎるように見える時でも，それに登って欲しいと思います。そのことが，きっと成長するうえで，好機となるでしょう。

問1 (1) them は，直前(There, she found that it had no schools and there were children who couldn' t study.)の文の下線部を指している。<**There + be動詞 + S**>「**Sがある，いる**」 children who couldn't study ← <**先行詞(人)+主格の関係代名詞 who +動詞**>「**動詞する先行詞**」 couldn't[could not]← can't「できない」の過去形

問2 空所Aを含む箇所は，学校建設の件を聞いた際の周囲の人々の反応を表している。直前に It is difficult. というせりふがあり，直後に But such words never stopped her. と記されていることから考える。正解は，ウ 「あなたにはそれができないと思います」。 ア 「あなたは常に懸命に働いていることを私は知っている」 イ 「それは悪い考えではないと言える」 エ 「きっとあなたは手助けを得ることができる」I'm sure「～を確信している」

問3 下線部(2)は，「何かしたい時には，常に挑戦して，目標へと到達する方法を探す」の意。その発言の根拠は，後続文に，「挑戦し続ければ，方法は見つかるだろうということが，私にはわかっている。物事が上手く行かない時でさえ，何かを学ぶことができる」と書かれている。want to do ← <want +不定詞の名詞的用法>「～したい」 to reach my goal ← **不定詞[to + 原形]の副詞的用法(目的)「～するために」** look for「～を探す」 keep doing ← keep -ing「～し続ける」 work well「うまくいく」

問4 質問：「ヒナが彼女の英語の先生と話した後に，英語を練習するために，彼女は何をすることを決意したか」第3段落参照。ヒナの海外で働く夢を聞いた英語の先生は，英語の練習のために，英語のスピーチコンテストに参加することを勧めていて，ヒナはそれに参加することを決意している(So, I decided to join it[the speech contest]；第3段落第8文)。従って，(She decided to) join an English speech contest. と答えればよい。decide +不定詞[to +

原形]「～することを決意する」 to practice English ← 不定詞[to ＋原形]の副詞的用法(目的)「～するために」

問5　ア 「ヒナは外国で働くことに興味がない」(×)　第2段落第2文で，ヒナは，I have a dream of working abroad in the future ～ と述べているので，不一致。was not interested in working ～ ← <**be動詞＋ interested in**>「～に興味がある」／<前置詞 ＋ 動名詞[-ing]>　イ 「ヒナは高校に在学中に，一人で海外を旅した」(×)　第2段落第3文に I was surprised because she went abroad alone when she was in high school. とあるが，これはヒナが読んだ本に描かれた人物のことである。　ウ 「ヒナは人々の前で英語を話すことが，とても上手だった」(×)　第3段落第6文に I was not good at speaking English or speaking in front of people. とあるので，不一致。<be動詞 ＋ good at ＋動名詞[-ing]>「～ [動名詞]することが上手である」 in front of「～の前」　エ 「ヒナは舞台で全力を尽くしたので，非常に満足だった」(○)　第3段落最後の2文(At the contest, I did my best, but I made a lot of mistakes on the stage. Maybe my speech was not good, but I was very happy that I tried.)に一致。do one's best「全力を尽くす」 a lot of「多くの～」 I was very happy that I tried. ← <感情を表す語＋ that ＋主語＋動詞>「～なので／して，感情がわきあがる」(理由・原因を表す接続詞の that)

問6　下線部(3)は「登りたい山が皆さんにとって高すぎるように見える時でも，私は皆さんにそれに登って欲しいと思います」の意。よって，(When there is something that looks difficult, you) should try it(.)のように答えること。something that looks difficult ← <先行詞＋主格の関係代名詞 **that** ＋動詞>「動詞する先行詞」 **should**「～すべきである」 the mountain▼you want to climb ← <先行詞(＋目的格の関係代名詞)＋主語＋動詞>「主語が動詞する先行詞」目的格の関係代名詞の省略

【第5問題】 (文法：適語補充・記述，語句の並べ換え，自由・条件英作文，受け身，助動詞，接続詞，前置詞，進行形，動名詞，現在完了，比較，関係代名詞)

問1　1　A：あれは誰の家ですか？／B：あれはタカハシさんの家です。数か月前に建てられました。　空所を含むAの質問に対して，Bは家の所有者を答えていることから，所有者を尋ねる疑問文を完成させること。疑問詞 **whose**「誰の(もの)」 was built ← <**be**動詞＋過去分詞>受け身「～される，されている」　2　A：どのようにして駅へ行くべきでしょうか？／B：私達はお金を使いたくないので，バスに代わって，自転車で行きましょう。「～に代わって」instead of ～ **should**「～すべきである」 **get to**「～へ着く」 **～, so**……「～である，だから……」 by bicycle ← <**by** ＋乗り物>「乗り物で」

問2　1　(It)is full of good memories(.)　A：日本を去ることについて，寂しいと感じていますか？／B：はい。良い記憶でいっぱいです。　<A ＋ be動詞＋ full of ＋ B>「AはBでいっぱいである」 Are you feeling ～ ? ← 進行形の疑問文<be動詞＋主語＋現在分詞[-ing]～ ?>　about leaving ← <前置詞＋動名詞[-ing]>　2　(Because) I have been studying for(more than ten hours.)　A：なぜあなたはそんなに疲れているように見えるのでしょうか？／B：10時間以上，勉強しているからです。　have been studying ～ ← <**have[has]been ＋ 現在分詞[-ing]**> 現在完了進行形 ― 動作動詞の継続　more than「～以上」　3　(Well,)it is said that Japanese(is more difficult than English.)　A：英語と日本語では，どちらが学ぶにはより難しいですか？／B：そうですね，

日本語の方が英語よりも難しいと言われています。<It is said that ＋文>「～だと言われている」 more difficult ← difficult「難しい」の比較級

問3　1　①とても多くの人達がいます。／②どこに私達は座れるでしょうか？／③私達はちょうど終わったところです。aここに座れますよ。／④どうもありがとうございます。　座る席を探している人達に対して，食事を終えた人が，席を譲る際に発したせりふを完成させること。**<There ＋ be動詞 ＋ S>「Sがある，いる」** We've just finished. ← **<have[has]＋過去分詞>現在完了(完了・経験・結果・継続)**　2　①すみませんが，手伝ってもらえませんか？／②もちろんです。／③何が飲みたいですか？／④緑茶をお願いします。ありがとうございます。　飲み物を購入するのを手助けして欲しいという依頼に対する応答文を考える。空所の発言を受けて，買いたい商品を答えていることから，「何が欲しいのか？」を尋ねる英文を完成させればよい。**Excuse me.「失礼します，すみません」 <Will you ＋原形 ～ ?>「～しますか，しませんか，してくれませんか」(相手の意思を尋ねたり，相手に頼んだりするときに使う表現)**

問4　(全訳)今月，皆さんは中学を卒業します。そこで，中学校で過ごした日々で，最も覚えていることについて，書いてください。／(解答例1)私は毎日バレーボールを練習しました。私にとっては非常に大変でしたが，7月についに私達は勝つことができました。そのことで，私は鍛えられました。／(解答例2)私の一番の思い出は修学旅行です。私達は京都と奈良の寺を訪れました。そのあと，私は日本の歴史に興味をもつようになりました。　中学時代の一番の思い出を20語以上の英語で記す自由・条件英作文。**so「そんなに，そのように／だから，そこで」** one thing▼you remember ← **<先行詞(＋目的格の関係代名詞)＋主語＋動詞>「主語が動詞する先行詞」目的格の関係代名詞の省略　most「最も(多くの)」← many／much の最上級**

2024年度英語　リスニングテスト

〔放送台本〕

ただ今から放送による問題を行います。第1問題は，問1～問3まであります。途中でメモをとってもかまいません。

問1　二人の会話を聞いて，その後の質問に答える問題です。それぞれの会話の後に読まれる質問の答えとして最も適当なものを，ア～エの中から一つずつ選び，記号で答えなさい。会話は1～4まであります。放送は1回のみです。それでは問題に入ります。

1番　A: I'm hungry. Let's eat something.
B: Sounds good! Did you know a new restaurant opened near the hospital?
A: Really? I didn't know that. I want to go there.
B: Sure, let's go.
Question: Where will they go?

2番　A: Hi, Hiro! Did you have a good weekend?
B: Yes. I played basketball with my friends.
A: How was it?
B: It was a lot of fun! I want to do it again.
Question: What did Hiro do last weekend?

3番　A: Your English is so good, Mai!
B: Thank you!

A: Did you study abroad?
B: No, I often talk with an American friend in English on the internet.
Question: How does Mai practice English?

4番　A: Hi, Ryota. I hear you will join the Town Summer Festival.
B: Oh, will you join, too, Cathy?
A: Yes. I will sell used clothes. What will you do?
B I will play the trumpet in the brass band.
Question: What will Ryota do at the Town Summer Festival?

これで問1を終わります。次は問2です。

〔英文の訳〕

1番　A：お腹が空いています。何かを食べましょう。
B：良いですよ。病院の近くに新しいレストランが開店したのを知っていましたか？
A：本当ですか？　それは知りませんでした。そこへ行きたいです。
B：もちろんです。行きましょう。
質問：彼らはどこへ行きますか？

2番　A：こんにちは，ヒロ！良い週末を過ごしましたか？
B：はい。私の友人達とバスケットボールをしました。
A：どうでしたか？
B：とても楽しかったです！再びそれをしたいと思います。
質問：ヒロは先週末に何をしましたか？

3番　A：マイ，あなたの英語はとても素晴らしいですね！
B：ありがとうございます！
A：あなたは海外で勉強したのですか？
B：いいえ，私はインターネットで英語を使いアメリカ人の友人としばしば話をしています。
質問：マイはどうやって英語を練習していますか？

4番　A：こんにちは，リョウタ。あなたがタウン・サマー・フェスティバルに参加すると聞きました。
B：えっ，あなたも参加しますか，キャシー？
A：ええ。私は古着を売ろうと思っています。あなたは何をするつもりですか？
B：吹奏楽団でトランペットを演奏することになっています。
質問：リョウタはタウン・サマー・フェスティバルで何をしますか？

〔放送台本〕

問2　話される英語を聞いて，書かれている問いに答える問題です。話される英語は1～3の3つあります。それぞれの問いの答えとして最も適当なものを，ア～エの中から一つずつ選び，記号で答えなさい。放送はそれぞれ2回繰り返します。問いの英文は書かれています。それでは問題に入ります。

1番　A: Good morning, Ayako. Did you do your English homework?
B: Good morning, Mr. Green. Yes, I did. But it was difficult for me.
A: Oh, OK. If you have any questions, you can ask me.
B: Thank you, Mr. Green. I'll come to the staff room later.

2番　OK, everyone. It's time to finish our P.E. class. Put the balls back into the box. Next week we'll play volleyball again.

3番　Misaki grows some vegetables during the summer vacation. But last summer, they didn't grow well because it was very hot and it rained too little. So, Misaki was very sad.

これで問2を終わります。次は問3です。

〔英文の訳〕

1番 A：アヤコ，おはようございます。あなたは英語の宿題を終えましたか？

B：おはようございます，グリーン先生。はい，終えました。でも，私には難しかったです。

A：おや，なるほど。もし何か質問があれば，私に尋ねてください。

B：グリーン先生，ありがとうございます。後で，教員室へ伺います。

質問：グリーン先生の職業は何ですか？

㋐ 先生。 イ 事務員・店員。 ウ 警官。 エ 歌手。

2番 はい，皆さん。私達の体育の授業を終了する時間となりました。ボールを箱に戻してください。来週，私達はバレーボールをします。

質問：今，彼らはどこにいますか？

ア 図書館。 ㋑ 体育館。 ウ コンピューター室。 エ 音楽室。

3番 ミサキは夏休み中に野菜を栽培します。でも，この前の夏は，非常に高温で，雨がほとんど降らなかったので，それらは上手く成長しませんでした。したがって，ミサキはとても悲しみました。

質問：なぜミサキは悲しかったのですか？

ア 彼女の夏休みが短かったから。 イ この前の夏が暑くなかったから。

㋒ 野菜が上手く育たなかったから。 エ いかなる野菜も買えなかったから。

〔放送台本〕

問3 ホームステイ中のあなたは，ホストマザーから，次の日の準備について話を聞いています。その内容に合うように，次の〈メモ〉を完成させなさい。また，話の中にあるホストマザーからの問いかけに対して，あなたの考えを書きなさい。ただし，①，②はそれぞれ英語1語で，③は与えられた書き出しに続くように3語以上の英語で書きなさい。放送は2回くり返します。それでは問題に入ります。

It's our grandmother's birthday tomorrow and she will come to our home. I'm going to make a cake for her, but I cannot get home before 8 o'clock tonight. So, can you go to the store and buy some eggs and milk for me, please? Oh, don't forget to clean your room. It will also be good to make a plan for the party. What do you want to do to make her happy at the party?

これで放送を終わります。

〔英文の訳〕

明日，私達のおばあちゃんの誕生日で，彼女が私達の家に来ます。私は彼女のためにケーキを作るつもりですが，今晩は，8時前に帰宅できません。そこで，私に代わって，店に行き，卵と牛乳を買ってきてくれませんか？ あっ，あなたの部屋を掃除することを忘れないでください。また，パーティーの計画を立ててもらえたら，助かります。パーティーで彼女を喜ばすために，あなたは何をしたいですか？

<メモ>

・卵と①牛乳を買う

・私の部屋②を掃除する

<あなたの考え(解答例訳)>

私は③彼女に花をあげたい[歌を歌いたい]と思う。

＜理科解答＞

【第1問題】 問1　1　細胞壁　2　ア　3　虚像　4　日食　問2　1　P　電子　Q　中性子　2　ア　問3　1　X　ウ　Y　ア　Z　イ　2　ウ

【第2問題】 問1　1　顕性形質　2　丸形の種子：しわ形の種子＝3：1　3　X　イ　Y　ウ　4　(対になっている親のもつ遺伝子が，減数分裂によって)それぞれ別の生殖細胞に入ること。

問2　1　エ　2　胎生　3　B→C→A→(D)

【第3問題】 問1　1　右図　2　10.92g　3　ウ　4　5.34g　問2　1　X　還元　Y　酸化

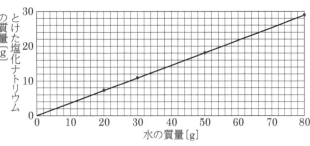

2　$2CuO + C \rightarrow 2Cu + CO_2$

3　(操作)　ピンチコックでゴム管を閉じる。　(理由)　試験管内に空気が入り，試験管内の物質が空気中の酸素と反応するのを防ぐため。

4　(酸素と結びつきやすい順に)マグネシウム，炭素，銅

【第4問題】 問1　1　右図　2　0.60W　3　動滑車を引き上げるのにも力が必要だったから。　4　2.2N　問2　1　イ　2　X　逆　Y　同じ　3　10(Ωと)20(Ωを)並列(につなぐ)　4　エ

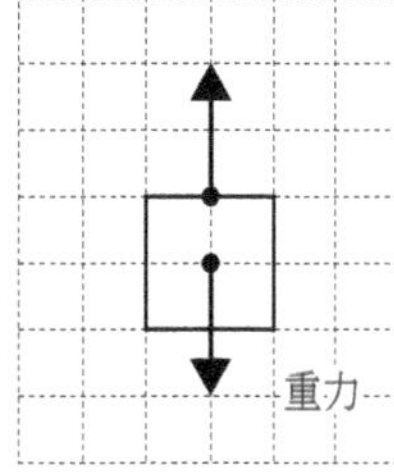

【第5問題】 問1　1　積乱雲　2　イ　3　露点よりも低く　4　ビニルぶくろの中に入れた水をぬるま湯にかえる。

問2　1　X　面積　Y　力の大きさ　2　吸盤A，B，Cのそれぞれについて，実験の回数を増やし，その平均を求める。　3　空気　4　実験室の気圧が998hPaより高く，空気が吸盤をおす力が大きくなったから。

＜理科解説＞

【第1問題】 (小問集合―細胞，酸性とアルカリ性，凸レンズ，日食，放射線，生態系)

問1　1　核と細胞質は植物の細胞と動物の細胞に共通するつくりである。植物に特徴的なつくりである**葉緑体**で**光合成**が行われ，液胞には細胞の活動にともなってできた物質や水が入っている。Xは細胞壁で，細胞の形を維持し，植物のからだを支えるのに役立っている。　2　せっけん水は**アルカリ性**を示し，水溶液中には水酸化物イオン(OH^-)が含まれている。**酸性**の水溶液中には水素イオン(H^+)が含まれる。　3　凸レンズと**焦点**の間にある光源を凸レンズを通して見ると，光源と上下左右が同じ向きで，光源より大きい**虚像**が見える。**実像**とちがって，光源の1点から出た光が，凸レンズを通って1点に集まってできた像ではない。　4　太陽－月－地球の順に一直線に並んでいるとき，地球から見て，太陽の一部または全部がかくされる現象が**日食**である。

問2　1　原子は，中心にある**原子核**と，そのまわりに存在する－の電気をもつ**電子**からできている。原子核は＋の電気をもつ**陽子**と電気をもたない**中性子**からなり，陽子の数と電子の数は等し

い。また，陽子1個がもつ＋の電気の量と，電子1個がもつ－の電気の量が等しいので，原子は全体として電気を帯びていない状態にある。　2　**放射線**には，物質を通りぬける性質(透過性)や，物質を変化させる性質がある。レントゲン検査はからだにX線を照射し，透過したX線を画像化している。放射線の透過性には，α線は紙で止まり，β線はうすい金属板で止まるちがいがある。γ線とX線は，鉛や鉄の厚い板なら弱めることができる。

問3　1　ある地域に生息・生育する全ての生物と，それらをとり巻く環境をひとつのまとまりでとらえたものを**生態系**という。ある生態系における食べる生物と食べられる生物の数量は，一時的な増減はあっても，それをくり返しながら長期的に見ればほぼ一定に保たれている。図5で，大型の魚が増加すると，それらに食べられていた小型の魚は減少する。すると，小型の魚に食べられていた動物プランクトンは増加し，小型の魚を食べていた大型の魚は減少する。さらには小型の魚はもとの数量にもどり，動物プランクトンも減少してもとの数量にもどる。　2　生物には，限られた環境にしかすめないものがいる。そのため，その生物の化石が含まれる地層が堆積した当時の環境をさぐる手がかりになる。サンゴのなかまは，あたたかくて浅い海にすむ。サンヨウチュウは古生代，アンモナイトは中生代，ビカリアは新生代に堆積した地層であることを示す**示準化石**である。

【第2問題】（遺伝，動物の分類と進化－形質，純系，分離の法則，無セキツイ動物，胎生）

問1　1　親の形や性質などの特徴が子や孫に伝わることを**遺伝**といい，細胞内の染色体にある**遺伝子**が，子の細胞に受けつがれることで遺伝が起こる。種子の丸形としわ形のように，1つの種子にはどちらか一方の形質しか現れない2つの形質どうしを**対立形質**という。この対立形質の遺伝子の両方が子に受けつがれた場合，子に現れる形質を**顕性形質**，子に現れない形質を**潜性形質**という。　2　交配1によってできた丸形の種子がもつ遺伝子は，Aaで表すことができる。交配2では，この丸形の種子を**自家受粉**させたので，孫のもつ遺伝子の組み合わせはAA，Aa，Aa，aaとなり，Aの遺伝子をもつ種子は丸形になるので，丸形の種子としわ形の種子の数の比は，(1＋1＋1)：1＝3：1になる。　3　丸形の種子Sが純系ならば，遺伝子はAAである。AAとAA，またはAAとAaを交配しても，全てが丸形の種子になるので，種子Sが純系かどうかを確認することはできない。AAとaaを交配して，その結果AAまたはAaの種子だけ(丸形の種子だけ)ができれば，種子SがAAであることを確認できる。　4　対になっている遺伝子(AA，Aa，aa)は，生殖細胞がつくられるときに半分の数になる**減数分裂**を行って，それぞれ別の細胞に入る。これを**分離の法則**という。

問2　1　メダカは魚類，コウモリはホニュウ類，イモリは両生類である。ザリガニは無セキツイ動物で，節足動物の中の甲殻類にあたる。　2　ホニュウ類では，**受精**した卵は雌の体内で育って**胚**になる。こうして母体内で保護され，一定の発育期間をへて親と同じような形になると，体外へうみ出される。このように，母親の体内で子にまで育ってからうまれることを**胎生**という。　3　最後に出現したヒトと，生活場所に共通点があるチンパンジーの出現した年代は近い。生活場所は同じ「木の上」であるが，手のつくりに共通点があるオランウータンの方が，メガネザルよりもチンパンジーの出現した年代に近い。

【第3問題】（水溶液，化学変化－溶解度，再結晶，還元と酸化，化学反応式，実験操作）

問1　1　表1より，水の質量は20g～80g，とけた塩化ナトリウムの質量は7g～29gなので，横軸は0g～80g，縦軸は0g～30gとする。温度が一定の水にとける物質の質量は，**溶媒**である水の質量に比例する，グラフは，表1のそれぞれの水の質量におけるとけた塩化ナトリウムの質量を点で記入して，それらを通る直線を引く。　2　図1は，100gの水にとける硝酸カリウムの質量を示している。したがって水10gでは，それぞれの温度でグラフに示された質量の$\frac{1}{10}$の硝酸カリウムがとける。109.2(g)÷10＝10.92(g)　3　8.50(g)×10＝85.0(g)が**溶解度**である水の温度を，図1のグラフから読み取る。　4　20℃の水10gにとける硝酸カリウムの質量は，31.6(g)÷10＝3.16(g)　8.50(g)－3.16(g)＝5.34(g)

問2　1　物質が酸素と結びつくことを**酸化**といい，酸化によってできた物質を酸化物という。また，酸化物が酸素をうばわれる化学変化を**還元**という。操作1で，酸化銅は酸素をうばわれ，炭素が酸素と結びついた。還元と酸化は同時に起こる。　2　酸化銅(CuO)と炭素(C)が反応して，銅(Cu)と二酸化炭素(CO_2)が生じた。化学反応式では，反応の前後(矢印の左右)で原子の種類と数が一致していなければ正しくない。　3　操作1で，加熱後の試験管に残った赤い光沢が見られる物質は銅である。この試験管に空気が入りこむことによって，銅と空気中の酸素が結びつくのを防ぐ。　4　操作1の結果から，銅よりも炭素の方が酸素と結びつきやすいことがわかる。同様に，操作2から炭素よりマグネシウムの方が酸素と結びつきやすく，操作3から銅よりもマグネシウムの方が酸素と結びつきやすいことがわかる。

【第4問題】 (仕事，電流と磁界─作図，仕事率，動滑車，磁界の向き，力の向き，抵抗)

問1　1　おもりにはたらく**重力**とつり合う力は，大きさが重力と等しく，向きが反対である。糸をおもりにつけた点を**作用点**として，重力の矢印と一直線上に，同じ長さで向きが逆の矢印をかく。　2　**仕事**(J)＝物体に加えた力(N)×力の向きに移動させた距離(m)および，仕事率(W)＝仕事(J)÷時間(s)より，8.0(N)×0.15(m)÷2.0(s)＝0.60(W)　3　おもりを動滑車にかかる2本の糸でささえるので，引き上げた力の大きさは，8.0(N)÷2＝4.0(N)になるはずであるが，動滑車も引き上げるので，その重さに対する力も必要になる。　4　方法1で真上に引き上げた仕事は，8.0(N)×0.15(m)＝1.2(J)　また，方法3で斜面上を0.15mの高さまで引き上げた仕事は，7.0(N)×0.25(m)＝1.75(J)　方法3と方法1との仕事の差は1.75－1.25＝0.55(J)　よって，求める力の大きさをxとすれば，x×0.25(m)＝0.55(J)，x＝2.2(N)

問2　1　1本の導線に流れる電流によってできる**磁界**は，導線を中心として同心円状で，電流の向きを右手の親指の向きとすると，残りの指を内側へ曲げたときの向きが磁界の向きになる。図4のコイルでは，1本の導線と同様の磁界ができる。　2　コイルに流れる電流による磁界の向きと，磁石によるN→Sの磁界の向きが同じところは磁界が強くなり，逆向きのところは弱くなる。電流は，磁界の強い方から弱い方に向けて力を受ける。したがって，操作3で電流の向きを逆向きにすると，コイルが受ける力の向きが逆になるが，操作4で磁石の磁界の向きも逆向きにすると，コイルが受ける力の向きは操作3と逆向きになり，操作2の向きにもどる。　3　コイルに最も大きな電流が流れるように，2個の抵抗器を合成抵抗が最も小さくなるように組み合わせてつなぐ。**並列**つなぎにしたとき，全体の抵抗は並列につないだ抵抗の小さい方の抵抗器よりも，さらに抵抗の値は小さくなる。　4　換気扇を回すモーターは，磁石とコイルを流れる電流との間でおよぼし合う力を利用して，コイルを回転させる装置である。

【第5問題】 (雲のでき方，気圧─積乱雲，露点，湿度，圧力，実験操作，気圧)

問1　1　雲の名称は，基本的には次の3つから成り立っている。羽根のような形をしたうすい雲の巻雲，一面に広がる雲の層雲，丸いかたまりのようになった積雲である。**積乱雲**は，積雲が垂直に発達したもので，雷をともなうことが多い。　2　雲の粒は，空気中の水蒸気が水滴や氷の粒になったものである。地表付近の空気があたためられると軽くなり，上昇気流となって上空にのぼる。上空の**気圧**は低いので空気のかたまりは膨張し，温度は下がる。この空気のかたまりの温度が**露点**に達すると，含まれていた水蒸気の一部が小さな水滴や氷の粒になって雲ができる。
3　気圧(大気圧)は，その地点の上空にある空気にはたらく重力によって加わる力である。簡易真空容器の中の空気をぬくと，容器内の気圧が下がり，ビニルぶくろの中の空気が膨張してふくらむ。これによってビニルぶくろの中の温度が下がり，露点に達したので含まれていた水蒸気(気体)が水滴(液体)に**状態変化**した。　4　空気のしめりぐあいのことを**湿度**という。湿度(%)＝1(m^3)の空気に含まれる水蒸気の質量(g/m^3)÷その空気と同じ気温での飽和水蒸気量(g/m^3)×100
問2　1　表2にあるように，実験2では大きさの異なる吸盤A，B，Cを用いている。平面にはりついた吸盤がはずれるためには力が必要で，それを吸盤の大きさ(吸盤の面積)のちがいで比較している。　2　表3にあるように，吸盤A，B，Cのそれぞれについて1回ずつの測定では，操作による誤差が含まれることも考えられる。　3　空気には質量があるため，地球上のあらゆるものに，上空にある空気にはたらく重力によって力が加わっていて，その力によって気圧が生じる。吸盤の中と外に加わる気圧は同じであるが，吸盤をおして中の空気が出されると，外からの気圧の方が大きくなり，吸盤がはりつく。表3より，吸盤の面積が大きいほど，吸盤をはがすために必要な力(おもりの個数)が大きいことがわかる。　4　気圧が変化すれば，空気が吸盤をおす力が変わる。吸盤をはがすために必要な力が大きくなったということは，実験室の気圧が998hPaより高いと考えられる。

＜社会解答＞

【第1問題】　問1　1　ア　2　イ　3　B　問2　1　エ　2　液状化　3　ウ
問3　1　ア　2　(7月は,)海からの湿った季節風によって，降水量が多くなるから。　3　プランテーション　4　イ　5　国内でちがう民族どうしの言葉が通じないと不便なため，共通の言語が必要だから。

【第2問題】　問1　1　イ　2　ア　3　源氏物語　4　エ　5　ウ　6　(豊臣秀吉は,)関白になることによって，天皇の権威を利用しながら(全国統一を進めた。)
7　ウ→ア→イ　問2　1　イ　2　三国干渉　3　(第一次世界大戦では,)たくさんの男性が徴兵されたので，労働力の不足をおぎなうため(女性も工場などで働くことになった。)　4　国家総動員法　5　イ→ウ→ア　6　エ
7　ウ

【第3問題】　問1　1　ア　2　ウ　3　(1)　1(議席)　(2)　(小選挙区制に比べて，得票数の少ない政党も)議席を得やすくなるため，さまざまな世論が反映されやすい。
問2　1　利子　2　ウ　3　エ　問3　1　PKO　2　ア　3　イ

【第4問題】　問1　かぶき　問2　(工業団地の多くは,)製品の輸送に便利な自動車専用道路の近く(に増設された。)　問3　エ　問4　・15歳未満の児童が働かされていること。　・1日8時間を超えて働かされていること。　問5　ウ　問6　カ

＜社会解説＞

【第1問題】　(地理的分野―世界地理－気候・地形・産業・貿易・人々のくらし，―日本地理－地形図の見方・人口・農林水産業)

問1　1　まず，ア～エの都市を確定する。アは，アラブ首長国連邦の首都アブダビである。イは，中国の都市香港である。ウは，アメリカの都市ロサンゼルスである。エは，ブラジルの都市リオデジャネイロである。グラフ①の**雨温図**を見ると，6月・7月・8月に気温が高いことから北半球の都市であることがわかる。また，一年を通して雨のほとんど降らないことから，砂漠気候であることがわかる。この都市はアブダビであり，略地図①のアである。　2　日付変更線に一番近い都市を選べば良いので，正答はイである。　3　まず，都市を確定する。Aは，ポルトガルの首都リスボンである。Bは，南アフリカ共和国の立法上の首都ケープタウンである。Cは，オーストラリアの都市メルボルンである。Dは，カナダの一地方のニューファンドランド・ラブラドール州である。略地図②は**正距方位図**なので，東京からの距離と方角が正しく示されている。正距方位図上で見て，一番距離の遠いBのケープタウンが，東京から最も遠い地点である。

問2　1　ア　Eの地域は，地形図上では1辺が1cmの正方形である。この**地形図の縮尺は2万5千分の1**なので，計算すれば，25,000(cm)×25,000(cm)＝250(m)×250(m)＝62,500(m^2)＝62.5(km^2)であり，1km^2ではない。　イ　1965年に「金田東」付近に山地はない。　ウ　東京湾アクアラインは「木更津金田IC」から，南西ではなく北西に延びている。ア・イ・ウのどれも誤りであり，エが正しい。　エ　1965年から2018年の間に「中島」の道路沿いに消防署「Y」が設置された。

2　**地震**が発生して地盤が強い衝撃を受けると，今まで互いに接して支えあっていた土の粒子がバラバラになり，地盤全体がドロドロの液体のような状態になる現象を**液状化**現象という。東日本大震災では，千葉県などでも起こっている。　3　千葉県は，昼間に東京都の企業や大学に通勤・通学し，夜に千葉県に帰る人が多く，東京の**ベッドタウン**化している。**昼夜間人口比率**とは，夜間の人口と比べた昼間の人口の比率(%)のことである。**昼夜間人口比率**(%)の最も小さいウが，千葉県である。また，千葉県は，消費量の多い大都市東京に近い条件を生かして，新鮮な野菜を出荷する**近郊農業**を行っているため，野菜の産出割合が高い。正答は，ウである。

問3　1　2000年代以降著しい経済発展を遂げている5か国をまとめて**BRICS**という。ブラジル・ロシア・中国・南アフリカと共に，インドもその中に入っている。インドでは，石油製品の他，機械類・ダイアモンド・鉄鋼・自動車などが輸出の主力である。正答は，アである。　2　カンボジア近辺は1月は降水量が少ない**乾季**となり，7月は海からの湿った**季節風**によって，降水量が多い**雨季**となるからである。上記の後半部の趣旨を簡潔にまとめればよい。　3　**熱帯・亜熱帯**地域の広大な農地に大量の資本を投入し，天然ゴムや油やしなど**単一作物**を大量に栽培する**大規模農法**を**プランテーション**という。栽培されるのは，輸出目的で作られる商品作物である。**植民地時代**につくられたプランテーションが現在に引き継がれているものが多い。　4　図②・図③を見ると，**EU**各国の間には**経済格差**があることがわかる。加盟時期が遅い東ヨーロッパのポーランド・ルーマニア・ハンガリーなどの国々の方が，**一人あたりの国民総所得**が低く，加盟時期の早い西ヨーロッパのドイツ・フランスなどの国々の方が，一人あたりの国民総所得が高い。正しい組み合わせは，イである。なお，EU加盟国は，EUへの**拠出金**を出すことが行われているが，拠出金は，経済的に豊かな西ヨーロッパの国が多く出している。　5　ナイジェリアには250以上の民族があり，それぞれの言語を使用していると，ちがう民族どうしが意思疎通ができないため，英語を公用語として共通の言語とすることが必要だからである。上記の趣旨を簡潔にまとめ，40字以内で解答する。

【第2問題】　**(歴史的分野―日本史時代別－旧石器時代から弥生時代・古墳時代から平安時代・鎌倉時代から室町時代・安土桃山時代から江戸時代・明治時代から現代，―日本史テーマ別－政治史・宗教史・文化史・外交史・社会史・経済史，―世界史－経済史)**

問1　1　アは，文字などを書き記した短冊状の薄い木の札で，**木簡**と呼ばれる。日本では，飛鳥時代から奈良時代初期を全盛に，紙と並んで使用され，平安時代まで使用された例もある。**平城京**などの宮跡をはじめ，全国各地で発見されており，内容は役所間の連絡文書や記録，税物につけた荷札など種々のものがある。ウは，**縄文土器**の一例であり，炎の形に見えるところから火炎型土器と呼ばれる。エは，**縄文時代**から**弥生時代**にかけてつくられた**石鏃**(せきぞく)である。縄文時代は狩猟用に，弥生時代は戦闘用に使用されたものと推測されている。稲作とは関係がない。ア・ウ・エのどれも別の時代の，または別の用途のものであり，イが正しい。　イ　縄文時代の末から弥生時代に，米などを保管するためにつくられた，床が高くなっている倉庫を**高床倉庫**という。床の高い倉庫がつくられたのは，湿気やネズミを防ぐためだと考えられている。ネズミ返しという工夫をしてある物もある。　2　諸国の産物(絹・海産物など)を納めたものが調である。納められる**調**には，木簡が添えられた。調は，**庸**とともに農民によって**都**に運ばれ，国家の財源となった。都まで運ぶことを**運脚**といい，これも大きな負担となった。正しい組み合わせは，アである。　3　平安時代中期の**国風文化**の中で**紫式部**によって著されたのが，世界最古の長編小説である**『源氏物語』**である。紫式部とは，「紫の物語にゆかりのある」「父が**式部省**の高級官僚」だったところからつけられた通称である。同時代の文学者に**『枕草子』**を著した**清少納言**らがおり，この時代には宮中の**女官**による文学が数多く残された。　4　ア　**念仏**を唱えれば，誰でも**極楽浄土**に**往生**できると，**浄土宗**を開いたのは栄西ではなく，**法然**である。　イ　**座禅**によって自分の力でさとりを開こうという教えを宋から伝えたのは，親鸞ではなく，**道元**である。道元の開いた宗派は**曹洞宗**である。　ウ　山奥の寺での**厳しい修行**を重視し，**祈とう**を取り入れたのは，**修験道**(しゅげんどう)である。ア・イ・ウのどれも誤りであり，正しいのは，エである。　エ　**日蓮**は法華経を重んじ，**題目**を唱えることで，現世の利益を得るという**日蓮宗**を開いた。　5　図①は，**琉球王国**の**「万国津梁」**の鐘である。琉球王国の位置は，ウである。　6　**豊臣秀吉**は，1585年には**関白**，翌1586年には**太政大臣**になることになった。まだ国内に敵対する大名がいる中で，**天皇**の権威を利用しながら**全国統一**を進めたのである。上記の趣旨を簡潔に述べればよい。　7　アは，**「寛政異学の禁」**である。**老中松平定信**が進める**寛政の改革**の中で1790年に発せられた。イは，外国船に燃料や水を与えて退去させる**「薪水給与令」**であり，1842年に発せられた。**水野忠邦**が進める**天保の改革**の一環である。ウは，**「公事方御定書」**(くじかたおさだめがき)は，**八代将軍徳川吉宗**が**享保の改革**を行う中で，1742年に町奉行の大岡忠相に編纂させた法令集のことである。時代の古い順に並べると，ウ→ア→イとなる。

問2　1　Ⅰ　**岩倉使節団**の帰国後，**征韓論争**が起こったが，**大久保利通**ら**内治優先派**が勝利を収めた。　Ⅱ　征韓論争後は，国家制度の整備が急がれた。**自由民権運動**が始まっていたが，国民の自由や権利は抑えられた。正しい組み合わせは，イである。　2　**日清戦争**後の講和条約である**下関条約**には，2億両(テール)の**賠償金**の他，**台湾**・澎湖諸島・**遼東半島**などの割譲が含まれていたが，ロシア・ドイツ・フランスから，遼東半島を清国に返還するよう要求された。これが**三国干渉**である。日本はやむなく要求を受諾し，清との間に還付条約を結んで，代償に3000万両を獲得した。　3　**第一次世界大戦**では，多くの男性が**徴兵**されたので，労働力の不足をおぎなうため女性も工場などで働くことになった。戦後には女性が選挙権を与えられた国も多い。このような趣旨を簡潔にまとめればよい。　4　**日中戦争**の長期化に対処するため，1938年に制定された戦時体制下の統制法が，**国家総動員法**である。人的・物的資源の統制運用を目的としたもので，広範な権限が政府に与えられ，これにより議会の承認なしに労働力や物資を動員することができるようになり，戦時体制が強化された。　5　ア　小学校の児童は，大都市に米軍の空襲が行われるようになって，地方へ避難した。これを**学童疎開**といい，1944年から終戦まで続いた。　イ　この歌は石川啄木が1910年の**日韓併合**に際して詠んだものである。　ウ　この歌は1931年に起こった**満州事変**の調査のために，**国際連盟**から派遣された**リットン調査団**について詠んだものである。時代の古い順に並べると，イ→ウ→アとなる。　6　1951年に，日本は48か国と**サンフランシスコ平和条約**を結んだが，**ソ連**との講和は成立しなかった。そのため，**国連安全保障理事会**の常任理事国であるソ連の反対で，**国際連合**への加盟はできなかった。1956年に**日ソ共同宣言**が成立して国交が回復し，日本は国際連合への加盟が実現した。　7　「高度成長によって発生した社会問題」というタイトルでレポートを書くならば，**高度経済成長**期に，利潤が優先される中で，**公害**が起こったことを示す新聞記事がふさわしい。また，大都市に人口が集中し，**過密都市**が生まれていることを示すグラフが必要である。正しい組み合わせは，ウである。

【第3問題】 (公民的分野―基本的人権・裁判・国の政治の仕組み・消費生活・経済一般・国際社会との関わり)

問1　1　イの**信教の自由**と，ウの**学問の自由**と，エの**思想・良心の自由**は，すべて**精神の自由**である。アの**職業選択の自由**が**経済活動の自由**である。　2　殺人など，重大な**刑事裁判の一審**の裁判に，くじで選ばれた市民の**裁判員**が参加することが，2009年から実施されている**裁判員制度**である。二審以上の裁判や**民事裁判**には，裁判員制度は取り入れられていない。よって，Ⅰは，誤りである。裁判員は，裁判官と話し合って，被告人が有罪か無罪かを判断する。よって，Ⅱは，正しい。したがって，正しい組み合わせは，ウである。　3　(1)　**比例代表制**の**ドント式**では，以下のようにしてそれぞれの政党の**当選者**を決定する。まず各政党の**得票数**を1，2，3，4…の**整数で割る**。具体的には，ハル党の場合，1で割ると3000票，2で割ると1500票，3で割ると1000票となる。他の3党についても同様に計算する。その商の大きい順に定数まで議席を配分する。問題の場合は，定数は4議席であるので，ハル党が2議席，ナツ党が1議席，アキ党が1議席，フユ党が0議席で，合計4議席となる。アキ党は1議席を獲得する。　(2)　比例代表制では，投票した候補者が落選するいわゆる**死票**が，**小選挙区制**に比べて少なくなる。また，支持率または得票数の少ない政党も議席を得やすくなるため，さまざまな**世論**が反映されやすいという長所がある。

問2　1　Aは**利子**である。利子とは，**利息**と同様に，金銭の貸借に対して支払われる対価のことである。借りる側が支払う対価を「利子」，貸す側がもらう対価を「利息」，として使い分けられることもある。　2　**消費者**が製品の欠陥により損害(生命・身体・財産への損害)を被った場合，消費者の故意・過失の有無を問わず，**製造者**が損害賠償の責任を負うとする考え方を示した法律が，1995年に施行された**製造物責任法**である。**PL**(Product Liability)**法**ともいう。正しい組み合わせは，ウである。　3　ある国の通貨と別の国の通貨を交換するときの比率を**為替相場**という。為替レートでもよい。為替相場の変動で「1ドル100円」から「1ドル110円」のように，外国の通貨に対して円の価値が下がることを**円安**(ドル高)になるという。円安になると，外国に旅行に行くのには不利になる。正しい組み合わせは，エである。

問3　1　地域紛争で停戦を維持したり，紛争拡大を防止したり，公正な選挙を確保するなどのための活動が，国連の**PKO**(平和維持活動Peacekeeping Operations)である。**安全保障理事会**の決議により決定されるため，**常任理事国**(アメリカ・ロシア・中国・イギリス・フランス)のうち1か国でも反対の国があると実施できない。　2　国際連合の機関である**国際司法裁判所**は，オランダの**ハーグ**に置かれている。領土問題などの国家間の紛争を，**国際法**に基づいて平和的に解決することを目指す機関である。訴えを提起できるのは，個人ではなく国家だけである。また，訴えられた国が同意しない場合は，裁判は行われない。竹島の場合は，日本は国際司法裁判所への付託を提案したが，韓国が拒否した。 3 イが正しい。人間一人一人に着目し，生存・生活・尊厳に対する広範かつ深刻な脅威から人々を守り，それぞれの持つ豊かな可能性を実現するために，保護と能力強化を通じて持続可能な個人の自立と社会づくりを促す考え方を，**人間の安全保障**という。近年登場した概念である。

【第4問題】（歴史的分野―日本史時代別－安土桃山時代から江戸時代，―日本史テーマ別－文化史・社会史，地理的分野―日本地理－交通，公民的分野―社会保障，その他）

問1 **歌舞伎**は，**出雲阿国**(いずものおくに)の**かぶき踊り**から発展し，やがて男だけの演劇である歌舞伎として大成し，江戸の人々の娯楽となった。

問2 島根県の東部では，新しい**工業団地**の多くは，製品の輸送の便を考慮し，**高速道路**や**自動車専用道路**の近くに増設された。上記の趣旨を簡潔に指摘すればよい。

問3 ア スウェーデンでは，**労働時間**は減少し続けてはいない。 イ 3か国のうち労働時間が最も減少したのは，スウェーデンではなく日本である。 ウ 意識調査で否定的意見の割合が最も小さい国はスウェーデンであるが，労働時間の最も短い国はドイツである。ア・イ・ウのどれも誤りであり，エが正しい。 エ 子供を産み育てやすい国だと思うかという意識調査において，スウェーデンの肯定的意見の割合は，日本の2倍以上である。

問4 現在の**労働基準法**に照らした場合，以下のような違反がみられる。

・15歳未満の児童が働かされており，極端な場合は7，8歳が働かされている例もある。

・**昼夜交替制**で朝6時から夕6時まで，夕6時から朝6時まで，1日12時間も働かされている。上記の他にも，休日などについて違反がみられた。

問5 **高齢者**の割合をいくつかの階級に分類して，図3に表す場合，色分けが有効な方法である。正答はウである。

問6 社会保険は，社会全体でリスクを分散する「**共助**」である。人々が互いに協力し助け合うことが必要である。「共助」によってもなお生活に困っている人に，政府が生活を保障するのが「**公助**」である。最近では，自分や家族を守る「**自助**」や，公的機関による支援の「公助」に加えて，「共助」の重要性が強調されるようになってきた。正しい組み合わせは，カである。

<国語解答>

【第一問題】 問一 1 あお(ぐ) 2 す(えて) 3 きせき 4 こうせつ
問二 1 預(ける) 2 除(く) 3 看板 問三 エ 問四 ウ
問五 ア

【第二問題】 問一 イ 問二 鏡で自分を見るという行為 問三 1 私たち人間
2 特定の他者 3 (例)できるだけ多くの複数の意見を参考にし，さらに，他者の意見に流されないために，他者に共感できる自分の思いに正直であること。 問四 自己関係を組み込むことによって次々に変化 問五 エ

【第三問題】 問一 A 少し大人びた B 人の影はどこにもなかった 問二 イ
問三 (例)兄ちゃんと弘ちゃんをびっくりさせて，野球より釣りの方がいいと思わせたいから。 問四 エ 問五 明夫は思い 問六 (例)勲章を作って，秀治を喜ばせようと思ったから。 問七 ウ

【第四問題】 問一 ころおい 問二 香り 問三 青い葉，白い花

問四　(例)朝露にぬれている明け方の桜

【第五問題】　問一　ウ　　問二　ア　　問三　(例1)私は友人との会話の中で花いかだを使ってみたい。この言葉を使えば，春の終わりの雰囲気を友人と一緒に味わうことができるからだ。この言葉は流れる桜をいかだにたとえてあり，散った花が流れる美しさを表している。これまでは春の終わりの雰囲気を上手に表現できなかったので誰かに伝えることはなかった。これからは，この言葉で春の終わりの美しさを友人と共有したい。

(例2)私は「せみ時雨」を自分で撮った夏山の写真の題に使いたい。その理由は，写真を見る人に，たくさんのせみの鳴き声を感じながら見てもらいたいからだ。以前，雨の降る景色を写した「夕立ち」という題の写真を見たが，題から自然と雨音を想像できて，自分が写真の中にいるような気持ちになった。私も「せみ時雨」という題で，写真を見る人に，夏山にいるような気分になってもらいたい。

(例3)「山よそおう」を選ぶ。私は俳句を作る際にこの言葉を使ってみたい。この言葉から，山が色とりどりの紅葉を身にまとっているイメージがわく。俳句に使えば紅葉に彩られた山の鮮やかさを表現できると思う。以前，クラスの句会で「山笑う」を使った俳句を作り，クラスメイトに春の山の明るさを上手に表現していると評価された。次は「山よそおう」を使って，秋の山の鮮やかさを表現したい。

(例4)私は冬化粧を選びます。学級日誌を書くときに使いたいです。「校庭が冬化粧した」と書けば，本格的な寒さの到来を伝えると共に，校庭一面に真っ白な雪が降り積もった美しい情景を表現することができるからです。以前，友人が学級日誌に「若葉の季節となった」と書いていましたが，新緑を想像してさわやかな気分になりました。私も冬化粧で，雪の降った冬の情景の美しさを伝えたいです。

＜国語解説＞

【第一問題】 (知識―漢字の読み書き，筆順・画数・部首，品詞・用法)

問一　1　この場合の「**仰ぐ**」は，尊敬するという意味。　2「**腰を据える**」は，落ち着いて一つの物事をする体勢をとるという意味の慣用句。　3「**軌跡**」は車輪の跡のことで，生きてきた道すじという意味でも用いる。　4「**巧**」はじょうず，「**拙**」はへたということ。

問二　1「**預**」の音読みは「ヨ」で，「預金」などの熟語を作る。　2「**除**」の音読みは「ジョ」「ジ」で，「除外」「掃除」などの熟語を作る。　3「**看板**」の「看」の一画目は，左払いである。

問三　それぞれの熟語の意味は，ア「攻勢」＝積極的に相手に攻めかかる態勢，イ「後世」＝のちの時代，ウ「公正」＝公平で正しいこと，エ「**構成**」＝いくつかの要素を組み立てることや組み立てたもの，なので，エが文脈に合う。

問四　「決して」は**副詞**で，あとに「ない」などの打ち消しや禁止の語をともなって用いる。

問五　ア「**採**」は行書でも楷書でも筆順が変化しないが，イ「神」は「ネ」(しめすへん)，ウ「細」は「糸」(いとへん)，エ「草」は「サ」(くさかんむり)の筆順が行書と楷書では異なる。

【第二問題】 (論説文―大意・要旨，内容吟味，文脈把握)

問一　傍線部①は，前の文の「若い**自己形成途上**の人間であれば心身ともに**急激な成長を経験する**ことは少なくありません」ということを説明するための格言なので，イが正解。アの「記憶」やエの「絆」は無関係。ウは，「急激な成長」に触れていないので不適当である。

問二　Xの文章の前半に「自己関係は**鏡で自分を見るという行為**が例として挙げられます」とあるので，ここから抜き出す。

問三　1　Yの文章の初めの段落に「**私たち人間は他者との関わりによって他者からさまざまな影響を受けつつ自分であり続けている**のであって，他者からの影響は自己形成にとって欠くことができないものなのです」とあるので，ここから「私たち人間は……あり続けている」を抜き出し，初めの5字を書く。　2　Yの文章の三つ目の段落に「問題は，自己形成にとって必要な他者との関わりが自己形成自体を妨げるものとなるときに生じます。たとえば，**特定の他者への過剰な依存が自己の成長・形成を抑圧する場合**です」とあるので，ここから「特定の他者……抑圧する場合」を抜き出し，初めの5字を書く。　3　Yの文章の後半に「他者から影響を受けつつも，自己形成を目指して進むことはどうしたら可能になるのでしょうか」という問いの答えとして「**できるだけ多くの複数の意見……を参考にする**こと」が挙げられ，さらに「**人の意見**」に「**流されない**ためには，自分自身の感性に正直であること，特に**他者に共感できる自分の思いに正直である**こと」が大切だとされているので，この内容を55～65字で書く。

問四　傍線部③の「自分一人だけの時空間を持ち，思索する」は，Ⅰでは「自分自身に関係する」「自己関係」と表現されている。Xの文章によれば，「自己関係」は，「人間(＝自己)」の存在に欠かせないものであり，Xの文章の中ほどに「自己は**自己関係に組み込むことによって次々に変化**(＝生成)し続ける一つのプロセスとして存在する」とあるので，ここから抜き出す。

問五　Ⅰは自己形成，Ⅱは「一人きりで自分と向き合う」ことについて述べている。どちらも**自分を見つめること**について書いてあり，Ⅰは自己形成の過程で**他者から影響を受けること**についても述べているので，エが正解である。二つの文章の内容に関連はあるが，アの「全く同じことを述べている」は不適当。イは「人間関係の対立」が，Ⅰ・Ⅱの内容と合わない。ウは「他者」と「上手に付き合う方法」がⅠ・Ⅱの内容と合わないし，ⅠとⅡの内容は「逆のこと」ではない。

【第三問題】（小説－情景・心情，内容吟味，文脈把握）

問一　A　傍線部①の少しあとに，大沼に行く理由が「今日は**少し大人びた**ところに行きたかった」と説明されているので，ここから抜き出す。　B　「静か」であることを示す情景描写を探すと，【中略】の少しあとに「**人の影はどこにもなかった**」とあるので，これを抜き出す。

問二　波線部Xのときは，同い年の孝治や弘がいないときに年下の秀治と遊ぶことに**戸惑い**があったが，ぬかるみにはまったときに手を貸すなど，**年長者**として秀治の**世話をする**ようになっているので，イが正解。明夫の気持ちはいらだちではないので，アは不適当。ウの意気込みや心細さは，この文章から読み取れない。明夫は年長者として秀治に接しており，「対等に遊べた」ことで「自信」をつけたとはいえないので，エは誤りである。

問三　波線部Yの少し前の「俺たちがコイ釣って帰ったら**兄ちゃんも弘ちゃんもびっくりする**べな」「コイ釣れたら，**兄ちゃんたちも野球よりこっちがいいと思う**べな」という秀治の言葉をもとに答える。

問四　秀治は，兄たちが野球をしに行ったことで「不服そう」になったり，明夫が野球に行かないことを知って「不安そうにしていた」のが「うれしそう」になったりと，**言葉や態度でその時々の思いを素直に表現している**ので，エが正解。アは，秀治は初めに明夫の都合を聞いてから遊びに誘っているので誤り。イの冷静さや機転は，幼い秀治には見られない。ウの「常に人の顔色をうかがっている」は，素直に喜怒哀楽を表現する秀治の説明として不適当である。

問五　「**明夫は思い切り泥をかき混ぜ大声を上げた**」は，近くにいる魚を警戒させ，逃げさせる行動である。明夫は，明らかにコイがいない，という状況を作って，秀治に釣りを諦めさせようとしている。

問六　明夫は，傍線部③のようにして作ったものを「**勲章**だ」と言って秀治の肩から下げてやった。釣りをやめる代わりに，**秀治を喜ばせようと思った**のである。

問七　**適当でない**ものを選ぶことに注意する。アは，初めは戸惑っていた明夫が年長者としての自覚をもつようになったことと合っているので，適当である。イは，「釣れればいいな」と言って喜んで釣りを始めた秀治が，コイが釣れないことであきて沈んできたことと一致する。ウは，「**孝治，弘との関係が悪化し始めている**」が不適当。明夫と二人の関係については，この文章に書かれていない。エは，波線部Zは真昼の日差しが弱まり，夕方になって涼しくなってきたことも表しているので適当である。したがって，ウを適当でないものとして選べばよい。

【第四問題】（和歌・漢詩・古文―情景・心情，内容吟味）

〈Ⓒの口語訳〉　4月の末，5月の初めのころ，橘の葉で濃く青いのに，花がとても白く咲いているのが，雨が降っている早朝などは，またとないほど風情がある様子ですばらしい。花と花の間から黄金色の宝石のように見えて，たいへんくっきりと実が見えているのなどは，朝露にぬれている明け方の桜に劣らない。

問一　「**ほ**」を「**お**」，「**ひ**」を「**い**」に改めて「ころおい」と書く。

問二　Aは風交じりの雨の中で「香る」，Bは「凱風」によって「紫麝を薫ず」として，風が橘の**香り**を際立たせていることを表現している。

問三　「**葉の濃く青き**」「**花のいと白く咲きたる**」をもとに，3字の現代語でそれぞれ答える。

問四　「**朝露にぬれたるあさぼらけの桜**」をもとに，15字以内の現代語で答える。

【第五問題】（会話・議論・発表―内容吟味，作文，その他）

問一　**適当でない**ものを選ぶことに注意する。アは，あらかじめ準備することで話し合いをスムーズに進められるので適当。イは，話し合いがおしゃべりと違うのは特定の話題について何らかの目的をもって行う点であり，参加者が考えを自由に伝え合うことも大切なので適当。ウは，「**司会者が考えた意見を優先する**」が不適当。それでは他の参加者と話し合う意味がない。エは，参加者がお互いの意見を理解しやすくするための工夫であり，適当である。

問二　ショウさんは「木枯らし」という**季節を表す言葉から思い浮かぶ情景や印象**について述べており，サツキさんの発言はこれを受けたものなので，アが正解となる。イは，「好きな季節」でなくても季節を表す言葉を使う場合があるので不適当。ウは，同じ言葉でも「全員に全く同じ印象を与える」とは限らないので誤り。エの「文字にすること」については，話し合いの話題になっていない。

問三　①～⑤の**条件**に従った文章を書くこと。まず，**[表]の言葉**を一つ選び，**どのようなときに使ってみたいか**を述べて，その**理由**を[表]の**言葉の意味**と関連付け，さらに**根拠**として**自分の経験や見聞きしたこと**を書く。(例1)～(例4)は，[表]のそれぞれの言葉について，使いたい場面とその理由，根拠を，言葉の意味や経験と結び付けて書いている。

制限字数は**150～180字**で，**一マス目**から書き始め，**段落は設けない**。書き終わったら必ず読み返して，誤字・脱字や表現の不自然な部分などは書き改めること。

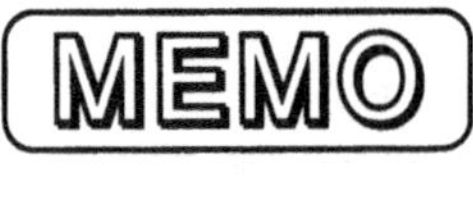

大切なことはメモしておこうネ！

島根県公立高等学校

2023年度

★★★★★★★★★★★★★★★★★★★★★★★★

入　試　問　題

●くわしい解説……55ページ

＜数学＞

時間　50分　　満点　50点

【注意】 $\sqrt{\ }$ や円周率πが必要なときは，およその値を用いないで$\sqrt{\ }$ やπのままで答えること

【第１問題】 次の問１～問９に答えなさい。

問１　$2+12\div(-3)$ を計算しなさい。

問２　$\sqrt{20}+\dfrac{10}{\sqrt{5}}$ を計算しなさい。

問３　方程式 $x^2+x-4=0$ を解きなさい。

問４　１本a円の鉛筆５本と，１本b円のボールペン３本の代金の合計は，1000円より高い。この数量の関係を不等式で表しなさい。

問５　図１のように，円周上に４点Ａ，Ｂ，Ｃ，Ｄをとる。このとき，$\angle x$の大きさを求めなさい。

図１

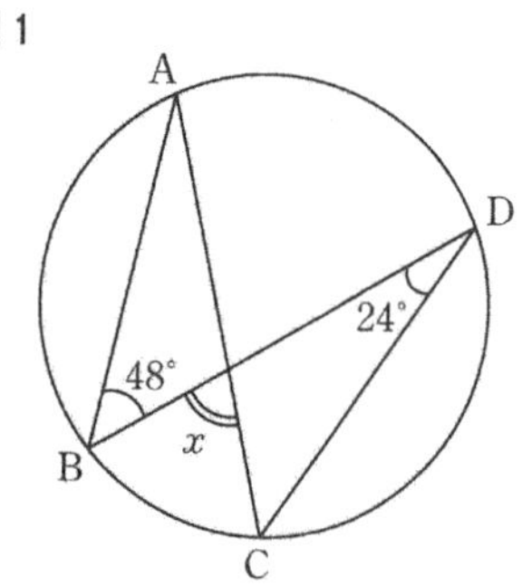

問６　２点Ａ（1，２），Ｂ（3，５）の間の距離を求めなさい。

問７　次のア～エのうち，yがxに反比例するものを１つ選び，記号で答えなさい。

- ア　半径がx cmである円の周の長さy cm
- イ　半径がx cmである円の面積y cm^2
- ウ　周の長さが20cmである長方形の縦の長さx cmと横の長さy cm
- エ　面積が20cm^{2}である長方形の縦の長さx cmと横の長さy cm

問８　みなみさんの通う中学校では冬休みが20日あり，数学の宿題が70問出題されている。みなみさんは１日あたり３問か５問を毎日解いて，20日目にちょうど宿題が終わる計画を立てた。３問解く日と５問解く日はそれぞれ何日か，求めなさい。

問９　次のページの図２は，ある月のカレンダーである。カレンダーの８日から24日のうち，月曜日から金曜日までの数から１つを選び○で囲む。○で囲んだ数をnとし，nの真上の数をa,

真下の数をb，左横の数をc，右横の数をdとする。例えば，図２のように14を○で囲むと，$n=14$，$a=7$，$b=21$，$c=13$，$d=15$となる。下の１，２に答えなさい。

図２

日	月	火	水	木	金	土
			1	2	3	4
5	6	7	8	9	10	11
12	13	(14)	15	16	17	18
19	20	21	22	23	24	25
26	27	28	29	30	31	

１　aをnを使って表しなさい。

２　a，b，c，dをそれぞれnを使って表し，$bc-ad$を計算すると，$bc-ad$はどのような数になるか。次の**ア**～**エ**から，最も適当なものを１つ選び，記号で答えなさい。

ア　12の倍数　**イ**　奇数　**ウ**　24の倍数　**エ**　負の数

【第２問題】 次の問１，問２に答えなさい。

問１　赤球３個と白球１個がはいっている袋から球を取り出すとき，次の１～３に答えなさい。ただし，１～３のそれぞれについて，どの球が取り出されることも同様に確からしいものとする。

１　袋から球を１個取り出すとき，赤球が出る確率を求めなさい。

２　袋から球を１個ずつ２回続けて取り出すとき，２個とも赤球が出る確率を求めなさい。

３　袋から球を１個取り出して色を調べ，それを袋にもどしてから，また，球を１個取り出す。このとき，２個とも赤球が出る確率を求めなさい。

問２　あみさんとけいすけさんは，正四面体について話し合っている。次の１，２に答えなさい。

１　あみさんは正四面体の展開図を考えた。次の**ア**～**エ**の展開図を組み立てて正四面体をつくるとき，辺ABと辺XYがねじれの位置になる展開図はどれか，**ア**～**エ**から１つ選び，記号で答えなさい。

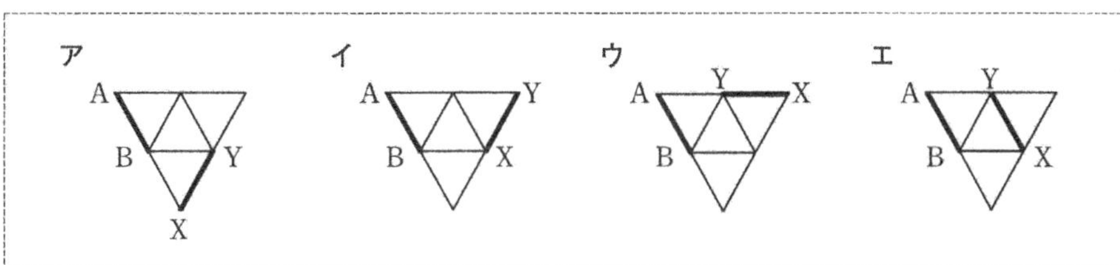

２　図１のような，正四面体ABCDがある。ひもを辺ABの中点Ｐから，正四面体の辺BC，CD，DAを順に通るように点Ｐまで１周させる。ひもが辺BC，CD，DA上を通る点をそれぞれ点Q，R，Ｓとする。２人は，ひもの長さが最小となる場合について考えている。次のページの**会話文**の (I)

図１

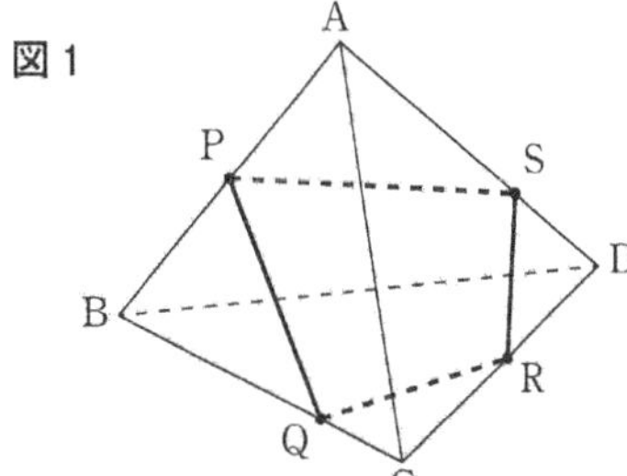

に適する言葉を入れ，(Ⅱ) にあてはまる言葉をあとの選択肢**ア**～**ウ**から１つ選び，記号で答えなさい。

会話文

けいすけ　正四面体の展開図は，１であみさんが考えたもの以外にも，**図２**のように平行四辺形になるものもあるね。

図２

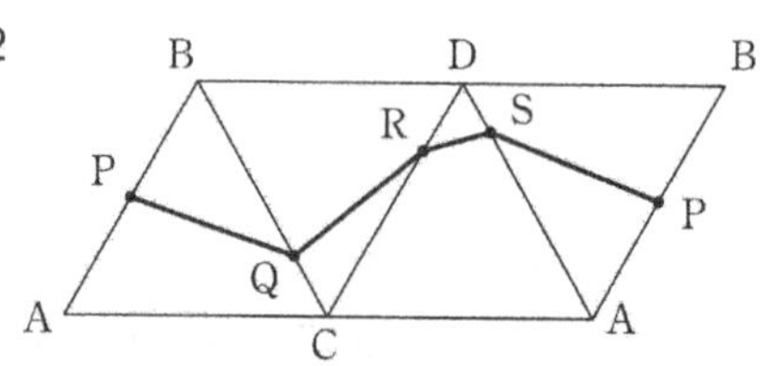

あみ　ひもの長さ（PQ＋QR＋RS＋SP）が最小となるときを**図２**の展開図で考えると，点P，Q，R，Sが　　(Ⅰ)　　ときだね。

けいすけ　**図３**のように，辺ＡＢ上で点Ｐ以外の点P´から，同じように正四面体の辺BC，CD，DAを順に通るようにひもを点P´まで１周させたときは，最小となるひもの長さはどうなるかな。

図３

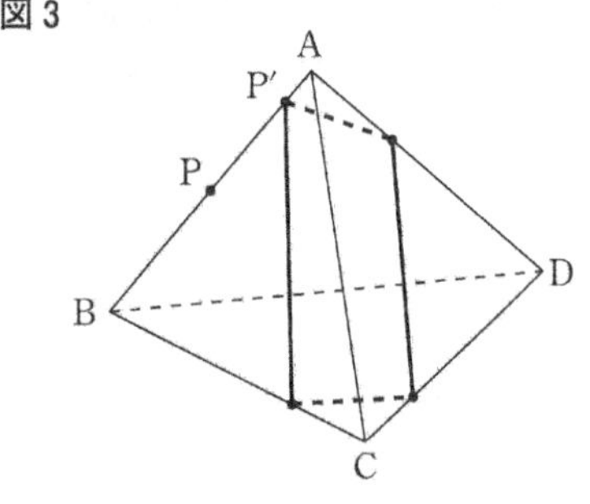

あみ　点P´から１周させたときの最小となるひもの長さは，点Pから１周させたときの最小となるひもの長さと比べると　　(Ⅱ)　　よ。

(Ⅱ) の選択肢

ア　短くなる　　**イ**　同じになる　　**ウ**　長くなる

【第３問題】 次の問１，問２に答えなさい。

問１　かいとさんは，自転車を10000円以下で購入したいと考えている。**図１**はA店，B店，C店，D店の自転車価格の分布のようすを箱ひげ図に表したものである。ただし，どの店にも自転車は50台あるとする。あとの１，２に答えなさい。

図１

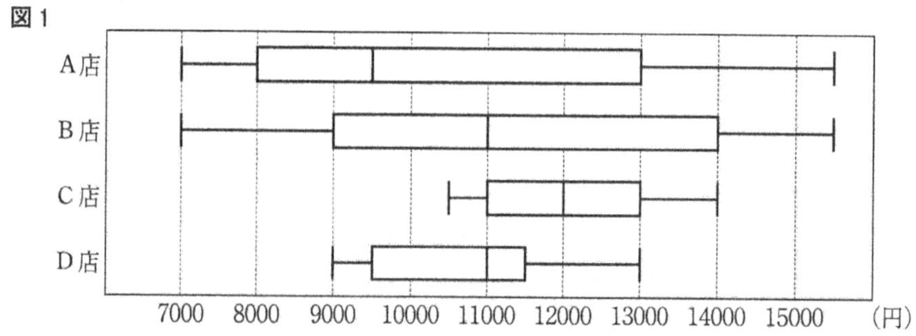

１　あとの(1)，(2)に答えなさい。

(1)　A店の第１四分位数を求めなさい。

(2) 図１の箱ひげ図から読みとれることとして**正しいと判断できるもの**を，次のア～エから２つ選び，記号で答えなさい。

ア　A店にある8000円以上13000円以下の自転車の台数は20台である。
イ　B店には9000円の自転車がかならずある。
ウ　C店には10000円以下の自転車はない。
エ　D店の自転車価格の平均値は11000円である。

2　かいとさんは，A店，B店の自転車価格を図１の箱ひげ図と，２店のヒストグラムで比べることにした。図２の①，②はA店，B店どちらかの自転車価格をヒストグラムに表したものである。あとの(1)，(2)に答えなさい。

図２

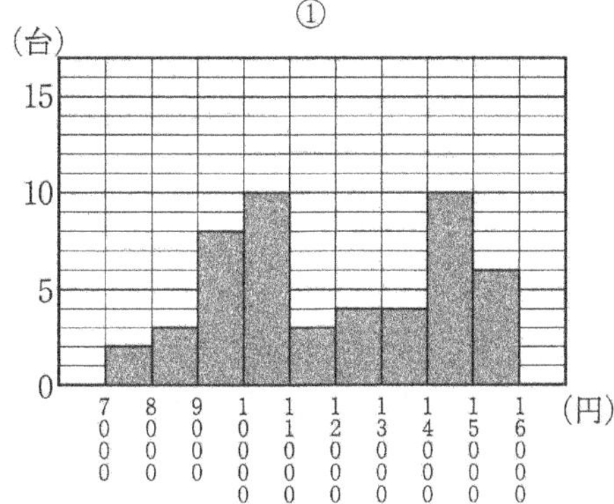

(1) 図２の①について，9000円以上10000円未満の階級の相対度数を求めなさい。

(2) 図２の①，②のうち，9000円以上10000円未満の自転車が多くある店のヒストグラムはどちらか。また，A店のヒストグラムはどちらか。その組み合わせとして正しいものを，次の**ア**～**エ**から１つ選び，記号で答えなさい。

	ア	イ	ウ	エ
9000円以上10000円未満の自転車が多くある店のヒストグラム	①	①	②	②
A店のヒストグラム	①	②	①	②

問２　かいとさんは，自転車をこいだときの自転車の速さと，その速さで１時間こいだときに消費するエネルギーについて考えた。次のページの**表**は，かいとさんのこぐ自転車の速さと１時間に消費するエネルギーをまとめたものである。自転車の速さを x km/h，１時間に消費するエネルギーを y kcalとし，$0 \leqq x \leqq 40$のとき y を x の一次関数とみなして考える。ただし，人は動かなくてもエネルギーを消費するため，0 km/hでも消費するエネルギーは 0 kcalにはならない。次のページの１～３に答えなさい。

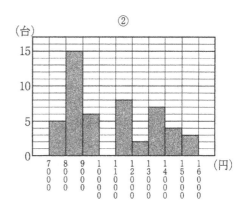

表

自転車の速さ　x (km/h)	0	…	5	…	20	…	40
1時間に消費するエネルギー　y (kcal)		…	200	…	500	…	

1　x と y の関係を表すグラフを図３にかき入れなさい。

図３

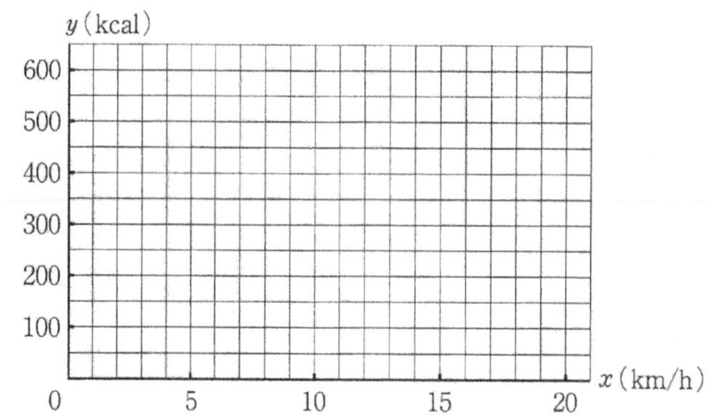

2　y を x の式で表しなさい。ただし，変域は求めなくてよい。

3　かいとさんが食べたお弁当のエネルギーは740kcalだった。かいとさんが，自転車をちょうど１時間こいで，このエネルギーをすべて消費するためには，自転車の速さを何km/hにすればよいか，求めなさい。

【第４問題】 図１のように，関数 $y=\frac{1}{2}x^2$ …①のグラフ上に，２点A，Bを y 軸について対称となるようにとる。点Aの x 座標が -2 のとき，次のページの問１～問３に答えなさい。

図１

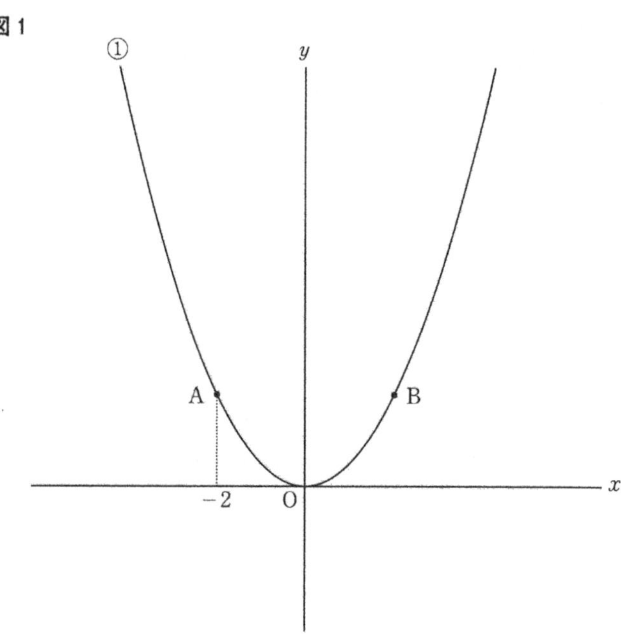

問1　線分ABの長さを求めなさい。

問2　関数①について，次の**1**，**2**に答えなさい。

1　次の**ア**～**ウ**のうち，変化の割合が最も大きいものを**1つ**選び，記号で答えなさい。

ア　xの値が0から2まで増加するとき
イ　xの値が2から4まで増加するとき
ウ　xの値が4から6まで増加するとき

2　xの変域が$-3 \leqq x \leqq 2$のときのyの変域を求めなさい。

問3　図1において，関数①のグラフ上に点Pをとり，直線APがx軸と交わる点をQとする。ただし，点Pは2点A，Bとは異なる点とする。次の**1**～**3**に答えなさい。

1　**図2**のように，点Pのx座標が1であるとき，△APBの面積を求めなさい。

図2

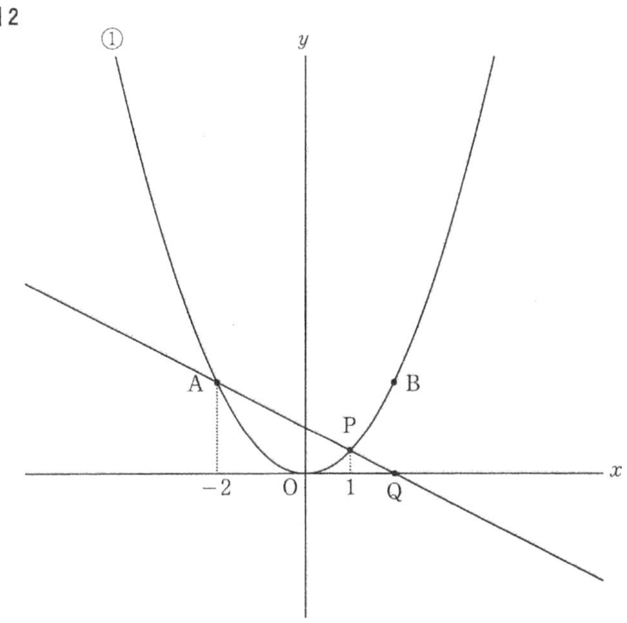

2　点Pのx座標が4であるとき，次の**(1)**，**(2)**に答えなさい。

(1)　直線APの傾きを求めなさい。

(2)　点Qの座標を求めなさい。

3　点Pのx座標をpとする。pが正の数であるとき，△APBの面積が△AQBの面積の$\frac{1}{2}$倍となるpの値を**すべて**求めなさい。

【第５問題】 図１のような△ABCの紙があり，図２のように辺AB上の点と点Ｃを結んだ線分を折り目として△ABCを折る。点Ａについて，折る前の点をＡ，折って移った点をＡ´とするとき，あとの**問１～問３**に答えなさい。

紙を折ったようす

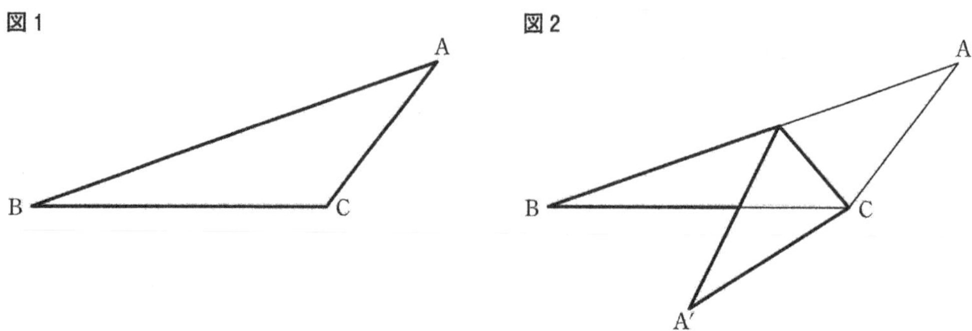

問１　図３のように，辺ACが辺BCに重なるように△ABCを折る。折り目となる線分をCDとするとき，下の１，２に答えなさい。

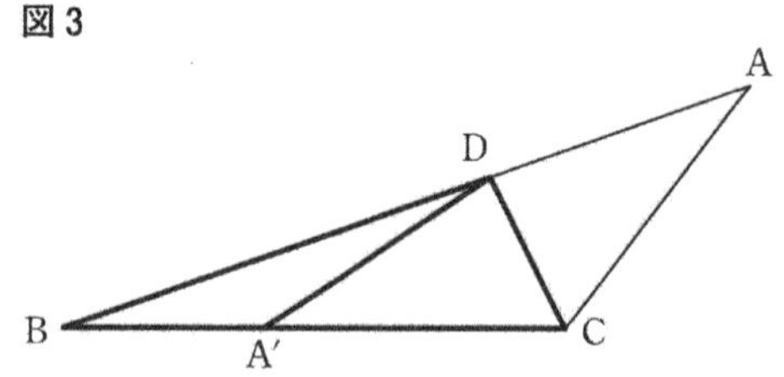

１　△ACDと合同な三角形を答えなさい。

２　図１に，折り目となる線分CDを，定規とコンパスを用いて作図しなさい。ただし，作図に用いた線は消さないでおくこと。

問２　図４のように，辺AB上に点Ｅをとり，線分CEを折り目として△AECを折り返すと，A´E // BCとなった。線分A´Cと線分BEとの交点をＦとするとき，あとの１～３に答えなさい。

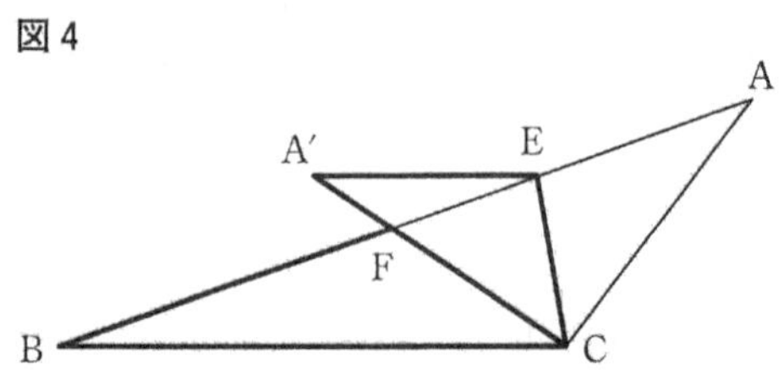

１　△A´FE∽△CFBであることを証明しなさい。

2　∠CAE＝∠a，∠ACE＝∠bとするとき，∠a＋∠bで表される角を**2つ**答えなさい。

3　AB＝7，BC＝5であるとき，線分EFの長さを求めなさい。

問3　図5のように，点Cを通り辺BCに垂直な直線と辺ABとの交点をGとする。線分CGを折り目として△AGCを折り返す。BC＝5，CA=3，∠A′CB=60°であるとき，線分CGの長さを求めなさい。

図5

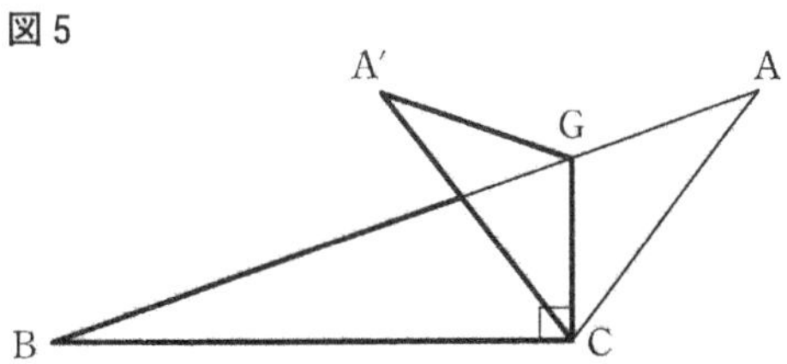

＜英語＞ 時間 50分 満点 50点

【第１問題】 放送を聞いて，あとの**問１～問３**に答えなさい。

問１ 二人の会話を聞いて，そのあとの質問に答える問題です。それぞれの会話のあとに読まれる質問の答えとして最も適当なものを，**ア～エ**の中から**一つずつ**選び，記号で答えなさい。会話は１～４まであります。放送は１回のみです。

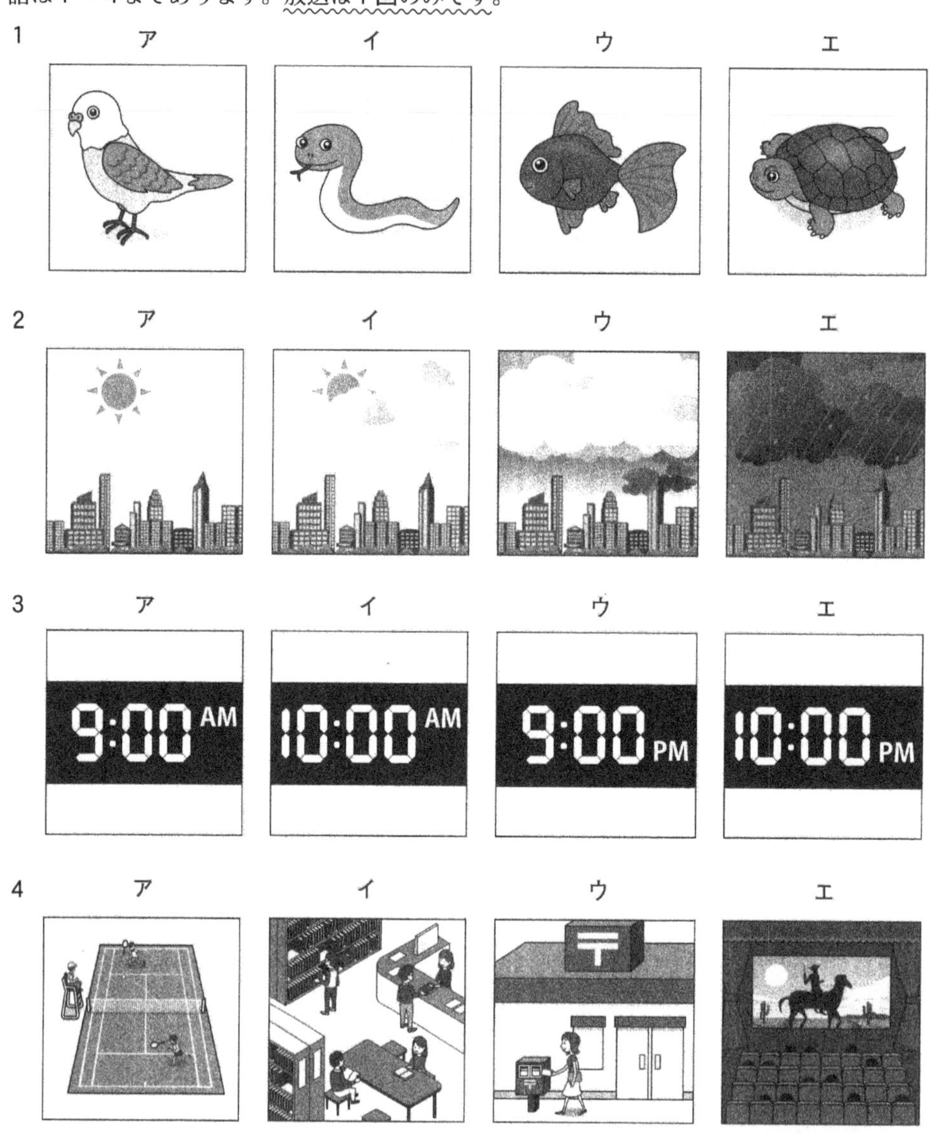

問２ あなたの通っている中学校では，「英語の日」に特別な授業を行います。先生の話を聞いて，話されている内容に合うものを，次のページの**ア～カ**の中から**三つ**選び，記号で答えなさい。放送は**２回**くり返します。１回目の放送は**15秒後**に始まります。

ア A special English class is held on April 23.
イ English is the only language the students will speak during the class.
ウ The foreign people visited Japan on English Language Day.
エ The students will talk about school life with their Japanese teachers.
オ The guests have prepared one English activity for the class.
カ The students will write thank-you letters after the class.

問3 あなたは同級生の**マイク**さんから送られてきた音声メッセージを聞いています。その内容に合うように，次の〈メモ〉**を完成**させなさい。また，メッセージの中にあるマイクさんの質問に対して，**あなたの考え**を英語で書きなさい。ただし，①，②はそれぞれ**英語1語**で，③は**与えられた書き出しに続くように**答えなさい。放送は2回くり返します。

〈メモ〉

About visiting Ken in the ＿＿①＿＿ on Sunday
・Meet at Nishi Station at 11:00
・Need some ＿＿②＿＿ for the train

〈あなたの考え〉

I think I'll ＿＿＿＿③＿＿＿＿.

【第2問題】 次の問1～問3に答えなさい。

問1 次の動物園のウェブサイトを見て，あとの1，2の質問の答えとして最も適当なものを，ア～エの中から**一つずつ**選び，記号で答えなさい。

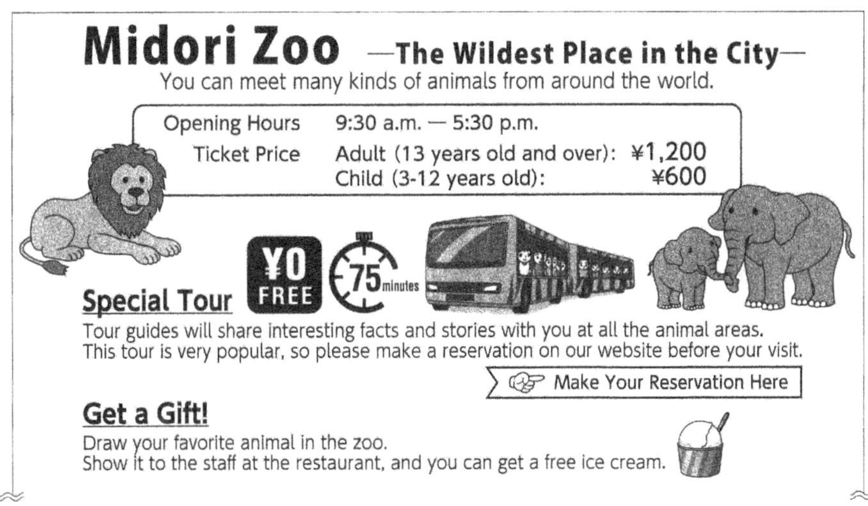

1 Beth, 15 years old, is going to the zoo with her father and her brother, 11 years old. How much will her family pay for the tickets?

ア ¥2,400　イ ¥3,000　ウ ¥3,600　エ ¥4,200

2 Which is **NOT** true about this zoo?

ア If you buy a ticket on the website, you can get a free ice cream.
イ It takes more than one hour if you join the special tour.
ウ The best way to join the tour is to make an early reservation on the website.
エ You can see a wide variety of animals from all over the world.

問２ 次のグラフは，ある衣料品会社の2016年と2021年の**総売上額**（**total sales**）をそれぞれ表しています。これを見て，下の１，２の（　）に入る最も適当なものを，**ア**～**エ**の中から**一つずつ**選び，記号で答えなさい。

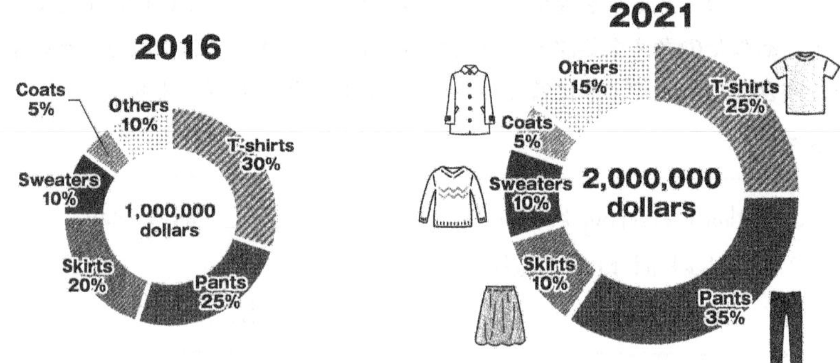

1 In 2016, the total sales of T-shirts were (　　) dollars.
ア 100,000　イ 200,000　ウ 300,000　エ 500,000

2 The total sales of (　　) in 2016 and 2021 were the same.
ア pants　イ skirts　ウ sweaters　エ coats

問３ あなたがホームステイをしている家庭に，次の**断水**（**water outage**）についてのお知らせが届きました。これを見て，次のページの１，２の質問の答えとして最も適当なものを，**ア**～**エ**の中から**一つずつ**選び，記号で答えなさい。

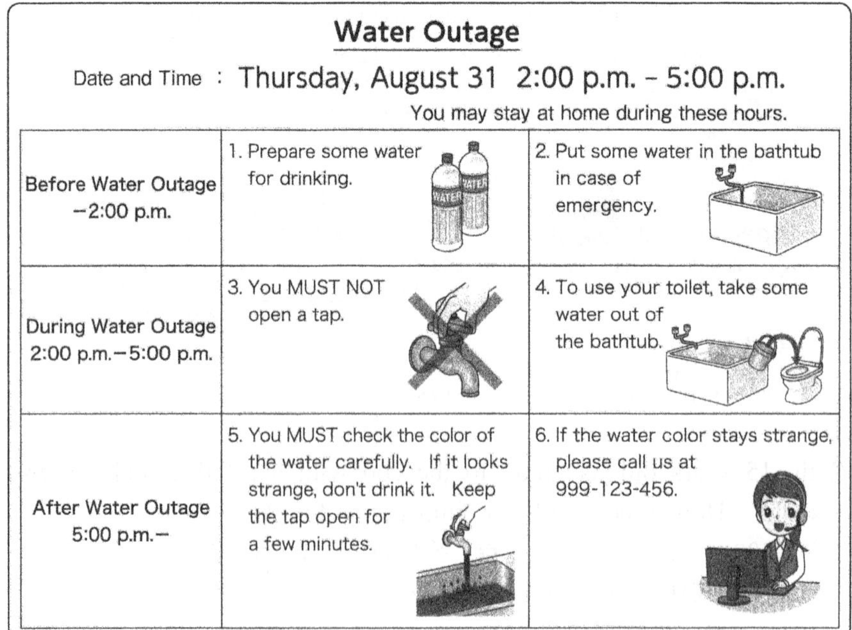

Water Outage

Date and Time : Thursday, August 31 2:00 p.m. – 5:00 p.m.
You may stay at home during these hours.

Before Water Outage –2:00 p.m.	1. Prepare some water for drinking.	2. Put some water in the bathtub in case of emergency.
During Water Outage 2:00 p.m.–5:00 p.m.	3. You MUST NOT open a tap.	4. To use your toilet, take some water out of the bathtub.
After Water Outage 5:00 p.m.–	5. You MUST check the color of the water carefully. If it looks strange, don't drink it. Keep the tap open for a few minutes.	6. If the water color stays strange, please call us at 999-123-456.

1 What do you need to do before the water outage?
ア To call 999-123-456.
イ To drink water.
ウ To prepare some water.
エ To take a bath.

2 Which is true about this water outage?
ア This water outage is going to be four hours long.
イ No one can use their toilets from 2：00 p.m. until 5：00 p.m.
ウ It is dangerous for you to stay at home during the water outage.
エ You have to check the color of the water after the water outage.

【第３問題】 次の問１～問４に答えなさい。

問１　ALTのチャーリー（**Charlie**）さんと佐藤先生（**Ms. Sato**）が，生徒の自己紹介（**self-introduction**）シートについて話をしています。次の会話文中の（①），（②）に入る語句の組み合わせとして最も適当なものを，下のア～エの中から一つ選び，記号で答えなさい。

Charlie: Taiga's self-introduction is interesting.
Ms. Sato: He is good at writing haiku.
Charlie: Great! Oh, look. Taiga and I have the same favorite vegetable. He (①) green pepper.
Ms. Sato: Really? I think a lot of students don't like to eat it.
Charlie: He is interested in animals. He will be happy if he can become a (②) in the future.
Ms. Sato: I think so, too.

Self-Introduction

Name	Honda Taiga
Hobby	I'm a good haiku poet. I won a haiku contest.
Likes and Dislikes	I'm a big fan of green pepper! I don't eat curry and rice.
Dream	I would like to help animals.

ア (①) doesn't like　(②) dentist
イ (①) doesn't like　(②) vet
ウ (①) loves　(②) dentist
エ (①) loves　(②) vet

問２　エミリー（**Emily**）さんとアレックス（**Alex**）さんによる次の会話文を読んで，エミリーさんが下線部で伝えたかった内容として最も適当なものを，次のページのア～エの中から一つ選び，記号で答えなさい。

Emily: Did you answer every question on the math test?
Alex: No, I didn't understand all the questions.
Emily: I didn't answer them all, either. Let's hit the books more.
Alex: Let's do it. I'll work on the questions in the textbook tonight.

ア Why don't we study hard?
イ Why don't we make a hit song?
ウ Shall we write the books?
エ Shall we plan a trip?

問3 次の英文は，ミステリー（**mystery**）小説を読んだ中学生のジョシュ（**Josh**）さんが書いた本の紹介（**book review**）です。その内容について最も適当なものを，下のア～エの中から一つ選び，記号で答えなさい。

Book Reviews of Margaret Brown, Queen of Mysteries
by Josh

Old Castle of the Night ★★★★★ 5.0

Full of mysteries, adventures, and friendship!

This book is about two boys who just became friends. One of them told the other about the old castle. They went there and they found ... oh, I can't say any more! I love the story and I've read it a lot of times. I've read most of her books, and this is the best!

SILENCE ★★☆☆☆ 2.0

Not so good.

This book has a lot of mysteries in it. But they are quite simple and didn't make me very excited. Actually, I couldn't keep reading it until the ending. I think this book is for beginners who haven't read mysteries. I gave it to my younger sister, and she liked it.

ア The boys in *Old Castle of the Night* have known each other for a long time.
イ Josh read *Old Castle of the Night* many times because he enjoyed reading it.
ウ Josh has read all of the writer's books because her mysteries are interesting.
エ Josh's sister asked him to give her *SILENCE* after he finished reading it all.

問4 次の英文は，英語の授業で食料廃棄について発表するためにケイコさんが書いた原稿です。ケイコさんが用意した次のページのア～ウのスライドを，発表で使う順に並べかえ，記号で答えなさい。

Today I would like to talk about food waste. It is so serious that stopping food waste is included in the twelfth goal of the SDGs. Did you know more than one third of all the food produced worldwide becomes waste? What a large amount! Last week my family went out for dinner, but we couldn't eat everything because there was too much. So the restaurant gave us a doggy bag. We put the rest of the food in the bag and took it home. What else can we do to stop food waste? I'd like to hear your opinions.

ア

イ
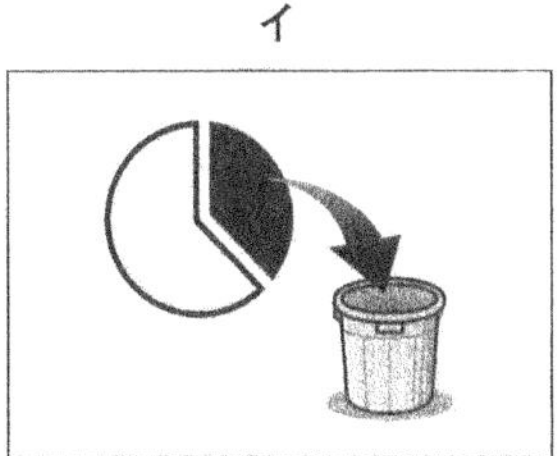

ウ

【第４問題】 中学生のハルト（**Haruto**）さんが，ふるさと学習を通して学んだことについて，英語でスピーチを行っています。次の英文はその内容です。これを読んで，あとの問１～問６に答えなさい。

（＊印のついている単語には本文のあとに〈注〉があります。）

I thought my town had nothing special and was not convenient to live in. I wanted to leave this town and get a job in a big city in the future. It was my dream to live a city life.

One day, I had to research my town in class. I believed that I already knew a lot about it, so I didn't want to (1) do that. Anyway, I checked out my town on the internet. I found many things I didn't know. I was so [A]. I told Ms. Suzuki, my teacher, what I learned, and she looked happy.

One week later, she invited our class to an *online presentation. In it, (2) some junior high school students talked about their town. They said, "We sometimes heard our town wasn't exciting. We felt sad because we love it. Last year we talked a lot about what we could do to make it more attractive. This year we visited our mayor and explained our ideas to him. He liked some of them." I thought those students were positive.

On another day, a man named Mr. Tanaka came to our school and told us about his life. He is from our town. He studied AI at university and got a job in Tokyo. After his first child was born, he returned to our town with his family. He often saw elderly farmers working hard in large *fields. He thought he could help them by using AI. It made their work easier and his *business became successful. He also wrote many articles about his job and life on his website. Many people were attracted to his website and some of them even moved to our town to work with him. These new residents weren't born here, but they have been enjoying their work and lives here. As a result, our town is changing little by little. I didn't realize that.

What can we do if we aren't satisfied with the conditions around us? Of course, we can run away without doing anything. However, the people I listened to didn't do so. (3)I hope to be someone like them.

〈注〉 online オンラインの　field(s) 畑　business ビジネス

問1　下線部(1)が表す具体的な内容を本文中から**3語で抜き出して**答えなさい。

問2　[A] に入る最も適当なものを，次の**ア～エ**の中から**一つ選び**，記号で答えなさい。

ア bored
イ scared
ウ surprised
エ tired

問3　下線部(2)について，中学生が話した内容を次のようにまとめました。本文の内容に合うように（ a ），（ b ）に入る適当な**日本語**を答えなさい。

・昨年：自分たちの町を（　　a　　）ためにたくさん話し合った。
・今年：町長のところへ行き，自分たちの（　　b　　）。

問4　本文の内容について，次の質問の答えとして（　）に入る適当な**英語**を答えなさい。

質問 Why did Mr. Tanaka use AI in his home town?
答え Because he thought that it could (　　　　　).

問5　**ハルト**さんがスピーチの中で述べている内容として正しいものを，次の**ア～エ**の中から**一つ選び**，記号で答えなさい。

ア Haruto tried hard to make his town more attractive because he loved his town.
イ Haruto wanted to see the mayor, so he asked his teacher to take him to the town hall.
ウ Mr. Tanaka came back to his home town with his wife before his child was born.
エ Some people who saw Mr. Tanaka's website began to live in his town to work with him.

問6　スピーチ終了後，下線部(3)について説明を求められた**ハルト**さんが，**具体例**を英語で答えています。ハルトさんになったつもりで次の（　）に入る表現を考え，文を完成させなさい。ただし**3語以上**の英語で書くこと。

The people I spoke about were great. I hope to be someone who will (　　　　　　　　　).

【第５問題】 次の問１～問４に答えなさい。

問１　次の１，２の会話文について，（　）に入る最も適当な**英語１語**を答えなさい。

1　A：I (　　　) I were rich!
　 B：Me, too.　If I had 1,000,000 yen, I would travel to many countries.

2　A：Have you heard Taro will be back at our school from London next month?
　 B：Of course.　I'm looking (　　　) to seeing him again.

問２　次の１～３の会話文について，（　）内のすべての語を意味が通じるように並べかえて，英文を完成させなさい。なお，解答欄には（　）内の語句のみを答えること。

1　A：This is such a nice room.
　 B：That's true.　Oh, a Ferris wheel (be / can / from / here / seen).

2　A：Do you know (in / river / longest / the / third) the world?
　 B：I have no idea.

3　A：Where did you get this melon?　It's so delicious.
　 B：I bought it at the (front / in / is / supermarket / which) of the bookstore.

問３　次の１，２のイラストについて，自然な会話になるように（ａ），（ｂ）に入る適当な表現をそれぞれ**３語以上**の英語で書きなさい。２文以上になってもかまいません。なお，会話は①～④の順に行われています。
（．，？！などの符号は語数に含めません。）

1

2

問４　英語の授業で行っている話し合いの中で，**マナミ（Manami）**さんと**タカシ（Takashi）**さんが自分の意見を述べています。最後の先生の質問に対して，あなた自身の意見を英語で書きなさい。ただし，次のページの**<条件>①～④のすべてを満たす**こと。
（＊印のついている語句には本文のあとに〈注〉があります。．，？！などの符号は語数に含めません。）

＜条件＞

①１文目は解答用紙のどちらかの名前を○で囲み，**どちらの立場に賛成か**を明らかにすること。なお，自分の意見の中にマナミさんやタカシさんの１文目をくり返す必要はない。

②賛成する**理由を一つ**挙げ，その理由を**補足する事柄や具体例とともに**書くこと。

③マナミさんに賛成の場合は，マナミさんと同じ理由になってはならない。また，タカシさんに賛成の場合は，I'd like を書き出しとして省略された部分を答えてもよいし，自分で考えた理由を書いてもかまわない。

④２文目以降の語数は**15語以上25語以内**とする。

There are various ways to spend your time when you are free. Some people like spending their holidays alone better than with someone. How do you like spending your free time?

先生

マナミさん

If I have a holiday, I think spending it alone is nice. Now I'm *into music *composition. When new *melodies *come to mind, they will disappear if I'm spoken to.

タカシさん

I don't think it is nice to spend my holiday alone. I'd like .....（以下省略）.....

Thank you, Manami and Takashi. Now it's your *turn. Who do you agree with?

先生

〈注〉 into ～　～に熱中している　　composition　作曲　　melodies　メロディー
come to mind　頭に浮かぶ　　turn　順番

解答欄への記入例

Is	that	a	school?	

（上の例は１文で，**４語**である。）

＜理科＞

時間　50分　　満点　50点

【第１問題】 次の問１～問３に答えなさい。

問１　次の１～４に答えなさい。

1　図１は，ゾウリムシの分裂のようすを示している。このふえ方について説明したものとして最も適当なものを，下の**ア**～**エ**から**一つ**選び，記号で答えなさい。

図１

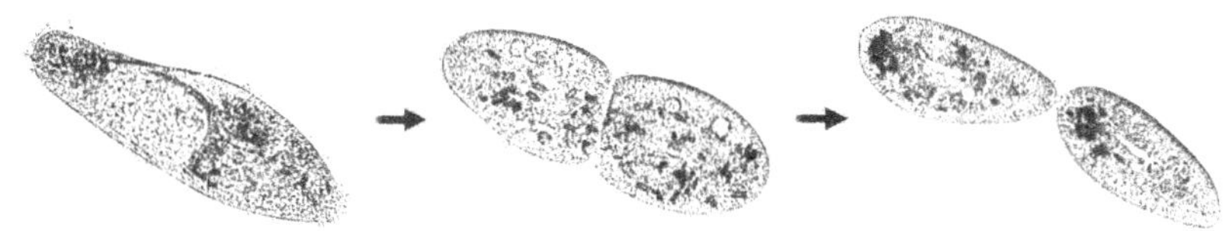

ア　無性生殖が行われ，子は親の染色体をそのまま受けつぐ。

イ　無性生殖が行われ，子は親の染色体の半数になる。

ウ　有性生殖が行われ，子は両方の親から半数ずつ染色体を受けつぐ。

エ　有性生殖が行われ，子は親の染色体の２倍になる。

2　アンモニアについて説明した文として最も適当なものを，次の**ア**～**エ**から**一つ**選び，記号で答えなさい。

ア　水にとけやすい気体で，その水溶液が酸性を示す。

イ　水にとけやすい気体で，その水溶液がアルカリ性を示す。

ウ　水にとけにくい気体で，火をつけると空気中で音を出して燃える。

エ　水にとけにくい気体で，物質を燃やすはたらきがある。

3　図２のように，火力発電所では，燃料を燃やしたときの熱でつくられた水蒸気を使い，タービンを回して発電している。エネルギーが変換される順番として最も適当なものを，下の**ア**～**エ**から**一つ**選び，記号で答えなさい。

図２

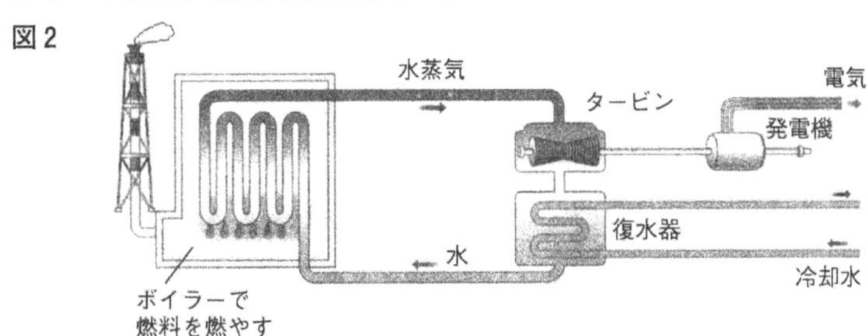

ア　化学エネルギー　→　位置エネルギー　→　熱エネルギー　→　電気エネルギー

イ　化学エネルギー　→　熱エネルギー　→　運動エネルギー　→　電気エネルギー

ウ　熱エネルギー　→　化学エネルギー　→　運動エネルギー　→　電気エネルギー

エ　熱エネルギー　→　位置エネルギー　→　化学エネルギー　→　電気エネルギー

4　水蒸気をふくんだ空気が冷え，凝結が始まるときの温度を何というか，その**名称**を答えなさい。

問２　次の文章について，下の１，２に答えなさい。

> 日本の小惑星探査機「はやぶさ２」は，小惑星リュウグウの砂を地球に持ち帰った。その砂から①**アミノ酸**が20種類以上見つかった。また，砂の内部には液体の②**炭酸水**が閉じ込められていた。

１　**下線部①**は，ヒトのからだではタンパク質が分解されてつくられる。タンパク質を分解する胃液中のペプシンや，すい液中のトリプシンなどのように，食物を分解するはたらきをもつものを何というか，その**名称**を答えなさい。

２　**下線部②**は，ある物質が水にとけてできたものである。この物質を**化学式**で答えなさい。

問３　日本はプレートの境界近くに位置しているため，地震が多い。これについて，次の１，２に答えなさい。

１　次の文章は，プレートの境界で起こる地震について説明したものである。［①］～［③］にあてはまる語の組み合わせとして最も適当なものを，下の**ア～エ**から**一つ**選び，記号で答えなさい。

> プレートが接する境界では，［①］プレートに引きずられて，［②］プレートの先端部が引きずりこまれるため，［③］プレートがひずむ。ひずみが限界になると，［②］プレートの先端部が，はね上がってもとにもどるときに地震が起こる。

	①	②	③
ア	大陸	海洋	海洋
イ	大陸	海洋	大陸
ウ	海洋	大陸	大陸
エ	海洋	大陸	海洋

２　**図３**のトラス橋は，ななめに柱を組むことで地震などの大きな力に耐える構造になっており，重力とつり合う**力 *F*** の分力が柱の方向にはたらくことで，橋を支えている。**力 *F*** と**分力 *A***，**分力 *B*** との関係を表す図として最も適当なものを，次の**ア～エ**から**一つ**選び，記号で答えなさい。

図３

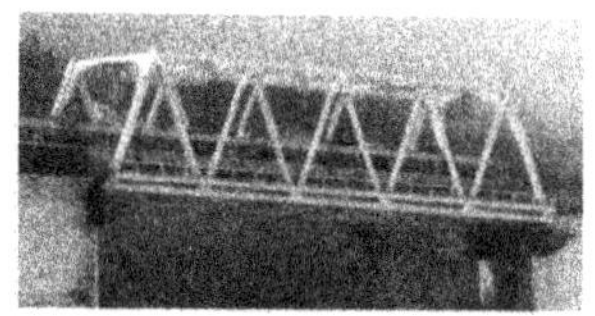

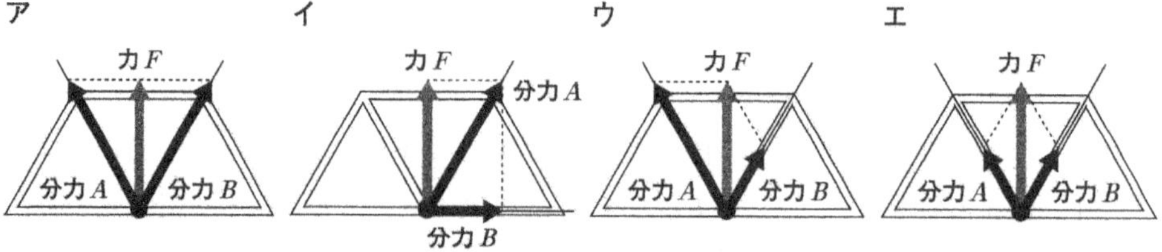

【第２問題】 次の問１，問２に答えなさい。

問１　図１は，身のまわりの植物をいくつかの特徴をもとにグループ分けしたものである。ただし，特徴の下線部①～⑤には一つだけ誤りがある。下の１～４に答えなさい。

図１

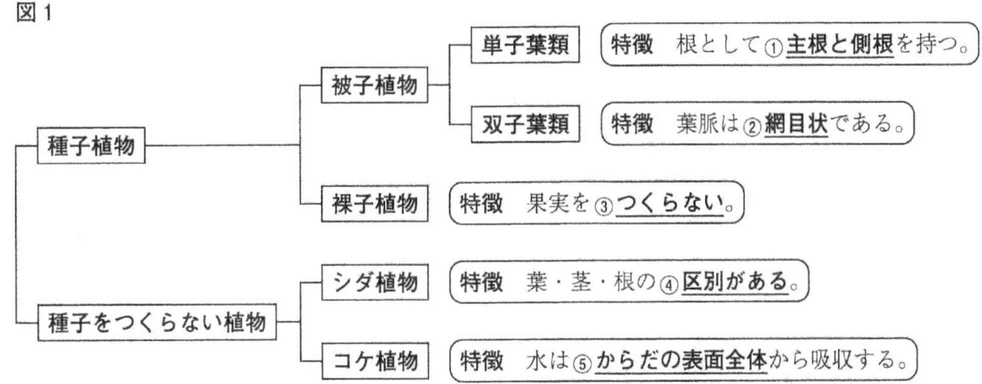

１　図１の下線部①～⑤のうち，**誤っているものを一つ**選び，記号で答えなさい。また，その誤りを訂正し，答えなさい。

２　図２は，「被子植物」の花の断面図である。a～dの名称の組み合わせとして最も適当なものを，次の**ア～エ**から**一つ**選び，記号で答えなさい。

	a	b	c	d
ア	花弁	がく	おしべ	めしべ
イ	花弁	がく	めしべ	おしべ
ウ	がく	花弁	めしべ	おしべ
エ	がく	花弁	おしべ	めしべ

図２

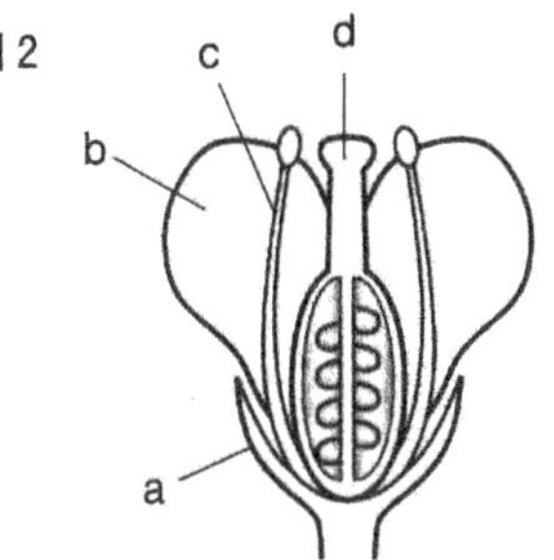

３　マツは「裸子植物」に分類される。まつかさとマツの花についての説明として最も適当なものを，次の**ア～エ**から**一つ**選び，記号で答えなさい。

ア　まつかさは，雄花が変化したものである。

イ　まつかさのりん片は，種子である。

ウ　雄花のりん片には，花粉のうがある。

エ　雌花のりん片には，子房がある。

４　「種子をつくらない植物」には，共通するふえ方がある。シダ植物，コケ植物は何によってふえるか，その**名称**を答えなさい。

問２　光合成についての**仮説**を設定し，**実験**を行った。これについて，あとの１～４に答えなさい。

> **仮説１**　植物に光を当てると，二酸化炭素が使われる。
> **仮説２**　菌類に光を当てると，二酸化炭素が使われる。

実験

操作1　図3のような組み合わせで試験管A～Fを準備し，ストローで一定量の息をふきこみ，ゴム栓（せん）でふたをする。

操作2　試験管A～Fに30分間，十分に光を当てる。ただし，試験管A，C，Eはアルミニウムはくを巻き，光が当たらないようにする。

操作3　試験管A～Fに少量の石灰水を入れ，再びゴム栓をし，よく振って石灰水のにごり方を調べる。

結　果　石灰水のにごり方について次の3段階で判定し，表のようにまとめた。

++：濃く白くにごった　　+：白くにごった　　－：にごらなかった

図3

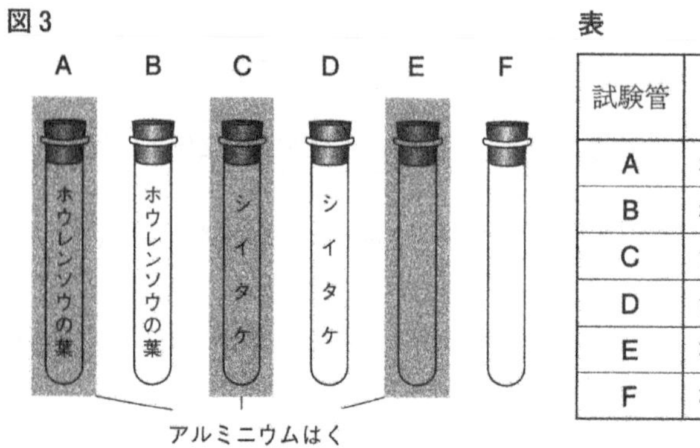

表

試験管	試験管に入れたもの	光の有無	石灰水のにごり方
A	ホウレンソウの葉	無	++
B	ホウレンソウの葉	有	①
C	シイタケ	無	++
D	シイタケ	有	②
E	なし	無	+
F	なし	有	+

1　仮説1を確かめるためには，試験管A～Fのどの試験管を比較すればよいか。最も適当なものを，次のア～エから一つ選び，記号で答えなさい。

ア	試験管A と B	試験管A と E
イ	試験管A と B	試験管B と F
ウ	試験管A と E	試験管E と F
エ	試験管B と F	試験管E と F

2　仮説2を確かめるためには，どの試験管を選べばよいか。図3のA～Fから3つ選び，記号で答えなさい。

3　表の①，②の結果として最も適当なものを，++，+，－から一つずつ選び，答えなさい。

4　試験管Aは試験管Eよりも，石灰水が濃く白くにごった。この理由を，植物のはたらきと物質に着目して説明しなさい。

【第3問題】 次の問1，問2に答えなさい。

問1　2種類の物質が結びつくときの物質の割合を調べる目的で，実験1を行った。これについて，あとの1～4に答えなさい。

実験1

操作1　A班～E班は，それぞれ異なる質量の銅の粉末をはかりとる。

操作2　次のページの図1のように，銅の粉末をステンレス皿全体にうすく広げてガスバーナーで加熱し，よく冷やした後，質量をはかる。

操作3　質量の変化がなくなるまで，**操作2**を繰り返す。

結　果　各班の結果は，**表1**のようになった。

図1

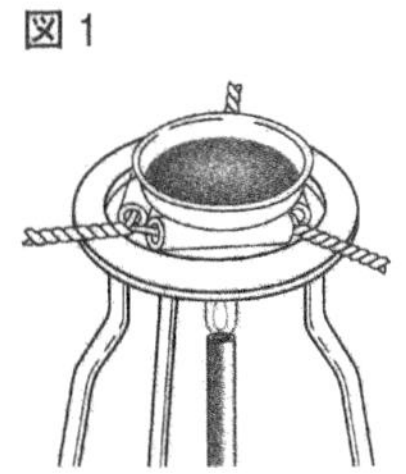

表1

	A班	B班	C班	D班	E班
銅の粉末の質量〔g〕	0.40	0.60	0.80	1.00	1.20
操作3の後の物質の質量〔g〕	0.50	0.75	1.00	1.25	1.50

1　ガスバーナーの炎が全体的にオレンジ色で，**図2**のように不安定な炎だった。ガスの量を変えずに，青く安定した炎にするときの操作を説明した文として最も適当なものを，次の**ア**～**エ**から**一つ**選び，記号で答えなさい。

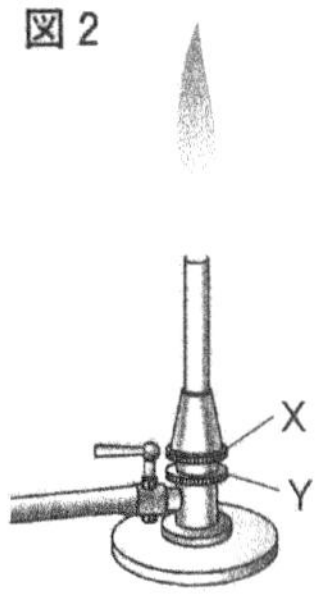

ア　空気の量を減らすために，Yのねじを固定して，Xのねじを開く。
イ　空気の量を減らすために，Xのねじを固定して，Yのねじを開く。
ウ　空気の量を増やすために，Yのねじを固定して，Xのねじを開く。
エ　空気の量を増やすために，Xのねじを固定して，Yのねじを開く。

図2

2　**操作2**で，銅を空気中で加熱してできた物質は酸化銅である。このときの変化をモデルで表すと**図3**のようになる。このモデルを**化学反応式**で表しなさい。

図3

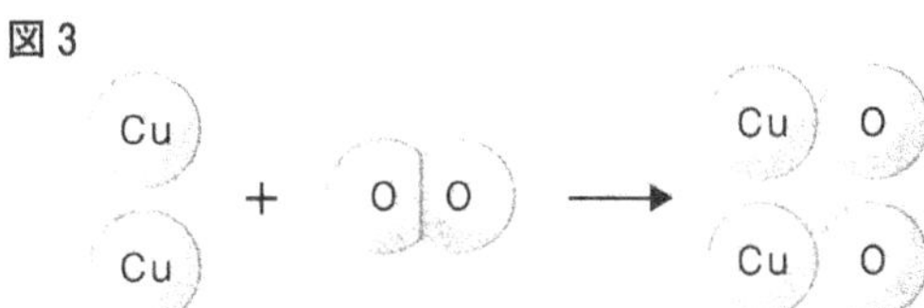

3　**表1**をもとにして，銅の粉末の質量を横軸に，**銅と結びついた酸素の質量**を縦軸にとり，その関係を表すグラフをかきなさい。

4　**図4**の装置を用いて，酸化銅と炭素の混合物を加熱して銅をとり出したい。1.60 gの銅をとり出すのに必要な酸化銅は**何g**か，求めなさい。

図4

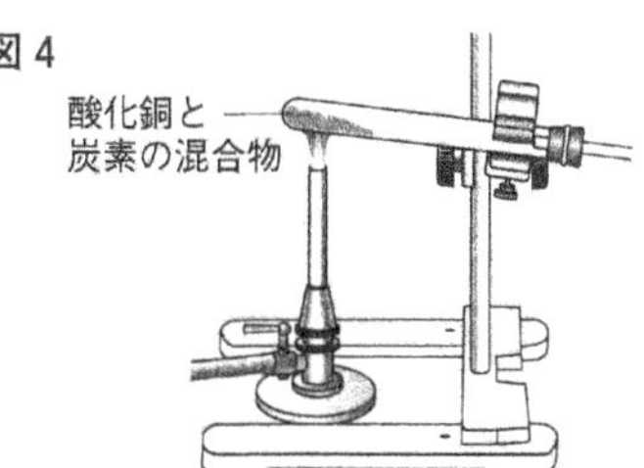

問2　金属のイオンへのなりやすさのちがいと，電池のしくみを調べる目的で，**実験2**と**実験3**を行った。これについて，あとの1～4に答えなさい。

実験2

操 作 **表2**のような水溶液と金属片の組み合わせで，**図5**のように水溶液に金属片を入れ，しばらく放置して，金属片の表面の変化を観察する。

結 果 この実験の結果は，**表2**のようになった。

図5

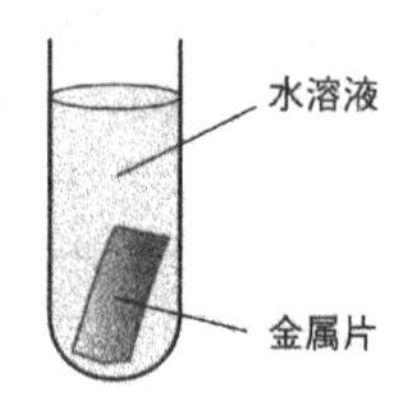

表2

	銅	亜鉛	マグネシウム
硫酸銅水溶液	変化がなかった	赤色の物質が付着した	赤色の物質が付着した
硫酸亜鉛水溶液	変化がなかった	変化がなかった	黒色の物質が付着した
硫酸マグネシウム水溶液	変化がなかった	変化がなかった	変化がなかった

1 **表2**をもとに，銅，亜鉛，マグネシウムを**イオンになりやすい順**に並べなさい。

2 硫酸銅水溶液に亜鉛を入れたときに起こった亜鉛の変化と，水溶液中の銅イオンの変化の組み合わせとして最も適当なものを，次の**ア**～**エ**から**一つ**選び，記号で答えなさい。

	亜鉛の変化	水溶液中の銅イオンの変化
ア	$Zn + 2e^- \longrightarrow Zn^{2+}$	$Cu^{2+} + 2e^- \longrightarrow Cu$
イ	$Zn + 2e^- \longrightarrow Zn^{2+}$	$Cu^{2+} \longrightarrow Cu + 2e^-$
ウ	$Zn \longrightarrow Zn^{2+} + 2e^-$	$Cu^{2+} + 2e^- \longrightarrow Cu$
エ	$Zn \longrightarrow Zn^{2+} + 2e^-$	$Cu^{2+} \longrightarrow Cu + 2e^-$

実験3

操 作 **図6**のように，セロハンで仕切った水そうの一方に硫酸亜鉛水溶液を，もう一方に硫酸銅水溶液を入れ，それぞれの水溶液に亜鉛板，銅板をひたした後，モーターをつないだ。

図6

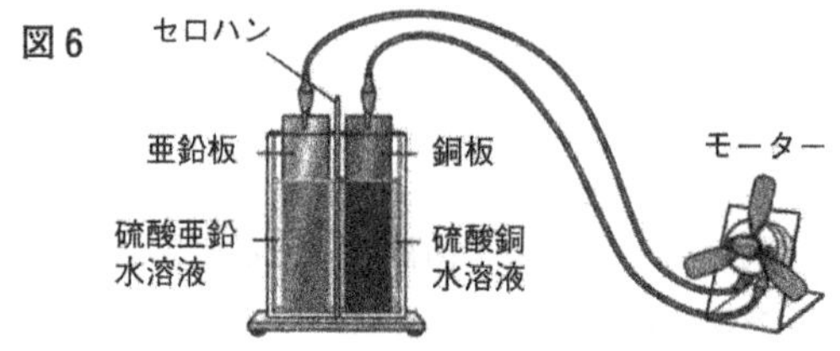

3 **実験3**の結果，モーターが回転した。このときの－(マイナス)極と回路を移動する**電子の向き**の組み合わせとして最も適当なものを，次の**ア**～**エ**から**一つ**選び，記号で答えなさい。

	－極	回路を移動する電子の向き
ア	銅板	銅板から亜鉛板へ
イ	銅板	亜鉛板から銅板へ
ウ	亜鉛板	銅板から亜鉛板へ
エ	亜鉛板	亜鉛板から銅板へ

4 **図6**の亜鉛板をマグネシウム板に，硫酸亜鉛水溶液を硫酸マグネシウム水溶液にかえて，

モーターの回転を観察した。その観察結果として最も適当なものを，次の**ア**～**ウ**から**一つ**選び，記号で答えなさい。

ア　同じ向きに回転した。　　**イ**　逆向きに回転した。　　**ウ**　回転しなくなった。

【第4問題】 次の**問1**，**問2**に答えなさい。

問1　ユウキさんは，美容室で鏡に人がどのようにうつるのか興味をもった。そこで，アイさんに協力してもらって**実験1**を行い。その結果を考察した。これについて，あとの**1**～**4**に答えなさい。

実験1

ユウキさんは，**図1**のような横幅３ｍの鏡を使って，Ⓐ～Ⓕの位置でアイさんのもつろうそくが鏡にうつるようすについて調べた。**図2**は，そのときの位置関係を表した図である。ただし，１マスの辺の長さは１ｍに対応している。

図1

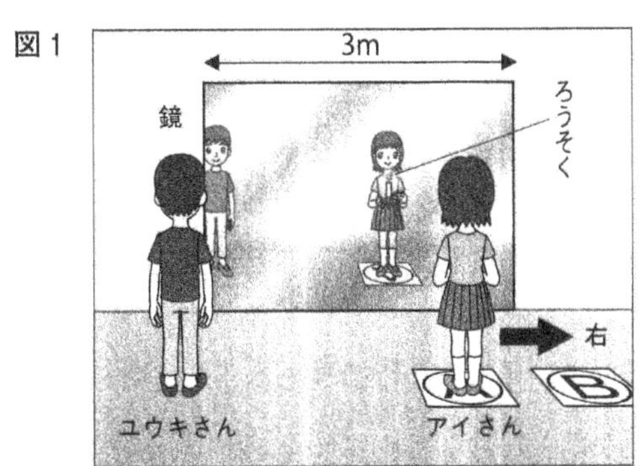

図2

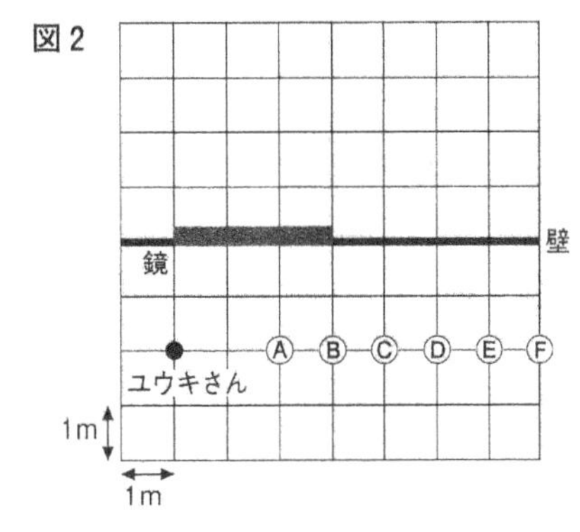

1　アイさんがⒶの位置に立っているとき，鏡で反射してユウキさんに届くろうそくの**光の道筋**を，**矢印**で図にかき入れなさい。

2　アイさんがⒶの位置に立っているとき，ユウキさんから見るとアイさんのもっているろうそくが鏡のおくにあるように見える。この位置を見かけの位置とすると，鏡にうつって見えるろうそくの**見かけの位置**はどこか，●で図にかき入れなさい。

3　次の文は，実験の結果をもとに考察したものである。［①］にあてはまる**位置**を**図2**のⒶ～Ⓕから**一つ**選び，記号で答えなさい。また，［②］にあてはまる最も適当なものを，下の**ア**，**イ**から**一つ**選び，記号で答えなさい。

> アイさんがⒶから順番に右に移動すると，鏡にうつるろうそくの見かけの位置も変わる。このため，ユウキさんから見てろうそくが鏡にうつるのは，［①］までである。その理由の一つは，［①］のときの［②］と壁との交点が鏡の右端に位置するからである。

ア　ろうそくの見かけの位置から壁に引いた垂線

イ　ろうそくの見かけの位置からユウキさんに引いた直線

4　次のページの**図3**のように，横幅１ｍの鏡５枚と，**a**～**d**の位置にろうそくを置く。このとき，ユウキさんが鏡で見ることができるろうそくはどれか。**図３**の**a**～**d**から**すべて**選び，記号で答えなさい。ただし，どの鏡を用いてもよいこととする。

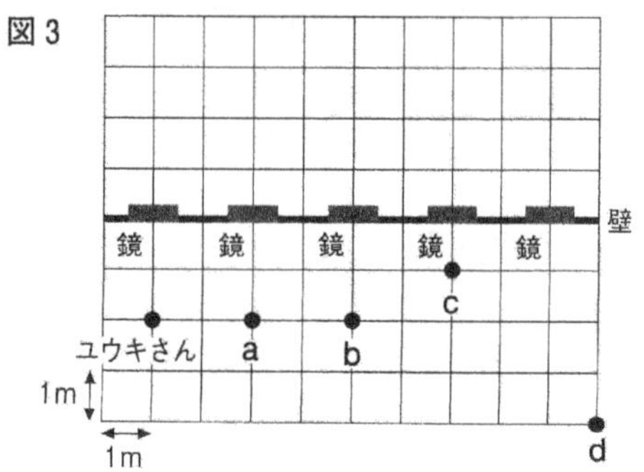

問２　発生した熱量が大きいほど水の上昇温度が大きくなることに着目して**仮説**を設定し，**実験２**を行った。これについて，あとの**１**～**４**に答えなさい。

> **仮説１**　電力が同じならば，電流を流した時間が長いほど水の上昇温度は大きくなる。
> **仮説２**　電流を流した時間が同じならば，電力が大きいほど水の上昇温度は大きくなる。

実験２

操　作　室温と同じくらいの温度の水100cm³を入れた発泡ポリスチレンのカップを用意する。**図４**のような回路をつくり，電熱線の電力が２Ｗ，４Ｗ，６Ｗ，９Ｗになるように電源装置を調整し，ガラス棒でときどきかき混ぜながら，１分ごとに水の温度を記録する。

結　果　電流を流した時間と水の上昇温度の関係をグラフにまとめると，**図５**のようになった。

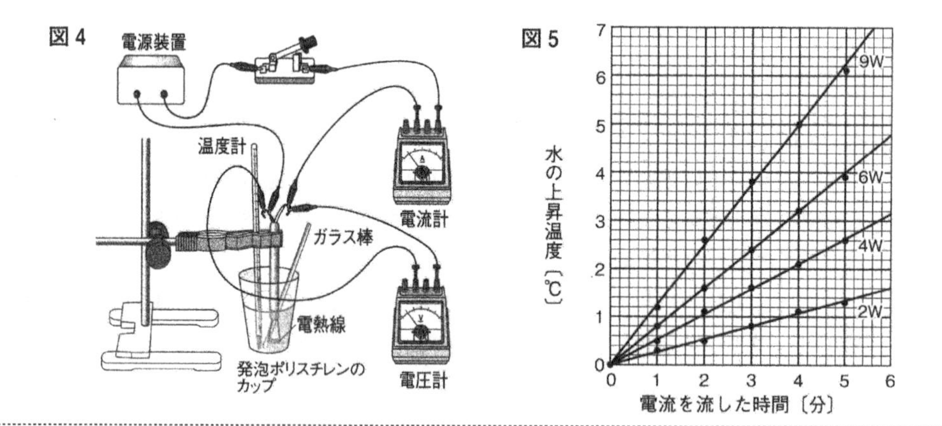

１　電力が９Ｗになるように電源装置を調整したところ，電圧計は６Ｖ，電流計は1.5Ａを示した。このときの電熱線の抵抗は**何Ω**か，求めなさい。

２　電力が２Ｗになるように電源装置を調整し，４分間電流を流した。このときに電熱線で消費した電力量は**何Ｊ**か，求めなさい。

３　**仮説２**を確かめるために，**実験２**で得られた**結果**（**図５**）から，ある時間の電力と水の上昇混度の関係をグラフにしたところ，次のページの**図６**のようになった。**図６**は，電熱線に電流を**何分**流したときのものか，次のページの**ア**～**オ**から**一つ**選び，記号で答えなさい。

ア　1分
イ　2分
ウ　3分
エ　4分
オ　5分

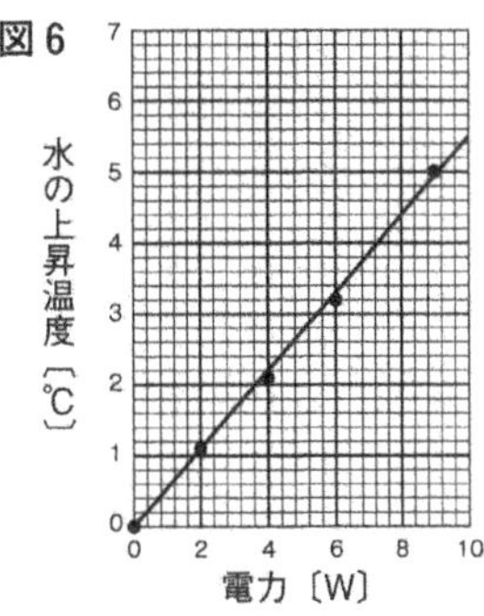

4　この実験では，同じように水をかき混ぜたとしても，操作や実験器具の設置の仕方によって，水の上昇温度が予想より大きくなったり小さくなったりする場合がある。水の上昇温度が**大きくなる原因**として考えられるものを，次の**ア～エ**から**2つ**選び，記号で答えなさい。

ア　水の量が100㎤より少なかった場合
イ　水をかき混ぜるたびに温度計を水中から出した場合
ウ　電熱線がきちんと水につかっていなかった場合
エ　カップ内で電熱線のすぐ近くに温度計を設置していた場合

【第5問題】 次の問1，問2に答えなさい。

問1　リカさんは，星の1日の動きを調べる目的で，丸底フラスコを用いた**実験**を行った。また，丸底フラスコを天球のモデルとして使うために注意したことを**【実験上の注意】**としてまとめた。これについて，あとの1～5に答えなさい。

実験

操作1　図1のように，丸底フラスコを支持環の上に置いた。
操作2　丸底フラスコに，星のモデルとなる丸いシールをはった。
操作3　丸底フラスコの口の部分を回してシールの動きを観察し，記録した。

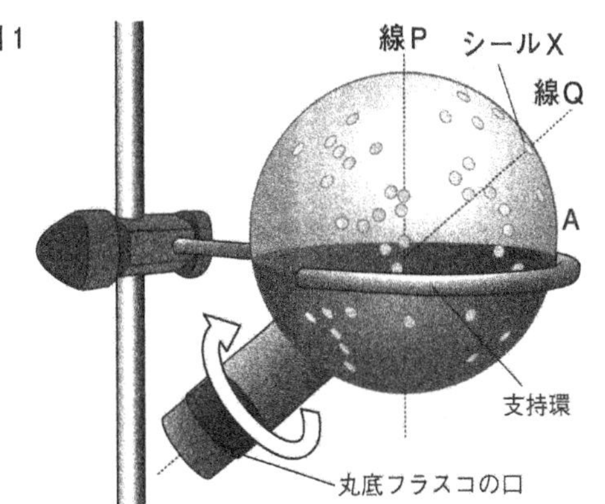

【実験上の注意】
①　丸底フラスコに着色した水を半分まで入れ，水面が北緯35度の地平面に見立てたものになるようにした。また，水面の中心に観測者がいるものとした。
②　丸底フラスコの口の部分が，水平面に対して垂直な線Pから約55度傾けるようにして，丸底フラスコを支持環の上に置いた。このとき，丸底フラスコの口の中心部分と丸底フラスコの中心を結んだ直線を線Qとした。
③　線Qを軸に，矢印の向きに丸底フラスコの口の部分を回した。

1　天球上で，観測者の真上の点を何というか，その**名称**を答えなさい。

2　**下線部**の操作は，実際には地球のある運動によって起こる，見かけの動きを再現した操作である。この地球の運動は何か，その**名称**を答えなさい。

3　**図1**の**A**付近の記録として最も適当なものを，次の**ア**～**エ**から**一つ**選び，記号で答えなさい。

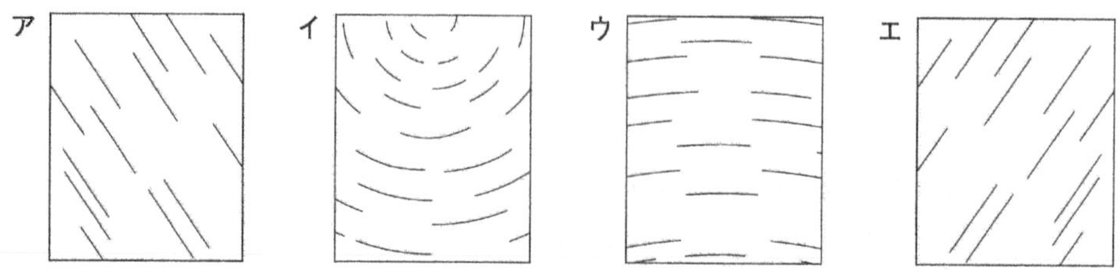

4　丸底フラスコの口の部分を回しても，ほとんど動かない**シールX**があった。この**シールX**にあたる星は，実際の天球上で**北極星**とよばれている。**北極星**が天球上でほとんど動かない**理由**を簡単に答えなさい。

5　観測者が赤道上（緯度0度）にいるときの星の動きを調べるためには，丸底フラスコの線**Q**を線**P**に対して何度の角度で支持環の上に置けばよいか，その**角度**を答えなさい。

問2　リカさんは，ある年の2月3日20時00分にオリオン座にある星のリゲルが真南に位置していることを観察した。**図2**は，このときの**記録用紙の一部**である。リカさんは，この記録をもとに星の動きについて**仮説**を設定した。これについて，あとの**1**～**4**に答えなさい。

図2

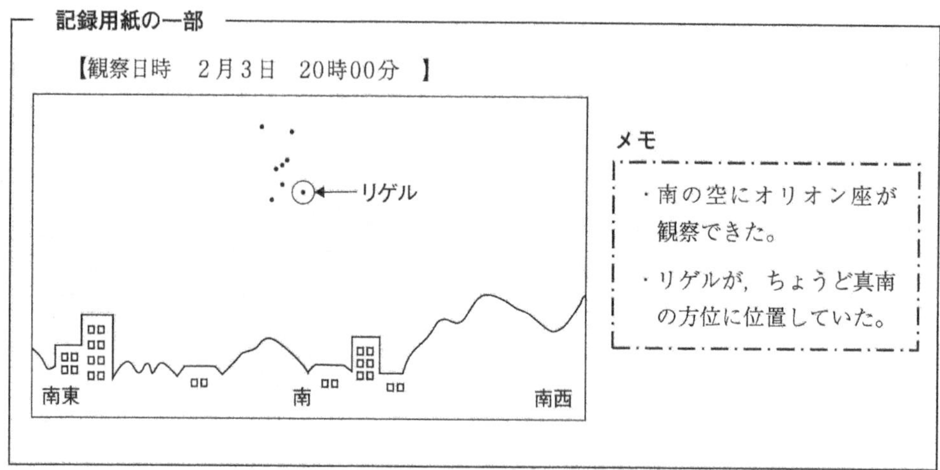

仮説　同じ場所から観察すると，リゲルは真南の空に見えてから45日後に南西に位置する。

1　同じ時刻に見える星の位置は日々動き，季節によって見える星座が変わる。このような星の1年間の見かけの動きを何というか，その**名称**を答えなさい。

2　リカさんが設定した**仮説**には，「足りない**条件**」がある。その**条件**として最も適当なものを，次のページの**ア**～**エ**から**一つ**選び，記号で答えなさい。

ア　星の高度　　**イ**　観察日の気温　　**ウ**　観察する時刻　　**エ**　星が移動する速さ

3　リカさんは，**仮説**にある「45日」という期間を設定した**理由**を，次の２つの事実から説明している。**理由**の X ， Y にあてはまる最も適当な**整数値**を答えなさい。

理由

①　地球は12か月かけて太陽のまわりをまわっている。このことによって，星は１日に約 X 度ずつ西に移動して見える。

②　真南と南西がつくる角度は， Y 度である。

4　リカさんの**仮説**が正しい場合，45日後にリゲルが**真南**に位置するのは何時頃か，その**時刻**を答えなさい。

＜社会＞

時間　50分　　満点　50点

【第１問題】 世界と日本の地理について，次の問１～問４に答えなさい。

問１　**略地図①**について，下の１～３に答えなさい。なお，**略地図①**は図の中心（**東京**）からの距離と方位が正しい。

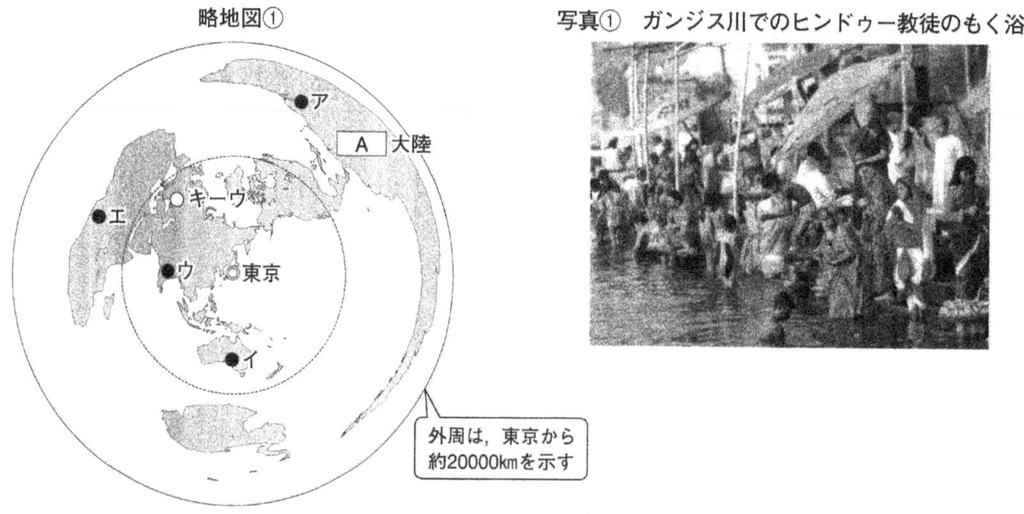

１　**写真①**が撮影された場所として最も適当なものを，**略地図①**中の**ア**～**エ**から**一つ**選び，記号で答えなさい。

２　**略地図①**中の A にあてはまるものを，次の**ア**～**エ**から**一つ**選び，記号で答えなさい。

ア　南アメリカ
イ　南極
ウ　ユーラシア
エ　アフリカ

３　**略地図①**を読み取って，**東京**からウクライナの首都**キーウ**（**キエフ**）への，距離と方位の組み合わせとして最も適当なものを，次の**ア**～**エ**から**一つ**選び，記号で答えなさい。

	ア	イ	ウ	エ
距離	約 8000km	約 8000km	約 12000km	約 12000km
方位	西	北西	西	北西

問２　日本固有の領土であるが，不法に占拠されている次のページの**写真②**の島の位置として正しいものを，**略地図②**中の**ア**～**エ**から**一つ**選び，記号で答えなさい。

写真②

略地図②

ア
エ
ウ
イ

問 3　オーストラリアについて，あとの 1 ～ 3 に答えなさい。

1　**写真③**は，2000年のシドニーオリンピックの開会式で最終聖火ランナーをつとめた，オーストラリアの先住民をルーツとする選手である。オーストラリアの先住民を何というか。次の**ア**～**エ**から一つ選び，記号で答えなさい。

ア　メスチソ
イ　アボリジニ
ウ　イヌイット
エ　ヒスパニック

写真③

2　**資料①**のオーストラリアの国旗の左上には，ある国の国旗が描かれている。これはオーストラリアが，かつてある国の植民地であったことのなごりである。ある国とはどこか。**グラフ①**中のおもな輸出相手国から**一つ選び**，答えなさい。

資料①

3　**グラフ①**，**グラフ②**から，オーストラリアの輸出がどのように変化したかを読み取って，解答欄に合うように，**25字以内**で答えなさい。ただ

グラフ①　オーストラリアのおもな輸出相手国

年						
1960年 19億ドル	イギリス 26.4%	日本 14.4	アメリカ合衆国 8.1	フランス4.9	ニュージーランド4.0	その他 42.2
2017年 2302億ドル	中国 29.6%	日本 10.4	韓国5.7	インド4.7		その他 49.6

（「データブック オブ・ザ・ワールド 2019年版」などより作成）

グラフ②　オーストラリアのおもな輸出品

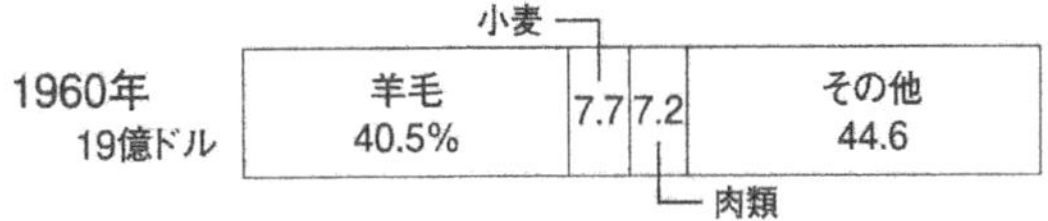

年					
1960年 19億ドル	羊毛 40.5%	小麦 7.7	肉類 7.2		その他 44.6
2017年 2302億ドル	鉄鉱石 21.1%	B 18.8	天然ガス 8.5	金 5.9	その他 45.7

（「データブック オブ・ザ・ワールド 2019年版」などより作成）

し，**グラフ②**，**写真④**中の B のどちらにもあてはまる語を必ず用いること。

写真④　オーストラリアから輸入した B が使用される発電所

問４　**地図①**は京都府の**舞鶴市**周辺のものである。あとの**１**～**５**に答えなさい。

地図①

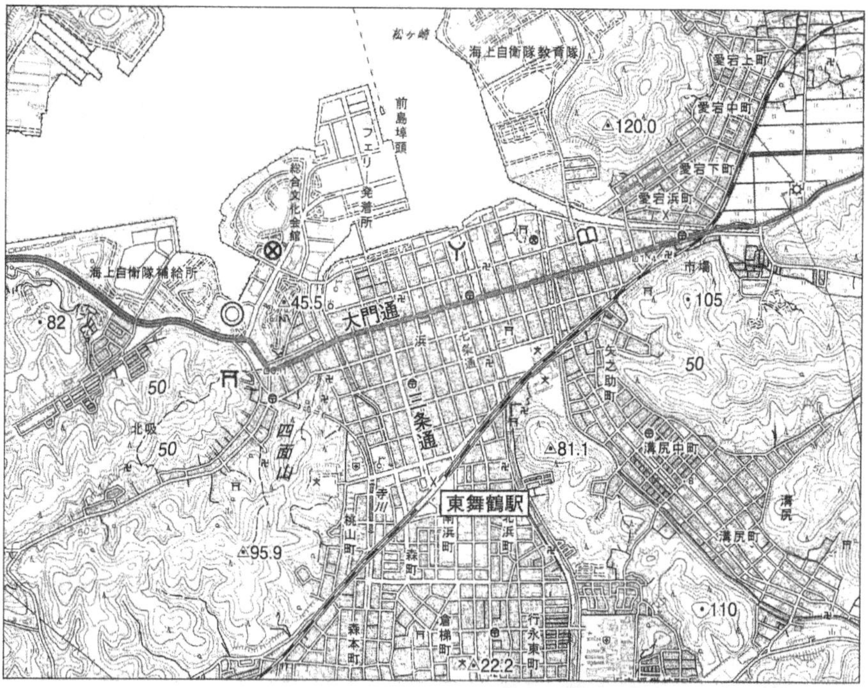

（2万5千分の1地形図「東舞鶴」より作成）

１　次の文は，けんじさんが訪れた，**地図①**に示される地域について説明したものである。説明として**適当でないもの**を，文中の下線部**ア**～**エ**から**一つ**選び，記号で答えなさい。

けんじさんは，東舞鶴駅で電車を降りた。鉄道は，東舞鶴駅から**ア**北東と南西に延びている。けんじさんは，東舞鶴駅から三条通を海の方に向かって歩き，大門通に出た。ここを左に曲がって大門通を進むと，神社がある山が正面に見えた。この山の頂上の標高は，約**イ**100mである。山の手前で大門通を右に曲がって少し歩くと市役所が見えた。東舞鶴駅から市役所の手前の交差点までの道のりは地図上で約５㎝なので，約**ウ**2500m歩いたことになる。市役所の手前の交差点を右に曲がり，さらに警察署の手前の交差点を右に曲がって，海沿いに歩いて行くと，右手に消防署があった。そこから道なりにしばらく歩くと**エ**図書館があったので，立ち寄ることにした。

2　**写真⑤**は，舞鶴市で見られる，小さな岬と湾が連続する海岸の地形である。東北地方の三陸海岸でも見られる，この地形の名称を答えなさい。

写真⑤

3　**グラフ③のア～エ**は，札幌市，上越市（新潟県），舞鶴市，福岡市のいずれかの雨温図である。このうち舞鶴市の雨温図を選び，記号で答えなさい。

グラフ③

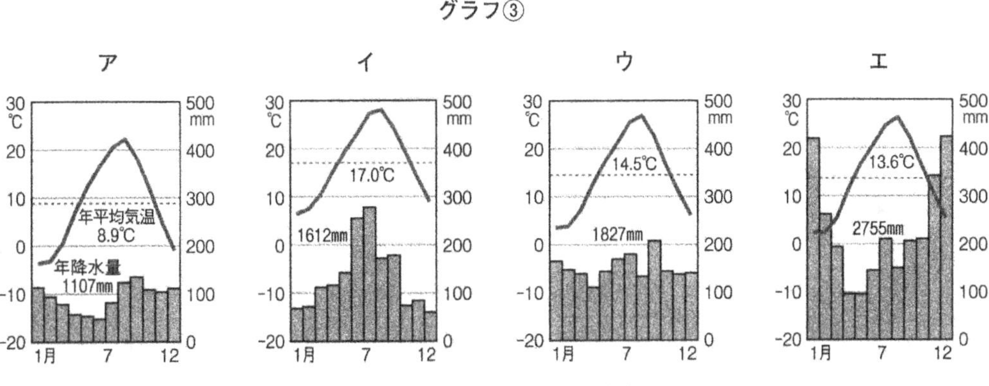

（「理科年表2018」などより作成）

4　舞鶴市は，日本海側の物流の拠点であり，酪農のさかんな北海道ともフェリーで結ばれている。酪農とはどのような農業か。解答欄に合うように，**25字以内**で答えなさい。ただし，「**生産**」という語を必ず用いること。

5　**表①**中の C には，国道９号線が通る京都府，兵庫県，鳥取県，山口県のいずれかがあてはまる。また，**表②**中の**ア～エ**は，この４つの府県のいずれかである。C にあてはまる府県を示すものを，**表②**中の**ア～エ**から**一つ**選び，記号で答えなさい。

（**表①**と**表②**は次のページにあります。）

表①　らっきょうの収穫量（2018年）

順位	都道府県	収穫量（トン）
1位	C	2259
2位	鹿児島県	2114
3位	宮崎県	1409
4位	沖縄県	510
5位	徳島県	459
全国		7767

（「データでみる県勢2022」より作成）

表②　国道9号線が通る府県

	島根県	ア	イ	ウ	エ
面積　（km²）	6708	4612	8401	6113	3507
人口　（万人）	67	258	547	134	55
果実産出額（億円）	39	20	36	47	69
スキー場　（数）	1	0	12	0	2

※面積，人口は2020年，果実産出額は2019年，スキー場の数は2021年
（「データでみる県勢2022」より作成）

【第2問題】 歴史について，次の問1，問2に答えなさい。

問1　古代から近世について，あとの1～7に答えなさい。

1　縄文時代の人々がつくったとされるものとして最も適当なものを，次の**ア**～**エ**から**一つ**選び，記号で答えなさい。

ア

イ

ウ

エ

2　**資料①**について説明した文として最も適当なものを，下の**ア**～**エ**から**一つ**選び，記号で答えなさい。

資料①　古代に出された詔

> 養老7（723）年の規定では，墾田は期限が終われば，ほかの土地と同様に国に収められることになっている。しかし，このために農民は意欲を失い，せっかく土地を開墾しても，またあれてしまう。今後は私有することを認め，期限を設けることなく永年にわたり国に収めなくてもよい。
>
> （「続日本紀」より引用。一部要約し，読みやすく改めてある）

ア　すべての土地と人を朝廷が支配することが示されている。
イ　6歳以上のすべての人に口分田をあたえることが示されている。
ウ　新たに開墾した土地を永久に私有することを認めることが示されている。
エ　貴族や寺社が私有地を持つことを禁止することが示されている。

3　8世紀にまとめられた『万葉集』には，梅を用いた歌が多く収められているが，10世紀にまとめられた『古今和歌集』では，**表①**のような変化が見られる。このような変化が見られた文化的な背景を，**資料②**を参考にして，**30字以内**で答えなさい。ただし「唐」という語を必ず用いること。

（**表①**と**資料②**は次のページにあります。）

表①　梅または桜を用いた歌の数

	万葉集	古今和歌集
梅	118	18
桜	42	70

（井筒清次「桜の雑学事典」などより作成）

資料②

梅は中国から渡来したものである。奈良時代に日本は中国の制度や文物を積極的に吸収しようとしたため，都に梅を多く植えた。

一方，ヤマザクラなどの桜は日本固有種である。平安時代には天皇の住まいにあった梅は，桜に植え替えられた。

（「國史大辭典」などより作成）

4　**資料③**は承久の乱についてまとめたものである。**資料③**中の［A］，［B］にあてはまる語の組み合わせとして正しいものを，下の**ア**～**エ**から**一つ**選び，記号で答えなさい。

資料③

源頼朝の死後，北条氏が将軍の補佐役である［A］として幕府の実権をにぎった。3代将軍の源実朝が暗殺された後，［B］は幕府をたおすため兵をあげたが，味方となった武士は少なく，敗れて隠岐へ流された。その後，幕府は京都に六波羅探題を置き，朝廷の監視と西日本の武士の統制を行うようになった。

ア　A…管領　　B…後鳥羽上皇　　イ　A…執権　　B…後鳥羽上皇
ウ　A…管領　　B…後醍醐天皇　　エ　A…執権　　B…後醍醐天皇

5　**写真①**は雪舟の作品である。雪舟が活躍した時期と同じころの文化の特徴を示す建造物として最も適当なものを，次の**ア**～**エ**から**一つ**選び，記号で答えなさい。

写真①

イ

ウ

6　近世の経済について説明した次のページの文中の［C］にあてはまる語を，**漢字3字**で答えなさい。

大阪や江戸などの都市では，商人が［ C ］という同業者組織をつくり，幕府や藩に税を納めるかわりに独占的に営業を行う特権を得て，利益をあげた。

7 次の**ア**～**ウ**のできごとを，年代の**古い順**に並べて，記号で答えなさい。

ア 上げ米の制を定めた将軍によって，漢訳された洋書の輸入制限がゆるめられた。

イ 来日したイエズス会の宣教師によって，キリスト教が広められた。

ウ 貿易を行うオランダ船の寄港地が，平戸から長崎の出島に移された。

問2 近現代について，**年表①**を見て，あとの1～6に答えなさい。

年表①

年	おもなできごと
1868	五箇条の御誓文が出される
	↕ a
1885	内閣制度がはじまる
	↕ b
1902	日英同盟が結ばれる
	↕ c
1918	米騒動が起こる
	↕ d
1945	ポツダム宣言を受け入れる
	↕ e
1951	サンフランシスコ平和条約が結ばれる

1 **資料④**は，ある生徒が**年表①**中のaの期間の人々の生活を題材としてつくった劇の脚本の一部である。下線部X，Yに関わる政策の組み合わせとして最も適当なものを，下の**ア**～**カ**から**一つ**選び，記号で答えなさい。

資料④

女性その1	「私の家は子だくさんだけど，人手不足で困っているんだよ。X<u>20歳になった次男は身体検査を受けて合格したもんだから，3年間は家に帰ってこないん</u>だ。」
女性その2	「それは大変ね。私の家もY<u>6歳になった末っ子が近所にできた小学校へ通うことになった</u>んだ。大事な働き手がいなくなるのは困るよ。」

ア X…学制 Y…地租改正

イ X…学制 Y…徴兵令

ウ X…徴兵令 Y…地租改正

エ X…徴兵令 Y…学制

オ X…地租改正 Y…学制

カ X…地租改正 Y…徴兵令

2　**年表①**中の**b**の期間に起きたできごとを説明した文として**誤っているもの**を，次の**ア**～**エ**から**一つ**選び，記号で答えなさい。

ア　岩倉使節団がアメリカやヨーロッパ諸国に派遣された。

イ　天皇が国民にあたえるという形で大日本帝国憲法が発布された。

ウ　衆議院と貴族院からなる帝国議会が開設された。

エ　朝鮮半島南部で東学を信仰する農民が反乱を起こした。

3　**資料⑤**は，**年表①**中の**c**の期間に日本が中国に対して示した要求の一部である。中国での権益の拡大をねらう日本がこの要求を出した背景を，**30字以内**で答えなさい。ただし，関係する**戦争の名称**と，**資料⑤**中の［D］にあてはまる**国名**を必ず用いること。

資料⑤　二十一か条の要求

一　中国政府は，［D］が山東省にもっているいっさいの権益を日本にゆずる。 （読みやすく改めてある）

4　**グラフ①**は，**年表①**中の**d**の期間のおもな国の工業生産の推移を示したものである。**グラフ①**中の［E］にあてはまる国を，**略地図①**中の**ア**～**エ**から**一つ**選び，記号で答えなさい。

グラフ①

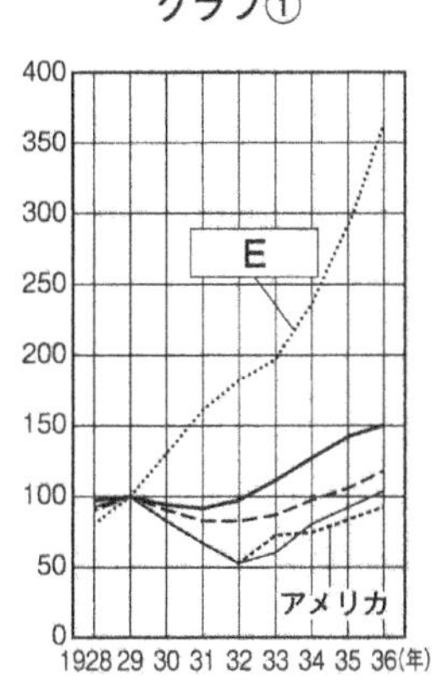

※1929年の生産量を100とした場合の指数
（国際連盟「統計月報」より作成）

略地図①　1930年ごろの世界

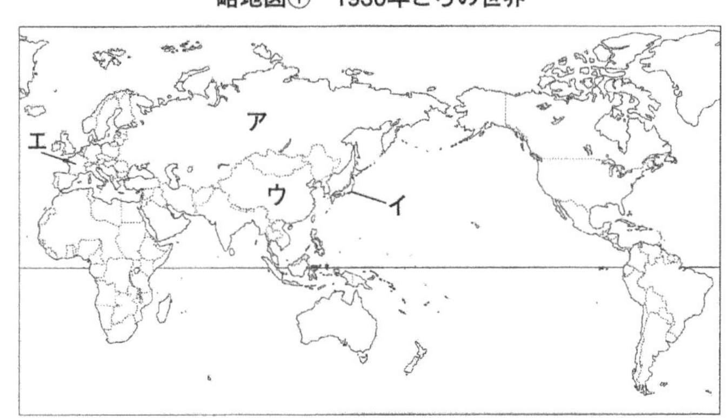

5　**グラフ②**は，選挙権をもつ人の数の変化を示している。1945年に選挙法が改正されたことによって，**年表①**中の**e**の期間に選挙権をもつ人の数が大きく増えた。その理由を説明した次の文中の［F］，［G］にあてはまるものを，次のページの**ア**～**エ**から**一つずつ**選び，記号で答えなさい。

1925年に［F］にあたえられていた選挙権が，1945年に［G］にあたえられることになったから。

グラフ②

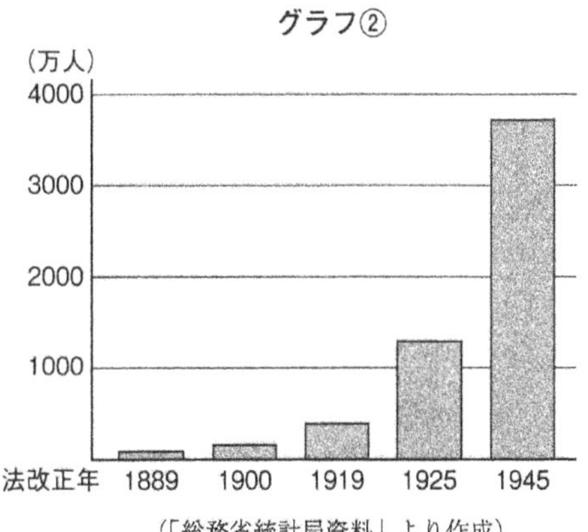

（「総務省統計局資料」より作成）

ア　満18歳以上の男女
イ　満20歳以上の男女
ウ　満25歳以上の男子
エ　直接国税15円以上を納める満25歳以上の男子

6　竹島が，閣議決定にもとづいて島根県に編入された年を含む期間として正しいものを，**年表①**中の**a**～**e**から**一つ**選び，記号で答えなさい。

【第３問題】 政治や経済について，問１～問３に答えなさい。

問１　次の会話文を読んで，あとの１～５に答えなさい。

ゆき「新聞やインターネットで参議院議員選挙について調べているのですが，昨年の夏の選挙では，どの政党も『ジェンダー』や『［A］』について政策にあげていたことがわかりました。」
先生「SDGsの目標にもある国際的なテーマですね。高校でも，制服でスラックスかスカートかを選択できる学校があるなど，性の［A］にも配慮した取り組みが行われていますね。」
ゆき「2019年の参議院議員選挙で，障がいのある立候補者が当選していました。」
先生「そうですね。車いすでの移動に配慮するなど，国会内の［B］が進んだことも［A］に配慮した行動の一つですね。これも人権を守ることにつながっています。日本では(1)法の支配の考え方のもと，(2)三権分立を採用して権力の集中を防ぎ，人権を守っています。」
ゆき「(3)裁判所で判断してもらうだけでなく，選挙で投票することも人権を守ることにつながるということですか。」
先生「そうです。SNS上でも政治についてたくさんの情報があります。しかし，誤った情報が出ていることもあるので，情報を見分ける力である情報［C］を身につけることが大切です。」
ゆき「情報［C］を身につけて，(4)政策などから判断して投票できるようにしたいと思います。」

1　会話文の［A］～［C］にあてはまる語の組み合わせとして正しいものを，次の**ア**～**エ**から**一つ**選び，記号で答えなさい。ただし，［A］，［C］のそれぞれには，同じ語が入る。

	ア	イ	ウ	エ
A	バリアフリー	リテラシー	多様性	多様性
B	多様性	バリアフリー	バリアフリー	リテラシー
C	リテラシー	多様性	リテラシー	バリアフリー

2　下線部(1)に関連して，この考え方を表した次のページの＜**説明文**＞と＜**図**＞の組み合わせとして最も適当なものを，あとの**ア**～**エ**から**一つ**選び，記号で答えなさい。

<説明文>

a　国王が法を制定し，国民すべてをその権力の下に支配する考え方。

b　国民による議会が法を制定し，それに基づいて国王・政府が権力を行使する考え方。

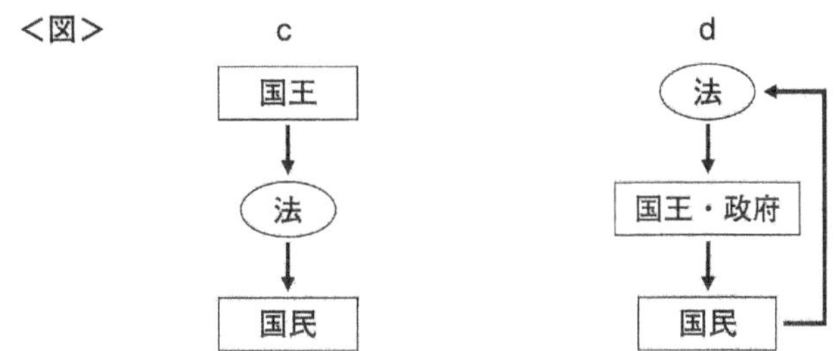

ア　aとc　　イ　aとd　　ウ　bとc　　エ　bとd

3　下線部(2)に関連して，国会と内閣について説明した次のⅠ，Ⅱの文の正誤を判断し，組み合わせとして正しいものを，下の**ア**～**エ**から**一つ**選び，記号で答えなさい。

> Ⅰ　国会は，国政調査権に基づいて，証言を求める証人喚問を行うことができる。
> Ⅱ　内閣は，弾劾裁判を設置して，重大な過ちのあった国会議員を裁くことができる。

ア　Ⅰ…正　Ⅱ…正　　イ　Ⅰ…正　Ⅱ…誤

ウ　Ⅰ…誤　Ⅱ…正　　エ　Ⅰ…誤　Ⅱ…誤

4　下線部(3)に関連して，**資料①**中の［D］にあてはまる語を，**漢字2字**で答えなさい。

資料①　日本国憲法

> 第76条　①　すべて［D］権は，最高裁判所及び法律の定めるところにより設置する下級裁判所に属する。

5　下線部(4)に関連して，次の文に示されている内容は，**図①**中のどの部分にあてはまるか。最も適当なものを，**図①**中の**ア**～**エ**から**一つ**選び，記号で答えなさい。

> 障がいのある人にとっても住みやすい社会をつくるために，新たに担当する省庁をつくり，増税してまちづくりをすすめる。

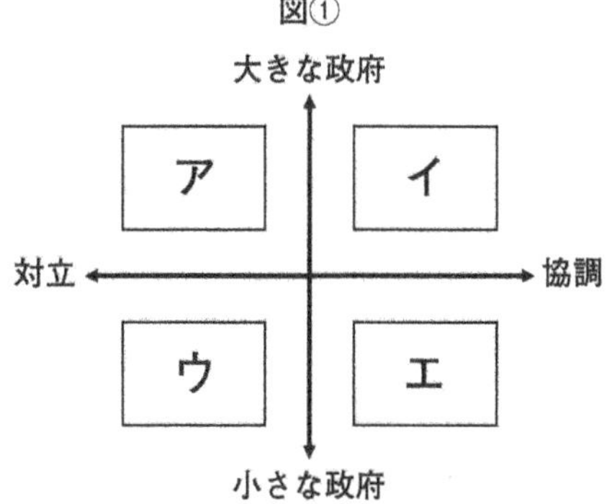

問2　次のページの**図②**，**図③**のように，地方公共団体の首長の選ばれ方と，内閣総理大臣の選ばれ方には違いがある。**図②**を参考にして，地方公共団体の首長の選ばれ方の特徴を，解答欄に合うように，**25字以内**で答えなさい。ただし，「**有権者**」という語を必ず用いること。

図②　地方自治のしくみ

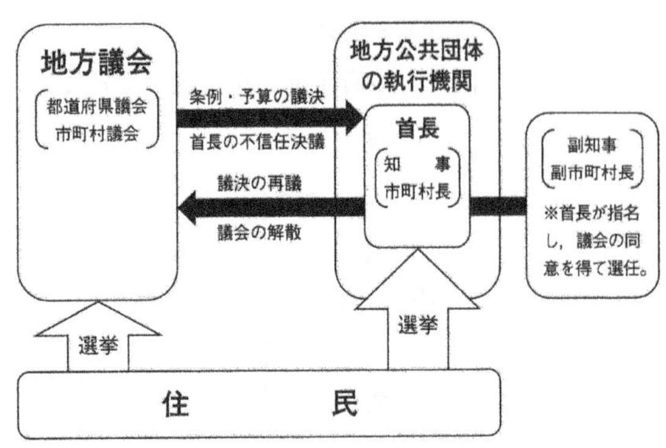

図③　議院内閣制のしくみ

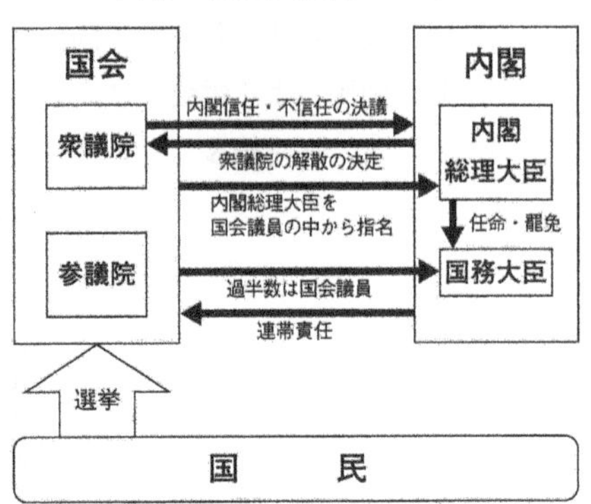

問3　経済について，次の1～3に答えなさい。

1　先進国と発展途上国の経済格差の問題に対し，発展途上国の間で広がっている経済格差の問題を何というか。解答欄に合うように，**漢字2字**で答えなさい。

2　次の文は，**資料②**のような状況のときに，一般的に行われる財政政策と金融政策を説明したものである。文中の［E］，［F］にあてはまる語の組み合わせとして正しいものを，下の**ア～エ**から**一つ**選び，記号で答えなさい。

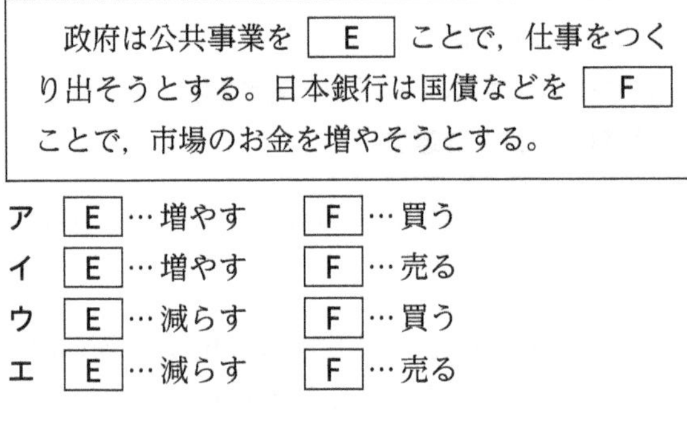

政府は公共事業を［E］ことで，仕事をつくり出そうとする。日本銀行は国債などを［F］ことで，市場のお金を増やそうとする。

ア　［E］…増やす　［F］…買う
イ　［E］…増やす　［F］…売る
ウ　［E］…減らす　［F］…買う
エ　［E］…減らす　［F］…売る

資料②

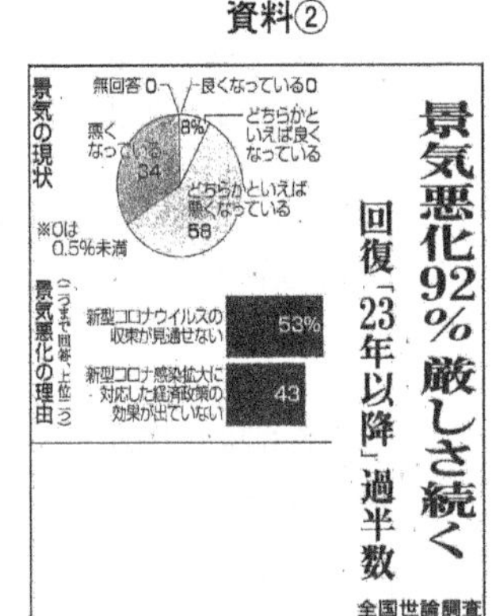

景気悪化92% 厳しさ続く
回復「23年以降」過半数
全国世論調査

景気の現状
無回答0　良くなっている0
どちらかといえば良くなっている8%
悪くなっている34
どちらかといえば悪くなっている58
※0は0.5%未満

景気悪化の理由（2つまで回答，上位2つ）
新型コロナウイルスの収束が見通せない 53%
新型コロナ感染拡大に対応した経済政策の効果が出ていない 43

（「山陰中央新報（2021年9月26日付記事）」より作成）

3　**グラフ①**は1975年度と2019年度の日本の予算（歳出）の内訳である。内訳の変化の特徴を，**グラフ②**から読み取れる社会の変化をふまえて，**30字以内**で答えなさい。ただし，**グラフ①**中の2つの［G］のどちらにもあてはまる語を必ず用いること。

（**グラフ①**と**グラフ②**は次のページにあります。）

グラフ①　日本の予算（歳出）の内訳

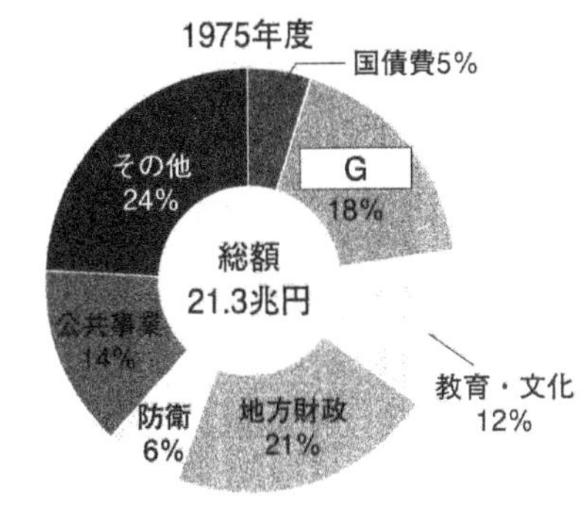

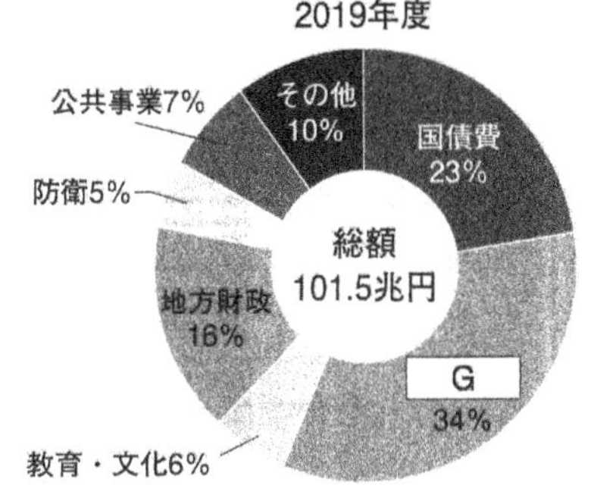

※小数第１位を四捨五入しているため，合計は100％にならない。

（財務省「財政関係基礎データ」より作成）

グラフ②　日本の年齢別人口

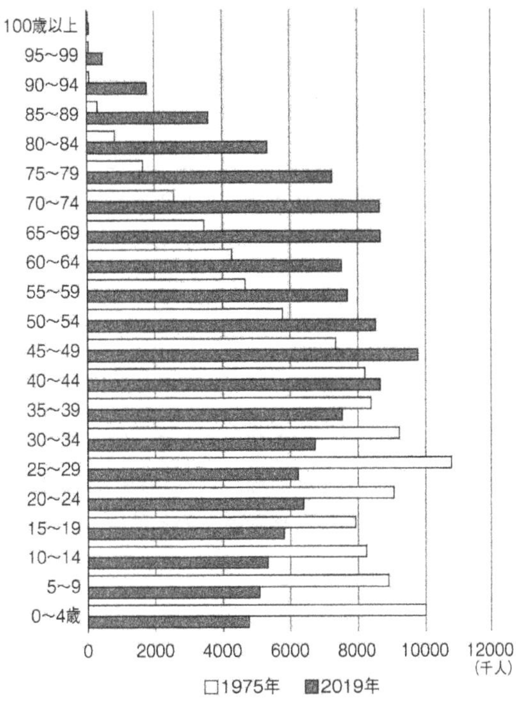

（総務省「国勢調査」などより作成）

【第４問題】 ゆうこさんとあきらさんは，社会科の時間に「世界の中の日本」をテーマに学習しています。次の会話文を読んで，あとの**問１**～**問５**に答えなさい。

先　生	「地球上には80億人をこえる人々が暮らしていて，今も世界の人口は増え続けています。」
ゆうこ	「世界中の人々が豊かに暮らすには，(1)資源を有効に活用することが必要だと思います。(2)日本は様々な国々と関わりながら，資源を活用して経済を発展させてきましたね。」
あきら	「それによって，人々の生活が大きく変化したことも学習しました。」
ゆうこ	「最近，(3)日本の文化に関心をもつ外国人も増えているみたいですよ。」
先　生	「私たちも世界に目を向け，いろいろな地域の文化に関心をもつことが大切です。世界中の人々がお互いを理解し，尊重し合うことができるようになるといいですね。」
あきら	「(4)平和でよりよい世界をつくることは，みんなの願いです。」
ゆうこ	「そのために日本が貢献できることが，まだたくさんあるのではないかと思います。」
先　生	「みなさんも(5)国際情勢に関心をもち，世界中の人々が安心して暮らせる平和な社会を実現するためにはどうすればよいか。考えていきましょう。」

問1　下線部(1)に関連して，次の1，2に答えなさい。

1　**グラフ①**中の**ア～エ**は，ブラジル，ロシア，中国，南アフリカ共和国のいずれかを示している。ロシアを示すものを，**ア～エ**から**一つ**選び，記号で答えなさい。

なお，一次エネルギーとは，化石燃料などの自然界に存在するエネルギーをさす。

グラフ①　一次エネルギー自給率（2019年）

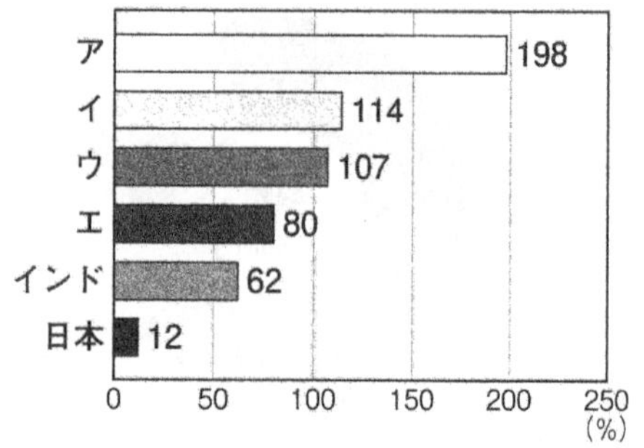

（「世界国勢図会2022／23」より作成）

2　**資料①**のような状況のとき，**図①**中の**供給曲線**はどのように移動すると考えられるか。解答用紙の図中の点線のうち，**移動後の供給曲線**として最も適当なものを，**太くなぞりなさい**。ただし，曲線の移動は需要と供給の関係のみに影響され，**資料①**以外の状況は変わらないものとする。

資料①

・原油の生産量が減少した。

・自家用車の利用が増えたため，ガソリンの消費量が増加した。

図①　ガソリン市場の需給曲線

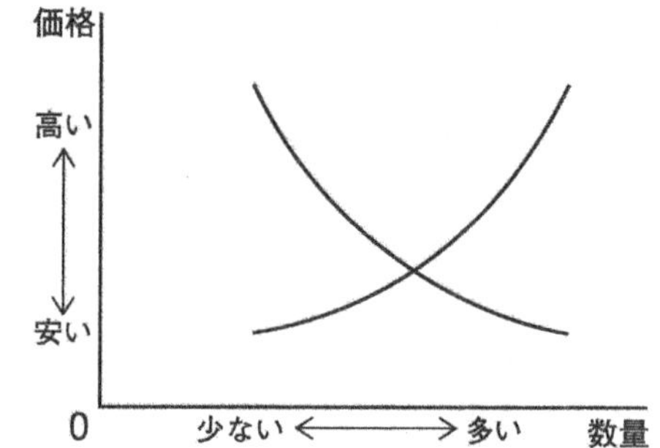

問2　下線部(2)に関連して，戦後の日本経済の状況を説明した次の**ア～ウ**を，年代の**古い順**に並べて，記号で答えなさい。

ア　第四次中東戦争の影響で石油価格が大幅に上昇したため，経済は大きな打撃を受けた。

イ　自動車などの工業製品の輸出が増え，アメリカとの間で貿易摩擦が起きた。

ウ　国民総生産が，資本主義国の中で初めてアメリカに次いで第2位となった。

問3　下線部(3)に関連して，**資料②**は，かつて日本の都がおかれた**略地図①**中の**X市**が行っている政策の一部である。また，**写真①**，**写真②**は，この政策によって整備された市内の様子である。**X市**を訪れる観光客の増加にもつながったこの政策の目的を，**20字以内**で答えなさい。ただし，**X市の市名**を必ず用いること。

（**資料②**，**略地図①**，**写真①**，**写真②**は次のページにあります。）

資料②

- 建物は木造とする。やむをえずその他の工法にする場合は，周囲に調和したものとする。
- 周囲に調和するように建物の外観の修理をする場合には，補助金を出す。
- 町家の保存や活用に努める。
- 興福寺五重塔などが見わたせるように，建物の高さを制限する。

（X市資料より作成）

略地図①

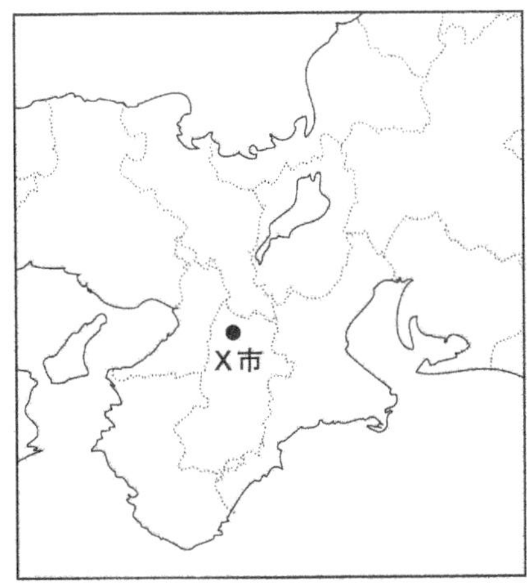

写真①

写真②

問4　下線部(4)に関連して，次の1，2に答えなさい。

1　国際連合について説明した次のⅠ，Ⅱの文の正誤を判断し，組み合わせとして正しいものを，下の**ア**～**エ**から**一つ**選び，記号で答えなさい。

Ⅰ　国際連合の本部は，アメリカのニューヨークに置かれている。
Ⅱ　安全保障理事会は，フランスを含めた常任理事国に拒否権がある。

ア　Ⅰ…正　Ⅱ…正　　**イ**　Ⅰ…正　Ⅱ…誤
ウ　Ⅰ…誤　Ⅱ…正　　**エ**　Ⅰ…誤　Ⅱ…誤

2　世界の核兵器をめぐる動きをまとめた**年表①**中の下線部の条約の名称を，解答欄に合うように，答えなさい。

年表①

年	できごと
1945	広島と長崎に原子爆弾投下
1955	第１回原水爆禁止世界大会開催
1968	米英ソなどが，核保有国以外の国が核兵器を持つことを禁止する条約に調印
1987	米ソが，中距離核戦力（ＩＮＦ）全廃条約に調印
1996	国際連合の総会で，包括的核実験禁止条約（ＣＴＢＴ）を採択

問5 下線部(5)に関連して，**写真③**の動物が日本におくられた背景を，**年表②**中の**<できごと>**から関係するできごとを**一つ**抜き出して用い，**30字以内**で答えなさい。ただし，「**国交**」という語を必ず用いること。

写真③

年表②

年	<できごと>
1951	日米安全保障条約の調印
1956	日ソ共同宣言の調印
1965	日韓基本条約の調印
1972	日中共同声明の調印
2002	日朝首脳会談の開催

生かすようにする。

イ　それぞれの意見を大切にし、考えの違いについては比べることはしないようにする。

ウ　話し合いの目的を意識しながら、目的に合わない意見も含めてまとめるようにする。

エ　話し合いの途中で意見を変えず、最後まで自分の意見に責任を持つようにする。

問三　くにびき中学校の生徒会の役員からは、地域の人と直接会って交流する様々な企画の案が出ました。あなたなら、どのような交流がよいと思いますか。次の①～③の条件に従って作文しなさい。

①　地域の誰と何をするのがよいか、具体的に交流の内容を**一つ**述べること。

②　あなた自身の経験や見聞きしたことを根拠にして、①のように交流することが地域の人々にどのような効果をもたらすかを述べること。

③　**百五十字以上、百八十字以内**でまとめること。句読点や記号も一字として数える。ただし、**一マス目から書き始め**、段落は設けない。

※読み返して文章の一部を直したいときは、二本線で消したり、余白に書き加えたりしてもよい。

思います。

先生　いいところに気がつきましたね。みなさん、よく考えました。

問一　〔会話文〕の（Ⅰ）に入る言葉として最も適当なものを、次の**ア～エ**から**一つ**選び、記号で答えなさい。

ア　春に降る雪を見た驚き
イ　雪の中の鶯を哀れむ心
ウ　冬の終わりの憂うつ
エ　春の到来を喜ぶ気持ち

問二　〔会話文〕の（Ⅱ）に入る適当な言葉を、**和歌B** **の中から四字**で抜き出して答えなさい。

問三　〔会話文〕の（Ⅲ）に入る適当な言葉を、**漢詩** **の中から二字**で抜き出して答えなさい。

問四　〔会話文〕の（Ⅳ）に入る適当な言葉を、**十字以内**で答えなさい。

【第五問題】

次は、くにびき中学校の生徒会の役員が、地域の人との交流について話し合っている様子です。あとの**問一～問三**に答えなさい。

〔話し合いの様子〕

アオイ　これから、地域の人との交流について話し合いたいと思います。みなさんは普段、地域の人と関わりがありますか。

レン　私は近所の人に会ったら挨拶をしています。けれども、小学生の頃に比べると、地域の行事に参加しなくなりました。

ユイ　私も最近、地域の行事には参加していません。学校の友達とのつながりがあるから、それで十分だと思っていました。

ミオ　地域の人とのつながりが薄くなっていくのは寂しいです。それに、災害のときなどは、地域の人と助け合う必要があるので、もっと交流を増やした方がよいと思います。

レン　私もそう思います。私たちで、地域の人と直接会って交流する企画を考えてみませんか。

アオイ　そうですね。では参考として、実際に地域でどのような取り組みが行われているのかを、くにびき市の担当者に聞いてみましょう。

（話し合いは続く）

問一　アオイさんは、くにびき市の担当者に取材のお願いをするために、まず電子メールで連絡をとることにしました。電子メールの書き方として**適当でない**ものを、次の**ア～エ**から**一つ**選び、記号で答えなさい。

ア　メールの用件がひと目でわかるように、簡潔でわかりやすい件名を付ける。
イ　言葉だけでは伝わりにくい思いを、顔文字や絵文字などをたくさん使って表現する。
ウ　冒頭に宛名を書き、簡単な挨拶と自己紹介を記してから用件をまとめ、最後に署名を加える。
エ　すべての行の長さをそろえる必要はなく、読みやすい適当な長さで改行する。

問二　話し合いでは、この後、様々な企画の案が出たので、一つの案にまとめることになりました。このときに気をつけることとして最も適当なものを、次の**ア～エ**から**一つ**選び、記号で答えなさい。

ア　一つの見方にこだわりすぎず、互いの意見の長所を取り入れてざしで見守っている。

エ　楓や乙矢に厳しく接すると二人に嫌われてしまうので、常に優しい表情を作っている。

【第四問題】　次の 和歌A 、 和歌B 、 漢詩 と、先生と生徒の【会話文】を読んで、あとの問一～問四に答えなさい。

和歌A

雪のうちに　春は来にけり　鶯の　凍れる涙　いまやとくらむ

藤原高子

〔まだ雪が降っているうちに春がやって来た。鶯の凍っていた涙も今ごろはとけているだろうか。〕

（『古今和歌集』による）

和歌B

うらうらに　照れる春日に　ひばり上がり　心悲しも　ひとりし思へば

大伴家持

〔うららかに照っている春の日に、ひばりが空に舞い上がっているのに、一人で物思いに沈んでいる私は悲しいことだ。〕

（『万葉集』による）

漢詩

王安石

戸を閉ぢて愁ひを推さんと欲するも

〔戸を閉めていると、悲しみを追いやろうとしても、〕

愁ひは終に肯へて去らず

〔悲しみはどうしても出て行かない。〕

底事ぞ　春風来りて

〔しかし、なぜだろうか。戸を開けて春風が入って来ると、〕

愁ひを留むるも愁ひは住まらず

〔悲しみを引き留めようにも、悲しみは留まらない。〕

（参考）

閉チテ戸ヲ欲スルモ推サント愁ヒヲ

愁ヒハ終ニ不肯ヘテ去ラ

底事ゾ春風来リテ

留ムルモ愁ヒヲ愁ヒハ不住マラ

【会話文】

ユウ　和歌A 、 和歌B は、どちらも春の歌で、鳥が詠まれています。 和歌A に出てくる「鶯」は「春告げ鳥」と呼ばれ、古くから親しまれていたそうです。 和歌B の「ひばり」も古い時代から和歌に登場していて、俳句では春の季語になっています。

先生　よく調べましたね。 和歌A は、春の始まりの日である立春、今の二月四日頃に詠まれたもので、「鶯がついに春を告げにやってくるのだ」ということを詠んだ和歌なのですが、作者のどのような心情が表現されていると思いますか。

アヤカ　和歌A には作者の心情を表す言葉はありませんが、（　Ⅰ　）を表現した和歌だと思います。

先生　そのとおりです。では、 和歌B はどうですか。

リク　和歌B は、「（　Ⅱ　）」という心情を表す言葉で、春の明るく暖かな雰囲気とは対照的な作者の心情が表現されています。

先生　的確な説明ですね。では、 漢詩 と比べてみましょう。何か気づくことがありますか。

ユウ　和歌B では、春を感じるほど、作者の「（　Ⅱ　）」という心情が強くなっていますが、 漢詩 では、（　Ⅲ　）によって、作者の心情に変化が起こっています。具体的には、春を感じたことで（　Ⅳ　）ことができたのだと

「わからなくてもいいのです。いまわからなくても、いつかわかる時が来るかもしれない」

「ずっとわからないこともあるんですか？」

楓が聞くと、逆に国枝が問い返す。

「それは嫌ですか？」

「ええ」

楓がきっぱりと返事すると、国枝は破顔一笑した。

「わからないことの答えを探し続けることも、大事なことですよ。何もかも、簡単に答えがわかったら、つまらないじゃないですか」

（碧野圭『凛として弓を引く』による）

（注）射…弓道において矢を射ること。
精進…そのことだけに打ち込むこと
畢竟…結局。

問一 傍線部①「はやる乙矢」とあるが、ここでの「はやる」の意味に最も近いものを、次の**ア～エ**から**一つ**選び、記号で答えなさい。

ア 批判を恐れて不安になる。
イ 気持ちが先に立って焦る。
ウ 自分の力不足に落ち込む。
エ 他人の失敗にいらだつ。

問二 傍線部②「乙矢の顔がさっと曇った。」とあるが、乙矢がこのような表情になったのはなぜか。**十五字以上、二十五字以内**で答えなさい。

問三 傍線部③「これはあくまで私の考えですが」とあるが、この後、国枝は弓道において、どのようなことが重要であると乙矢に伝えているか。次の形式に合うように、**文章中から七字**で抜き出して答えなさい。

> きれいな射型や的に中てることよりも、（　七字　）が重要であるということ。

問四 傍線部④「楓は国枝に聞いた。」とあるが、楓がこのようにしたのはなぜか。このときの楓の心情も含めて、次の形式に合うように答えなさい。ただし、（A）は**十字以上、二十字以内**、（B）は**二十五字以上、三十五字以内**で答えること。

> 乙矢が（　A　十字以上、二十字以内　）ので、（　B　二十五字以上、三十五字以内　）から。

問五 傍線部⑤「よく……わかりません」とあるが、このときの楓について説明した次の文の（A）、（B）に入る適当な言葉を答えなさい。ただし、（A）は**文章中から十八字**、（B）は**文章中から八字**でそれぞれ抜き出して答えること。

> 国枝が言うように「自分の射」とは、（　A　十八字　）ものであるとしたら、乙矢はそうしているのだから、乙矢が（　B　八字　）のではないか、と楓は思っている。

問六 文章中の国枝の、楓たちへの接し方についての説明として最も適当なものを、あとの**ア～エ**から**一つ**選び、記号で答えなさい。

ア 楓や乙矢が早く上達できるように、わかりやすく具体的なアドバイスを与えている。
イ 楓には一から丁寧に教えているが、乙矢には突き放すような言い方で厳しく接している。
ウ 楓や乙矢との対話を大切にしながら、二人の成長を温かいまな

「あなたは何をそんなに焦っているのですか？　それが射に表れている」
「焦っている……？」
「審査当日の射を見てないので、③これはあくまで私の考えですが」
　国枝は優しい目で乙矢を見ながら、一語一語言葉を選ぶようにゆっくり語った。
「あなたの射型はきれいだし、的中もする。参段なら合格にしてもよかったかもしれない。だけど、若い方には正しい射を身に付けてほしい、という思いが我々先人にはあるんです。だから、あえて厳しくみる、そういうことだったのかもしれません」
　国枝の言葉を噛みしめるように、乙矢は視線を下に向けている。
「問われているのは技術ではなく、弓に向かう姿勢ではないでしょうか」
「弓に向かう姿勢……」
　乙矢は深い溜め息を吐いた。
「ありがとうございます。もっと(注)精進いたします」
　精進なんて古い言葉、よく使えるなあ、と楓は感心して聞いている。
　乙矢は弓と矢をしまい、「ありがとうございます」と弓道着のままで出て行った。その顔は暗く、もやもやしたものを胸に抱えているようだった。乙矢の姿が見えなくなると、④楓は国枝に聞いた。
「私、何か乙矢くんについて、まずいことを言ったのでしょうか？　乙矢くんの射、とてもいいと思っているんですけど」
　それを聞いて、国枝は微笑んだ。
「いえ、正直に話してくれて、乙矢くんも感謝してると思いますよ」
「だけど……」
　自分の言葉を聞いて、乙矢はショックを受けたようだ。乙矢を貶めるようなことを口にしてしまったのではないだろうか、と楓は気にしている。
　楓の想いを察したのか、国枝は優しい目をしたまま説明した。
「そろって弓を引く場合には大前のタイミングにみんなが合わせるものですが、一方で大前こそ続く人たちのことを把握しておかなければならない。双方がお互いのことを意識しあって、初めて三人が一体となるんです。あなたが焦った、ということは、大前があなたの歩く速度を考慮していなかった、あなたのことが見えてなかった、ということなんです」
　確かに、国枝とやった時のような安心感、一緒に弓を引いている、という充実した気持ちはなかった。乙矢に遅れまい、とするだけで精一杯だった。
「それに、射をする時には『中ててやろう』という意識を剝き出しにしてはいけません。そういう姿勢は醜いとされているんです」
「なぜですか？　弓を引く時は誰だって中てよう、と思うんじゃないですか？」
　楓の言葉に、国枝は再び微笑んだ。
「教本通りの答えで言うなら、的に囚われているのは美しくない、ということになります」
「教本通りじゃないとダメなんですね」
「ええ。ですが、ただ教本に書かれているのを鵜呑みにして、それを形だけ真似するというのも、よくないことだと私は思います。教本は道しるべではありますが、なぜそうなるのか、自分の射がどういうものかは、毎日修練して自分でみつけねばならない。(注)畢竟それが弓を引くことの意味だと私は思っています」
「⑤よく……わかりません」
　だとしたら、別に乙矢が悪いわけではない、ということにならないだろうか。

イ　手作業にこだわり、コンピューターではなく手描きで服のデザイン画を描くこと。

ウ　自分がデザインした服を見ながら、どう着こなしてもらえるか考えること。

エ　実際に着る人のことを考えて、着心地のよいデザインの服を作ること。

問五　Ⅰ、Ⅱの文章について、次の1、2に答えなさい。

1　Ⅰ、Ⅱの文章に共通して述べられていることはどのようなことか。次の形式に合うように答えなさい。ただし、（A）はⅡの**文章中から二字**、（B）はⅡ**の文章中から一字**でそれぞれ抜き出して答えること。

> （　A　二字　）のことを考慮しながら、（　B　一字　）のあり方を考えることが必要だということ。

2　Ⅱの文章では、さらに日頃からどのようにしておくことが必要だと述べているか。「**身体**」という言葉を用いて、**四十字以上、五十字以内**で答えなさい。

【第三問題】

次の文章を読んで、あとの**問一**～**問六**に答えなさい。

> 高校一年生の楓は、神社の片隅にある弓道の道場に入門した。そこには国枝という老人や熱心に練習に励む高校三年生の乙矢がいた。乙矢は参段の昇段審査を受けたが、不合格となっていた。この日は、国枝と乙矢、初心者の楓の三人で練習をし、順番に矢を射る際、乙矢が一番前に立って最初に矢を射る「大前」という役目を務めていた。

乙矢の(注)射は力強く、一直線で的に中った。続く楓の射は三時の方向に矢が逸れた。国枝は力みなく真ん中に中てる。二射目も同様に、乙矢と国枝は的に中て、楓だけ大きく外した。

退場して矢取りをして戻って来ると、乙矢が待ち構えたように国枝に尋ねた。

「どうでしたか?」

①はやる乙矢を、まあまあ、というように国枝は制した。

「私より先に、このお嬢さんに感想を聞いてみましょう。この前、ふたりでやった時と比べて、どうでしたか?」

「あの時はふたりだったし、立ち順も違うので、単純な比較は難しいんですけど」

いきなり話を振られて、楓は少し口ごもった。何と言えば、乙矢のことをうまく表現できるだろう。

「今回は、二番目だったので、大前に合わせなきゃ、ということを考えて、ちょっと焦りました。歩幅が違うので、早く歩かなきゃいけないし。前は自分が大前だったので、自分のペースでできたんですが」

②乙矢の顔がさっと曇った。何か自分はまずいことを言っただろうか、と楓は思う。

「乙矢くんの射についてはどう思いましたか?」

「カッコよかったです。的を絶対外さない、という気迫を感じました」

楓は乙矢をフォローしたつもりだったが、乙矢の顔はさらに歪んだ。逆効果だったようだ。

「わかりましたね。このお嬢さんが、あなたの射の欠点をみごとに見抜いている」

「はい」

乙矢が力なくうなだれる。楓には、訳がわからない。

適切に手を施す仕事です。つまり、いくら優れた技術を身につけていても、「これから」をまず想像できなければ意味ある仕事にはならないのです。先が読めないのは、場合によって危険ですらある。世間で問題となる「事故」の原因のほとんどは、想像力の欠如です。

デザインの仕事も同じく、美しい形がいくら作れ、綺麗(きれい)な線がどれだけ描けても、その前にきちんと現状を把握して先を想像し、今のうちに何をしておくべきかが分からなければ技術はまるで活(い)きません。その「読み」が間違っていれば、多くの人の迷惑にも繋(つな)がりかねない。とはいえ、どれだけ「これから」を想像しても、人が為す事に完璧はあり得ません。自然は人の営みのためにあるのではないので、大震災のごとき予測不可能な事態が次々に起こります。しかし、だからどうなってもいいわけはなく、完璧でないからこそ、これでいいのだろうかと常に疑って掛かる必要がある。

例えば、歩道に大きな石が落ちていたとして。不特定多数の老若男女(ろうにゃくなんにょ)が通行するのですから、身体の弱い人の歩行を想って、その石を脇に寄せておくのは言うまでもありません。そうしておけば、そんな石があったなど誰にも気づかれずに、多くの人がスムーズに往来できる。これも④想像と対処に他なりません。自分のためをしか考えられなければ、石をどけるどころか自分が躓(つまず)いてしまったりする。

常に、置かれた状況に神経を配る習慣を身につけておくべきなのです。考えよう、ではもう遅い。習慣にしておけば、考える前に身体が反応します。

（佐藤卓(さとうたく)『塑(そ)する思考』による）

問一　傍線部①「将来世代と……あるべきか」とあるが、文章中では、将来世代と現行世代の関係はどうあるべきだと述べているか。次の形式に合うように、**[I]の文章中の[X]から二字**で抜き出して答えなさい。

将来世代と現行世代の関係は、（　**二字**　）であるべきだ。

問二　傍線部②「持続可能な……部分です。」とあるが、持続可能な開発におけるニーズには、どのような意味合いが含まれているか。最も適当なものを、次の**ア**～**エ**から**一つ**選び、記号で答えなさい。

ア　人間が生命活動の存続を目指し、最低限必要なライフラインの確保を求めること。

イ　人間が質の高い生活を手に入れることだけを考え、新たな科学技術の開発を求めること。

ウ　人間が環境を守りながら経済を発展させ、同時に生活の質も保持することを求めること。

エ　人間が生活の質よりも自然を大切だと考え、環境保全を最優先することを求めること。

問三　傍線部③「こうした課題」の中で、まだ解決できていないものがあるのは、人々にどのような考え方の傾向があるからか。次の形式に合うように答えなさい。ただし、（A）は**二十五字以上、三十五字以内**で答えること。（B）は**[I]の文章中から四字**で抜き出して答えること。

人々には、（　**A　二十五字以上、三十五字以内**　）という見方を背景として、「目の前の課題は、将来、（　**B　四字**　）になっているだろう。」と考える傾向があるから。

問四　傍線部④「想像と対処」とあるが、その具体例として最も適当なものを、あとの**ア**～**エ**から**一つ**選び、記号で答えなさい。

ア　決められた型に従って、同じデザインの服を正確に作り続けること。

るのかについては、残念ながら確かめようがありません。

また、私たち現行世代は、将来世代が暮らす時代には、今よりも科学技術や社会制度が発展していると考えがちです。そのため、現段階で私たちにとって問題であることも、将来世代にとっては既に解決可能なことになっているだろうと楽観的に考えてしまうことがあります。このような見方の背景には、時間の経過とともに技術や制度というものは改善されていき、そうしたときに物事は必ず改善されていくのだというような、発展に対する直線的な見方があります。しかし、実際には私たちの社会にはもう何世代も解決できていないような問題がいくつもあります。

【中略】

②持続可能な開発の定義のなかでもうひとつ重要な概念は、「ニーズ（needs）」の部分です。持続可能な開発の和訳では「欲求」が用いられていますが、ここでのニーズはもう少し広い意味合いを含んでいます。「欲求」は生命活動の存続に必要なことという意味ですが、持続可能な開発におけるニーズには、ジェンダーの公平性、教育機会の平等、民主主義的な社会の維持など、生活の質（Quality of Life）に深く関連する項目も含まれています。単に環境保全と経済発展のバランスだけを見ているのではなく、人々の暮らしに関わる多くの項目が、持続可能な開発における「ニーズ」には含まれているのです。

そして、このニーズは時代と共に変化していきます。私たち現行世代にとって満たしたいニーズは、先行世代のそれから大きく変化してきていますから、将来世代のニーズが私たちのそれと大きく異なるものになることも容易に想像がつきます。

例えば経済的な豊かさを環境よりも優先した結果として、深刻な公害を私たちは経験しました。地方の自律的発展よりも大都市圏の経済活動を優先した結果として都市と地方の間に様々な格差が生じ、かつ固定化することを容認してきました。③こうした課題が克服されていくなかで現行世代の私たちのニーズは徐々に満たされていくことになるわけですが、将来世代は異なる社会に暮らすことになりますから、彼らにとっての課題やニーズも必然的に我々のそれとは異なっていることでしょう。

現行世代の私たちが将来世代の彼らのニーズを言い当てることはできませんが、私たちが彼らのことに思いを馳せることはできます。このように将来世代が暮らす未来のことを考慮しながら、現行世代の私たちの開発のあり方を考える、ということが「持続可能な開発」という概念が意味するところなのです。つまり、持続可能な開発という考え方は、半分は現行世代の開発のあり方を将来世代との公平な関係性のなかで問い直していくこと、そしてもう半分は次世代への思いやりによってできていると言えます。

（工藤尚悟『私たちのサステイナビリティ ―まもり、つくり、次世代につなげる』による）

（注）担保…保証すること。

Ⅱ

言うまでもないことでしょうが、全ての仕事は「これから」のためにある。それは一瞬先かもしれないし一年先かもしれず、もしかすると百年後なのかもしれません。いずれにしても将来のために、今、何をしておくべきかを考え、事を為す。

美味しい食事を提供するのも、食べていただいた人が幸福になるのを想像してつくる仕事ですし、治療は、患者さんができるだけ支障なく生活できるように、自然治癒力も考慮した上で今後の方策を考え、

〈国語〉

時間　五〇分　満点　五〇点

【第一問題】　次の問一～問六に答えなさい。

問一　次の1～4の傍線部の読みを、それぞれ**ひらがな**で書きなさい。

1　景色を眺める。　2　会議に諮る。

3　商品を廉価で販売する。　4　緻密な計画を立てる。

問二　次の1～3の傍線部の**カタカナ**を、それぞれ**漢字**で書きなさい。ただし、**楷書**で丁寧に書くこと。

1　海岸にソって歩く。

2　相手をウヤマう。

3　物事にはコウザイの両面がある。

問三　次の文の傍線部の**カタカナ**を漢字で書いたとき、正しいものを、後の**ア**～**エ**から**一つ**選び、記号で答えなさい。

作業のカテイを記録する。

ア　仮定　**イ**　家庭　**ウ**　課程　**エ**　過程

問四　次の文の傍線部の「食べる」と**活用の種類**が同じ動詞を、後の**ア**～**エ**の文の傍線部から一つ選び、記号で答えなさい。

食後にデザートを食べる。

ア　家を出る時、電話が鳴った。

イ　遠方から友人が来た。

ウ　今日から日記を書こう。

エ　駅まで走れば間に合うだろう。

問五　次の行書で書いた漢字の**部首名**を、**ひらがな**で答えなさい。

問六　次の文の傍線部の「ゐたり」を、**現代仮名遣い**に改めなさい。

恥づかしさに面うち赤めてゐたり。

【第二問題】　次のⅠ、Ⅱの文章を読んで、あとの問一～問五に答えなさい。

Ⅰ

持続可能な開発の定義において問われていることは、①将来世代と現行世代がどのような関係にあるべきかということです。このことについて持続可能な開発という概念には、「現行世代である私たちが自らのニーズを満たすための開発をするとき、その開発のあり方が、将来世代が彼らのニーズを満たすために必要な能力を阻害するものであってはならない」という力強いメッセージが込められています。つまり、社会が発展(注)していくときに、将来世代と現行世代の間には、公平な関係性が担保されなければならないと主張しています。

X

とても魅力的な主張である一方で、実際にこの持続可能な開発を実践するには、多くの難しい点があります。当然ですが、将来世代はまだ生まれてすらいませんから、現行世代の私たちは彼らの声について想像するしかありません。これが本当に彼らの声を代弁するものであ

大切なことはメモしておこうネ！

T.G

2023年度

解 答 と 解 説

《2023年度の配点は解答用紙集に掲載してあります。》

＜数学解答＞

【第1問題】 問1　-2　　問2　$4\sqrt{5}$　　問3　$x=\dfrac{-1\pm\sqrt{17}}{2}$　　問4　$5a+3b>1000$
問5　$\angle x=72°$　　問6　$\sqrt{13}$　　問7　エ　　問8　(3問解く日)　15日
(5問解く日)　5日　　問9　1　$a=n-7$　　2　ア

【第2問題】 問1　1　$\dfrac{3}{4}$　　2　$\dfrac{1}{2}$　　3　$\dfrac{9}{16}$　　問2　1　エ　　2　(Ⅰ)　1つの直線上に並んでいる　　(Ⅱ)　イ

【第3問題】 問1　1　(1)　8000円　　(2)　イ，ウ　　2　(1)　0.16　　(2)　イ
問2　1　図1　　2　$y=20x+100$　　3　32km/h

【第4問題】 問1　4　　問2　1　ウ　　2　$0\leqq y\leqq\dfrac{9}{2}$　　問3　1　3　　2　(1)　1
(2)　Q$(-4,\ 0)$　　3　$\sqrt{2}$，$\sqrt{6}$

【第5問題】 問1　1　△A′CD　　2　【作図】 図2　　問2　1　【証明】 解説参照
2　∠CEB，∠BCE　　3　$\dfrac{10}{7}$　　問3　$\dfrac{15\sqrt{3}}{13}$

図1

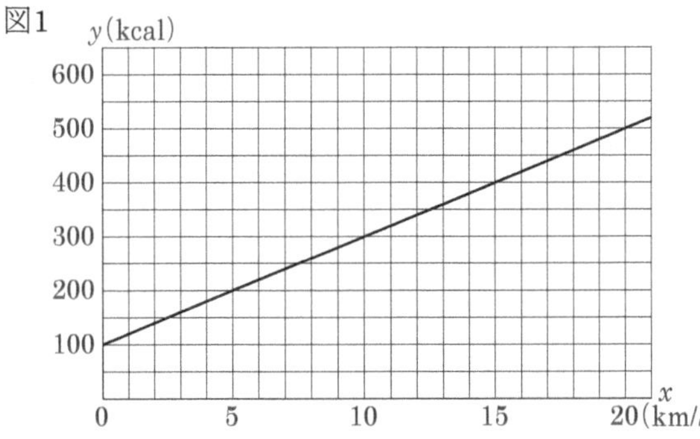

図2

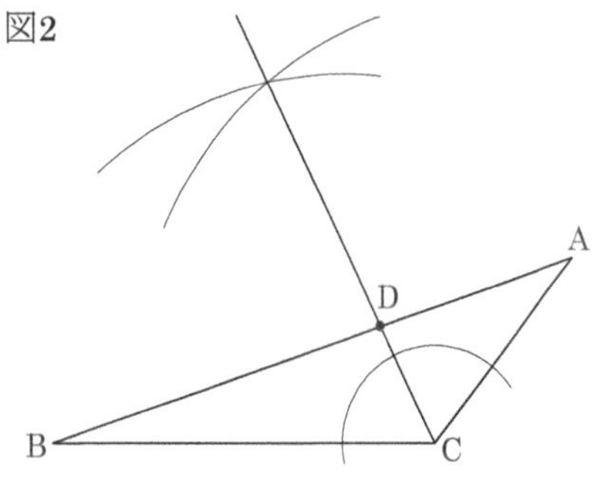

＜数学解説＞

【第1問題】 (数の計算，平方根，二次方程式，不等式，円の性質と角度，2点間の距離，比例関数，方程式の応用，文字式の利用)

問1　$2+12\div(-3)=2-4=-2$

問2　$\sqrt{20}+\dfrac{10}{\sqrt{5}}=\sqrt{2^2\times5}+\dfrac{10\times\sqrt{5}}{\sqrt{5}\times\sqrt{5}}=2\sqrt{5}+\dfrac{10\sqrt{5}}{5}=2\sqrt{5}+2\sqrt{5}=4\sqrt{5}$

問3　解の公式より，$x=\dfrac{-1\pm\sqrt{1^2-4\times1\times(-4)}}{2\times1}=\dfrac{-1\pm\sqrt{17}}{2}$

問4　1本a円の鉛筆5本の代金は$5a$円，1本b円のボールペン3本の代金は$3b$円と表され，その合計が1000円より高いので，不等号>を用いて，$5a+3b>1000$と表される。

問5　線分ACと線分BDとの交点をEとする。$\overset{\frown}{BC}$に対する円周角は等しいから，∠BAC＝∠BDC＝24°　△ABEで，内角と外角の関係により，$\angle x=24°+48°=72°$

問6　点Aからx軸に平行にひいた直線と，点Bからy軸に平行にひいた直線の交点をCとすると，△ACBで，**三平方の定理**により，$AB^2=AC^2+BC^2=(3-1)^2+(5-2)^2=4+9=13$　AB＞0より，$AB=\sqrt{13}$

問7　ア～エについて，yをxの式で表す。ア　$y=2\pi\times x$，イ　$y=\pi\times x^2$，ウ　$(x+y)\times 2=20$より，$x+y=10$　$y=-x+10$，エ　$x\times y=20$より，$y=\dfrac{20}{x}$　yがxに反比例するものは$y=\dfrac{a}{x}$（aは定数）の形で表されるから，エ

問8　3問解く日をx日，5問解く日をy日とする。冬休みの日数の関係から，$x+y=20$…①　宿題の問題数の関係から，$3x+5y=70$…②　①，②を連立方程式として解く。②－①×3より，$2y=10$　$y=5$　これを①に代入して，$x+5=20$　$x=15$　よって，3問解く日は15日，5問解く日は5日

問9　1　nの真上の数は，nより7小さいから，$a=n-7$　2　$b=n+7$，$c=n-1$，$d=n+1$と表わされるから，$bc-ad=(n+7)(n-1)-(n-7)(n+1)=n^2+6n-7-(n^2-6n-7)=n^2+6n-7-n^2+6n+7=12n$　nは自然数だから，$12n$は12の倍数である。

【第2問題】（確率，正四面体，ねじれの位置，表面上の最短距離）

問1　1　球の取り出し方は全部で4通りあり，赤球が出る場合は3通りあるから，確率は，$\dfrac{3}{4}$

2　赤球3個を赤$_1$，赤$_2$，赤$_3$と表わすと，球の取り出し方は，(赤$_1$，赤$_2$)，(赤$_1$，赤$_3$)，(赤$_1$，白)，(赤$_2$，赤$_3$)，(赤$_2$，白)，(赤$_3$，白)の6通り。2個とも赤球が出る場合は____をつけた3通り。よって，求める確率は，$\dfrac{3}{6}=\dfrac{1}{2}$

3　球の取り出し方は，(赤$_1$，赤$_1$)，(赤$_1$，赤$_2$)，(赤$_1$，赤$_3$)，(赤$_1$，白)，(赤$_2$，赤$_1$)，(赤$_2$，赤$_2$)，(赤$_2$，赤$_3$)，(赤$_2$，白)，(赤$_3$，赤$_1$)，(赤$_3$，赤$_2$)，(赤$_3$，赤$_3$)，(赤$_3$，白)，(白，赤$_1$)，(白，赤$_2$)，(白，赤$_3$)，(白，白)，の16通り。2個とも赤球が出る場合は～～をつけた9通り。よって，求める確率は，$\dfrac{9}{16}$

問2　1　辺ABと辺XYがねじれの位置にあるとき，それぞれ伸ばした直線は平行でなく交わらない。アは点Aと点X，イは点Aと点Y，ウは点Aと点Xが一致するから，2つの直線は交わる。正四面体には平行な辺はないから，エが答えとなる。

2　点P，Q，R，Sが(Ⅰ)1つの直線上に並んでいるとき，PQ＋QR＋RS＋SPは最小となる。また，平行四辺形の向かい合う辺の長さは等しいことから，点P′が辺AB上のどこにあっても，最小となるひもの長さは，正四面体ABCDの1辺の長さの2倍に等しい。よって，イ。

【第3問題】（データの活用，箱ひげ図，ヒストグラム，相対度数，一次関数のグラフの利用）

問1　1　(1)　図より，8000円

(2)　ア　A店について，価格の低い方から，第1四分位は13番目の値，第3四分位数は38番目の値だから，8000円以上13000円以下の台数は，38－13＝25(台)以上ある。　イ　B店について，第1四分位数(13番目の値)が9000円より，9000円の自転車は必ずある。　ウ　C店について，最小値が10000円より大きいので，10000円以下の自転車はない。　エ　D店について，第2四分位数(中央値)は11000円であるが，平均値が11000円であるかどうかはわからない。よって，イとウ。

2　(1)　①について，9000円以上10000円未満の階級の度数は8台だから，相対度数は，$\dfrac{8}{50}=0.16$

(2)　9000円以上10000円未満の階級の度数は，①が8台，②が6台より，①の方が多い。また，A店の第1四分位数(価格の低い方から13番目の値)は8000円であるが，①は9000円未満が，

2＋3＝5(台)，②は，5＋15＝20(台)より，A店は②である。よって，イ

問2　1　2点(5，200)，(20，500)を通る直線をひく。

2　変化の割合が，$\frac{500-200}{20-5}=20$なので，$y=20x+b$とおいて，$x=5$，$y=200$を代入すると，$200=20\times5+b$　$b=100$　よって，$y=20x+100$

3　$y=20x+100$に$y=740$を代入して，$740=20x+100$　$20x=640$　$x=32$　よって，32km/h

【第4問題】（図形と関数・グラフ，線分の長さ，変化の割合，変域，面積）

問1　点Aのy座標は，$y=\frac{1}{2}x^2$に$x=-2$を代入して，$y=\frac{1}{2}\times(-2)^2=2$　よって，A$(-2,\ 2)$　2点A，Bはy軸について対称だから，B$(2,\ 2)$　よって，AB$=2-(-2)=4$

問2　1　$(\text{変化の割合})=\frac{y\text{の増加量}}{x\text{の増加量}}$で求められる。　ア　xの増加量：$2-0=2$，yの増加量：$\frac{1}{2}\times2^2-\frac{1}{2}\times0^2=2$より，変化の割合は，$\frac{2}{2}=1$　イ　xの増加量：$4-2=2$，yの増加量：$\frac{1}{2}\times4^2-\frac{1}{2}\times2^2=6$より，変化の割合は，$\frac{6}{2}=3$　ウ　xの増加量：$6-4=2$，yの増加量：$\frac{1}{2}\times6^2-\frac{1}{2}\times4^2=10$より，変化の割合は，$\frac{10}{2}=5$　よって変化の割合が最も大きいものは，ウ。

2　yの最小値は，$x=0$のとき$y=0$　yの最大値は，$x=-3$のとき，$y=\frac{1}{2}\times(-3)^2=\frac{9}{2}$　よって，yの変域は，$0\leqq y\leqq\frac{9}{2}$

問3　1　点Pのy座標は，$y=\frac{1}{2}x^2$に$x=1$を代入して，$y=\frac{1}{2}\times1^2=\frac{1}{2}$　よって，P$\left(1,\ \frac{1}{2}\right)$　よって，$\triangle\text{APB}=\frac{1}{2}\times4\times\left(2-\frac{1}{2}\right)=\frac{1}{2}\times4\times\frac{3}{2}=3$

2　(1)　点Pのy座標は，$y=\frac{1}{2}x^2$に$x=4$を代入して，$y=\frac{1}{2}\times4^2=8$　よって，P$(4,\ 8)$　したがって，直線APの傾きは，$\frac{8-2}{4-(-2)}=1$

(2)　直線APの式は，傾きが1で，点A$(-2,\ 2)$を通るから，$y=x+b$に$x=-2$，$y=2$を代入して，$2=-2+b$　$b=4$　$y=x+4$　点Qのx座標は，$y=x+4$に$y=0$を代入して，$0=x+4$　$x=-4$　よって，点Qの座標は，$(-4,\ 0)$

3　P$\left(p,\ \frac{1}{2}p^2\right)$　点P，Qから直線ABに垂線PH，QH′をひく。△APBと△AQBは，底辺ABが等しいから，面積の比が高さの比になる。よって，△APBの面積が△AQBの面積の$\frac{1}{2}$倍であるとき，PH$=\frac{1}{2}$QH′となる。$0<p<2$のとき，PH：QH′$=\left(2-\frac{1}{2}p^2\right):2=1:2$　よって，$2-\frac{1}{2}p^2=1$　$p^2=2$　$0<p<2$より，$p=\sqrt{2}$　$p>2$のとき，PH：QH′$=\left(\frac{1}{2}p^2-2\right):2=1:2$　よって，$\frac{1}{2}p^2-2=1$　$p^2=6$　$p>2$より，$p=\sqrt{6}$

【第5問題】（平面図形，合同な三角形，作図，相似の証明，線分の長さ）

問1　1　折り返した図形だから，△ACDと△A′CDは合同である。

2　△ACD≡△A′CDより，対応する角の大きさは等しいから，∠ACD＝∠A′CD　よって，∠ACBの二等分線と辺ABとの交点をDとすればよい。

問2　1　(証明)(例)△A′FEと△CFBにおいて，対頂角は等しいので，∠A′FE＝∠CFB…①
A′E//BCより，錯角は等しいので，∠A′EF＝∠CBF…②　よって，①，②より，2組の角がそれぞれ等しいので，△A′FE∽△CFB

2　三角形の**内角と外角の関係**により，$\angle CEB=\angle a+\angle b$　折り返した図形だから，$\angle CA'E=\angle CAE=\angle a$，$\angle A'CE=\angle ACE=\angle b$　また，A'E//BCより，平行線の錯角は等しいから，$\angle BCA'=\angle CA'E=\angle a$　よって，$\angle BCE=\angle BCA'+\angle A'CE=\angle a+\angle b$

3　2より，$\angle BCE=\angle BEC$だから，$\triangle BCE$はBC＝BEの二等辺三角形である。よって，BC＝BE＝5より，A'E＝AE＝7－5＝2　A'E//BCなので，**三角形と比の定理**により，EF：BF＝A'E：BC＝2：5　したがって，$EF=\frac{2}{2+5}BE=\frac{2}{7}\times5=\frac{10}{7}$

問3　$\angle BCG=90°$より，$\angle ACG=\angle A'CG=90°-60°=30°$　点Aから直線BCに垂線AHをひくと，$\angle ACH=90°-30°=60°$より，$\triangle ACH$は内角の大きさが30°，60°，90°の直角三角形である。よって，$AH=\frac{\sqrt{3}}{2}AC=\frac{\sqrt{3}}{2}\times3=\frac{3\sqrt{3}}{2}$，$CH=\frac{1}{2}AC=\frac{1}{2}\times3=\frac{3}{2}$　GC//AHより，CG：HA＝BC：BH　$CG:\frac{3\sqrt{3}}{2}=5:\left(5+\frac{3}{2}\right)$　$\frac{13}{2}CG=\frac{15\sqrt{3}}{2}$　$CG=\frac{15\sqrt{3}}{13}$

<英語解答>

【第1問題】　問1　1　エ　2　ウ　3　イ　4　ア　問2　ア，イ，カ
問3　①　hospital　②　money　③　(例)bring him my notebooks

【第2問題】　問1　1　イ　2　ア　問2　1　ウ　2　イ　問3　1　ウ　2　エ

【第3問題】　問1　エ　問2　ア　問3　イ　問4　ウ→イ→ア

【第4問題】　問1　research my town　問2　ウ　問3　a　より魅力的にする　b　考えを説明した　問4　help elderly farmers　問5　エ
問6　(例)make this town attractive[not run away／take action to change things]

【第5問題】　問1　1　wish　2　forward　問2　1　can be seen from here　2　the third longest river in　3　supermarket which is in front
問3　a　(例)You should cook for her.[If I were you, I would make dinner.]　b　(例)Could you take our picture?[Are you busy? Please take a photograph.]　問4　(例)<Manamiに○をした場合> I'm always with my friends at school, so I just want to enjoy reading books alone at home.　<Takashiに○をした場合>I'd like to spend a holiday with my parents. We don't have enough time to talk together from Monday to Friday.

<英語解説>

【第1問題】　(リスニング)

放送台本の和訳は，62ページに掲載。

【第2問題】　(資料などの読み取り問題：英問英答，語句補充，内容真偽)

問1　1「15歳のベスは父と11歳の弟と動物園に行くつもりです。彼女の家族はチケットにいくら払いますか？」ウェブサイトの Ticket Price「チケット代」には大人(13歳以上)1200円，子ども(3～12歳)600円とあるのでイがふさわしい。　2「この動物園について正しくないものは

どれか？」内容と合っていないものを選ぶことに注意。　ア「ウェブサイトでチケットを買うと無料のアイスクリームがもらえる」(×)　ウェブサイト一番下の Get a Gift!「プレゼントをもらおう！」に「動物園にいるお気に入りの動物を描こう。それをレストランスタッフに見せると無料のアイスクリームがもらえます」とある。　イ「スペシャルツアーに参加すると1時間以上かかる」(○)　Special Tour「スペシャルツアー」の横に「75分」とある。　ウ「ツアーに参加する一番いい方法はウェブサイトで早めの予約をすることです」(○)　スペシャルツアーの欄に「ツアーガイドが全ての動物エリアで面白い事実やお話をあなたにお話しします。このツアーはとても人気なので，訪れる前にウェブサイトで予約をしてください」とある。　エ「世界中からの幅広い様々な動物を見ることができる」(○)タイトルの下に「世界中からの多くの種類の動物に会えます」とある。

問2　1「2016年のTシャツの総売り上げはゥ(300,000)ドルだった」2016年のグラフのTシャツには30%，真ん中には1,000,000ドルとあるので計算する。　2「2016年と2021年のィ(スカート)の総売り上げは同じだった」2016年は1,000,000ドルの20%，2021年は2,000,000ドルの10%で，どちらも200,000ドルである。

問3　1「断水の前に何をする必要がありますか？」**before「～の前に」**お知らせの表の一番上の段に1「飲み水を準備する」　2「緊急用にバスタブに水をいくらかためておく」とあるのでウ「水を準備する」がふさわしい。　2「この断水について正しいものはどれか？」　ア「この断水は4時間の長さになる予定だ」(×)　お知らせの上から2行目に「午後2時から5時」とある。　イ「午後2時から5時までだれもトイレを使うことができない」(×)　お知らせの表の真ん中の段の4に「トイレを使うにはバスタブからお水を取り出してください」とある。　ウ「断水中に家にいるのは危険だ」(×)　お知らせの上から3行目に「この時間中に家にいてもよい」とある。　エ「断水後水の色を確認する必要がある」(○)　お知らせの表の一番下の段5に「水の色を注意深く確認しなくてはなりません。もし変な色だったら飲まないでください。数分蛇口を開けたままにしてください」とある。

【第3問題】（短文読解問題：語句補充，語句解釈，内容真偽）

問1　(全訳)

チャーリー：タイガの自己紹介は面白いですね。

佐藤先生　：彼は俳句を詠むのが上手なんです。

チャーリー：素晴らしいですね！　あ，見てください。タイガと私はお気に入りの野菜が同じです。彼はピーマンが①(大好きです)。

佐藤先生　：本当ですか？　多くの生徒たちがこれを食べるのが好きじゃないと思います。

チャーリー：彼は動物に興味があるんですね。彼が将来②(獣医)になったら幸せでしょうね。

佐藤先生　：私もそう思います。

①　前後に野菜の話があるのでタイガの自己紹介シートを見ると上から3段目に「私はピーマンの大ファンです！　カレーライスは食べません」とある。　②　空欄を含む文には become「～になる」と in the future「将来」があるので何かなりたいものが入ると考える。自己紹介シート一番下「夢」に「動物を助けたい」とあるので vet「獣医」がふさわしい。dentist「歯医者」

問2　(全訳)

エミリー　：数学のテストは全部解けた？

アレックス：いや，全部は分からなかった。

エミリー　：私も全部は解けなかった。もっと<u>一生懸命勉強しましょう</u>。

アレックス：そうしよう。今夜は教科書の問題に取り組むよ。

hit the booksは「一生懸命勉強する」の意味。前後の文脈から意味が推測できる。 **Why don't we ～?**で「～しませんか，～しましょう」という提案の表現。

問3 （全訳）

ミステリーの女王，マーガレット・ブラウンの本の紹介　ジョシュによる。

「*夜の古城*」ミステリー，冒険，そして友情に溢れています！

この本は友達になったばかりの2人の少年の物語です。彼らの一人がもう一人に古いお城について話をしました。彼らはそこへ行き，見つけたのは……，ああ，これ以上は言えません！　私はこの話が大好きで何度も読んでいます。彼女の本はほとんど読んでいますが，これが一番です！

「*沈黙*」それほどよくはありません。

この本には多くのミステリーがあります。でもそれはとてもシンプルで私はあまり興奮しませんでした。実は最後まで読み続けられませんでした。この本はミステリーを読んだことがない初心者の人向けだと思います。私はこれを妹にあげたら気に入っていました。

ア 「*夜の古城*」の少年たちは長い間お互いを知っている。(×)　夜の古城の説明第1文参照。
イ 「ジョシュは読むのが楽しいので何度も『*夜の古城*』を読んだ」(○)　夜の古城の説明第4文参照。　ウ 「ジョシュはこの作家のミステリーがとても面白いので彼女の本は全て読んでいる」(×)　夜の古城の説明最終文と沈黙の説明第3文参照。　エ 「ジョシュの妹は彼が全て読み終わった後に「*沈黙*」を彼女にくれるように頼んだ」(×)　沈黙の説明第3～5文参照。

問4 （全訳）

今日は食料廃棄について話をしたいです。これはとても深刻なので食品廃棄をやめることはSDGsの12番目のゴールに含まれています。世界中で作られる全ての食料の3分の1以上が廃棄になることを知っていますか？　なんて大量なんでしょう！　先週私の家族は夕食を外に食べに行きましたが，多すぎて全部を食べることはできませんでした。それなのでレストランは私たちに持ち帰りの袋をくれました。私たちはその袋の中に残りの食事を入れて家に持って帰りました。食料廃棄をやめるために私たちは他に何ができるでしょうか？　あなたの意見を聞きたいです。

ウは第2文のスライド。イは第3，4文のスライド。アは第5～7文のスライド。

【第4問題】 (長文読解問題・スピーチ：指示語，語句補充，英問英答，内容真偽，条件英作文)

（全訳）　私は自分の町には何も特別なものはなく，住むには便利ではないと思っていました。将来はこの街を出て，大きな都市で仕事を得たいと思っていました。都市での生活をすることが私の夢でした。

ある日私は授業で自分の町について調べなくてはいけませんでした。私はもう町についてたくさん知っていると信じていたので，(1)それをしたくはありませんでした。ともかく，私はインターネットで自分の町を調べました。私の知らない多くのことを見つけました。私はとても A驚きました。私は私の先生であるスズキ先生に自分が学んだことを伝えたら，彼女はとても嬉しそうでした。

一週間後，彼女は私たちのクラスをあるオンラインのプレゼンテーションに招待してくれました。その中で(2)中学生が自分の町について話していました。彼らは「この町はワクワクしないと時々聞くことがありました。私たちはこの町が大好きなので悲しく感じました。昨年この町をもっと魅力的にするために何ができるかについてたくさん話し合いました。今年，私たちは市長を訪ね，彼に私たちの考えを説明しました。彼はそのうちのいくつかを気に入りました」と言いました。私はこれらの生徒たちは積極的だと思いました。

別の日，タナカさんという名前の男性が学校に来て，彼の人生について話してくれました。彼は私たちの町の出身です。彼は大学でAIを勉強し，東京で仕事を得ました。彼の一人目の子供が生まれたあと，家族とこの町に帰ってきました。彼はお年寄りの農家の人たちが大きな畑で一生懸命働いているのをよく見ました。彼はAIを使って彼らを助けることができると思いました。それは彼らの仕事をもっと楽にして，彼のビジネスは成功しました。彼はまた自分の仕事と生活についてたくさんの記事を自分のウェブサイトに書いていました。多くの人たちが彼のウェブサイトに惹きつけられて，その中には彼と働くためにこの町に引っ越しをしてくる人さえいました。これらの新しい住民はここで生まれてはいませんが，自分の仕事とここでの生活を楽しんでいます。結果として私たちの町は少しずつ変わってきています。私はそれに気づきませんでした。

もし自分の周りの状況に満足できないとき，私たちには何ができるでしょうか？　もちろん何もしないで逃げることはできます。しかし，私が聞いた人たちはそうしませんでした。(3)私は彼らのような人になりたいと願っています。

問1　do は繰り返しを避けるために使われる前に出てくる動詞の内容を指す。that は前述された内容を指すことができる。ここで指している彼がしたくなかったことは第2段落第1文の内容から research my town となる。

問2　ア「退屈した」　イ「おびえた」　ウ「驚いた」　エ「疲れた」空欄直前には知らないことを知れたこと，直後にはそれを先生に報告して先生が喜んでいることが書かれているのでウがふさわしい。

問3　(a)　昨年とあるので第3段落第3文以降の生徒たちの発話内，Last year の文をまとめる。
(b)　今年とあるので第3段落第3文以降の生徒たちの発話内，This year の文をまとめる。

問4　質問「タナカさんが彼の故郷でAIを使ったのはなぜですか」解答を含む答え「それがお年寄りの農家の人たちを助けることができると思ったから」第4段落第5～7文参照。

問5　ア「ハルトは自分の町が大好きだったのでこの町をもっと魅力的にするために一生懸命頑張った」(×)　第3段落参照。頑張ったのはオンラインプレゼンテーションに出ていた中学生たち。　イ「ハルトは市長に会いたかったので先生に役場に自分を連れていくように頼んだ」(×)　第3段落参照。　ウ「タナカさんは子どもが生まれる前に彼の妻とともに故郷に帰ってきた」(×)　第4段落第4文参照。　エ「タナカさんのウェブサイトを見た人たちには彼と働くために彼の町に住み始めた人たちがいる」(○)　第4段落第8～10文参照。

問6　**身近なことについて自分の意見を書けるように**練習しておくこと。解答例を含む英文は「私が話した人たちは素晴らしかったです。私はこの町を魅力的にするような人になりたいです／私は逃げ出さないような人になりたいです／私は物事を変えるために行動を起こすような人になりたいです」という意味。条件を必ず守ること。

【第5問題】(語句補充，語句並べ替え，条件英作文：仮定法，副詞，動名詞，受け身，比較，関係代名詞)

問1　1「もし私がお金持ちだったらいいのになあ！」I wish I ～に過去形を続けて「もし私が～だったらいいのに」という今の現実と違うことを願う表現。be動詞は主語に関わらず were が使われる。　2「彼にまた会うことを楽しみにしています」**be looking forward to ～**で「～を楽しみに待つ」の表現。to の後ろには名詞，または動詞のing 形が続く。

問2　1　(Oh, a Ferris wheel)can be seen from here(.)「ああ，ここから観覧車を見る事ができる」助動詞 can には動詞の原形が続く。**<be ＋動詞の過去分詞形>は「～される」**という受身の表現。seen は see「見る」の過去分詞形。「観覧車はここから見られる」という受身の文。　2　(Do you know)the third longest river in(the world?)「世界で3

番目に長い川を知っていますか？」**<the ＋形容詞・副詞の最上級>で「最も(形容詞・副詞)な」**の表現。順番を表すときは the third「3番目の」などの序数を使う。　3　(I bought it at the) supermarket which is in front (of the bookstore.)「私は本屋の前のスーパーでそれを買いました」which は修飾する名詞が物のときに使われる関係代名詞。ここでは supermarket「スーパー」を修飾してどんなスーパーかを説明している。 **in front of ～「～の前で，前に」**

問3　(a)　②で「私の母の誕生日は次の土曜日です。彼女に何をすべきでしょうか？」，④で「いいアイディアですね。ありがとう」とあり，イラストでは，料理をしているので③は料理をすすめていると考える。解答例「彼女に料理をするべきだ／もし私があなたなら夕飯を作るでしょう」の意味。　(b)　①「お願いをしてもいいですか？」②「何ですか？」に続きイラストでは，カメラを渡していて，④は「わかりました」と受け入れているので，③は写真を撮ることをお願いしていると考える。解答例は「私たちの写真を撮っていただけますか？／お忙しいですか？写真を撮ってください」の意味。

問4　先生は「自分の時間があるときの過ごし方には様々な方法があります。誰かと一緒より一人で休日を過ごす方が好きな人もいます。みなさんはどのように自分の時間を過ごすのが好きですか？」という内容。マナミさんは「もし休日があったら私は一人で過ごすのがいいです。今私は作曲に熱中しています。新しいメロディーが頭に浮かんだとき，誰かに話しかけられたらそれが消えてしまうでしょう」と述べている。タカシさんは「一人で休日を過ごすのはいいとは思いません。私は…」とマナミさんと反対意見であることがわかる。先生は「ありがとう，マナミさん，タカシさん。さあ，あなたの順番です。あなたは誰に賛同しますか？」と言っているので自分の意見を書くこと。解答例はマナミさんに○をした場合「私はいつも学校で友達といるので，家では一人で本を読んで楽しみたいです」，タカシさんに○をした場合「私は休日を両親と過ごしたいです。月曜日から金曜日は彼らと一緒に話す時間が十分にありません」の意味。**自分の考えを表現できるよう普段から身近なことやニュースなどについてよく考え，知っている単語を使って表現できるように書いて練習しておこう。**

2023年度英語　リスニングテスト

〔放送台本〕

ただ今から放送による問題を行います。第1問題は，問1~問3まであります。途中でメモをとってもかまいません。

問1　二人の会話を聞いて，そのあとの質問に答える問題です。それぞれの会話のあとに読まれる質問の答えとして最も 適当なものを，ア~エの中から一つずつ選び，記号で答えなさい。会話は1~4まであります。放送は1回のみです。それでは問題に入ります。

1番　A: Becky, I'll show you my new pet.
B: Oh, it's swimming. It's very cute, Haruki.
A: It has four legs, but it cannot move quickly.
B: I know. It cannot run fast.
Question: Which is Haruki's pet?

2番　A: Look at the sky.
　　B: Oh, there are dark clouds over there.
　　A: It's going to rain soon.
　　B: You're right. Let's take umbrellas with us.
　　Question: How is the weather now?

3番　A: Good morning. Do you remember when the meeting will start?
　　B: Good morning. Well, it will begin at ten.
　　A: Thank you. I hope we will finish it by noon.
　　B: I hope so, too. It's nine o'clock now, so see you in an hour.
　　Question: What time will the meeting start?

4番　A: What did you do last Saturday, George?
　　B: I went to the tennis court to watch a match with my brother, and then we went to the movie theater near the city library.
　　A: You said you wanted to go to the post office, right?
　　B: I couldn't go on that day, because I had to help my parents after the movie.
　　Question: Where did George go first last Saturday?

これで問1を終わります。次は問2です。

〔英文の訳〕

1番　A：ベッキー，僕の新しいペットを見せてあげるよ。
　　B：ああ，泳いでるね。とってもかわいいね，ハルキ。
　　A：4本足があるけど，早く動かせないんだ。
　　B：知っているよ。早く走れないね。
　　質問：ハルキのペットはどれですか？
　　答え：エ

2番　A：空を見て。
　　B：ああ，向こうに暗い雲があるね。
　　A：もうすぐ雨が降るね。
　　B：その通り。傘を持って行こう。
　　質問：今の天気はどうですか？
　　答え：ウ

3番　A：おはようございます。いつミーティングが始まるか覚えていますか？
　　B：おはようございます。ええと，10時に始まります。
　　A：ありがとうございます。正午までに終わるといいのですが。
　　B：私もそう願っています。今9時なので，では1時間後に。
　　質問：ミーティングは何時に始まりますか？
　　答え：イ

4番　A：この前の土曜日は何をしたの，ジョージ？
　　B：試合を見に兄[弟]とテニスコートへ行って，そして市立図書館の近くの映画館へ行ったよ。
　　A：郵便局へ行きたいって言ってたよね？
　　B：映画のあとに両親を手伝わなくちゃいけなかったからその日は行けなかったんだ。
　　質問：この前の土曜日，ジョージは最初にどこへ行きましたか？

答え：ア

〔放送台本〕

問2 あなたの通っている中学校では，「英語の日」に特別な授業を行います。先生の話を聞いて，話されている内容に合うものを，ア~カの中から三つ選び，記号で答えなさい。放送は2回くり返します。1回目の放送は15秒後に始まります。それでは問題に入ります。

Today is April 23. It's English Language Day. We'll have a special English class, and we'll speak only in English during this class. Look around you. We have seven guests from abroad. They live near our school and they are here for you.

I want you to do two things. First, please communicate with our guests. Each of them has some cards. Talk about the topics on the cards after introducing yourself. Second, enjoy some activities the guests have prepared, such as songs, games, quizzes, and so on. Remember, don't speak Japanese during these activities.

After the class, you will write thank-you letters to our guests as your homework.

OK, let's get started. Please enjoy the class.

これで問2を終わります。次は問3です。

〔英文の訳〕

今日は4月23日です。「英語の日」です。特別な英語の授業を行い，この授業では英語だけで話します。周りを見てください。外国から7人のお客さんが来ています。彼らはこの学校のそばに住んでいて，みなさんのためにここに来てくれました。

みなさんには2つのことをしてもらいたいです。まず，私たちのお客さんとコミュニケーションを取ってください。彼らはそれぞれカードを何枚か持っています。自己紹介をしたあとにそのカードのトピックについて話をしてください。2つ目は，お客さんたちが準備した，歌やゲーム，クイズなどの活動を楽しんでください。これらの活動中は日本語を話さないことを忘れずに。

授業のあと，宿題としてお客さんたちにお礼の手紙を書きます。

オーケー，始めましょう。授業を楽しんでください。

答え：ア 特別な英語の授業が4月23日に行われる。

イ その授業中生徒たちが話す唯一の言語は英語だ。

カ 生徒たちは授業のあとにお礼の手紙を書く。

〔放送台本〕

問3 あなたは同級生のマイクさんから送られてきた音声メッセージを聞いています。その内容に合うように，次の〈メモ〉を完成させなさい。また，メッセージの中にあるマイクさんの質問に対して，あなたの考えを英語で書きなさい。ただし，①，②はそれぞれ英語1語で，③は与えられた書き出しに続くように答えなさい。放送は2回くり返します。それでは問題に入ります。

Hi, this is Mike. Yesterday you said we should visit Ken in the hospital on Sunday, and I've thought about it. Here is my plan. We'll go there by train, so please come to Nishi Station at 11:00. We need some money for the train. Ken was injured and is now taking a rest, so I think it may be good to do something for him. In my opinion, buying snacks may be good, but do you have any other ideas? Please let me know. Bye.

これで放送を終わります。

〔英文の訳〕

こんにちは，マイクです。昨日きみが，日曜日に，病院にいるケンのところへ行った方がいいと言っていて，そのことについて考えたんだ。僕のプランはこうだよ。電車でそこへ行くから，ニシ駅に11時に来てね。電車のためのお金が必要だよ。ケンはけがをして今休んでいるから，彼のために何かをするのがいいかもしれないと思ってる。僕の意見としてはお菓子を買うのがいいかもしれない，でも他に何かアイディアはある？　教えてね。じゃあ。

答え：①　日曜日に病院にいるケンを訪れること

②　電車のお金が必要

③　(例)彼に私のノートを持って行こうと思う。

＜理科解答＞

【第1問題】　問1　1　ア　2　イ　3　イ　4　露点　問2　1　消化酵素　2　CO_2　問3　1　ウ　2　エ

【第2問題】　問1　1　記号　①　訂正　ひげ根　2　エ　3　ウ　4　胞子
問2　1　イ　2　C，D，F　3　①　－　②　＋＋　4　呼吸によって，二酸化炭素が放出されているから。

【第3問題】　問1　1　ウ　2　$2Cu + O_2 \rightarrow 2CuO$　3　右図　4　2.00g　問2　1　マグネシウム，亜鉛，銅　2　ウ　3　エ　4　ア

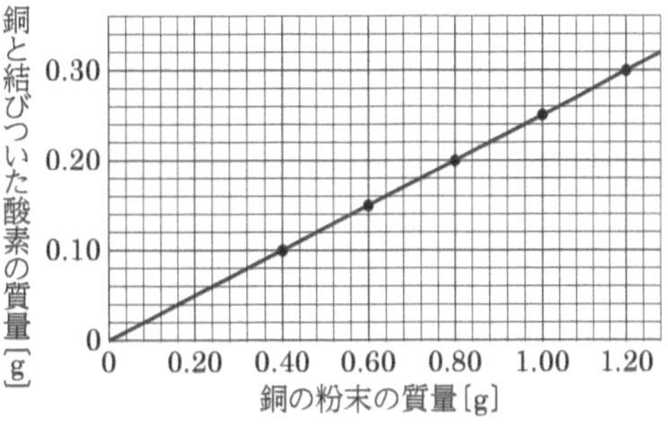

【第4問題】　問1　1　図a　2　図b　3　①　Ⓔ　②　イ　4　b，c　問2　1　4Ω　2　480J　3　エ　4　ア，エ

【第5問題】　問1　1　天頂　2　自転　3　イ　4　地軸を北極側に延長して天球と交わるところあたりにある星だから。　5　90度

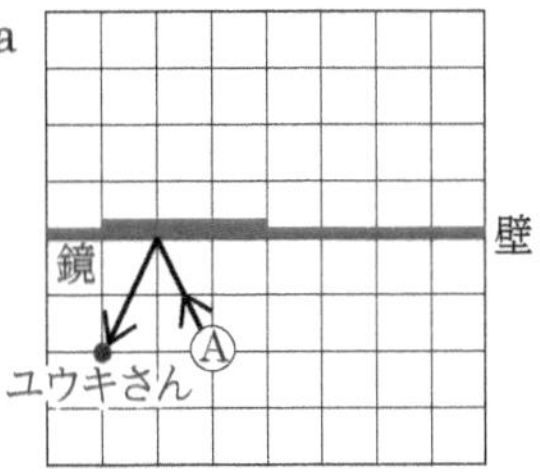

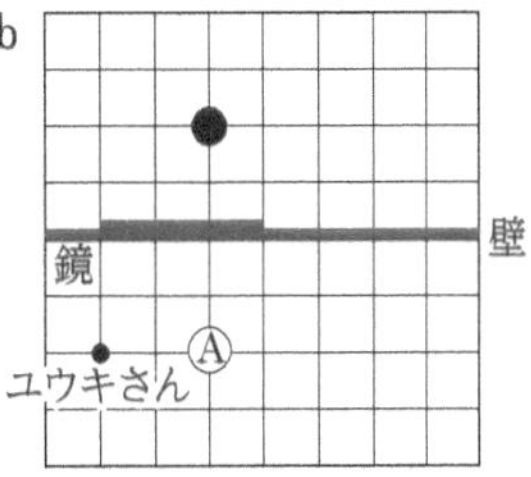

問2　1　年周運動　2　ウ　3　X　1　Y　45　4　17時頃

＜理科解説＞

【第1問題】 (小問集合―無性生殖，気体，エネルギーの変換，露点，酵素，プレート，力のつり合い)

問1 1 無性生殖は**受精**を行わない生殖で，体細胞分裂によって細胞の数がふえ，新しい個体をつくる。無性生殖には分裂(ゾウリムシなど)，出芽(コウボ菌など)，胞子生殖(シダ植物，コケ植物など)，栄養生殖(ジャガイモなど)がある。子は親の**染色体**をそのまま受けつぐので，子の**形質**は親の形質と同じものになる。 2 アンモニアのように水にとけやすい気体は，**水上置換法**で集めることができない。また，アンモニアは空気より密度が小さい(空気より軽い)ので，**上方置換法**で集める。特有の刺激臭があるので，直接吸い込まないようにする。 3 化石燃料を燃焼させて(**化学エネルギー**)，高温・高圧の水蒸気や燃焼ガスをつくり(**熱エネルギー**)，タービンを回して(**運動エネルギー**)，発電する(**電気エネルギー**)。 4 空気を冷やしていくと，空気に含まれている水蒸気の一部が水滴に変わる。これを凝結といい，水蒸気が凝結し始める温度を**露点**という。

問2 1 だ液や胃液など，食物を消化するはたらきをもつ液を**消化液**という。消化液には**消化酵素**が含まれていて，食物を分解し，吸収されやすい物質に変える。食物に含まれる成分は，その成分ごとに決まった種類の消化酵素によって分解される。 2 二酸化炭素(CO_2)は無色・無臭の気体で，空気よりも密度が大きく，水にとけて水溶液は酸性を示す。石灰水を白くにごらせる性質があり，この気体を確認する方法として利用される。

問3 1 地球の表面は**プレート**とよばれる厚さ100㎞ほどの岩盤でおおわれていて，日本列島付近では海洋プレートである太平洋プレート，フィリピン海プレートと，大陸プレートであるユーラシアプレート，北アメリカプレートの4つのプレートが接している。太平洋プレートとフィリピン海プレートの沈み込みによって，日本列島には大きな力が加わっている。 2 1つの力を，同じはたらきをする力Aと力Bの2力に分けることを，**力の分解**という。力Fは，力Aと力Bを2辺とする平行四辺形の対角線になっている。

【第2問題】 (植物のつくりとはたらき―分類，花のつくり，裸子植物，胞子，光合成，呼吸)

問1 1 **主根と側根**をもつのは，**双子葉類**の特徴である。**単子葉類**の根は**ひげ根**で，**葉脈**は平行に通っている。 2 めしべ(d)の先端を**柱頭**といい，花粉がつきやすくなっている。さらに，めしべの下部のふくらんだ部分を**子房**，その中の小さな粒を**胚珠**という。おしべ(c)の先端のやくの中に入っている花粉が柱頭について**受粉**すると，子房は成長して果実になり，胚珠が種子になる。 3 まつかさは雌花が受粉してできたもので，開くと中の種子が落ちる。**裸子植物**の花には子房がなく，雌花のりん片に胚珠がむき出しになっていて，雄花のりん片にある花粉のうに入っている花粉が風に飛ばされ，胚珠に直接ついて受粉する。 4 シダ植物もコケ植物も花をさかせることはなく，胞子のうの中でつくられる**胞子**によってふえる。

問2 1 細胞の中に**葉緑体**がある植物は，二酸化炭素と水を使って光のエネルギーによって**光合成**を行い，デンプンなどの**有機物**と酸素をつくる。仮説1を確かめるには，植物に光を当てるものと当てないものを比較し，さらに，光を当てるけれど植物があるものとないものを比較する。影響を知りたい条件以外を同じにして行う**対照実験**の結果を比較することで，実験結果のちがいが，その1つの条件によるものであることを確認できる。 2 仮説2を確かめるためには，菌類に光を当てるものと当てないものを比較し，さらに，光を当てているが菌類のあるものとないものを比較する。 3 試験管Bではホウレンソウが光を受けて光合成を行うので，水の中の二酸化炭素が使われ，石灰水はにごらない。菌類は光を当てても光合成を行わないので，**呼吸**によって二酸化炭素を出すはたらきのみで，結果は試験管Cと同じである。　4　植物は光の当たる昼は光合成を行い，同時に酸素をとり入れて二酸化炭素を出す呼吸も行う。光が当たらなければ，呼吸のみを行って二酸化炭素のみを出す。試験管Aと試験管Eは光が当たらないので，植物の有無のみのちがいで，水の中の二酸化炭素が増加するか変化しないかのちがいである。

【第3問題】（化学変化―実験操作，化学反応式，化学変化と物質の質量，ダニエル電池）

問1　1　図2のXは**空気調節ねじ**，Yは**ガス調節ねじ**。ガスバーナーに点火した後，ガス調節ねじをさらに開いて炎の大きさを10cmぐらいに調節する。ガス調節ねじと空気調節ねじは連動しているので，ガス調節ねじをおさえて空気調節ねじを少しずつ開き，青色の安定した炎にする。

2　実験では銅(Cu)が空気中の酸素(O_2)と結びつき，黒色の酸化銅(CuO)ができた。化学変化は，**化学式**を組み合わせて**化学反応式**で表すことができる。化学変化では，**原子**の組み合わせが変わるが，反応の前後で原子が新しくできたりなくなったりはしないので，化学反応式の矢印の左右で，原子の種類と数が等しくなる。　3　表1より，(銅と結びついた酸素の質量)＝(操作3の後の物質の質量)－(銅の粉末の質量)なので，(銅の質量)：(銅と結びついた酸素の質量)＝4：1になる。したがって，グラフは原点を通る直線である。　4　図4の実験では，酸化銅が炭素によって**還元**されて，銅と二酸化炭素ができる。表1より，(銅の質量)：(酸化銅の質量)＝4：5より，求める酸化銅の質量をxgとすると，1.60：x＝4：5，x＝2.00(g)

問2　1　表2より，硫酸銅水溶液に入れた結果から，亜鉛とマグネシウムの表面に付着した赤色の物質は銅なので，銅よりも亜鉛とマグネシウムのほうが**イオン**になりやすいことがわかる。また，硫酸亜鉛水溶液に入れた結果から，マグネシウムの表面に付着した黒色の物質は亜鉛なので，亜鉛よりもマグネシウムのほうがイオンになりやすい。　2　亜鉛原子(Zn)は**電子**(e^-)を2個失って亜鉛イオン(Zn^{2+})になり，水溶液中の銅イオン(Cu^{2+})は電子を2個受けとって銅原子(Cu)になる。　3　図6の装置は**ダニエル電池**で，亜鉛板の亜鉛原子が電子を失って亜鉛イオンとなり，硫酸亜鉛水溶液中にとけ出す。この電子が導線やモーターを通って銅板まで流れていくと，硫酸銅水溶液中の銅イオンが電子を受けとって銅となり，銅板上に付着する。イオンになりやすい亜鉛板が－極である。　4　亜鉛板をマグネシウム板に，硫酸亜鉛水溶液を硫酸マグネシウム水溶液にかえると，マグネシウム板では$Mg \rightarrow Mg^{2+} + 2e^-$，銅板では$Cu^{2+} + 2e^- \rightarrow Cu$と変化するので，亜鉛板の場合と同様にマグネシウム板が－極になり，移動する電子の向きも同じなので，モーターも亜鉛板の場合と同じ向きに回転する。

【第4問題】（光，電流による発熱―反射，光の道筋，作図，抵抗，電力量，グラフ）

問1　1　図2でⒶの位置にいるアイさんの持つろうそくの像は，鏡と**線対称**になるように，鏡の奥2mの位置にうつる。このろうそくの像からユウキさんまで，光が直進すると考えた場合の鏡との交点をX点とすれば，ろうそくから出た光は鏡の上のX点で**反射**して，ユウキさんに届く。

2　鏡にうつるろうそくの見かけの位置は，Ⓐと線対称になるように，鏡に対して垂直に2m奥の位置になる。　3　鏡にうつるろうそくの見かけの位置と，ユウキさんの位置を直線で結んだとき，その直線が鏡を通過しない位置にあるろうそくは，鏡にはうつらない。　4　a～dのそれぞれの点と壁と線対称の位置にある点をa′～d′としたとき，ユウキさんとa′～d′のそれぞれを直線で結び，その直線がいずれかの鏡を通過する位置があてはまる。

問2　1　**抵抗**(Ω)＝電圧(V)÷電流(A)より，6(V)÷1.5(A)＝4(Ω)　2　**電力量**(J)＝電力(W)×時間(s)より，2(W)×4(分)×60＝480(J)　3　図5のグラフで，2W，4W，6W，9Wそれぞれでの水の上昇温度が，図6のそれぞれの電力での水の上昇温度にあてはまる時間を求める。

4　イは温度計そのものの温度を上げるために使われる**熱量**が必要になり，ウは電熱線から発生する熱量の一部が，水以外の温度を上げるために使われる。

【第5問題】（天体—地球の自転，天体の動き，地軸，年周運動，南中）

問1　1　星や太陽の動きを考えるとき，地球を中心とした大きな半径の球体の天井を仮に想定して，全ての天体はその球面上にのっていると考えるとわかりやすい。この見かけ上の球体の天井を**天球**という。観測者がいるところが天球の中心にあたり，観測者の頭の真上の天球上の点を**天頂**という。　2　天体が，その中心を通る線を軸として，自分自身が回転することを**自転**という。地球は北極と南極を結ぶ**地軸**を中心として，1日1回自転している。空全体では，天球が東から西へ回転しているように見えるが，これは地球が地軸を中心として西から東へ自転しているために起こる見かけの動きである。　3　アは西の空，ウは南の空，エは東の空の星の動きを表している。イは，北の空で地軸付近の星の動きを表している。　4　北極星は，地軸を北極側に延長して天球と交わるところである天の北極あたりにあるため，ほとんど動かないように見える。また，北極星近くにある星は，**日周運動**をしても地平線の下に沈むことがなく，晴れている夜ならば一晩中見ることができる。　5　赤道上では，北の地平線(水平線)すれすれの位置に北極星が見え，これは動かない。したがって，線Pに対して線Qが90°になるようにする。

問2　1　星の**年周運動**は，地球の**公転**によって生じる見かけの動きで，1年で360°移動するので，1日で約1°移動することになる。南の空の星が同じ時刻に見える位置は，日々，東から西へ動いていき，この向きは日周運動の向きと同じである。　2　星は日周運動によっても移動するため，同じ場所で同じ時刻に観測する。　3　地球の**公転周期**は1.00年なので，南の空の星は1日に約1°ずつ東から西へ移動するように見える。真南と南西がつくる45°を45日かけて移動する。　4　地球の自転によって，星の位置は1時間に15°移動する。45日後に20時に南西に見えたリゲルが**南中**した時刻は，45÷15＝3より，20時の3時間前である。

＜社会解答＞

【第1問題】　問1　1　ウ　　2　ア　　3　イ　　問2　エ　　問3　1　イ　　2　イギリス
3（欧米への羊毛の輸出から，）アジア諸国への鉄鉱石や石炭の輸出に変化した。
問4　1　ウ　　2　リアス海岸　　3　ウ　　4（牧草などの飼料を栽培して，）乳牛などを飼育し，乳製品を生産する農業。　　5　エ

【第2問題】　問1　1　エ　　2　ウ　　3　唐がおとろえたことにより，独自の文化が生み出されていた。　　4　イ　　5　エ　　6　株仲間　　7　イ→ウ→ア
問2　1　エ　　2　ア　　3　第一次世界大戦が起こり，ドイツが対戦相手となっていた。　　4　ア　　5　F　ウ　　G　イ　　6　c

【第3問題】　問1　1　ウ　　2　エ　　3　イ　　4　司法
5　イ　　問2（地方公共団体の首長は，）有権者である住民による直接選挙で選ばれる。
問3　1　南南(問題)　　2　ア　　3　高齢化が進んでいるため，社会保障の割合が増加している。

【第4問題】　問1　1　ア　　2　右図

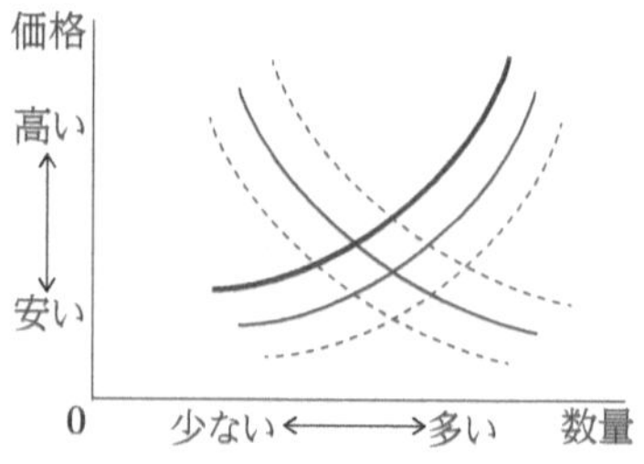

問2　ウ→ア→イ　　問3　奈良市の歴史的な景観を守るため。
問4　1　ア　　2　核拡散防止(条約)　　問5　日中共同声明の調印により，日本と中国の国交が正常化した。

＜社会解説＞

【第1問題】　(地理的分野―世界地理－地形・宗教・人々のくらし・資源・貿易，―日本地理－地形図の見方・日本の国土・地形・気候・農林水産業)

問1　1　インドで最も多く信仰されているのは**ヒンドゥー教**である。ヒンドゥー教では**沐浴**を行うことで，罪を流し功徳を増すと信じられており，写真①のように**ガンジス川**等での沐浴が行われている。略地図①上のインドの位置は，ウである。　2　これは**正距方位図**なので，中心ではない地点からの方位・距離は正しくなく，大陸の面積にも，ゆがみが生じている。略地図上のA大陸は，アの南アメリカ大陸である。　3　これは正距方位図なので，中心である東京からの方位と距離が正しく描かれている。東京からキーウへの距離は，10,000kmよりも短く，方角は北西である。イが正しい。

問2　写真②に表されているのは，**竹島**である。日本は，**サンフランシスコ平和条約**において，日本海にある竹島の領有権を認められたが，竹島は**韓国**により不法占拠され続けている。竹島は，島根県沖の日本海にある。略地図②上のエである。

問3　1　ア　白人とブラジルなどラテンアメリカの先住民の混血である人々のことを，**メスチソ**という。　ウ　カナダ北部などの氷雪地帯に住む先住民族が，**イヌイット**である。　エ　スペイン語を母国語とする，メキシコなど中南米出身者やその子孫で，米国に居住する人々を**ヒスパニック**という。ア・ウ・エのどれも別の人々を指し，オーストラリアの先住民は，イの**アボリジニ**である。アボリジニは，伝統的に狩猟・採集生活を営み，自然と調和して独自の文化を築き上げてきた。　2　オーストラリアは，**イギリスの植民地**であったが，1901年にイギリス自治領として連邦を形成し，事実上独立した。かつてイギリスの植民地であったために，イギリスの国旗を一部に描いた国旗を用いている。　3　坑道を掘らずに，地表から渦を巻くように地下に向かって掘っていく手法を，**露天掘り**という。オーストラリアは資源が豊かで，**鉄鉱石・石炭**・銅などの露天掘りが行われている。オーストラリアの貿易は，欧米への**羊毛**の輸出から，アジア諸国への鉄鉱石や石炭の輸出に変化した。上記を簡潔にまとめ，指定字数以内で解答する。

問4　1　長さは，地図上では約5cmである。これは**縮尺**2万5千分の1**地形図**なので，計算すれば，5cm×25,000＝125,000(cm)＝1,250(m)である。ウが誤りである。　2　起伏の多い山地が，海面上昇や地盤沈下によって海に沈んで形成された，海岸線が複雑に入り組んで，多数の島が見られる地形を**リアス海岸**という。東北地方の**三陸海岸**は典型的なリアス海岸であり，波の衝撃を避けることができるため，カキなどの養殖に適した地形である。問題の京都府の舞鶴付近にも，リアス海岸が見られる。　3　**日本海側**にある都市は，**季節風**の影響を受け，冬に**降雪量**が多く，夏よりも冬に降水量が多い。冬の方が降水量が多いのは上越市と舞鶴市で，グラフのウかエである。上越市は豪雪地帯であるため，エが上越市であり，残るウが舞鶴市である。　4　乳牛を飼養し**牛乳を生産**する農業経営や，**牛乳を加工**してバターやチーズを製造する農業経営を，**酪農**という。日本で酪農の盛んな都道府県は，1位北海道，2位栃木県，3位千葉県である。上記を簡潔にまとめ，指定字数以内で解答する。　5　らっきょうの収穫量が日本第一位なのは，鳥取県である。四つの県の中で面積が最も小さく，人口も最も少ないのは鳥取県であり，表②中の記号は，エである。

【第2問題】　(歴史的分野—日本史時代別－旧石器時代から弥生時代・古墳時代から平安時代・鎌倉時代から室町時代・安土桃山時代から江戸時代・明治時代から現代，—日本史テーマ別－政治史・宗教史・文化史・外交史・社会史・経済史，—世界史－経済史)

問1　1　アは，飛鳥時代に鋳造された日本の最初の通貨**富本銭**である。イは，古墳時代につくられ，現代も**古墳**から発掘される**埴輪**である。ウは，古墳時代につくられた**前方後円墳**である。ア・イ・ウのどれも，縄文時代の人々がつくったものではない。縄文時代の人々がつくったのは，エの**土偶**である。呪術に用いられたとの説もある。　2　この法令は，聖武天皇が743年に出した**墾田永年私財法**である。723年に出された**三世一身の法**をさらに進め，新たに開墾した土地を**永久私有**することを内容とする勅である。　3　**唐**がおとろえたことにより，日本独自の文化が生み出されていた。**遣唐使**は894年に廃止され，唐は907年に滅びた。日本独自の文化である**国風文化**が，本格的に展開するのはその後のことである。上記の前半部を簡潔にまとめて指定の字数以内で解答するとよい。　4　鎌倉時代の将軍の補佐役は**執権**であり，**管領**(かんれい)は室町時代の役職である。**後鳥羽上皇**が1221年に倒幕の兵を挙げたのが**承久の乱**であり，幕府の勝利後，京都に朝廷の監視と西国の御家人の統制のために置かれたのが，**六波羅探題**である。承久の乱に敗れた後鳥羽上皇は，**隠岐**に流された。　5　**雪舟**は，15世紀後期から16世紀初期にかけて活躍した**水墨画家**である。雪舟の活動時期は，室町時代の後期の**東山文化**の時代と重なる。東山文化の時代の建造物は，エの**銀閣**である。　6　江戸時代に，商工業の発達にともない，商人・職人らが共同の利権を確保するために結成した同業組合のことを**株仲間**という。株仲間は，**田沼意次**の時代に積極的に公認奨励され，江戸時代の経済上の大きな役割を果たした。

7　ア　**上米の制**を定めたのは，**8代将軍徳川吉宗**である。吉宗は，1720年にキリスト教に関係のない**洋書輸入**を認めた。　イ　1549年に**ザビエル**が鹿児島に上陸して，続いて多くの宣教師が来日した。**カトリック**の**イエズス会**宣教師によって，**キリスト教**が広められた。　ウ　オランダ船の寄港地が，**平戸**から**長崎の出島**に移され，「**鎖国**」が完成したのは1641年のことである。したがって，年代の古い順に並べると，イ→ウ→アとなる。

問2　1　**士族**と**平民**の区別なく，満20歳になった男子が身体検査を受け，兵役の義務を負う**徴兵令**が1873年に出された。国民の反発も強く，各地で**血税一揆**が起こった。日本における**国民皆学**の学校教育制度の基本として，1872年に政府が発した法令が，**学制**である。**6歳**以上の子供を学校に通わせるというものだった。しかし，当初の就学率は30%に満たなかった。正しい組み合わせは，エである。　2　イ　天皇が国民に与える**欽定憲法**として，**大日本帝国憲法**が発布されたのは，1889年である。　ウ　**帝国議会**が開設されたのは，1890年である。　エ　朝鮮半島南部で**甲午農民戦争**が起こり，**日清戦争**のきっかけとなったのは，1894年である。イ・ウ・エのどれもbの期間に起きたことであり，アだけが別の時期に起こったことである。アの，**岩倉使節団**が派遣されたのが，1871年である。この使節団は2年間弱，欧米諸国を歴訪した。　3　1914年に**第一次世界大戦**が起こり，日本は**日英同盟**を口実として**連合国**側に参戦したため，**同盟国**側のドイツが敵国となっていた。上記を簡潔にまとめ，指定の文字数内にまとめて解答する。

4　Eにあてはまるのは，**ソ連**である。ソ連のスターリン政権のもとでは，1928年から重工業の第一次**5か年計画**が行われ，資本主義諸国が**世界恐慌**で混乱する一方で，飛躍的に経済力を向上させた。ソ連は，略地図上のアである。　5　F　1925年の法改正で，満25歳以上の男子であれば，**直接国税**による制限がなくなったため，有権者は大幅に増加した。このような，納税額による制限のない選挙を，**普通選挙**という。　G　**第二次世界大戦**直後の1945年に選挙法が改正され，新しい選挙法では，選挙権年齢が満20歳以上に引き下げられ，**女性**にも初めて選挙権が認められた。　6　政府は，島根県からの意見聴取を行った上で，1905年に島の名前を「竹島」と定め，島根県の所属とすることを閣議決定した。年表②中のcである。

【第3問題】（公民的分野―基本的人権・国の政治の仕組み・裁判・地方自治・財政・社会保障）

問1　1　Aは，**多様性**である。「スラックスかスカートかを選択できる」を例に挙げているので，多様性だとわかる。Bは，**バリアフリー**である。「車いすでの移動に配慮する」を例に挙げているのでバリアフリーだとわかる。Cは，**リテラシー**である。リテラシーの中で，特に，情報リテラシーは，情報技術を使いこなす能力と，情報を読み解き活用する能力の二つの意味を持つ。

2　**法の支配**とは，国民の代表による**議会が法を制定**し，それに基づいて国王・政府が権力を行使する考え方である。図で表せばdのようになる。正答はエである。　3　日本国憲法第62条は「両議院は，各々国政に関する調査を行ひ，これに関して，証人の出頭及び証言並びに記録の提出を要求することができる。」と定めており，これが国会の**国政調査権**である。Ⅰは正しい。国会の**弾劾裁判所**とは，罷免の訴追を受けた**裁判官**を裁判するためのものである。Ⅱは誤りである。　4　日本国憲法第76条に「すべて司法権は，最高裁判所及び法律の定めるところにより設置する下級裁判所に属する。」との規定があり，これを**司法権の独立**という。　5　政府の経済政策・社会政策の規模を小さくし，市場への介入を最小限にし，市場原理に基づく自由な競争によって経済成長を促進させようとするのが，**小さな政府**の考え方である。政府が積極的に経済政策・社会政策を行おうとするのが，大きな政府の考え方である。ここでは，「新たに担当する省庁をつくり，**増税**をする」のだから，大きな政府である。また，「**障がいのある人**にとっても住みやすい社会をつくる」のだから，**協調**の方向であると言える。図①の中では，イに位置する考え方である。

問2　内閣総理大臣は，有権者により選挙された国会議員の中から投票で選ばれるのに対し，**地方公共団体の首長**は，有権者である住民による**直接選挙**で選ばれる。上記の後半部分を制限字数内で簡潔にまとめる。

問3　1　**先進工業国**と**発展途上国**の間の経済格差のいわゆる**南北問題**があるが，それとは別に，発展途上国間の経済格差が問題となっており，**南南問題**といわれている。　2　政府が景気を調整するために行う政策を財政政策という。**財政政策**では，不景気の時には，**公共事業**を増やし，**減税**をする。一方，**日本銀行**の行う政策を**金融政策**という。金融政策では，不景気の時には，一般の銀行が持つ**国債**などを買い上げる**公開市場操作**を行い，一般の銀行が保有する資金量を増やし，市場に通貨が出回りやすくする。これを**買いオペレーション**という。　3　**少子高齢化**が進んでおり，15歳以上65歳未満の**生産年齢人口**が少ないわりに，高齢者が多数いるため，1975年度から2019年度にかけて，**社会保障費**の割合が増加している。上記のような趣旨をまとめて書けばよい。

【第4問題】（地理的分野―世界地理－エネルギー・産業，公民的分野―経済一般・国際社会との関わり，歴史的分野―日本史時代別－明治時代から現代，―日本史テーマ別－経済史・外交史）

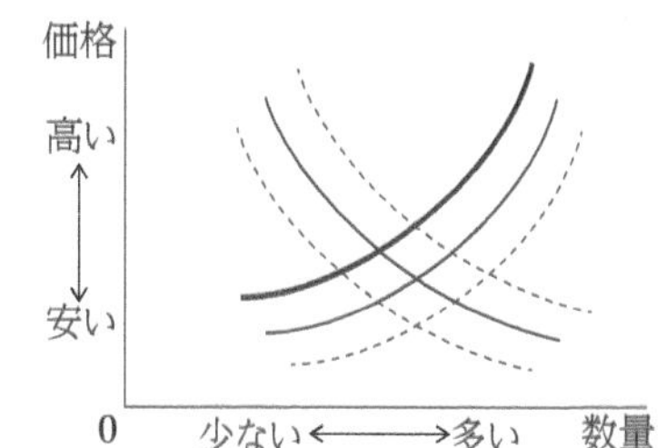

問1　1　ロシアの**エネルギー自給率**は2015年に188％で世界第一位であり，**石油・ガス産業**はロシア経済を支える主要産業であると共に，各国に輸出することによってロシアの主要財源となっている。　2　**価格が高く**なるほど，**供給量は大きく**なり，価格が高くなると需要量は小さくなる。これを2本の曲線で表したのが右のグラフである。

右下がりの曲線が供給曲線である。

問2　アは，1973年の**石油危機**のことを指している。イは日米間の**貿易摩擦**が激化したのは1980年代である。ウは**国民総生産**が資本主義国第2位になったのは1968年であり，**高度経済成長期**の最中である。したがって，年代の古い順に並べると，ウ→ア→イとなる。

問3　X市は，奈良市である。電柱や電線・看板などを撤去し，建築物の高さを制限する，建築物を木造とする，形・色を規制する，屋外広告を規制するなどの工夫をしている。こうした工夫によって守られる**歴史的景観**そのものを，観光資源として活用しているのである。このような趣旨を簡潔に述べればよい。

問4　1　**国際連合**本部はニューヨークに置かれている。Ⅰは正しい。国際連合の主要機関の一つで，国際平和と安全の維持に主要な責任を持つ機関が，安全保障理事会である。Ⅱは正しい。**安全保障理事会**は，5か国(アメリカ・ロシア・中国・イギリス・フランス)の**常任理事国**と，10か国の非常任理事国からなっている。国際連合の安全保障理事会では，5か国ある常任理事国が1か国でも反対すると，決議ができないことになっている。常任理事国は**拒否権**を持っていることになる。　2　**核拡散防止条約**は，1968年に国連総会で採択され，核軍縮を目的に，アメリカ・ロシア・イギリス・フランス・中国の5か国以外の**核兵器の保有を禁止**する条約である。インド・パキスタン・イスラエルなどは未加盟である。核拡散防止条約の略称はNPTである。

問5　1972年に，**田中角栄**・周恩来の日中首脳が，**日中共同声明**を発表して，**国交を正常化**した。日本国と中華人民共和国は，その6年後，**日中平和友好条約**を結んだ。

＜国語解答＞

【第一問題】　問一　1　なが(める)　2　はか(る)　3　れんか　4　ちみつ
問二　1　沿(って)　2　敬(う)　3　功罪　問三　エ　問四　ア
問五　ごんべん　問六　いたり

【第二問題】　問一　公平　問二　ウ　問三　A　(例)時間の経過とともに技術や制度は改善され，物事は必ず改善されていく　B　解決可能　問四　エ
問五　1　A　将来　B　今　2　(例)置かれた状況に神経を配る習慣を身につけ，考える前に身体が反応するようにしておくこと。

【第三問題】　問一　イ　問二　(例)楓に自分の射の欠点を言い当てられたから。
問三　(きれいな射型や的に中てることよりも,)弓に向かう姿勢(が重要であるということ。)　問四　A　(例)(乙矢が)自分の言葉でショックを受けたようだった(ので,)　B　(例)自分が乙矢に対してまずいことを言ったのではないかと心配になった(から。)　問五　A　毎日修練して自分でみつけねばならない　B　悪いわけではない　問六　ウ

【第四問題】　問一　エ　問二　心悲しも　問三　春風　問四　(例)悲しみを追いやる

【第五問題】　問一　イ　問二　ア　問三　(例1)私は，地域の運動会に参加して，様々な年齢の人とスポーツを行うのがよいと思います。毎年，地域の運動会に参加していますが，大人も子どもも一緒に競技や応援をすることで，お互いの仲がだんだん深くなっていくのを感じます。そのように交流すれば，地域の人同士につながりができるので，お互いのことを大切に思うようになるという効果をもたらすと思います。

(例2)地域の農家の方と一緒に，農業体験をするとよい。私は小学生の時，農家の方に稲の育て方を教えてもらい，田植えと稲刈りを体験した。この体験の後，私は自分の地域の田畑を身近に感じ，地域の農業に興味を持つようになった。農業体験を通して農家の方と交流することで，地域の農業について理解できて関心を持つ人が多くなり，将来，地域の農業をやりたいと考える人が増えると思う。

<国語解説>

【第一問題】 (知識—漢字の読み書き，筆順・画数・部首，仮名遣い，品詞・用法)

問一　1 「**眺**」の部首は「目」である。　2 「**諮る**」は，問題について相談すること。　3 「**廉価**」は，値段が安いこと。　4 「**緻密**」は，細かい部分まで十分に注意が行き届いている様子。

問二　1 「**沿**」の音読みは「エン」で，「沿岸」「沿革」などの熟語を作る。　2 「**敬**」の音読みは「ケイ」で，「尊敬」「敬語」などの熟語を作る。　3 「**功罪**」は，良い点と悪い点ということ。

問三　ア 「仮定」は，もしこうだったら，と考えてみること。　イ 「家庭」は，夫婦や親子などが一緒に暮らす場。　ウ 「課程」は，学校などで一定期間に学習するように決められた内容と順序。　エ 「**過程**」は，物事が始まってから終わるまでの一連の様子。ここでは「作業の」に続くことから，エが正しい。

問四　「食べる」は**下一段活用**の動詞。選択肢の動詞の終止形と活用の種類は，アは「**出る**」で下一段活用，イは「来る」でカ行変格活用，ウは「書く」で五段活用，エは「走る」で五段活用である。

問五　「講」の部首は「言」(**ごんべん**)である。

問六　ワ行の「**ゐ**」をア行の「**い**」に改めて「**いたり**」とする。

【第二問題】 (論説文－内容吟味，文脈把握)

問一　Xの最後の部分に「将来世代と現行世代の間には，**公平**な関係性が担保されなければならない」とあるので，ここから抜き出す。

問二　傍線部②を含む段落の最後の文に「単に**環境保全**と**経済発展**のバランスだけを見ているのではなく，**人々の暮らしに関わる多くの項目**が，持続可能な開発における『ニーズ』には含まれている」とあるので，この内容と合致するウが正解。アの「最低限必要なライフラインの確保」だけでは不十分。イの「質の高い生活を手に入れることだけを考え」，エの「環境保全を最優先」は，ニーズの内容を限定しすぎているので，誤りである。

問三　囲みの中の文は，第三段落の内容を言い換えたものである。「現段階で私たちにとって問題であることも，将来世代にとっては既に**解決可能**になっているだろう」とあるので，Bには「解決可能」が入る。続いて「このような見方の背景には，**時間の経過とともに技術や制度というものは改善されていき，そうしたときに物事は必ず改善されていく**」とあるので，Aにはこの内容を25～35字で書く。

問四　本文で具体例として挙げられているのは，歩道の大きな石についての「想像と対処」である。身体の弱い人が歩道を歩くことを考えて，歩くときにじゃまにならないように石をどかすという行為は，実際に**使う人のことを想像して利用しやすくなるように対処する**ことである。これを服作りに当てはめて説明したエが正解となる。アとイは，使う人のことを考えていないので誤り。ウは，デザインした後で着る人のことを考えている点が不適当。ここではデザインの前に

「想像」することが求められている。

問五　1 [Ⅰ]の文章には「将来世代が暮らす未来のことを考慮しながら，現行世代の私たちの開発のあり方を考える」，[Ⅱ]の文章には「**将来**のために，**今**，何をしておくべきかを考え」とあり，これが共通して述べられていることである。[Ⅱ]の文章から抜き出すという条件があるので，Aには「将来」，Bには「今」を入れる。　2 [Ⅱ]の文章の最終段落の「常に，**置かれた状況に神経を配る習慣**を身につけておくべきなのです。……習慣にしておけば，**考える前に身体が反応**します。」をもとに，40～50字で書く。指定語句の「**身体**」を必ず入れること。

【第三問題】（小説－情景・心情，内容吟味，文脈把握，語句の意味）

問一　「はやる」は，やりたいことを早くやろうとして**気持ちが先に進む**ことなので，イが正解。

問二　「顔が曇る」は，表情が暗くなるということ。楓の「大前に合わせなきゃ，ということを考えて，ちょっと焦りました」などの言葉を聞いて，国枝は「**このお嬢さんが，あなたの射の欠点をみごとに見抜いている**」と言っている。楓に乙矢を批判する意図はなかったが，その言葉は，大前である乙矢が続く人たちのことを把握できていなかったことを指摘するものだったのである。

問三　傍線部③の後の国枝の言葉に「問われているのは技術ではなく，**弓に向かう姿勢**ではないでしょうか」とあるので，ここから抜き出す。

問四　傍線部④の直後に，楓は「**私，何か乙矢くんについて，まずいことを言ったのでしょうか**」と言っている。また，その少し後の地の文に「**自分の言葉を聞いて，乙矢はショックを受けたようだ**。乙矢を貶めるようなことを口にしてしまったのではないだろうか，と楓は**気にしている**。」とある。この部分をもとに，Aは乙矢を主体とする内容，Bは楓を主体とする内容を書く。

問五　A　傍線部⑤の直前の国枝の言葉に「自分の射がどういうものかは，**毎日修練して自分でみつけねばならない**。」とあるので，ここから抜き出す。　B　傍線部⑤の直後の「だとしたら，別に乙矢が**悪いわけではない**，ということにならないだろうか。」から抜き出す。

問六　国枝は，乙矢とも楓とも穏やかに**対話**している。丁寧に説明しているようだが，結論を示すのではなく，乙矢や楓が自分で考えるように促して，その**成長を楽しみにしている**様子が読み取れる。正解はウ。アの「具体的なアドバイス」は，この場面ではしていない。国枝は，乙矢に対してもイの「突き放すような言い方」はしていない。エは，国枝が嫌われないために「優しい表情」を作っているという説明が誤り。国枝は，乙矢や楓の機嫌をとっているわけではない。

【第四問題】（和歌・漢詩―情景・心情，内容吟味，文脈把握）

問一　和歌Aの「春は来にけり」は，**春の訪れに対する感動**を表している。「涙」がとけるという表現から**喜び**を読み取ることができるので，エが適当である。

問二　和歌Bから心情を表す4字の言葉を探す。第四句の「**心悲しも**」を抜き出せばよい。

問三　漢詩の第一句・第二句の作者の心情は「愁ひ」(＝悲しみ)であるが，第三句で「**春風**」が入って来ることによって，変化が起こっている。

問四　第四句の表現では「愁ひは住まらず」であり，現代語訳は「悲しみは留まらない」だが，このままでは空欄Ⅳの前後の語句につながらないので，第一句の現代語訳を参考にして「**悲しみを追いやる**」(8字)などと書けばよい。

【第五問題】（会話・議論・発表―作文，その他）

問一　**顔文字**や**絵文字**は，伝えたい内容を正しく伝えられるとは限らない。また，取材のお願いに用いるのにふさわしくない表現である。したがって，イが適当でないものである。

問二　企画を実行するためには，案の内容が矛盾せず，**一つの案としてまとまっている**ことが大切である。ただし，様々な案が出たのであれば，可能な範囲で**それぞれの長所を生かす**ことで，企画の内容をよりよくすることができる。正解はア。イの「それぞれの意見を大切にする」こと，ウの「目的に合わない意見も含めてまとめる」こと，エの「意見を変え」ないことは，重視しすぎると一つの案としてまとまらなくなってしまうので，不適当である。

問三　①～③の**条件**に従った文章を書くこと。まず，地域の誰と何をするか，具**体的な交流の内容**を一つ述べる。(例1)は地域の運動会，(例2)は農業体験について述べている。そして，**自分自身の経験や見聞きしたこと**を根拠に，その交流が地域の人々にもたらす**効果**を述べる。

制限字数は**150～180字**で，**一マス目**から書き始め，**段落は設けない**。書き終わったら必ず読み返して，誤字・脱字や表現の不自然な部分などは書き改めること。

大切なことはメモしておこうネ！

T.G

島根県公立高等学校

2022年度

★★★★★★★★★★★★★★★★★★★★★★★

入　試　問　題

●くわしい解説……57ページ

＜数学＞　時間　50分　満点　50点

【注意】 $\sqrt{\ }$ や円周率 π が必要なときは，およその値を用いないで $\sqrt{\ }$ や π のままで答えること

【第１問題】 次の問１～問11に答えなさい。

問１　$(-2)\times 3-4$　を計算しなさい。

問２　140　を素因数分解しなさい。

問３　$\dfrac{6}{\sqrt{3}}+\sqrt{15}\div\sqrt{5}$　を計算しなさい。

問４　卵が全部で a 個あり，それを10個ずつパックにいれると b パックできて３個余った。a を求める式を，b を使って表しなさい。

問５　連立方程式 $\begin{cases} x-3y=5 \\ 3x+5y=1 \end{cases}$　を解きなさい。

問６　方程式　$x^2+x-6=0$　を解きなさい。

問７　次のア～オのうち，無理数であるものを２つ選び，記号で答えなさい。

ア　0.5　　イ　$\dfrac{1}{3}$　　ウ　$\sqrt{2}$　　エ　$\sqrt{9}$　　オ　π

問８　図１において，$\ell \mathbin{/\!/} m$ のとき $\angle x$ の大きさを求めなさい。

図１

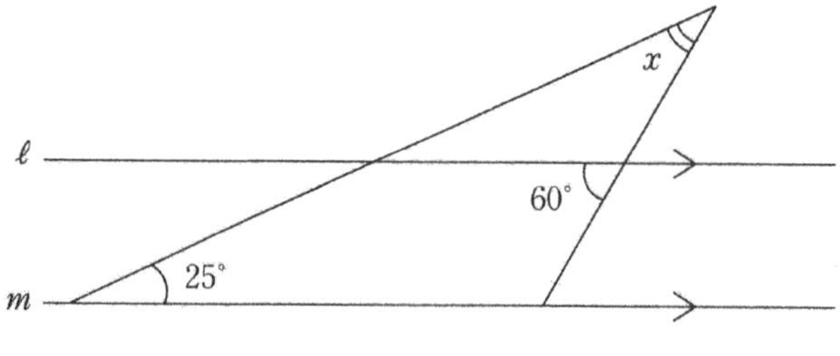

x　ℓ　60°　25°　m

問９　図２は，底面が１辺４cmの正方形で，側面の二等辺三角形の高さが５cmである正四角錐の見取図である。正四角錐の高さを求めなさい。

図２

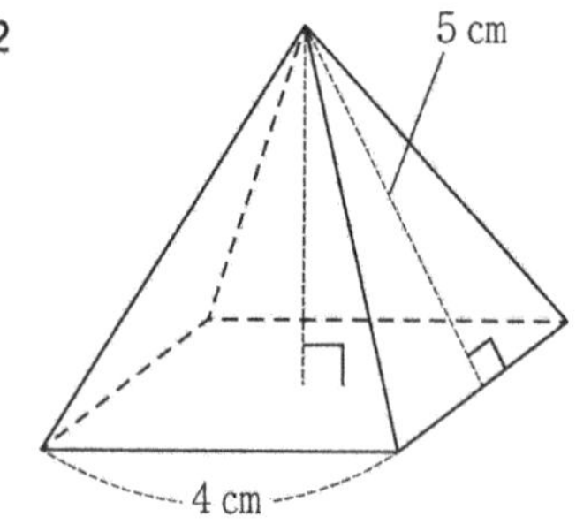

問10　白玉だけがたくさんはいっている箱がある。白玉の数を推定するために，同じ大きさの黒玉100個を白玉がはいっている箱の中にいれてよくかき混ぜた。そこから200個の玉を無作為に抽出すると，黒玉が20個ふくまれていた。はじめに箱にはいっていた白玉はおよそ何個と推定されるか。次の**ア**～**エ**のうち，最も適当なものを**1つ**選び，記号で答えなさい。

ア　700個　　**イ**　900個　　**ウ**　1000個　　**エ**　1200個

問11　次の □ にあてはまる整数を求めなさい。

> 2つのさいころがあり，1から6までのどの目が出ることも同様に確からしいものとする。この2つのさいころを同時に1回投げるとき，出た目の数の和が □ 以下になる確率は $\frac{1}{12}$ である。

【第2問題】 次の問1，問2に答えなさい。

問1　A中学校の陸上部では，市の陸上大会に出場する代表選手を決めることになった。次の1，2に答えなさい。

1　**表1**は短距離選手20人の100m走の記録を度数分布表に整理したものである。次の(1)，(2)に答えなさい。

(1)　最頻値を階級値で答えなさい。

(2)　大会の100m走には13.0秒未満の記録をもっている人が出場できる。短距離選手のうち，大会に出場できる選手は何%か，求めなさい。

表1

記録(秒)			度数(人)
以上		未満	
11.0	～	11.5	1
11.5	～	12.0	1
12.0	～	12.5	2
12.5	～	13.0	4
13.0	～	13.5	6
13.5	～	14.0	2
14.0	～	14.5	2
14.5	～	15.0	1
15.0	～	15.5	1
計			20

2　砲丸投げの代表選手1名の候補にユウキさんとミナトさんの2人があがった。2人の最高記録が等しかったため，最近の20回分の記録を比較してみることにした。**図1**は2人の記録の分布のようすを箱ひげ図に表したものである。箱ひげ図から読みとれることとして**正しいと判断できるもの**を，あとの**ア**～**エ**から**2つ**選び，記号で答えなさい。

図1

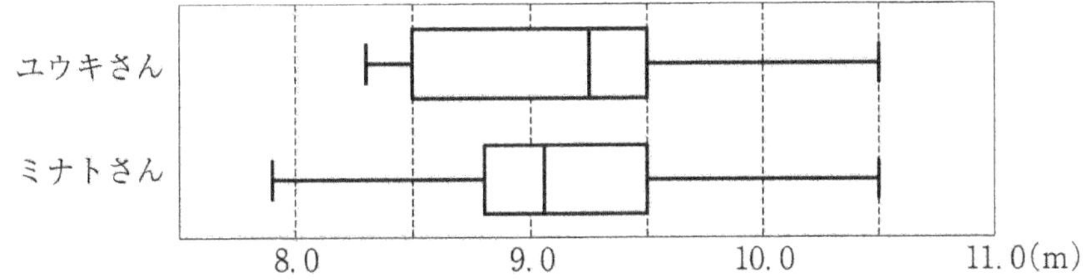

ア　ミナトさんの方が最小値が小さい。

イ　ミナトさんの方が範囲も四分位範囲も大きい。

ウ　2人とも9.0m以上の記録が10回以上ある。

エ　ユウキさんの8.5m以下の記録は5回である。

問2　A中学校の陸上部では，大会参加の記念に記録集をつくることになった。P社かQ社に印刷を依頼することになり，両社の印刷料金を表2にまとめた。料金を比較するために，印刷する冊数をx冊，印刷料金をy円とし，yをxの関数とみなして，その関係をグラフに表すことにした。図2はQ社のxとyの関係をグラフに表したものである。下の1～4に答えなさい。

表2

	印刷料金について
P社	基本料金は8000円で，1冊あたりの追加料金は200円 印刷料金の計算式は（基本料金）+（印刷する冊数）× 200
Q社	30冊までは何冊印刷しても印刷料金は12000円
	31冊からは1冊あたりの料金は400円 印刷料金の計算式は（印刷する冊数）× 400

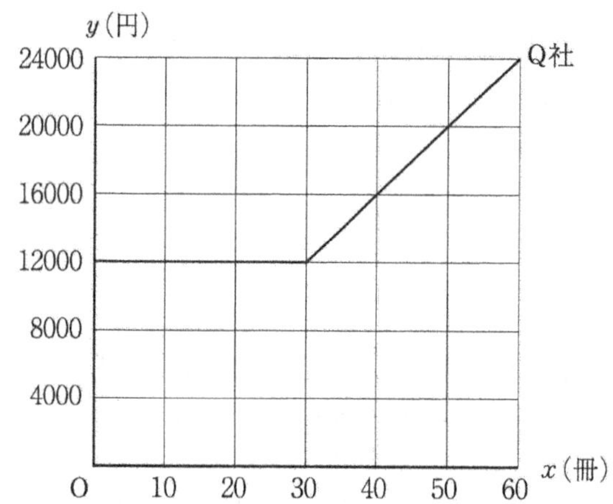

1　P社で20冊を印刷するときの印刷料金を求めなさい。

2　P社について，印刷する冊数をx冊，印刷料金をy円として，yをxの一次関数とみなし，それを表すグラフを図2にかき入れなさい。

3　Q社で50冊を印刷するときの印刷料金と同額で，P社に依頼したときに印刷できる冊数を求めなさい。

4　P社に依頼するとき，1冊あたりの料金を400円以下にするためには，印刷する冊数を何冊以上にすればよいかを求めなさい。

【第3問題】 中学生のナオさんとケンタさんは，公園の一部に芝生(しばふ)を並べて住民がくつろげる場をつくるというアイデアを考えている。

公園は縦30m，横60m，芝生1枚は1辺30cmの正方形で，下の**規則**にしたがって**図1**のように公園の中心から並べていく。下の**問1**～**問3**に答えなさい。

図1

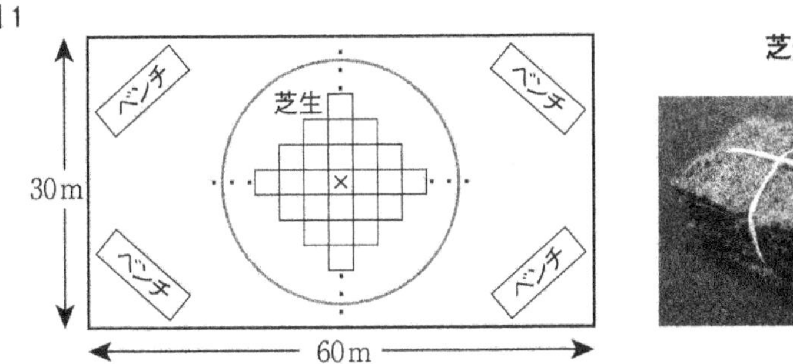

規則

・図1において**公園の中心**×に芝生1枚をおく。これを**1番目**の図形とする。

・**1番目**の図形を囲むように新たに4枚の芝生を並べる。これを**2番目**の図形とする。

・**2番目**の図形を囲むように新たに8枚の芝生を並べる。これを**3番目**の図形とする。

・同様に，それまでの図形を囲むように新たに芝生を並べ，図形をつくっていく。

図2は，この**規則**にしたがって芝生を順に並べたときの図形を示している。

ただし，芝生1枚を□で表し，それぞれの図形の▨は新たに並べた芝生を示している。

図2

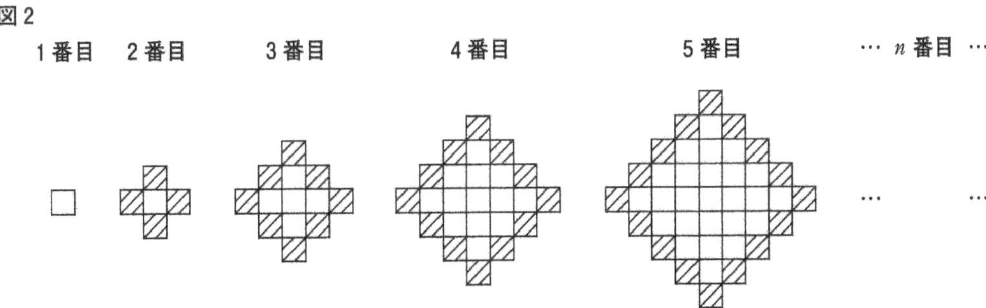

問1　2人は**規則**にしたがって公園に芝生を並べたときの，それぞれの図形における芝生の総枚数を考えることにした。ナオさんは**図2**の1番目の□1枚に，2番目以降の▨の枚数を順に加えることで，n 番目の図形の芝生の総枚数を求めることができると考えた。次の**1**，**2**に答えなさい。

1　**5番目**の図形を囲むように芝生▨を並べて6番目の図形をつくるとき，新たに並べる▨の枚数を求めなさい。

2 n 番目の図形を囲むように芝生▨を並べて n 番目の次の図形をつくるとき，新たに並べる▨の枚数を，n を使って表しなさい。

問2 ナオさんの考え方で n 番目の図形の芝生の総枚数を求めようとしたが，計算が難しいために考え方を変えることにした。そこで，ケンタさんは，並べた図形を図3のように白□と黒■の色に塗り分けて数え，表にまとめた。下の1，2に答えなさい。

図3

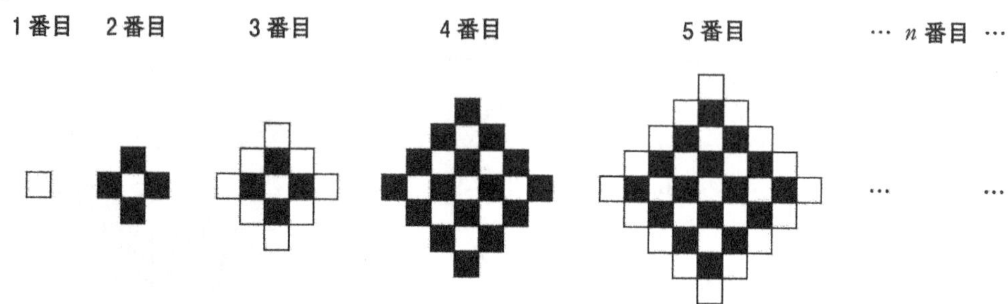

表

	1番目	2番目	3番目	4番目	5番目	6番目	7番目	
□の芝生の枚数	1	1	9	9	25			
■の芝生の枚数	0	4	4	16	16		a	…
芝生の総枚数	1	5	13	25	41			

1 表中の a の値を求めなさい。

2 n 番目の図形の芝生の総枚数を，n を使って表しなさい。

問3 ケンタさんは，規則にしたがって公園に芝生を並べて一番大きな図形をつくるためには，何枚の芝生が必要になるかを考えた。［A］，［B］にあてはまる数を入れ，ケンタさんの説明を完成させなさい。

ケンタさんの説明

公園の縦の長さ30mは，1辺30cmの芝生を縦方向に100枚並べることができる長さですが，規則にしたがって芝生を並べていくと縦方向に100枚並べることはできません。

よって，公園内で一番大きな図形になるのは，公園の縦方向に芝生を［A］枚並べたときです。このとき，［B］番目の図形になるので，問2の考え方を使うことで芝生の総枚数を求めることができます。

【第４問題】 図１のように，関数 $y=\frac{1}{4}x^2$…①のグラフ上に２点A，Bがあり，直線ABは x 軸に平行で，点Aの x 座標は６である。下の問１～問３に答えなさい。

図１

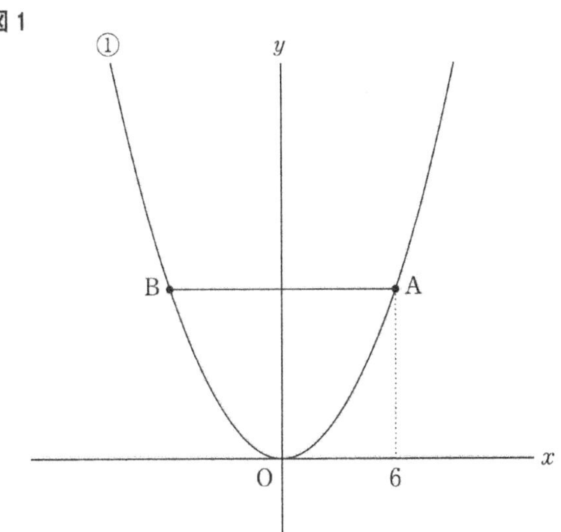

問１　次の１，２に答えなさい。

１　点Bの x 座標を求めなさい。

２　関数①について，x の値が０から６まで増加するときの変化の割合を求めなさい。

問２　図２のように，四角形OAPBがひし形になるように y 軸上に点Pをとり，直線OA上に x 座標が正である点Cをとる。下の１，２に答えなさい。

図２

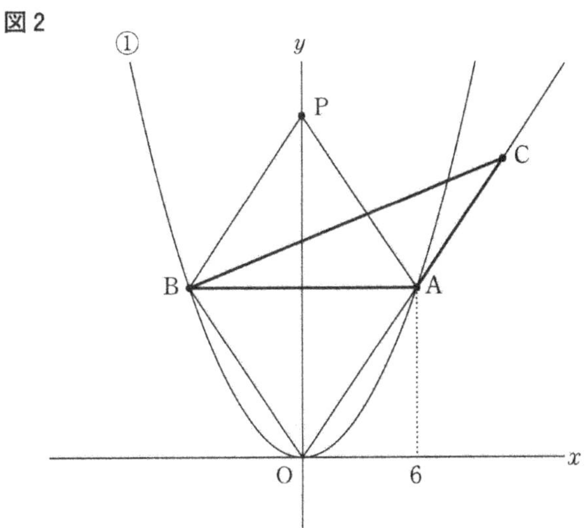

１　四角形OAPBの面積を求めなさい。

２　△PBAと△CBAの面積が等しくなるときの点Cの座標を求めなさい。

問3　図3のように，関数①と反比例 $y=-\frac{12}{x}$ ($x>0$) …②のグラフがある。さらに x 軸に平行な直線 ℓ を関数②と交わるようにひく。このとき，直線 ℓ と y 軸との交点をQ，直線 ℓ と関数②との交点をRとする。点Qの y 座標が－3のとき，下の1，2に答えなさい。

図3

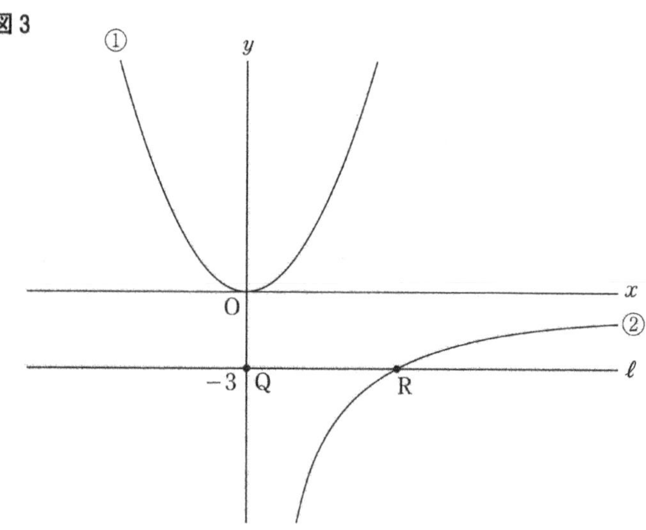

1　点Rの x 座標を求めなさい。

2　図4のように，関数①のグラフ上に2点D，Eをとる。点D，Eの x 座標は，それぞれ正，負とし，四角形DEQRが平行四辺形になるとき，下の(1)，(2)に答えなさい。

図4

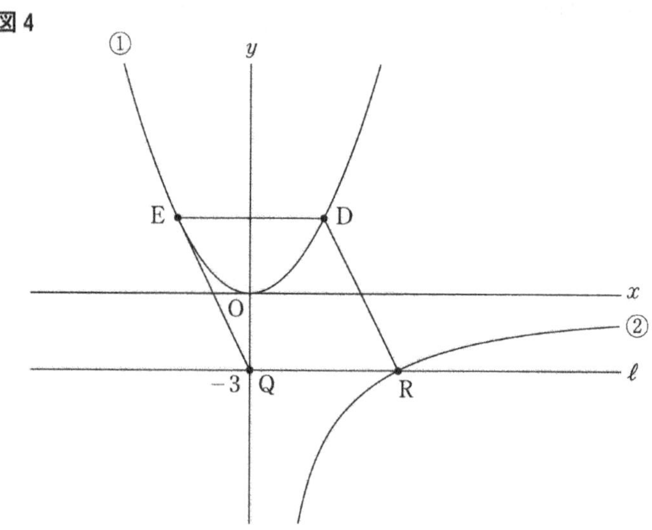

(1)　点Dの座標を求めなさい。

(2)　点Rを通る直線で平行四辺形DEQRを2つに分け，大きいほうと小さいほうの面積比を3：1にするには，どのような直線をひけばよいか。そのうちの1本について，「点R

と ［　　　　］ を通る直線」という形で答えなさい。ただし，［　　　　］ には［例１］［例２］などのように平行四辺形DEQRの周上の点を示す言葉や座標を入れること。

［例１］ 辺RDを１：２に分ける点

［例２］ 点（１，－３）

【第５問題】 図１のように，円Oの外部の点Aから円Oに接線をひき，その接点をP，P′とする。下の問１～問４に答えなさい。

図１

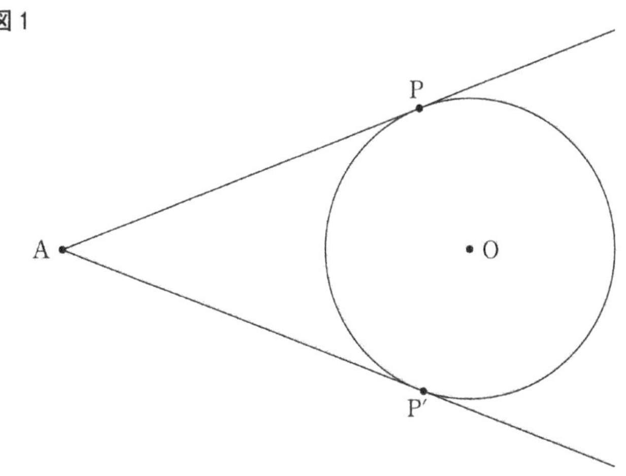

問１　線分OPをひいたとき，∠OPAの大きさを求めなさい。

問２　図２において，図１のように点Aから円Oにひいた２本の**接線**を，定規とコンパスを用いて作図しなさい。ただし，作図に用いた線は消さないでおくこと。

図２

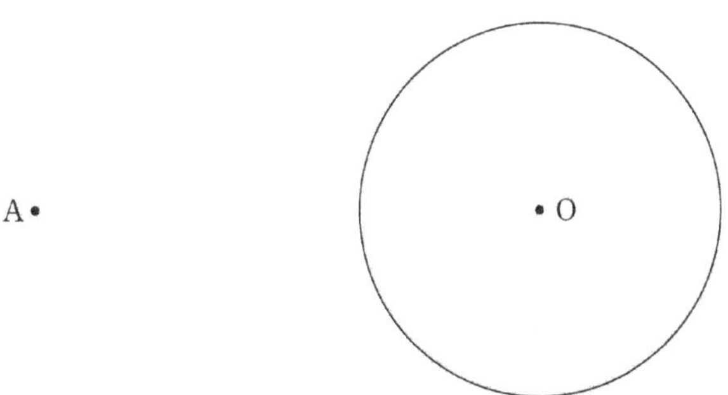

問３　△APOと△AP′Oに着目して，接線の長さAPとAP′が等しいことを証明しなさい。

問４　次のページの図３のように，線分AOと線分PP′との交点をMとする。AM＝３，MO＝１のとき，あとの１～３に答えなさい。

１　∠PAMと同じ大きさの角を，図３中のア～ウから１つ選び，記号で答えなさい。

図3

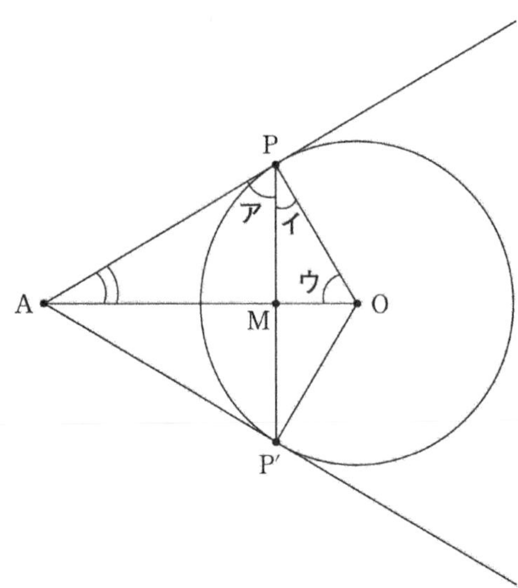

2　線分PMの長さを求めなさい。

3　図4のように，点Rは∠PRP′＝120°をみたしながらPからP′まで，直線PP′について点Oと同じ側を動く。このとき，点Rによってできる図形と線分PP′とで囲まれてできる図形の面積を求めなさい。ただし，円周率はπとする。

図4

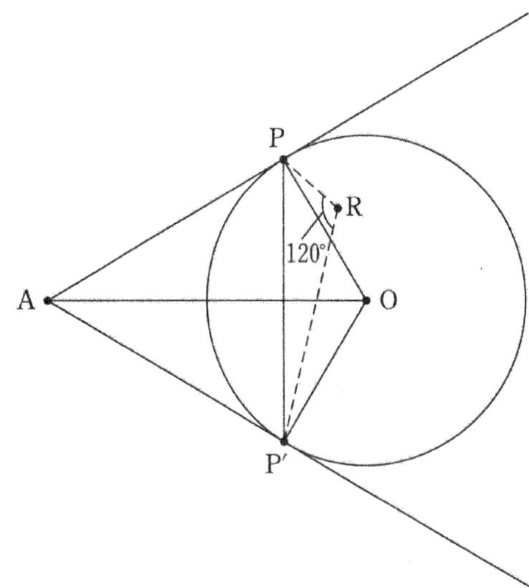

＜英語＞

時間　50分　　満点　50点

【第１問題】 放送を聞いて，次の**問１**～**問３**に答えなさい。

問１　二人の会話を聞いて，そのあとの質問に答える問題です。それぞれの会話のあとに読まれる質問の答えとして最も適当なものを，**ア**～**エ**の中から**一つずつ**選び，記号で答えなさい。会話は１～４まであります。放送は１回のみです。

問２　あなたはニュージーランドの中学校とのオンライン交流会で，相手校の**エマ**（Emma）さんの話を聞きます。話されている内容に合うものを，**ア～カ**の中から**三つ**選び，記号で答えなさい。放送は**２回**くり返します。１回目の放送は**15秒後**に始まります。

ア　Emma stayed in Japan and enjoyed her school life.
イ　*Katakana* looks more beautiful than *hiragana* to Emma.
ウ　Emma wants to know how to write her name in *hiragana*.
エ　Mr. Suzuki gave Emma a *hanko* with her *kanji* name.
オ　*Hanko* is one of the cool Japanese cultures to Emma.
カ　Emma knows that each *kanji* has a meaning.

問３　英語の授業で先生がクイズを出します。その内容に合うように，次の〈**メモ**〉を**完成**させなさい。また，先生の指示を聞いて，**３番目のヒント**（hint）を英語で書きなさい。
　ただし，①，②はそれぞれ**英語１語**で，③は**主語と動詞を含む英語**で答えなさい。放送は**２回**くり返します。

〈メモ〉

Hint 1 :　red, ＿＿①＿＿, gray, black
　　 2 :　birds and planes ＿＿②＿＿ there
　　 3 :

〈３番目のヒント〉

At night, ＿＿＿＿③＿＿＿＿ there.

【第２問題】　次の問１～問３に答えなさい。

問１　次のデパートの**フロアガイド**（floor guide）を見て，次のページの１，２の質問の答えとして最も適当なものを，ア～エの中から**一つずつ**選び，記号で答えなさい。

SAKURA Department Store
Opening hours: 10:00 a.m. – 8:00 p.m.
*Opening hours for some restaurants are not the same.

Floor		Facilities
5F	Books / Stationery / Restaurants	Restroom, Restaurant
4F	Men's Wear / Sports Wear	Restroom, Large Restroom
3F	Women's Wear / Tea Room "Cherry"	Restroom, Tea Room
2F	Children's Wear / Jewelry / Watches	Restroom, Large Restroom, Nursing Room
1F	Cosmetics / Shoes / Bags / Information	Restroom, Pay Phone, Information
B1	Food / Restaurant "Farmers' Kitchen"	Large Restroom, Restaurant, Food Lockers

Restroom (Ladies / Gentlemen)
Large Restroom
Restaurant
Tea Room
Nursing Room
Pay Phone
Information
Food Lockers

1　Peter is choosing a pen for his brother's birthday.　Where is he now?

ア　2F　　イ　3F　　ウ　4F　　エ　5F

2　Which is NOT true about this department store?

ア　Children's wear can be bought on the second floor.

イ　Each of the floors in this store has one restroom or more.

ウ　Every restaurant opens at 10:00 a.m. and closes at 8:00 p.m.

エ　You can buy clothes for men and for sports on the same floor.

問2　次のグラフは，ある国の**狩猟免許交付**（hunting license issuance）の状況を10年ごとに調べたものです。これを見て，あとの1，2の（　）に入る最も適当なものを，**ア～エ**の中から**一つずつ**選び，記号で答えなさい。

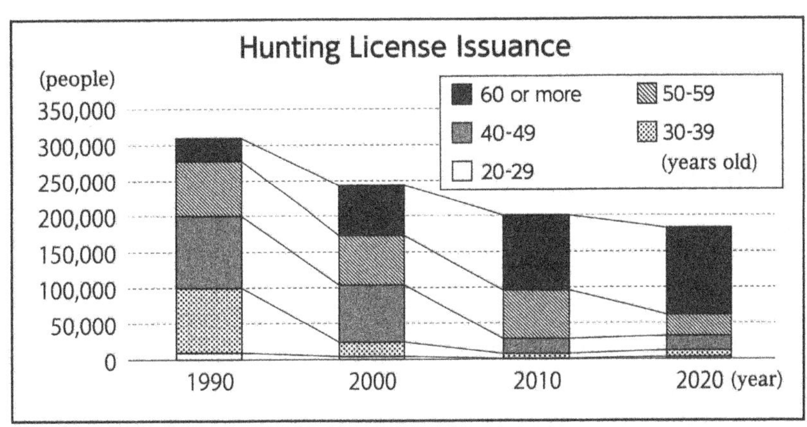

1　In 2020,（　　）people received the license than in 1990.

ア　fewer　　イ　larger　　ウ　more　　エ　smaller

2　The number of people（　　）years old who got the license has been increasing.

ア　30-39　　イ　40-49　　ウ　50-59　　エ　60 or more

問3　次のページの取扱説明書が外国製の**おもちゃの車**（RC toy car）に付いていました。これを見て，下の1，2の質問の答えとして最も適当なものを，**ア～エ**の中から**一つずつ**選び，記号で答えなさい。

1　What do you need to do before you play with this car?

ア　To charge the car battery.

イ　To remove some small parts.

ウ　To send an e-mail to the company.

エ　To take this car out of your house.

2　Which is true about this RC toy car kit?

ア　If you push the power button, you can start charging the car.

イ　It is necessary for you to prepare batteries for the controller.

ウ　The head lights get hot when you use the charger too long.

エ　You have to wash the car when it gets dirty.

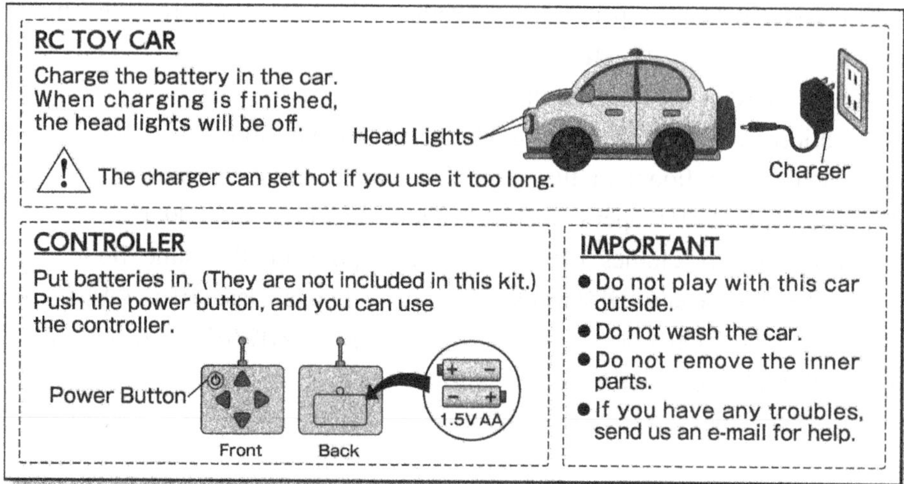

【第 3 問題】 次の問 1 ～問 4 に答えなさい。

問 1　市民劇団の公演を見に来た**ヨウコ**（Yoko）さんが，外国人の**男性**（Man）からアンケートについて質問されました。次の会話文中の（①），（②）に入る語の組み合わせとして最も適当なものを，下の**ア**～**エ**の中から**一つ**選び，記号で答えなさい。

Man : Excuse me. Will you help me? I don't understand one of these questions.

Yoko : Sure. Which question?

Man : This one.

Yoko : It says, "(①) did you know about this performance?"

Man : Oh, I heard about it from my host mother.

Yoko : Then, please check the (②) box from the left.

Man : I see. Thank you for your help.

市民劇団公演アンケート

本日はありがとうございました。あてはまるものにチェック（✓）を入れてお答えください。

1. 当劇団の公演に来られたのは何回目ですか。
☑ 1回目　□ 2回目　□ 3回目　□ 4回以上　□ 覚えていない

2. この公演を何でお知りになりましたか。
□ インターネット　□ ポスター・チラシ　□ 知人から　□ その他（　　　）

3. この公演はいかがでしたか。

ア (①) How (②) second
イ (①) How (②) third
ウ (①) What (②) second
エ (①) What (②) third

問２　留学生の**グレッグ**（Greg）さんと担任の**森先生**（Mr. Mori）による次の会話文を読んで，先生が下線部で伝えたかった内容として最も適当なものを，下の**ア**～**エ**の中から**一つ**選び，記号で答えなさい。

Mr. Mori：You don't look happy.　What's wrong?

Greg：I love talking with my classmates, but they usually listen to me quietly.　They may think that I talk too much.

Mr. Mori：Well, <u>always be yourself.</u>　Such behavior is your strong point.　Maybe speaking English is difficult for them, but they have a good time with you.

Greg：Do you think so?　I'm glad to hear that.

ア　You don't have to change your way.

イ　You must be careful about your words.

ウ　You should choose more interesting topics.

エ　You shouldn't talk to your quiet friends.

問３　次の英文は，中学生の**ティム**（Tim）さんと大学生の姉**ジュディ**（Judy）さんによるメッセージのやり取りです。その内容について最も適当なものを，下の**ア**～**エ**の中から**一つ**選び，記号で答えなさい。

（January 20）

You know my dream is to become a chef.　I like cooking, so I often make dinner for mom and dad.　They love it.

They like my dream, and I want to have my own restaurant in the future.　I'll try to cook new dishes.

It's great to have a dream.　You can do it.

（February 6）

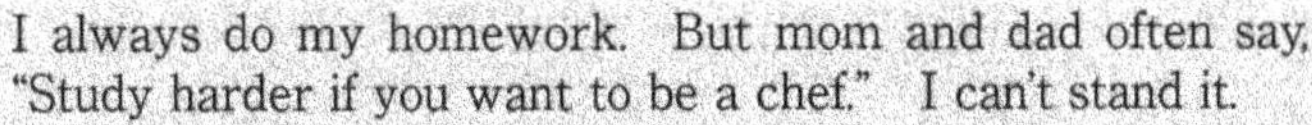

I always do my homework.　But mom and dad often say, "Study harder if you want to be a chef."　I can't stand it.

They want to say that getting more knowledge is important for your future.　Great chefs know a lot to make their restaurants better.

I also believe studying harder will help you create wonderful dishes in the future.

ア　Tim cooks dinner every day, so he does not have time to do his homework.

イ　Tim's parents say that he should have another dream because a chef's work is hard.

ウ　Judy asks Tim and their parents for some advice to make her restaurant better.

エ　Judy and her parents have a positive opinion about studying hard to be a great chef.

問4　次の英文は，英語の授業で発表するために**シンゴ**さんが書いた原稿です。発表内容に合わせてシンゴさんが用意したスライドには**含まれないもの**を，下の**ア～エ**の中から**一つ**選び，記号で答えなさい。

（＊印のついている語には本文のあとに〈注〉があります。）

Today a lot of plastic bottles are *recycled. After plastic bottles are collected, new products are born from them. One of the products is plastic egg packs. First, used plastic bottles are carried to a recycling factory, and cut into very small pieces. Those pieces are washed to be clean. Next, they are heated, *melted, and *pressed to be like paper. Then, it goes through a special *machine, and finally you will see egg packs.

〈注〉 recycle ～　～をリサイクルする　　melt ～　～を溶かす
press ～　～を押しつける　　machine　機械

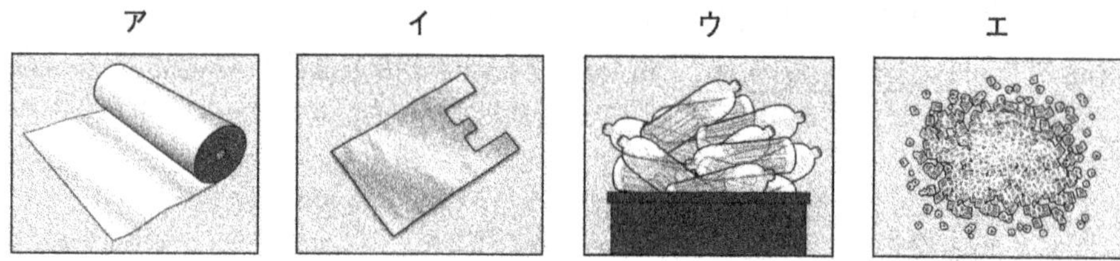

【第4問題】 中学生の**エリ**（Eri）さんが，ボランティアに関するスピーチを英語で行っています。次の英文はその内容です。これを読んで，あとの**問1～問6**に答えなさい。

（＊印のついている語句には本文のあとに〈注〉があります。）

"Are you free on Saturday? Shall we *plant flowers along the river near our school? You can enjoy it." Miho, one of my friends, asked me to do the volunteer activity just before the last spring vacation. But [A]. I was busy because I needed to practice at the brass band. I didn't know why she was so excited about the volunteer work.

At the end of last summer, I talked on the phone with my aunt living in Tokyo. She told me about her experience as a volunteer during the big sports event. At first, about 80,000 people planned to help it, but many of them *gave up for various reasons. However, (1)my aunt didn't change her decision. Before this event, she helped two international sports events several years ago. She knew they couldn't have such big events without the help of volunteers. Besides, she hoped to make friends by working with other volunteers. This time, her work was to guide the athletes to the stadium. She got tired every day. But at home, she folded paper *shurikens* with a message as a gift for the athletes, though it wasn't her job. "When they got the gift,

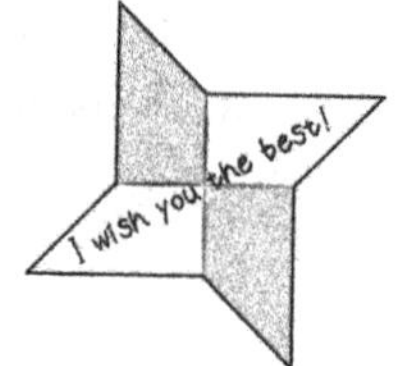

they showed me glad smiles," she said *proudly. After talking with her, I thought, "Can such a little thing encourage people?"

A week passed. Our brass band was asked to hold an autumn concert by a home for old people. Many of them felt lonely, so the staff there wanted them to listen to *live music *online. (2)That was the thing we wanted to do most because many events were *canceled. We prepared for it very hard and gave our best performance. After the concert, a staff member said to us, "Some people *clapped to the beat and some were singing to the music. Thanks to your music, we saw smiles on their faces." Those words were really special to us. This experience reminded me of my aunt's *shurikens*. Even the small gifts had the power to encourage the athletes, and their smiles also made my aunt happy. Helping someone else CAN help us, too!

Two weeks ago, Miho said to me, "How about taking care of the flowers planted last spring?" (3)I accepted her plan. I'm looking forward to joining the event next weekend.

〈注〉 plant ~　~を植える　gave up　あきらめた　proudly　誇らしげに
live　ライブの・生の　online　オンラインで　cancel ~　~を中止する
clap to the beat　手拍子をする

問1 [A] に入る最も適当なものを，次のア～エの中から一つ選び，記号で答えなさい。

ア I said "Yes" to the questions
イ I said "No" to the questions
ウ I asked Miho another question
エ I asked Miho the same questions

問2 下線部(1)の理由について，エリさんが挙げているものを次のようにまとめました。本文の内容に合うように（a），（b）に入る適当な日本語を答えなさい。

・大規模なスポーツ大会の運営は（　a　）ということを叔母（おば）は知っていたから。
・叔母は他のボランティアの人たちと働くことで（　b　）から。

問3 本文の内容について，次の質問の答えとして（　）に入る適当な英語を答えなさい。

質問 What job as a volunteer did Eri's aunt do during the big sports event last summer?

答え She (　　　　　　　　　　).

問4 下線部(2)の内容を英語で表すとき，次の（　）に入る適当な表現を本文中から4語で抜き出して答えなさい。

(2)= to (　　　　　　　　　　)

問5 エリさんがスピーチの中で述べている内容として正しいものを，あとのア～エの中から一つ選び，記号で答えなさい。

ア Eri's aunt didn't take part in any sports events as a volunteer before last summer.

イ The athletes weren't encouraged by the *shurikens*, because they were too small.

ウ Eri came up with an idea of a charity concert after she talked with her aunt.

エ Both the audience and the brass band members were satisfied with the concert.

問６　スピーチ終了後，下線部(3)について**理由**を求められた**エリ**さんが，英語で答えています。エリさんになったつもりで次の（　）に入る表現を考え，文を完成させなさい。ただし，**４語以上**の英語で書くこと。

I've accepted it because I want (　　　　　　　　　　　　)
by doing the volunteer work.

【第５問題】 次の問１～問４に答えなさい。

問１　次の１，２の会話文について，（　）に入る最も適当な**英語１語**を答えなさい。

1　A：Could you help me carry these bags?
　 B：No (　　　). Where shall I carry them?

2　A：I wish you could be with us longer, John. Remember us after you leave Japan.
　 B：Of course. I'll never (　　　) you.

問２　次の１～３の会話文について，（　）内のすべての語を意味が通じるように並べかえて，英文を完成させなさい。なお，解答欄には（　）内の語句のみを答えること。

1　A：How long does it take from Kyoto to Osaka?
　 B：It (by / minutes / takes / thirty / train).

2　A：What a surprise! You finished reading the book in a day.
　 B：Well, the story was so (couldn't / I / interesting / stop / that) reading it last night.

3　A：Let's go to the sea this afternoon.
　 B：OK. Many people say (is / seeing / sunset / the / worth) from the beach.

問３　次のページの１，２のイラストについて，自然な会話になるように（a），（b）に入る適当な表現をそれぞれ**３語以上**の英語で書きなさい。２文以上になってもかまいません。なお，会話は①～④の順に行われています。
（．，？！などの符号は語数に含めません。）

1

2

問4　英語の授業で行っている話し合いの中で，**ユウト**（Yuto）さんと**ミキ**（Miki）さんが自分の意見を述べています。最後の先生の質問に対して，あなた自身の意見を英語で書きなさい。ただし，次の**<条件>①～③のすべてを満たす**こと。
（＊印のついている語句には本文のあとに〈注〉があります。．，？！などの符号は語数に含めません。）

<条件>
① 1文目は解答用紙のどちらかの名前を○で囲み，**どちらの立場に賛成**かを明らかにすること。また，2文目以降の語数は**15語以上**とする。
② 賛成する**理由を一つ**挙げ，その理由を**補足する事柄や具体例とともに書く**こと。
③ 吹き出しの中の語句を使ってもかまわないが，ユウトさんに賛成の場合は，ユウトさんと同じ理由になってはならない。また，ミキさんに賛成の場合は，Typing messages を書き出しとして省略された部分を答えてもよいし，自分で考えた理由を書いてもかまわない。

These days, we teachers usually use computers and don't have many chances to write *by hand. But you students usually write a lot on your notebooks. Do you think *handwriting is important?

先生

ユウトさん

Writing by hand shows who wrote the message. When we see a *signature on a letter, we can trust that it is a real letter from the writer, not a *fake. So handwriting is important.

ミキさん

I don't think so. *Typing messages …(省略)…

先生

Thank you, Yuto and Miki. Maybe there are more good reasons to support their opinions. What do you think?

〈注〉 by hand　手で　　handwriting　手書きすること・筆跡　　signature　サイン
fake　にせ物　　typing ～　～をタイプすること（type の…ing 形）

解答欄への記入例

Is	that	a	school ?	

（上の例は 1 文で，**4 語**である。）

ただし，15 語を超えたあとは次のように記入する。

Is　that　a　school?

＜理科＞

時間　50分　　満点　50点

【第１問題】 次の問１～問３に答えなさい。

問１　次の１～４に答えなさい。

１　図１は，コウモリのつばさ，クジラのひれ，ヒトの手と腕（うで）の骨格の模式図である。どれもはたらきは異なるが，基本的なつくりはよく似ている。このように，現在の形やはたらきは異なっていても，もとは同じ器官であったと考えられるものを何というか，その**名称**を答えなさい。

図１

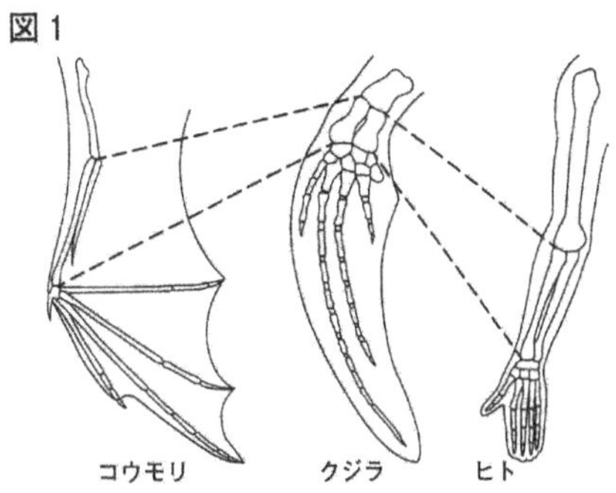

２　質量パーセント濃度が８％の塩化ナトリウム水溶液が150ｇある。この水溶液の**溶媒**の質量は**何ｇ**か，求めなさい。

３　図２のように，電源装置とスイッチ，抵抗器，電流計，電圧計をつないだ。スイッチを入れたとき，抵抗器の両端の電圧は5.0V，抵抗器を流れる電流は0.34Aであった。この抵抗器で消費される電力は**何W**か，求めなさい。

図２

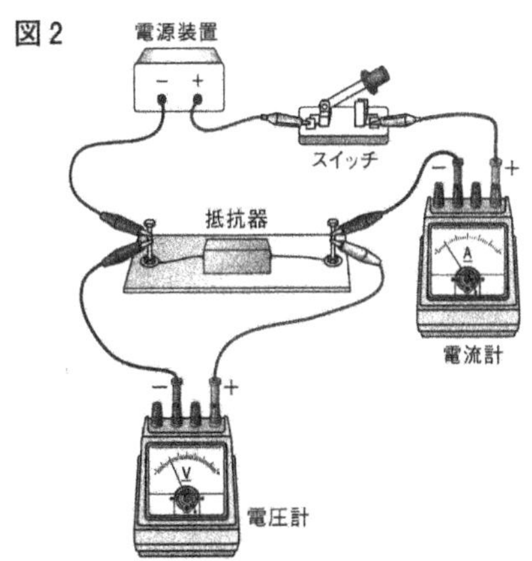

４　図３は，ある地点の風のふいているようすを表したものである。また，図４は，図３を真上から見た場合の模式図である。この地点の風向として最も適当なものを，下の**ア～エ**から**一つ**選び，記号で答えなさい。

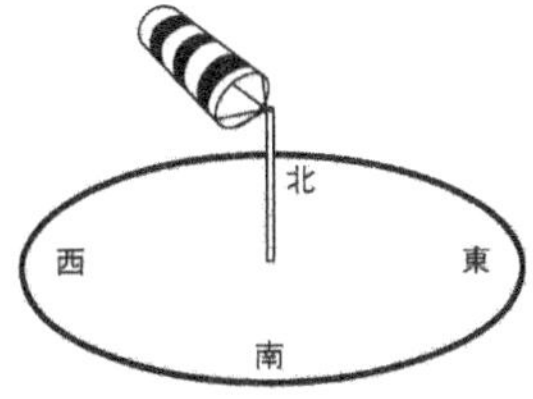

図４

ア　北東　　イ　北西　　ウ　南東　　エ　南西

問2　電磁調理器（IH調理器）は，電磁誘導のしくみを応用した加熱器具である。これについて，次の1，2に答えなさい。

1　図5のような回路をつくり，コイルに棒磁石を図6のように出し入れして回路に流れる電流の流れ方を調べた。この回路を用いた実験の結果として最も適当なものを，下のア～エから一つ選び，記号で答えなさい。

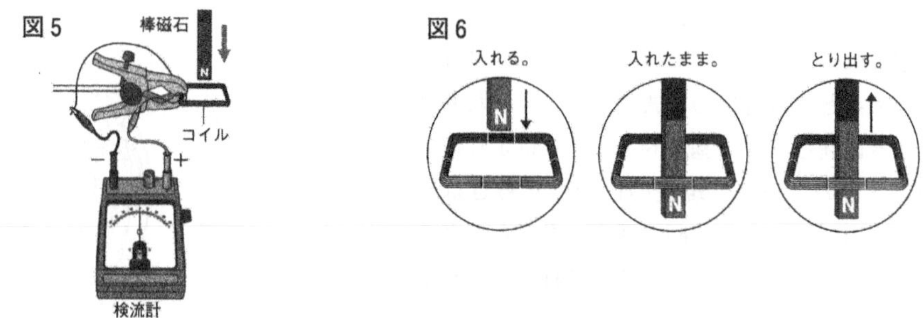

ア　コイルに棒磁石の極を逆にして入れても，流れる電流の向きは変化しなかった。

イ　コイルに棒磁石を入れるときと，とり出すときとでは，流れる電流の向きは逆になった。

ウ　コイルに棒磁石を入れたままの状態でしばらくすると，流れる電流は大きくなった。

エ　コイルに棒磁石を出し入れする速さを変えても，流れる電流の大きさは変化しなかった。

2　電磁調理器で調理中に，熱くなった鉄なべに手が触れてしまい，とっさに手を離した。この反応の場合，刺激を受けとった後，感覚器官から運動器官まで信号はどのように伝わるか。図7のA～Fから必要なものをすべて選び，信号が伝わる順に記号で答えなさい。

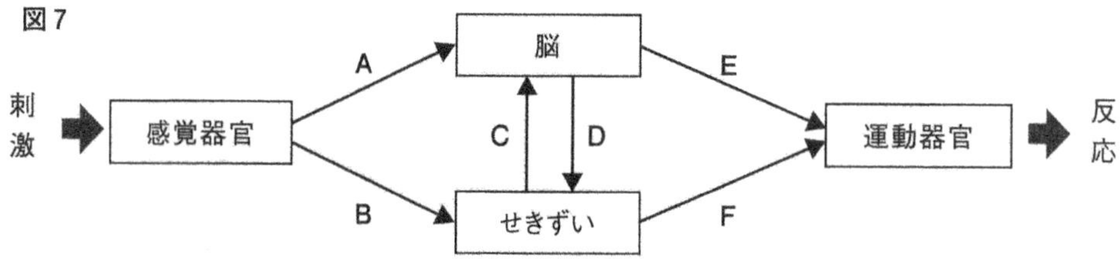

問3　密度に関することについて，次の1，2に答えなさい。

1　暖気に比べて寒気は密度が大きい。そのため，前線の中には寒気が暖気の下にもぐりこみ，暖気をおし上げながら進んでいくものがある。この前線の名称として最も適当なものを，次のア～エから一つ選び，記号で答えなさい。

ア　温暖前線　　イ　閉そく前線　　ウ　停滞前線　　エ　寒冷前線

2　水より密度の小さい物質は，水に浮く。一方，水より密度の大きい物質は，水に沈む。いくつかの鉄くぎを入れて栓をしたビンの体積が500cm³であった。このビンを水に入れると沈み，海水に入れると海水面に浮いた。この鉄くぎを入れて栓をしたビンの質量として最も適当なものを，次のア～エから一つ選び，記号で答えなさい。ただし，水の密度を1.00 g/cm³，海水の密度を1.02 g/cm³とする。

ア　500 g　　イ　505 g　　ウ　510 g　　エ　515 g

【第２問題】 次の問１，問２に答えなさい。

問１ リエさんは，消化酵素のはたらきを調べようとして，**実験１**を行った。これについて，下の１～３に答えなさい。

実験１

操作１ **ペトリ皿Ａ～Ｃ**に60℃のゼラチン水溶液を入れ，室温（20℃）になるまで放置してゼリー状にした。なお，ゼラチンの主成分はタンパク質である。

操作２ **図１**のように，**ペトリ皿Ａ**には水をしみこませた１㎠のろ紙を，**ペトリ皿Ｂ**には消化酵素Ｘをしみこませた１㎠のろ紙を，**ペトリ皿Ｃ**には**ペトリ皿Ｂ**に入れたろ紙の**２倍量**の消化酵素Ｘをしみこませた１㎠のろ紙を，それぞれゼリー状のゼラチンの中央に置き，室温（20℃）で15分間観察した。**表１**はその結果である。ただし，ゼリー状のゼラチンは分解されると液状になる性質がある。

図１

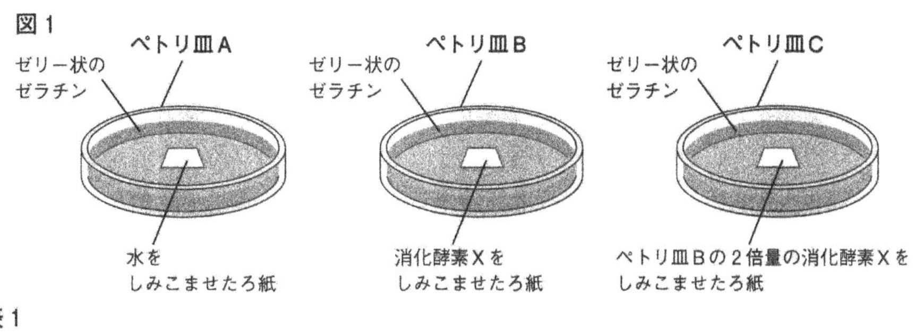

表１

	ろ紙をのせた部分のゼラチンのようす	ろ紙をのせた部分**以外**のゼラチンのようす
ペトリ皿Ａ	変化なし	変化なし
ペトリ皿Ｂ	10分で液状になった	変化なし
ペトリ皿Ｃ	５分で液状になった	変化なし

１　**表１**から読みとれることとして最も適当なものを，次の**ア～エ**から**一つ**選び，記号で答えなさい。

ア　消化酵素Ｘの量が多いほど，ゼラチンの分解速度は大きくなる。

イ　消化酵素Ｘの量が少ないほど，ゼラチンの分解速度は大きくなる。

ウ　消化酵素Ｘは熱に弱く，加熱するとゼラチンの分解能力を失う。

エ　消化酵素Ｘの有無に関係なく，ゼラチンは室温（20℃）で15分間置いても分解されない。

２　消化酵素Ｘであると考えられるものを，次の**ア～エ**から**２つ**選び，記号で答えなさい。

ア　アミラーゼ　　**イ**　ペプシン　　**ウ**　リパーゼ　　**エ**　トリプシン

３　消化酵素Ｘなどによって分解された物質は，小腸へと運ばれる。小腸の表面には，**図２**のような柔毛と呼ばれる小さな突起が多数存在する。小腸がそのようなつくりをもつことの**利点**を，**小腸のはたらき**に着目して説明しなさい。

図２

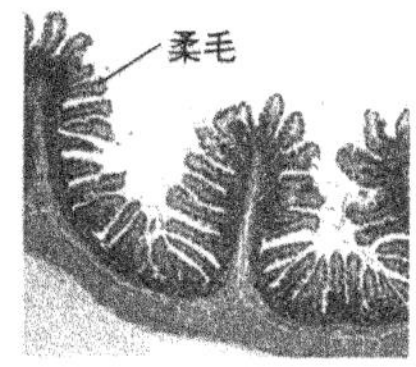

柔毛

問２　シンジさんは，島根県の県花であるボタンを用いて，蒸散のはたらきを調べようとして，**実験２**を行った。これについて，下の１～４に答えなさい。

実験２

操作１　葉の数と大きさ，茎の長さと太さをそろえたボタンの**枝Ａ～Ｅ**を，**図３**のように処理をし，それぞれメスシリンダーに１本ずつさした。そこに水を加え，最後に水面に油をたらし，メスシリンダー全体の質量が100.0ｇになるように，それぞれ調整した。

図３

葉の表側にワセリンをぬる

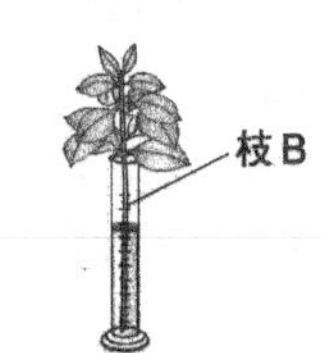

葉の裏側にワセリンをぬる

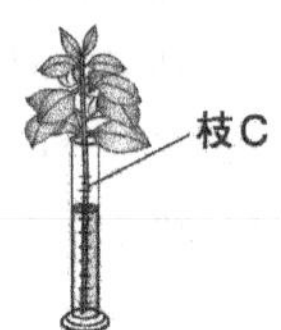

葉の表側と裏側にワセリンをぬる

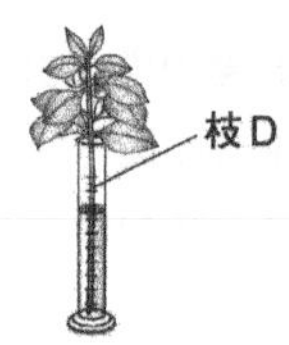

葉の表側と裏側と茎にワセリンをぬる

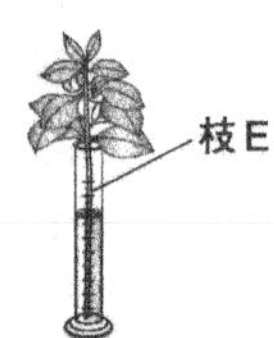

ワセリンをぬらない

操作２　５時間後，**枝Ａ～Ｅ**をさしたメスシリンダー全体の質量をそれぞれ調べ，結果を**表２**にまとめた。ただし，実験に用いた油やワセリンは，水や水蒸気を通さない性質がある。

表２

	枝Ａ	枝Ｂ	枝Ｃ	枝Ｄ	枝Ｅ
５時間後のメスシリンダー全体の質量〔ｇ〕	87.0	91.5	99.5	100.0	79.0

１　**図４**は，ボタンの葉の写真である。ボタンに色水を吸わせたときの茎の縦断面図として最も適当なものを，次の**ア～エ**から**一つ**選び，記号で答えなさい。

図４

ア

イ

ウ

エ

２　蒸散は，葉の表皮などにある２つの三日月状の細胞に囲まれた「すきま」で主に行われる。この「すきま」を何というか，その**名称**を答えなさい。

３　５時間あたりに葉の**裏側**から蒸散する水の質量は**何ｇ**か，**小数第１位**まで求めなさい。

４　**実験２**終了後，**図５**のように，**枝Ｂ**と**枝Ｃ**をメスシリンダーに一緒にさした。そこに水を加え，最後に水面に油をたらし，メスシリンダー全体の質量が100.0ｇになるように調整した。**１時間後**，**枝Ｂ**と**枝Ｃ**をさしたメスシリンダー全体の質量は**何ｇ**になると考えられるか，**実験２**の結果をもとに**小数第１位**まで求めなさい。ただし，蒸散する水の質量は時間に比例するものとする。

図５

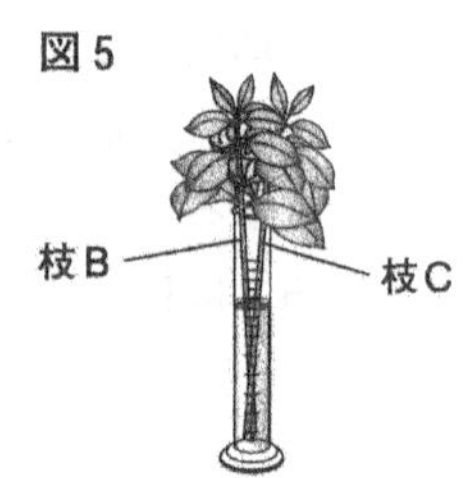

【第3問題】 次の問1，問2に答えなさい。

問1 水酸化ナトリウム水溶液に塩酸を加えていったときの変化について調べる目的で，**実験1**を行い，その結果を**表**にまとめた。これについて，下の1～4に答えなさい。

実験1

操作1 水酸化ナトリウム水溶液4 cm^3 を試験管にとり，BTB溶液を数滴加えて，色の変化を観察した。

操作2 **操作1**の試験管に塩酸を2 cm^3 加えて，色の変化を観察した。

操作3 **操作2**の試験管に，さらに同じ塩酸を2 cm^3 ずつ加えていったときの色の変化を観察した。

表

	操作1	操作2	操作3			
加えた塩酸の合計量〔cm^3〕	0	2	4	6	8	10
水溶液の色	青色	青色	緑色	黄色	黄色	黄色

1 **操作1**の結果からわかることについて，次の文の［　］にあてはまる最も適当な語を答えなさい。

> BTB溶液を加えたとき，水溶液の色が青色に変化したことから，この水溶液は［　］性であることがわかる。

2 水酸化ナトリウム水溶液に塩酸を加えたときに起こる変化を，**化学反応式**で表しなさい。

3 加えた塩酸の量を横軸に，水溶液中のイオンの数を縦軸にとったとすると，ナトリウムイオンの数を表すグラフとして最も適当なものを，次の**ア**～**エ**から**一つ**選び，記号で答えなさい。

ア

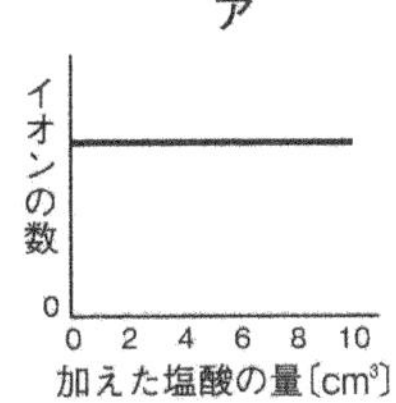

イ

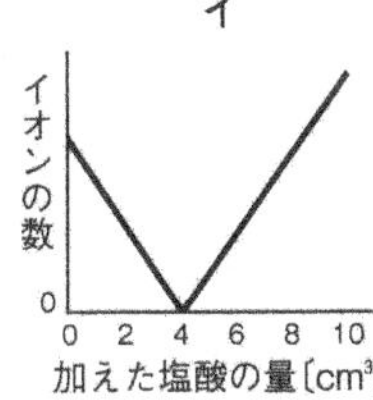

ウ

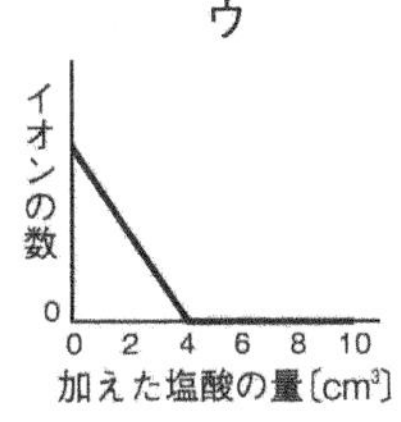

エ

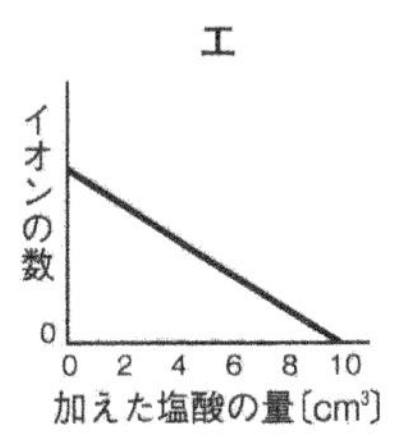

4 3と同じように水素イオンの数を表すとどのような**グラフ**になるか，加えた塩酸の量が10 cm^3 になるまで作図しなさい。ただし，縦軸の●は最初に存在するナトリウムイオンの数を表しているのでそれをふまえて作図すること。

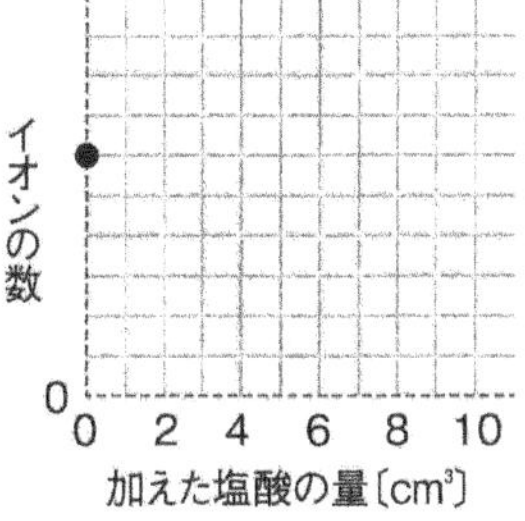

問2 塩化銅水溶液を電気分解したときに生じる物質と，電流の強さを変えたときに生じる物質の量の関係を調べる目的で，**実験2**を行った。これについて，あとの1～4に答えなさい。

実験2

操作1 図1のように，塩化銅水溶液の入ったビーカーに，発泡ポリスチレンの板にとりつけた炭素電極を入れ，0.5Aの電流を流した。

図1

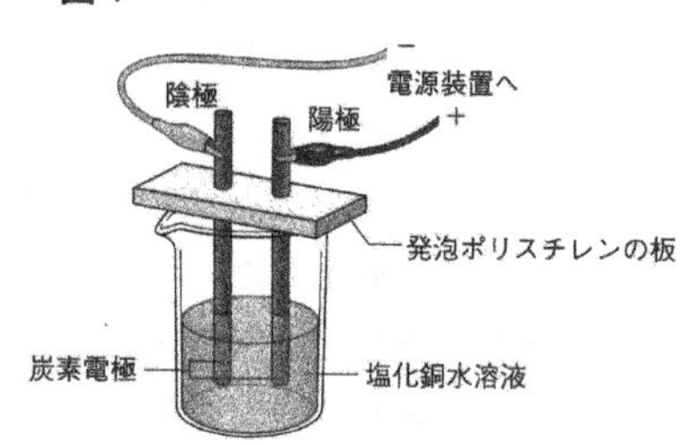

操作2 10分ごとに電源を切って，炭素電極をとり出し，炭素電極の表面に付着した金属の質量を測定した。

操作3 図1と同じ装置をさらに2つ用意し，電流の強さを1.0A，1.5Aに変えて，それぞれについて**操作2**と同様な実験を行った。

1 塩化銅水溶液とは異なり，電流が流れない水溶液として最も適当なものを，次の**ア**～**エ**から**一つ**選び，記号で答えなさい。

ア 砂糖水 **イ** 食塩水 **ウ** スポーツドリンク **エ** 水酸化ナトリウム水溶液

2 金属が付着した電極は陽極か陰極か，また，付着した金属の色は何色か，最も適当な組み合わせを，次の**ア**～**エ**から**一つ**選び，記号で答えなさい。

	電極	色
ア	陽極	赤色
イ	陽極	黒色
ウ	陰極	赤色
エ	陰極	黒色

3 表面に金属が付着した炭素電極とは異なるもう一方の炭素電極付近から，気体が発生した。発生した気体の**化学式**を答えなさい。

4 **図2**のグラフは0.5Aと1.5Aの電流を流した2つの実験について，電流を流した時間を横軸に，炭素電極に付着していた金属の質量を縦軸としたときの関係を表している。1.0Aのグラフがどのようになるかを考え，次の文の □ にあてはまる**数値**を求めなさい。

> 0.5A，1.0A，1.5Aの電流をそれぞれ □ 分間ずつ流したとき，炭素電極の表面に付着していた金属の質量の合計は3.0gであった。

図2

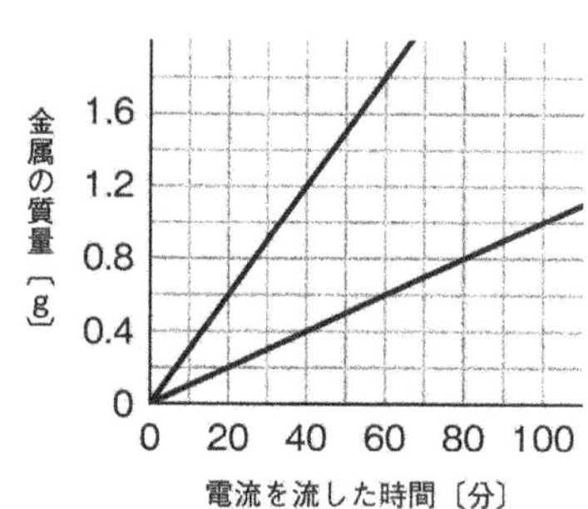

【第4問題】 次の問1，問2に答えなさい。

問1 音に関する**実験**について，あとの1～3に答えなさい。

実験1

次のページの**図1**のように，ピアノ線におもりをつるし，ピアノ線の中央を指ではじいたときに出る音を，マイクロホンを通してコンピュータの画面に表した。

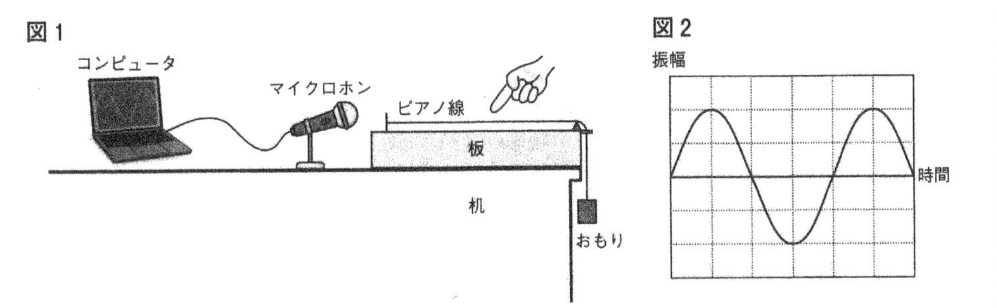

操作1　おもりの数を1個にして，ピアノ線を指ではじいた。すると，コンピュータには図2のように音のようすが表された。図2の縦軸は音の振動のはば（振幅）を表し，横軸は時間を表している。

操作2　おもりの数は1個のままで，ピアノ線を操作1のときよりも強く指ではじいた。

操作3　おもりの数を3個にして，ピアノ線を指ではじいた。

1　**操作2**，**操作3**をしたとき，コンピュータの画面に表れる音のようすとして最も適当なものを，次の**ア**～**オ**からそれぞれ**一つずつ**選び，記号で答えなさい。

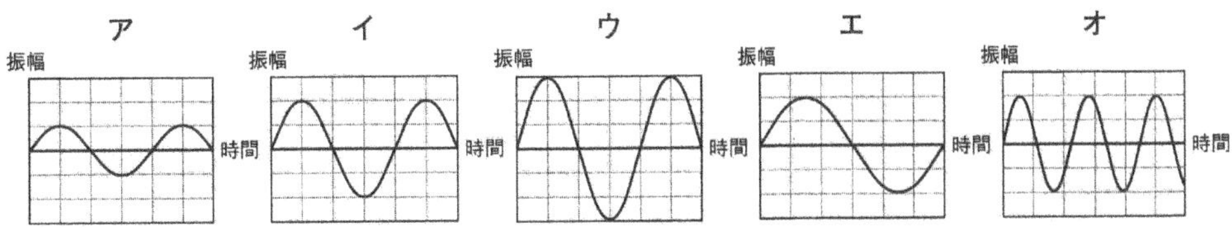

実験2

図3のように，Aさん，Bさん，Cさんが一直線上に並んでいる。BさんとCさんの距離は51mである。また，AさんとBさんの距離はわからない。Aさんが手を1回たたいたところ，Cさんは0.60秒後にその音を聞いた。

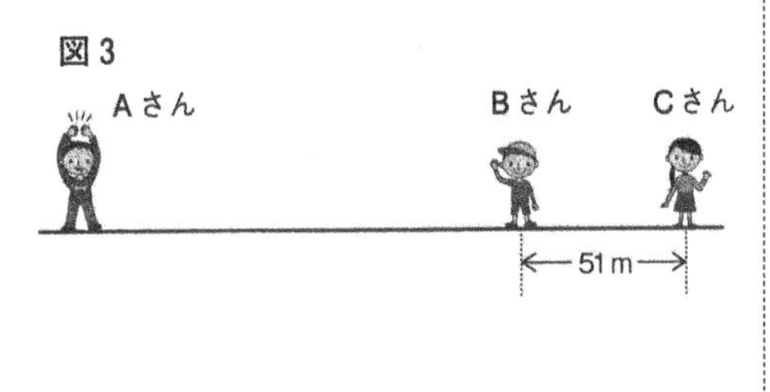

2　次の文は，地上で音が聞こえるようすを説明したものである。□にあてはまる最も適当な**語**を答えなさい。

> 地上で音が聞こえるのは，□の振動が，耳の中にある鼓膜といううすい膜を振動させ，その振動を私たちが感じているからである。

3　Aさんが手をたたいてからBさんがその音を聞くのは**何秒後**か，**小数第2位**まで求めなさい。ただし，音速を340m/sとする。

問2　斜面上を運動する台車の速さの変化のしかたについて，次のページの**仮説**を設定し，**図4**のような装置を用いて**実験3**を行った。これについて，あとの1～4に答えなさい。ただし，斜面の傾きは変えないものとし，摩擦や空気の抵抗，記録テープの質量は考えないものとする。

仮説　斜面上での台車の位置を上方に変えると**速さが増加する割合**が大きくなるのではないか。

実験3

操作1　図4のように，1秒間に60回の点を打つことができる記録タイマーに記録テープを通し，台車に記録テープをとりつけた。

図4

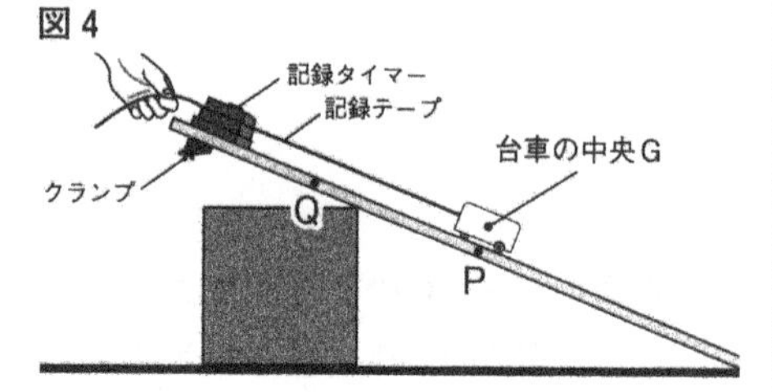

操作2　記録タイマーのスイッチを入れ，**位置P**から台車が斜面上を下るようすを記録した。

操作3　記録タイマーのスイッチを入れ，**位置Q**から台車が斜面上を下るようすを記録した。

図5　**操作2の記録テープ**（記録テープに0.1秒ごとに区切りの線を引いたものである。打点は省略してある。）

1.7　5.0　8.3　11.6　〔cm〕

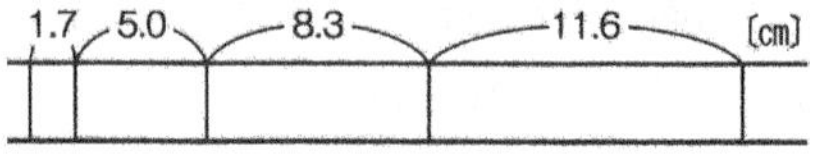

図6　**操作3の記録テープ**（記録テープに0.1秒ごとに区切りの線を引いたものである。打点は省略してある。）

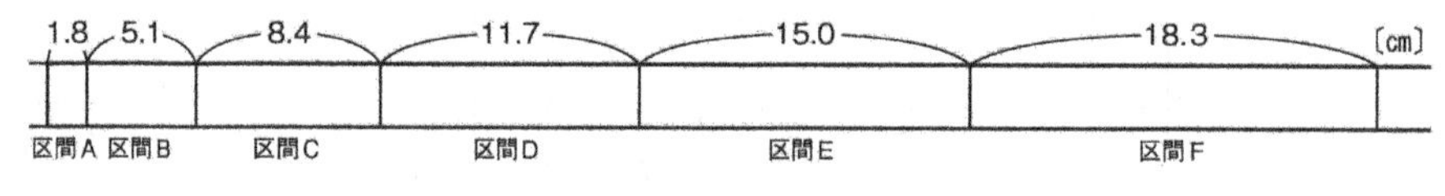

1　次の文章は，**図5**や**図6**の記録テープの区切りの間隔について説明したものである。［X］，［Y］にあてはまる**数値**を答えなさい。

1秒間に60回の点を打つことができる記録タイマーの場合，1つの点が打たれてから次の点が打たれるまでの時間を**分数**の形で表すとし［X］秒である。よって，［Y］打点ごとに区切った間隔は，0.1秒ごとの台車の移動距離を表している。

2　**図6**の**区間C**と比べて**区間D**での台車の平均の速さは**何cm/s**増加したか，求めなさい。

3　**図7**は，斜面上を運動する台車にはたらく重力を**矢印**で表したものである。斜面上を運動する台車にはたらく重力の，斜面に**平行な方向の分力**を，台車の**中央G**を作用点として**矢印**で図にかき入れなさい。

図7

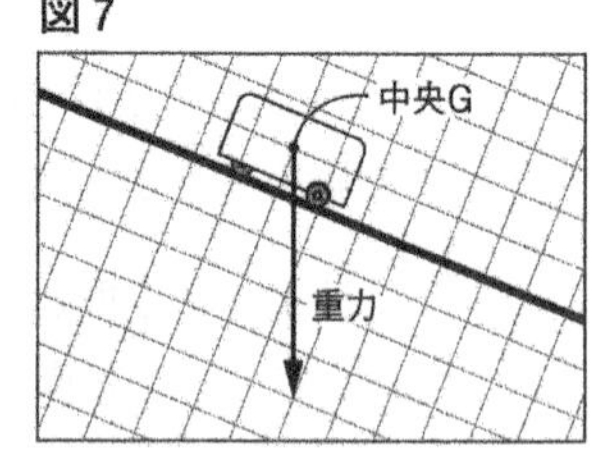

4　**図5**と**図6**をもとに，**仮説を検証した結果**とその**理由**の組み合わせとして最も適当なものを，次のページの**ア～エ**から**一つ**選び，記号で答えなさい。

	仮説を検証した結果	理由
ア	速さが増加する割合が**大きくなった。**	斜面上を運動する台車にはたらく重力の，斜面に**平行な方向の分力が大きくなる**から。
イ	速さが増加する割合が**大きくなった。**	斜面上を運動する台車にはたらく重力の，斜面に**垂直な方向の分力が大きくなる**から。
ウ	速さが増加する割合は**変わらなかった。**	斜面上を運動する台車にはたらく重力の，斜面に**平行な方向の分力が変わらない**から。
エ	速さが増加する割合は**変わらなかった。**	斜面上を運動する台車にはたらく重力の，斜面に**垂直な方向の分力が変わらない**から。

【第5問題】 次の問1，問2に答えなさい。

問1　火山と火成岩について，次の1～3に答えなさい。

1　火山はマグマによってできるが，その形は地下にあるマグマのねばりけによって異なる。図1は火山A，図2は火山Bの断面のようすを表している。

図1

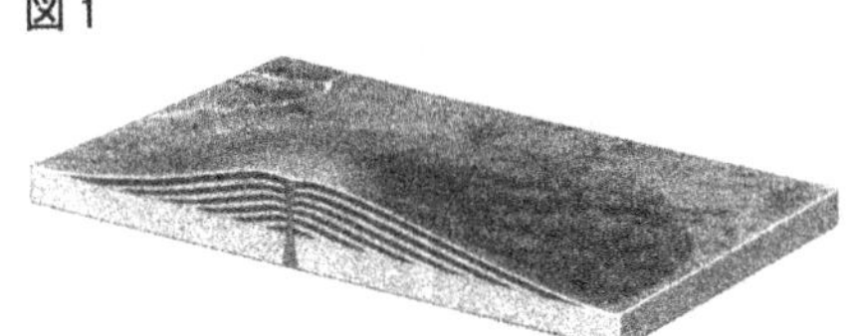

図2

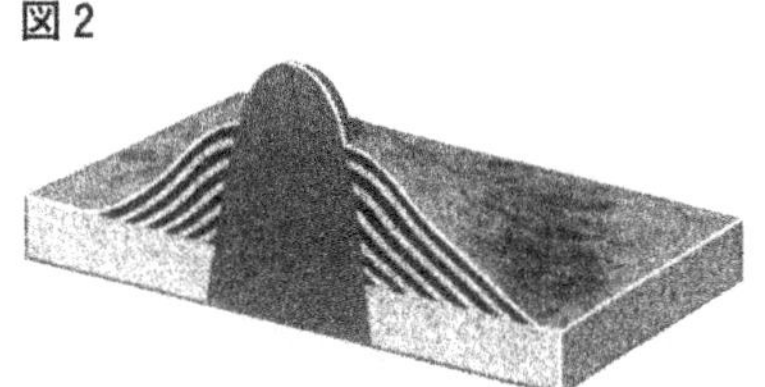

火山Aと比べたとき，**火山B**は**マグマのねばりけ**と**噴火のようす**がどのように異なっているか，その組み合わせとして最も適当なものを，次の**ア～エ**から**一つ**選び，記号で答えなさい。

	マグマのねばりけ	噴火のようす
ア	強い	激しく噴火することは少ない。
イ	強い	爆発的な激しい噴火になることが多い。
ウ	弱い	激しく噴火することは少ない。
エ	弱い	爆発的な激しい噴火になることが多い。

2　次の文章の □ にあてはまる最も適当な**語**を答えなさい。

> 火山がもたらす熱は発電に利用されている。これを □ 発電という。

3　火成岩の表面を歯ブラシでこすって洗い，きれいにした後に表面をルーペで観察した。図3は安山岩，図4は花こう岩をスケッチしたものである。これについて，あとの(1)～(3)に答えなさい。

図3

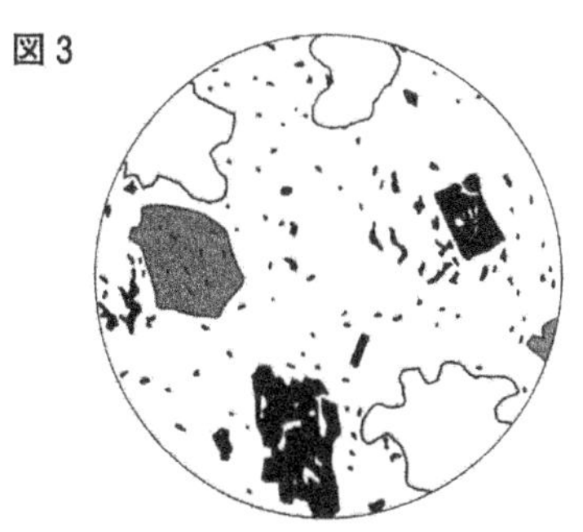

図4

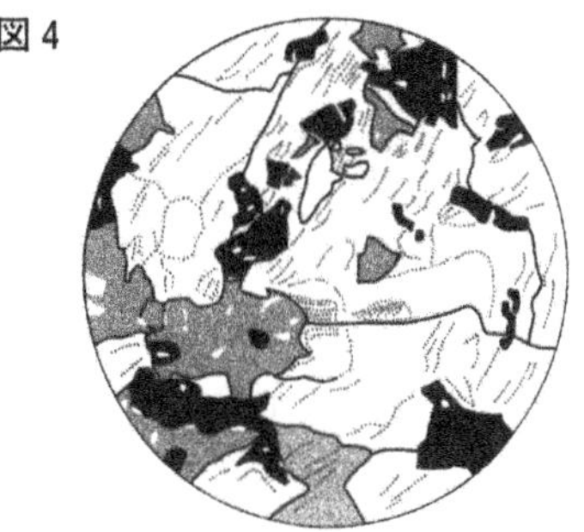

(1) 図3の安山岩には，形が分からないほどの小さな鉱物の集まりや，ガラス質の部分がみられる。この部分を何というか，その**名称**を**漢字**で答えなさい。

(2) 図4の花こう岩は黒色，白色，無色などの同じくらいの大きさの鉱物が集まってできている。このようなつくりを何というか，その**名称**を答えなさい。

(3) 図3に比べて図4はひとつひとつの鉱物の粒が大きくなっている。その**理由**を答えなさい。

問2 ユウキさんは，学校の近くに**図5**のような地層が表面に現れているところがあることを知り，自分たちの住む大地がどのようにできたかを調べようとして，地層のようすを観察した。これについて，下の1～4に答えなさい。

観察結果

・地層は，ほぼ水平に重なっていた。
・断層やしゅう曲は見られなかった。
・火山灰が降り積もったようすは見られなかった。
・地表の岩石の中には，風化で表面がくずれているものがあった。
・A層とC層とE層は砂岩，D層は泥岩，F層はれき岩であることがわかった。
・B層でサンゴの化石が見つかった。

図5

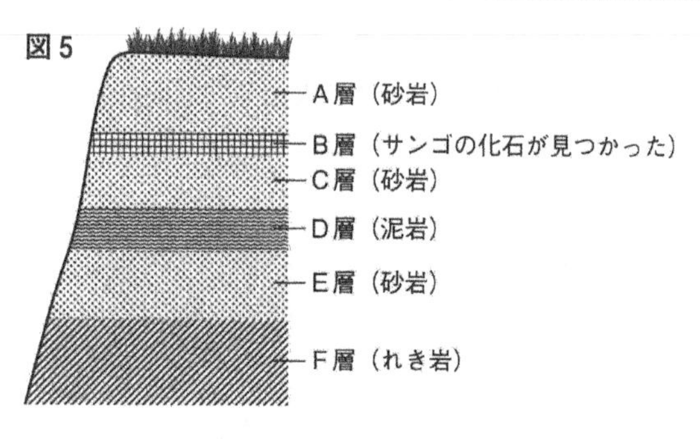

1 泥岩，砂岩，れき岩にふくまれている粒に**共通する特徴**について簡潔に答えなさい。

2 B層から岩石を採取して持ち帰り，調べたところ**石灰岩**であると判断した。そのように判断した理由として最も適当なものを，次の**ア**～**エ**から**一つ**選び，記号で答えなさい。

ア 岩石を鉄のハンマーでたたくと，鉄がけずれて火花が出るほどかたかったから。
イ 岩石を鉄のハンマーでくだくと，粒は黒っぽい色をしていたから。
ウ 岩石にうすい塩酸をかけると，とけて気体が発生したから。
エ 岩石をルーペで観察すると，ふくまれている粒の大きさが2㎜以上あったから。

3 B層でサンゴの化石が見つかったことからB層が堆積した当時の環境を推定できる。そのことを説明した次の文章の X にあてはまる語句として最も適当なものを，下の**ア**～**エ**から**一つ**選び，記号で答えなさい。また，Y にあてはまる最も適当な**語**を**漢字**で答えなさい。

> B層で見つかったサンゴの化石を手がかりに，B層が堆積した当時の環境は X であったと推定できる。このように，その地層が堆積した当時の環境を知ることのできる化石を Y という。

ア あたたかくて浅い海
イ あたたかくて深い海
ウ 冷たくて浅い海
エ 冷たくて深い海

4　Ｆ層からＤ層が堆積した期間について，推定される**観察地点のようす**と，そのように判断した**理由**の組み合わせとして最も適当なものを，次の**ア**～**エ**から**一つ**選び，記号で答えなさい。

	観察地点のようす	理由
ア	はじめは海岸から**遠く**，その後じょじょに**近く**なっていった。	上の地層ほど粒が**大きく**なっているから。
イ	はじめは海岸から**遠く**，その後じょじょに**近く**なっていった。	上の地層ほど粒が**小さく**なっているから。
ウ	はじめは海岸から**近く**，その後じょじょに**遠く**なっていった。	上の地層ほど粒が**大きく**なっているから。
エ	はじめは海岸から**近く**，その後じょじょに**遠く**なっていった。	上の地層ほど粒が**小さく**なっているから。

＜社会＞ 時間 50分 満点 50点

【注意】 解答に句読点，記号，数字が必要な場合は，それも一字として数えなさい。

【第1問題】 世界と日本の地理について，次の問1～問5に答えなさい。

問1 略地図①について，下の1～3に答えなさい。

略地図①

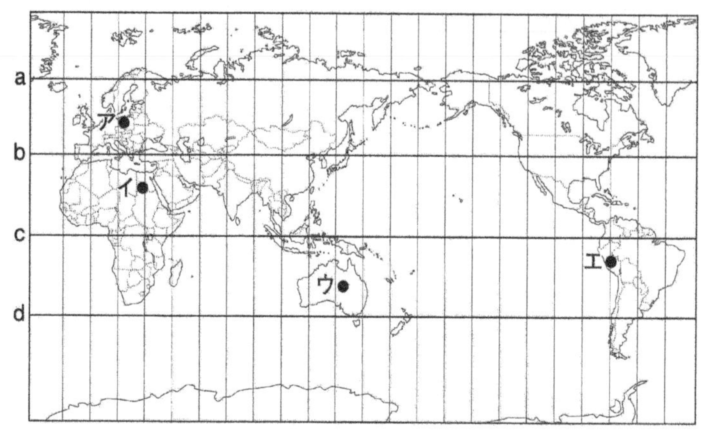

写真① 夏にしずまない太陽の動き

写真② 高地で暮らす人とアルパカ

1 **写真①**の現象が見られる地域の緯度として最も適当なものを，**略地図①**のa～dから**一つ**選び，記号で答えなさい。

2 **写真②**が撮影された場所として最も適当なものを，**略地図①**の**ア**～**エ**から**一つ**選び，記号で答えなさい。

3 本初子午線（経度0度）をあらわす経線を，解答用紙の地図に**太くなぞり**示しなさい。

問2 次のページの**資料①**から読み取れることとして最も適当なものを，次のページの**図①**も参考にして，下の**ア**～**エ**から**一つ**選び，記号で答えなさい。

ア 島根県がある中国地方には，雲がかかっていない。

イ 朝鮮半島の大部分には，雲がかかっている。

ウ 竹島周辺には，筋状の雲がかかっている。

エ 日本海の北部には，台風の雲がかかっている。

資料①　日本周辺の衛星画像

(2011年1月16日の気象庁資料より作成)

図①　資料①と同じ範囲の略地図

問3　表①は，島根県内に住む外国人の国籍別人口(2020年) 1位～10位を示している。これについて，下の1～3に答えなさい。

表①

	国　籍	人数(人)		国　籍	人数(人)
1位	A	3435	6位	カンボジア	174
2位	ベトナム	1553	7位	ミャンマー	162
3位	中国	1177	8位	インドネシア	159
4位	フィリピン	924	9位	C アメリカ合衆国	129
5位	B 韓国・朝鮮	650	10位	バングラデシュ	114

(島根県文化国際課資料より作成)

資料②

> 南アメリカの国々には日本人移民とその子孫，いわゆる日系人が数多く住んでいる。とくに［A］には最も多い約160万人が暮らしている。
> ［A］への移住は1908年に南東部のサンパウロ州を中心に始まった。近年は日本へ移り住み働く人も多い。

1　表①，資料②中の［A］にあてはまる国名を答えなさい。ただし，［A］にはすべて同じ国名が入る。

2　表①中のB韓国について，島根県の竹島は日本固有の領土であるが，韓国に不法に占拠されている。関連した次の資料③が示す日本固有の領土を何というか，答えなさい。

資料③

> 北海道の択捉島，国後島，色丹島，歯舞群島はロシアが不法に占拠している。日本はロシアに対して返還を求め続けているが，1992年からは「ビザなし交流」が始まり，日本人のもと島民やその家族と現島民のロシア人との相互訪問が行われるようになった。

3　表①中のCアメリカ合衆国の工業について，近年次のページのグラフ①のように，南部や太平洋岸での工業生産額の割合が高くなっている。そのうち，太平洋岸の工業生産額の割合が高くなっている理由の一つを，次のページの写真③などに関係する具体的な産業名にもふれて，30字以内で答えなさい。ただし　X社などの企業が集まる，次のページの略地図②のサンフランシスコ郊外の●で示す地区の通称を必ず入れること。

グラフ① アメリカ合衆国における地域別工業生産額の割合の変化

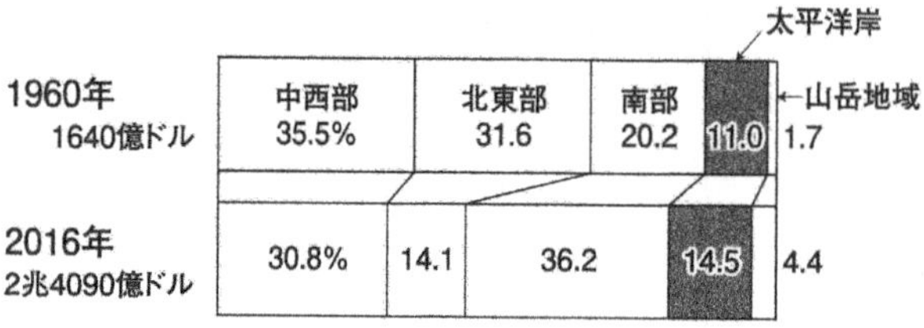

	中西部	北東部	南部	太平洋岸	山岳地域
1960年 1640億ドル	35.5%	31.6	20.2	11.0	1.7
2016年 2兆4090億ドル	30.8%	14.1	36.2	14.5	4.4

（アメリカ国勢調査局資料より作成）

略地図② アメリカ合衆国の地域区分

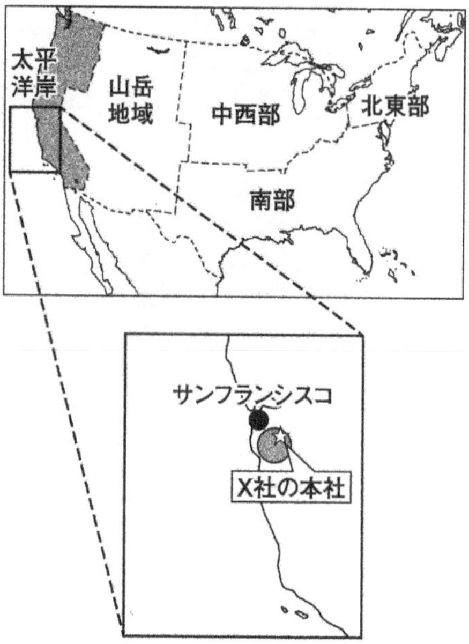

太平洋岸
山岳地域
中西部
北東部
南部
サンフランシスコ
X社の本社

写真③ X社の製品

問４ 地図①は，長野県の軽井沢町周辺のものである。これについて，次のページの１～４に答えなさい。

（編集の都合で，90%に縮小してあります。）

地図①

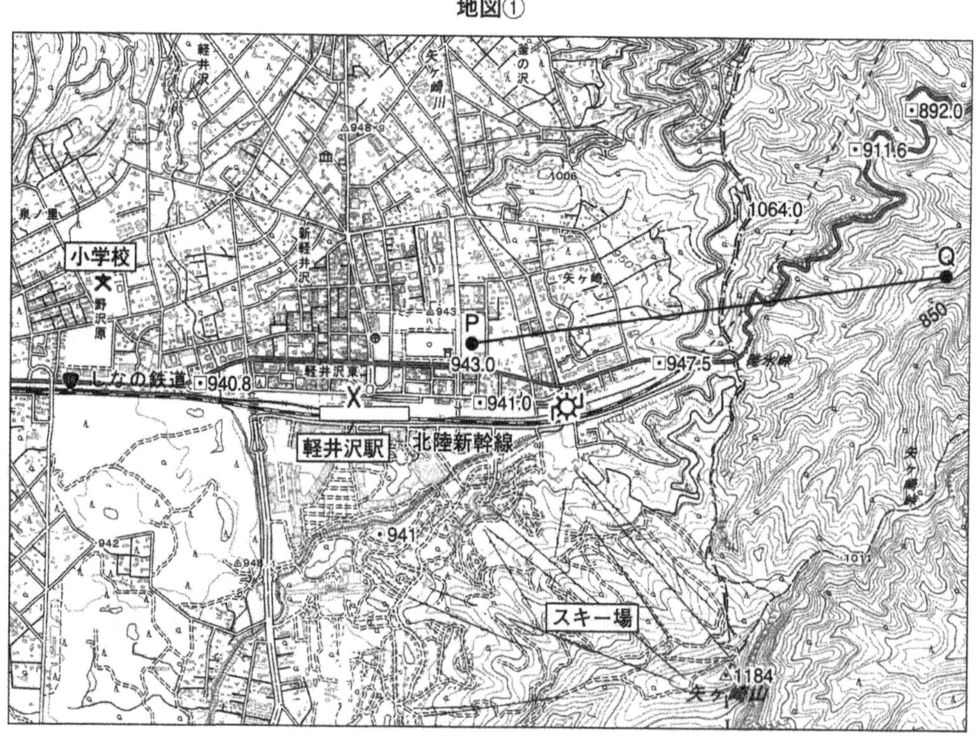

（２万５千分の１地形図「軽井沢」より作成）

1　前のページの**地図①**から読み取れることを説明した**ア～エ**の文のうち，下線部が**適当でないもの**を**一つ**選び，記号で答えなさい。

ア　軽井沢駅の北側には，交番がある。

イ　スキー場のゲレンデ斜面は，南東から北西に向かって下っている。

ウ　軽井沢駅の東側の線路ぞいには，変電所がある。

エ　軽井沢駅から小学校までは地図上で約 4 cmなので，実際の距離は約2000mである。

2　**地図①**中**P－Q**の断面を，模式的に示した図として最も適当なものを，次の**ア～ウ**から**一つ**選び，記号で答えなさい。

ア

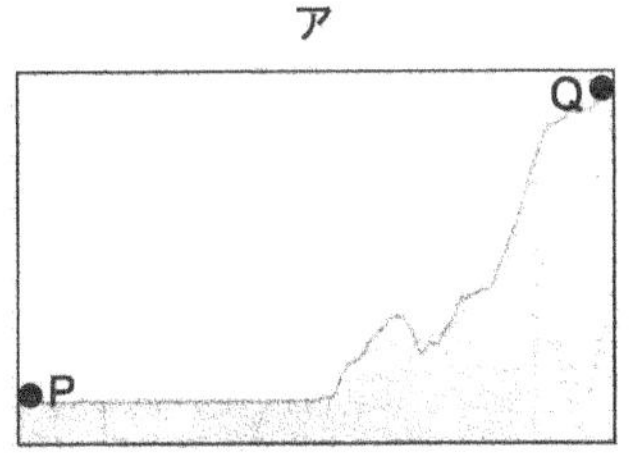

イ

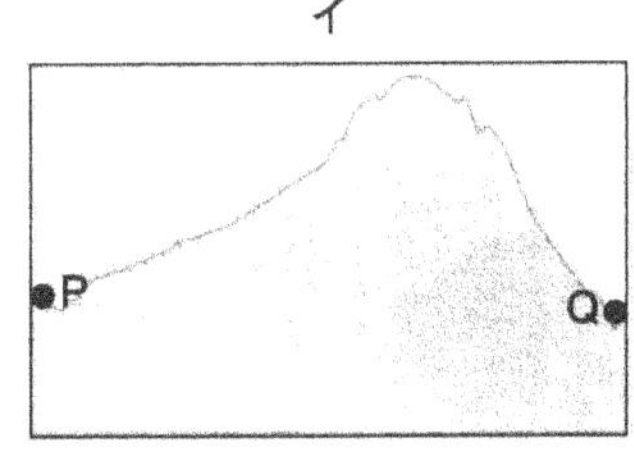

ウ

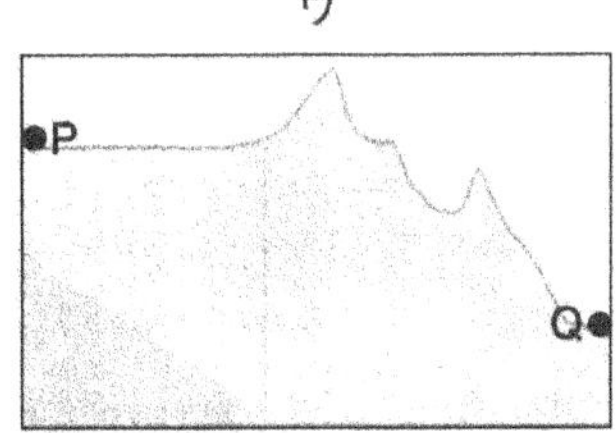

3　**略地図③**は，北陸新幹線の列車が通るルートを示している。**東京**から**金沢**まで新幹線に乗った場合に**通らない**県を，次の**ア～エ**から**一つ**選び，記号で答えなさい。

ア　福島県

イ　石川県

ウ　新潟県

エ　群馬県

略地図③

4　**写真④**は，長野県のレタス生産地のようすである。**グラフ②**，次のページの**グラフ③**を参考に，**写真④**に見られるレタス生産の特色を，**45字以内**で答えなさい。ただし，気候の特徴と，静岡県や茨城県の出荷時期をふまえて答えること。

写真④

グラフ②　おもなレタス生産地の月別平均気温

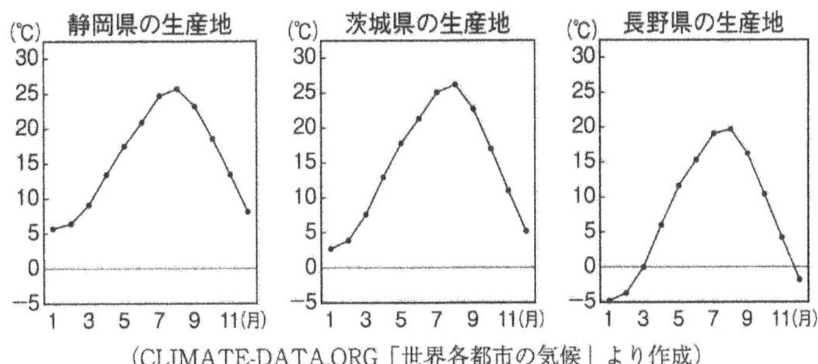

(CLIMATE-DATA.ORG「世界各都市の気候」より作成)

グラフ③　東京へ出荷されるレタスの量（2019年）

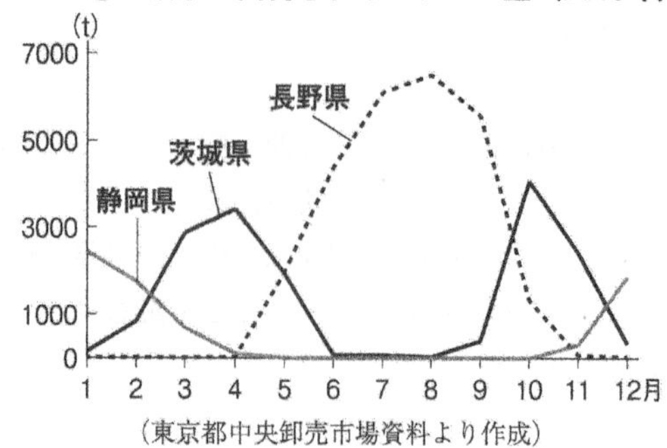

（東京都中央卸売市場資料より作成）

問5　**表②**中の**ア～エ**は，岩手県，東京都，山梨県，鹿児島県のいずれかを示している。**写真⑤**がある場所を，**ア～エ**から**一つ**選び記号で答えなさい。

表②

	ア	イ	ウ	エ
面　積　（百km²）	92	153	45	22
人　口　（万人）	160	123	81	1392
海面漁獲量　（万t）	6.4	9.0	0	4.7
有人離島　（数）	29	0	0	12

※面積・人口は2019年，海面漁獲量は2018年，有人離島は2020年
（「データでみる県勢2021」などより作成）

写真⑤　震災遺構

【第2問題】　歴史について，次の**問1**，**問2**に答えなさい。

問1　古代から近世について，次の1～7に答えなさい。

1　弥生時代の祭りに使われていた**写真①**，**写真②**のような金属器を何というか，解答欄に合うように，**漢字2字**で答えなさい。

写真①　荒神谷遺跡からの出土品

写真②　加茂岩倉遺跡からの出土品

2　**写真③**には，11世紀に浄土信仰に基づいて藤原頼通が建てた建築物の影響が見られる。**写真③**に影響をあたえ，10円硬貨のデザインにも取り入れられた建築物を何というか，解答欄に合うように答えなさい。

写真③　政府機関の庁舎

3　平安時代末期に起きた，保元の乱についてまとめた**図①**中の A ， B にあてはまる最も適当なものを，下の**ア**～**エ**から**一つ**ずつ選び，記号で答えなさい。

図①

原因・背景	できごと	結果・影響
A →	保元の乱 →	B

ア　将軍のあとつぎをめぐり，有力な守護大名が対立した。
イ　院政の実権をめぐり，当時の天皇と上皇が対立した。
ウ　武家政権の成立につながっていった。
エ　下剋上の風潮が広がっていった。

4　**図②**の戦いに幕府軍として参加した竹崎季長ら御家人は，その後幕府に不満を持った。竹崎季長ら御家人はどのようなことに不満を持ったのか，**図③**も参考にして，**30字以内**で答えなさい。ただし，竹崎季長ら御家人が参加した戦いの名称を必ず入れること。

図②　竹崎季長が戦っているようす

図③

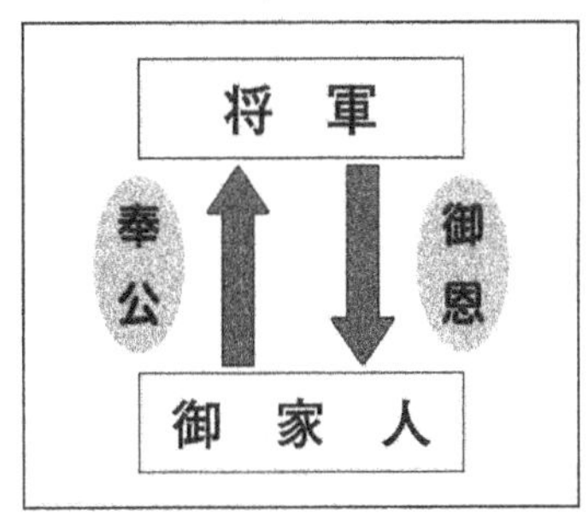

5　次のア～ウは古代から近世につくられた貨幣である。つくられた年代の**古い順**に並べて，記号で答えなさい。

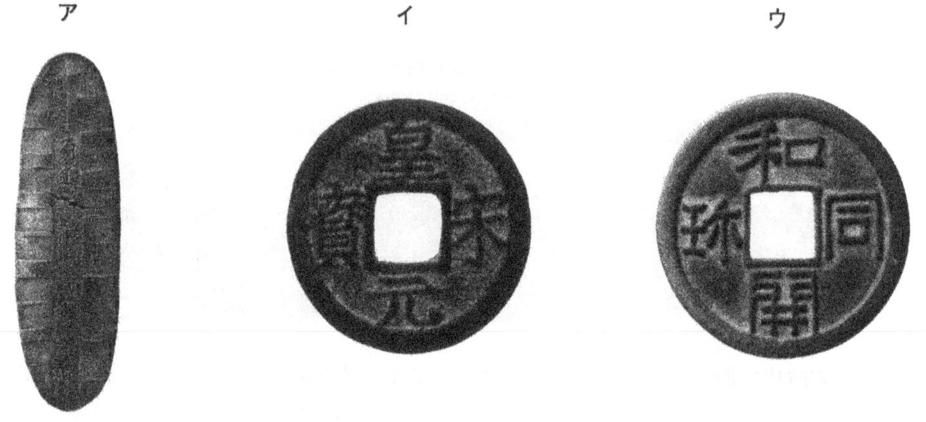

文禄石州丁銀　　宋からの輸入銭　　和同開珎

6　江戸時代の大名で前田，毛利，島津のように関ヶ原の戦い以降に徳川氏に従った大名を何というか，解答欄に合うように答えなさい。

7　三都について書かれた，次の文の［C］にあてはまる語を答えなさい。

> 江戸時代，江戸・大阪・京都の三つの都市は大きく発展し，三都とよばれた。そのなかで大阪は商業の中心地として，諸大名の蔵屋敷が建てられ，全国各地の年貢米や特産物などが集まったことから，「天下の［C］」とよばれた。

問2　近現代のおもなできごとを示した**年表①**を見て，下の1～5に答えなさい。

年表①

年	おもなできごと	
1868	戊辰戦争がはじまる	a
1889	大日本帝国憲法が発布される	
1894	日清戦争がはじまる	b
1905	ポーツマス条約が結ばれる	
1914	第一次世界大戦がはじまる	c
1920	国際連盟が設立される	
1925	ラジオ放送がはじまる	d
1933	ニューディール政策がはじまる	
1946	日本国憲法が公布される	e
1955	アジア・アフリカ会議が開かれる	

1　**年表①**中のaの期間に起きた次の**ア～ウ**のできごとを，年代の**古い順**に並べて，記号で答えなさい。

ア　征韓論を主張する西郷隆盛と，国内の整備が先だと考える大久保利通が対立した。

イ　政府を去った板垣退助らが中心となって，自由党が結成された。

ウ　五箇条の御誓文が出され，新たな政治の方針が示された。

2　**年表①**中のbの期間の東アジア情勢を風刺して描かれた**図④**のX，Yにあてはまる国名の組み合わせを，次の**ア～エ**から**一つ**選び，記号で答えなさい。

ア　X…中国　Y…アメリカ
イ　X…中国　Y…ロシア
ウ　X…イギリス　Y…アメリカ
エ　X…イギリス　Y…ロシア

図④

(「ビゴーが見た日本人」より作成)

3　**年表①**中のcの期間に起きたできごとを，次の**ア～エ**から**一つ**選び，記号で答えなさい。

ア　地租改正が行われた。　**イ**　中国に二十一か条の要求が示された。
ウ　国家総動員法が制定された。　**エ**　公害対策基本法が制定された。

4　**年表①**中のdの期間に**資料①**のような状況となった要因の一つを，dの期間の世界経済の状況にふれながら，**30字以内**で答えなさい。ただし，**資料①**，**グラフ①**，**写真④**の D にあてはまる語を含めて答えること。なお，D にはすべて同じ語が入る。

資料①

今年の「まゆ」の価格はどのくらいだろう。昨年までの価格の4割，3割，2割になってしまい価格の底値がとまらず暴落している。この打撃の痛手は「まゆ」をつくる農家だけでなく，D を生産する島根県内の製糸会社から富岡製糸場などを経営する全国規模の製糸会社におよんでいる。

「まゆ」

(島根県農会報（1930年8月号）などより作成)

グラフ①　アメリカ向け D の輸出額

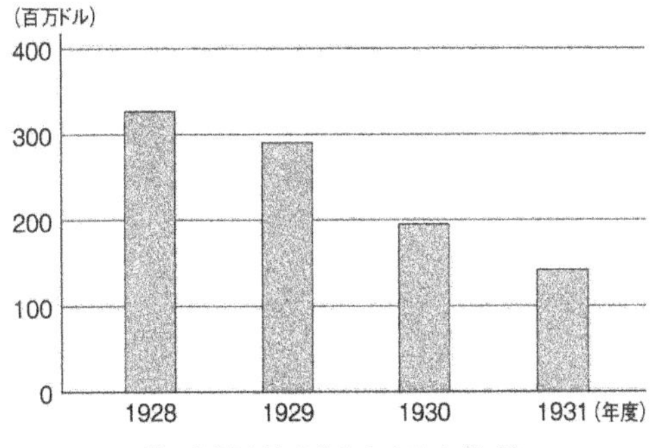

(「日本経済統計集」などより作成)

写真④　D をつくっているようす

5 **年表①**中のｅの期間に，**グラフ②**のように鉄鋼の生産量が急激に増えた時期がある。鉄鋼などの工業生産量が急激に増えた理由を，解答欄に合うように，**30字以内**で答えなさい。ただし，**図⑤**が示しているできごとを必ず入れること。

グラフ②　日本の鉄鋼生産量

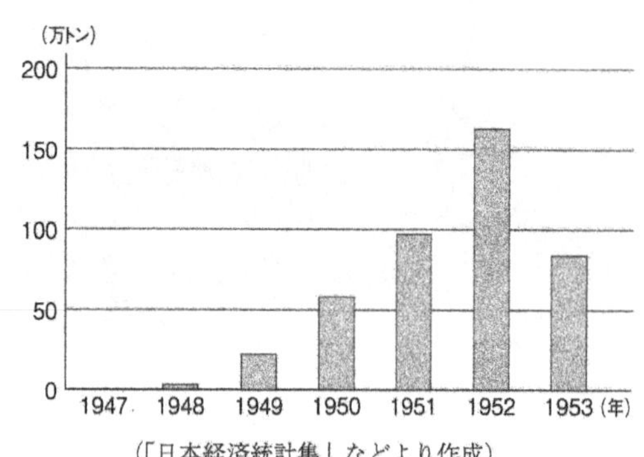

(「日本経済統計集」などより作成)

図⑤

【第３問題】 次の会話文を読んで，あとの問１～問３に答えなさい。

あかり「昨年『全国植樹祭しまね』が開催されて，森林の役割や林業の魅力が全国に発信されたね。」

たつや「林業は，農業，漁業などを含む A に分類されるね。でも A は，就業者が減って，どこも後継者不足みたい。島根県でもこれを機に就業人口が増えるといいな。」

あかり「そうだね。国会でも，県議会でも(a)経済や産業の進展や成長を願う話題は，尽きないね。」

たつや「AIなどの新しい技術や独自の技術で，革新的な事業を展開する B 企業のような中小企業が話題になっているよ。法律をつくったり，改正したりすることでこのような企業を支援するしくみをつくれないかな。」

あかり「それはいいね。こうやって自分たちの生活や社会の現状を考えていくことが，主権者として(b)政治に参加するということなのかな。」

たつや「そうだね。まずは身近な話題からはじめて，世界全体の課題についても探究していけるように，(c)グローバルな視点をもつようにしたいね。」

問１ 下線部(a)に関連して，次の１，２に答えなさい。

１ 会話文の A ， B にあてはまる語の組み合わせとして正しいものを，次の**ア～エ**から**一つ**選び，記号で答えなさい。ただし， A には同じ語が入る。

ア A…第一次産業　B…ベンチャー
イ A…第一次産業　B…多国籍
ウ A…第二次産業　B…ベンチャー
エ A…第二次産業　B…多国籍

2　次の**グラフ①**を見て，下の(1)，(2)に答えなさい。

グラフ①　日本の歳入内訳（2020年度）

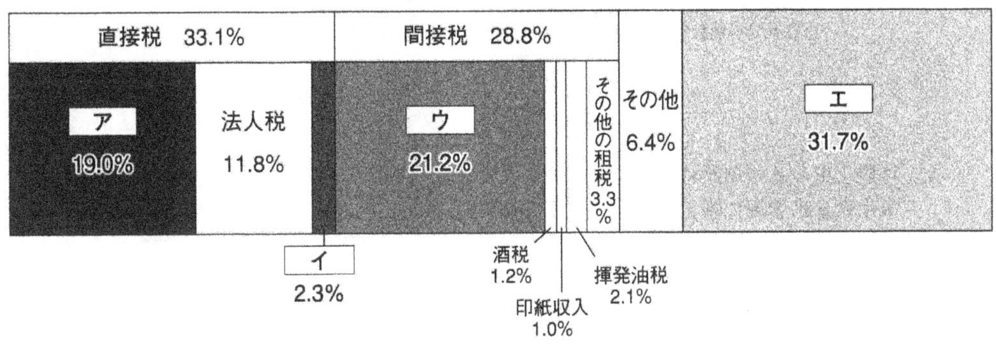

（財務省資料より作成）

(1)　**グラフ①**の中で，**消費税**の割合を示しているものを，**ア**～**エ**から**一つ**選び，記号で答えなさい。

(2)　**消費税**について，次の形式に合うように，**20字以内**で説明しなさい。ただし，「**所得**」という語を用いること。

消費税は，同じ金額の商品の購入に対して同じ金額の税金を納めなければならないが，そのため（　**20字以内**　）という逆進性の問題が指摘されている。

問2　下線部(b)に関連して，次の1～4に答えなさい。

1　2022年4月に成年年齢は20歳から18歳に引き下げられる。2022年3月現在，**満18歳の国民ができること**を，次の**ア**～**エ**から**一つ**選び，記号で答えなさい。

ア　県知事選挙に立候補する。

イ　裁判員として民事裁判に参加する。

ウ　衆議院議員総選挙のときに国民審査を行う。

エ　憲法改正のための発議を行う。

2　社会保障について書かれた，次の文の［C］にあてはまる語を答えなさい。

「すべて国民は，健康で文化的な最低限度の生活を営む権利を有する」と明記した日本国憲法第25条第1項には，社会権の一つである［C］権について示されており，日本の社会保障制度を支える考え方となっている。

3　日本の国会では，衆議院で議席を多く獲得した政党が与党となる可能性が高い。その理由を，**25字以内**で答えなさい。ただし，「**指名**」という語を用いること。

4　最高裁判所の大法廷を，次のページの**ア**～**エ**から**一つ**選び，記号で答えなさい。

ア

イ

ウ

エ

問3　下線部(c)に関連して，次の1～3に答えなさい。

1　**略地図①**中の　　　で示した国がまとまり，協力関係を強めようとしている組織の略称として最も適当なものを，下の**ア**～**エ**から**一つ**選び，記号で答えなさい。

略地図①

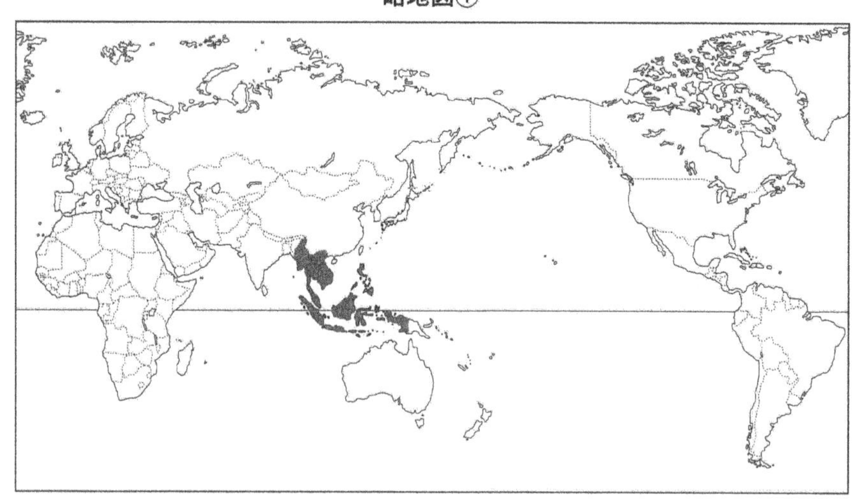

ア　ASEAN　　**イ**　APEC　　**ウ**　UNESCO　　**エ**　G20

2　次のページの**資料①**の D にあてはまる語を答えなさい。ただし，D にはすべて同じ語が入る。

資料①

右の写真は，2021年に開かれた東京オリンピック開会式での［D］選手団の入場行進の様子である。

この選手団は，リオデジャネイロオリンピックで初めて結成されており，選手の出場にむけてサポートしたのが，国連［D］高等弁務官事務所（UNHCR）である。UNHCRは，［D］を保護するためのキャンプをもうけ，食料や水，住居を提供するなどの活動を行っており，支援の幅も広がっている。

3　働く人々の権利を保障するため，資料②の条文がある日本の法律を，下の**ア**～**エ**から**一つ**選び，記号で答えなさい。

資料②

第32条　①　使用者は，労働者に，休憩時間を除き1週間について40時間を超えて，労働させてはならない。
②　使用者は，1週間の各日については，労働者に，休憩時間を除き1日について8時間を超えて，労働させてはならない。

ア　労働関係調整法　　**イ**　育児・介護休業法
ウ　男女雇用機会均等法　　**エ**　労働基準法

【第4問題】　あおいさんのクラスでは，社会科のまとめとして，SDGs（持続可能な開発目標）について，各グループが2つずつ項目を選んで話し合いをしました。あとの**問1**～**問3**に答えなさい。

Ⅰグループ　1「貧困をなくそう」
　　　　　　2「飢餓をゼロに」

Ⅱグループ　5「ジェンダー平等を実現しよう」
　　　　　　10「人や国の不平等をなくそう」

Ⅲグループ　11「住み続けられるまちづくりを」
　　　　　　13「気候変動に具体的な対策を」

問1　Ⅰグループは，貧困や飢餓の歴史的背景や解決策について話し合いをした。次の1～3に答えなさい。

1　帝国主義について，次の文の［A］にあてはまる語を，**漢字3字**で答えなさい。ただし，［A］にはすべて同じ語が入る。

19世紀後半以降，帝国主義政策を進めるイギリスなどの列強は，生産に必要な原料を入手したり製品を売ったりするための市場を求めて海外に進出し，［ A ］を獲得していった。イギリスのインド支配などアジア・アフリカの多くの地域が列強の［ A ］となり，［ A ］に建設されたプランテーションはモノカルチャー経済が生まれる要因となった。

2　貧困や飢餓を生みだす背景の一つに，モノカルチャー経済がある。解決策の一つとされているフェアトレードの説明として最も適当なものを，次の**ア**～**エ**から**一つ**選び，記号で答えなさい。

ア　栄養不足で苦しむ発展途上国の人々に，廃棄する前の食品を分配する制度。
イ　発展途上国の人々が生産した農産物や製品を，適正な価格で取り引きするしくみ。
ウ　発展途上国の貧困層の人々が事業を始められるように，少額のお金を融資する制度。
エ　先進国の政府などが行う，発展途上国の教育や社会資本への資金・技術援助。

3　**写真①**は，モノカルチャー経済と関係の深い農産物である。各国の生産量の割合（2018年）を示している**グラフ①**も参考にして，**写真①**の農産物を，下の**ア**～**エ**から**一つ**選び，記号で答えなさい。

写真①　　**グラフ①**

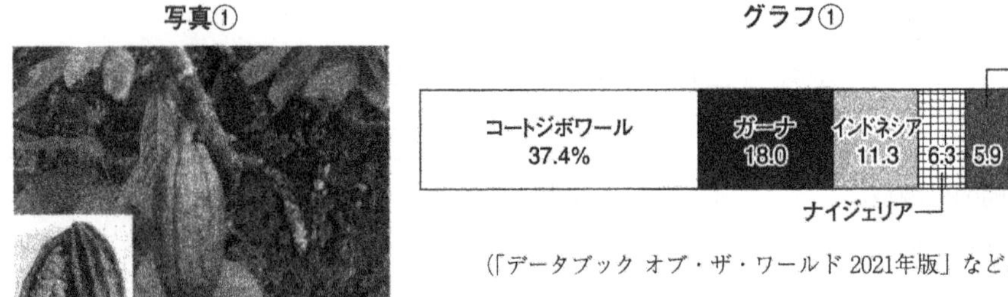

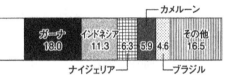

（「データブック オブ・ザ・ワールド 2021年版」などより作成）

ア　コーヒー豆　　**イ**　茶　　**ウ**　天然ゴム　　**エ**　カカオ豆

問2　Ⅱグループは，平等について話し合いをした。次の1，2に答えなさい。

1　次の文の［ B ］にあてはまる語を，**漢字2字**で答えなさい。ただし，［ B ］には同じ語が入る。

アイヌの人々が持っていた独自の言語や「［ B ］」は，明治政府によって否定された。その後1997年になり，アイヌの人々の伝統や風習を尊重するためのアイヌ［ B ］振興法が制定された。

2　次の文の［ C ］にあてはまる語を答えなさい。ただし，［ C ］には同じ語が入る。

平等権について，日本国憲法第14条では「すべて国民は，法の下に平等であつて，人種，信条，性別，社会的身分又は門地により，政治的，経済的又は社会的関係において，［ C ］されない」と明記されている。また近年，誰もが人格と個性を尊重し合い，共生する社会を目指した，障害者［ C ］解消法なども施行された。

問3　Ⅲグループは，まちづくりや気候変動について話し合いをした。次の会話文を読み，下の1～3に答えなさい。

みつき「私は・地理・歴史・公民すべての分野で学んだ(a)まちづくりが印象に残っている。」
しんじ「まちづくりが進められていくと，日本でも世界でも，都市の人口は増えていったね。」
あおい「でも，(b)世界の人口増加に伴って，地球環境問題が深刻になっていった気がする。そんな中，(c)二酸化炭素を含む温室効果ガス削減の取り決めに，多くの国が合意したね。」

1　下線部(a)について，写真②はコンクリートでできたビルのようすである。このような建物が増えていくきっかけとなった大正時代に起きたできごとを，解答欄に合うように答えなさい。

写真②　昭和初期の東京（銀座）のようす

2　下線部(b)について，表①中のア～ウは，ヨーロッパ州，アフリカ州，南アメリカ州のいずれかである。アフリカ州にあたるものをア～ウから一つ選び，記号で答えなさい。また，考えた理由を20字以内で説明しなさい。

表①　世界の地域別人口の変化と将来人口予測

	1950年	2000年	2050年	2100年
アジア州	14億　500万人	37億4100万人	52億9000万人	47億2000万人
北アメリカ州	2億2800万人	4億8600万人	6億9600万人	7億4200万人
オセアニア州	1300万人	3100万人	5700万人	7500万人
ア	2億2800万人	8億1100万人	24億8900万人	42億8000万人
イ	1億1400万人	3億4800万人	4億9100万人	4億2900万人
ウ	5億4900万人	7億2600万人	7億1000万人	6億3000万人

（「データブック オブ・ザ・ワールド 2021年版」より作成）

3　下線部(c)について，資料①，次のページの資料②から読み取れることとして最も適当なものを，あとのア～エから一つ選び，記号で答えなさい。

資料①　京都議定書とパリ協定の取り組み

	京都議定書	パリ協定
採択年 (発効年)	1997年 (2005年)	2015年 (2016年)
削減目標の設定	締結国のうち，38か国・1地域のみに削減義務を課す。 2001年にアメリカ合衆国は離脱。	196か国・1地域すべての締結国に削減目標の設定を課す。 2020年にアメリカ合衆国は離脱。

（環境省ホームページなどより作成）

資料② 京都議定書採択時の削減目標

目標値	削減目標を課された国や地域
−8%	ＥＵ（欧州連合）諸国 ※1997年時点（15か国）， ブルガリア，チェコ，モナコ，ラトビア，リヒテンシュタイン，リトアニア， エストニア，ルーマニア，スロバキア，スロベニア，スイス
−7%	アメリカ合衆国
−6%	日本，カナダ，ハンガリー，ポーランド
−5%	クロアチア
±0%	ニュージーランド，ロシア，ウクライナ
+1%	ノルウェー
+8%	オーストラリア
+10%	アイスランド

（国連気候変動枠組み条約事務局資料より作成）

ア 資料①より，アメリカ合衆国は，京都議定書もパリ協定も，ともに発効前に離脱した。
イ 資料①より，京都議定書もパリ協定も，ともにすべての締結国に削減目標が課された。
ウ 資料②より，国連の安全保障理事会の常任理事国は，削減目標を課されていなかった。
エ 資料②より，クロアチアは，日本より低い削減目標値が設定されていた。

問一　**クニオ**は、発表で使う資料について、担任の先生に相談をしに行きました。先生に対する言葉遣いとして適当なものを、次の**ア**～**オ**から**二つ**選び、記号で答えなさい。

ア　失礼します。先生、今度の発表で使う資料のことで相談に参りました。

イ　先生は、地域の行事に関する資料を拝見したことがありますか。

ウ　国語の先生が「資料を探すなら図書館がいいよ」とおっしゃっていました。

エ　図書館にはそんなに資料があるのですか。今からみんなでいらっしゃってもよろしいですか。

オ　では、これから図書館で探してきます。先生はいつまで職員室におりますか。

問二　発表する内容を決めた生徒たちは、次に発表の準備を進めていきました。発表の準備として**適当でない**ものを、次の**ア**～**エ**から**一つ**選び、記号で答えなさい。

ア　発表の内容を練りあげる。内容が目的や相手に応じたものになっているかを確認する。

イ　発表の構成を考える。聞き手が理解しやすいように、調べたことを整理して説明の順番を考える。

ウ　発表の方法を考える。聞き手の印象に残るように、機器を用いて資料や写真を示すなどの工夫をする。

エ　実際に発表をしている場面を想定する。話す速さや視線は、自分の発表のしやすさを第一に考える。

問三　上の四人の生徒たちの発言には、**情報の扱い方においてそれぞれ問題点**があります。その問題点について、あなたはどのように考えますか。次の①～④の条件に従って作文しなさい。

①　四人の生徒の中から一人の発言を選び、その問題点を指摘しなさい。指摘する際に誰の発言かを示すこと。

②　①のように指摘する理由を述べること。

③　①、②を述べた後で、あなたならどうするかを、あなた自身の経験や知識を根拠にして、具体的に述べること。

④　**百五十字以上、百八十字以内**でまとめること。句読点や記号も一字として数える。ただし、**一マス目から書き始め**、段落は設けない。

※読み返して文章の一部を直したいときは、二本線で消したり、余白に書き加えたりしてもよい。

1 （A）に入る言葉として最も適当なものを、次の**ア**～**エ**から**一つ**選び、記号で答えなさい。

ア この場にふさわしい和歌
イ この場を盛り上げる和歌
ウ この場をなごませる和歌
エ この場になじまない和歌

2 （B）、（C）に入る適当な言葉を答えなさい。ただし、（B）は〔和歌〕の中から**五字**で**抜き出して**答えること。（C）は**十字以内**の**現代語**で答えること。

【第五問題】

スサノオ中学校では、自分たちの住んでいる地域の行事の現状について、班ごとに調べてクラスの中で発表するという学習に取り組んでいるところです。次は、ある班の生徒たちが、それぞれ情報を探してきて、発表する内容を提案している場面です。後の**問一**～**問三**に答えなさい。

カオル
この新聞には「町内の運動会に参加する子どもが増えている」という記事があったよ。この記事だけでもう十分だよ。これを発表に使おう。

キイチ
ぼくはSNS(注)のコメントをメモしてきた。「もっと地域のお祭りの手伝いをしたい」というものがあったよ。誰のコメントか分からないけれど、これを使って発表ができると思うよ。

クニオ
ぼくは家にある本を持ってきた。ちょっと古い本だけれど、地域の行事の担い手が不足していることを特集しているんだ。表やグラフなどのデータがたくさん載っているし、地域の行事の現状として、発表に使えそうだよ。

ケイコ
私はインターネットの記事を印刷して持ってきたよ。今年は花火大会が中止になったけれど、それは大会を運営するスタッフが足りなかったからなんだって。これはきっと間違いないから、発表に使えるよ。

（注） SNS…ソーシャル・ネットワーキング・サービスの略。インターネット上の登録会員向けの情報交換・交流サイト。また、そのサービス。

【第四問題】 次の文章を読んで、後の問一～問三に答えなさい。

次は、和歌の名人で知られる和泉式部（いずみしきぶ）が、国守（こくしゅ）（国の長官）として派遣された夫の藤原保昌（やすまさ）とともに、丹後国（たんごのくに）（現在の京都府の一部）へ行っていた頃の話である。

保昌に具（ぐ）して丹後（たんご）へ下（くだ）りたるに、（保昌が）「明日狩（か）りせむ（明日狩りをしよう）」とて、者ども（人々が）①つどひたる夜（よ）さり（夜に）、鹿（しか）のいたく鳴きたれば（鹿がひどく鳴いたので）、「いで、あはれや（ああ、かわいそうだなあ）。明日死なむずれば、いたく鳴くにこそ。」と②心憂（こころう）がりければ、「さ思（おぼ）さば、狩りとどめむ。よからむ歌を詠（よ）み給（たま）へ。」と言はれて、

〈和歌〉

ことわりや　いかでか鹿の　鳴かざらむ（当然のことよ。どうして鹿が鳴かないでいられようか、いや鳴くはずだ。）
こよひばかりの（今晩限りの）　命と思へば（命だと思うので。）

さて、その日の狩りはとどめてけり。

（『古本説話集』による）

問一　傍線部①「つどひたる」を**現代仮名遣い**に改めなさい。

問二　傍線部②「心憂がりければ」とは、ここではどのような意味か。最も適当なものを、次の**ア**～**エ**から**一つ**選び、記号で答えなさい。

ア　とてもうるさく思ったので
イ　心から憎らしく思ったので
ウ　しみじみつらく思ったので
エ　つくづく不快に思ったので

問三　この文章について、先生と生徒が会話をしています。次の会話文を読んで、後の**1**、**2**に答えなさい。

先生　これは、和泉式部が和歌の名人であることを示す話です。文章の最後に「その日の狩りはとどめてけり。」とありますが、皆さんは、なぜ狩りが取りやめになったか、わかりますか？

タツヤ　「さ思さば、狩りとどめむ。」と、保昌が言っているよ。保昌が和泉式部の発言を聞いたからじゃないの？

チエミ　そうかもしれないけれど、続いて保昌は「よからむ歌を詠み給へ。」とも言っているよ。先生、これは「（　A　）を詠みなさい。」ということですね。

先生　そうです。彼女は、鹿たちが明日狩られてしまうから、しきりに鳴いているのだと考えました。だから和歌では、鹿が鳴いている状況に対して「（　B　）」と詠んでいるのですね。さあ、この後の展開はどうなっていますか？

ツヨシ　「さて、その日の狩りはとどめてけり。」となっているよ。ということは、保昌が（　C　）ことで、その日の狩りは取りやめになったんだ。和泉式部がただ保昌に訴えたとしても、事態は変わらなかったんじゃないかなあ。先生、この考えはどうですか？

先生　よく気がつきました。保昌が（　C　）ことで最終的に狩りが取りやめになったんですね。古典作品には、他にも有名な和歌の名人のエピソードがたくさんあります。今度みんなで探してみましょう。

る。

イ　早く行動に移さなければならないのに、兄との話が進まず焦っている。

ウ　母親を思う気持ちは兄にも通じるはずだと思い、安心している。

エ　兄がどう思おうと、自分の思いを曲げることはしないと決意している。

問二　傍線部②「じゃ、二人で行こう」とあるが、雅彦がこのように言ったのはなぜか。次の形式に合うように、**二十五字以上、三十五字以内**で答えなさい。

薔薇を持ち帰って（　**二十五字以上、三十五字以内**　）から。

問三　波線部Ⅰ「繁は……下りて行った。」と、波線部Ⅱ「昨日の……辿り着く。」は、どちらも川へ下りて行く場面であるが、描写に違いがある。その説明として最も適当なものを、次の**ア**～**エ**から**一つ**選び、記号で答えなさい。

ア　Ⅰでは繁のすばしっこさが際立っているが、Ⅱでは雅彦と繁の臆病さが強調されている。

イ　Ⅰでは繁の身軽さが印象づけられているが、Ⅱでは雅彦と繁の慎重さが感じられる。

ウ　Ⅰでは繁の調子に乗っている姿が表われているが、Ⅱでは雅彦と繁の冷静さが感じられる。

エ　Ⅰでは繁の身体能力の高いことがうかがえるが、Ⅱでは雅彦と繁の思慮深さが強調されている。

問四　傍線部③「昨日の弟の決心の早さに驚いた。」とあるが、「昨日の弟の決心の早さ」が表われている一文を文章中から探し、**初めの三字**を抜き出して答えなさい。

問五　傍線部④「まるで約束されていたかのようだ」とあるが、ここで雅彦はどのようなことを感じ取ったか。その説明として最も適当なものを、次の**ア**～**エ**から**一つ**選び、記号で答えなさい。

ア　二人が薔薇の花と出会ったことは、偶然ではなく運命的なものであること。

イ　薔薇の中でも赤い花は、多くの人びとをひきつける特別な花であること。

ウ　世の中のすべての薔薇は、場所を選ぶことなく美しく咲いていること。

エ　薔薇が生えていた所は、自分たちのために用意された場所であること。

問六　傍線部⑤「嫌な臭いのする……刻まれた。」とあるが、このことで雅彦の心にはどのような認識が生まれたと考えられるか。その説明として最も適当なものを、次の**ア**～**エ**から**一つ**選び、記号で答えなさい。

ア　美しいものの中にも醜さは存在し、すべてのものは見た目をそのまま信じてはいけないという認識。

イ　自然と向き合い続けてきた大人の話は正しいことばかりで、学ぶべき点が多くあるのだという認識。

ウ　汚くて嫌なものがあるからこそ、そこから美しいものが生み出されることもあるのだという認識。

エ　植物など自然のありようは、人間社会のありようとは異なっていて、理解することはできないという認識。

①有無を言わせぬ勢いだった。

　繁が昨日下りて水に浸かった辺りは、この辺では一番崖が急で危険なところだった。

　だが、母の好きな薔薇を持って帰ればどれほど喜ぶかは目に見えるようだ。

　雅彦はしばらく黙って繁の顔を見つめていたが、決心して、

「②じゃ、二人で行こう」と言った。兄としての責任だった。

　まず、借りた本を風で飛ばないところへ置き、それから二人はゆっくりと崖を下りていった。

「ゆっくり、ゆっくり」

　雅彦は先を行く繁に何度もそう声をかけた。

Ⅱ昨日の倍ほども時間をかけて、二人は水辺に辿り着く。

　昨日より水かさが退いた分、足の拠りどころはたくさんある。

　その辺りは泥が柔らかく、潟のようになっており、ひどく嫌な臭いがした。

　そこへ行って、川面を眺めて初めて、③昨日の弟の決心の早さに驚いた。自分だったなら、こんな嫌な臭いのする川の水の中へ、あれほどためらいもなくすぐに飛び込む勇気はない、と思う。

「ほら」

　弟にそう言われて振り返ったとき、息を呑んだ。

　橋の上から見下ろしてもちょうど他の草の蔭になってしまう場所に、その薔薇があった。

　大きな、美しい、深紅の薔薇だった。

　この汚く、嫌な臭いのする泥の中から生まれて、まるで赤い光を放つように咲いている綺麗な大輪のその花の命が、ひどく不思議なもののように思えた。

誰にも見えないところに、一体花は、なんのために咲くのだろう。

それも不思議だった。

「せえの」

　弟の顔の大きさほどもある薔薇は二人で引いたらあっけなく根こそぎ抜けた。

　昨日弟に発見されたことも、簡単に子供の力で引き抜くことができたことも、④まるで約束されていたかのようだ、と雅彦は思った。

　帰るなり繁は大声で「ただいま」と叫び、さらにあの甲高い声で「おかーちゃまぁ！」と怒鳴った。

　その深紅の薔薇を見たとき、母は驚き、喜び、そして感謝した。

　繁は母の花壇の一番よい場所を選ぶと、神妙な顔になってスコップで穴を掘り、何かの儀式のようにうやうやしくその花を植えた。

　驚いたことに花は根づいた。

　翌年にはいっぺんに四つ、翌々年には合計九個の花をつけた。実はこんなにちゃんと根づき、こんなにきちんと育つのは一緒に持ってきたあの嫌な臭いのする泥のお陰なのだ、と母に説明されたとき、意外な気がした。

　⑤嫌な臭いのする泥が美しい薔薇の色や茎や翠の葉を育んだのだという事実が、雅彦の胸に深く刻まれた。

（さだまさし『精霊流し』による）

（注）欄干…橋の両側面に、人が落ちないように設けられた柵。

　太か薔薇の花の咲いとったと…大きな薔薇の花が咲いていたよ。

　そいけん…だから。　花壇に植えたか…花壇に植えたいよ。

問一　傍線部①「有無を言わせぬ勢いだった。」とあるが、この時の繁の心情として最も適当なものを、次の**ア**～**エ**から**一つ**選び、記号で答えなさい。

ア　自分の思いを感じ取ろうとしない兄に対して、いらいらしてい

エ　ありふれた言葉が使われていながらも、全体を見渡すような、日常とは異なる視点に導かれることで、人々の営みの上に白い雪がしんしんと降りしきる様子を思い浮かべることができる。

【第三問題】 次の文章を読んで、後の**問一**～**問六**に答えなさい。

> 長崎市の小学六年生雅彦は四年生の弟繁とともに貸本屋へ行き、「少年画報（別冊付録付きの少年漫画雑誌）」を借りた。二人で帰る途中、繁は好奇心から崖の下の川へ一人で向かった。

Ⅰ繁はすばしっこい猿のように崖に生えている太い草や岩を拠りどころにいとも簡単にするすると川へ下りて行った。

雅彦が橋の上から見下ろしていると、あと数メートルで川原に届く辺りで繁が滑った。

あっという間に右足が水の中にはまり込む。

深い瀬ではないが、前日降った雨で幾分水かさは増していた。

雅彦がはらはらしながら橋の上から覗き込んだとき、「少年画報」の本誌の間に挟まっていた別冊付録集がするりと動いた。あわてて取り押さえようとする雅彦の腕の一瞬の動きをすり抜けるように一度指先で跳ね、小さな鳥が羽ばたくようにはたはたとページを翻しながら川面にゆっくりと落ちていった。

「あ」

雅彦の声に驚いて繁は片足が水の中に浸かったまま橋の上を見上げた。ゆっくりと落ちてくる別冊付録を口を開けて見つめていたが、それが川面を叩く音で我に返った。

次の瞬間、繁はためらわずにそのまま川の中へジャンプした。

「やめろ」という雅彦の言葉も声にならなかった。

水面をゆっくりと本が流れて橋の下をくぐってゆく。繁が泳ぎながら近づこうとする。

雅彦は本誌を足元に置くと反対の、下流側の(注)欄干へ走った。

あわてて覗き込むと、ちょうど繁が本に追いついたところだった。

「大丈夫か!!」

雅彦の声に、繁は自分の胸ほどの深さの水の中で、濡れた本を高く掲げて仁王立ちし、口をとがらせて目を大きく、丸くすると、何遍も小さく頷きながら「おう！」とだけ返事をした。

> 家に帰ると、母からきつく叱られた。翌日、濡れた本を返しに行ったが、貸本屋に叱られることはなく、次の本も借りることができた二人は、喜んで帰路についた。

繁が例の橋の上で立ち止まった。

「なんか？」

雅彦が問いかけると、しばらく言いにくそうにしていたが、やがて小さな声で言った。

「あのね、(注)太か薔薇の花の咲いとったと」

「どこにか？」

「あすこに」

弟が指差したのは昨日滑って片足を水に浸けてしまった辺りで、その一角は橋の上からはよく見えなかった。

「(注)そいけん、なんか？」

「おかあちゃまの……」

兄弟の間だけでは、いまだに母の呼び名は「おかあちゃま」だった。

繁が決心したように告げた。

「(注)花壇に植えたか！」

に浮かんでくる。複雑な生活の機構(注)や、変化のある建築の多い都会では、この感じは浮かんではこない。おそらく同じ職業に従事している人々の集まった、村落のさまであろう。

（吉田精一『現代詩』による）

（注）圧搾…強く押し縮めること。　シンメトリカルに…対称的に。
家居…住居。住まい。　機構…仕組み。

問一　傍線部①「カテゴリー化する働き」とあるが、これはどのような働きか。最も適当なものを、次の**ア**～**エ**から**一つ**選び、記号で答えなさい。

ア　同じような意味の言葉が、時代や地域によっていくつも生み出される働き。

イ　似たようなものをすべてまとめて、それらを一つの言葉で言い表す働き。

ウ　一つのものをさらに細かく分けて、それぞれに言葉を当てていく働き。

エ　文法に従って、世の中のすべてのものを論理的に名づけていく働き。

問二　傍線部②「言葉の喚起機能」とあるが、ここではどのようなことを指して「言葉の喚起機能」と言っているか。最も適当なものを、次の**ア**～**エ**から**一つ**選び、記号で答えなさい。

ア　「紅玉」を知らない人にも、それがリンゴだと気づかせること。

イ　「紅玉」を知らない人にも、そのリンゴの色と形をイメージさせること。

ウ　「紅玉」を知っている人には、そのリンゴの微妙な味まで伝えること。

エ　「紅玉」を知っている人には、別の品種のリンゴまで想像させること。

問三　傍線部③「言葉の喚起機能は……もったものだ」とあるが、これはどういうことか。**傍線部③より前の文章中の言葉を用いて、五十五字以上、六十五字以内**で答えなさい。ただし、「リンゴ」「紅玉」という言葉を**用いないで**答えること。

問四　傍線部④「よくみれば」とあるが、ここでの「よくみる」とは、どうすることか。最も適当なものを、次の**ア**～**エ**から**一つ**選び、記号で答えなさい。

ア　ふだんは見過ごしてしまうものに、美しさを見いだすこと。

イ　ふだん見ているものの美しさを、長い時間見続けること。

ウ　ふだんは気づかない、美しいものの仕組みを見極めること。

エ　ふだんから美しいと思っているものを、改めて見ること。

問五　傍線部⑤「わたしたちは……できます。」とあるが、このようなことができるのは、詩歌にどのような力があるからか。**Ⅰの文章中の言葉を用いて、三十五字以上、四十五字以内**で答えなさい。

問六　Ⅱの文章は、三好達治の詩「雪」について述べたものである。Ⅰの文章の内容をもとに、この詩を説明したものとして最も適当なものを、次の**ア**～**エ**から一つ選び、記号で答えなさい。

ア　余分な言葉や表現が使われていないことで、雪に降りこめられた冬の夜の村落の、何もないからこそ感じられる日常生活そのものの美しさを、冷たい雪との対比で感じ取ることができる。

イ　あらゆる所に降り積もり、人々の日常生活に深く関わっている雪の壮大さを感じると同時に、村落全体で子どもが二人しかいないような、ごくごく小さい村落の情景も味わうことができる。

ウ　「太郎」「次郎」という日常的な代名詞が使われているので、生活のためにけんめいに働く親と、無邪気に眠る子どもたちという対照的な世界を、どこにでもあるものとしてイメージできる。

起機能はもう少し広がりをもったものだと考えています。そういう力はとくに詩歌において発揮されます。そのことを具体的な例を通して見てみましょう。芭蕉(ばしょう)に次のような句があります。

よくみれば薺(なずな)花さく垣(かき)ねかな

薺というのは「せり、なずな、ごぎょう、はこべら、ほとけのざ……」と言われる春の七草の一つです。ペンペン草という別名をもつ、雑草の代表のような草です。それを振ると実がペンペンと音を立てるので、子どもが遊びに使いますが、しかし、その花は実に地味な小さい白い花で、ほとんど注意されることはありません。その花に芭蕉は目を留め、その地味な花がもつ美しさに動かされていることがこの句からわかります。

「④よくみれば」というのは、ただ単に「よく観察すれば」という意味ではありません。日常の生活の延長上で、より精確(注)に観察された事態がここで詠(うた)われているのではありません。日常のものを見る目、ものを見る立場というものを超えたところに開かれてくる世界が詠われていると言えると思います。

ふだん、わたしたちは生活のためにけんめいに働いています。必死で働いているとき、なずなのような地味な花の美しさが目に入ってくることはありません。生活のためにという枠が外れたときにはじめて、何の役にも立たない、少しも注意を引かない、ごくごく小さいもののなかにある美が目に入ってきます。そこでは、ものを見る目が変わり、世界の経験のされ方が変わっていると言ってもよいかもしれません。芭蕉はその世界を、そしてその世界のなかに見いだされる美を詠ったのです。

この句を読んだとき、⑤わたしたちはそれまでなずなの花の美しさに感動した経験がなくても、芭蕉が言おうとすることを理解することができます。芭蕉とともに「よくみれば薺花さく垣ねかな」ということばの背後にある「こと」(注)の世界へと、つまり芭蕉が経験している美の世界へと引き入れられていきます。

この句もそうですが、詩歌は特別なことばを用いるわけではありません。詩歌が用いる一つひとつのことばは、わたしたちが日常の会話のなかで使っているのと同じものです。日常の事物を言い表すことばを使いながら、詩歌は、このことばの背後に、日常の世界を超えた世界をくり広げていく力をもっているのです。

（藤田正勝『はじめての哲学』による）

（注）紅玉…りんごの品種の一つ。　精確…精密で確かなこと。
「こと」の世界…思いや経験と結びついた世界。

Ⅱ

雪

太郎を眠らせ、太郎の屋根に雪ふりつむ。
次郎を眠らせ、次郎の屋根に雪ふりつむ。

太郎・次郎は日本に最もポピュラーな名まえであり、ここでは子ども代名詞として使っている。ここでは兄弟ではなく、別々の屋根の下に眠っている別の家の子どもである。

この詩は極度に単純化された作品で、雪のしんしんと降り積もる風景と、そぼくな生活を、(注)圧搾(あっさく)して示している。雪は屋根にも厚く積もっているが、まだ降りやまない。屋根の下には、子どもたちがあどけない寝顔をみせている。太郎と次郎を二度重ね、(注)シンメトリカルに二行を並列させたことで、同じような家居の、同じような生活が目

＜国語＞

時間　五〇分　満点　五〇点

【注意】解答に句読点、記号が必要な場合は、それも一字として数えなさい。

【第一問題】次の問一～問四に答えなさい。

問一　次の1～4の傍線部の読みを、それぞれひらがなで書きなさい。

1　口に水を含む。　2　お茶を濁す。
3　金メダルを獲得する。　4　秩序を大切にする。

問二　次の1～4の傍線部のカタカナの部分を、それぞれ漢字で書きなさい。ただし、楷書で丁寧に書くこと。

1　紙をヤブる。　2　畑をタガヤす。
3　曖昧な意見をヒハンする。　4　会計のシュウシが合う。

問三　次の「信じられない」の「ない」と文法上の働きが同じものを、後のア～エから一つ選び、記号で答えなさい。

「信じられない」

ア　限りない　イ　読まない
ウ　正しくない　エ　あどけない

問四　次の行書で書いた漢字を楷書で書いたとき、総画数は何画になるか。後のア～エから一つ選び、記号で答えなさい。

ア　八画
イ　九画
ウ　十画
エ　十一画

【第二問題】次のⅠ、Ⅱの文章を読んで、後の問一～問六に答えなさい。

Ⅰ

言葉にはまず、ものをグループ分けする働き、つまり①カテゴリー化する働きがあります。そこでは、いま目の前にしているリンゴ、たとえば(注)紅玉(こうぎょく)の独特の赤い色とか、それ特有の甘酸っぱい味、あるいはそれが私の好みであるとかいったことは問題にされません。むしろリンゴに共通の性質ですべてのものをひとくくりにすることがその場の唯一の関心事です。

しかし、たとえば友人に「紅玉はおいしいよね」と語ったとき、この「紅玉」ということばは、その基礎的な意味を相手に伝えるだけでなく、相手がその味を知っている場合には、その人のなかに、紅玉独特の強い酸味のきいた甘さをありありとイメージさせることができます。それを②言葉の喚起機能と呼んでよいと思いますが、わたしたちは、「紅玉」ということばを聞いたとき、その音声越しに基礎的な意味を聞くだけでなく、さらにその意味を越えて、このことばがもつ豊かな意味あいをも聞くことができるのです。ここに鍵(かぎ)がありそうです。

たしかに、わたしたちはいくらことばを重ねても、紅玉の微妙な味をことばで表現し尽くすことはできません。そこに言葉の限界があります。しかし他方、いま言った機能によって、その味を直接相手のなかに喚起することができます。そのような働きがあるからこそ、わたしたちの会話は、平板(へいばん)な意味のやりとりに終始せず、いきいきとしたものになるのだと言えるのではないでしょうか。

しかし、そのような機能が発揮されるのは、相手が自分と同じ経験をしている場合だけにかぎられるのでしょうか。わたしは③言葉の喚

大切なことはメモしておこうネ！

2022年度

解 答 と 解 説

《2022年度の配点は解答用紙集に掲載してあります。》

＜数学解答＞

【第1問題】 問1 －10 問2 $2^2 \times 5 \times 7$
問3 $3\sqrt{3}$ 問4 $a=10b+3$
問5 $x=2$, $y=-1$ 問6 $x=-3$, 2
問7 ウ，オ 問8 $\angle x=35°$
問9 $\sqrt{21}$cm 問10 イ 問11 3

【第2問題】 問1 1 (1) 13.25秒 (2) 40％
2 ア，ウ 問2 1 12000円
2 右図1 3 60冊 4 40冊以上

【第3問題】 問1 1 20枚 2 $4n$枚
問2 1 36 2 $2n^2-2n+1$枚
問3 A 99 B 50

【第4問題】 問1 1 －6 2 $\frac{3}{2}$ 問2 1 108
2 C(12, 18) 問3 1 4
2 (1) D(2, 1) (2) 点Rと辺DEの中点を通る直線[点Rと辺EQの中点を通る直線]

【第5問題】 問1 $\angle \mathrm{OPA}=90°$ 問2 【作図】 右図2
問3 【証明】 解説参照 問4 1 イ 2 $\sqrt{3}$ 3 $\frac{4}{3}\pi-\sqrt{3}$

図1

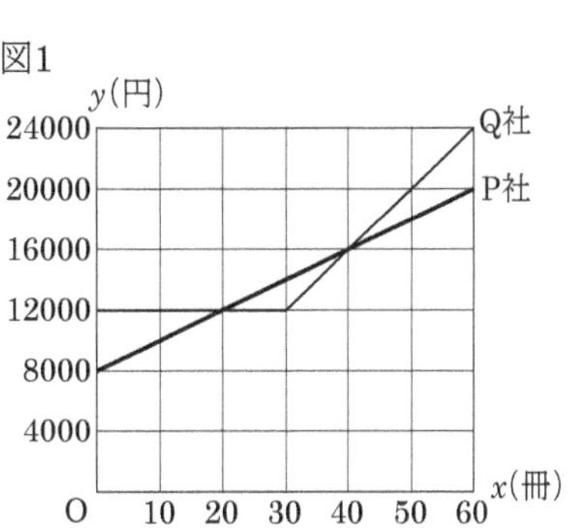

図2

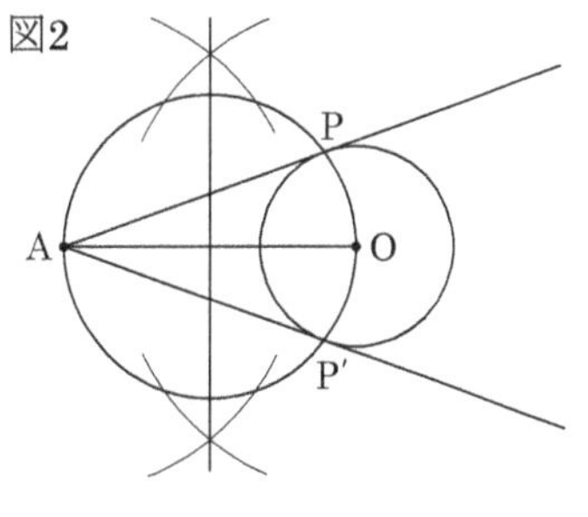

＜数学解説＞

【第1問題】 (数の計算，素因数分解，平方根，文字の式，連立方程式，二次方程式，有理数と無理数，平行線と角，角錐の高さ，標本調査，確率)

問1 $(-2)\times3-4=-6-4=-10$

問2 $140=2^2\times5\times7$

問3 $\frac{6}{\sqrt{3}}+\sqrt{15}\div\sqrt{5}=\frac{6\times\sqrt{3}}{\sqrt{3}\times\sqrt{3}}+\sqrt{\frac{15}{5}}=\frac{6\sqrt{3}}{3}+\sqrt{3}=2\sqrt{3}+\sqrt{3}=3\sqrt{3}$

問4 10個ずつパックにいれるとbパックできて3個余るから，$a=10b+3$

問5 $x-3y=5$…①，$3x+5y=1$…②とする。②－①×3より，$14y=-14$ $y=-1$ これを①に代入して，$x-3\times(-1)=5$ $x=2$

問6 $x^2+x-6=0$ $(x+3)(x-2)=0$ よって，$x=-3$, 2

問7 無理数は，分数で表すことができない数だから，ウ($\sqrt{2}$)とオ(π)

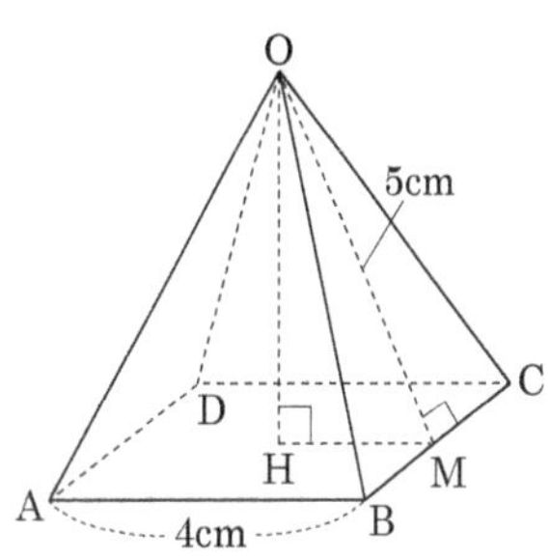

問8 平行線の同位角は等しいことと，三角形の**内角と外角の関係**

により，$\angle x=60^\circ-25^\circ=35^\circ$

問9　△OMHで，**三平方の定理**により，$OH^2=OM^2-MH^2=5^2-2^2=21$　$OH>0$より，$OH=\sqrt{21}$ (cm)(前ページの図参照)

問10　はじめに箱にはいっていた白玉の個数をx個とする。母集団における黒玉の比率と標本における黒玉の比率は等しいと考えられるから，$(x+100):100=200:20$　$20(x+100)=20000$　$x+100=1000$　$x=900$　よって，はじめに箱にはいっていた白玉の個数はおよそ900個。

問11　2つのさいころの目の出方の総数は，$6\times6=36$(通り)　$\frac{1}{12}=\frac{3}{36}$より，3通りある場合を考える。和が2になるのは，(1，1)の1通り。和が3になるのは，(1，2)，(2，1)の2通り。よって，和が3以下になるのは，$1+2=3$(通り)あるから，□内には3が入る。。

【第2問題】(データの分析，箱ひげ図，一次関数のグラフの利用)

問1　1　(1)　度数のもっとも多い階級は13.0秒以上13.5秒未満の階級だから，最頻値は，$\frac{13.0+13.5}{2}=13.25$(秒)　(2)　13.0秒未満の記録をもっている選手は，$1+1+2+4=8$(人)いるから，$\frac{8}{20}\times100=40$(%)

2　ア　ユウキさんの最小値は8.0m以上，ミナトさんの最小値は8.0m以下だから，ミナトさんの方が小さい。　イ　ユウキさんの範囲は2.5m以下で四分位範囲は1.0m，ミナトさんの範囲は2.5m以上で四分位範囲は1.0m以下だから，範囲はミナトさんの方が大きく，四分位範囲はユウキさんの方が大きい。　ウ　中央値(第2四分位数)がともに9.0m以上だから，2人とも9.0m以上の記録は10回以上ある。　エ　ユウキさんの第1四分位数は8.5mだから，8.5m以下の記録は5回以上ある。よって，正しいと判断できるものは，アとウ

問2　1　$8000+20\times200=12000$(円)

2　傾き200，切片8000の直線なので，点(0，8000)から点(20，12000)を通る半直線をひく。

3　グラフより，Q社で50冊印刷するときの印刷料金は20000円。P社について，yをxの式で表すと$y=200x+8000$…①より，①に$y=20000$を代入して，$20000=200x+8000$　$200x=12000$　$x=60$　よって，60冊。

4　1冊あたりの料金が400円のときのyをxの式で表すと，$y=400x$…②　①，②を連立方程式として解く。②を①に代入して，$400x=200x+8000$　$200x=8000$　$x=40$　よって，40冊以上にすればよい。

【第3問題】(規則性)

問1　1　1番目の図形を囲むように芝生を4(＝1×4)枚並べて2番目の図形がつくられ，2番目の図形を囲むように芝生を8(＝2×4)枚並べて3番目の図形がつくられる。同様に考えると，5番目の図形を囲むように芝生を，$5\times4=20$(枚)並べて6番目の図形がつくられる。

2　1より，新たに並べる▨の枚数は，$n\times4=4n$(枚)

問2　1　■の芝生の枚数は，2番目と3番目，4番目と5番目，6番目と7番目の図形の枚数が等しい。よって，6番目の図形の■の芝生の枚数は，$6^2=36$(枚)より，$a=36$

2　nが奇数のとき，□の芝生の枚数はn^2枚，■の芝生の枚数は$(n-1)^2$枚より，総枚数は，$n^2+(n-1)^2=n^2+n^2-2n+1=2n^2-2n+1$(枚)　nが偶数のとき，□の芝生の枚数は$(n-1)^2$枚，■の芝生の枚数はn^2枚より，総枚数は，$(n-1)^2+n^2=n^2-2n+1+n^2=2n^2-2n+1$(枚)　よって，芝生の総枚数は，$(2n^2-2n+1)$枚

問3　縦方向に並べる芝生の枚数は奇数だから，A<u>99</u>枚まで並べることができる。n番目の図形につ

いて，縦方向に並べる芝生の最も多い枚数は$(2n-1)$枚と表すことができるから，$2n-1=99$を解いて，$n=50$　よって，B50番目の図形。

【第4問題】（図形と関数・グラフ，変化の割合，面積，平行四辺形の性質）

問1　1　2点A，Bはy軸について対称だから，点Bのx座標は-6

2　xの増加量は，$6-0=6$　yの増加量は，$\frac{1}{4}\times6^2-\frac{1}{4}\times0^2=9$　(変化の割合)$=\frac{(y\text{の増加量})}{(x\text{の増加量})}=\frac{9}{6}=\frac{3}{2}$

問2　1　点Aのy座標は，$y=\frac{1}{4}x^2$に$x=6$を代入して，$y=\frac{1}{4}\times6^2=9$　ひし形の対角線はそれぞれの中点で垂直に交わるから，点Pの座標は$(0,\ 18)$　よって，四角形OAPBの面積は，$\triangle OAP\times2=\left(\frac{1}{2}\times18\times6\right)\times2=108$

2　直線OAの式は$y=\frac{3}{2}x$…③　$\triangle PBA=\triangle CBA$のとき，**平行線と面積の関係**により，AB//CPであるから，点Cのy座標は18　③に$y=18$を代入して，$18=\frac{3}{2}x$　$x=12$　よって，C(12，18)

問3　1　点Rは②のグラフ上の点だから，x座標は，$y=-\frac{12}{x}$に$y=-3$を代入して，$-3=-\frac{12}{x}$　$x=4$

2　(1)　平行四辺形の向かいあう辺は等しいから，ED＝QR＝4　2点D，Eはy軸について対称だから，点Dのx座標は2であり，y座標は，$y=\frac{1}{4}x^2$に$x=2$を代入して，$y=\frac{1}{4}\times2^2=1$　よって，点Dの座標は(2，1)

(2)　平行四辺形の対角線は面積を2等分するから，$\triangle EDR=\triangle EQR$　よって，点Rと辺DEの中点を通る直線，または，点Rと辺EQの中点を通る直線は，直線で分けられた2つの図形の面積比を3：1にする。

【第5問題】（平面図形，角度，円の接線，作図，証明，線分の長さ，面積，円周角の定理の逆）

問1　接線は，接点を通る半径に垂直だから，$\angle OPA=90°$

問2　$\angle OPA=\angle OP'A=90°$より，線分OAを直径とする円と円Oとの交点をP，P′とし，半直線AP，AP′をひけばよい。

問3　(証明)　(例)$\triangle APO$と$\triangle AP'O$において，直線APと直線AP′は円Oの接線だから，$\angle APO=\angle AP'O=90°$…①　辺AOは共通だから，AO＝AO…②　辺POと辺P′Oは円Oの半径だから，PO＝P′O…③　よって，①，②，③から，直角三角形の斜辺と他の1辺がそれぞれ等しいので，$\triangle APO\equiv\triangle AP'O$　合同な図形では，対応する辺は等しい　よって，AP＝AP′

問4　1　AP＝AP′より，直角三角形の斜辺と他の1辺がそれぞれ等しいので，$\triangle AOP\equiv\triangle AOP'$　よって，$\angle PAO=\angle P'AO$　$\triangle APP'$は二等辺三角形で，二等辺三角形の頂角の二等分線は底辺を垂直に2等分するから，$\angle AMP=90°$　よって，$\angle PAM=180°-(90°+\angle ア)=90°-\angle ア$　また，$\angle イ=90°-\angle ア$　よって，$\angle PAM$と同じ大きさの角は，イ

2　2組の角がそれぞれ等しいので，$\triangle AMP\backsim\triangle PMO$　PM：OM＝AM：PM　PM：1＝3：PM　$PM^2=3$　PM＞0より，$PM=\sqrt{3}$ (cm)

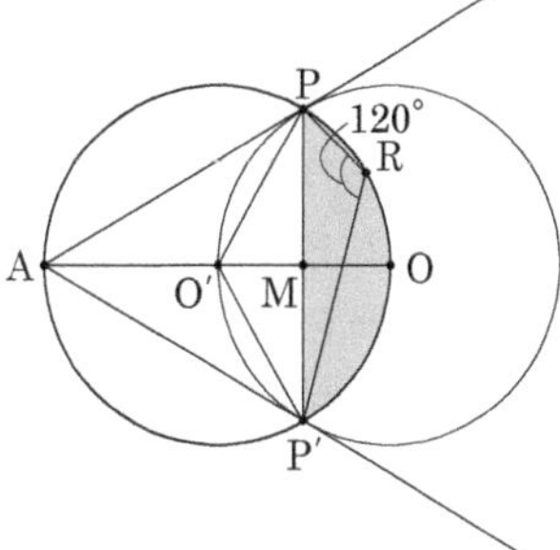

3　**円周角の定理の逆**により，点Rは線分PP′を弦とする円の周上を動く。その円の中心をO′とすると，**円周角と中心角の関係**により，$\angle PO'P'=120°\times2=240°$　また，点O′は線分PP′の垂直二等分線OA上にあり，$\angle PO'M=(360°-240°)\div2=60°$より，$\triangle PO'M$は内角の大きさが，30°，60°，90°の直角三角形である。よって，

O'P：PM＝2：$\sqrt{3}$　$\sqrt{3}$ O'P＝2×$\sqrt{3}$　O'P＝2(cm)　よって，求める面積は，半径2cm，中心角120°のおうぎ形の面積から，△O'P'Pの面積をひいたものである。O'M：O'P＝1：2より，O'M＝$\frac{1}{2}$O'P＝$\frac{1}{2}$×2＝1(cm)なので，面積は，$\pi \times 2^2 \times \frac{120}{360} - \frac{1}{2} \times \sqrt{3} \times 1 \times 2 = \frac{4}{3}\pi - \sqrt{3}$ (cm²)

＜英語解答＞

【第1問題】 問1　1　ウ　2　ア　3　ウ　4　エ　問2　ウ，オ，カ
問3　①　blue　②　fly　③　(例)the moon can be seen[we can see a lot of stars]

【第2問題】 問1　1　エ　2　ウ　問2　1　ア　2　エ　問3　1　ア　2　イ

【第3問題】 問1　イ　問2　ア　問3　エ　問4　イ

【第4問題】 問1　イ　問2　a　ボランティアの助けなしではできない　b　友達を作ることを望んでいた　問3　guided the athletes to the stadium
問4　hold an autumn concert　問5　エ　問6　(例)to broaden my horizons[many people to see beautiful flowers]

【第5問題】 問1　1　problem　2　forget　問2　1　takes thirty minutes by train　2　interesting that I couldn't stop　3　the sunset is worth seeing
問3　a　(例)How many fish did you catch?[Cool. Did you catch many fish?]　b　(例)I think that's my seat.[This is my ticket. Will you check yours?]　問4　(例)<Yutoに○をした場合>Writing by hand is a good culture. In Japan, we learn calligraphy at school and some handwriting is very artistic.
<Mikiに○をした場合>Typing messages is more necessary in our daily lives. We often use computers when we send messages.

＜英語解説＞

【第1問題】 (リスニング)

放送台本の和訳は，63ページに掲載。

【第2問題】 (資料などの読み取り問題：英問英答，語句補充)

問1　1「ピーターは兄[弟]の誕生日にペンを選んでいます。彼は今どこにいますか」　エ「5階」フロアガイドを見ると5階に**stationery「文房具」**がある。　2「このデパートについて正しくないものはどれか」　ウ「全てのレストランが10時に開き，8時に閉まる」フロアガイドのOpening Hours「営業時間」の下に補足で「レストランの中には営業時間が同じではないものがあります」とある。　ア「子供服は2階で買える」フロアガイド2階参照。　イ「このお店のそれぞれの階に1つかそれ以上のトイレがある」トイレマークは，普通のトイレと大型のトイレマークがあるので全フロアにトイレがあることがわかる。　エ「男性用の衣服とスポーツ用の衣服は同じ階で買える」フロアガイド4階参照。

問2　1「2020年は1990年よりも免許を取得した人がア(少ない)」few「少しの」の比較級はfewerとなる。グラフから減っているのがわかる。　2「免許を取得したエ(60歳以上)の人の

数は増加している」全体の人数は減っているが，60歳以上の数は増加している。

問3　1「この車で遊ぶ前に何をする必要がありますか」説明書の上の「おもちゃの車」欄本文1行目に「車の電池を充電してください」とあるのでア「車の電池を充電する」がふさわしい。

2「このおもちゃの車のキットについて正しいものはどれか」　ア「電源ボタンを押すと車の充電を始めることができる」(×)　説明書左下「コントローラー」欄の本文第2文に「電源ボタンを押すとコントローラーを使えます」とある。　イ「コントローラー向けのバッテリーを準備する必要がある」(○)　説明書「コントローラー」欄本文第1文に「電池を入れてください(このキットに電池は含まれていません)」とある。　ウ「充電器を長く使いすぎるとヘッドライトが熱くなる」(×)　説明書「おもちゃの車」欄一番下の注意書きに「充電器は長く使用しすぎると熱くなる」とある。　エ「汚れたら車を洗わなくてはならない」(×)　説明書右下の「重要」欄上から2つ目に「車を洗わないでください」とある。

【第3問題】(短文読解問題：語句補充，語句解釈，内容真偽)

問1　①　この疑問文に対して直後に男性が「ホストマザーからこのことについて聞いた」とあるのでアンケートの2番の話をしているのがわかる。「何で知りましたか」とあるが「どのようにしてこの公演を知りましたか」という内容だと考える。「どのように」は howを使って表す。

②「では左から3つ目の□にチェックしてください」選択肢は「2つ目」か「3つ目」なので，ホストマザーから聞いた場合は3つ目の知人と考える。

問2　be yourself は「いつもの自分で，自分らしくいなさい」という意味。直前にグレッグが「クラスメイトと話すのが大好きだけど，彼らはいつも僕のことを静かに聞いている。僕が話しすぎると思っているかもしれない」と悩んでいるのに対して，森先生が「いつも自分らしくいなさい。そのふるまいは君の長所だ。多分彼らには英語を話すことが難しいけど，きみといい時間を過ごしている」とそのままでいいことを述べている。　ア「自分のやり方を変える必要はない」

問3　ティムは将来シェフになりたいが，親にもっと勉強しろと言われるのがいやである。それに対してジュディは将来のためにもっと知識を得ることは大事で，料理にも役立つだろうと述べている。　ア「ティムは毎日夕飯を作っているので，宿題をする時間がない」(×)　1つ目のティムのメッセージ第2文「料理が好きだから父と母によく夕飯を作る」，3つ目のティムのメッセージ第1文「僕は毎日宿題をする」とある。　イ「ティムの両親はシェフの仕事は大変なので他の夢を持つべきだと言っている」(×)　2つ目のティムのメッセージ第1文に「彼らは私の夢が好きで，僕は将来自分のレストランを持ちたい」とある。　ウ「ジュディはティムと彼の両親に彼女のレストランをよりよくするためのアドバイスを求めた」(×)　2つ目のジュディのメッセージ第2文に似たような表現があるが「素晴らしいシェフは自分のレストランをより良くするために多くのことを知っている」の意味。　エ「ジュディと彼女の両親は素晴らしいシェフになるために熱心に勉強することについて肯定的な意見を持っている」(○)　ティムの3つ目のメッセージ第2文「父と母はシェフになりたいならもっと一生懸命勉強しなさいとよく言う」，ジュディの最後のメッセージ「熱心に勉強することは将来素晴らしい料理を作るのに役立つことも信じている」から正しいとわかる。

問4　(全訳)　今多くのプラスチックボトルがリサイクルされている。プラスチックボトルは集められた後そこから新しい製品が生まれる。その1つが卵のパック。まずプラスチックボトルはリサイクル工場に行き小さく切られる。これがきれいに洗われる、次に熱せられて溶けて紙のように押し付けられる。そして特別な機械を通って，最終的に卵のパックとなる。　イのビニール袋については述べられていない。

【第4問題】（長文読解問題・スピーチ：語句補充，英問英答，指示語，内容真偽，条件英作文）

（全訳）「土曜日はひま？　学校のそばの川沿いに花を植えない？　楽しいよ」。この前の春休みのすぐ前に友達の1人のミホが私にボランティア活動をするように誘ってくれました。でもA私はその質問に「いいえ」と答えました。私は吹奏楽団の練習をする必要があり忙しかったのです。私はなぜ彼女がそれほどボランティア活動に興奮していたのか知りませんでした。

この前の夏の終わりに，私は東京に住んでいる叔母と電話で話をしました。彼女は大きなスポーツ大会中のボランティアとしての経験について私に話しました。最初は約8万人がそれを手伝う予定でしたが，その多くが様々な理由であきらめました。しかし，(1)私の叔母は彼女の決心を変えませんでした。この大会の前，彼女は二つの国際的なスポーツ大会を何年か前に手伝っていました。彼女はボランティアの助けなしにこのような大きな大会は開けないと知っていたのです。ほかにも，彼女は他のボランティアと働くことで友達を作ることを望んでいました。今回彼女の仕事は選手を競技場へ案内することでした。彼女は毎日疲れました。でも自分の仕事ではありませんでしたが，彼女は家で選手たちへのプレゼントとしてメッセージつきの折り紙の手裏剣を折りました。「彼らがそのプレゼントをもらうと喜んだ笑顔を見せてくれたのよ」と彼女は誇らしげに言いました。彼女と話したあと，「そんな小さなことで人を励ませるの？」と思いました。

1週間が経ちました。私たちの吹奏楽団はお年寄りのホームから秋のコンサートを開くように頼まれました。彼らの多くは孤独を感じていたので，そこのスタッフがオンラインでライブ音楽を彼らに聞かせたいと思いました。多くのイベントが中止になっていたので(2)それこそが私たちの一番やりたいことでした。私たちはそのために一生懸命練習をして，最高のパフォーマンスをしました。コンサートのあと，あるスタッフが「手拍子をする人もいたし，音楽と歌っている人たちもいました。あなたたちの音楽のおかげで，彼らの顔に笑顔が見えました」と私たちに言いました。これらの言葉は私たちには本当に特別でした。この経験が私に叔母の手裏剣を思い出させました。小さなプレゼントでさえ選手を励ます力を持っているし，彼らの笑顔も私の叔母を幸せにしました。他の誰かを助けることは自分たちを助けることでもあるのです！

2週間前，ミホが私に「この前の春に植えた植物の世話をするのはどう？」と言いました。(3)私は彼女のプランを受け入れました。来週このイベントに参加することを楽しみにしています。

問1　空欄直前でボランティアに誘われて，But「しかし」と続いており，空欄直後には忙しいことも書かれているので，ボランティアに行かないことがわかる。

問2　(a)　第2段落第6文参照。　(b)　同段落第7文参照。

問3　「昨夏の大規模なスポーツ大会の間，エリの叔母はボランティアとしてどんな仕事をしましたか」解答例は「彼女は選手を会場まで案内した」。第2段落第8文参照。

問4　that は前述された内容をさすことができる。このthat は主語「それは」で，to で始まる文に置き換えると**<to ＋動詞の原形>「～すること」**となると考えられる。同段落1，2文から彼らが一番したかったことは「秋のコンサートを開くこと」である。

問5　ア「エリの叔母は昨夏以前にどんなスポーツ大会にもボランティアとして参加したことはなかった」(×)　第2段落第5文参照。　イ「選手たちは手裏剣が小さすぎたのでそれに励まされることはなかった」(×)　第2段落第10，11文参照。　ウ「エリは叔母と話したあとにチャリティーコンサートのアイディアが浮かんだ」(×)　第3段落第2文参照。　エ「観客と吹奏楽のメンバーの両方がコンサートに満足をした」(○)　第3段落第5，6文参照。

問6　**自分の意見を書けるように**練習しておくこと。解答例を含む英文は「(私はボランティアをすることで)自分の視野を広げ／多くの人たちに美しい花を見てもらい(たいので受け入れました)」という意味。条件を必ず守ること。

【第5問題】 (語句補充，語句並べ替え，条件英作文：接続詞，動名詞)

問1　1「問題ありません」 Aの「これらのカバンを運ぶのを手伝って頂けますか」を受け入れている。　2「あなたのことを決して忘れません」 Aが「もっと長くいっしょにいられたらいいのに，ジョン。日本を離れても私たちを忘れないで」とあるのでお別れのシーンだとわかる。

問2　1 (It)takes thirty minutes by train(.)「電車で30分かかる」**<it takes ＋時間>**で「(時間)がかかる」の意味。　2 (Well, the story was so)interesting that I couldn' t stop(reading it last night.)「話がとても面白かったので昨夜は読むのをやめられなかった」**<so ＋形容詞＋ that ～>で「とても(形容詞)なので～だ」**の表現。　3 (Many people say)the sunset is worth seeing(from the beach.)「多くの人たちがその夕焼けはビーチから見る価値があると言っている」**worth ～ ing「～する価値がある」**

問3　(a)　①，②で「どこに行ってたの？」「湖に釣りに行った」とあり④で「いい質問だね。10匹釣った」とあるので，③は何匹釣ったかを聞いていると考える。解答例「何匹魚を釣りましたか」「いいね。たくさん魚を釣りましたか」の意味。　(b)　④で「ちょっと待って下さい……ああ，すみません」と謝っているので③で席を間違えていることを言っていると考える。解答例は「ここは私の席だと思います」「これは私のチケットです。あなたの席を確認してくれますか」の意味。

問4　先生は「最近先生たちはコンピューターをいつも使っていて手で書く機会があまりありません。でも生徒たちはノートにたくさん書いています。手書きは重要だと思いますか」という内容。ユウトさんは「手で書くと誰がそのメッセージを書いたかわかります。手紙にサインをすると，それがにせ物ではなく書いた人からの本物の手紙だと信じることができます。だから手書きは大切です」と述べている。ミキさんの意見は「そうは思いません。メッセージをタイプすることは……」とユウトさんと反対意見であることがわかる。**条件をよく読み解答すること。**解答例はユウトさんに○をした場合「手書きはいい文化です。日本では学校で書道を学び，手書きの中にはとても芸術的なものもあります」，ミキさんに○をした場合「メッセージをタイプすることは私たちの日々の生活でよりなくてはならないものです。私たちはメッセージを送るときによくコンピューターを使います」の意味。**身近なことに対する自分の考えを表現できるよう，知っている単語を使って表現できるように書いて練習しておこう。**

2022年度英語　リスニングテスト

〔放送台本〕

ただ今から放送による問題を行います。第1問題は，問1～問3まであります。途中でメモをとってもかまいません。

問1　二人の会話を聞いて，そのあとの質問に答える問題です。それぞれの会話のあとに読まれる質問の答えとして最も適当なものを，ア～エの中から一つずつ選び，記号で答えなさい。会話は1～4まであります。放送は1回のみです。それでは問題に入ります。

1番　A: Hi, Megumi. What's up?
　　B: I went to the farewell party for Taro.
　　A: Did you give him anything?
　　B: Yes, I gave him some flowers and a cup.

Question: What did Megumi give to Taro?

2番　A: Wow, the hamburger shop is having a sale.
B: My favorite is a cheeseburger. How much is it?
A: It's usually 380 yen, but now it's 290 yen.
B: Great. Let's go there for lunch.
Question: Which sale have they found?

3番　A: Mom, this science homework is difficult.
B: Ask your sister, Mike. She knows a lot about the subject.
A: But she is studying in the library. Then, I'll check it out on the internet in my room.
B: OK. Finish it before dinner.
Question: What will Mike do next?

4番　A: Dad, did you see a book about *rakugo* here? I have to give it back to my friend today.
B: Have you checked your bag?
A: Of course, yes. Um ... last night, I read it at the table ... and later on the sofa.
B: Oh, it was on the sofa this morning. I've put it in the bookcase. Sorry, I didn't tell you about it.
Question: Where is the book now?

これで問1を終わります。次は問2です。

〔英文の訳〕

1番　A：やあ，メグミ。どうしたの？
B：タロウの送別会に行ったのよ。
A：彼に何かをあげたの？
B：うん，花を少しとコップを1つあげたよ。
質問：メグミはタロウに何をあげましたか？
答え：ウ

2番　A：わあ，ハンバーガー屋がセールをしているよ。
B：私のお気に入りはチーズバーガー。いくら？
A：通常380円だけど今は290円。
B：いいね。ランチにそこへ行こう。
質問：どのセールを彼らは見つけましたか？
答え：ア

3番　A：お母さん，この理科の宿題が難しい。
B：お姉ちゃんに聞きなさい，マイク。その教科についてたくさん知っているよ。
A：でも今図書館で勉強中だよ。じゃあ部屋でインターネットで確認するよ。
B：オーケー。夕飯前に終わらせてね。
質問：マイクは次に何をしますか？
答え：ウ

4番　A：お父さん，ここで落語の本を見なかった？　今日友達に返さないといけないんだけど。

B：カバンを確認した？
A：もちろん，したよ。うーん…昨晩テーブルで読んでいて…そのあとはソファで。
B：ああ，今朝ソファにあったよ。本棚に入れたんだ。ごめんね，そのこと伝えてなかった。
質問：今本はどこにありますか？
答え：エ

〔放送台本〕
問2　あなたはニュージーランドの中学校とのオンライン交流会で，相手校のエマ(Emma)さんの話を聞きます。話されている内容に合うものを，ア～カの中から三つ選び，記号で答えなさい。放送は2回くり返します。1回目の放送 は15秒後に始まります。それでは問題に入ります。

Hi! I'm Emma Brown. I've never been to Japan, but I'm really interested in your language and culture.

I respect Japanese people greatly, because you use three different writing systems; *hiragana*, *katakana*, and *kanji*. It's amazing. Of the three, *hiragana* looks the most beautiful to me. How do you write my name in *hiragana*? Please show it to me later.

Also, *kanji* is like art. My Japanese teacher here, Mr. Suzuki, showed me his own stamp with his *kanji* name. He called it *hanko*. It looked so cool. He said each *kanji* has a meaning. Someday, I hope to make my own *hanko* in *kanji*. If you have a good idea, please let me know.

これで 問2を終わります。次は 問3です。

〔英文の訳〕
こんにちは！　私はエマ・ブラウンです。日本へ行ったことはありませんが，皆さんの言葉と文化にとても興味を持っています。
私は日本人をとても尊敬しています。それは3つの書くシステム，平仮名，カタカナ，そして漢字を使っているからです。素晴らしいです。3つのうち，私には平仮名が一番美しく見えます。私の名前は平仮名でどのように書きますか？　あとで教えてください。
また，漢字は芸術のようです。ここでの私の日本語の先生，スズキ先生が彼の漢字の名前のスタンプを見せてくれました。彼はそれをハンコと呼びました。とてもかっこよく見えました。彼は漢字には一つ一つ意味があると言いました。いつか自分の漢字のハンコを作りたいです。いいアイディアがあったら教えてください。
答え：ウ　エマは自分の名前が平仮名でどのように書くのかを知りたい。
　　　オ　ハンコはエマにとってかっこいい日本文化の1つだ。
　　　カ　エマは漢字の一つ一つに意味があることを知っている。

〔放送台本〕
問3　英語の授業で先生がクイズを出します。その内容に合うように，次の〈メモ〉を完成させなさい。また，先生の指示を聞いて、3番目のヒント(hint)を英語で書きなさい。ただし，①，②はそれぞれ英語1語で，③は主語と動詞を含む英語で答えなさい。放送は2回くり返します。それでは問題に入ります。

Let's start the quiz "What is it?" Listen to the three hints and guess the answer. If you get the answer, please raise your hand. Are you ready?

Hint No.1: It is sometimes red, sometimes blue, sometimes gray, and sometimes black. Hint No.2: Birds and planes fly in it. Hint No. 3 ... Oh? Did you already get the answer? Yeah, that's right. The answer is "sky." Good job.

Then, can you guess my third hint? It starts with "at night." Now please begin.

これで放送を終わります。

〔英文の訳〕

クイズ「これは何？」を始めましょう。3つのヒントを聞いて答えを考えましょう。もし答えがわかったら手をあげてください。準備はいいですか？

ヒント1：これは時に赤く，時に青で，時にグレーで，時に黒です。ヒント2：鳥と飛行機がその中で飛びます。ヒント3：…あら？　もう答えがわかりましたか？　はい，そうです。答えは「空」です。よくできました。

では，3つ目のヒントは何かわかりますか？　それは「夜に」から始まります。では初めてください。

答え：① 赤，青，グレー，黒

② 鳥と飛行機がそこで飛びます

③ 夜にそこで(例)月が見られます／たくさんの星を見ることができます。

＜理科解答＞

【第1問題】 問1 1 相同器官　2 138g　3 1.7W　4 ウ　問2 1 イ　2 B, F　問3 1 エ　2 イ

【第2問題】 問1 1 ア　2 イ，エ　3 小腸の表面積が非常に大きくなり，効率よく養分を吸収できるようになるという利点。　問2 1 イ　2 気孔　3 12.5g　4 98.2g

【第3問題】 問1 1 アルカリ　2 $NaOH+HCl \rightarrow NaCl+H_2O$　3 ア　4 右図1　問2 1 ア　2 ウ　3 Cl_2　4 50

図1

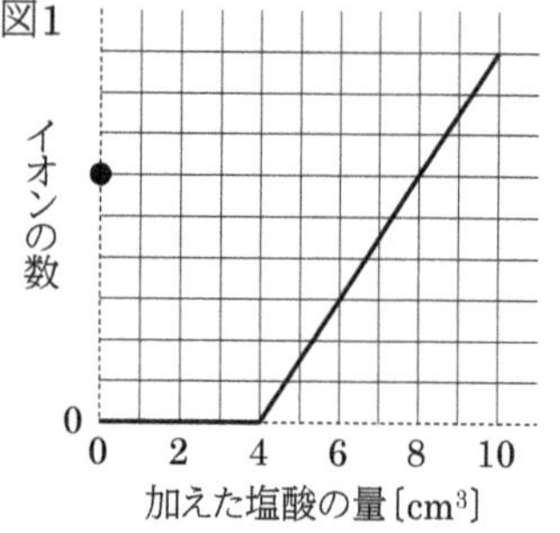

【第4問題】 問1 操作2 ウ　操作3 オ　2 空気　3 0.45秒後　問2 1 X $\frac{1}{60}$ Y 6　2 33cm/s　3 右図2　4 ウ

図2

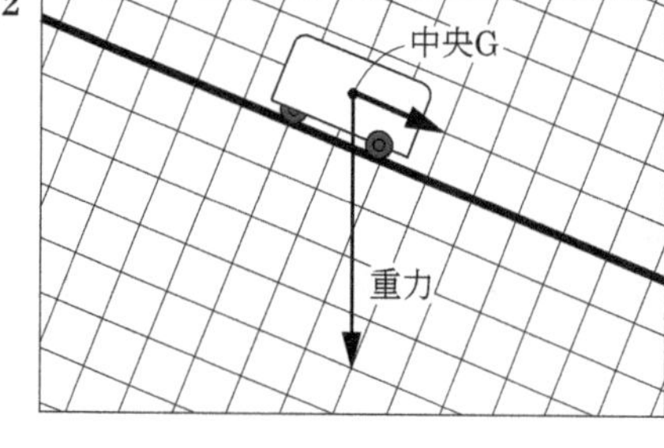

【第5問題】 問1 1 イ　2 地熱　3 (1) 石基　(2) 等粒状組織　(3) マグマが地下深くで長い時間をかけて冷えてできるため。　問2 1 角がとれてまるみを帯びている。　2 ウ　3 X ア　Y 示相化石　4 エ

<理科解説>

【第1問題】 (小問集合 — 進化，水溶液の濃度，電力，風向)

問1　1　セキツイ動物の骨格を比べてみると，例えばホニュウ類どうしでは基本的なつくりに共通点がある。現在の形やはたらきは異なっていても，もとは同じ器官であったと考えられるものを**相同器官**という。　2　**質量パーセント濃度**(%)＝溶質の質量(g)÷溶液の質量(g)×100。**溶質**の塩化ナトリウムの質量は，150(g)×8÷100＝12(g)　したがって，**溶媒**の水の質量は，150－12＝138(g)　3　**電力**(W)＝電圧(V)×電流(A)より，5.0(V)×0.34(A)＝1.7(W)　4　**風向**は，風のふいてくる方位で表し，風向計などで調べる。ふき流しがたなびく方向から180°の方位が風向にあたる。

問2　1　棒磁石を動かすことで，コイル内部の**磁界**が変化すると，電圧が生じてコイルに電流が流れる現象を**電磁誘導**といい，このとき流れる電流を**誘導電流**という。コイルに棒磁石を入れるときと出すとき，出し入れする棒磁石の極を変えるときには，流れる電流の向きは逆になる。棒磁石を速く動かしたり，コイルの巻き数を多くしたりすると電流は大きくなる。　2　手の皮ふで刺激を受けとると，信号は**感覚神経**からせきずいに伝わるが，この信号が脳に伝わる前に，せきずいから命令の信号が**運動神経**を通って手に伝わって反応が起こる。このように意識とは無関係に決まった反応が起こることを**反射**という。

問3　1　**温暖前線**は暖気が寒気の上にはい上がり，寒気をおしながら進む。**閉そく前線**は，**寒冷前線**が温暖前線に追いついてできる。暖気と寒気がぶつかり合っていて，ほとんど前線の位置が変わらないのは**停滞前線**である。　2　鉄くぎを入れて栓をしたビンの**密度**は，海水(密度1.02g/cm^3)より密度が小さく，水(密度1.00g/cm^3)より密度が大きい。したがって，ビンの質量は，1.02(g/cm^3)×500(cm^3)＝510(g)より小さく，1.00(g/cm^3)×500(cm^3)＝500(g)より大きい。

【第2問題】 (消化と吸収，植物のつくりとはたらき—消化酵素，吸収，蒸散，維管束)

問1　1　**消化酵素**は食物を分解し，吸収されやすい物質にする。表1より，ペトリ皿B，Cでゼラチンは分解されているが，条件のちがいは消化酵素Xの量のちがいだけである。変化にかかる時間が短いほど，分解速度は大きい。　2　タンパク質は，胃液中のペプシン，すい液中のトリプシンなどのはたらきでアミノ酸に分解される。だ液などにふくまれるアミラーゼはデンプンを，すい液中のリパーゼは脂肪を分解する。　3　小腸のかべのひだである**柔毛**があることで，小腸の表面積は非常に大きくなっている。このため，効率よく養分を吸収することができる。

問2　1　図4で，葉の**維管束**である葉脈が網目状になっていることから，ボタンは**双子葉類**であることがわかる。維管束は，根から吸収された水や水にとけた肥料分などの通り道である**道管**と，葉緑体で**光合成**によってつくられたデンプンなどの養分が水にとけて通る**師管**の集まりである。双子葉類の茎では，維管束が周辺部に輪の形に並んでいるので，茎の縦断面では，両端に2本のすじになって見える。　2　植物の根からの吸水に対して，葉では水を水蒸気として排水するしくみがあり，根から吸い上げられた水が，**蒸散**によって**気孔**などから水蒸気になって出ていく。　3　葉の裏側からの蒸散量は，枝E(表側，裏側，茎から蒸散)と枝B(表側，茎から蒸散)の差で求めることができる。(100.0－79.0)－(100.0－91.5)＝12.5(g)　4　表2より，枝Bの1時間あたりの蒸散量は1.7g，枝Cは0.1g。したがって，100.0－1.7－0.1＝98.2(g)

【第3問題】 (酸とアルカリ，電気分解—化学反応式，中和，電解質水溶液の電気分解)

問1　1　BTB溶液は酸性で黄色，中性で緑色，アルカリ性で青色を示す。水溶液中で，水酸化ナトリウムは次のように**電離**して，陰イオンである水酸化物イオン(OH^-)を生じている。

$NaOH \rightarrow Na^{+} + OH^{-}$ 水溶液にしたとき，電離して水酸化物イオンを生じる化合物をアルカリという。 2 水溶液中では，実際にはNa^{+}とCl^{-}はイオンのまま存在している。 3 塩酸を加えるにしたがって，水酸化物イオンは**中和**に使われて減少していくが，ナトリウムイオンの数は変化しない。ウは水酸化物イオンの数の変化を表している。 4 水酸化ナトリウム水溶液と塩酸が過不足なくちょうど反応する，加えた塩酸4cm^{3}までは，水素イオンは水溶液中に存在しない。さらに4cm^{3}を加えたところで，水素イオンの数は最初に存在するナトリウムイオンの数と等しくなる。

問2 1 塩化ナトリウム(食塩)や水酸化ナトリウムのように，水にとかしたときに電離して，水溶液に電流が流れる物質を**電解質**，砂糖やエタノールのように水にとかしても電離せず，水溶液に電流が流れない物質を非電解質という。スポーツドリンクには，糖類のほかに食塩などの電解質もとけている。 2 塩化銅($CuCl_2$)は水にとけて次のように銅イオン(Cu^{2+})と塩化物イオン(Cl^{-})に電離する。$CuCl_2 \rightarrow Cu^{2+} + 2Cl^{-}$ 電気分解では，陰極にCu^{2+}が引かれて赤色の銅が付着する。 3 塩化銅水溶液の電気分解では，陰極の表面に銅が付着し，陽極の表面からは塩素(Cl_2)が発生する。この反応は，次のように表すことができる。$CuCl_2 \rightarrow Cu + Cl_2$ 4 図2より，一定時間に炭素電極に付着した金属の質量は，電流の大きさに比例している。60分間ずつ電流を流したとき，金属の質量の合計は，0.6＋1.2＋1.8＝3.6(g)なので，求める時間をx分間とすれば，3.6：60＝3.0：x，x＝50(分間)

【第4問題】 (音，物体の運動―音の波形，音の伝わる速さ，平均の速さ，力の分解)

問1 1 操作2ではピアノ線をはじく強さだけが変化しているので，ピアノ線(弦)が1秒間に振動する回数である**振動数**は変わらず，**振幅**が大きくなる。操作3ではおもりの数を増やしているので，ピアノ線をより強く張ることになり，高い音が出る。振動数が多いほど高い音が出るので，山(または谷)の数が多いものがあてはまる。 2 振動する物体はまわりのものを振動させるが，空気中では音源がまわりの空気を振動させて，その振動が空気中を次々と伝わる。 3 AさんとBさんの距離をxmとすると，(x＋51)÷340(m/s)＝0.60(s)，x＝153(m)なので，153(m)÷340(m/s)＝0.45(s)

問2 1 6打点では6/60(秒)＝0.1(秒)になる。 2 速さ(cm/s)＝移動した距離(cm)÷かかった時間 区間Cの台車の平均の速さは，8.4(cm)÷0.1(s)＝84(cm/s)，区間Dでは，11.7(cm)÷0.1(s)＝117(cm/s) 117(cm/s)－84(cm/s)＝33(cm/s) 3 斜面上の物体には，**重力**と斜面からの**垂直抗力**がはたらいている。物体が斜面上を下るのは，垂直抗力と重力の斜面に垂直な**分力**はつり合っているが，重力の斜面に平行で下向きの分力がはたらくためである。重力が平行四辺形(ここでは長方形)の対角線になるように，斜面に垂直な分力と斜面に平行な分力に分解する。
4 斜面上の台車にはたらく運動方向の力の大きさが変わらないので，速さが増加する割合は変わらない。

【第5問題】 (火山と火成岩，地層―マグマ，地熱，火成岩，堆積岩，示相化石)

問1 1 マグマのねばりけが弱いと溶岩は流れやすいので，傾斜がゆるやかな火山をつくり，ねばりけが強いと溶岩は流れにくいので，盛り上がった形の火山をつくる。 2 **地熱発電**は，天候に左右されない利点がある。 3 (1) 安山岩などの火山岩は，比較的大きな**鉱物**である**斑晶**のまわりを，形がわからないほど小さな鉱物の集まりやガラス質の部分である**石基**がとり囲んでいる。このようなつくりを**斑状組織**という。 (2) 花こう岩などの深成岩には石基の部分がなく，大きな鉱物だけが集まってできている。このようなつくりを**等粒状組織**という。 (3) 深成岩は，マグマが地下の深いところで長い時間をかけて冷えてできるため，鉱物の粒が大きく成長する。

問2　1　岩石は長い年月をかけて**風化**，**侵食**され，水の流れによって下流へ**運搬**されてれきや砂，泥となって堆積する。これらは粒の大きい順に，れき→砂→泥に分類される。この堆積物が固まってできた岩石を堆積岩という。堆積岩は，流れる水や風の影響で角がとれた粒でできたものが多い。　2　石灰岩は貝殻やサンゴなどが堆積してできた岩石で，うすい塩酸をかけると二酸化炭素が発生する。鉄がけずれて火花が出るほどかたいのはチャート。2㎜以上の大きさの粒からできているのはれき岩である。　3　生物には，限られた環境にしか住めないものがいる。その生物の化石がふくまれる地層からは，堆積した当時の環境を知ることができる。このような化石を**示相化石**という。　4　流れる水のはたらきで運ばれた土砂は，粒の大きいものほど海岸に近いところに堆積し，沖にいくほど粒の小さいものが堆積する。F層からD層までが堆積したとき，れき→砂→泥と粒が小さくなっているので，海岸からしだいに遠くなっていったと考えられる。

＜社会解答＞

【第1問題】 問1　1　a　2　エ　3　右図
問2　ウ　問3　1　ブラジル
2　北方領土　3　シリコンバレーを中心に，先端技術産業が発達したから。　問4　1　エ　2　ウ
3　ア　4　夏の涼しい気候を利用することで，静岡県や茨城県が出荷しない時期にレタスを生産している。　問5　イ

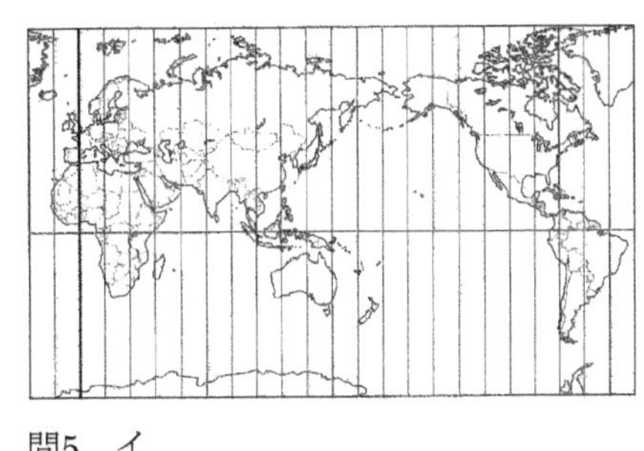

【第2問題】 問1　1　青銅(器)　2　平等院(鳳凰堂)　3　A　イ　B　ウ　4　元寇で戦ったことに対し，領地が十分にもらえなかったこと。　5　ウ→イ→ア
6　外様(大名)　7　台所　問2　1　ウ→ア→イ　2　エ　3　イ
4　世界恐慌の影響で，アメリカ向けの生糸の輸出が減少したから
5　(ソ連中心の社会主義国と)アメリカ中心の資本主義国との対立を背景とした朝鮮戦争(がおきて，鉄鋼などの需要が増えたから。)

【第3問題】 問1　1　ア　2　(1)　ウ　(2)　所得が低い人ほど，税の負担が重くなる
問2　1　ウ　2　生存　3　内閣総理大臣を指名する選挙で有利になるから。
4　イ　問3　1　ア　2　難民　3　エ

【第4問題】 問1　1　植民地　2　イ　3　エ　問2　1　文化　2　差別
問3　1　関東(大震災)　2　(記号)　ア　(理由)　人口爆発が続くと予想されているから。　3　エ

＜社会解説＞

【第1問題】（地理的分野―世界地理－地形・人々のくらし・産業，―日本地理－地形図の見方・日本の国土・農林水産業）

問1　1　白夜が起きるのは，概ね緯度が66.6度以上の地方であり，略地図中のaが正しい。地球の

自転軸が，太陽公転面に垂直な線から約23.4度傾いているためである。 2 南アメリカ大陸西部の太平洋岸沿いに連なる大山脈を**アンデス山脈**という。アンデス山脈の高地に暮らす人々は，標高4000m以上の場所では作物が育たないので，**リャマ**や**アルパカ**を放牧して生活している。アンデス山脈の位置は略地図上のエである。 3 イギリスのロンドン郊外の**グリニッジ天文台**を通る経線が，**本初子午線**である。1884年の国際協定で，この線を**東経0度**，**西経0度**とし，全世界の経度の原点とすることが決定された。本初子午線が通る国は，ヨーロッパ州では，イギリス・フランス・スペイン，アフリカ州では，アルジェリア・マリ・ブルキナファソ・トーゴ・ガーナである。これを略地図上に表すと，右の通りになる。

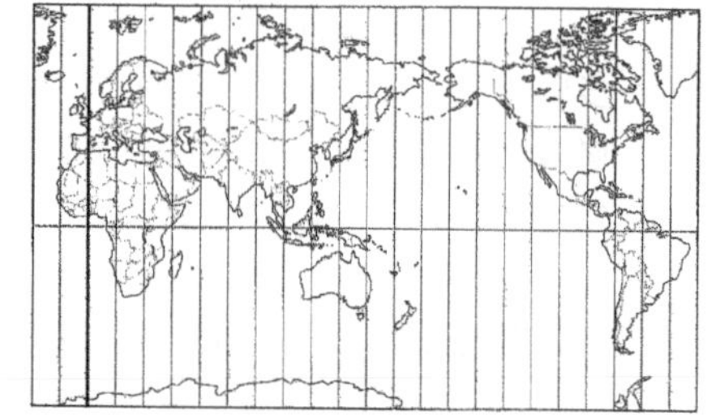

問2 1951年の**サンフランシスコ平和条約**において，**竹島**は日本の領有権を認められた。竹島は，島根県沖の日本海にある。資料①では，周辺の海域に筋状の雲がかかっているのが見える。

問3 1 南東部のサンパウロとの記述から，A国がブラジルだとわかる。 2 歯舞(はぼまい)群島，色丹(しこたん)島，国後(くなしり)島，択捉(えとろふ)島の4島は，**北方領土**と呼ばれる。**第二次世界大戦**の終戦直後，当時の**ソ連**によって占拠された。日本政府は**ロシア連邦**政府に対して北方領土の返還を要求しているが，交渉は進まず，未解決のまま時が過ぎている。 3 アメリカのカリフォルニア州サンフランシスコ郊外の盆地帯であるサノゼ地区のことを，写真③のような**半導体**のメーカーが多数集まっているため，**シリコンバレー**という。シリコンとは半導体の材料であるケイ素のことである。このシリコンバレーを中心に，先端技術産業が発達したため，太平洋岸の工業生産額の割合が高くなっているのである。以上を簡略にまとめ，指定字数以内で解答する。

問4 1 この**地形図**の縮尺は2万5000分の1なので，計算すれば4cm×25000＝100000cm＝1000mとなる。したがって，エが誤りである。ア・イ・ウは正しい。なお，選択肢ウの変電所の地図記号は，発電所と同じく「☼」である。 2 P地点は**標高**約943m，Q地点は標高約850mである。また，P地点からQ地点に向かうには，一度高く上がった後に，高低の起伏がありQに至るので，ウが正しい。 3 福島県は，東北地方であり，北陸新幹線は通らない。 4 長野県では，夏でも冷涼であるという特徴を生かして，収穫を遅らせる**抑制栽培**を行っている。そして，静岡県や茨城県などの，他地域が出荷しない時期にレタスを出荷している。上記を簡潔にまとめ，指定字数以内で解答する。

問5 **震災遺構**とあるので，写真⑤は岩手県だとわかる。岩手県は，全国の都道府県中で，面積の広さが北海道に次いで2番目であるので，4都県の中で最も面積の広いイが，岩手県である。

【第2問題】 (歴史的分野―日本史時代別－旧石器時代から弥生時代・古墳時代から平安時代・鎌倉時代から室町時代・安土桃山時代から江戸時代・明治時代から現代，―日本史テーマ別－政治史・宗教史・外交史・社会史・経済史)

問1 1 日本列島に鉄や青銅などやその加工の技術が大陸から伝来したのは，2000年ほど前の**弥生時代**のことである。**青銅器**の多くは，**祭祀**の道具として日本独特の発達を見せた。写真①の**銅剣**，写真②の**銅鐸**などは青銅器の一例である。これに対し，鉄器は実用的な工具や農具・武器に使われた。 2 平安時代中期は**末法思想**の流行から，**浄土信仰**が全盛を迎えた。**摂関政治**の全盛期である1053年に，**関白藤原頼通**によって浄土信仰に基づいて建立されたのが，**平等院鳳凰堂**である。 3 A **保元の乱**とは1156年に起こった，**後白河天皇**と**崇徳上皇**による権力争いである。　B　保元の乱の3年後，**平治の乱**が起こった。平治の乱で勝利を収めた平清盛は，1167年に武士として初めて**太政大臣**の位につき**平氏政権**を築いた。　4　鎌倉時代の幕府と御家人は，御恩と奉公の関係で結びついていたが，**元寇**で戦ったことに対し，多くの**御家人**は**恩賞**としての領地が十分にもらえなかったため幕府に対して不満を持った。上記のような趣旨を指定字数以内にまとめて解答する。なお，1274年の元軍との戦いを**文永の役**，1281年の戦いを**弘安の役**という。　5　アの文禄石州丁銀は，江戸時代のものであり，**石見銀山**で産出された銀を用いて幕府によってつくられた。イの宋からの輸入銭は，平安時代後期から鎌倉時代前期に行われた**日宋貿易**によって日本にもたらされたものである。ウの**和同開珎**は，奈良時代に**律令**国家の政府によって708年に鋳造されたものである。したがって，年代の古い順に並べると，ウ→イ→アとなる。
6　1600年の**関ヶ原の戦い**以降に徳川家に従った大名を，**外様大名**という。関ケ原の戦い以前から徳川家に臣従していた大名は，**譜代大名**と言われる。　7　江戸時代に全国各地から米をはじめとする食料などの物資が運び込まれ，各藩の蔵屋敷が設けられて，「**天下の台所**」と呼ばれたのは，**大阪**である。

問2　1　ア　1871年に派遣された岩倉使節に加わって帰国し，内治優先を主張した**大久保利通**らと，国内に残って**征韓論**を唱えた**西郷隆盛**らが対立したのは，1873年のことである。この対立は西郷ら多くの**参議**の下野によって決着し，**明治6年の政変**と呼ばれる。　イ　**板垣退助**らによって**自由党**が結成されたのは，1881年である。　ウ　**五箇条の御誓文**が出されたのは，**戊辰戦争**さなかの1868年である。したがって，年代の古い順に並べると，ウ→ア→イとなる。　2　**日清戦争**と**日露戦争**の間には，**ロシア**の南下を警戒する**イギリス**と，ロシアの満州・朝鮮への進出を抑えようとする日本の利害の一致から，1902年に**日英同盟**を締結した。**ビゴー**の風刺画である図④のXがイギリス，Yがロシアである。　3　**第一次世界大戦中**の1915年に，日本が**中華民国**に対し，**山東省**の利権などドイツ権益の継承を要求したのが，**二十一か条の要求**である。**大隈内閣**は，**最後通牒**を発し，中華民国の政府に一部を除き受諾させた。なお，**地租改正条例**は，1873年に出された。**国家総動員法**が制定されたのは，1938年である。**公害対策基本法**は，1967年の制定である。　4　1929年にニューヨーク市場で株価が大暴落したのをきっかけに，世界的に深刻な長期不況に陥ったことを，**世界恐慌**という。世界恐慌の影響はアメリカで最も強く，アメリカ向けの日本からの生糸の輸出が減少した。**生糸**の原料となる「**まゆ**」の価格は大暴落した。そのため，生糸を生産する製糸会社等は大きな打撃を負った。以上を簡潔にまとめて解答する。　5　**ソ連中心の社会主義国**と**アメリカ中心の資本主義国**との対立を背景とした**朝鮮戦争**が1950年に勃発したことが，日本で鉄鋼などの生産量が急激に増えた要因である。以上を指定の字数以内で簡潔にまとめるとよい。

【第3問題】 (地理的分野―日本地理－農林水産業，公民的分野―財政・国の政治の仕組み・基本的人権・国際社会との関わり・経済一般)

問1　1　農業・林業・漁業をあわせて，**農林水産業**といい，代表的な**第一次産業**である。また，新技術や高度な知識を軸に，大企業では実施しにくい創造的・革新的な経営を展開する中小企業を**ベンチャー企業**という。ベンチャーとは「冒険的な企て」の意である。正しい組み合わせは，アである。　2　(1)　**消費税**は，**間接税**の中の大部分を占めている。グラフ①の，ウである。
(2)　消費税のように，低所得者でも高所得者でも同じ税率だと，低所得者ほど負担が高くなる。**所得**が低い人ほど，税の負担が重くなる。これを消費税の**逆進性**という。以上を指定の字数内でまとめるとよい。

問2　1　ア　県知事選挙に立候補できるのは，満30歳以上である。　イ　**裁判員**に選ばれる年齢も18歳以上に引き下げられるのは，2023年以降である。 エ 憲法第96条に「この憲法の改正は，各議院の総議員の三分の二以上の賛成で，国会が，これを発議し(以下略)」と規定されており，**憲法改正の発議**ができるのは**国会議員**のみである。ア・イ・エのどれも誤りであり，ウが正しい。満18歳の国民ができるのは，最高裁判所の裁判官の適否を審判する，**国民審査**である。 2 憲法第25条は「すべて国民は，健康で文化的な最低限度の生活を営む権利を有する。」と定めており，それは**生存権**といわれるが，人間が人間らしく生きるのに必要な諸条件の確保を，国家に要求する権利である。 3 憲法第67条に「**内閣総理大臣**は，国会議員の中から国会の議決で，これを指名する。なお，衆議院と参議院の指名が異なった場合には，両院協議会を開き，それでも意見が一致しないときは衆議院の議決を国会の議決とする。」との規定があり，内閣総理大臣を指名する選挙で，衆議院において多数票を獲得しやすくなるからであることを指摘すればよい。 4 **最高裁判所**における裁判は，15人の裁判官全員で構成する**大法廷**(定足数9)と，5人ずつで構成する三つの**小法廷**(定足数3)とにおいて行われる。いずれの場合も，裁判官(判事)は横一列に整列して着席する。大法廷の写真は，イである。

問3 1 1967年にインドネシア・シンガポール・タイ・フィリピン・マレーシアの5か国によって，地域協力機構として設立されたのが，**ASEAN(Association of South-East Asian Nations)**＝**東南アジア諸国連合**である。その後5か国が加わり，現在の加盟国は10か国である。 2 **第二次世界大戦**後，依然として避難を余儀なくされていた100万人以上の人々を援助するために1950年に設立されたのが，**国連難民高等弁務官事務所(UNHCR)**である。2022年3月現在，**ロシア軍**の**ウクライナ**侵攻をめぐっての働きが顕著である。 3 労働者のための統一的な保護法として，1947年に制定されたのが**労働基準法**である。労働条件の基準を定め，第4条では，**男女同一賃金**について定め，第32条では，**1日8時間労働制**や，**1週40時間労働制**などを内容としている。

【第4問題】 (地理的分野―世界地理－産業・貿易・人口，一環境問題，公民的分野―基本的人権・国際社会との関わり，歴史的分野―世界史－経済史)

問1 1 19世紀後半以降，世界の**列強**は**帝国主義**政策を進め，海外に進出し，**植民地**を獲得していった。列強は植民地にある**原料**を奪い生産を進め，**産業革命**以後は，植民地を**市場**として利用するようになった。 2 **発展途上国**の原料や製品を適正な価格で継続的に購入し，**先進国**市場で販売し，消費することを**フェアトレード**という。フェアトレードの価格は，**国際価格**が安くなっても，それと連動して安くするのではなく，一定の価格を下回らないように設定されている。現在では，フェアトレードの傾向は強まりつつある。 3 コートジボワールは，世界で一番**カカオ豆**の生産量が多い。二番目は隣国のガーナで，西アフリカはカカオ豆の一大産地である。カカオ豆はコートジボワールの最大の輸出品である。しかし特定の農産物の輸出に頼る経済は，天候や**国際価格**の変動によって影響を受けやすく，国の経済が安定しない。アフリカの各国はこうした**モノカルチャー経済**からの脱却を図っている。

問2 1 北海道や樺太などに先住してきた，独自の**言語**と**文化**をもつ民族が**アイヌ**である。アイヌは明治維新後，第二次世界大戦後も言語や文化についての様々な差別を受けてきたが，1997年に「**アイヌ文化振興法**」が制定され，2008年に国会で「アイヌ民族を先住民族とすることを求める決議」が行われ，ようやく日本国民として平等に尊重される入り口に到達した。 2 日本国憲法第14条では「すべて国民は，法の下に**平等**であつて，人種，信条，性別，社会的身分又は門地により，政治的，経済的又は社会的関係において，差別されない。」と定めており，これを**法の下の平等**という。2013年には「**障害者差別解消法**」が制定された。この法律では，全ての国民が，障害の有無によって分け隔てられることなく，相互に人格と個性を尊重し合いながら共生する社会の実現に向け，障害を理由とする差別を解消することが目標とされた。

問3　1　1923年9月に**関東大震災**が発生し，東京は壊滅的被害を受け，それ以後はコンクリート造りの建築物が主流となった。　2（記号）アフリカ州を表すのは，**人口爆発**といわれるほど急激に人口が伸びている，アである。（理由）アジア州の人口が21世紀の半ばで頭打ちになるのに対し，「アフリカ州では人口爆発が続くと予想されているから。」という趣旨のことを解答すればよい。　3　ア　アメリカは，資料①に見られるように，**京都議定書**は発効前に離脱したが，**パリ協定**は発効から4年後に離脱した。　イ　京都議定書では，先進工業国のみに**削減目標**が課された。　ウ　**国連安全保障理事会**の常任理事国も特別扱いされず，同じように削減目標が課されていた。ア・イ・ウのどれも誤りであり，エが正しい。資料②に見られるように，京都議定書では，クロアチアは日本よりも低い削減目標値が設定されていた。

＜国語解答＞

【第一問題】　問一　1　ふく(む)　2　にご(す)　3　かくとく　4　ちつじょ
問二　1　破(る)　2　耕(す)　3　批判　4　収支　問三　イ
問四　エ

【第二問題】　問一　イ　問二　ウ　問三　(例)相手が自分と同じ経験をしていない場合でも，基礎的な意味を越えた，ことばがもつ豊かな意味あいを伝えることができるということ。　問四　ア　問五　(例)日常の事物を言い表すことばの背後に，日常の世界を超えた世界をくり広げていく力。　問六　エ

【第三問題】　問一　エ　問二　(例)(薔薇を持ち帰って)母を喜ばせたいが，弟を一人で危険な場所へ行かせるわけにはいかない(から。)　問三　イ　問四　次の瞬
問五　ア　問六　ウ

【第四問題】　問一　つどいたる　問二　ウ　問三　1　ア　2　B　ことわりや
C　(例)和歌を聞いた

【第五問題】　問一　ア・ウ　問二　エ　問三　(例1)カオルの発言の「この記事だけでもう十分」という点が問題だ。一つの新聞記事だけでは，発表のための情報として不十分だからだ。授業で，同じ事柄について書かれた二つの新聞記事を比較した時，同じ事柄でも記事によって内容や伝え方が違うということを学んだ。だから，私なら，町内の運動会についての新聞記事を複数探して読み比べ，様々な情報を得てから発表に使う。　(例2)キイチの，誰が発信したか分からないSNSのコメントを発表に使おうとしているところが問題です。そのような情報は，信頼できるかどうか分からないからです。以前，SNSの匿名のコメントの内容を友だちに話したら，事実と違っていたことがありました。SNSのコメントを使うなら，発信元が分かるものを使い，本や新聞などの情報源にも当たって，正しい情報かを確認してから使います。　(例3)クニオが，古い本の内容を地域の行事の現状として使おうとしている点が問題だと思います。古い本は情報が古くなっていて，地域の現状を表していない可能性があるからです。私なら，新しい資料と古い資料の両方を探し，それらを比較して分かったことを発表します。人口問題についての授業で，現在と過去のデータを比較したこと

で，人口の増減がよく分かったことがあったからです。　(例4)ケイコが，インターネットの記事の内容を間違いないと捉えていることがよくない。インターネットには，フェイクニュースなどの正しくない情報もあるからだ。授業で，地域の方にインタビューをしたことがある。インタビューなら，知りたいことを直接聞くことができて確実な情報を得ることができるので，花火大会のスタッフだった人に，班のみんなでインタビューをしようと思う。

＜国語解説＞

【第一問題】 (知識―漢字の読み書き，筆順・画数・部首，品詞・用法)

問一　1 「**含**」の音読みは「ガン」で，「含有」「含蓄」などの熟語を作る。　2 「お茶を**濁す**」は，いいかげんなことを言ったりしたりしてごまかすこと。　3 「**獲**」も「**得**」も「え(る)」という訓読みをもつ。　4 「**秩序**」は，物事の順序や決まりがきちんと守られている状態をいう。

問二　1 「**破**」の音読みは「ハ」で，「破壊」「突破」などの熟語を作る。　2 「**耕す**」は，送りがなにも注意する。　3 「**批判**」と「非難」を混同しない。　4 「**収支**」は，収入と支出のこと。

問三　「信じられ<u>ない</u>」は**助動詞**，ア「限り<u>ない</u>」は形容詞の一部，イ「**読ま<u>ない</u>**」は助動詞，ウ「正しくない」は補助形容詞，エ「あどけ<u>ない</u>」は形容詞の一部なので，イが正解。

問四　「閉」の総画数は，**11画**である。

【第二問題】 (論説文・詩－内容吟味)

問一　傍線部①は，「つまり」の前の「ものを**グループ分け**する働き」を言い換えたものであり，具体的には第一段落の最後で「リンゴに**共通の性質**ですべてのものを**ひとくくりにする**こと」と説明されているから，この内容を一般化したイが正解。ア・ウ・エは「グループ分け」を説明していないので誤り。

問二　傍線部②の直前の「それ」は，「『紅玉』ということば」が「**相手がその味を知っている場合**には，その人のなかに，**紅玉独特の強い酸味のきいた甘さをありありとイメージさせる**こと」を指しているので，同じことを述べているウが正解。言葉の喚起機能は，「『紅玉』を知らない人」に対しては働かないので，アとイは誤り。「別の品種のリンゴ」を想像させることはできないので，エは誤りである。

問三　第二段落によれば，「言葉の喚起機能」は，相手が「知っている場合」に，言葉の「**基礎的な意味**」を越えて「**ことばがもつ豊かな意味あい**」を相手に伝える機能である。「知っている場合」は，第四段落では「相手が自分と同じ経験をしている場合」と言い換えられている。したがって，「もう少し広がりをもったもの」は，言葉の喚起機能が「**相手が自分と同じ経験をしていない場合**」でも発揮されると筆者が考えていることを表す。この内容を「**リンゴ**」「**紅玉**」という**言葉を用いないで**55～65字で答える。

問四　芭蕉が詠ったものは，傍線部④の次の段落で「**何の役にも立たない，少しも注意を引かない，ごくごく小さいもの**のなかにある美」と説明されている。美の対象を「ふだんは見過ごしてしまうもの」とするアが正解。イとエはふだんから美しいと思っているものを対象としているので誤り。ウは「仕組みを見極める」が不適当である。

問五　詩歌の力については，最終段落に「**日常の事物を言い表すことばを使いながら，詩歌は，このことばの背後に，日常の世界を超えた世界をくり広げていく力をもっている**」と説明されているが，このままでは制限字数を超えてしまうので，内容を変えないように注意して35～45字で答える。

問六　この詩からは「日常生活そのものの美しさ」は読み取れないので，アは不適当。詩の「太郎」「次郎」は「子どもの代名詞」であり，「村落全体で子どもが二人しかいない」ことを示したものではないので，イは誤り。ウの「生活のためにけんめいに働く親」を，この詩からイメージすることはできない。エの「**ありふれた言葉**」という説明は正しく，「**日常とは異なる視点**」という指摘は，太郎の家と次郎の家を俯瞰するような描写について述べたものである。表現効果の説明も適当なので，これが正解である。

【第三問題】（小説－情景・心情，内容吟味，文脈把握）

問一　「**有無を言わせず**」は，**相手が承知してもしなくても無理やりやろうとする**様子を表すので，エが正解。兄の雅彦は，説得しても繁の決心は変わらないということを悟ったのである。

問二　直後に「兄としての責任」とあることを手がかりに考える。「母の好きな薔薇」を持って帰れば母が喜ぶのは明らかであり，雅彦も**母を喜ばせたい**。しかし，薔薇があった場所は「この辺では一番崖が急で**危険なところ**」であり，兄としては**弟を一人で行かせるわけにはいかない**。そのため，自分も弟と一緒に行くことで，弟を守ろうと考えたのである。この内容を25～35字で答える。

問三　Ⅰの「すばしっこい猿のように」「いとも簡単にするすると」では，繁のすばしっこさや**身軽さ**が印象づけられる。Ⅱはその翌日の場面で，雅彦と繁が危険を避けるため，ゆっくりと**慎重**に崖を下りていく様子が描かれている。正解はイ。Ⅰについて，エの「身体能力の高いこと」は，直後で繁が足を滑らせていることから不適当。Ⅱについて，アは「臆病さ」，ウは「冷静さ」が不適当である。

問四　前日，雅彦が別冊付録集を川に落としたとき，繁は川に片足がはまり込んだまま見ていた。しかし，我に返ってからの行動は早く，「**次の瞬間**，繁はためらわずにそのまま川の中にジャンプした。」と書かれているので，この文の初めの3字を抜き出す。

問五　傍線部④の「約束」は，薔薇が「昨日弟に発見され」，「簡単に子供の力で引き抜くことができた」ことが前から決まっていたこと，つまり**偶然ではなく運命的なものであるかのように感じ取った**ことを表しているので，アが正解。イの「多くの人をひきつける」，ウの「世の中のすべての薔薇」は，文脈に合わない。エの「自分たちのために用意された場所」は，言い過ぎである。

問六　雅彦の母は，**美しい薔薇がちゃんと根づき，きちんと育った**理由を「**嫌な臭いのする泥のお陰**」と説明しているので，これをふまえたウが正解。雅彦は薔薇の花に「醜さ」を見出したのではないので，アは誤り。また，相手が「大人」だから感銘を受けたわけではないので，イは不適当。ここでは「自然」と「人間社会」を対比していないので，エは的外れである。

【第四問題】（古文―内容吟味，文脈把握，脱文・脱語補充，古文の口語訳）

〈口語訳〉（和泉式部は）保昌とともに丹後の国へ行っていたときに，（保昌が）「明日狩りをしよう」と言って，人々が集まっていた夜に，鹿がひどく鳴いたので，「ああ，かわいそうだなあ。明日死ぬだろうから，ひどく鳴くのだ。」としみじみつらく思ったところ，「そう思うのならば，狩りをやめよう。よいような和歌を詠んでください。」と言われて（詠んだ和歌は），

〔和歌〕当然のことよ。どうして鹿が鳴かないでいられようか，いや鳴くはずだ。今晩限りの命だと思うので。

そして，その日の狩りは取りやめになった。

問一　語頭にない「**ひ**」を「**い**」に改めて「**つどいたる**」とする。

問二　「**心憂し**」は，**つらい**という意味。この場面で，和泉式部は，鹿が翌日に殺されてしまうことをかわいそうだと思っているので，ウが正解。

問三　1「よからむ」は，「よいだろう・よいような」という意味。この場合の「よからむ歌」は，技巧的な和歌ではなく，**「狩りをやめてもよい」と思わせるような和歌**を指しているから，「**ふさわしい**」と説明するアが正解。イ「盛り上げる」，ウ「なごませる」，エ「なじまない」は，いずれも不適当である。　2　B　和泉式部は，鹿が鳴いている状況に対して，「ことわりや」(当然のことよ)と詠んでいる。　C　保昌は，和泉式部の和歌を聞いて「よからむ歌」と思ったので，狩りを取りやめたのである。「和歌に感動した」(7字)，「和歌を高く評価した」(9字)などと答えても正解である。

【第五問題】 (会話・議論・発表―敬語，作文，その他)

問一　アの「参りました」は**謙譲語**なので，**自分**の動作に用いる言葉遣いとして適当。イの「拝見した」は謙譲語なので，先生の動作に用いる言葉遣いとして不適当。ウの「おっしゃって」は**尊敬語**なので，**先生**の動作に用いる言葉遣いとして適当。エの「いらっしゃって」は尊敬語なので，自分たちの動作に用いる言葉遣いとして不適当。オの「おります」は謙譲語なので，先生の動作に用いる言葉遣いとして不適当。

問二　アの「発表の内容」，イの「発表の構成」，ウの「発表の方法」についての準備のしかたは適当。しかし，エ「発表をしている場面の想定」については，「自分の発表のしやすさ」よりも**聞き手のことを第一に考える**ことが適当なので，これが不適当な選択肢である。

問三　①～④の**条件**に従った文章を書くこと。(例1)はカオル，(例2)はキイチ，(例3)はクニオ，(例4)はケイコの発言を選んでいる。例と同様，まず選んだ**発言の問題点**を指摘し，その後で**自分ならどうするか**を，**自分の経験や知識**を根拠として**具体的に書く**。

制限字数は**150～180字**で，**一マス目**から書き始め，**段落は設けない**。書き終わったら必ず読み返して，誤字・脱字や表現の不自然な部分などは書き改めること。

島根県公立高等学校

2021年度

★★★★★★★★★★★★★★★★★★★★★★★

入　試　問　題

2021年度

●くわしい解説……53ページ

＜数学＞

時間　50分　満点　50点

【注意】 $\sqrt{\ }$ や円周率 π が必要なときは，およその値を用いないで $\sqrt{\ }$ や π のままで答えること

【第1問題】 次の問1～問10に答えなさい。

問1　$4-12\div 2$ を計算しなさい。

問2　方程式 $x^2+8x+12=0$ を解きなさい。

問3　連立方程式 $\begin{cases} 3x-2y=0 \\ 2x+y=7 \end{cases}$ を解きなさい。

問4　100gあたり a 円の牛肉を300gと，100gあたり b 円の豚肉を500g買ったときの代金の合計が1685円だった。この数量の関係を等式で表しなさい。ただし，すべての金額は消費税を含んでいるものとする。

問5　$\sqrt{8}-\dfrac{2}{\sqrt{2}}$ を計算しなさい。

問6　次のア～エの数の中で絶対値が最も大きいものを1つ選び，記号で答えなさい。

ア　2　　イ　$\sqrt{3}$　　ウ　$-\dfrac{7}{3}$　　エ　0

問7　y は x に反比例し，$x=-4$ のとき $y=2$ である。x と y の関係を式に表しなさい。

問8　図1のような平行四辺形ABCDにおいて，辺BC上に点E，辺AD上に点Fを，AE＝EF，∠AEF＝30°となるようにとる。∠x の大きさを求めなさい。

図1

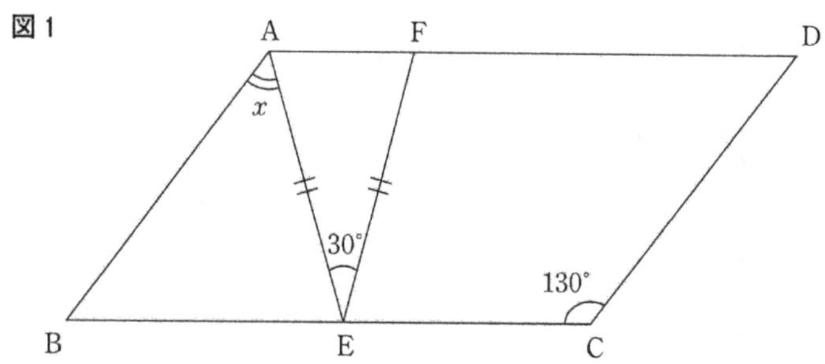

問9　次のページのア～ウの四角形ABCDのうち，4点A，B，C，Dが1つの円周上にあるものを1つ選び，記号で答えなさい。

ア

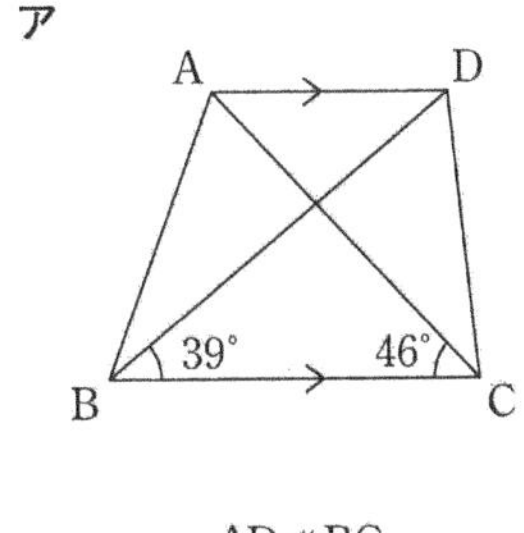

AD // BC

イ

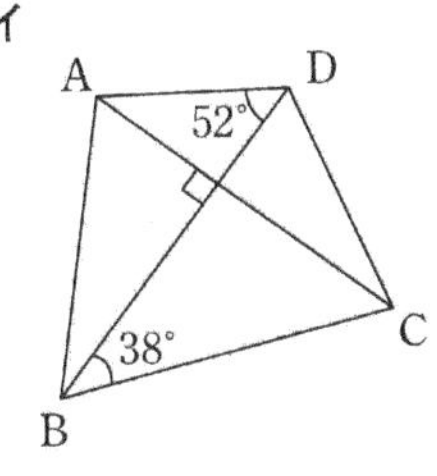

AC⊥BD

ウ

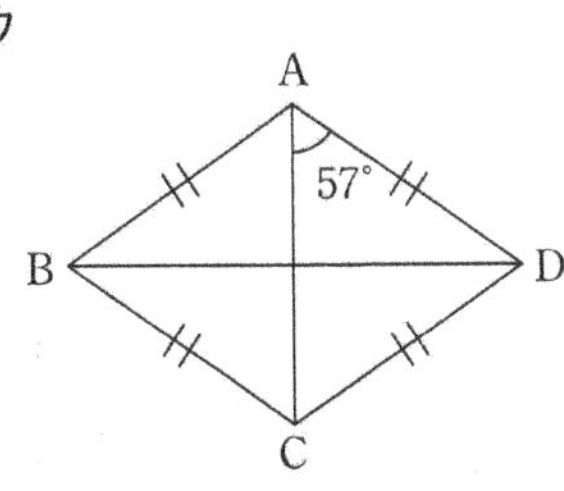

AB = BC = CD = DA

問10 **図2**のように100点，50点，0点と書いてある3個の玉が入った袋がある。袋の中から1個の玉を取り出して点数を調べて袋の中に戻し，もう一度1個の玉を取り出して点数を調べる。取り出した玉に書いてある点数の合計が50点以下になる確率を求めなさい。ただし，どの玉が取り出されることも同様に確からしいものとする。

図2

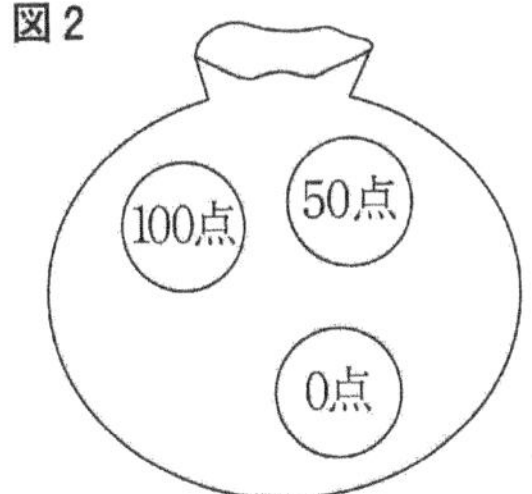

【第2問題】 次の問1，問2に答えなさい。

問1 1班と2班のそれぞれ10人に対してテストを実施したところ，点数が**表**のようになった。ただし，点数は**条件1**を満たす。下の**1**～**3**に答えなさい。

表　テストの点数（点）

1班	2	4	1	3	1	1	10	8	6	4
2班	1	3	10	2	6	5	a	2	a	3

条件1
- 点数は0点以上，10点以下の整数である。
- **表**中の a は同じ点数である。
- 2班10人の点数の平均値は5.0点である。

1　1班10人の点数について，次の**(1)**，**(2)**に答えなさい。

(1) 中央値を求めなさい。

(2) 平均値を求めなさい。

2　**表**中の点数 a の値を求めなさい。

3　次のページの**条件2**を満たすように，1班の x 点の生徒1人と2班の y 点の生徒1人を入れかえた。このとき x，y の値を求めなさい。

条件２

・１班10人の点数の平均値と２班10人の点数の平均値を等しくする。
・１班10人の点数の中央値を，生徒を入れかえる前より大きくする。

問２　1，4，7，10，13，16，…のように１から３ずつ増える整数を図のように並べていく。下の**１**，**２**に答えなさい。

図

	1列目	2列目	3列目	4列目	5列目
1行目	1	4	7	10	13
2行目	16	19	22	25	28
3行目	31	34	37	40	43
⋮	…	…	…	…	…

１　太郎さんは，図の２行目の５つの数の和を計算し，

$16+19+22+25+28=110=5\times 22$

となった結果から，次のことが成り立つと**予想**した。

予想　「各行の５つの数の和は，その行の３列目の数の５倍である。」

このことを，花子さんが，次のように説明した。［ア］，［イ］に適する式を書きなさい。また，［ウ］にその説明の続きを書き，**説明**を完成させなさい。

説明

ある行の１列目の整数を n とすると，５つの数は小さい順に

n，［ア］，$n+6$，$n+9$，［イ］

と表せるわね。だから，

［ウ］

したがって，

「各行の５つの数の和は，その行の３列目の数の５倍である。」

という予想は正しそうね。

２　20行目の５つの数の和を求めなさい。

【第3問題】 A中学校とB中学校には吹奏楽部があり，それぞれの中学校では毎月，活動費を支給する。ただし，中学校によって活動費の決め方は異なり，その決め方をまとめたものが，次の表である。

表

	基本支給額	**部員数によって決まる支給額**（部員1人あたり）
A中学校	ア 円	イ 円
B中学校	1000円	20人までは200円，20人を超えてからは50円

活動費は，**基本支給額**と**部員数によって決まる支給額**の合計であり，**基本支給額**は，部員数が0人であっても必ず支給される。

例えば，B中学校については，ある月の部員数が100人のとき，**基本支給額**が1000円であり，**部員数によって決まる支給額**は20人までは1人あたり200円で，残りの80人は1人あたり50円である。したがって，その月の活動費を求める式は，

$1000+200\times20+50\times80$

であり，これを計算すると，活動費は9000円になる。

活動費と部員数の関係を一次関数を用いて考える。

図1は，A中学校の吹奏楽部の部員数をx人，活動費をy円としたときのxとyの関係をグラフで表したものである。あとの**問1**～**問4**に答えなさい。

図1

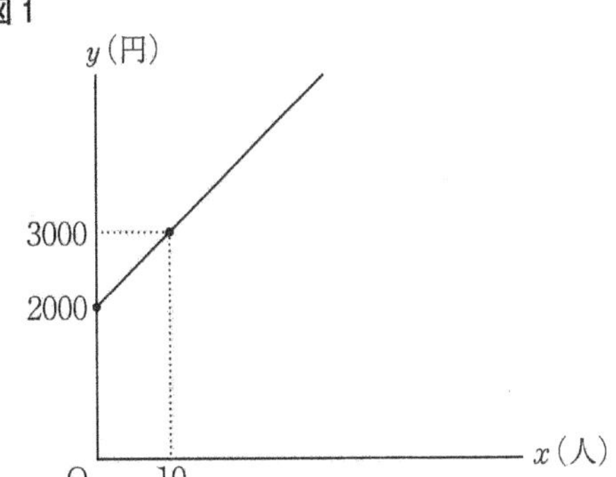

問1　**図1**のグラフを利用して，**表**中の ア ， イ にあてはまる値を求めなさい。

問2　A中学校の吹奏楽部の部員数が50人であったとき，その月の活動費を求めなさい。

問3　**図2**は，B中学校の吹奏楽部の部員数をx人，活動費をy円としたとき，$0\leqq x\leqq20$のときのxとyの関係をグラフで表したものである。次の**1**，**2**に答えなさい。

1　$x\geqq20$のときのxとyの関係を表す式を求めなさい。

2　$x\geqq20$のときのxとyの関係を表すグラフを，**図2**にかき加えなさい。

図2

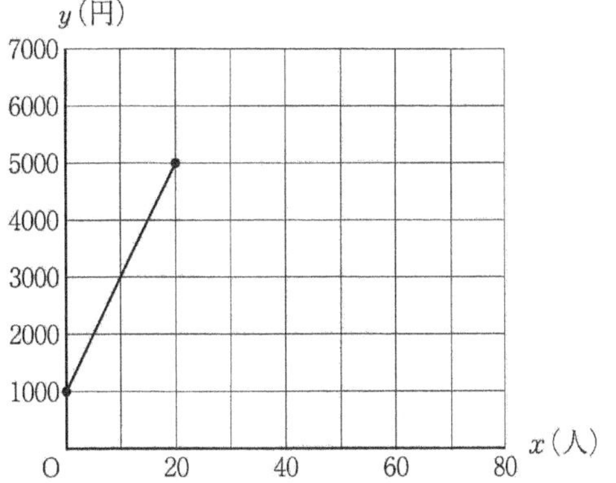

問4　A中学校とB中学校の吹奏楽部について，次の**1**，**2**に答えなさい。

1　活動費が等しく，部員数も等しくなる場合が2通りある。その2通りの部員数を求めなさい。

2　活動費が等しく，部員数の差が20人となるときの活動費を求めなさい。

【第4問題】　関数 $y=\frac{1}{2}x^2$…①のグラフ上に2点A，Bがあり，その x 座標はそれぞれ-2，4である。次の**問1**，**問2**に答えなさい。

問1　**図1**のように，2点A，Bを通る直線を ℓ とし，ℓ と y 軸との交点をCとする。下の**1**～**3**に答えなさい。

図1

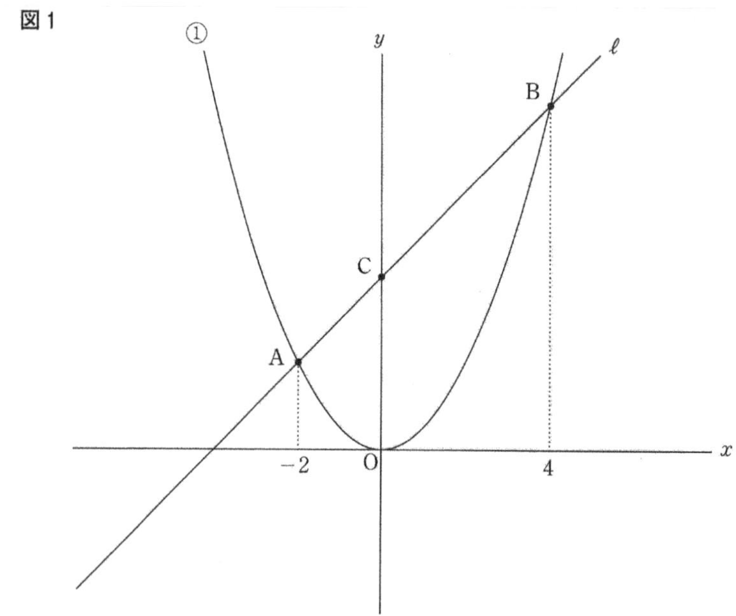

1　関数①について，x の変域が$-2 \leqq x \leqq 4$ のとき，y の変域を求めなさい。

2　点Cの y 座標を求めなさい。

3　△OABの面積を求めなさい。

問2　次のページの**図2**のように，点Aを通り x 軸に平行な直線を m とする。下の**1**，**2**に答えなさい。

1　m 上に△OABの面積と△OAPの面積が等しくなるような点Pをとるとき，点Pの座標を求めなさい。ただし，点Pの x 座標は正であるとする。

2　**問2**の**1**の点Pに対して，四角形OABPを考える。辺BP上に点Qをとり，△ABQの面積が四角形OABPの面積の $\frac{1}{2}$ となるようにしたい。点Qの座標を求めなさい。

図２

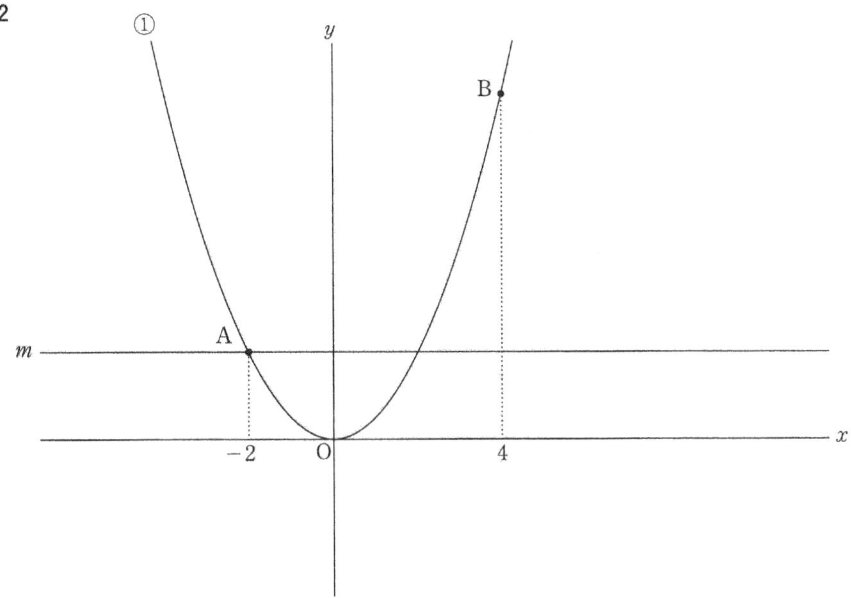

【第５問題】 図１のように，∠C＝90°の直角三角形ABCがあり，BC＝a，CA＝b，AB＝c とするとき，次の関係が成り立つ。

$a^2+b^2=c^2$…① **（三平方の定理）**

あとの**問１**～**問４**に答えなさい。

問１　$a=3$，$b=1$ のとき，①が成り立つような正の数 c の値を求めなさい。

図１

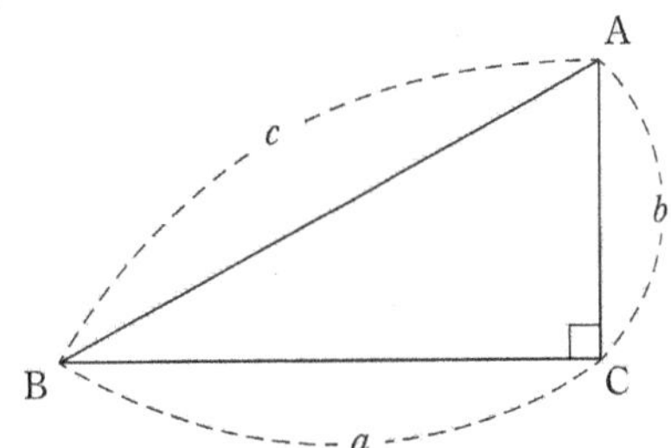

問２　次の長さを３辺とする三角形のうち，直角三角形はどれか。**ア**～**ウ**から**１つ**選び，記号で答えなさい。

ア　2 cm，3 cm，4 cm

イ　3 cm，4 cm，5 cm

ウ　4 cm，5 cm，6 cm

問３　**図２**の∠F＝90°の直角三角形DEFにおいて，辺DE上に∠DGF＝90°となる点Gをとるとき，点Gの位置を定規とコンパスを用いた作図で求め，**文字Gを書きなさい**。ただし，作図に用いた線は消さないでおくこと。

図２

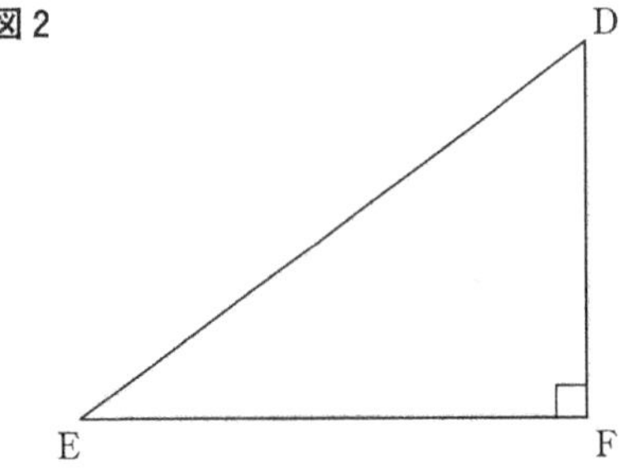

問4　図3のように，図1の直角三角形ABCの辺AB上に∠AHC＝90°となる点Hをとる。次の1，2に答えなさい。

1　△ACH∽△CBHであることを証明しなさい。

2　ヒカルさんは，△ABC，△ACH，△CBHがすべて相似であることに気がつき，3つの三角形の面積の関係を用いて，1（**三平方の定理**）が成り立つことを次のように説明した。

図3

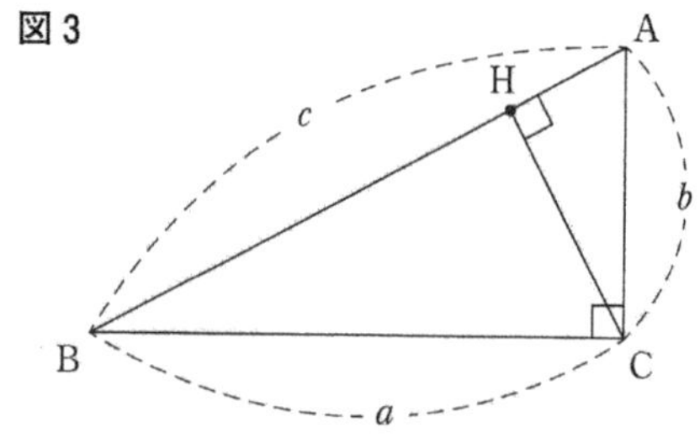

ア ～ カ にあてはまる文字や式を入れて，**説明**を完成させなさい。

説明

△ABC，△ACH，△CBHの面積をそれぞれ P，Q，R とすると，

$Q+R=P$ … Ⅰ

が成り立ちます。

ここで，△ABCと△ACHの相似比は，$c:b$ であるから，

△ABCと△ACHの面積の比は，

$P:Q=$ ア ： イ

この比例式を変形して，Q について解くと，

$Q=$ ウ $\times P$ … Ⅱ

また，△ABCと△CBHの相似比は， エ ： オ であるから，

同様に考えると，

$R=$ カ $\times P$ … Ⅲ

そして，Ⅱ，ⅢをⅠに代入してできた式を変形すると，1が成り立ちます。

＜英語＞

時間　50分　　満点　50点

【第１問題】 放送を聞いて，次の**問１～問３**に答えなさい。

問１　二人の会話を聞いて，そのあとの質問に答える問題です。それぞれの会話のあとに読まれる質問の答えとして最も適当なものを，**ア～エ**の中から**一つずつ**選び，記号で答えなさい。会話は１～４まであります。放送は１回のみです。

問2 あなたは海外研修旅行で現地の寺院を訪問します。観光バスを降りる前にツアーガイドから説明を受けています。話されている内容に合うものを，ア～カの中から三つ選び，記号で答えなさい。放送は2回くり返します。1回目の放送は15秒後に始まります。

ア The temple is the oldest in the world.

イ You can visit the treasure hall if you buy a ticket.

ウ It is OK to take pictures anywhere in the temple.

エ When it is windy, the door to the garden is not open.

オ Don't eat or drink because there is no eating place.

カ You have to come back to the bus before 11:45.

問3 あなたはクラスメートのトムさんが留守番電話に残したメッセージを聞いています。その内容に合うように次の〈メモ〉を完成させなさい。また，メッセージの中にあるトムさんの質問に対して，あなたの提案を英語で書きなさい。

ただし，①，②はそれぞれ数字で，③は英語1語で，④は与えられた書き出しに続くように答えなさい。放送は2回くり返します。

〈メモ〉

・For history class: read the textbook from page ＿①＿ to ＿②＿

・For cooking club: bring ＿③＿

〈トムさんの質問に対するあなたの提案〉

We can ＿＿＿＿＿④＿＿＿＿＿.

【第2問題】 次の問1～問3に答えなさい。

問1 次の図書館の利用案内とカレンダーを見て，あとの1，2の質問の答えとして最も適当なものを，ア～エの中から一つずつ選び，記号で答えなさい。

City Library

Open: Monday to Friday 9:00 a.m. — 6:00 p.m.
Saturday and Sunday 8:00 a.m. — 5:00 p.m.

Closed: the first and third Sundays and Holidays

- Please be quiet in the library.
- You can borrow five books in all.
- You can borrow the books for two weeks.

9 ○Holidays

Mon	Tue	Wed	Thu	Fri	Sat	Sun
		1	2	3	4	5
6	7	8	9	10	11	12
13	14	15	16	17	18	19
⑳	21	22	㉓	24	25	26
27	28	29	30			

10 ○Holidays

Mon	Tue	Wed	Thu	Fri	Sat	Sun
				1	2	3
4	5	6	7	8	9	10
⑪	12	13	14	15	16	17
18	19	20	21	22	23	24
25	26	27	28	29	30	31

1　How many days can you use the library in September?

ア　26 days　　イ　27 days　　ウ　28 days　　エ　29 days

2　Which is NOT true about the library?

ア　You can use the library every Tuesday in October.

イ　You can use the library longer on Monday than on Saturday.

ウ　You can't borrow six books at one time for two weeks.

エ　You can't talk with your friends in a big voice in the library.

問2　次のグラフは，**1世帯あたりのマグロの平均消費量**（the amount of tuna a family ate on average）を2016年に５つの県で調査した結果を表しています。これを見て，あとの１，２の（　）に入る最も適当なものを，**ア～エ**の中から**一つずつ**選び，記号で答えなさい。

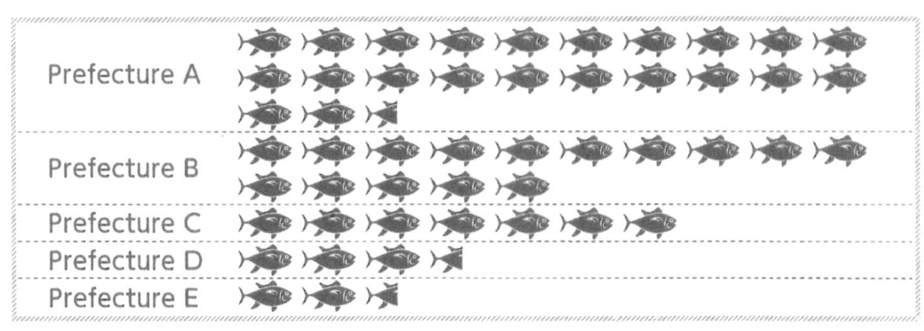

1　A family in Prefecture B ate (　　　) of tuna on average in 2016.

ア　500g　　イ　1,500g　　ウ　3,000g　　エ　4,500g

2　A family in Prefecture C ate (　　　) the amount of tuna a family in Prefecture D did on average in 2016.

ア　half　　イ　second　　ウ　twice　　エ　two

問3　次の「薬の使用上の注意」を見て，あとの１，２の質問の答えとして最も適当なものを，**ア～エ**の中から**一つずつ**選び，記号で答えなさい。

Directions

- Adults and children 12 years and over … 2 tablets after breakfast and dinner
- Children 6 - 11 years old … 1 tablet after breakfast and dinner
- Children under 6 years old … ask a doctor

Warnings

- Don't drive after taking this medicine (you may be sleepy).
- Don't take this medicine when you are hungry.

1 How many tablets in total do YOU have to take in a day?
ア 1 tablet イ 2 tablets ウ 3 tablets エ 4 tablets

2 Which is true about this medicine?
ア If you have a stomachache, you should take this medicine.
イ If your brother is five years old, he should take one tablet after dinner.
ウ It may be dangerous to drive a car after taking this medicine.
エ You can take this medicine without water when you are hungry.

【第３問題】 次の問１～問４に答えなさい。

問１ 海外で生活をしている**クミコ**（Kumiko）さんが，近所に住む**ネルソン**（Ms. Nelson）さんと小学校のホームページを見ながら話をしています。次の（①），（②）に入る組み合わせとして最も適当なものを，あとのア～エの中から**一つ**選び，記号で答えなさい。

Ms. Nelson: May 30 is a "Clean-Up Day" at the elementary school near our houses. Do you want to try any volunteer activities with me?
Kumiko: Yes. Where are you going to clean?
Ms. Nelson: Flower gardens. The school needs only (①) volunteers, so I sent an e-mail yesterday.
Kumiko: That's good because you love flowers. Well, for me, cleaning the (②) sounds interesting.
Ms. Nelson: Really? You need to prepare quite a lot of things.
Kumiko: No problem. I can prepare all of them.

Clean-Up Day

	Classrooms	Gym	Flower gardens	Pool
School Children	20	12	12	20
Volunteers	15	6	8	15
Things to Prepare	old towels	–	work gloves	beach sandals, cap, swimwear, old towels, plastic bags

If you are interested in a volunteer activity, please send an e-mail to: Tom-J@riden-e-school.XXX

ア　(　①　) 6　　(　②　) classrooms
イ　(　①　) 6　　(　②　) pool
ウ　(　①　) 8　　(　②　) classrooms
エ　(　①　) 8　　(　②　) pool

問2　**ボブ**（Bob）さんと**メアリー**（Mary）さんによる次の会話文を読んで，下線部が意味している内容として最も適当なものを，下の**ア**～**エ**の中から一つ選び，記号で答えなさい。

Bob: There are so many restaurants around here.
Mary: Yes, all kinds of foods look delicious to me. Where shall we go for lunch?
Bob: <u>It's up to you.</u>
Mary: OK. Then, let's go to a Chinese restaurant.

ア　Bob is asking what Mary usually eats at restaurants.
イ　Bob thinks that Mary should eat more food.
ウ　Bob wants to decide the restaurant by himself.
エ　Bob will follow Mary's choice about their lunch.

問3　次の英文は，看護師にインタビューをした二人の中学生**ハナ**（Hana）さんと**ケイタ**（Keita）さんが英語で書いた**感想**（impression）です。感想に書かれた内容について最も適当なものを，下の**ア**～**エ**の中から**一つ**選び，記号で答えなさい。

Hana's impression
Nurses are very busy. They have to learn about how to take care of their patients. However, they are always friendly with the patients, ask their problems carefully, and try to understand their feelings. Nurses also get along with the doctors. I've found these kinds of skills are very important for nurses.

Keita's impression
I was impressed with the efforts of the nurses because they help many people. They need to be kind to every patient, from little children to elderly people. So I think communication is the most important skill for nurses. It is also important to work at night, so they should have good health.

ア　Hana thinks that nurses should have good health to work at night.
イ　Keita thinks that remembering all the patients' names is necessary for nurses.
ウ　Hana and Keita think that communication skills are very important for nurses.
エ　Hana and Keita think that nurses are busy because they need to keep studying.

問4　次の英文の（　）に入るものとして最も適当なものを，あとの**ア**～**エ**の中から**一つ**選び，記号で答えなさい。
（＊印のついている語句には本文のあとに〈注〉があります。）

We can learn from listening to our grandparents. My grandfather sometimes tells me stories about his life. He's 75 years old now. He says his life was difficult. When he was young, his father died. So he had to work hard to support his younger brothers and sisters. He didn't have enough time to go to high school. But he was *positive and never forgot to be nice to the people around him. He always tried his best to help anyone who needed help. Everyone loved him very much. Now he is surrounded by many people and enjoys his life. He is my *role model, so (　　　　　).

〈注〉 positive 前向きな　role model 理想の姿

ア I hope elderly men will have a happy life instead of my grandfather
イ I hope everyone will make their own company and become rich
ウ I want to be a nice person who thinks about other people
エ I want to study English and work in a foreign country

【第4問題】 中学生のタロウ（Taro）さんは，学校が休校になったときに考えたことについて，英語でスピーチを行っています。次の英文はその内容です。これを読んで，あとの問1～問6に答えなさい。

（＊印のついている語句には本文のあとに〈注〉があります。）

Last April my life changed a lot. All the schools were closed and I had to stay at home for about two months. At first, I was happy because I had no classes. I didn't have club activities on weekends. I had a lot of free time. I enjoyed playing video games and *staying up late at night. But soon I began to *miss my usual school life. I missed my friends, even classes and club activities. I felt (A).

I have an older brother who is studying at college to be a teacher. His college was also closed in April. After a while, his school started giving *online classes. I thought taking online classes at home was a good way for college students to study in this difficult situation. However, he said, "It's not a perfect way for college students like me. We need to get teaching experience at school, but we can't (1) do that right now. I'm wondering when we can."

After that I learned more about online classes on TV. A TV program said, "some students relax too much at home, so their attention will soon disappear during those classes." Also, if we take online classes, we need to prepare good online conditions. Without those conditions, we may have problems during the class. For example, some students couldn't hear their teachers' voice clearly. Online classes have (2) these bad points, but still they can be a good chance. First, having online classes is safe. We don't have to worry about studying in a crowded room. Second, we don't need a lot of time to go to school. Then we'll have more time to spend with our family. Third, we can take part in online classes anywhere. For example, when we have to stay in hospital, we can keep studying with our classmates even from there. I know that we can't learn all of the subjects online *successfully, but I think having classes online will be our new way of learning from now.

Our school started again in June and we come to school every day. (3) Now I realize the true meaning of going to school. We don't know its importance until we lose it. What did you think when you were staying at home?

〈注〉 stay up late 遅くまで起きている　miss ～ ～がなくてさみしく思う
online オンラインの / で　successfully うまく

問１ （A）に入れるのに**適当でないもの**を，次の**ア～エ**の中から**一つ**選び，記号で答えなさい。

ア lonely　**イ** proud　**ウ** sad　**エ** unhappy

問２ 次の質問に英語で答えなさい。ただし，**主語と動詞を含む英語１文**で答えること。

質問 What does Taro's brother want to be in the future?

問３ 下線部(1)が表す具体的な内容を本文中から**５語で抜き出して**答えなさい。

問４ 下線部(2)について，**タロウ**さんが挙げているものを次のようにまとめました。本文の内容に合うように（a），（b）に入る適当な**日本語**を答えなさい。

・家で授業を受けると，くつろぎすぎて（　a　）ことがある。
・オンライン環境がよくないと，（　b　）といった問題が起こることがある。

問５ **タロウ**さんがスピーチの中で述べている考えとして正しいものを，次の**ア～エ**の中から**一つ**選び，記号で答えなさい。

ア Online classes are safe because many students study in a crowded room.
イ Online classes give the students in hospital a chance to learn from there.
ウ Online classes have already become the best way for students to learn.
エ Online classes take away too much family time from the students.

問６ スピーチ終了後，下線部（３）について説明を求められた**タロウ**さんが，**具体例**を英語で述べています。タロウさんになったつもりで次の（　）に入る表現を考え，文を完成させなさい。ただし，**３語以上**の英語で書くこと。

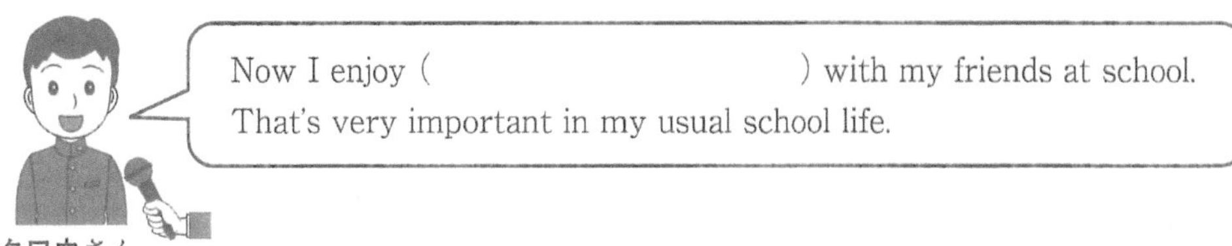

Now I enjoy (　　　　　　) with my friends at school.
That's very important in my usual school life.
タロウさん

【第５問題】 次の問１～問４に答えなさい。

問１ 次の１，２の会話文について，（　）に入る最も適当な**英語１語**を答えなさい。

1 A：What (　　) do people speak in Brazil?
B：They speak Portuguese.

2 A：Tell me about your country Australia.

B：It's the sixth largest country in the world and (　　　) for koalas.

問２ 次の１～３の会話文について，(　) 内の全ての語を意味が通じるように並べかえて，英文を完成させなさい。なお，解答欄には (　) 内の語句のみを答えること。

1 A：Takeshi, I'm making a dog house now. Can (a / give / hand / me / you)?

B：Sure. I'm coming.

2 A：Which team is going to win?

B：I don't know. I've (an / exciting / never / such / watched) game like this before.

3 A：The movie was boring.

B：Well, it (as / as / impressive / not / was) the movie we saw last week.

問３ 次の１，２のイラストについて，自然な会話になるように（a），（b）に入る適当な表現をそれぞれ**３語以上**の英語で書きなさい。２文以上になってもかまいません。なお，会話は①～④の順に行われています。

（.，？！などの符号は語数に含めません。）

1

2

問４ 英語の授業で行っている話し合いの中で，**トモキ**（Tomoki）さんと**マイ**（Mai）さんが自分の意見を述べています。最後の先生の質問に対して，あなた自身の意見を英語で書きなさい。ただし次の＜**条件**＞①～④**のすべてを満たす**こと。

（＊印のついている語句には本文のあとに〈注〉があります。.，？！などの符号は語数に含めません。）

＜条件＞

①1文目にはトモキさんとマイさんの**どちらの立場に賛成か**を書くこと。

②賛成する**理由を一つ**挙げ，その理由を**補足する事柄や具体例とともに書く**こと。

③吹き出しの中の語句を使ってもかまわないが，**自分が賛成する立場の人が述べていない内容**を書くこと。

④語数は**20語以上**とする。

When I was a student, my homeroom teacher told me to get up earlier and study before breakfast. I tried that way, and it worked very well. Do you think junior high school students should get up early in the morning to study?

先生

トモキさん

I don't think so. For example, it's good for me to study before dinner. I can *concentrate better on studying before my family members come back home. *Reviewing soon after the day's lesson is more *effective. We don't have to get up early to study.

マイさん

We should study early in the morning. If we study until late at night, our families will become worried about us. We should go to bed early for them.

Thank you for your opinions. Maybe there are more good and bad points. What do you think?

先生

〈注〉 concentrate on ～ ing　～することに集中する　　review　復習する　　effective　効果的である

解答欄への記入例

Is ＿ that ＿ a ＿ school? ＿ ＿＿＿

（上の例は1文で，**4語**である。）

ただし，20語を超えたあとは次のように記入する。

Is that a school?

＜理科＞

時間 50分　満点 50点

【第１問題】 次の問１～問３に答えなさい。

問１ 次の１～４に答えなさい。

１ 図１は，葉の葉脈が平行に通り，茎の断面を見ると維管束がばらばらに散らばって，根はたくさんの細いひげ根を広げている植物の写真である。被子植物の中で，このような特徴をもっている植物のグループを何類というか，その**名称**を答えなさい。

図１

葉　茎　根

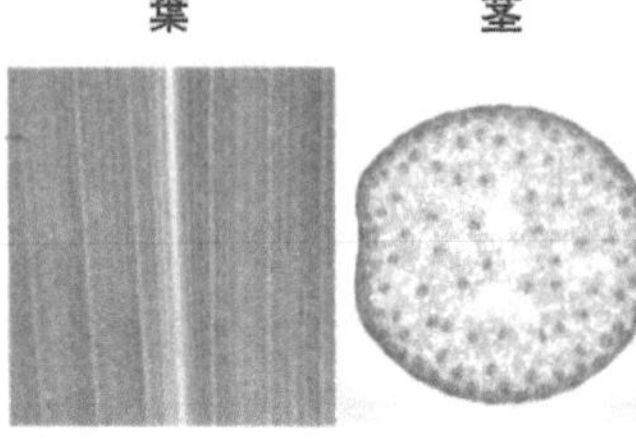

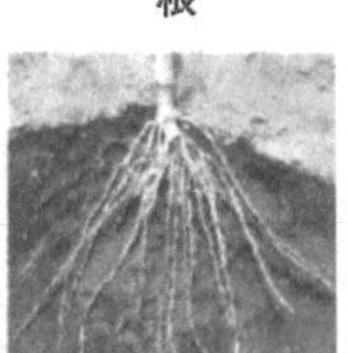

２ 化学変化によって電流をとり出すしくみをもつものを電池という。水の電気分解とは逆の化学変化を利用した電池を，次の**ア**～**エ**から**一つ**選び，記号で答えなさい。

ア 空気電池　**イ** ニッケル水素電池

ウ 燃料電池　**エ** 鉛蓄電池

図２

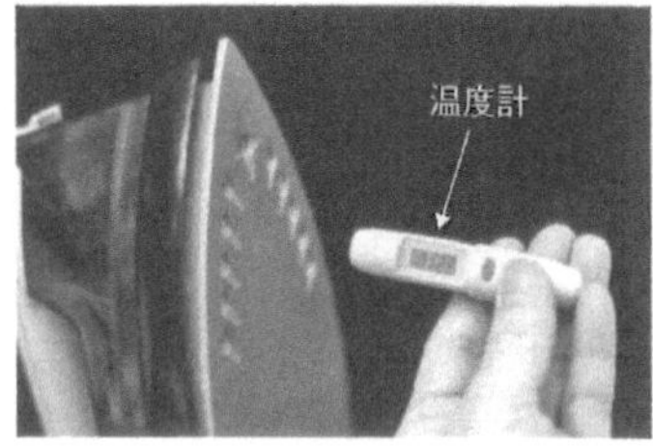

３ 図２の温度計は，熱源から空間をへだてて離れていても熱が伝わる現象を利用して，温度を測定することができる。**下線部**の現象名として最も適当なものを，次の**ア**～**エ**から**一つ**選び，記号で答えなさい。

ア 伝導　**イ** 循環　**ウ** 対流　**エ** 放射

図３

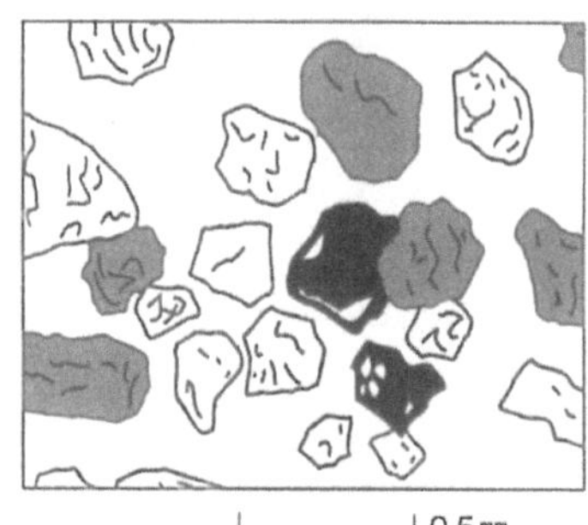

0.5㎜

４ 図３は，火山灰を水で洗った後に残った粒をスケッチしたものである。このように，火山灰にはマグマが冷えてできた粒がふくまれている。そのうち結晶になったものを何というか，その**名称**を答えなさい。

問２ 次の文章は，プラスチックについて述べたものである。これについて，あとの１，２に答えなさい。

> 石油を原料とするプラスチックは，私たちのくらしに欠かせない素材になっている。一方，ゴミとして廃棄するときの問題を抱えているため，石油を原料としないプラスチックが開発されている。その一つであるポリ乳酸は，植物から得たデンプンをブドウ糖に分解した後，ブドウ糖に乳酸菌を加えてできた乳酸からつくられている。

１ **下線部**のような問題があるのは，石油を原料とするプラスチックにどのような性質があるからか。その性質として最も適当なものを，次の**ア**～**エ**から**一つ**選び，記号で答えなさい。

ア 成形しやすい　**イ** 軽い　**ウ** くさりにくい　**エ** 電気を通しにくい

2　デンプンは，植物の細胞の中で，水のほかに何を材料にしてつくられているか。材料となる物質として最も適当なものを，次の**ア**～**エ**から**一つ**選び，記号で答えなさい。また，植物の細胞の中でデンプンがつくられていることを確かめるために用いる溶液は何か，その**名称**を答えなさい。

ア　二酸化炭素　　**イ**　酸素　　**ウ**　窒素　　**エ**　アンモニア

問3　**図4**は，日本の宇宙探査機「はやぶさ2」と太陽のまわりを公転する小惑星を描いたものである。これについて，次の**1**，**2**に答えなさい。

図4

1　宇宙探査機は宇宙を飛ぶときに，エンジンを停止していても運動を続けることができる。この理由を説明するために用いる法則として最も適当なものを，次の**ア**～**エ**から**一つ**選び，記号で答えなさい。

ア　慣性の法則　　**イ**　作用・反作用の法則　　**ウ**　質量保存の法則　　**エ**　オームの法則

2　太陽系には小惑星のような天体のほかに，月のように惑星のまわりを公転する天体がある。このように惑星のまわりを公転する天体を何というか，その**名称**を答えなさい。

【第2問題】

リカさんは，生物の成長とふえ方に興味をもった。次の**問1**，**問2**に答えなさい。

問1　植物や動物が成長するようすを不思議に思ったリカさんは，生物が成長するしくみについて調べるために，次の**観察1**，**観察2**を行った。これについて，あとの**1**～**4**に答えなさい。

観察1

タマネギの根の成長のようすを次のような方法で調べた。タマネギを水につけておくと数日で根が出始め，7日目には**図1**のように根がビーカーの底に届く程度にまで伸びた。**図2**は，伸びた根を先端から5mmほど切り取ったものの拡大図である。**図2**の根をスライドガラスの上にのせてプレパラートをつくり，**a**～**c**の3か所を顕微鏡で観察した。

図1

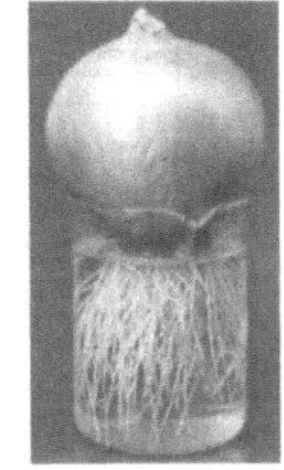

1　次の**ア**～**ウ**は，**図2**の**a**～**c**の部分を観察したもののいずれかである。**a**を観察したものとして最も適当なものを，次の**ア**～**ウ**から**一つ**選び，記号で答えなさい。ただし倍率はすべて同じである。

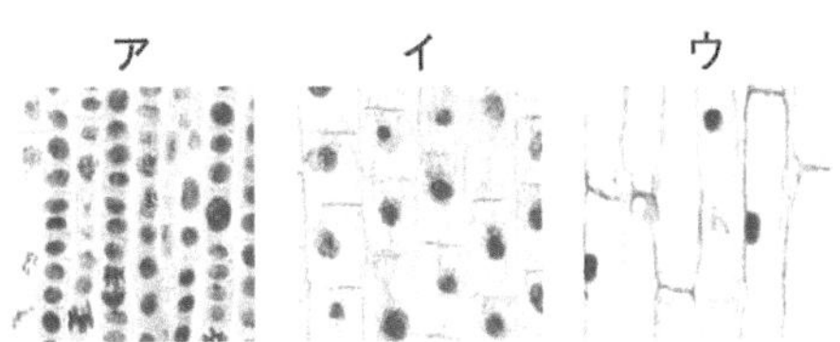

図2

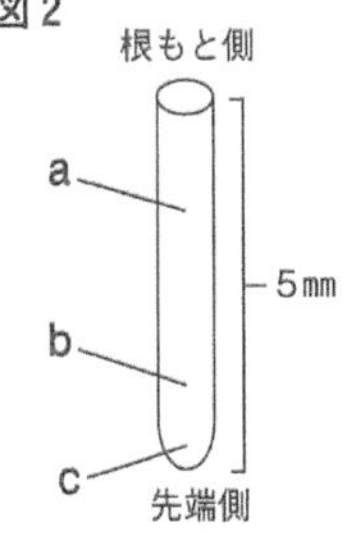

2　**図3**は，細胞分裂を行っている細胞のようすを顕微鏡で観察したものである。細胞の中にはひものような染色体が見られる。染色体について正しく説明したものを，次のページの**ア**～**エ**から**2つ**選び，記号で答えなさい。

図3

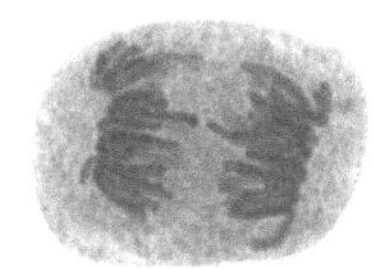

ア　生物の形や性質を決める遺伝子が存在する。

イ　セキツイ動物であれば種類によらず染色体数は同じである。

ウ　細胞分裂の前にはそれぞれ複製されて同じものが4本ずつできる。

エ　ひものような染色体が見られるのは細胞分裂を行っているときのみである。

観察2

カエルが受精卵からオタマジャクシになるまでの観察を行った。それをスケッチしたものが**図4**である。受精卵から細胞分裂をくり返し，胚であるうちはその大きさはほとんど変わらなかった。その後，からだの各部がつくられて，オタマジャクシへと変化していった。

図4

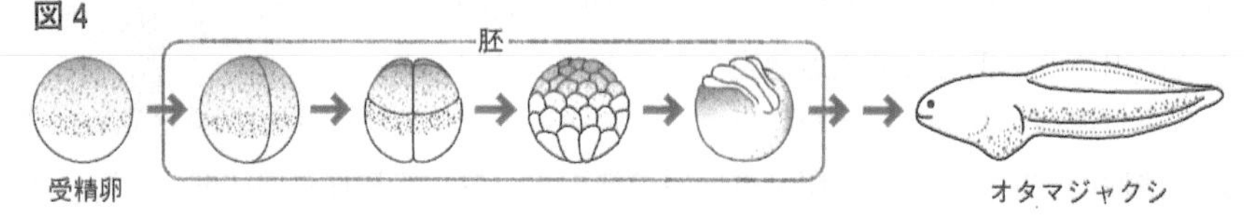

3　**図4**のように，受精卵が胚になり，からだのつくりが完成していく過程のことを何というか，その**名称**を答えなさい。

4　次の文章は，多細胞生物であるカエルが，受精卵からオタマジャクシになるまでの変化について説明したものである。［X］，［Y］にあてはまる最も適当な**語**を答えなさい。

> 多細胞生物では，細胞分裂が行われて細胞の数が増え，形やはたらきが同じ細胞が集まって［X］をつくる。さらにいくつかの種類の［X］が集まって1つのまとまった形をもち，特定のはたらきをする［Y］ができる。

問2　リカさんは，イチゴの果実の表面についている種子をとって植えると，イチゴを育てることができることを雑誌の記事で知った。そこでリカさんは，甘くて丸い**品種S**のイチゴを買ってきて，種子をとり，植えることにした。そのようすを見ていた兄から，「おもしろいことをしているね。でも，品種Sと全く同じ性質のイチゴはできないと思うよ。」と言われた。その理由がわからなかったリカさんは，イチゴのふえ方について調べることにした。これについて，あとの1～4に答えなさい。

1　イチゴは，種子でふやす方法もあるが，受精を行わないでふやす方法が一般的である。このような生殖方法を何というか，その**名称**を答えなさい。

2　兄が**下線部**のように言ったのはなぜか。その理由として最も適当なものを，次の**ア**～**エ**から**一つ**選び，記号で答えなさい。

ア　種子は親と全く同じ遺伝子の組み合わせになるから。

イ　種子は親とは異なる遺伝子の組み合わせになるから。

ウ　種子は受精しなくてもつくられるから。

エ　種子は他の種類の植物と受精してつくられているから。

3　次のページの**図5**は，**品種S**のイチゴの細胞において，核の中の染色体**A**～**D**のようすを模式的に示したものである。この細胞が細胞分裂を行ったとする。分裂後の染色体の組み合わせとして考えられるものはどれか。次の(1)，(2)について，適当なものをあとの**ア**～**エ**からそれぞれ**一つずつ**選び，記号で答えなさい。ただし，AとB，CとDはそれぞれ対になっている染色体（相同染色体）であるとする。

図5

染色体

(1) 体細胞分裂を行った直後の体細胞

(2) 減数分裂を行った直後の生殖細胞

ア

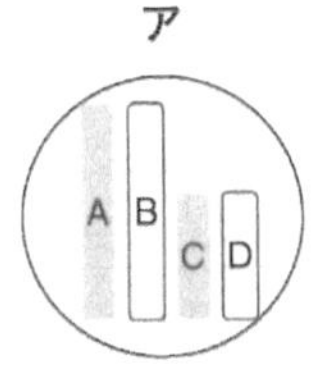

イ

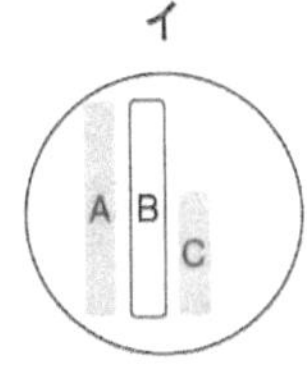

ウ

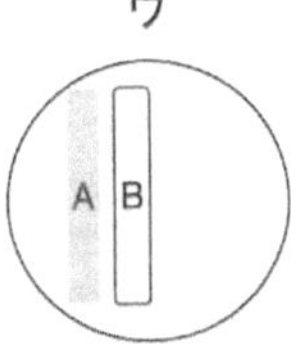

エ

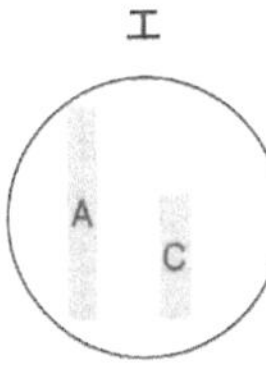

4　調べた結果，**品種S**と全く同じ性質をもつイチゴをふやすには，**品種S**の個体から伸びる茎にできた新芽を根づかせて，新たに苗をつくって育てなければならないことをリカさんは学んだ。この場合，最初に使う個体が「親」で，新たにつくった苗が「子」となる。この親と子のように，起源が同じで同一の遺伝子をもつ個体の集団のことを何というか，その**名称**を答えなさい。

【第3問題】 次の問1，問2に答えなさい。

問1　ベーキングパウダーの主成分である炭酸水素ナトリウムを加熱したときの変化を調べる目的で**実験1**を行った。これについて，あとの1～4に答えなさい。

実験1

操作1　図1のように，炭酸水素ナトリウムを加熱し，発生した**気体X**を水上置換で集めた。このとき，加熱した試験管の内側には**液体Y**がつき，その試験管の底には白色の**固体Z**が残った。

図1

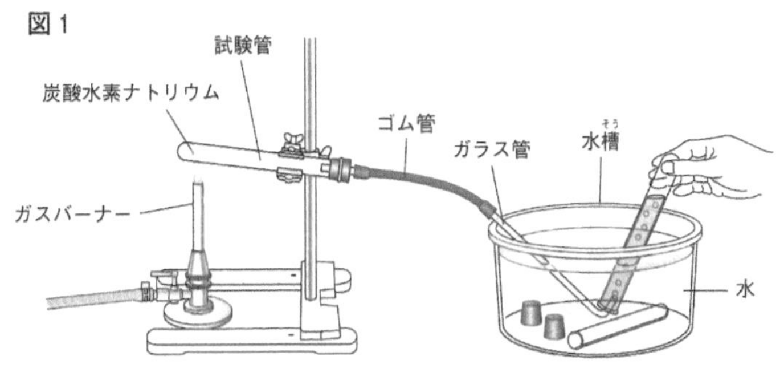

操作2　**気体X**を集めた試験管に石灰水を加えてよくふったところ，石灰水は白くにごった。

操作3　**液体Y**に青色の塩化コバルト紙をつけたところ，桃色に変化した。

操作4　炭酸水素ナトリウムと**固体Z**を同量はかりとり，それぞれを水にとかした後，フェノールフタレイン溶液を加えた。このとき**表1**のように変化した。

表1

炭酸水素ナトリウム水溶液	**固体Z**の水溶液
うすい赤色になった	赤色になった

1　**気体X**と**液体Y**は何か，それぞれ**化学式**で答えなさい。

2　**気体X**と**液体Y**は分子をつくって存在している。このように分子をつくって存在する物質を次の**ア**～**エ**から**一つ**選び，記号で答えなさい。

ア　マグネシウム　**イ**　アンモニア　**ウ**　酸化銅　**エ**　塩化ナトリウム

3　次の文の □ にあてはまる語句として最も適当なものを，下の**ア**～**ウ**から**一つ**選び，記号で答えなさい。

> **固体Z**の水溶液のpHの値は，炭酸水素ナトリウム水溶液のpHの値 □ 。

ア　より大きい　**イ**　より小さい　**ウ**　と同じである

4　この実験では，ガスバーナーの火を消す前にしなければならない操作がある。その**操作**とその操作を行う**理由**を簡単に説明しなさい。

問2　鉄と硫黄の化合について調べる目的で**実験2**を行った。これについて，あとの**1**～**4**に答えなさい。

実験2

操作1　鉄粉7.0gと硫黄4.0gを**図2**のようによく混ぜ合わせ，そのうち5.0gをアルミニウムはくの筒(つつ)にすきまなくつめた。そして，**図3**のように筒の端をねじって閉じ，弱い磁石を近づけた。

図2

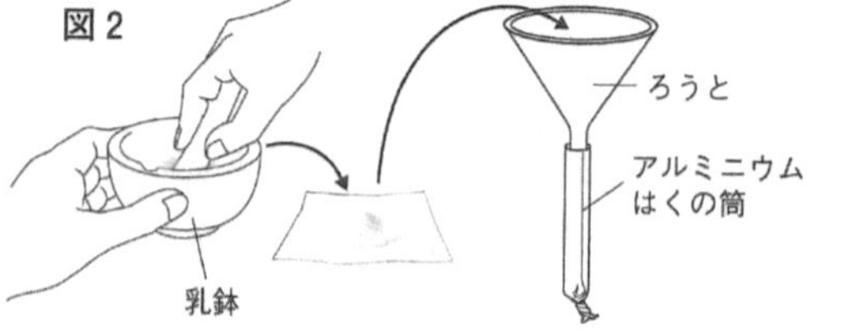

図3

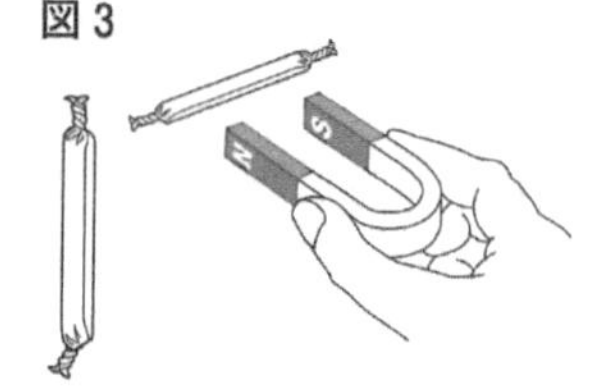

操作2　**図4**のように，筒の一端をガスバーナーで加熱し，赤くなったところですばやく砂皿の上に置き，反応が終わるまでしばらく放置した。反応が終わったところで，弱い磁石を近づけた。

操作3　加熱前の混合物の一部と加熱後の物質の一部を別々の試験管に入れ，うすい塩酸を加えて発生した気体のにおいを調べた。

結　果　結果は，**表2**のようになった。

図4

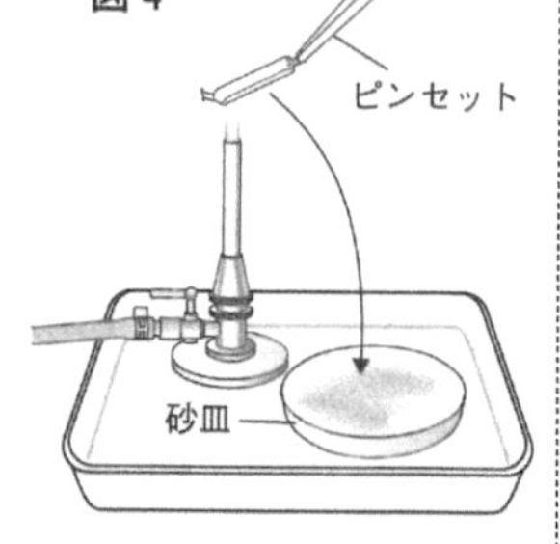

表2

	加熱前	加熱後
弱い磁石を近づける	磁石についた	磁石につかなかった
発生した気体のにおい	無臭	腐卵臭(ふらんしゅう)

1　**操作2**において，鉄と硫黄の反応によってできた物質は何か，その**名称**を**漢字**で答えなさい。

2　**操作3**で発生した無臭の気体を確かめる方法として最も適当なものを，次の**ア～エ**から一つ選び，記号で答えなさい。

ア　火のついた線香を気体の中に入れ，線香が炎を出して激しく燃えるかどうかを確かめる。

イ　火のついたマッチを近づけ，ポンと音を立てて燃えるかどうかを確かめる。

ウ　精製水を加えてよく振り，フェノールフタレイン溶液を加えて赤くなるかどうかを確かめる。

エ　精製水を加えてよく振り，BTB溶液を加えて黄色になるかどうかを確かめる。

3　鉄粉7.0 g と硫黄4.0 g を混合して加熱すると，過不足なく反応する。**表3**のような分量の混合物**A～C**について，**操作1**および**操作2**と同様な実験を行った。加熱後の物質が弱い磁石についたと考えられる混合物として最も適当なものを，**表3**の**A～C**から**一つ**選び，記号で答えなさい。

表3

混合物	A	B	C
鉄粉	3.5 g	7.0 g	3.5 g
硫黄	4.0 g	2.0 g	2.0 g

4　次の文は，**操作2**のように，加熱をやめても鉄と硫黄の反応が続いた理由を説明したものである。［X］，［Y］にあてはまる最も適当な**語句**を答えなさい。

> この反応は［X］反応であり，反応にともなって周囲の温度が［Y］なるから。

【第4問題】 次の問1，問2に答えなさい。

問1　サンベさんとアオノさんは，凸レンズによってスクリーンにできる像について調べる目的で**実験1**を行った。これについて，あとの**1～4**に答えなさい。

実験1

操　作　**図1**のように，フィルター（光源），焦点距離10cmの凸レンズ，スクリーン，光学台を用いて装置を組み立てた。凸レンズの位置を固定し，フィルター（光源）を焦点距離の2倍の位置に固定してからスクリーンを動かしていくと，ある位置でフィルターの図形がスクリーンに**図2**のような像でうつし出された。

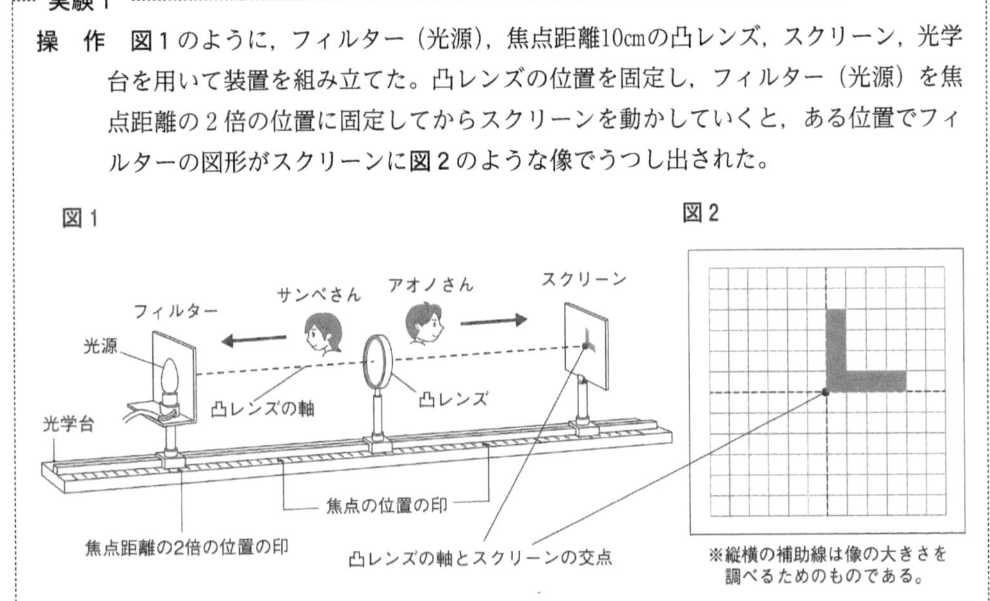

1　**図2**のように，凸レンズを通過した光がスクリーンに集まってできる像を何というか，そ

の**名称**を答えなさい。

2 図2の像は，フィルターの図形と同じ大きさであった。凸レンズとスクリーンの距離は何cmか，求めなさい。

3 図2は，アオノさんが凸レンズ側からスクリーンを観察したときに見られたものである。このときサンベさんが凸レンズ側からフィルターを見ると，どのような形が観察されるか，図形をかいて中をぬりつぶしなさい。ただし，図2の補助線と解答用紙の補助線は同じ間隔とする。また，図2と解答用紙の「・」は凸レンズの軸との交点を表している。

4 フィルター（光源）の位置とスクリーンの位置を操作すると，像の大きさが変わることに二人は気づいた。図2の像より大きな像ができる操作として最も適当なものを，次の**ア**～**エ**から**一つ**選び，記号で答えなさい。

ア	スクリーンを凸レンズから **遠ざけた**後，フィルター（光源）を凸レンズに **近づけた**。
イ	スクリーンを凸レンズから **遠ざけた**後，フィルター（光源）を凸レンズから **遠ざけた**。
ウ	スクリーンを凸レンズに **近づけた**後，フィルター（光源）を凸レンズに **近づけた**。
エ	スクリーンを凸レンズに **近づけた**後，フィルター（光源）を凸レンズから **遠ざけた**。

問2 水中の物体にはたらく力を調べる目的で**実験2**を行った。これについて，あとの1～4に答えなさい。

実験2

操作1 図3のように，空気中で**物体A**をばねばかりにつるしたところ，ばねばかりは0.45Nを示した。

操作2 **物体A**をばねばかりからはずし，図4のメスシリンダーに入れるとしずんで，図5のように底で静止した。このときメスシリンダーの目盛りは図6のとおりであった。

操作3 空気中で**物体A**を糸でばねばかりにつるし，図7のように**物体A**の全体を別の容器の水中に入れた。

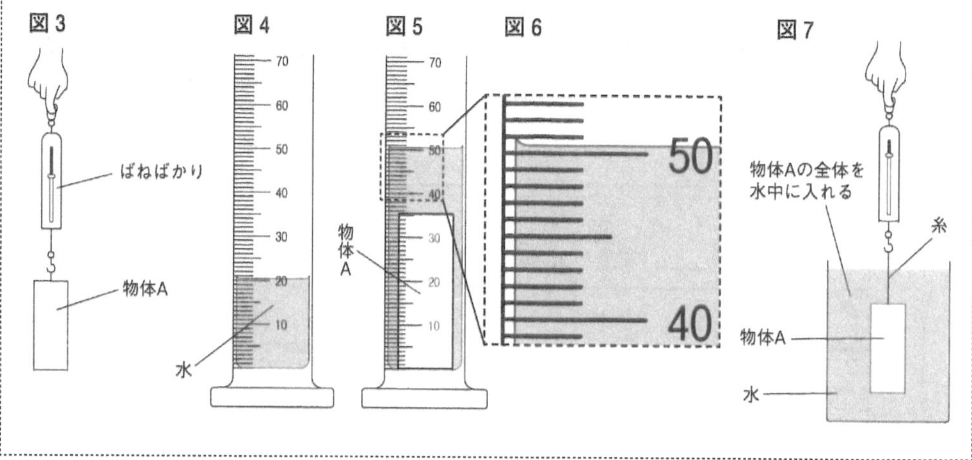

1 図5のように**物体A**が水の中にしずみ，メスシリンダーの底で静止しているとき，**物体A**にはたらく重力の大きさは何Nか，答えなさい。

2 図6のメスシリンダーの目盛りから，この**物体A**の体積は何cm³か，求めなさい。ただし，物体Aを入れる前のメスシリンダーの目盛りは20.5cm³であった。

3　図7で，ばねばかりが示す値は何Nか，次の4点をもとにして求めなさい。

・水中の**物体A**にはたらく浮力の大きさは，**物体A**の水中にある部分の体積と同じ体積の水にはたらく重力の大きさに等しい。

・100gの物体にはたらく重力の大きさを1Nとする。

・水1cm³の質量は1gとする。

・糸の重さと体積は考えないものとする。

4　図7で，**物体A**にはたらく水圧のようすを矢印で表した図はどれか，次の**ア**～**エ**から最も適当なものを**一つ**選び，記号で答えなさい。ただし，図中の矢印の向きと長さは，それぞれ水圧がはたらく向きと水圧の大きさを表している。

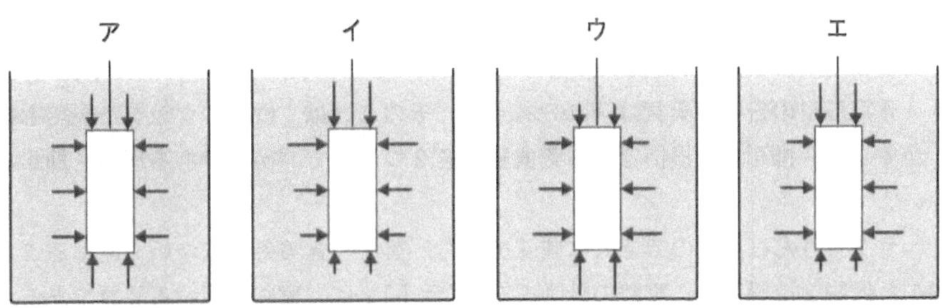

【第5問題】　ヤクモさんは，気象とその変化に興味をもった。次の**問1**，**問2**に答えなさい。

問1　ヤクモさんは，4月25日0時から27日24時までの3日間，島根県のある地域で気象観測を行った。**図1**は，この3日間の気象観測の結果を表したものである。また，次のページの**表1**は，4月25日12時に行った気象観測の記録の一部である。これについて，あとの**1**～**4**に答えなさい。

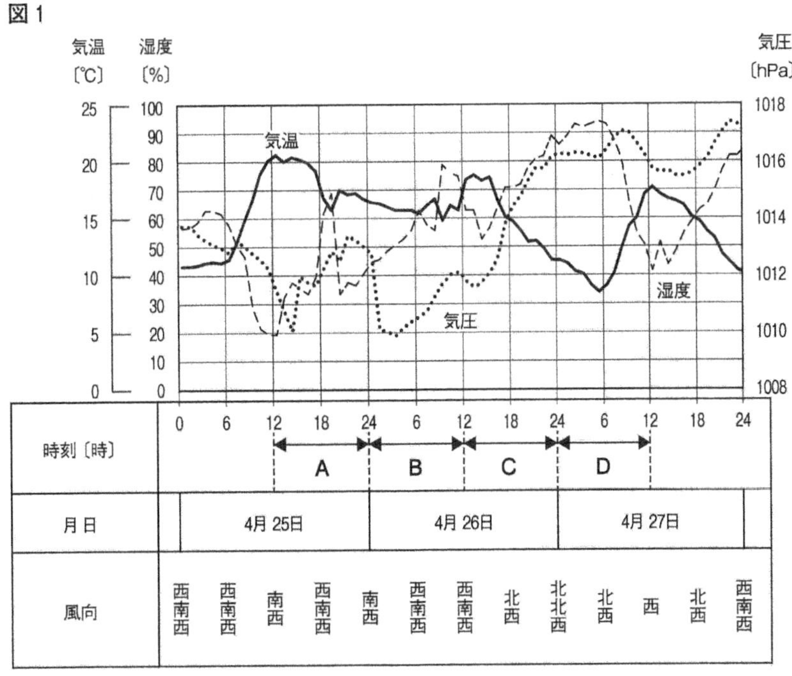

表1

雲量	風向	風力
2	南西	4

1　気温をはかるときの注意点を説明した次の文について，[X] にあてはまる**数値**を**小数第1位**まで答えなさい。また，[Y] にあてはまる最も適当な**語**を答えなさい。

> 地上約 [X] mの高さのところで，温度計の球部に [Y] を当てないようにしてはかる。

2　**表1**の記録をもとにして，4月25日12時の天気，風向，風力を**天気図記号**で表しなさい。

3　4月25日から27日の間に寒冷前線が通過している。寒冷前線が通過したと考えられる最も適当な時間帯を，**図1**の時刻の欄（らん）に示したA～Dの時間帯から**一つ**選び，記号で答えなさい。

4　4月27日の日中の天気は晴れであった。そのことは，**図1**のグラフを見ても推測することができる。推測した根拠となる**気象要素**を**2つ**用いて，晴れである**理由**を簡単に説明しなさい。

問2　ヤクモさんは，雲のでき方に興味をもち，雲ができる条件について調べることにした。**仮説1**と**仮説2**を設定し，**実験**の**計画**を立てた。**図2**は，**実験**に用いる装置である。これについて，あとの1～4に答えなさい。

> **仮説1**　地上の水蒸気量が多くなれば，雲ができやすくなるのではないか。
> **仮説2**　地上と上空の気温差が大きくなれば，雲ができやすくなるのではないか。

実験

計画1　図2のように，透明な筒（つつ）の下部と上部に金属の容器を設置した5つの装置A～Eをつくる。

計画2　装置A～Eの下部と上部の金属の容器には，**表2**のように氷水（5℃），常温の水（25℃），加熱した水（45℃），加熱した石（45℃）のうちのいずれかを入れる。

図2

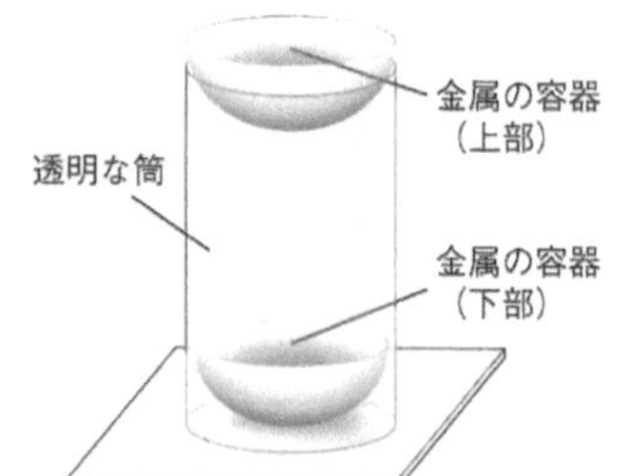

表2

装置	金属の容器（下部）	金属の容器（上部）
A	加熱した水（45℃）	氷水（5℃）
B	加熱した水（45℃）	常温の水（25℃）
C	加熱した石（45℃）	氷水（5℃）
D	加熱した石（45℃）	常温の水（25℃）
E	加熱した石（45℃）	加熱した水（45℃）

計画3　金属の容器（上部）のまわりにできる水滴のようすを観察する。このとき，一定の時間に水滴が多くできていれば「雲ができやすい」と判断する。

1　**仮説1**について調べるには，**装置A**とどれを比較すればよいか。最も適当な装置を**表2**のB～Eから**一つ**選び，記号で答えなさい。

2　**仮説2**について調べるには，**装置A**とどれを比較すればよいか。最も適当な装置を**表2**のB～Eから**一つ**選び，記号で答えなさい。

3　ヤクモさんは**計画**した**実験**を行い，水滴が多くできるときの条件を得ることができた。そこで，この条件と季節ごとの雲のでき方を関連づけて説明できないか考えた。**冬に日本海側で多くの雪を降らせる雲のでき方**の説明として最も適当なものを，次の**ア～エ**から**一つ**選び，記号で答えなさい。

ア　日本列島の上空に，冷たい空気が入って大気の状態が不安定になり，地表近くのあたたかい空気が上昇し，上空で冷やされて雲ができる。

イ　太平洋からふく季節風により，水蒸気を大量にふくんだ空気が日本列島に運ばれ，北の冷たくしめった空気とぶつかって上昇し，上空で冷やされて雲ができる。

ウ　季節風によって運ばれた冷たく乾燥した空気が，空気よりもあたたかい海にあたためられ，海上で水蒸気をふくんで上昇し，上空で冷やされて雲ができる。

エ　太陽の光で日本列島の地面が強く熱せられ，その地面にあたためられた空気が上昇し，上空で冷やされて雲ができる。

4　**図3**のように，多くの雲の底面が地上からほぼ同じ高さでそろっている理由を説明した次の文の［X］，［Y］にあてはまる最も適当な**語**を答えなさい。

気温と［X］のそれぞれが同じである空気のかたまりが，地上から上昇すると膨張して気温が下がり，同じ高さで露点に達し，［Y］をこえる水蒸気が水滴（雲）になるから。

＜社会＞

時間　50分　　満点　50点

【注意】 解答に句読点，記号，数字が必要な場合は，それも一字として数えなさい。

【第１問題】 あきこさんの中学校では，総合的な学習の時間に「生活と環境」をテーマに学習しています。次の会話文を読んで，下の**問１～問７**に答えなさい。

先生　「あきこさんたちの班は，自然環境について調べていますね。」
あきこ「はい。調べれば調べるほど，地球は自然が豊かだとわかりました。(a)宇宙から見た地球は青い海が広がりとても美しいです。」
先生　「とくに，日本は海に囲まれた国ですから(b)海からの恩恵をたくさん受けてきました。また，江戸時代の終わりの(c)ペリー来航をきっかけに欧米との交易もさかんになりました。」
あきこ「そうですね。その一方で日本は昔から(d)川のはんらんや地震などの自然災害が多い国の一つだということもわかりました。」
先生　「たけしさんの班は，江戸時代の災害と対策について調べていますね。」
たけし「はい。江戸時代には，冷害や火山の噴火などによるききんで大きな被害を受けた地域があり，幕府は(e)寛政の改革などで，ききんへの対策をとったことがわかりました。」
先生　「昔から災害への備えが必要だったのですね。他には，(f)公害や(g)人々の生活を支える政策について調べている班もありますね。それでは，これから調べたことをもとに考えをまとめましょう。みなさんの発表がとても楽しみです。」

問１　下線部(a)について，**図①**，**図②**中の**大洋** A と**大陸** B の組み合わせとして正しいものを，下の**ア～エ**から**一つ**選び，記号で答えなさい。

図①　陸が多く見える半球

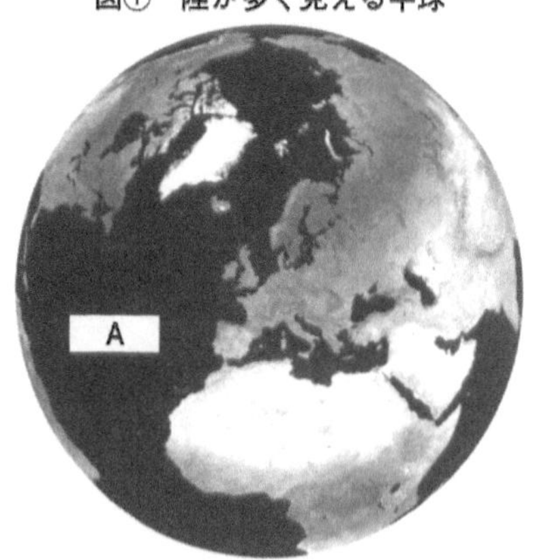

図②　海が多く見える半球

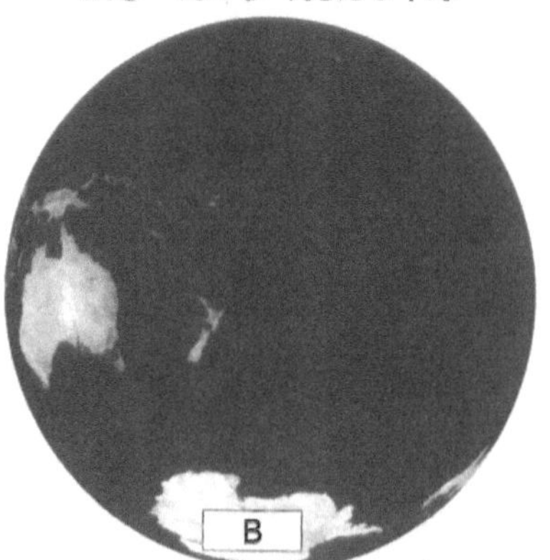

	ア	イ	ウ	エ
A	大西洋	大西洋	太平洋	太平洋
B	オーストラリア大陸	南極大陸	オーストラリア大陸	南極大陸

問2　下線部(b)について，竹島では，明治から昭和にかけてアシカ猟やアワビ・ワカメ漁がさかんであった。**略地図①**を参考にして，竹島と**ほぼ同じ緯度**に位置する都市として最も適当なものを，次の**ア**～**エ**から**一つ**選び，記号で答えなさい。

ア　ロンドン（イギリス）
イ　ブエノスアイレス（アルゼンチン）
ウ　サンフランシスコ（アメリカ）
エ　マニラ（フィリピン）

略地図①

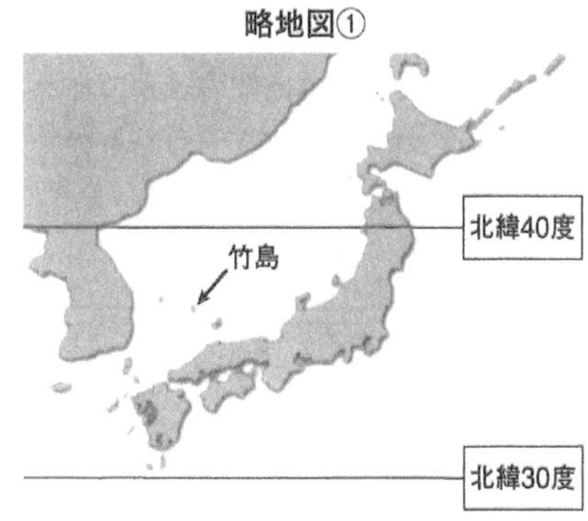

（「竹島学習リーフレット」より作成）

問3　下線部(c)について，次の**1**～**4**に答えなさい。

1　ペリー来航当時（19世紀中頃）のアメリカについて述べた文として最も適当なものを，次の**ア**～**エ**から**一つ**選び，記号で答えなさい。

ア　工業製品を大量に生産し，世界中に輸出したので，「世界の工場」とよばれて繁栄した。
イ　直接支配下においたインドを拠点として，アジアでの植民地拡大をねらっていた。
ウ　近代化の遅れを実感してさまざまな改革を進めると同時に，シベリアや沿海州にも進出した。
エ　国土を急速に広げて太平洋岸に達し，さらに海を越えて東アジアとの貿易を望んでいた。

2　**資料①**は，ペリーが浦賀に到着するまでのおもな寄港地を，順を追って示したものである。**資料①**にある**ケープタウン**の現在の雨温図を，**資料①**，**資料②**を参考にして，下の**ア**～**エ**から**一つ**選び，記号で答えなさい。

資料①　ペリーのおもな寄港地

到着年月日	寄港地	現在の国名
1853年1月24日	ケープタウン	南アフリカ共和国
1853年3月25日	シンガポール	シンガポール
1853年5月4日	上海	中国
1853年7月8日	浦賀	日本

資料②

ケープタウンは，大陸南端に位置する都市である。夏に乾燥し，冬に雨が多く降る気候の特徴を生かし，ケープタウン近郊では，ぶどうの栽培がさかんである。

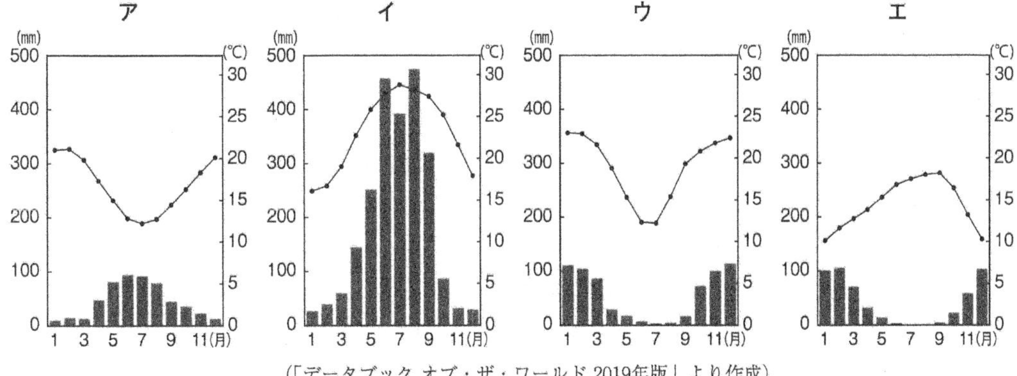

（「データブック オブ・ザ・ワールド 2019年版」より作成）

3　ペリーが来航した次の年に，幕府はアメリカと日米和親条約を結んだ。条約の締結は，現在の日本では内閣の職務である。次の**資料③**は，内閣の職務について規定した日本国憲法の条文の一部を抜き出したものである。**資料③**の［C］にあてはまる機関名を答えなさい。ただし，［C］には同じ語が入る。

資料③　日本国憲法

第73条	内閣は，他の一般行政事務の外(ほか)，左の事務を行ふ。
3	条約を締結すること。但し，事前に，※時宜(じぎ)によつては事後に，［C］の承認を経ることを必要とする。
5	予算を作成して［C］に提出すること。

※「時宜」はその時の状況，都合のこと。

4　幕末から現代にいたるまで，日本とアメリカとの間では，多くの条約が結ばれてきた。日米間で結ばれた条約について述べた次の**ア～ウ**を，年代の**古い順**に並べて，記号で答えなさい。

ア　アメリカの求めに応じて日米修好通商条約を結んだが，日本にとって不平等な内容をふくんでいた。

イ　日米安全保障条約の改定をめぐって，日本が戦争にまきこまれるとの批判が国民の間で高まり，激しい反対運動が起こった。

ウ　アメリカを中心とする48か国との間にサンフランシスコ平和条約を結び，日本は独立を回復した。

問4　下線部(d)について，次の1～3に答えなさい。

1　日本の川が大陸の川に比べて急流となっている理由を，**資料④**から読み取り，解答欄の書き出しに続けて，**30字以内**で答えなさい。ただし，「**河口**」という語を用いること。

資料④　日本の川と大陸にある川の比較

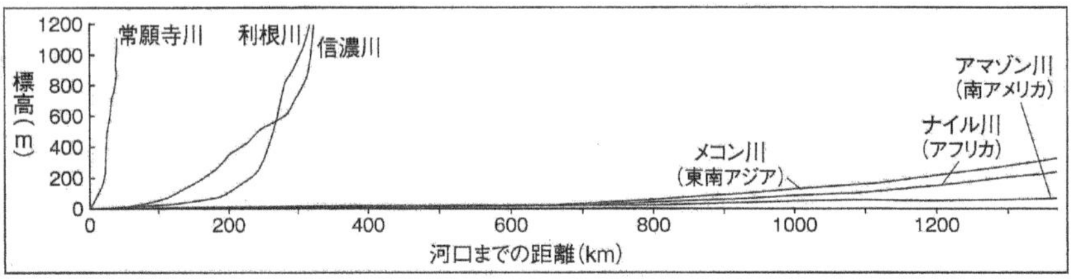

※資料④は源流から示したものではない。

2　次のページの**グラフ①**は東日本大震災の発生前後の被災9県の決算（歳入）である。**グラフ①**にある歳入項目の説明と，**グラフ①**から読み取れる内容の組み合わせとして正しいものを，下の**ア～エ**から一つ選び，記号で答えなさい。

<歳入項目の説明>

a　地方税は自主財源の一つであり，地方公共団体が独自に集めて使うことができる。

b　国庫支出金は依存財源の一つであり，地方債の返済を目的に国から支給される。

<グラフ①から読み取れる内容>

c　2011年度の国庫支出金の割合は，2010年度と比べて2倍以上となった。

d　2011年度の地方交付税の金額は，2010年度と比べて増加した。

ア　aとc　　**イ**　aとd　　**ウ**　bとc　　**エ**　bとd

グラフ①　被災９県の決算（歳入）

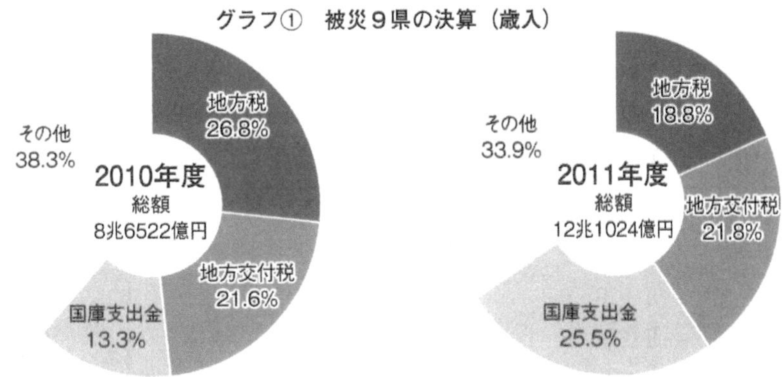

（「平成25年度版　地方財政白書ビジュアル版」より作成）

3　**資料⑤**は，御坊市（和歌山県）の津波防災ハザードマップの一部である。**資料⑤**を説明したⅠ，Ⅱの文の正誤を判断し，組み合わせとして正しいものを，あとの**ア**～**エ**から**一つ**選び，記号で答えなさい。

資料⑤

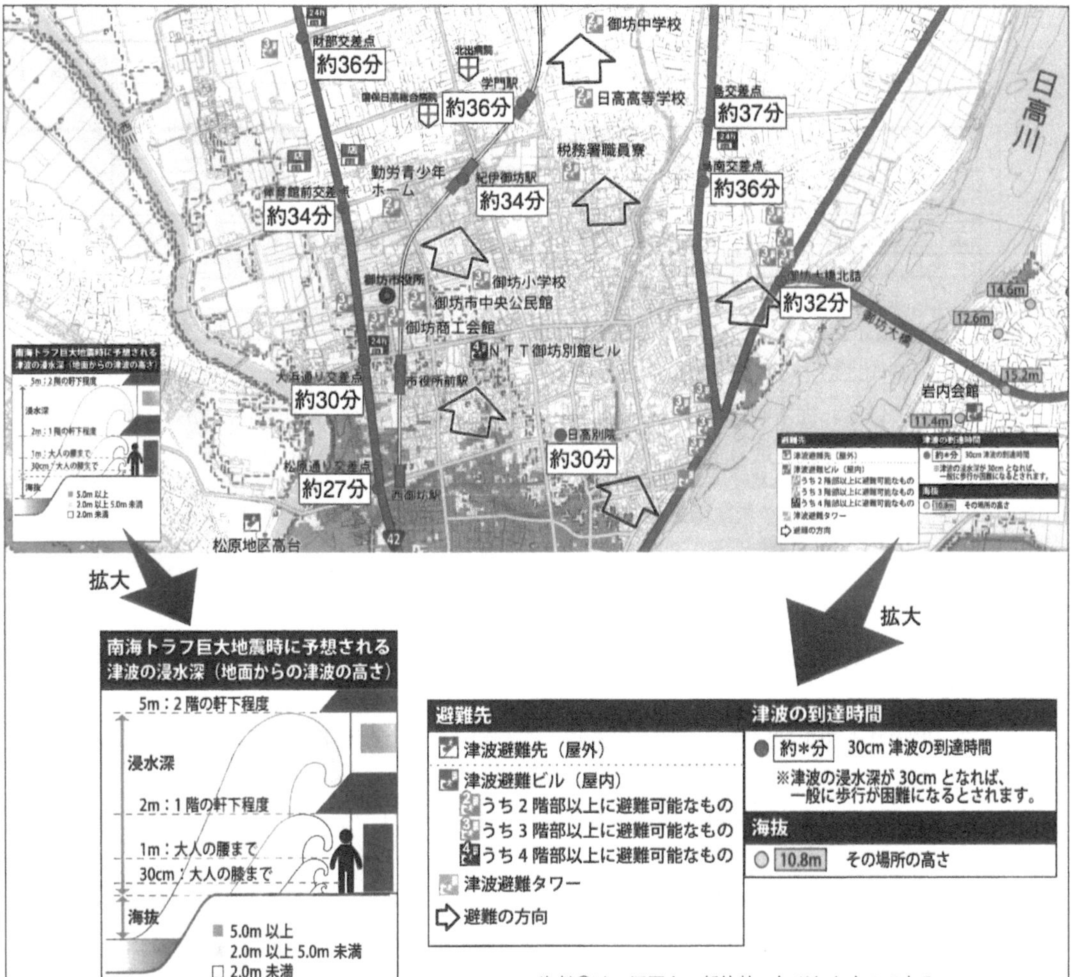

南海トラフ巨大地震時に予想される津波の浸水深（地面からの津波の高さ）

5m：2階の軒下程度
浸水深
2m：1階の軒下程度
1m：大人の腰まで
30cm：大人の膝まで
海抜
5.0m 以上
2.0m 以上 5.0m 未満
□ 2.0m 未満

避難先
津波避難先（屋外）
津波避難ビル（屋内）
うち２階部以上に避難可能なもの
うち３階部以上に避難可能なもの
うち４階部以上に避難可能なもの
津波避難タワー
避難の方向

津波の到達時間
● 約＊分　30cm 津波の到達時間
※津波の浸水深が 30cm となれば、一般に歩行が困難になるとされます。

海抜
○ 10.8m　その場所の高さ

※資料⑤は，原図を一部抜粋・加工したものである。
（「御坊市津波防災ハザードマップ」より作成）

Ⅰ　ハザードマップ中の矢印は，避難の方向を示しており，海岸線から離れた安全な方向へ誘導している。 Ⅱ　ハザードマップ中の **約＊分** の表示は，30㎝津波の到達時間を示しており，この到達時間までにできるだけ早く避難することを促している。

ア　Ⅰ…正　Ⅱ…正

イ　Ⅰ…正　Ⅱ…誤

ウ　Ⅰ…誤　Ⅱ…正

エ　Ⅰ…誤　Ⅱ…誤

問５　下線部(e)について，寛政の改革で行われたききん対策について書かれた**資料⑥**中の D ，E に適する内容の組み合わせとして正しいものを，下の**ア**～**エ**から**一つ**選び，記号で答えなさい。

資料⑥

寛政の改革を始めた老中 D は，あれた農村の再建に取り組むとともに，ききんに備えて，E 。

	D	E
ア	松平定信	各地に倉を設けて，米をたくわえさせた
イ	松平定信	銅や俵物の輸出を奨励し，商工業の活性化をはかった
ウ	田沼意次	各地に倉を設けて，米をたくわえさせた
エ	田沼意次	銅や俵物の輸出を奨励し，商工業の活性化をはかった

問６　下線部(f)について，次の１，２に答えなさい。

図③

１　明治時代におこった足尾銅山鉱毒事件は，日本の公害問題の原点とされている。栃木県選出の衆議院議員として，足尾銅山の鉱毒被害をはじめて国会で取りあげ，政府を追及した**図③**の人物名を答えなさい。

２　国の環境政策に関して述べた文として最も適当なものを，次の**ア**～**エ**から**一つ**選び，記号で答えなさい。

ア　環境基本法を発展させた公害対策基本法が制定され，環境庁を中心に対策が進められている。

イ　開発前に環境への影響を調査する環境アセスメントは，企業側の反対で実施されていない。

ウ　循環型社会形成推進基本法が制定され，さまざまなリサイクル法も定められた。

エ　新しい人権のひとつとして，良好な環境で暮らせる権利である環境権が憲法に明記された。

問７　下線部(g)について，政府は国民の生活を支えるために社会保障の充実に努めている。日本の社会保障制度のうち，**資料⑦**の内容と最も関係の深いものを，次の**ア**～**エ**から**一つ**選び，記号で答えなさい。

ア　社会保険

イ　公的扶助

ウ　社会福祉

エ　公衆衛生

資料⑦

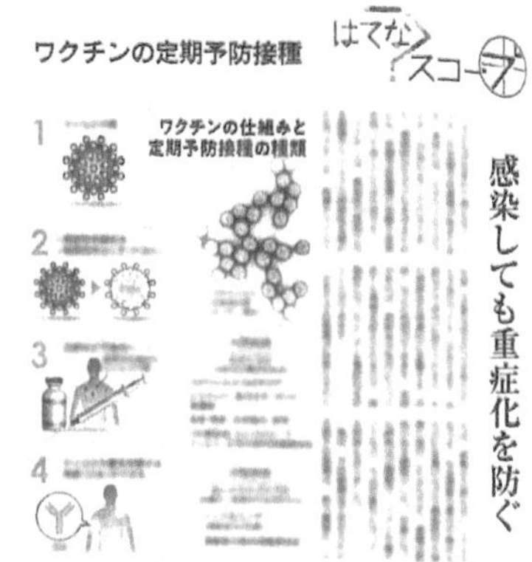

（朝日新聞（2019年12月7日付記事）より作成）

【第２問題】 歴史について，次の**問１**，**問２**に答えなさい。

問１　古代から近世の日本について，次の１～４に答えなさい。

１　中国や朝鮮半島から倭（日本）に移住し，漢字や須恵器など，大陸の文化や技術を伝えた人々を何というか，**漢字３字**で答えなさい。

２　聖徳太子が政治を行っていたころの仏教に関する記述と，そのころつくられた仏像の組み合わせとして正しいものを，下の**ア**～**エ**から**一つ**選び，記号で答えなさい。

<仏教に関する記述>

a　仏教の力で国家を守ってもらう考えにもとづき，国分寺や国分尼寺が建立された。

b　国づくりに仏教の考えがとり入れられ，豪族たちが権威を示すため寺院を建立した。

<つくられた仏像>

c

d

ア　aとc　　**イ**　aとd　　**ウ**　bとc　　**エ**　bとd

３　**資料①**は，1334（建武元）年に，京都二条河原にかかげられた立て札に記されていた落書の一部である。**資料①**が記された当時の政治の動きや社会のようすについて述べた文として最も適当なものを，あとの**ア**～**エ**から**一つ**選び，記号で答えなさい。

資料①

このごろ都ではやっているものは，夜討ちと強盗，天皇のにせの命令。逮捕される人や緊急事態を知らせる早馬，何もないのに騒動が起きること。生首が転がり，勝手に僧になったり元に戻ったり。急に大名になる者がいるかと思えば，逆に路頭に迷う者もいる。（後略）

（「建武年間記」より引用。読みやすく改めてある）

ア　朝廷が政権を取り戻そうとして，幕府追討の命令を出したため，幕府側は緊急連絡のための早馬を出すなど，対応に追われていた。

イ　院（上皇）の権威がいちじるしく強まった結果，天皇の命令は効力を失い，無実の罪で逮捕される者もあらわれた。

ウ　朝廷が京都の北朝と吉野の南朝に分裂・対立し，お互いに相手側の命令はにせものであると非難しあっていた。

エ　天皇中心の政治を始めたが，今までのしきたりを無視する政権に不満をもつ者も多く，夜討ちや強盗が多発するなど治安が悪化した。

4　次の文は，ある生徒が豊臣秀吉の政策について，下の**資料②**，**表①**から考察したものである。文中の［A］，［B］に適する内容を，それぞれ**20字以内**で答えなさい。

ある生徒の考察

資料②の命令は，徹底されなかったのではないか。それは，**表①**から，［A］ことが読み取れるからである。命令が徹底されなかった原因としては，**資料②**の内容から，バテレン（宣教師）に帰国を命じる一方で［B］ことが考えられる。

資料②　豊臣秀吉が1587年に出した命令

一，日本は神国であるから，キリシタンの国より悪い教えを伝え広められるのは，ひじょうによろしくないことである。

一，…バテレン（宣教師）を日本に滞在させることはできない。今日から20日の間に用意をして，帰国せよ。

一，ポルトガル船については，商売のために来ているので，バテレン追放とは別である。今後とも長い年月にわたっていろいろと売買するようにしなさい。

（一部要約し，読みやすく改めてある）

表①　日本のキリシタンのおおよその数

年	人数
1579年	130000人
1587年	200000人
1592年	217500人
1601年	300000人

（五野井隆史「日本キリスト教史」より作成）

問2　次の**表②**は，島根県出身の政治家で，大正・昭和時代に内閣総理大臣をつとめた若槻礼次郎の略年表である。あとの1～5に答えなさい。

表②　若槻礼次郎の略年表

年	できごと	区分
1866年	松江雑賀町に生まれる	(a)
1892年	帝国大学法科大学（現在の東京大学法学部）を卒業する	(a)
1916年	憲政会（のちの立憲民政党）の結成に参加する	(b)
1924年	内務大臣に任命される	(b)
1926年	第1次若槻内閣が成立する	(b)
1927年	金融恐慌がおこり，総辞職する	(b)
1930年	首席全権として，ロンドン海軍軍縮条約に調印する	(b)
1931年	第2次若槻内閣が成立する	(e)
	(c)満州事変がおこり，総辞職する	(e)
1945年	(d)連合国による降伏勧告の受け入れに関わる	(e)

1　表②の（ a ）の期間に地租改正が行われ，図①のような地券が発行された。地租の課税・納入の方法を説明した次の文の［ C ］，［ D ］にあてはまる語の組み合わせとして正しいものを，下のア～エから一つ選び，記号で答えなさい。

図①

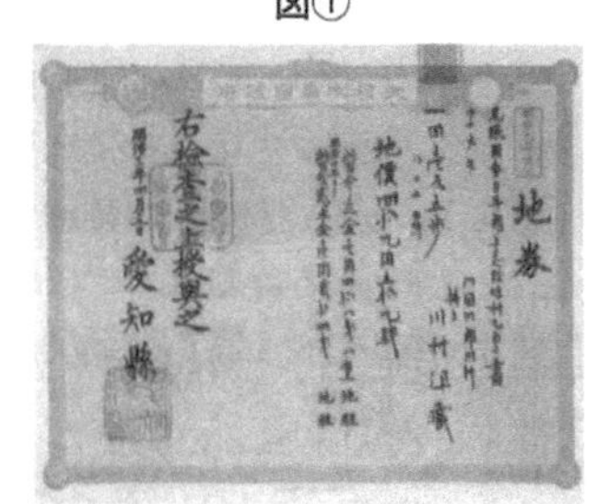

> 地租の税率は［ C ］の３％とされ，［ D ］で納められた。

ア　C…収穫高　D…現金
イ　C…地価　D…現金
ウ　C…収穫高　D…米
エ　C…地価　D…米

2　表②の（ b ）の期間について，次の表③，グラフ①から読み取れることをもとに，第一次世界大戦後の日本の外交方針を，当時の国際社会の動きをふまえながら，解答欄に合うように，40字以内で答えなさい。

表③　日本の参加した会議・条約・国際組織

年	会議・条約・国際組織	目的・内容など
1919	ベルサイユ条約	第一次世界大戦の戦後処理
1920	国際連盟の設立	国際平和の維持
1921~22	ワシントン会議 ・四か国条約 ・九か国条約 ・海軍軍縮条約	 太平洋地域の安全保障 中国の主権・領土の尊重 戦艦などの保有量を制限
1928	パリ不戦条約	紛争解決の手段としての戦争放棄
1930	ロンドン海軍軍縮条約	潜水艦などの保有量を制限

グラフ①　日本の歳出総額と軍事費の占める割合

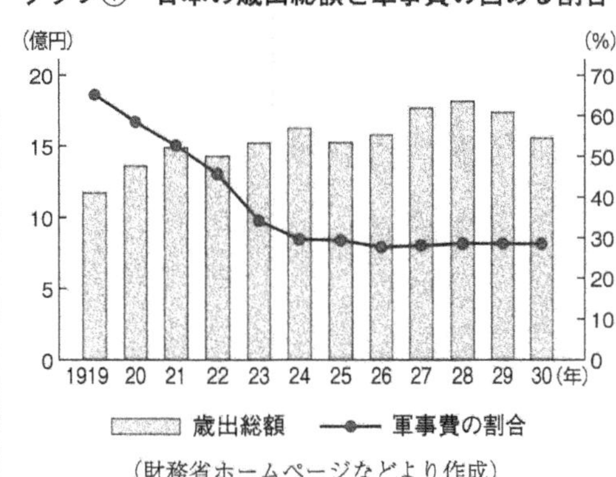

（財務省ホームページなどより作成）

3　下線部（ c ）について，満州事変のきっかけとなった柳条湖事件が起こった場所として，最も適当なものを，略地図①中のア～エから一つ選び，記号で答えなさい。

略地図①

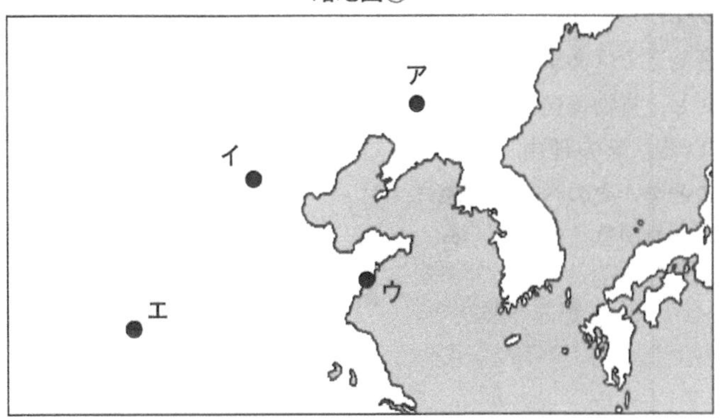

4 下線部（d）について，日本に対する連合国による降伏勧告を何というか，答えなさい。

5 次の**ア〜ウ**は，いずれも**表**②の（e）の期間に起きたできごとである。年代の**古い順**に並べて，記号で答えなさい。

ア 大政翼賛会の発足　　**イ** 二・二六事件の発生　　**ウ** 真珠湾の攻撃

【第3問題】 世界と日本の地理について，次の問1〜問4に答えなさい。

問1 次の1〜3に答えなさい。

1 右のグラフは，京浜工業地帯・中京工業地帯・瀬戸内工業地域・北九州工業地域のいずれかの工業出荷額の内訳を示したものである。**中京工業地帯**にあてはまるものを，**ア〜エ**から**一つ**選び，記号で答えなさい。

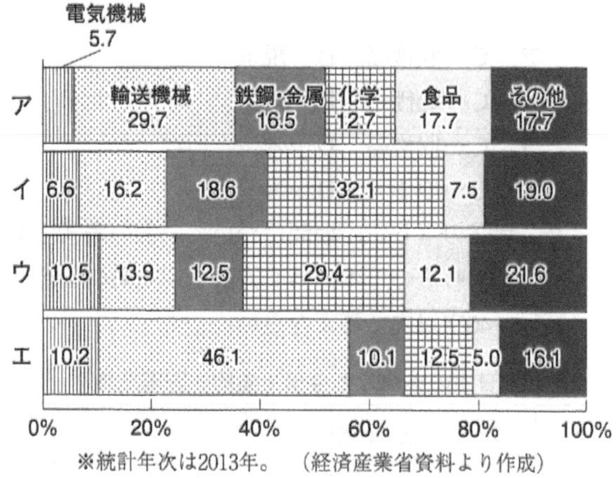

※統計年次は2013年。（経済産業省資料より作成）

2 次のグラフは，1960年・2000年・2015年のいずれかにおける，日本の総発電量に占める各発電形態の割合（%）を示している。**ア〜ウ**を**年代順**に並べて，記号で答えなさい。

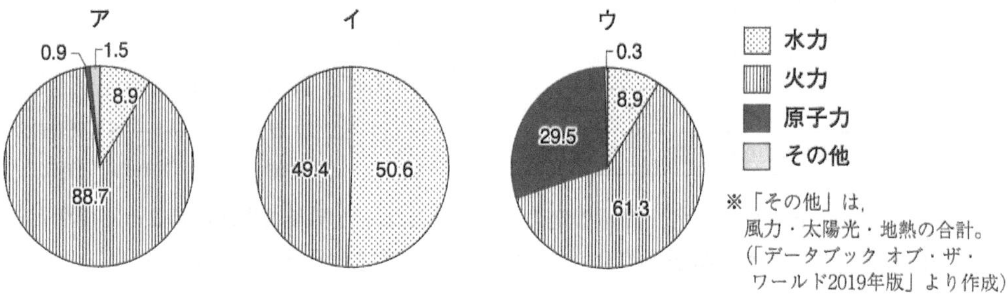

※「その他」は，風力・太陽光・地熱の合計。
（「データブック オブ・ザ・ワールド2019年版」より作成）

3 右の**グラフ**①からわかるように，船舶は，旅客輸送ではあまり利用されないのに対し，貨物輸送では多く利用されている。その理由として考えられることを，次のページの**表**①，**表**②から読み取り，解答欄に合うように説明しなさい。

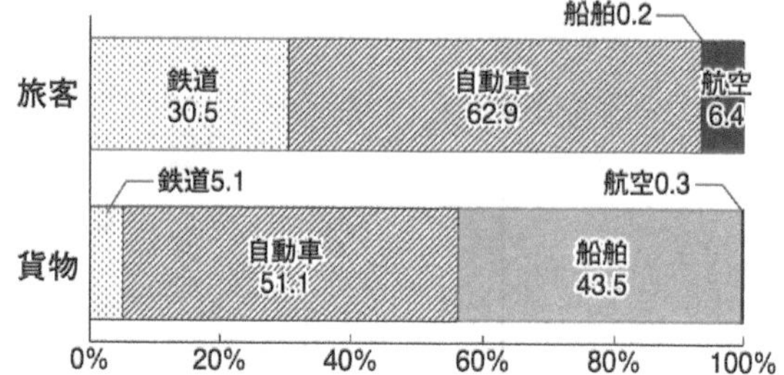

表①　輸送にかかる時間の比較

	出発時刻		到着時刻
	大阪	➡	那覇
※1船舶	20:40	➡	翌々日の7:00
※2航空機	14:55	➡	17:05

※1：大阪南港－那覇新港間
※2：伊丹空港－那覇空港間

表②　日本のおもな海上貨物と航空貨物（2017年）

海上貨物	航空貨物
機械類	半導体
乗用自動車	科学光学機器
電気製品	電気計測機器
鉄鋼	事務用機器
セメント	医薬品

（「データブック オブ・ザ・ワールド 2019年版」などより作成）

問2　次の**地図①**，**地図②**は，同じ地域の新旧を比較したものである。下の1，2に答えなさい。

地図①　1952年頃のようす

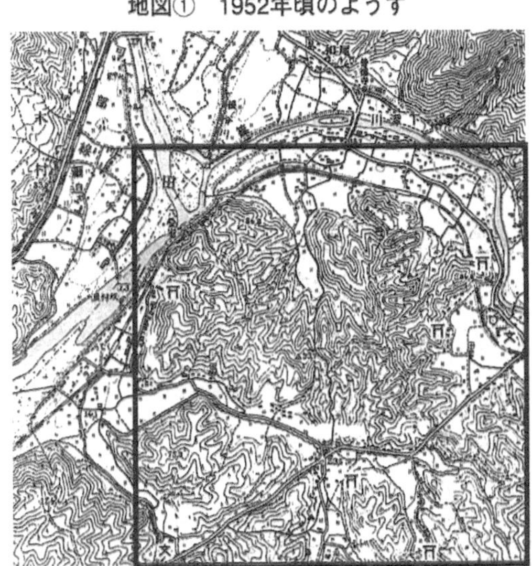

（2万5千分の1地形図「深川」より作成）

地図②　2014年頃のようす

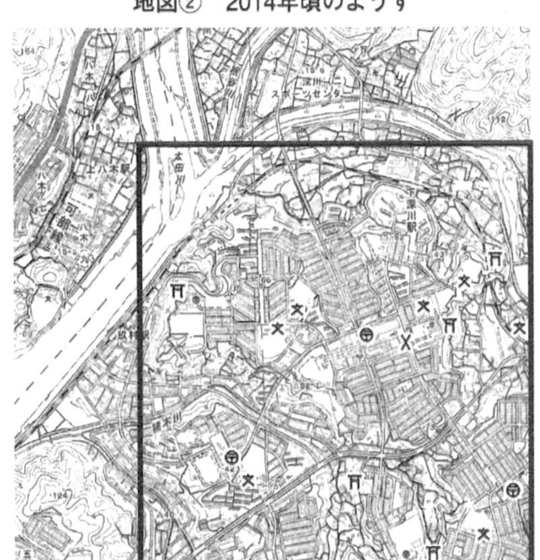

（2万5千分の1地形図「中深川」より作成）

1　**地図①**，**地図②**中の □ で囲まれた範囲をみると，土地利用が大きく変化していることがわかる。土地利用がどのように変化したか，**等高線に着目**し，**20字以内**で答えなさい。

2　土地利用が変化した背景には，高度経済成長期以降，人口が増加したことが考えられる。**地図②**中の □ の範囲にある地図記号のうち，人口が増加した結果，数が増えた建造物として**適当でないもの**を，次の**ア**～**エ**から**一つ**選び，記号で答えなさい。

ア	イ	ウ	エ
文	〒	⛩	X

問3　世界の人々の暮らしと文化について，次の1～3に答えなさい。

1　次のページの**資料①**は，ある宗教に関する記事である。**資料①**中の A にあてはまる語を答えなさい。ただし， A には同じ語が入る。

資料①

> 島根大学は26日，学生食堂で［A］教の戒律に沿った「ハラルフード」の提供を始めた。島根大学に在籍する約180人の留学生のうち，約30人がバングラデシュやインドネシア，アフガニスタンなど［A］圏からだ。［A］教徒はアルコールや豚肉を避けるなど厳しい食の規律を守っており，食事を取れる場所が大学近辺にはなかった。

※問題の都合上，一部を省略している。

（日本経済新聞（2016年9月27日付記事）より作成）

2　ヨーロッパでは，民族による言語の類似性がみられる。右の**ある国の「おはよう」を表す言葉**は，**表③**の［B］～［D］のうち，どのグループにあてはまるか，記号で答えなさい。また，**図①**ではX～Zの言語分布のうち，どのグループにあてはまるか，記号で答えなさい。

ある国の「おはよう」を表す言葉
God morgen

図①　ヨーロッパにおける言語分布

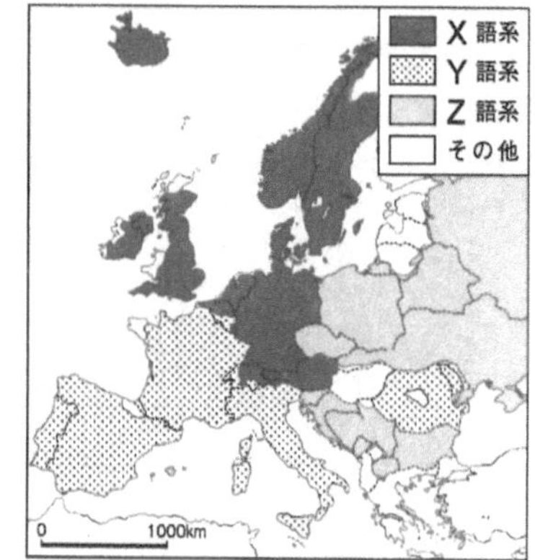

表③　各言語の「おはよう」を表す言葉

［B］系言語	［C］系言語	［D］系言語
Bonjour Buon giorno など	Good morning Guten Morgen など	Доброе утро Dzień dobry など

3　**写真①**のように森林や草原に火入れを行い，その灰を肥料としてイモ類などを生産する農業形態を何というか。解答欄に合うように，**漢字2字**で答えなさい。

写真①

問4　観光に関する次のページの**グラフ②**，**グラフ③**から読み取れる内容について述べた文として**適当でないもの**を，下の**ア～エ**から**一つ**選び，記号で答えなさい。

ア　アメリカは観光収支が黒字であるが，ドイツは観光収支が赤字である。

イ　海外旅行者数が観光客数を上回っている国は，観光収支が赤字である。

ウ　観光客数と海外旅行者数の差が最も大きい国は，フランスである。

エ　地中海に面している国は，海外旅行者数より観光客数が多い。

グラフ②　おもな国の観光収入額と支出額（2016年）

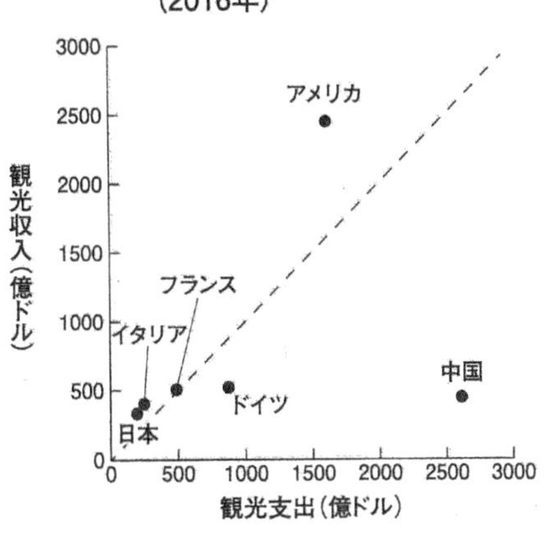

グラフ③　おもな国の観光客数と海外旅行者数（2016年）

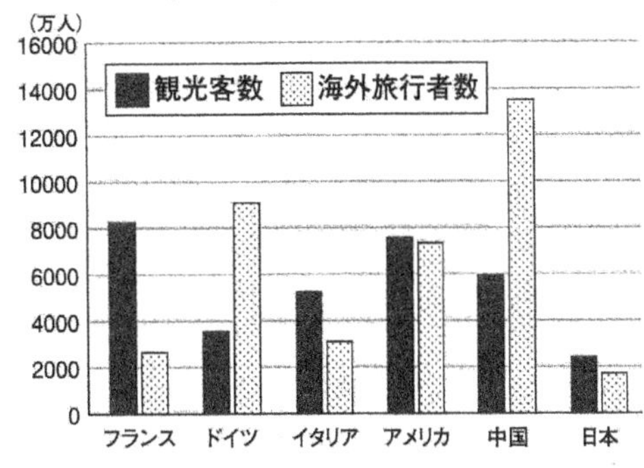

※観光客数とは，その国を訪れた人の数であり，海外旅行者数とは，その国から国外へ旅行した人の数である。

（「データブック オブ・ザ・ワールド 2019年版」より作成）

【第４問題】　問１～問６に答えなさい。

問１　情報化社会について，次の１，２に答えなさい。

1　**グラフ①**，**グラフ②**について述べたⅠ，Ⅱの文の正誤を判断し，組み合わせとして正しいものを，下の**ア**～**エ**から**一つ**選び，記号で答えなさい。

グラフ①　ニュースを取得する場合に利用するおもなメディア

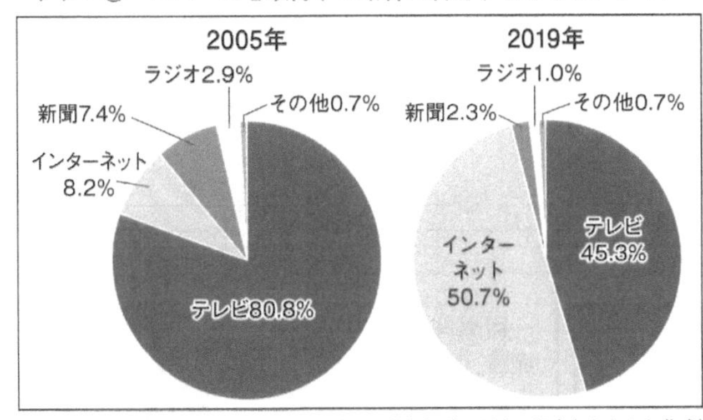

（「平成30年度 情報通信メディアの利用時間と情報行動に関する調査」などより作成）

グラフ②　年代別インターネット利用率

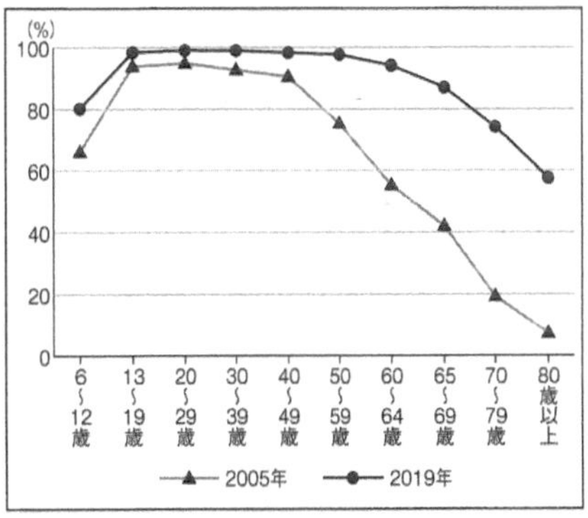

（「令和元年 通信利用動向調査報告書」などより作成）

Ⅰ　インターネットでニュースを取得する人の割合は，2005年には全体の１割未満だったが，2019年には５割以上となり，テレビでニュースを取得する人の割合を上回っている。
Ⅱ　2005年と2019年のインターネット利用率を比較すると，利用率が最も伸びた年代は60～64歳である。

ア　Ⅰ…正　Ⅱ…正
イ　Ⅰ…正　Ⅱ…誤
ウ　Ⅰ…誤　Ⅱ…正
エ　Ⅰ…誤　Ⅱ…誤

2　**資料①**は，個人の権利侵害の裁判について述べたものである。**資料①**の権利と同じ権利が侵害された事例として最も適当なものを，下の**ア～エ**から**一つ**選び，記号で答えなさい。

資料①

> 北海道在住の男性が，インターネット上に自分の逮捕歴が表示され続けるのはプライバシーの侵害だとして，検索結果の削除を求めて裁判をおこした。札幌地方裁判所は，インターネット検索会社に検索結果の一部を削除するように命じた。

ア　新しく薬局を開くための申請が，法律と県の条例を理由に認められなかった。

イ　雑誌に掲載された自分の漫画が，許可なくインターネット上に掲載された。

ウ　実在する人物を参考にした小説の中で，モデルとされた人の私生活が無断で公開された。

エ　空港の周辺の住民が，飛行機の離着陸における騒音や振動，排気ガスなどの被害を受けた。

問2　国家と国際法について述べた文として最も適当なものを，次の**ア～エ**から**一つ**選び，記号で答えなさい。

ア　国家の支配する領域は，領土・領空・領海からなり，領海には排他的経済水域が含まれる。

イ　主権をもつ国家は，国内での国家の決定について他国から干渉されない。

ウ　公海自由の原則は，長い間の慣行が法になった慣習法で，国際法には含まれない。

エ　国際司法裁判所では，当事国のどちらか一方の国が訴えることで裁判が開始される。

問3　集団的自衛権の考え方と，日本の集団的自衛権に対する立場の組み合わせとして正しいものを，下の**ア～エ**から**一つ**選び，記号で答えなさい。なお，a，b中の①，②は行為の順番を示している。

<集団的自衛権の考え方>

a	b
加盟国が互いに武力によって国際紛争を解決しないことを約束し，その約束に反して攻撃（①）をした国に対して加盟国全体で制裁（②）を加える権利。 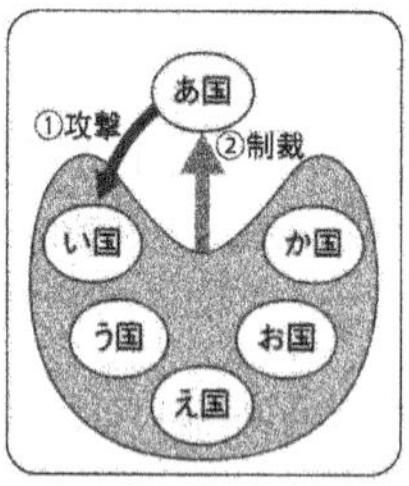	同盟関係にある国が攻撃(①)を受けたときに，自国は攻撃を受けていなくても，攻撃されたとみなして，共同で防衛（②）する権利。 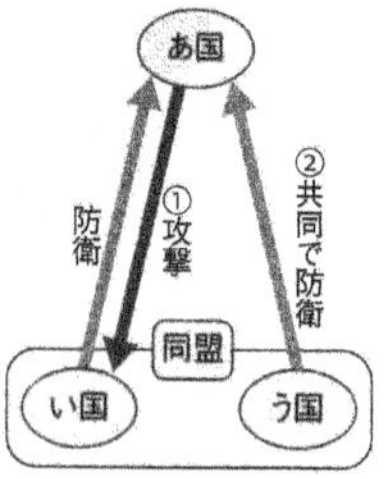

<日本の集団的自衛権に対する立場>

c　国連軍の一員として，集団的自衛権を行使することが認められている。

d　閣議決定によって，集団的自衛権を限定的に行使することが認められている。

ア　aとc　　**イ**　aとd　　**ウ**　bとc　　**エ**　bとd

問4　日本の司法制度について述べた文として最も適当なものを，次の**ア～エ**から**一つ**選び，記号で答えなさい。

ア　刑事裁判では，犯罪被害者やその家族が，審理に参加することができるようになった。

イ　民事裁判は，検察官が原告となって，被疑者を起訴することで裁判が始まる。

ウ　裁判員裁判は，裁判官と裁判員で有罪か無罪かを決めるが，刑罰の種類は決めない。

エ　行政裁判では，地方公共団体を訴えることはできるが，国を訴えることはできない。

問５　地方自治について述べた次の文の［A］にあてはまる語を，**漢字４字**で答えなさい。

> 地方自治は，住民が直接政治に参加できる機会が多いことから，「［A］の学校」と呼ばれている。

問６　経済について，次の１～３に答えなさい。

１　図①の［B］～［D］にあてはまる語の組み合わせとして正しいものを，次の**ア～エ**から一つ選び，記号で答えなさい。

図①　経済の循環

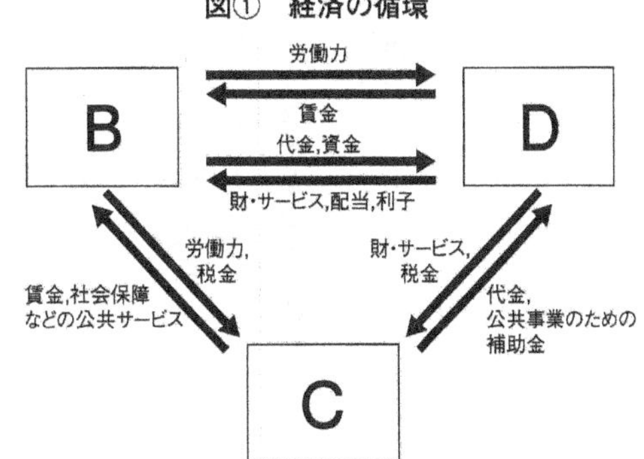

	ア	イ	ウ	エ
B	家計	企業	政府	家計
C	政府	政府	家計	企業
D	企業	家計	企業	政府

２　所得税に適用されている累進課税のしくみについて，**資料②**を参考にして，解答欄に合うように，**20字以内**で答えなさい。

資料②

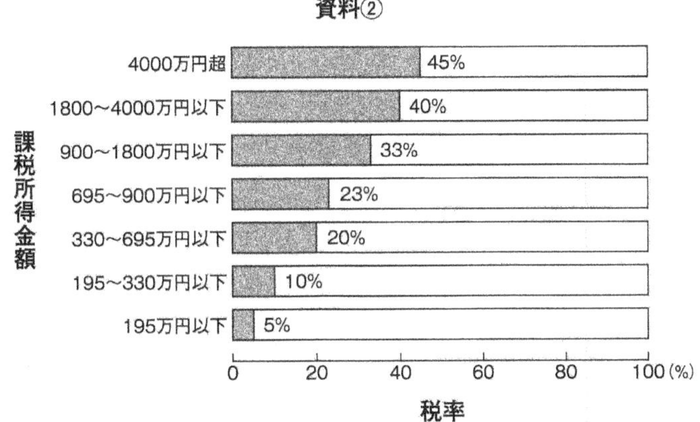

３　価格について述べた文として**適当でないもの**を，次の**ア～エ**から**一つ**選び，記号で答えなさい。

ア　市場価格のうち，需要量と供給量が一致する価格を均衡価格という。

イ　生産者どうしで相談して価格を決めることは，独占禁止法で禁止されている。

ウ　市場が少数の企業で占められる寡占の状態になると，価格競争が生じにくくなる。

エ　水道やガスなどの公共料金は，全国ですべて同じ価格に設定されている。

問二　司会であるアヤカさんの発言として**【話し合いの様子】**の［Ⅱ］に入れるのに最も適当なものを、次の**ア**～**エ**から**一つ**選び、記号で答えなさい。

ア　それよりも、掃除用具を新しくしてもらえるように、先生にお願いした方がよいと思います。

イ　他に、かけてほしい音楽について、何か具体的な意見のある人はいませんか。

ウ　音楽をかけることに話が進んでいますが、標語を考えるための意見を出しましょう。

エ　そうですね、みんなのやる気が出るような音楽をかけることに、私も賛成です。

問三　あなたなら**【標語案】A**～**C**の中で、どれがよいと思いますか。次の①～④の条件に従って作文しなさい。

①　**【標語案】A**～**C**の中からどれか**一つ**を選び、あなたがどれを選んだかが分かるように、文章中に記号を書くこと。

②　他の二つの**【標語案】**と比べて書くのではなく、あなたが選んだ**【標語案】**のよさについて書くこと。

③　あなた自身の体験を根拠として**【標語案】**のよさを書くこと。

④　**百五十字以上、百八十字以内**でまとめること。句読点や記号も一字として数える。ただし、**一マス目から書き始め**、段落は設けない。

※あなたの学校のこととして書いてもよいし、令和中学校のこととして書いてもよい。

※読み返して文章の一部を直したいときは、二本線で消したり、余白に書き加えたりしてもよい。

アンケートで出た主な意見
・掃除用具が足りない
・取りかかりが遅い
・掃除時間に音楽をかけてほしい
・掃除場所の広さに対して班員が少ない
・まじめに取り組んでいない
・ゴミ箱の数を増やしてほしい

ハルト　私は、全校生徒の掃除に対する意識が変わるような呼びかけがよいと思います。

ソウマ　私もそう思います。アンケートで出た［Ⅰ］という二つの意見から、掃除に対して意識の低い人がいるのが気になりました。だから、全校のみんなが十五分間の掃除にしっかり取り組むような呼びかけにしてはどうですか。

アヤカ　確かに、そうですね。他の意見はありますか。

メイ　はい。「掃除時間に音楽をかけてほしい」という意見があるので、音楽をかけませんか。

ハルト　それなら校歌がよいと思います。

ソウマ　校歌より、みんなが好きな音楽をかけた方がやる気が出ると思います。

メイ　だったら、かけてほしい音楽のアンケートを取りましょうよ。

アヤカ　［Ⅱ］

ソウマ　そうでしたね。話を戻しましょう。

（話し合いは続く……）

【標語案】

A
あと３分!!
時間いっぱいで
もっときれいに！

B
一人でやらなくて
いいんだよ、
私もやるから

C
きれいだね
気持ちいいな
君のおかげ

問一　**【話し合いの様子】**のソウマさんの発言の［Ⅰ］に入れるのに適当なものを、次の**ア**～**カ**から**二つ**選び、記号で答えなさい。

ア　掃除用具が足りない
イ　取りかかりが遅い
ウ　掃除時間に音楽をかけてほしい
エ　掃除場所の広さに対して班員が少ない
オ　まじめに取り組んでいない
カ　ゴミ箱の数を増やしてほしい

問一　傍線部①「世間の人は……思ひはからひたり。」とあるが、ここで思いついた内容を簡単に図示したものとして最も適当なものを、次の**ア**～**エ**から**一つ**選び、記号で答えなさい。

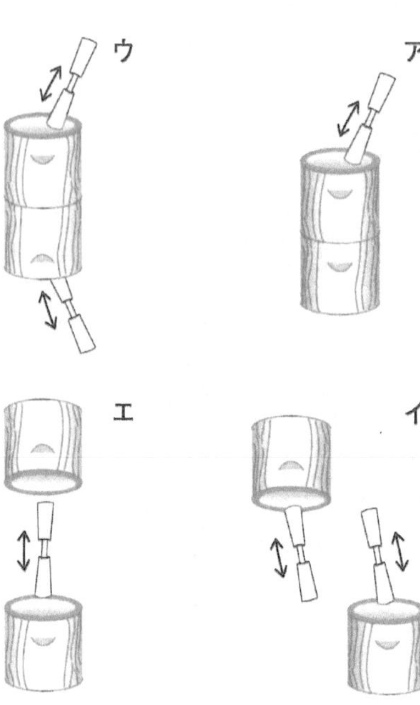

問二　傍線部②「『この難こそありけれ』とて、詰まりけり。」について、次の**1**、**2**に答えなさい。

1　「詰まりけり」について言葉に詰まってしまったのは誰か。文章中の言葉で答えなさい。

2　「この難」とは、どのような欠点か。次の形式に合うように、**十字以上**、**二十字以内**で答えなさい。

（　**十字以上、二十字以内**　）という欠点。

問三　この文章の内容に合うことわざとして最も適当なものを、次の**ア**～**エ**から**一つ**選び、記号で答えなさい。

ア　釈迦に説法
〔意味　知り尽くしている人に対して、そのことを教えたりさとしたりする愚かさのたとえ〕

イ　机上の空論
〔意味　頭の中で考えただけの、実際には役に立たない案や意見〕

ウ　捕らぬ狸の皮算用
〔意味　手に入るかどうかわからないものをあてにして、あれこれ計画を立てること〕

エ　餅は餅屋
〔意味　物事には専門家がいて、専門でない人は専門家には及ばないということ〕

【第五問題】

令和中学校の保健委員会では、「校内の掃除」について全校生徒にアンケートを取りました。次は、その結果について各クラスの保健委員が話し合いをしている様子と、話し合いの後に作成した標語案です。あとの**問一**～**問三**に答えなさい。

【話し合いの様子】

アヤカ　今日は私が司会をします。よろしくお願いします。この時間は、アンケートで出た意見について話し合い、校内の掃除について全校生徒に呼びかける標語を考えます。アンケートでは、主に次のページの六つの意見が出ました。

イ　由香が自分のことを恐れていると感じたC1が、由香の与えた餌の魚を不審に思って投げ返してきた様子。

ウ　由香にひそかに好意を抱いていたC1が、由香にこっそり分け与えようとして餌の魚を投げ返してきた様子。

エ　由香の存在に興味を持っていたC1が、由香とコミュニケーションをとるために餌の魚を投げ返してきた様子。

問四　波線部**X**「ため息をついて、自分の手を見つめた。」、波線部**Y**「情けない。涙声になっている。」、波線部**Z**「黙って、うなずいた。」のときの由香の心情を説明したものとして最も適当なものを、次の**ア**～**エ**から**一つ**選び、記号で答えなさい。

ア　**X**では自分の力不足を思い知り、**Y**ではさらにその思いがつのっているが、**Z**では自分が勘違いをしていたのではないかと感じ始めている。

イ　**X**ではひどく落ち込んでいるが、**Y**では少し救われた思いになり、**Z**では自分に思いもよらない才能があることを静かに受け止めている。

ウ　**X**では怒りを抑えきれず、**Y**ではショックのあまり投げやりになっているが、**Z**では周囲の優しさに触れて落ち着きを取り戻している。

エ　**X**では仕事に行き詰まりを覚え、**Y**ではさらに落ち込んで自分を責めているが、**Z**では一転して舞い上がる気持ちを抑えようとしている。

問五　傍線部④「へこむのは、君ではなくて、梶なんだよ」とあるが、先生がこのように言う理由を、梶と由香を比較する形で、**三十五字以上**、**四十五字以内**で答えなさい。

問六　文章中の先生についての説明として最も適当なものを、次の**ア**～**エ**から**一つ**選び、記号で答えなさい。

ア　C1の状態や梶の心情を的確にとらえ、今後の対応策を由香に教えつつ、よけいな口出しはせずに冷静に由香を観察している。

イ　C1の状態や梶の心情を的確にとらえ、よき理解者として由香を励ましつつ、由香や梶が悩んでいる姿をほほえましく見ている。

ウ　由香の成長を信じ、とても厳しく由香を指導する一方で、C1や梶を怒らせた由香の失敗を笑い飛ばす豪快さがある。

エ　由香の成長を信じ、C1や梶と仲よくさせようとする一方で、口うるさいために由香や梶から迷惑がられている。

【第四問題】

次の文章を読んで、あとの**問一**～**問三**に答えなさい。

ある時、僧の弟子どもにいはく、「①世間の人は愚かにて思ひもよらぬ事を、思ひはからひたり（（私は）思いついた。）。杵一つにて、うす二つをつく様あるべし（方法があるぞ。）。一つのうすをば常のごとく（うすをいつものように）置き、一つのうすをば下へ向けて吊るすべし（吊るすのがよい。）。さて（そうして）杵を上げ下ろさむに（上げたり下ろしたりしたら、）、二つのうすをつくべし（つくことができる）」といふ。弟子のいはく、「上のうすに物がたまり候ふべくはこそ、つき候はめ（もし、つく物をためることができるのでしたら、（私が）つきましょう）」といへば、「②この難こそありけれ」とて、詰まりけり（「その欠点があったな」と言って、（言葉に）詰まってしまった。）。

（『沙石集』による）

ば、無事ではすまない。だから最初、僕はそれが怖くて、とめようとした。でも、結局、腕はどうだった。かすり傷一つ無いだろう」

ｚ黙って、うなずいた。そう言えば、恐さばかり感じていたけれど、くすぐったいくらいで、痛みは少しも無かった。

「C１は好奇心旺盛（おうせい）な個体だけど、同時に警戒心も強くて、人見知りも強い。初見（しょけん）のトレーナーに慣れるのは、いつも最後なんだよ。トレーニングは子イルカの頃から始めることが多いんだけど、C１は事情があって成体になってからのトレーニングなんだ。そんなことも影響してるのかもしれない」

　C１の姿が浮かんだ。あいつ、私に向かって挑発するかのように鳴いていた。

「今日やった胃液採取だって、僕や親父（おやじ）さんには、やらせてくれるんだけど、梶にはなかなか気を許さなくて、やらせてくれなかった。梶ができるようになったのは、最近なんだよ。彼は何度もC１で痛い目にあってる」

　先生は「イルカの立場で考えてごらん」と言った。

「好きな遊びだとはいえ、初めての人間が口の中に手を入れてくるんだ。警戒して当然だろう。だけど、C１のやつ、怪我（けが）もさせず身動きもさせずの微妙な力加減で、君の腕をくわえていた。君はC１を観察するどころではなかったと思うけど、C１は、明らかに君の様子を見て楽しんでた。C１は初対面の君を遊び相手として選んだんだ」

「遊び相手、ですか」

「トレーナーの仕事は、うまくイルカに遊んでもらうこと。そう言ったのを覚えてるかい。さっき、C１のやつ、回転しながら高いジャンプをしただろう。ハイスピン・ジャンプと呼んでるんだけど、C１は演技ではやっても、自分からやることは、めったにないんだ。魚のキャッチボールも、水しぶきをトレーナーにわざとかけることも、このところは、ほとんどやらなかった。だから僕も梶も油断してて、水しぶきをかぶっちゃった。もうC１のやつ、遊び気分全開になってる。分かるかい。④へこむのは、君ではなくて、梶なんだよ」

先生は楽しげに身を揺する。

（木宮条太郎『水族館ガール』による）

（注）C１…由香が担当するイルカ。アクアパークでは、飼育する動物をペット扱いしないため、愛称をつけずアルファベットと数字の組み合わせによる記号で呼んでいた。

チーフ…チーフトレーナーのこと。先生からは、「親父さん」と呼ばれている。

問一　傍線部①「怒ることも……そらしたままで。」とあるが、この理由について、由香はどのように考えているか。次の形式に合うように、**二十五字以上、三十五字以内**で答えなさい。

先輩の梶に、（**二十五字以上、三十五字以内**）と思われたからだ、と由香は考えている。

問二　傍線部②「自分がここにいること自体、間違っているのだ。」とあるが、由香がこのように思う理由を、次の形式に合うように、文章中から**八字**で抜き出して答えなさい。

自分にはイルカのトレーニングに関する（　**八字**　）から。

問三　傍線部③「キャッチボールみたいなもんだ」とあるが、これはどのような様子をたとえたものか。その説明として最も適当なものを、次の**ア**～**エ**から**一つ**選び、記号で答えなさい。

ア　由香が近づいてこないのを不満に思ったC１が、由香の投げた餌の魚を乱暴なしぐさで投げ返してきた様子。

ない。ここに来て二週間ちょっと、もう見切られてしまったということだ。

先程、先輩がロッカーにある着替えを取りに、控室に来た。けれど、①怒ることも笑うこともなく、ただ黙って着替えを持って出て行った。それも、視線が合わないように顔をそらしたままで。これは、怒鳴られたり馬鹿にされるよりも、きつい。もう相手にする価値すら無いと見られたのだ。

思えば、知識も経験も無い自分がやっていけるなんて考える方が間違っていた。無知識の新人を採用して、一から仕込む役所や会社のやり方とは、根本的に違うのだ。先輩が怒るのも当たり前で、②自分がここにいること自体、間違っているのだ。

控室のドアが開いた。

上半身ずぶ濡れの先生が入ってきた。

「僕も水しぶきで、やられたよ。C1に影響されたのか、他の三頭まで興奮してね、やたらとジャンプして水を飛ばすんだ。まいったよ」

先生は着替えを取りに、ロッカーの列の中に入っていく。

「今さっき、梶がここに来ただろう」

「はい」

「何か言ってたかい」

「いえ。口もきいてもらえませんでした」

ロッカーの列の向こうから「そうか」とだけ返ってきた。

沈黙が流れる。

由香はロッカーの向こう側に問いかけた。

「先生、どうすればいいんでしょうか。私、観光事業課にいたと言っても、デスクワーク中心で、結局、何も……ここに来たこと自体、間違ってるんです。役所の人事って、いつもそうなんです」

Y情けない。涙声になっている。

役所にいた時は、他部局の人に何を言われても、何ともなかった。たいていは半日もすれば忘れたし、その場で言い返せる時は倍くらい言い返して、すっきりしてから場を離れた。職場でこんな状態になったことなんて、今までに無かったのだ。

「かなり、まいってるみたいだな」

先生が着替えを持って、ロッカーの列から出てきた。

「でも、珍しいことじゃない。動物にもある。環境が変わると、慣れるまで元気が無くなるんだ。場合によっては、ストレスで病気になる動物だっている。僕は獣医で人間は診察できないけど、人間だって同じことさ。でも、まあ、君は心配ないだろ」

先生は肩をすくめた。

「勘違いしてないかい。僕が梶の様子を尋ねたのは、梶のことが気になったからだよ。君のおかげで、梶のやつ、相当落ち込んでる。口をきかないのは、そのせいさ」

「先輩が、どうしてですか。餌の拒否みたいな情けない光景を見て、嫌気が差したんですか」

「拒否じゃない。以前、イルカの性格を説明しただろう。何て言えばいいのかな、まあ、あれは③キャッチボールみたいなもんだ」

「キャッチボール?」

「この二週間程、君はプールから少し離れた所で、うろうろしていた。C1も気になっていたんだろう。で、今日ようやく間近に君を見た。そんな君にC1は『ほれ』とボールを投げてきたんだ。イルカが魚を遊び道具にすることは、珍しいことではないからね」

「でも、腕を噛みつかれました」

「イルカの口には九十本くらい尖った歯が並んでる。まともに噛め答えなさい。

2　書物について、筆者が最も便利だと考えているのはどのようなことか。**傍線部④以降の[I]の文章中から二十字以上、二十五字以内で抜き出して答えなさい。**

問四　傍線部⑤「出来上がった布地(テクスト)に責任を負う者が、誰もいない。」について、三人の生徒が話し合っています。後の1、2に答えなさい。

> レン　「布地(テクスト)」って何のことかな。
> セナ　[I]の文章では、「布地(テクスト)」は、「多くの言説」を「編み込んで」生み出されたものだと書いてあるよ。そのことを筆者は「（　A　）」と呼んでいるね。
> マオ　じゃあ、[II]の文章を見てみようか。[II]の文章では、最後に「情報の精度がまったく違う」と書いてあるね。
> レン　「情報の精度がまったく違う」ってどういうことだろう。
> セナ　（　B　）の方が、より情報が正確だってことじゃないかな。そう考えると、「出来上がった布地(テクスト)に責任を負う者が、誰もいない。」が指摘している課題がわかった気がするよ。

1　（A）、（B）に入る言葉の組み合わせとして最も適当なものを、次の**ア**～**エ**から**一つ**選び、記号で答えなさい。

ア　A…記録　B…書籍
イ　A…記録　B…インターネット
ウ　A…編集　B…書籍
エ　A…編集　B…インターネット

2　傍線部⑤「出来上がった布地(テクスト)に責任を負う者が、誰もいない。」は、どのような課題を指摘していると考えられるか。**[II]の文章中の言葉を用いて、**次の形式に合うように、**四十字以上、五十字以内で答えなさい。**

（　四十字以上、五十字以内　）という課題。

【第三問題】　次の文章を読んで、あとの問一～問六に答えなさい。

> 市の観光事業課職員だった嶋由香(しまゆか)は、市立水族館アクアパークで働くよう命じられ、チーフトレーナーや先輩トレーナーの梶良平(かじりょうへい)から指導を受けることになった。この日も由香は、チーフトレーナーや梶、アクアパークの獣医師である「先生」とともに、イルカの世話をしていた。

由香は窓際を離れ、控室の古いソファに身を投げ出した。破れかけの背もたれから、バネが軋(きし)む音が聞こえてくる。ため息をついて、自分の手を見つめた。

「こんなことって、ある？」

自分の手から餌(えさ)を食べてもらう――それが信頼関係の第一歩と聞いたことがある。しかし、(注)C1(シーワン)は魚を投げ返した。摂餌(せつじ)拒否。自分は第一歩すら踏み出せなかった。ライブでは、トレーナーが付き添うとはいえ、お客さんが魚を与えることだってあるのに。

飼育する側なのに、飼育される側から拒否された。

先輩にいくら酷(ひど)く言われても、我慢できる。相手は人間だ。それを耐えるのも仕事のうちと割り切ればいい。だけど相手がイルカでは、どうしようもない。

へこむ。

(注)チーフは「プールには戻って来んでいい」と言った。餌を与えるという基本的な仕事を免除される水族館員がいるだろうか。いるわけが

作業である。

一方、インターネット空間は、言わば膨大な量の糸がバラバラのまま集まった状態である。確かにそこは、ユーザーが自由に選び取り、それぞれの必要と趣味に応じて時には自由に編み直すことができる原材料の宝庫といえる。だが、選んだ原材料がよいものである、あるいは編み直し方が正しいものである保証は、無い。言い換えれば、⑤出来上がった布地（テクスト）に責任を負う者が、誰もいない。

（福嶋聡『紙の本は、滅びない』による）

（注）　コンテンツ…情報の内容や中身。
ドキュメント…文書ファイル。
勁さ…しっかりと力がみなぎるさま。
堅牢性…頑丈でしっかりとした性質。
デジタルネイティヴ…生まれた時からインターネットなどが普及した環境で育った世代。
終焉…物事の終わり。
看過…見過ごすこと。
テクスト…本文。テキストともいう。
言説…言葉で説明された考えや意見。

Ⅱ

図書館にあるのは、書籍になった情報です。書籍というものは、著者がいて、編集者がいて、内容の間違いなどがないかをチェックする専門家「校閲者（こうえつ）」などの協力のもとに完成します。正しい内容なのかどうか、編集者や校閲者のチェックを経て世の中に送り出されますから、その場の思いつきだけでいい加減なことを言ったり、書いたりできてしまうインターネットなどとは、情報の精度がまったく違うのです。

（宮嶋茂樹『不肖・宮嶋　メディアのウソ、教えたる！』による）

問一　傍線部①「本ならばこんな苦労をしなくてすむよな、と思ったのだ。」とあるが、筆者がそのように思った理由の説明として最も適当なものを、次の**ア**～**エ**から**一つ**選び、記号で答えなさい。

ア　保存のための費用がかからず、経済的な負担が少ないから。
イ　収納場所さえあれば、何冊でも保存することができるから。
ウ　電気がなくても、本そのものがあれば読むことができるから。
エ　本に記録された内容は、必ず時代を超えて残っていくから。

問二　傍線部②「そうした予測」とあるが、それはどのような予測か。最も適当なものを、次の**ア**～**エ**から**一つ**選び、記号で答えなさい。

ア　今後はデジタルネイティヴが社会の中心になり、紙の本にこだわらず、多様な電子端末を用いて情報を得ていくようになるだろうという予測。
イ　今後はデジタルネイティヴの人口が増え、古くてなじみのない紙の本は、かえって目新しいものとして受け入れられていくだろうという予測。
ウ　紙の本に慣れ親しんできたある年齢以上の世代でも、いずれは電子端末の便利さを理解し、紙の本以上に利用する機会が増えていくだろうという予測。
エ　紙の本に慣れ親しんできたある年齢以上の世代は電子端末への抵抗感が強く、積極的に電子端末を用いようとはしないだろうという予測。

問三　傍線部③「インターネットは本当に便利である。」、傍線部④「この場合は書物の方が便利だな、と思うことも多くなってくる。」について、次の1、2に答えなさい。

1　インターネットについて、筆者は何をするときに便利だと考えているか。**傍線部③以降の**Ⅰ**の文章中から漢字二字**で抜き出して

「へえ。そんな便利なもの、誰が発明したんだろう⁉」

「いやいや、昔は世界中に溢(あふ)れていたらしい」

「昔は、便利だったんだね！」

第29回日本ＳＦ大賞（２００８年）を受賞した貴志祐介(きしゆうすけ)の『新世界より』を読みながら、ふと頭に浮かんだシーンである。『新世界より』では、物語の後半、すでに廃墟(はいきょ)と化している図書館の中で、主人公たちは「ミノシロモドキ」と呼ばれる過去の（すなわち現在の）電子端末の記録を読みとろうとして、それを再起動させるための電源を得るのに、四苦八苦する。最後には太陽電池の充電によって再起動に成功するのだが、その箇所を読みながらぼくは、①本ならばこんな苦労をしなくてすむよな、と思ったのだ。そもそも書物がないこと（過去の記録がそこに住む人々に共有されていないこと）、それはその貴志の描く未来世界の秘密と密接な関係がある……。

今、多くの人がさまざまな(注)ドキュメントを電子媒体に残してるが、時が経(た)ち、ハードそのものがまったく変わってしまったりしたら、まったく読むことができなくなるかもしれない。一方、紙も石も竹も、もちろん腐敗はしていくが、ある日突然まったく読めなくなることはあまりない。

【中　略】

われわれは、「紙の本」のメディアとしての安定性、信頼性、そしてその(注)勁(つよ)さをも、再認識し、もっともっとアピールすべきなのである。

「紙の本」の優位性は、そうしたメディアとしての(注)堅牢性(けんろう)だけではない。

ぼくたちは、電子媒体のコンテンツに接する時、それが少し長いものになれば、大抵プリントアウトして、ホッチキスか何かで綴じる。読んでいくのに、その方が便利だからだ。一方「紙の本」は、初めからそこまでしてくれているメディアとも言える。

確かにそれは、単に習慣の問題、現在ある年齢以上の世代が、コンテンツに触れる時にまず最初に、そして日常的に「書物」という媒体(メディア)を通してきた結果に過ぎないのかもしれない。(注)「デジタルネイティヴ」の人口比が大きくなるにつれて媒体(メディア)はどんどん多様化していくかもしれない。これから世代が下っていくに従って、冊子体が「本」の形態を独占する状況は去り、まだ見ぬものも含めてさまざまな電子端末でコンテンツに接する割合が増えていくであろう。

しかし②そうした予測を以(もっ)て性急に「書物」の(注)終焉(しゅうえん)を説くことは、「書物」の持つもっと大事な特長を(注)看過することになるかもしれない。ひょっとすると冊子体（「書物」）の優位性も見逃してしまうことになるかもしれないのである。それは、先の仮想会話の中で「文字情報を必要なものだけ拾い上げて」といわれている優位性である。「文字情報を必要なものだけ拾い上げ」ることによる優位性は、決して小さくならないどころか、情報が氾濫(はんらん)すればするほど大きくなっていくように思うのである。

③インターネットは本当に便利である。プライベートでも、書物を売る現場＝書店店頭においても、商品そのものや人物、事柄などの検索に、すばらしい力を発揮してくれる。しかし、使えば使うほど、④この場合は書物の方が便利だな、と思うことも多くなってくる。書き込みができる、一覧性があるなど素材や形態にかかわることもそうであるが、何よりも情報がある目的に合わせて収集、整理されていることの恩恵を、強く感じるのだ。すなわち、「編集」の力である。

(注)テクストという言葉は、もともと「布地」を意味する。多くの(注)言説(げんせつ)を縦糸と横糸に編み込んで「布地(テクスト)」を生み出すのが、「編集」という

＜国語＞

時間　五〇分　満点　五〇点

【注意】解答に句読点、記号が必要な場合は、それも一字として数えなさい。

【第一問題】次の問一～問五に答えなさい。

問一　次の1～4の傍線部の読みを、それぞれひらがなで書きなさい。

1　夜空に月が輝く。
2　人口が大都市に偏る。
3　工具を使って岩石を粉砕する。
4　校庭を疾走する。

問二　次の1～4の傍線部のカタカナの部分を、それぞれ漢字で書きなさい。ただし、楷書で丁寧に書くこと。

1　着物のオビを巻く。
2　雨がハゲしく降る。
3　ホウフな資源を活用する。
4　飛行機のモケイを組み立てる。

問三　次の文を単語で区切った場合、正しく区切ってあるものはどれか。後のア～エから一つ選び、記号で答えなさい。

私は泣きながら本を読んだ。

ア　私は／泣きながら／本を／読んだ。
イ　私は／泣き／ながら／本／を／読んだ。
ウ　私／は／泣きながら／本を／読ん／だ。
エ　私／は／泣き／ながら／本／を／読ん／だ。

問四　次の行書で書いた漢字を楷書にしたものはどれか。後のア～エから一つ選び、記号で答えなさい。

ア　決
イ　快
ウ　沢
エ　訳

問五　次の文の傍線部の「ひとへに」を現代仮名遣いに改めなさい。

たけき者もつひには滅びぬ、ひとへに風の前の塵(ちり)に同じ。

【第二問題】次のⅠ、Ⅱの文章を読んで、あとの問一～問四に答えなさい。

Ⅰ

もしも将来、この世界から書物がなくなってしまったら……。

もしも将来、書物が刊行されなくなったならば――すなわち、例えばインターネット上の(注)コンテンツに居場所を奪われ、書物が商品として、あるいは非売品としても流通することがなくなったならば、そしてその挙句(あげく)に、いつか書物というものが家の中でも、街角でも、学校の中でも目にすることがなくなってしまったならば、ある時次のような会話がなされるようなことはないだろうか？

「おい、本っていうもの、知ってるか？　これは便利なものだぜ。文字情報を必要なものだけ拾い上げて、プリントアウトした上に、きちんと綴(と)じてあるんだ」

「じゃ、どこにでも持ち運びができるわけだ」

「もちろん。おまけに、読むのに、端末も、ソフトも、電源もいらないんだ」

大切なことはメモしておこうネ！

2021年度

解答と解説

《2021年度の配点は解答用紙集に掲載してあります。》

＜数学解答＞

【第1問題】 問1　-2　問2　$x=-6,\ -2$
問3　$x=2,\ y=3$　問4　$3a+5b=1685$
問5　$\sqrt{2}$　問6　ウ　問7　$y=-\dfrac{8}{x}$
問8　$\angle x=55°$　問9　イ　問10　$\dfrac{1}{3}$

【第2問題】 問1　1　(1)　3.5点　(2)　4.0点
2　$a=9$　3　$x=1,\ y=6$
問2　1　ア　$n+3$　イ　$n+12$
ウ　この5つの数の和を計算すると，$n+(n+3)+(n+6)+(n+9)+(n+12)=5n+30=5(n+6)$となり，3列目の数$n+6$の5倍である。
2　1460

【第3問題】 問1　ア　2000　イ　100　問2　7000円
問3　1　$y=50x+4000$　2　右図1
問4　1　10人と40人　2　8000円

【第4問題】 問1　1　$0 \leqq y \leqq 8$　2　4　3　12
問2　1　P(10, 2)　2　Q(8, 4)

【第5問題】 問1　$c=\sqrt{10}$　問2　イ　問3　右図2
問4　1　解説参照　2　ア　c^2　イ　b^2　ウ　$\dfrac{b^2}{c^2}$　エ　c　オ　a
カ　$\dfrac{a^2}{c^2}$

図1

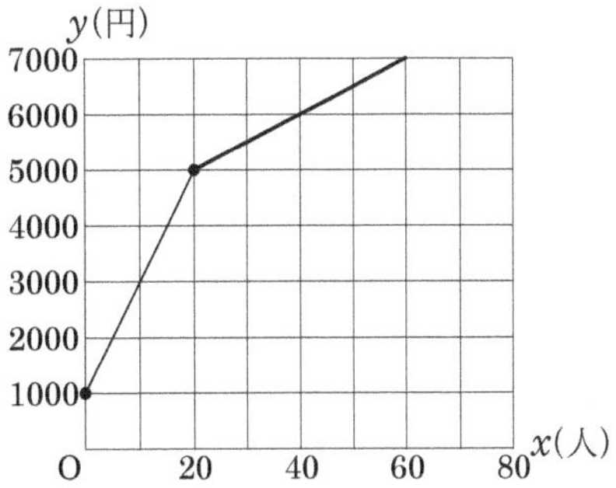

図2

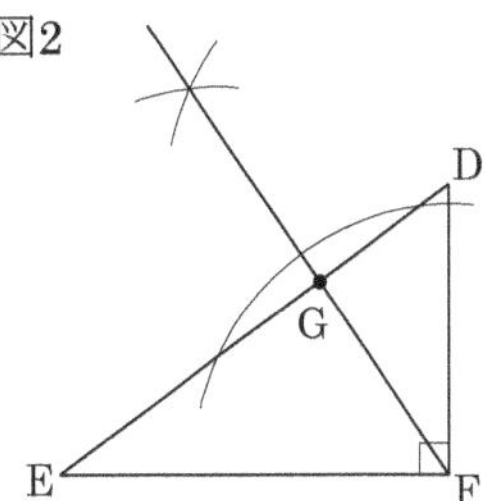

＜数学解説＞

【第1問題】（数の計算，二次方程式，連立方程式，等式，平方根，絶対値，比例関数，平行四辺形と角度，円周角の定理の逆，確率）

問1　$4-12\div2=4-6=-2$

問2　$x^2+8x+12=0$　$(x+6)(x+2)=0$　$x=-6,\ -2$

問3　$3x-2y=0$…①，$2x+y=7$…②とする。①＋②×2より，$7x=14$　$x=2$　これを②に代入して，$2\times2+y=7$　$y=3$

問4　$a\times\dfrac{300}{100}+b\times\dfrac{500}{100}=1685$　$3a+5b=1685$

問5　$\sqrt{8}-\dfrac{2}{\sqrt{2}}=2\sqrt{2}-\dfrac{2\times\sqrt{2}}{\sqrt{2}\times\sqrt{2}}=2\sqrt{2}-\dfrac{2\sqrt{2}}{2}=2\sqrt{2}-\sqrt{2}=\sqrt{2}$

問6　$1<\sqrt{3}<2$より，$0<\sqrt{3}<2<\dfrac{7}{3}$だから，絶対値が最も大きいものはウ

問7　yはxに反比例するから，$y=\dfrac{a}{x}$（aは比例定数）とおいて，$x=-4,\ y=2$を代入すると，$2=\dfrac{a}{-4}$

$a=2\times(-4)=-8$　よって，$y=-\dfrac{8}{x}$

問8　△AEFはAE＝EFの二等辺三角形だから，$\angle DAE=(180^\circ-30^\circ)\div2=75^\circ$　平行四辺形の向かいあう角は等しいから，$\angle x+75^\circ=130^\circ$　$\angle x=55^\circ$

問9　ア　AD//BCより，平行線の錯角は等しいから，$\angle CAD=\angle ACB=46^\circ$　よって，$\angle CBD\neq\angle CAD$より，1つの円周上にない。　イ　$\angle ACB=180^\circ-(90^\circ+38^\circ)=52^\circ$　よって，$\angle ACB=\angle ADB$　2点C，Dは直線ABについて同じ側にあるから，**円周角の定理の逆**により，4点A，B，C，Dは1つの円周上にある。　ウ　四角形ABCDはひし形より，$AC\perp BD$　よって，$\angle ADB=180^\circ-(90^\circ+57^\circ)=33^\circ$　また，AD//BCより，平行線の錯角は等しいから，$\angle ACB=\angle DAC=57^\circ$　したがって，$\angle ACB\neq\angle ADB$より，1つの円周上にない。

問10　点数の合計が50点以下になるのは，(1回目，2回目)＝(0，0)，(0，50)，(50，0)の3通り。取り出し方は，全部で，3×3＝9(通り)あるから，確率は，$\dfrac{3}{9}=\dfrac{1}{3}$

【第2問題】（資料の活用，文字式の利用）

問1　1　(1)　点数の低い順に並べると，1，1，1，2，3，4，4，6，8，10となる。中央値は，5番目と6番目の値の平均だから，$\dfrac{3+4}{2}=\dfrac{7}{2}=3.5$(点)

(2)　$\dfrac{1\times3+2+3+4\times2+6+8+10}{10}=\dfrac{40}{10}=4.0$(点)

2　平均値が5.0点より，$\dfrac{1+2\times2+3\times2+5+6+10+2a}{10}=5$　これを解いて，$32+2a=50$　$2a=18$　$a=9$

3　1班の点数の合計は40点，2班の点数の合計は50点だから，xとyの差は5点である。よって，$y-x=5$　これを満たすx，yの組み合わせは，$(x,\ y)=(1,\ 6)$，$(4,\ 9)$　$(1,\ 6)$のときの中央値は4.0点，$(4,\ 9)$のときの中央値は3.5点だから，条件2を満たすのは，$x=1$，$y=6$

問2　1　ある行の1列目の整数をnとすると，5つの数は小さい順に，n，ア$\underline{n+3}$，$n+6$，$n+9$，イ$\underline{n+12}$と表されるから，和は，$n+(n+3)+(n+6)+(n+9)+(n+12)=5n+30=5(n+6)$　$n+6$はその行の3列目の数だから，和は3列目の数の5倍になっている。

2　1列目の数は，1，16，31，…と15ずつ増えているから，20行目の1列目の数は，$1+15\times(20-1)=1+15\times19=286$　$n=286$を$5(n+6)$に代入して，$5\times(286+6)=5\times292=1460$

【第3問題】（一次関数のグラフの利用）

問1　切片が2000より，基本支給額はア$\underline{2000}$円　また，10人で，3000－2000＝1000(円)増えるから，部員数によって決まる支給額は，1000÷10＝イ$\underline{100}$(円)

問2　2000＋100×50＝7000(円)

問3　1　20人を超えてからは，1人あたり50円だから，$y=1000+200\times20+50\times(x-20)=50x+4000$

2　点(20，5000)を通り，傾きが50の直線だから，2点(20，5000)，(60，7000)を通る半直線をひく。

問4　1　A中学校について，xとyの関係を表す式は，グラフが，切片が2000で，傾きが100だから，$y=100x+2000$…①　B中学校について，xとyの関係を表す式は，$0\leqq x\leqq20$のとき，グラフが，切片が1000で，傾きが200だから，$y=200x+1000$…②　$x\geqq20$のとき，$y=50x+4000$…③　A中学校のグラフとB中学校のグラフの交点が，活動費，部員数ともに等しいところだから，①と②，①と③をそれぞれ連立方程式として解いて求める。$0\leqq x\leqq20$…(ア)のとき，①を②に代入して，$100x+2000=200x+1000$　$-100x=-1000$　$x=10$　これは(ア)を満たす。$x\geqq20$

…(イ)のとき，①を③に代入して，$100x+2000=50x+4000$　$50x=2000$　$x=40$　これは(イ)を満たす。よって，10人と40人

2　A中学校の部員数をt人とすると，グラフより，$t \geqq 20$…(ウ)のときであり，B中学校の部員数は$(t+20)$人と表される。$100t+2000=50(t+20)+4000$を解いて，$100t+2000=50t+5000$　$50t=3000$　$t=60$　これは(ウ)を満たす。よって，A中学校の部員数は60人であり，そのときの活動費は，$2000+100\times60=8000$(円)

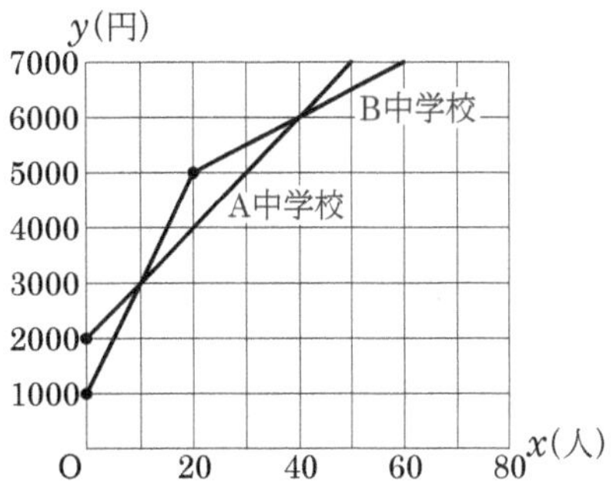

【第4問題】 (図形と関数・グラフ，変域，直線の切片，面積，面積の2等分)

問1　1　$x=0$のとき，$y=0$，$x=4$のとき，$y=\frac{1}{2}\times4^2=8$より，yの変域は，$0 \leqq y \leqq 8$

2　A$(-2,\ 2)$，B$(4,\ 8)$より，直線ABの傾きは，$\frac{8-2}{4-(-2)}=1$　よって，直線ABの式を$y=x+b$とおいて，$x=-2$，$y=2$を代入すると，$2=-2+b$　$b=4$　よって，$y=x+4$　したがって，点Cのy座標は4

3　$\triangle\text{OAB}=\triangle\text{OAC}+\triangle\text{OBC}=\frac{1}{2}\times4\times2+\frac{1}{2}\times4\times4=12$

問2　1　点Pの座標を$(t,\ 2)$とすると，$\triangle\text{OAP}=\frac{1}{2}\times\{t-(-2)\}\times2=t+2$　$\triangle\text{OAB}=\triangle\text{OAP}$のとき，$t+2=12$　$t=10$　よって，点Pの座標は$(10,\ 2)$

2　$\text{AP}=10-(-2)=12$より，(四角形OABP)$=\triangle\text{OAP}+\triangle\text{BAP}=\frac{1}{2}\times12\times2+\frac{1}{2}\times12\times(8-2)=12+36=48$　B$(4,\ 8)$，P$(10,\ 2)$より，直線BPの傾きは，$\frac{2-8}{10-4}=-1$　よって，直線BPの式を$y=-x+c$とおいて，$x=4$，$y=8$を代入すると，$8=-4+c$　$c=12$　よって，$y=-x+12$
点Qの座標を$(s,\ -s+12)$とすると，$\triangle\text{ABQ}=\frac{1}{2}\times48=24$のとき，$\triangle\text{APQ}=\triangle\text{BAP}-\triangle\text{ABQ}=36-24=12$より，$\frac{1}{2}\times12\times\{(-s+12)-2\}=12$　$-s+10=2$　$-s=-8$　$s=8$　したがって，点Qの座標は$(8,\ 4)$

【第5問題】 (平面図形，三平方の定理，三平方の定理の逆，作図，相似の証明)

問1　$a=3$，$b=1$のとき，$c^2=3^2+1^2=10$　$c>0$より$c=\sqrt{10}$

問2　ア　$2^2+3^2=13$，$4^2=16$　　イ　$3^2+4^2=25$，$5^2=25$　　ウ　$4^2+5^2=41$，$6^2=36$　よって，イは[1]が成り立つので，直角三角形である。

問3　①点Fを中心とする円をかき，直線DEとの交点をP，Qとする。②2点P，Qをそれぞれ中心とする等しい半径の円をかき，交点の1つをRとする。③半直線FRをひく。

問4　1　(証明)(例)△ACHと△CBHにおいて，∠AHC＝∠CHB＝90°…①　∠ACH＋∠BCH＝90°より，∠ACH＝90°－∠BCH　∠CBH＋∠BCH＝90°より，∠CBH＝90°－∠BCH　よって，∠ACH＝∠CBH…②　①，②より，2組の角がそれぞれ等しいから，△ACH∽△CBH

2　△ABCと△ACHの相似比は$c:b$　**相似な図形の面積の比は相似比の2乗に等しいから，**
ア$\underline{\text{P}}$：イ$\underline{\text{Q}}=c^2:b^2$　$c^2\text{Q}=b^2\text{P}$　$\text{Q}=$ウ$\underline{\frac{b^2}{c^2}}\times\text{P}$…Ⅱ　△ABCと△CBHの相似比は，AB：CB＝エ$\underline{c}$：オ$\underline{a}$　よって，$\text{P}:\text{R}=c^2:a^2$　$c^2\text{R}=a^2\text{P}$　$\text{R}=$カ$\underline{\frac{a^2}{c^2}}\times\text{P}$…Ⅲ

<英語解答>

【第1問題】 問1 1 ア 2 ア 3 ウ 4 エ 問2 イ エ カ
問3 ① 86 ② 91 ③ rice ④ (例)have a party for him [eat something delicious with him]

【第2問題】 問1 1 ア 2 イ 問2 1 ウ 2 ウ 問3 1 エ 2 ウ

【第3問題】 問1 エ 問2 エ 問3 ウ 問4 ウ

【第4問題】 問1 イ 問2 (例)He wants to be a teacher. 問3 get teaching experience at school 問4 a (例)注意力がすぐになくなる b (例)先生の声がはっきりと聞こえない 問5 イ 問6 (例)sharing my ideas [classes and club activities]

【第5問題】 問1 1 language 2 famous 問2 1 you give me a hand 2 never watched such an exciting 3 was not as impressive as
問3 a (例)Let's take a rest under that tree. [Me, too. Why don't we rest over there?] b (例)How about this smaller one? [Don't worry. We have another size.] 問4 (例)<トモキさんに賛成の場合> I agree with Tomoki. I finish my homework at school. I can ask my teachers and friends after school. That works well.
<マイさんに賛成の場合> I'm for Mai's opinion. I can concentrate well on studying early in the morning. It is very silent in my house.

<英語解説>

【第1問題】 (リスニング)

放送台本の和訳は，59ページに掲載。

【第2問題】 (資料などの読み取り問題：英問英答)

問1 1 「9月に何日図書館を使えますか」 ア「26日」利用案内のClosed「閉館」に「第1，3日曜日と休日」とある。カレンダーには20，23日に休日として○がついている。 2 「次のうち図書館について正しくないものはどれか」 イ「土曜日よりも月曜日の方が長く図書館を使える」Open「開館」によると開いている時間の長さはどちらも9時間で同じなので，本文内容と合わない。 ア「10月は火曜日は毎週図書館を使える」カレンダー参照。 ウ「一度に6冊の本を2週間借りることはできない」下から2文目によると5冊借りられる。 エ「図書館で大声で友達と話はできない」下から3文目に「図書館では静かにしてください」とある。

問2 1 「2016年B県では一家庭平均ウ(3,000グラム)のマグロを食べた」 2 「2016年C県では一家庭平均D県の2倍の量のマグロを食べた」 **twice**「2倍」

問3 1 「あなたは一日に合計何錠飲まなくてはなりませんか」Directions「使用法」の欄1文目に「大人と12歳以上の子ども…朝食、夕食後に2錠」とある。受験生は12歳以上であるのでエの4錠がふさわしい。 2 「この薬について正しいものはどれか」 ア「胃が痛い場合この薬を飲んだ方がいい」(×) Uses「用途」の欄には sneezing「くしゃみ」itchy, watery eyes「痒い，涙目」，runny nose「鼻水」とある。 イ「もし弟が5歳なら夕食後に1錠飲む」(×)「使用法」欄最後の文に「6歳未満の子ども…医者に相談」とある。 ウ「この薬を飲んだ後に車の運転をするのは危険な場合がある」(○)　Warning「注意」の欄第1文に「この薬を飲んだ後に運転してはいけない(眠くなる場合がある)」とある。　エ「空腹時は水を使わずにこの薬を飲める」(×)「注意」欄最後の文に「空腹時にこの薬を飲んではいけない」とある。

【第3問題】(短文読解問題：語句補充，語句解釈，内容真偽，文挿入)

問1　①　2つ目のネルソンさんの発話1文目は「花壇」と言っているのでホームページの花壇の欄を見る。空欄直後に「ボランティア」と言っているので花壇のボランティア数は8だとわかる。「学校は8人しかボランティアを必要としていないから昨日メールを送った」　②　最後のネルソンさんの発話に「本当？　かなりたくさんのものを準備する必要がある」とあるのでホームページの Things to prepare「準備するもの」欄を見て一番多く書かれているプールだと考える。「そうね，私はプールの掃除が面白そう」

問2　下線部は「あなた次第です」という表現。直前のメアリーの発話第2文「どこへランチに行こうか」に対して相手にお任せしている会話。エ「ボブはランチについてメアリーの選択に従う」

問3　ハナは「看護師は患者のケアだけでなく気持ちを理解し医者とも上手くやっていくことが大切」，ケイタは「コミュニケーションが一番大事で，健康も大事」という内容。　ア「ハナは看護師は夜働くために健康でなくてはいけないと思っている」(×)　ケイタの最終文に「夜働くことも大事なので彼らは健康であるべきだ」とある。　イ「ケイタは全ての患者の名前を覚えることは看護師には必要であると思っている」(×)　名前に関する記述はない。　ウ「ハナとケイタはコミュニケーションスキルが看護師にはとても大切だと思っている」(○)　ハナの第2，3文に「しかし彼らはいつも患者にフレンドリーで，問題を注意深く聞き，彼らの気持ちを理解しようとする。患者はまた医者とも仲良くやっている」とある。ケイタの第3文に「看護師にはコミュニケーションが一番大事なスキルだと思う」とある。**get along with「～と仲良くやっていく」**　エ「ハナとケイタは看護師は勉強し続けなくてはいけないので忙しいと思っている」(×)　ハナの第1，2文に「看護師はとても忙しい。患者の世話の仕方について学ばなくてはならない」とある。

問4　「75歳の祖父は幼いころに父を亡くし高校に行かずに働かなくてはならなかったが，前向きに周りの人たちに親切であることを忘れずにいた。助けが必要な人たちを助けるために全力をつくしたので，みんな彼が好きだった。今多くの人に囲まれて人生を楽しんでいる。彼は私の理想の姿だ」という内容。so「だから」に続くのは祖父を表すようなウ「他の人たちのことを考えるいい人になりたい」がふさわしい。

【第4問題】(長文読解問題・スピーチ：語句補充，英問英答，指示語，内容真偽，条件英作文)

(全訳)　この前の4月，私の人生は大きく変わりました。全ての学校が閉鎖され，約2か月家で勉強しなければなりませんでした。最初は授業がなかったので嬉しかったです。週末の部活はありませんでした。自由な時間がたくさんありました。ゲームをしたり遅くまで起きていたりして楽しみました。しかしすぐにいつもの学校生活がなくて寂しく思い始めました。友達や，授業や部活でさえなくて寂しく思いました。私はA(悲しく)思いました。

私には先生になるために大学で勉強している兄がいます。彼の大学もまた4月に閉鎖されました。しばらくして彼の学校はオンライン授業を始めました。家でオンラインの授業を受けるのは大学生にとってこの困難な状況で勉強するいい方法だと思いました。しかし彼は「僕のような大学生には完璧な方法ではない。学校で教える経験を得る必要があるけど，今$_{(1)}$<u>それができない</u>。いつできるのかなと思うよ」と言いました。

その後テレビでオンライン授業のことをもっと知りました。あるテレビ番組では「家でくつろぎすぎて授業中の注意力がすぐになくなる」と言っていました。またもしオンライン授業を受けるなら，よいオンライン環境を準備する必要があります。これらの環境がないと授業中問題があるかもしれません。例えば，先生の声がはっきり聞こえなかった生徒たちもいました。オンライン授業は(2)このような悪い点がありますが，それでもまだいい機会でもあります。まず，オンライン授業を受けることは安全です。混み合った教室で勉強することを心配する必要がありません。2つ目は学校へ行くための長い時間を必要としません。それで家族と過ごす時間をもっと持てます。3つ目は私たちはどこででもオンライン授業に参加できます。例えば，病院にいなくてはいけないときに，そこからでさえクラスメイトとともに勉強を続けられます。全ての教科をうまくオンラインで学べないことは知っていますが，オンライン授業を受けることはこれからの新しい学び方でしょう。

私たちの学校は6月に再開し，毎日学校へ来ています。(3)今私は学校へ行くことの本当の意味に気がつきました。私たちはそれをなくすまでこの大切さを知りませんでした。あなたは家で勉強しているときに何を思いましたか。

問1　文の流れからネガティブな感情が入ると考える。正解のイ「誇りを持っている」だけが前向きな意味。ア「孤独な」，ウ「悲しい」，エ「不幸な」

問2　「タロウの兄は将来何になりたいですか」解答例は「彼は先生になりたい」。第2段落第1文参照。

問3　do は前述された動詞の繰り返しを避けるために使われており，that は前述する内容をさすことができるので，直前の動詞句を指していると考える。

問4　(a)　第3段落第2文のテレビ番組で言われていた内容を参照。　(b)　同段落第3～5文参照。

問5　ア 「オンライン授業は多くの生徒たちが混雑した教室で勉強するので安全だ」(×)　第3段落第7，8文参照。　イ 「オンライン授業は病院にいる生徒たちにそこから勉強する機会を与えてくれる」(○)　第3段落第11，12文参照。　ウ 「オンライン授業はすでに生徒たちが学ぶ一番いい方法になっている」(×)　第3段落第13文参照。　エ 「オンライン授業は生徒たちから家族の時間を奪いすぎている」(×)　第3段落第9，10文参照。

問6　**身近なことに対する自分の意見を書けるように**練習しておくこと。enjoy の後ろに動詞の ing の形を続けて「～することを楽しむ」の意味。解答例は「今私は学校で友達と自分の意見を共有すること[授業や部活]を楽しんでいます。これは私の普段の学校生活でとても大切です」という意味。条件を必ず守ること。

【第5問題】 (語句補充，語句並べ替え，条件英作文：現在完了，比較)

問1　1 「ブラジルでは何語を話していますか」 B が「ポルトガル語を話します」と答えているので **language「言語」** だと考える。　2 「世界で6番目に大きい国でコアラで有名です」**famous for ～「～で有名な」**

問2　1 (Can)you give me a hand(?) 「手を貸してくれますか？」**give 人 a hand** で **「(人)に手を貸す」** の意味。　2 (I've)never watched such an exciting (game like this before.)「このような興奮する試合を今までに見たことがない」現在完了形に否定の never を使って<have never ＋動詞の過去分詞形>で経験を表している。such「そのような」は冠詞の a と an は後ろに続ける。　3 (Well, it)was not as impressive as(the movie we saw last week.)「ええと，先週見た映画ほどは印象的ではなかった」**<not as ＋形容詞・副詞＋ as ～>「～ほど(形容詞・副詞)ではない」**

問3 (a) ①, ②で「2時間も働いた。疲れた」とあり④で「いい考え」とあるので, ③は指をさした木の方での休憩を提案していると考える。解答例「あの木の下で休憩しよう」「私も。あそこで休憩しない？」の意味。 (b) 試着室で②が「私には大きすぎる」と言っているので③で小さいサイズを持ってきたと考える。解答例は「この小さい方はどうですか」「ご心配なく。他のサイズがあります」の意味。

問4 先生は「学生のころ先生が早起きして朝食前に勉強をするように言ったのでやってみたらうまくいった。中学生は勉強するために早起きするべきだと思いますか」という内容。トモキさんは「そうは思わない。例えば, 私は夕飯前に勉強するのがいい。家族が帰ってくる前により勉強に集中できる。その日の授業後にすぐ復習するのがより効果的です。勉強のために早起きする必要はありません」と述べている。マイさんの意見は「朝早く勉強すべきです。もし夜遅くまで勉強したら家族が私たちのことを心配します。彼らのために早く寝るべきです」という内容。先生の質問は「もっといい点と悪い点があります。どう思いますか」。**条件をよく読み解答すること。**I agree with ~「~に賛成だ」, I'm for ~'s opinion「~の意見に賛成だ」などを使って賛成の意を表現できる。解答例は「私はトモキさんに賛成です。私は学校で宿題を終わらせます。放課後に先生や友達に聞くことができます。それが上手く行きます」「マイさんの意見に賛成です。私は朝早くに勉強によく集中できます。私の家はとても静かです」の意味。**自分の考えとその理由を表現できるよう教科書の文などを参考にして書く練習をしておくとよい。**

2021年度英語　リスニングテスト

〔放送台本〕

ただ今から放送による問題を行います。第1問題は, 問1～問3まであります。途中でメモをとってもかまいません。

問1 二人の会話を聞いて, そのあとの質問に答える問題です。それぞれの会話のあとに読まれる質問の答えとして最も適当なものを, ア～エの中から一つずつ選び, 記号で答えなさい。会話は1～4まであります。放送は1回のみです。それでは問題に入ります。

1番 A: Ken, have you ever thought about teaching at school as a job?
B: No. I don't like speaking in front of many people.
A: Do you want to work with music?
B: No. I'm interested in helping sick people.
Question: What kind of job is Ken interested in?

2番 A: What shall we buy for Father's birthday this year?
B: Dad likes playing tennis, taking pictures, and eating chocolate and pizza.
A: He's been careful about his health, so we should not buy him food.
B: Cameras are very expensive. We can't buy them.
Question: What are they going to buy for their father?

3番 A: Excuse me. Will you tell me what time it is?
B: Well, it's ten thirty.
A: When is the next bus?

B: Fifteen minutes from now.

Question: What time will the next bus come?

4番　A: This graph shows the number of foreign tourists visiting our town.

B: Let's see. In 2017, our town had more than 300.

A: That's right. And in 2018, we had more foreign tourists.

B: But in 2019, our town had only about 200.

Question: Which graph are they talking about?

これで問1を終わります。次は問2です。

〔英文の訳〕

1番　A：ケン，仕事として学校で教えることについて今まで考えたことある？

B：ないよ。たくさんの人たちの前で話すのは好きじゃないんだ。

A：音楽で仕事をしたいと思う？

B：いや。病気の人たちを助けることに興味があるんだ。

質問：ケンはどのような仕事に興味がありますか。

答え：ア

2番　A：今年の父の日に何を買おうか。

B：お父さんはテニスをするのと，写真を撮るのと，チョコレートとピザを食べるのが好きだよね。

A：健康に対して気を使っているから食べ物は買わない方がいいと思う。

B：カメラはとても高いね。買えないね。

質問：彼らの父親に何を買うつもりですか。

答え：ア

3番　A：すみません。今何時か教えていただけますか。

B：ええと，10時半です。

A：次のバスはいつですか。

B：今から15分後です。

質問：次のバスはいつ来ますか。

答え：ウ

4番　A：このグラフは私たちの町を訪れる外国人旅行者の数を表しています。

B：ええと。2017年，私たちの町では300人以上いました。

A：その通りですね。そして2018年はもっと外国人旅行者がいました。

B：でも2019年は私たちの町には約200人しかいませんでした。

質問：どのグラフについて話していますか。

答え：エ

〔放送台本〕

問2　あなたは海外研修旅行で現地の寺院を訪問します。観光バスを降りる前にツアーガイドから説明を受けています。話されている内容に合うものを，ア～カの中から三つ選び，記号で答えなさい。放送は2回くり返します。1回目の放送は15秒後に始まります。それでは問題に入ります。

We will visit one of the traditional temples in this country. A lot of people from other countries come here to see its treasure hall and beautiful garden.

Before you enter the temple, please remember five things.

First, you need to buy a ticket if you want to visit the treasure hall.

Second, you must not take pictures in the treasure hall.

Third, you can't go out into the garden if the weather is bad. When the wind is very strong, the door to the garden is closed.

Fourth, if you want to eat or drink something, please use the eating place.

Finally, our bus will leave at noon, so please come back to this bus before 11:45.

That's all. Have a good time.

これで問2を終わります。次は問3です。

〔英文の訳〕

私たちはこの国の伝統的な寺院の1つを訪れます。他国からのたくさんの人たちが宝物館や美しい庭園を見にここに来ます。お寺に入る前に5つのことを覚えてください。

まず，宝物館を訪れたい場合はチケットを買う必要があります。

2つ目，宝物館では写真を撮ってはいけません。

3つ目，天気が悪いときは庭園に出ることはできません。風がとてもつよいときは庭園へのドアは閉まっています。

4つ目，もし何か飲食をしたい場合，飲食スペースをお使いください。

最後に，バスは12時に出発しますので，11時45分の前までにこのバスにお戻りください。

以上です。良い時間をお過ごしください。

答え：イ　チケットを買えば宝物館へ行けます。
　　　エ　風が強いとき，庭園へのドアは開いていない。
　　　カ　11時45分の前にバスに戻らなくてはならない。

〔放送台本〕

問3　あなたはクラスメートのトムさんが留守番電話に残したメッセージを聞いています。その内容に合うように，次の〈メモ〉を完成させなさい。また，メッセージの中にあるトムさんの質問に対して，あなたの提案を英語で書きなさい。ただし，①，②はそれぞれ数字で，③は英語1語で，④は与えられた書き出しに続くように答えなさい。放送は2回くり返します。それでは問題に入ります。

Hi, this is Tom. I'm calling to tell you about tomorrow. For the history class, we have to read the textbook from page 86 to 91. And don't forget to bring rice for the cooking club.

You know our friend Eric is going back to New York next month. I think we should do something for him before he leaves. What can we do for him? Let's talk about it during lunch tomorrow. See you then.

これで放送を終わります。

〔英文の訳〕

こんにちは，トムです。明日のことについて伝えるために電話しています。歴史の授業のために教科書の86から91ページを読まなくてはなりません。そして料理クラブのためのお米を持ってくるのを忘れないでください。

友達のエリックが来月ニューヨークに帰るのを知っていますよね。彼が帰る前に何かをした方がいいと思います。彼に何をしてあげられるでしょうか？　明日のお昼にそのことについて話しましょう。では。

答え：①，②　歴史の授業のために：教科書の86から91ページを読む
③　料理クラブのために：お米を持ってくる
④　(例)彼のためにパーティーをする[彼と一緒に何か美味しいものを食べる。]

＜理科解答＞

【第1問題】 問1　1　単子葉[類]　2　ウ　3　エ　4　鉱物　問2　1　ウ　2　(材料)　ア　(溶液)　ヨウ素液　問3　1　ア　2　衛星

【第2問題】 問1　1　ウ　2　ア，エ　3　発生　4　X　組織　Y　器官　問2　1　無性生殖　2　イ　3　(1)　ア　(2)　エ　4　クローン

【第3問題】 問1　1　(気体X)　CO_2　(液体Y)　H_2O　2　イ　3　ア　4　(操作)　ガラス管を水槽の水から出す。　(理由)　水槽の水が加熱した試験管に流れ込み，試験管が割れることがあるから。　問2　1　硫化鉄　2　イ　3　B　4　X　発熱　Y　高く

【第4問題】 問1　1　実像　2　20[cm]　3　右図1　4　ア　問2　1　0.45[N]　2　30.0[cm^3]　3　0.15[N]　4　ウ

【第5問題】 問1　1　X　1.5　Y　直射日光　2　右図2　3　C　4　(例)気温が朝から時間とともに上昇し，昼過ぎに最も高くなり，その後しだいに下がっており，湿度が日中は低くなっているから。　問2　1　C　2　B　3　ウ　4　X　湿度　Y　飽和水蒸気量

図1
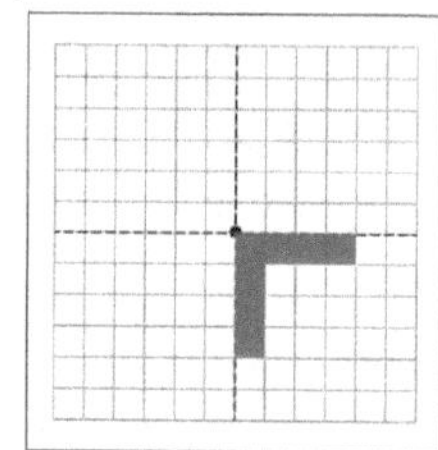

図2
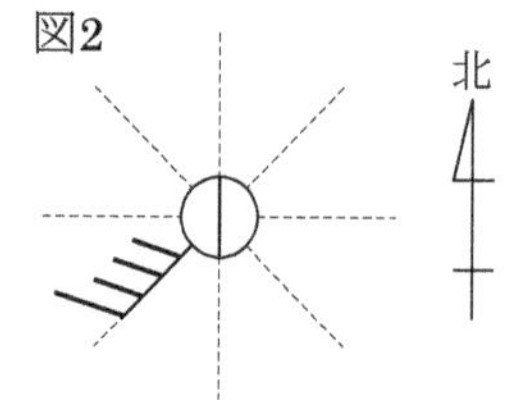

＜理科解説＞

【第1問題】　**(小問集合―植物のつくり，化学電池，熱伝導，鉱物)**

問1　1　**被子植物**は，単子葉類と双子葉類に分けられる。単子葉類の葉脈は**平行**で，茎の**維管束**はばらばらに散らばり，根は**ひげ根**である。一方，双子葉類の葉脈は**網目状**で，茎の維管束は輪に並び，根は**主根**とそこから出る**側根**になっている。　2　燃料電池は，水の**電気分解**とは逆の$2H_2+O_2 \rightarrow 2H_2O$の化学変化によって電流を取り出す。　3　熱の伝わり方で，**伝導**は固体の物質の一部を熱したときに，温度の低い部分へ熱が伝わる現象。**対流**では，気体や液体のあたためられた物質そのものが移動して，全体に熱が伝わる。**放射**は，太陽のように熱源から空間をへだてて離れたところまで熱が伝わる現象のことである。　4　マグマが冷えてできた粒のうち，いくつかの平面で囲まれた規則正しい形をした**結晶**になったものを**鉱物**という。マグマが冷えてできた岩石である火成岩にもふくまれる。

問2　1　ア～エはいずれも，石油を原料とするプラスチックにあてはまる。このプラスチックは，長い期間変化せずに自然界に存在してしまう。　2　植物は**葉緑体**で，水と二酸化炭素を原料に，

光のエネルギーを使ってデンプンをつくる。このはたらきを**光合成**という。

問3　1　物体に力がはたらいていないか，力がはたらいていても**合力**が0のとき，静止している物体は静止し続け，運動している物体はそのままの速さで**等速直線運動**を続ける。これを**慣性の法則**という。物体が力を加えた相手の物体から，大きさが同じで逆向きの力を受けるのが**作用・反作用の法則**。化学変化の前後で，物質全体の質量は変わらないことを**質量保存の法則**という。**オームの法則**は，金属線の両端に加えた電圧の大きさと，その時流れる電流の大きさ，その金属線の抵抗の大きさとの関係を表している。　2　太陽のように自ら光を出す天体を**恒星**，太陽のまわりを**公転**している天体を**惑星**，地球のような惑星のまわりを公転している天体を**衛星**という。

【第2問題】（生物の成長と生殖—細胞分裂，染色体，発生，無性生殖，遺伝）

問1　1　根の成長では，先端に近い部分でさかんに細胞分裂が行われて数が増え，根もとに近くなると細胞分裂は見られず，分裂した細胞の一つ一つが大きくなっている。　2　**染色体**の数は，生物の種類によって異なる。また，細胞分裂の準備に入ると，それぞれの染色体が複製されて，同じものが2本ずつになる。　3　動物では，受精卵が細胞分裂を始めてから，自分で食物をとることができる個体になる前までを**胚**という。受精卵が胚になり，固体としてのからだのつくりが完成していく過程を**発生**という。　4　多細胞生物のからだは，細胞→組織→器官→個体とつくられていく。

問2　1　**生殖細胞**がつくられ，それぞれの**核**が合体して1個の細胞になる**受精**による生殖を**有性生殖**，体細胞分裂によって細胞の数が増え，新しい個体をつくる生殖を**無性生殖**という。植物が体の一部から新しい個体をつくる無性生殖を栄養生殖という。　2　生殖細胞ができるとき，対になっている**遺伝子**は**減数分裂**によってそれぞれ別の生殖細胞に入る。これを**分離の法則**という。受精によって，それぞれの生殖細胞にある遺伝子が受精卵の中で対になり，新たな遺伝子の対をもつ子ができる。　3　**体細胞分裂**では，複製されて2本ずつになった染色体が，2等分されて分裂後の細胞へと受け渡されるので，新しくできた2個の細胞の核には，もとの細胞とまったく同じ数と内容の染色体がふくまれる。生殖細胞がつくられるときには，減数分裂によって染色体の数は分裂前の半分になる。　4　無性生殖における親と子のように，起源がが同じで同一の遺伝子をもつために，**形質**が親とまったく同じものになる個体の集団を**クローン**という。

【第3問題】（化学変化—化学式，pH，実験操作，化学変化と質量の関係）

問1　1　$2NaHCO_3$(炭酸水素ナトリウム)→Na_2CO_3(炭酸ナトリウム)＋CO_2(二酸化炭素)＋H_2O(水)　2　マグネシウム，銅などの金属は，1種類の**原子**がたくさん集まってできている。酸化銅や塩化ナトリウムなどの**化合物**は原子が切れ目なく並んでおり，**分子**にはならない。アンモニアも化合物であるが，窒素原子1個と水素原子3個が結びついた分子をつくっている。　3　固体Zは炭酸ナトリウム。水によく溶けて，炭酸水素ナトリウムの水溶液よりも強いアルカリ性を示す。純粋な水のpHは7(中性)で，pHの値が7より小さいものは酸性，pHの値が7より大きいものはアルカリ性である。数値が小さいほど酸性が強く，大きいほどアルカリ性が強い。　4　ガラス管を水の中に入れたまま火を消すと，熱した試験管に水槽の水が流れ込み，試験管が割れることがある。

問2　1　Fe(鉄)＋S(硫黄〔いおう〕)→FeS(硫化鉄)　2　混合物では鉄がうすい塩酸と反応して水素が発生し，加熱後の硫化鉄はうすい塩酸と反応して硫化水素が発生した。アは酸素，ウは水溶液がアルカリ性を示すアンモニアなどを確かめる方法である。BTB溶液を加えたときに黄色を示すのは，酸性の水溶液である。　3　弱い磁石につくのは鉄なので，A～Cのうち鉄粉が反応に使われずに残るものがあてはまる。Aは硫黄が2.0g残り，Cは鉄と硫黄が過不足なく反応する。
4　化学変化が起こるときに，温度が上がる反応を**発熱反応**という。

【第4問題】（光，力と圧力—凸レンズ，実像，重力，浮力，水圧）

問1　1　物体が**焦点**より外側にあるとき，凸レンズを通った光は1点に集まり，スクリーン上には上下左右が逆向きの**実像**ができる。　2　物体が**焦点距離**の2倍の位置にあるとき，凸レンズから焦点距離の2倍の位置にあるスクリーン上に，物体と同じ大きさの実像ができる。　3　実像は，光源と上下左右が逆向きになる。サンベさんが凸レンズ側からフィルターを見ていることに注意しよう。　4　光源が焦点距離の2倍の位置から凸レンズに近づくほど，スクリーン上にはっきりできる実像は大きくなる。

問2　1　物体Aにはたらく**重力**がばねばかりのばねを引くことによって，重さをはかることができる。水中でも，物体にはたらく重力の大きさは空気中と同じである。　2　図4と図5(図6)の目盛りの差が，物体の体積にあたる。50.5－20.5＝30.0(cm^3)　3　水中にある部分の体積は30.0cm^3で，これと同じ体積の水の質量は30.0gで，この水にはたらく重力は0.30N。したがって，**浮力**が0.30Nとなり，0.45－0.30＝0.15(N)　4　水中の物体は，どの向きからも水の**圧力**を受け，この水圧は上にある水の重力によって生じるため，深くなるほど大きくなる。これによって，全体として水中の物体は上向きに力を受ける。

【第5問題】（気象とその変化—気象観測，天気図記号，前線，雲のでき方）

問1　1　気象観測は風通しのよい場所で行い，周囲の建物や地面の影響および太陽光の直接の影響を受けないようにする。　2　天気記号は○快晴，⦶晴れ，◎くもり，●雨，⊗雪など。風向は風のふいてくる方向を16方位で表し，風力は0～12の13段階を矢羽根の本数で示す。　3　**寒冷前線**付近では，暖気が急激に上空高くおし上げられるため，強い上昇気流が生じて積乱雲が発達する。そのため激しい雨が短時間に降り，強い風をともなうことが多い。寒冷前線の通過後は北寄りの風に変わり，寒気におおわれて気温が下がる。　4　晴れの日の気温は朝から時間とともに上昇して，昼過ぎに最も高くなり，その後は下がっていく。晴れの日の日中は，**湿度**は低い。

問2　1　下の容器に加熱した水を入れると，地上の水蒸気が多い状態と同じになり，加熱した石を入れた場合は，地上の水蒸気量が少ない状態と同じになる。　2　上空に温度差があるようにするため，下の容器に同じ加熱した水を入れ，上の容器に温度差のある水を入れる。　3　冬は大陸上に高気圧があるため，冷たく乾燥した北西の**季節風**がふく。この空気が日本海の上であたためられると，水蒸気をふくんで上昇し，筋状(すじじょう)の雲ができる。　4　水蒸気をふくむ空気のかたまりが上昇すると，周囲の気圧が低いために膨張して気温が下がり，**露点**に達して空気にふくみきれなくなった水蒸気が水滴になる。

＜社会解答＞

【第1問題】　問1　イ　　問2　ウ　　問3　1　エ　　2　ア　　3　国会　　4　ア→ウ→イ
問4　1　(日本の川は大陸にある川に比べて，)標高の高いところから河口まで，短い距離を流れているから。　2　イ　　3　ア　　問5　ア
問6　1　田中正造　　2　ウ　　問7　エ

【第2問題】　問1　1　渡来人　　2　ウ　　3　エ　　4　A　命令後もキリシタンの数が増加

していること　B　ポルトガルとの貿易を禁止しなかった　問2　1　イ
2　(日本は)軍縮条約を結んだり，軍事費を抑制するなど，平和を求める国際社会の動きと協調する(方針をとった。)　3　ア　4　ポツダム宣言
5　イ→ア→ウ

【第3問題】 問1　1　エ　2　イ→ウ→ア　3　(船舶は，航空機に比べ)輸送時間が多くかかる(ため旅客輸送にはあまり利用されないが，)重量の大きいものを運ぶことができる(ため貨物輸送に多く利用されている。)　問2　1　山地を削り，大規模な住宅地を造成した。　2　ウ　問3　1　イスラム
2　表③　C　図①　X　3　焼畑(農業)　問4　ウ

【第4問題】 問1　1　イ　2　ウ　問2　イ　問3　エ　問4　ア　問5　民主主義
問6　1　ア　2　(累進課税とは，)所得が高くなるほど税率が高くなる(しくみのこと。)　3　エ

＜社会解説＞

【第1問題】 **(地理的分野―世界地理－地形・気候，―公害・環境問題，歴史的分野―日本史時代別－安土桃山時代から江戸時代・明治時代から現代，―日本史テーマ別－政治史・外交史・社会史，―世界史－経済史，公民的分野―財政・国の政治の仕組み・社会保障)**

問1　1　世界の**三大洋**とは，太平洋・大西洋・インド洋である。このうち，南アメリカ大陸・北アメリカ大陸・アフリカ大陸・ユーラシア大陸に囲まれているのは，大西洋である。世界の**六大陸**とは，ユーラシア大陸・アフリカ大陸・北アメリカ大陸・南アメリカ大陸・オーストラリア大陸・南極大陸の6つの大陸を指す。このうち，図②に見えるオーストラリア大陸の南方にある大陸は，南極大陸である。

問2　北緯35度線とほぼ同緯度の都市は，釜山・チンタオ・イスラマバード・テヘラン・バグダッド・サンフランシスコなどである。

問3　1　アはイギリスについての説明である。イもイギリスについての説明である。ウはロシアについての説明である。エが19世紀中期のアメリカについての説明である。　2　ケープタウンは，**南半球**に位置するため，6月・7月・8月が冬である。6月・7月・8月に気温が低く，12月・1月・2月に降水量が少ないアが，ケープタウンの雨温図である。　3　**条約**は**内閣**が**締結**し，**国会の承認**を得ることになっている。なお，批准書及び法律の定めるその他の外交文書を認証することは，内閣の助言と承認により行われる**天皇**の**国事行為**である。　4　ア　**日米修好通商条約**を結んだのは，1858年のことである。　イ　**日米安全保障条約**が改定されたのは，1960年のことである。　ウ　**サンフランシスコ平和条約**が結ばれたのは，1951年のことである。したがって，年代の古い順に並べると，ア→ウ→イとなる。

問4　1　日本の川が大陸の川に比べて急流になるのは，短い距離で標高1000m以上の高いところから標高0mの河口まで流れ下るからであることを指摘すればよい。　2　b　**国庫支出金**は**依存財源**の一つであり，**使途を特定**して**地方公共団体**に交付されるものであり，**地方債**の返済を目的とするものではない。　c　2011年度の国庫支出金の割合は2010年度に比べ大きくなっているが，2倍以上とはなっていない。bとcには誤りがあり，aとdが正しい。　3　Ⅰ　**ハザードマップ**中の矢印は，海岸線から離れるように避難の方向を示している。　Ⅱ　ハザードマップ中の[約※分]の表示は，**津波**の到達時間を表しており，それは一般に歩行が困難となる30cmの津波の到達時間を表している。ⅠもⅡも正しく，正しい組み合わせは，アである。

問5 18世紀末に**寛政の改革**を行ったのは，**老中松平定信**である。寛政の改革で行われたのは，凶作やききんに備えて米を蓄えさせるという，**囲米の制**である。寛政の改革では，その他に**棄捐令・旧里帰農令**などの政策が出された。

問6 1 1880年代に，栃木県の**足尾銅山**から出された鉱毒が渡良瀬川に流れこみ，魚が死に，田畑が荒れるなど，農民に大きな被害をあたえた。この事件を**足尾鉱毒事件**という。1890年に第1回総選挙で衆議院議員となり，足尾銅山の鉱毒問題を帝国議会でとり上げ，足尾銅山の操業停止を求めたのが**田中正造**である。のちには**明治天皇**に対する**直訴**をくわだてたが，失敗に終わった。 2 ア 1960年代の**高度経済成長**に伴って**公害**が深刻化し，1967年に**公害対策基本法**が制定された。公害対策基本法を発展的に継承し，環境に関する分野についての国の政策の基本的な方向を示す法律として，1993年に公布・施行されたのが，**環境基本法**である。 イ **環境アセスメント**とは，環境に悪影響を与えないために事業内容の評価を受け，より環境保全の観点から望ましい事業計画を作る制度であり，現在実施されている。 エ **環境権**は新しい人権の一つであり，憲法には明記されていない。ア・イ・エのどれも誤りであり，ウが正しい。**循環型社会形成推進基本法**は，2000年に制定された。

問7 地方自治体の保健所や保健センターなどが中心になって行うのが，**公衆衛生**である。**感染症**対策として乳幼児期の予防接種を行ったり，また，がん検診などの**各種健康診断**や，浸水被害にあった住宅への消毒作業や，犬・猫などの保護・管理なども，公衆衛生に含まれる。

【第2問題】 (歴史的分野—日本史時代別－古墳時代から平安時代・鎌倉時代から室町時代・安土桃山時代から江戸時代・明治時代から現代，—日本史テーマ別－文化史・政治史・宗教史・外交史・社会史)

問1 1 4世紀～7世紀頃に朝鮮・中国から日本に移住してきた人々を**渡来人**という。武具製作・機織り・農業などの先進技術を伝え，**大和政権**の軍事・政治面にも大きな影響力を持った。
2 **聖徳太子**が政治を行っていた頃の文化を**飛鳥文化**という。伝来間もない**仏教**の影響を色濃く受け，**豪族**たちは**寺院**や**仏像**つくりに力を注いだ。この時代につくられた仏像がcの**広隆寺の弥勒菩薩像**である。なお，この仏像は国宝第一号である。aとdは聖武天皇の時代の説明と仏像であり，dは東大寺の大仏である。 3 資料①は，建武年間に書かれた「**二条河原の落書**」である。**後醍醐天皇**がはじめた**建武の新政**下の都の混乱を風刺したものである。正しい説明はエである。なお，アは**承久の乱**の際の説明である。イは**院政期**の説明である。ウは**南北朝時代**の説明である。 4 A 1587年の**伴天連追放令**後も，表①に見られるように**キリシタン**の数が増加していることを，決められた字数以内で指摘すればよい。 B 伴天連追放令の中で**ポルトガル**との貿易は奨励したため，その後もポルトガル船の来航が続いたことを，決められた字数以内で指摘すればよい。

問2 1 1873年に発せられた**地租改正条例**では，政府が**地券**を発行して土地の**所有者**と**地価**を確定し，土地の所有者は地価の**3%**を，毎年**現金**で納めることになった。これに対する農民の反発は強く，各地で**地租改正反対一揆**が起こった。1877年に政府は地租を地価の**2.5%**に引き下げた。 2 大正後期の日本は，**ワシントン会議**に参加し**海軍軍縮条約**を結んだり，他の**列強**と足並みをそろえて**軍事費の削減**をするなど，**第一次世界大戦**後の国際社会の平和を求める動きと協調する方針をとった。これを**協調外交**という。 3 **関東軍**は，**遼東半島**北方の奉天郊外の**柳条湖**で**南満州鉄道**の線路を爆破し，これを中国兵のやったこととして，中国東北部にあたる**満州**で軍事行動を展開した。関東軍は，短期間で満州の大部分を占領した。これが**満州事変**である。柳条湖の地図上の位置はアである。 4 第二次世界大戦末期の1945年7月に米・英・ソの3か国の首脳がベルリン郊外のポツダムで会談を開き，中国の同意を得て，米・英・中の名で，日本に対し無条件降伏を求める文書を出した。これがポツダム宣言である。当時の日本政府はすぐには受け入れず，広島・長崎へ原爆が投下され，ソ連は日本に宣戦布告した。　5　ア　**近衛文麿**が**大政翼賛会**を創立したのは，1940年である。　イ　**二・二六事件**は，**陸軍の青年将校**の一部が，閣僚の殺害など直接行動を起こし，反乱軍として鎮圧された事件である。1936年に起こった。ウ　**ハワイの真珠湾**に停泊中の**アメリカ艦隊**に，日本が**奇襲爆撃**をしかけたのは，1941年である。年代の古い順に並べると，イ→ア→ウとなる。

【第3問題】 (地理的分野―日本地理－工業・エネルギー・交通・地形図の見方，―世界地理－人々のくらし・産業・交通)

問1　1　4つの工業地帯・工業地域のうち最も製造品出荷額が多いのは，**中京工業地帯**である。中京工業地帯は，国内最大の自動車メーカーの本拠地を含んでおり，出荷額のうち**輸送用機械**がほぼ5割を占めるのが特徴である。　2　1960年代の日本は，まだ**原子力発電**がなく，**水力**と**火力**がほぼ50％ずつを占めていた。その後の日本では原子力発電が始まり，2000年の段階では約30％を占めるに至った。2011年の**東日本大震災**では，**福島第一原発**の事故が起こり，原子力発電が見直され，ほとんどが停止状態にある。グラフの年代順は，イ→ウ→アとなる。　3　船舶は，表①に見られるように，航空機に比べ輸送時間が何倍もかかるため，**旅客輸送**にはほとんど利用されないが，表②に見られるように機械類・乗用車など重量の大きいものを運ぶことができるため，**貨物輸送**に多く利用されている。以上を簡潔にまとめて解答する。

問2　1　1952年の地形図には見られた**等高線**が，2014年の地形図ではほとんどなくなり，山地を削ったことがわかる。開かれた土地には大規模な住宅地が造成された。以上を指定字数以内で指摘すればよい。　2　2014年の地形図で新たに増えているのは，アの小中学校「文」，イの郵便局「〶」，エの交番「X」である。数が増えていないのは，ウの神社「⛩」である。

問3　1　食べてよいものと，豚肉・アルコールなど口にしてはいけないものが，**コーラン**にもとづいて定められているのが，**イスラム教**である。食べてよいものは，ハラルと呼ばれる。

2　表③　God Morgen は，ノルウェー語であり，Good Morning，Guten Morgenと，言語学上同じ分類に入る。　図①　Good Morning は英語，Guten Morgen はドイツ語であり，ノルウェー語 God Morgenもともに，英語系の分類に入る。　3　森林あるいは原野に火を入れて草や木を焼きはらい，残った草木灰を肥料として作物を栽培する原始的農業のことを，**焼畑農業**という。作物は，キャッサバ・タロイモ・ヤムイモなど主に自給用の作物である。**熱帯地域**では現代でも多く見られ，**熱帯林**の減少の一因となっている。

問4　観光客数と海外旅行者数の差が最も大きい国は，フランスではなく，8000万人近く海外旅行者数の方が多い中国である。

【第4問題】 (公民的分野―国民生活・憲法の原理・国際社会とのかかわり・三権分立・地方自治・経済一般・財政)

問1　1　Ⅰは正しい。Ⅱは誤りである。グラフ②で2005年と2019年の**インターネット利用率**を比較すると，利用率がもっとも伸びた年代は，70歳～79歳である。　2　ウが，資料①と同じく**プライバシーの侵害**である。なお，アは**自由権**の侵害である。イは**著作権**の侵害である。エは**環境権**の侵害である。

問2　ア　海岸線から12海里(約22km)の**領海**に接し，海岸線から200海里(約370km)までの海域を，**排他的経済水域**という。　ウ　**公海**自由の原則は，国際法上確立された原則である。1982

年の海洋法条約に明文化されている。　エ　**国際司法裁判所**で裁判が行われるには，訴えられた国の同意も必要とされる。つまり，**当事国両者**の合意により裁判が始まることになる。ア・ウ・エのどれも誤りであり，イが正しい。

問3　2014年に，**安倍内閣**は，アメリカが攻撃を受けた際に，**日米安全保障条約**に基づいて，海外でも日本が**共同防衛**できるように，**閣議**で決定した。**日本の集団的自衛権**を説明しているのはbとdである。

問4　イ　**民事裁判**では，**検察官**はいない。　ウ　**裁判員裁判**では，有罪・無罪を決めるとともに，刑罰の種類を決定する。　エ　**行政裁判**では，**地方公共団体**や**国**を訴えることができる。イ・ウ・エのどれも誤りであり，アが正しい。

問5　地方自治法に定められているとおり，**条例の改廃**については，有権者の50分の1の署名をもって，首長に**直接請求**することができる。**首長の解職**については，有権者の3分の1の署名をもって，選挙管理委員会に直接請求することができる。こうした直接請求の権利が認められており，地方自治は「**民主主義の学校**」といわれている。

問6　1　**家計**は，**政府**に対して税金を払い，**公共サービス**を受ける。また，家計は**企業**に対して**労働力**を提供し，**賃金**を受け取る。以上から，Bが家計，Cが政府，Dが企業である。　2　課税所得が多くなるほど，税率が段階的に高くなる課税法を，**累進課税**といい，課税されたあとの所**得の格差**を少しでも小さくすることができる。以上の前半部を20字以内で解答すればよい。

3　ア・イ・ウは正しい。間違っているのはエである。**水道料金**は市によって異なり，全国の料金が安い市と高い市では，8倍も差がある。**ガス料金**は，会社ごとに異なる。いずれも，全国一律の料金ではない。

<国語解答>

【第一問題】　問一　1　かがや(く)　2　かたよ(る)　3　ふんさい　4　しっそう
問二　1　帯　2　激(しく)　3　豊富　4　模型　問三　エ
問四　ウ　問五　ひとえに

【第二問題】　問一　ウ　問二　ア　問三　1　検索　2　情報がある目的に合わせて収集，整理されていること　問四　1　ウ　2　(例)インターネットの情報は，編集者や校閲者のチェックがないため，間違いが含まれることもある(という課題。)

【第三問題】　問一　(例)(先輩の梶に，)イルカに餌を食べてもらえない自分など，相手にする価値すらない(と思われたからだ，と由香は考えている。)　問二　(自分にはイルカのトレーニングに関する)知識も経験も無い(から。)　問三　エ
問四　ア　問五　(例)梶はC1になかなか気を許してもらえなかったが，由香はC1にすぐに遊び相手に選ばれたから。　問六　イ

【第四問題】　問一　エ　問二　1　僧　2　(例)上のうすからつく物が落ちてしまう(という欠点。)　問三　イ

【第五問題】　問一　イ・オ　問二　ウ　問三　(例1)私はAがよいと考える。自分自身を振り返ってみても，自分の分担の仕事が終わったら，時間が残っていても終わってしまうことがある。よく見ていないだけで，まだ汚れているところはあるだろう。Aは，私のように早めに終わっていた人たちが，他にもきれいにでき

る所はないかと気にかけて，時間いっぱい掃除をしようという気になるので，よい標語だと考える。

(例2)Bの「私もやる」という言葉が効果的だと思います。以前，一人で掃除をしていた私に，他のクラスの生徒が，さっとちりとりを差し出してくれたことがありました。とてもうれしくて，一人でも掃除をしていてよかったと思いました。「一人でやらなくていいんだよ」という言葉からは「見てくれている人がいる」ということが伝わってきて，励みになります。以上のことからBがよいと思います。

(例3)私はCを選ぶ。コンビニエンスストアのトイレに「きれいに使っていただきありがとうございます」とよく書いてある。それを見ると，きれいに使わなければいけないな，という気持ちになる。Cは，それと同じようなことを感じさせる。「君のおかげ」で「きれいだ，気持ちいい」と言われると，自分から進んできれいにしよう，という気持ちになる。だから，私はCがよい。

＜国語解説＞

【第一問題】 (知識―漢字の読み書き，仮名遣い，文と文節，書写)

問一　1 「**輝く**」は，送りがなにも注意する。　2 「かたよる」は，「**偏る**」の他「片寄る」と書くこともある。　3 「**粉砕**」は，こなごなに砕くこと。　4 「**疾走**」は，非常に速く走るという意味。

問二　1 「**帯**」は，上の部分の形に注意。　2 「**激**」を分解すると「氵」「白」「方」「攵」となる。　3 「**豊富**」は，たっぷりある様子。　4 「**模型**」の「模」は「モ」と読んで「模範」「模様」，「ボ」と読んで「規模」などの熟語を作る。

問三　単語で区切ると「**私／は／泣き／ながら／本／を／読ん／だ**」となるので，エが正解。アは文節で区切っている。イは「読んだ」，ウは「泣きながら」の部分が誤りである。

問四　左側は「氵」，右側は「**尺**」なので，ウ「**沢**」が正解。

問五　語頭にない「**へ**」を「**え**」に改めて「**ひとえに**」とする。全体の口語訳は，「勢いが盛んな者も最後には滅びてしまう，まったく風の前のほこりと同じだ」となる。

【第二問題】 (論説文－内容吟味，文脈把握，指示語の問題，脱文・脱語補充)

問一　傍線部①の「こんな苦労」は，物語で電子端末の記録を読むことができなかったことから生じた苦労である。記録を読むためには，電源を得て端末を再起動しなければならなかった。しかし，本ならば，**本さえあれば読むことができる**。このことを説明したウが正解。アの「費用」，イの「収納場所」は，いずれも的外れ。エの「内容」が時代を超えて残るかどうかは，「こんな苦労」とは無関係である。

問二　傍線部②「そうした予測」は，前の段落の「**『デジタルネイティヴ』～増えていくであろう**」という予測を指している。この内容をまとめたアが正解。イの「紙の本」が「目新しいものとして受け入れられる」ことや，ウとエの「ある年齢以上の世代」についての予測は本文になく，不適切である。

問三　1　傍線部③の次の文の後半に「商品そのものや人物，事柄などの**検索**に，すばらしい力を発揮してくれる」とあるので，ここから抜き出す。　2　傍線部④の次の文の後半に「何よりも**情報がある目的に合わせて収集，整理されていること**の恩恵を，強く感じるのだ」とあるので，ここから抜き出す。

問四　1　Ⅰの文章では，傍線部④の次の段落に「多くの言説を縦糸と横糸に編み込んで『布地』を生みだすのが，『**編集**』という作業である」とあるので，Aは「編集」が入る。Bは，書籍とインターネットのうち，「情報が正確」なほうが入る。Ⅱの文章に，書籍は「正しい内容なのかどうか」というチェックを経て世の中に送り出されるが，インターネットは「その場の思いつきだけでいい加減なことを言ったり，書いたりできてしまう」とあるので，「**書籍**」のほうが正確である。A・Bとも満たすウが正解。　2　傍線部⑤は，**インターネットの情報**の課題を指摘している。Ⅱによれば，書籍には著者の他に編集者や校閲者がいて内容をチェックするが，インターネットには情報の**正確さをチェックする機能がない**。そのため，インターネットの情報は**間違いがあっても，そのまま発信されてしまう**ことがある。この内容を，40~50字で後につながるように書く。

【第三問題】（小説－情景・心情，内容吟味，文脈把握）

問一　由香は，**イルカ**のC1に「自分の手から**餌を食べてもらう**」ことを**拒否**された。そのため，先輩の梶に「**もう相手にする価値すらないと見られた**」と考えたのである。この内容を，前後につながるように25～30字で書く。

問二　傍線部②の「間違っている」という語句に注目して，少し前の「思えば，**知識も経験もない**自分がやっていけるなんて考える方が間違っていた」から抜き出す。

問三　後の先生の言葉から，C1は由香のことが「**気になっていた**」ため，「魚を**遊び道具**」にしてボールのように「**投げて来た**」ことがわかる。このことを説明したエが正解。アの「不満」，イの「不審」は誤りである。また，ウのC1が由香に魚を「分け与えよう」としたという説明は，文脈上不適当である。

問四　Xは後の「**へこむ**」，Yは「**情けない**」から，由香が自分の力不足を思い知り，落胆していることがわかる。しかし，Zでは，C1に噛まれたときのことを思い出し，今まで自分を拒否しているとばかり思っていた**C1には別の意図があったのではないか**と気づきはじめている。したがって，アが正解。イは，Yの「救われた思い」とZの「才能」についての説明が不適当。ウは，Xの「怒り」やYの「投げやり」が誤りである。エは，Zの「一転して舞い上がる気持ち」が，先生の言葉を半信半疑で聞いている由香の様子と合わない。

問五　先生は，C1と梶の関係について，「**梶にはなかなか気を許さなくて**」「彼は何度もC1に痛い目にあってる」と言っている。一方，由香とC1については，「C1は，明らかに君の様子を見て楽しんでた」「**C1は初対面の君を遊び相手として選んだ**」と言っている。この部分をもとに，梶と由香を対比する形で35～45字で答える。理由を答えるときは，「**～から。**」「～ので。」「～ため。」という形で答えること。

問六　先生の口調から，先生がイルカのC1と新人トレーナーの由香と先輩トレーナーの梶を同列に扱っている様子が読み取れる。先生は，獣医師として**C1の行動を的確に理解**するだけでなく，**由香や梶の心情も理解して温かい目で見ている**。正解はイ。アは「今後の対応策」「よけいな口出しはせずに冷静に」が先生の様子と合わない。ウは「厳しく」が誤り。また，先生は由香が「失敗」したとは思っていない。エは，「迷惑がられている」が本文と合わない。

【第四問題】（古文―内容吟味，指示語の問題，ことわざ・慣用句）

〈口語訳〉　ある時，僧が弟子たちに言うことには，「世間の人は愚かで思いつかない事を，(私は)思いついた。杵一つで，うす二つをつく方法があるぞ。一つのうすをいつものように置き，もう一つのうすを下へ向けて吊るすのがよい。そうして杵を上げたり下ろしたりしたら，二つのうすをつくことができる」と言う。弟子が言うことには，「上のうすに，もし，つく物をためることができるのでしたら，(私が)つきましょう」と言うと，「その欠点があったな」と言って，(言葉に)詰まってしまった。

問一 **「杵一つにて，うす二つをつく」「一つのうすをば常のごとく置き，一つのうすをば下へ向けて吊るす」**と合致する図はエである。アは，うすの置き方がおかしい。イとウは，杵を二つ用いているので誤り。

問二　1 「杵一つにて，うす二つをつく」方法の欠点を指摘した弟子に対して言葉に詰まったのは，この方法を思いついた**僧**である。　2 弟子の言葉から，この方法の欠点は**「上のうすに物がたまり候ふ」ことができない**点であることがわかるので，この内容を「上のうすからつく物が落ちてしまう(という欠点。)」などとまとめる。

問三　僧は，「杵一つにて，うす二つをつく」方法を頭の中で考えたが，実際にはうまくいかないことであった。この内容に合うことわざは，イ「**机上の空論**」である。

【第五問題】 (会話・議論・発表―脱文・脱語補充，作文)

問一　この後のソウマさんの発言から，空欄Ⅰに入るのは「**掃除に対して意識の低い人がいる**」という意見であることがわかるので，イとオが適当。ア・ウ・エは，掃除に対して意識の高い人の意見である。

問二　空欄Ⅱの直後にソウマさんが「話を戻しましょう」と言っていることに注目する。司会のアヤカさんがはじめに言っているように，この時間は「アンケートで出た意見」や「校内の掃除について呼びかける標語」について話し合うことになっていた。しかし，話し合いの**話題が「掃除時間にかける音楽」にずれてきたので，「標語」に戻そうとした**のである。したがって，ウが正解。アは話題を別の方向にずらしており，イとエは話を戻していないので，不適当である。

問三　①～④の**条件**に従った文章を書くこと。(例1)はAの標語案，(例2)はBの標語案，(例3)はCの標語案を選んでいる。例と同様，まず選んだ**標語案の記号**を示し，その後で**自分の体験を根拠としてその標語案のよさを書く**とよい。制限字数は**150～180字**で，**一マス目**から書き始め，**段落は設けない**。書き終わったら必ず読み返して，誤字・脱字や表現の不自然な部分などは書き改めること。

大切なことはメモしておこうネ！

島根県公立高等学校

2020年度

★★★★★★★★★★★★★★★★★★★★★★★

入　試　問　題

●くわしい解説……61ページ

＜数学＞

時間　50分　　満点　50点

【注意】 $\sqrt{\ }$ や π が必要なときは，およその値を用いないで $\sqrt{\ }$ や π のままで答えること

【第１問題】 次の問１～問10に答えなさい。

問１　$5-2\times(-3)$ を計算しなさい。

問２　$\dfrac{2a+5}{3}-\dfrac{a}{2}$ を計算しなさい。

問３　$\sqrt{45}+2\sqrt{5}-\sqrt{125}$ を計算しなさい。

問４　１個 a 円のみかんと１個 b 円のりんごがある。このとき，不等式 $5a+3b\leqq1000$ は，金額についてどんなことを表しているか，説明しなさい。

問５　$a^2+8a-20$ を因数分解しなさい。

問６　方程式 $3x^2-5x+1=0$ を解きなさい。

問７　y は x に反比例し，$x=3$ のとき $y=-4$ である。$x=-2$ のときの y の値を求めなさい。

問８　右の表は，あるクラスの生徒30人の１週間の読書時間を調べ，度数分布表に整理したものである。ただし，一部が汚れて度数が見えなくなっている。この度数分布表について，次の１，２に答えなさい。

１　最頻値を，次の**ア**～**オ**から１つ選び，記号で答えなさい。

ア　90分　　**イ**　105分　　**ウ**　120分
エ　135分　　**オ**　150分

表

階級(分)	度数(人)
0以上　30未満	2
30　～　60	4
60　～　90	[illegible]
90　～　120	5
120　～　150	10
150　～　180	3
計	30

２　度数が見えなくなっているところを補って，図１にヒストグラムをかきなさい。

図１

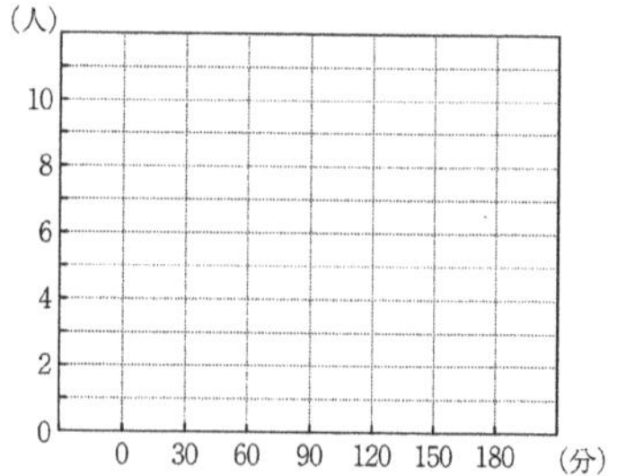

問9　図2において，2つの直線 ℓ，m は平行である。次の1，2に答えなさい。

1　$\angle x$ の大きさを求めなさい。

2　$\angle y$ の大きさを求めなさい。

図2

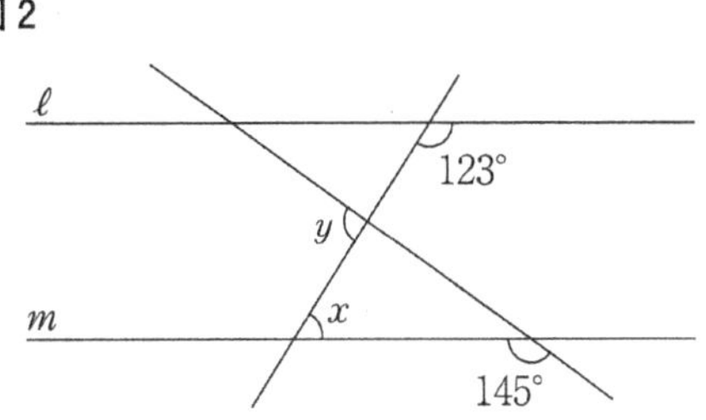

問10　図3のように，1辺の長さが2㎝の正方形ABCDがある。次の1，2に答えなさい。

1　対角線ACの長さを求めなさい。

2　正方形ABCDを，直線ACを軸として回転させてできる立体の体積を求めなさい。

図3

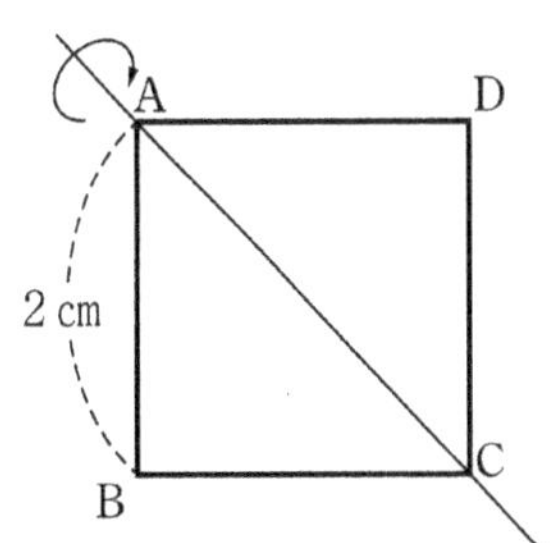

【第2問題】　次の問1，問2に答えなさい。

問1　次の1，2に答えなさい。

1　あるスポーツ大会で，A，B，Cの3種類の観戦チケットが販売されることになった。申し込みの数がチケットの数より多い場合は抽選によって当選が決まる。申し込み期間終了後，申し込み状況を確認したところ，表のとおりであった。

当選しやすいチケットの順にA，B，Cを左から並べなさい。

表

チケットの種類	チケットの数	申し込みの数
A	1000	15000
B	1000	20000
C	1500	20000

2　大小2つのさいころを同時に投げ，大きいさいころの出た目の数を a，小さいさいころの出た目の数を b とする。次の(1)，(2)に答えなさい。ただし，さいころは1から6までのどの目が出ることも同様に確からしいものとする。

(1)　$a=b$ となる確率を求めなさい。

(2)　$10a+b$ の値が9の倍数となる確率を求めなさい。

問2　次の1～3に答えなさい。

1　y は x の2乗に比例し，$x=-1$ のとき $y=5$ である。y を x の式で表しなさい。

2　xの値が-3から-1まで増加するとき，yの値が8減少する関数 $y=ax^2$ のグラフを，図の**ア**～**オ**から**1つ**選び，記号で答えなさい。

図

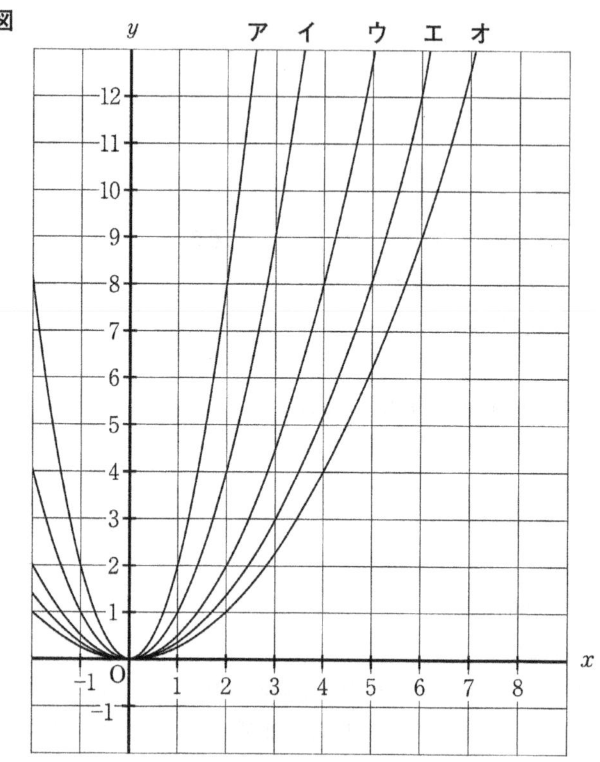

3　yはxの2乗に比例し，xの変域が $-2 \leqq x \leqq 3$ のとき，yの変域が $-3 \leqq y \leqq 0$ となる。yをxの式で表しなさい。

【第3問題】 たろうさんのクラス30人は，遠足で遊園地に行った。次の**問1**～**問3**に答えなさい。

問1　遊園地の入場料は1人あたり300円で，20人以上の団体ならば，1人あたり**20%引き**となる。このとき，30人の団体であるたろうさんのクラス1人あたりの入場料はいくらか，求めなさい。

問2　遊園地にはジェットコースターと観覧車の乗りものがあった。たろうさんのクラス30人のうち，ジェットコースターに乗った生徒は24人，どちらにも乗らなかった生徒は1人だけであった。

次のページの**表1**は，ジェットコースターと観覧車の両方に乗った人数をx人，ジェットコースターには乗って観覧車には乗らなかった人数をy人とおき，ジェットコースター，観覧車のそれぞれに乗った人数，乗らなかった人数を表したものである。後の**1**，**2**に答えなさい。

表1

	ジェットコースターに乗った	ジェットコースターに乗らなかった	合計
観覧車に乗った	x 人	ア 人	
観覧車に乗らなかった	y 人	1 人	
合計	24 人	イ 人	30 人

1　表1の ア ， イ にあてはまる値を求めなさい。

2　表2は，ジェットコースター，観覧車の料金表である。ジェットコースターと観覧車の両方に乗った人の料金はセット料金で支払ったので，このクラス全員分の乗りものの料金の合計は14700円であった。下の(1)，(2)に答えなさい。

表2

料　金　表　（1人あたり）	
セット料金 （ジェットコースターと観覧車の両方に乗ることができる）	600 円
ジェットコースター	400 円
観　覧　車	300 円

(1)　このクラス全員分の乗りものの料金の合計についての関係を表す式を，x，y を用いて表しなさい。

(2)　x と y の値を求めなさい。

問3　遊園地にある売店でアイスクリームを売っていた。アイスクリームは1個150円で，4個買うごとにさらに1個無料でついてくるサービスがある。次の1，2に答えなさい。ただし，1人あたり1個のアイスクリームを食べるものとする。

1　たろうさんが，このサービスを利用して6人分のアイスクリームをこの売店で買った。売店に支払った金額を求めなさい。

2　たろうさんは，このサービスを利用してアイスクリームを買った場合，売店に支払った金額を人数で割ったときの1人あたりの金額は，人数が5の倍数であるときに必ず120円になることが分かった。このことを自然数 n を用いて，以下のように説明した。
ウ ， エ に適する言葉，数や式などを入れ，説明を完成させなさい。

説明

この売店のサービスを利用してアイスクリームを買うとき，

10人分買うと，そのうち２個が無料
15人分買うと，そのうち３個が無料
⋮
n を自然数として
$5n$ 人分買うと，そのうち ［ウ］ 個が無料でついてくる。
よって，$5n$ 人分のアイスクリームを買うときの１人あたりの金額の求め方は，自然数 n を用いて次のように表すことができる。

［エ］

したがって，１人あたりの金額は120円になる。

【第４問題】 次の問１，問２に答えなさい。

問１　図１の△ABCの３つの頂点を通る円の中心Oの位置を定規とコンパスを用いた作図により求め，**中心を示す文字Oを書きなさい**。ただし，作図に用いた線は消さないでおくこと。

図１

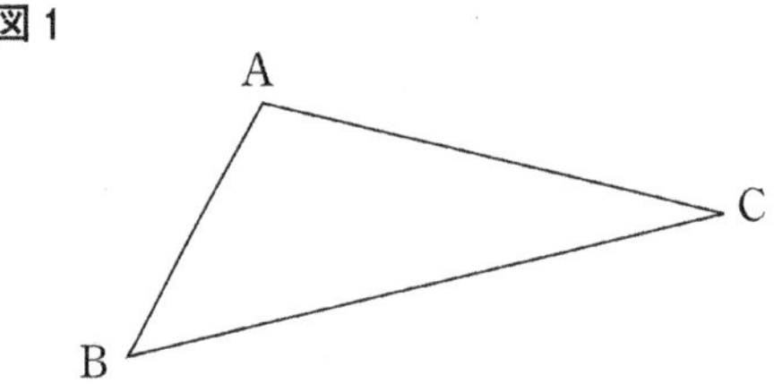

問２　図２のように，△ABCと，中心をOとして３点A，B，Cを通る円Oがある。
△ABCにおいて，AB＝AC＝５㎝，BC＝８㎝ とする。直線AOと円Oの交点で点Aでない方の点をDとし，ADとBCの交点をEとすると，点Eは辺BCの中点になった。次の１～４に答えなさい。

図２

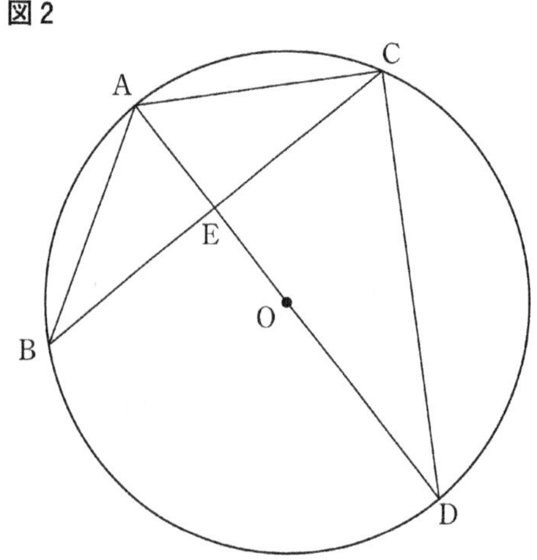

1　△ABE∽△CDE であることを証明しなさい。

2　線分CDの長さを求めなさい。

3　円Oの半径を求めなさい。

4　**図3**のように，点Dを中心として，点Cを通る円を円Dとする。円Oと円Dの面積比を最も簡単な整数の比で答えなさい。

図3

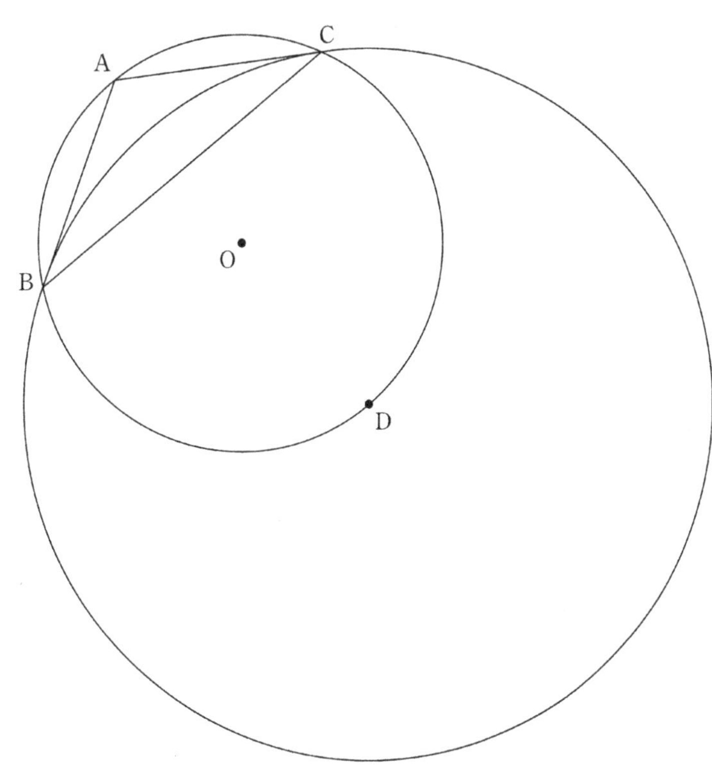

【第5問題】　さやかさんは，９時00分に自転車で家を出発し，家からの道のりが20㎞の道の駅に向かってサイクリングをした。家を出発して道の駅に到着するまでの途中で，家からの道のりが12㎞の公園で休憩をとり，道の駅に到着後は２時間滞在した。

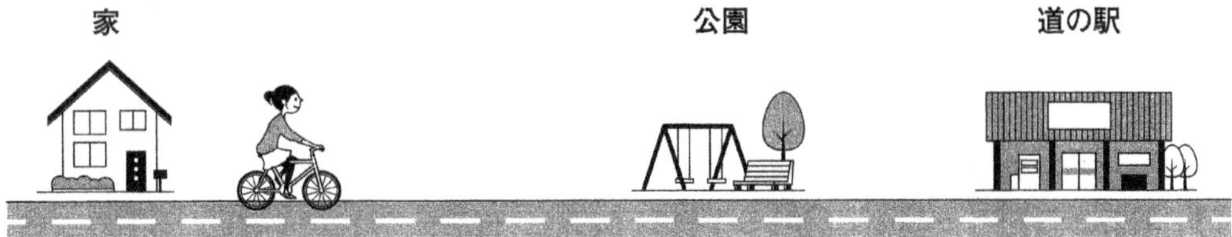

さやかさんが家を出発してからの時間を x 分，家からの道のりを y ㎞とする。次のページの図

1は，さやかさんが家を出発してから道の駅での滞在時間が終わるまでの x と y の関係をグラフで表したものである。次の**問1**～**問4**に答えなさい。ただし，自転車の速さは一定とする。

図1

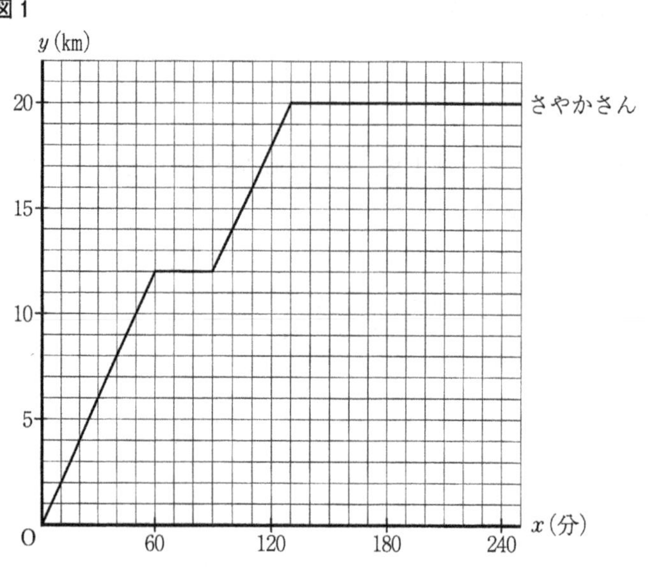

問1　さやかさんが**道の駅**に到着したのは何時何分か，答えなさい。

問2　さやかさんが，もし途中の公園で休憩をとらずに，そのまま道の駅に向かったとすると，家を出発してから何分後に道の駅に到着していたか，求めなさい。

問3　さやかさんの兄のこうたさんは，9時50分にバイクで家を出発し，さやかさんと同じ道を通って公園に向かった。公園に向かう途中の10時00分には家からの道のりが5㎞の場所を通過し，その後，公園でさやかさんに合流した。

図2

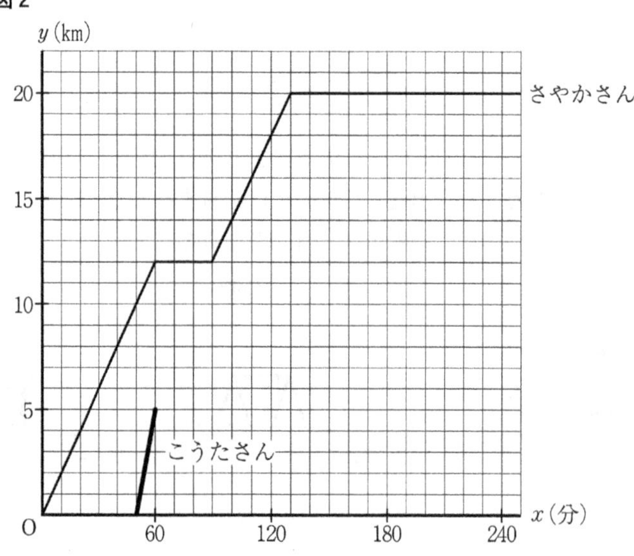

図2は，**図1**に，9時50分から10時00分までのこうたさんの進んだようすを**太線のグラフ**で書き加えたものである。下の**1**～**3**に答えなさい。ただし，バイクの速さは一定とし，こうたさんは途中で休憩しないものとする。

1　こうたさんのバイクの速さは分速何㎞か，求めなさい。

2　こうたさんの進んだようすを示す**太線のグラフ**を表す式を，x，yを用いて表しなさい。ただし，xの変域は求めなくてよい。

3　こうたさんが，**公園**でさやかさんに合流したのは何時何分か，求めなさい。

問4　公園で合流した後，こうたさんは一度家に帰った。その後，再度バイクで家を出発し，さやかさんと同じ道を通って，今度は道の駅に向かった。こうたさんが道の駅に到着した時刻は，**12時30分から13時00分の間**であった。

こうたさんが家を出発したのは，何時何分から何時何分の間か，求めなさい。ただし，バイクの速さは，**問3**の**1**で求めた速さと同じで一定とし，こうたさんは途中で休憩しないものとする。

解　答　用　紙

数　学　注 意 検査場名と受検番号を下の欄(※)に必ず記入すること　令和 2 年度

【第1問題】

問1　問2　問3

問4　を表している。

問5

問6 $x=$

問7 $y=$

問8　1　2　(人) 10 8 6 4 2 0　0 30 60 90 120 150 180 (分)

問9　1 $\angle x=$ °　2 $\angle y=$ °

問10　1 cm　2 cm^3

【第2問題】

問1	1	2(1)	2(2)
	→ →		

問2	1	2	3
	$y=$		$y=$

【第3問題】

問1　円

問2	1	2(1)	2(2)
	ア　イ		$x=$, $y=$

問3	1	2 ウ	2 エ
	円		

【第4問題】

問1【作図】

A B C

問2

1

【証明】△ABEと△CDEにおいて

△ABE ∽ △CDE

2	3
cm	cm

4

(円Oの面積):(円Dの面積) = :

【第5問題】

問1	問2	問3 1	問3 2	問3 3
時　分	分後	分速　km		時　分

問4　時　分から　時　分

NO. 2	検査場名	※	受検番号	※

得点		採点者印	

※この解答用紙は192%に拡大していただきますと，実物大になります。

<英語>

時間　50分　　満点　50点

【第１問題】 放送を聞いて，次の問１～問３に答えなさい。

問１　二人の会話を聞いて，そのあとの質問に答える問題です。それぞれの会話のあとに読まれる質問の答えとして最も適当なものを，ア～エの中から**一つずつ**選び，記号で答えなさい。会話は１～４まであります。放送は１回のみです。

問2　ジョンソン先生による家庭学習についての話を聞き取る問題です。話されている内容に合うものを，ア～カの中から三つ選び，記号で答えなさい。放送は2回くり返します。1回目の放送は15秒後に始まります。

ア　Keep the things you really need on your desk.
イ　You should sometimes read comic books to relax.
ウ　You must not go to the kitchen when you are studying.
エ　You need something to drink on your desk.
オ　It's good to clean your desk every day.
カ　Don't print too much information from websites.

問3　あなたは日本を訪れているジェーンさんから送られてきた音声メッセージを聞いています。その内容に合うように，次の〈メモ〉を完成させなさい。また，メッセージの中にあるジェーンさんの質問に対して，あなたの答えを英語で書きなさい。ただし，①，②はそれぞれ英語1語で，③は与えられた書き出しに続くように答えなさい。放送は2回くり返します。

〈メモ〉

・Her wonderful experience last ＿＿①＿＿
・Learned many things about ＿＿②＿＿ traditions

〈ジェーンさんの質問に対するあなたの答え〉

Why don't you ＿＿＿＿＿＿③＿＿＿＿＿＿?

【第2問題】 次の問1～問3に答えなさい。

問1　次のコンピュータの製品比較表を見て，下の1，2の質問の答えとして最も適当なものを，ア～エの中から一つずつ選び，記号で答えなさい。

	Price	Portable	More than 4GB memory	Long battery life
Sofia	$500		○	
Lukas	$600	○		○
Com 10	$800	○	○	
Force pro	$1,200	○	○	○

1　You want the cheapest computer that you can use outside the house. Which computer are you going to buy?
ア　Sofia　　イ　Lukas　　ウ　Com 10　　エ　Force pro

2　Which is true about the computers?
ア　Sofia's battery works for a long time.
イ　Lukas has more memory than Sofia.

ウ　Com 10 is the most expensive of the four.

エ　Force pro is easy to carry around.

問2　次のグラフは，ある高校を受検した人(Examinees)の数の推移と，その高校のホームページを見た人(Website Visitors)の数の推移を表しています。これを見て，あとの1，2の(　)に入る最も適当な数字を，ア～エの中から一つずつ選び，記号で答えなさい。

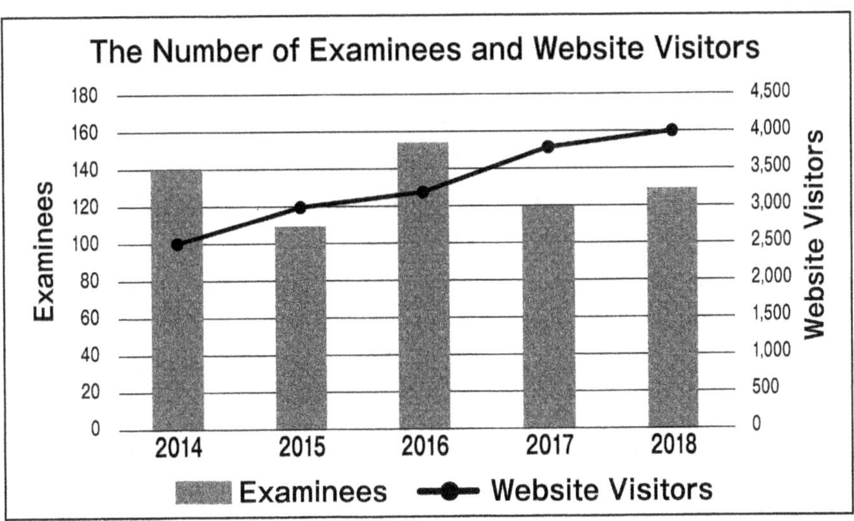

1　The school accepted the most examinees in (　　　).

ア　2015　　イ　2016　　ウ　2017　　エ　2018

2　About (　　　) people visited the school website in 2014.

ア　100　　イ　140　　ウ　2,500　　エ　3,500

問3　次のレシピを見て，次のページの1，2の質問の答えとして最も適当なものを，ア～エの中から一つずつ選び，記号で答えなさい。

～ *Ingredients (for four people)* ～

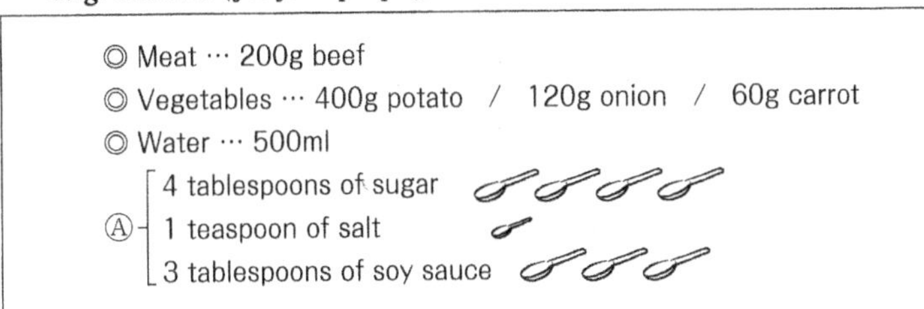

～ *How to Cook* ～

1 How much beef is needed if you cook for three people?

ア 100 g　イ 120 g　ウ 150 g　エ 180 g

2 Which is **NOT** true about the recipe?

ア It takes more than 20 minutes to cook this dish.

イ You add water and soy sauce at the same time.

ウ You cut the meat and the vegetables first.

エ You put the carrot into a pan before the onion.

【第３問題】 次の問１～問４に答えなさい。

問１　アイコ（Aiko）さんは面接試験の会場に行くため，近くにいた男性（Man）に下の路線図を見せながら，行き方を尋ねています。次の（①），（②）に入る組み合わせとして最も適当なものを，下のア～エの中から**一つ**選び，記号で答えなさい。

Aiko : Excuse me, but can you tell me how to get to the Grand Hotel? I need to get there before noon.

Man : Take the Green Line and get off at Station E, not at Station A. Then take the Yellow Line.

Aiko : I see, but which train should I take there? A train for Station B or a train for Station F?

Man : Take the one for (①). Get off at Station D. From that station, you can walk to the Grand Hotel and you'll arrive there at about (②).

Aiko : Sounds nice. Thank you so much.

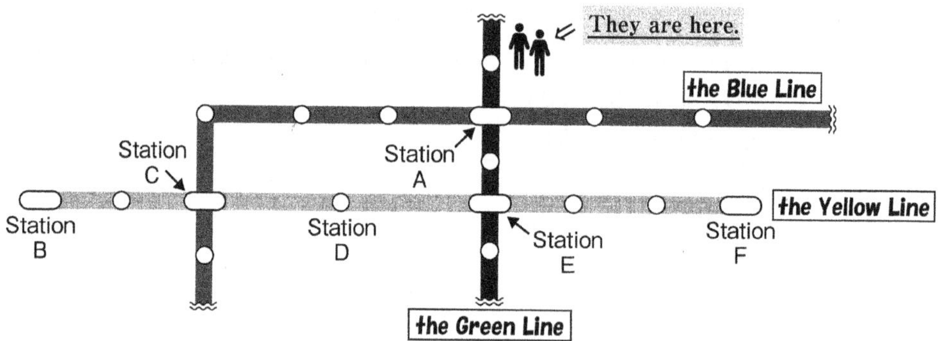

ア (①) Station B (②) 11：40　イ (①) Station B (②) 12：40

ウ (①) Station F (②) 11：40　エ (①) Station F (②) 12：40

問２　母親（Mom）とレベッカ（Rebecca）さんによる次の会話文を読んで，母親が下線部で伝えたかった内容として最も適当なものを，後のア～エの中から**一つ**選び，記号で答えなさい。

Mom : You look worried.

Rebecca : Mr. Cruise gave us too much homework for this weekend. Can you help me?

Mom : It's easy to help you, but <u>heaven helps those who help themselves.</u>

Rebecca : You're right. I'll try it myself first.

ア You have to ask someone what the problem is.

イ You have to look around when you have much trouble.

ウ You should be a kind person to help someone around you.

エ You should do your best before asking someone for help.

問3 次の英文は，二人の高校生**コウヘイ**（Kohei）さんと**メアリー**（Mary）さんが中学生に向けて書いたメッセージです。二人の考えについて最も適当なものを，下の**ア～エ**の中から**一つ**選び，記号で答えなさい。

Kohei

Becoming a member of a club activity is the best way to enjoy your high school life. You can make many friends. You will become a good player through practice. You can also learn how to be patient. You will need to study a lot at school, but if you only do this, you can't broaden your horizons. Won't you join our tennis team?

Mary

You will be a high school student soon. Of course, studying is very important. But I don't want you to stay at school all the time. Isn't it good for you to try volunteer work outside school? When we go out of school, we can also realize that there's something more important than school work.

ア Kohei thinks there are several good points about club activities.

イ Mary thinks students can learn all the important things at school.

ウ Kohei and Mary think joining club activities is the best thing for students.

エ Kohei and Mary think doing volunteer work together is the most important.

問4 次の英文に登場する**賢者**（a wise man）が伝えたかった内容として最も適当なものを，次のページの**ア～エ**の中から**一つ**選び，記号で答えなさい。

（＊印のついている単語には本文のあとに〈注〉があります。）

A long time ago, there was a wise man in a village. Many people came to him for his advice. One day, a group of poor people talked to him about their problems. They said they were not happy with their daily lives. And after that, they came to him every day to talk about the same problems.

One day the wise man decided to tell them a joke. When they heard the joke, most of them laughed *loudly. After a few minutes, he repeated the same joke. Only a few people laughed. Again, he repeated it. Nobody laughed.

Then the wise man smiled and said to them, "If you cannot laugh at the same joke every time, why do you cry again and again about the same problems?"

〈注〉 loudly 大声で

ア Giving better advice to poor people is great.
イ Laughing again and again will help many people.
ウ Making jokes isn't as interesting as hearing them.
エ Talking about the same problems won't solve them.

【第４問題】 中学生のサワ（Sawa）さんは，日頃の大人のスマートフォンの使い方について思っていることを英語でスピーチしています。次の英文はその内容です。これを読んで，あとの問１～問６に答えなさい。
（＊印のついている単語には本文のあとに〈注〉があります。）

We junior high school students are often taught how to use smartphones by our teachers or parents. When I started using a smartphone last year, I agreed to follow a rule my parents made. I can't use a smartphone in my room. How about *adults? Are they careful about the way they use their smartphones?

Last month, I went to a restaurant to have dinner with my family. When we were having our meal, we heard the sound from my father's smartphone and he answered it. It was someone working at his company. After he finished talking, my mother argued with him about (1) it. She felt that he didn't respect us, the meal, and our feelings. After this experience I began to think that smartphones can be the cause of bad table *manners. I found some interesting results of a *survey. About 40 % of people say it is not OK for others to answer the phone during meals.

Let's think about the scenes we often see around us. Some adults still use their smartphones when they are driving. This is more than a problem of manners. It is a problem of *safety. A traffic accident may happen. I also found that today many parents use smartphones to take care of their children. I have a two-year-old nephew. He's already good at using a smartphone, and he watches videos and plays games on it. He cannot (A) it anymore. My older sister says it is the best way to keep him quiet when he is crying. Many years ago, when babies cried, their mothers held them and sang a song. These days some parents just give their babies smartphones, and (2) it often works very well. Actually, 60% of children start to look at or use smartphones or personal computers before they are two years old. If children (B) them too much, there will be some problems. I've heard, for example, it will take longer for them to learn a language, and they will not keep eye contact with others.

Smartphones are now a part of our lives. We need to learn how to get along with them. I hope I'll use mine (3) in a smart way.

〈注〉 adult(s) 大人　manner(s) マナー　survey 調査　safety 安全

問１ 本文の内容について，次の質問の答えとして（ ）に入る適当な英語を，６語で答えなさい。

質問　What rule did Sawa agree to follow?

答え　She agreed not to (　　　　　　　　　　　　).

問２　下線部(1)の内容を英語で表すと次のようになります。(　)に入る適当な表現を本文中から**４語で抜き出して**答えなさい。

(1)= answering (　　　　　　　　　　　　)

問３　(Ａ)，(Ｂ)に入る最も適当なものを，次の**ア～エ**の中から**一つずつ**選び，記号で答えなさい。

ア　depend on　　イ　go without

ウ　look after　　エ　point at

問４　下線部(2)の内容を具体的に表すとき，次の(ａ)，(ｂ)に入る適当な**日本語**を答えなさい。

もし親が赤ちゃんに(　　ａ　　)たら，赤ちゃんは(　　ｂ　　)ということ。

問５　**サワさん**がスピーチの中で述べている内容として正しいものを，次の**ア～エ**の中から**一つ**選び，記号で答えなさい。

ア　Sawa's father was too busy to answer the phone at the restaurant.

イ　Sawa's mother took away her husband's smartphone to show she was angry.

ウ　Sawa thinks it is dangerous to use smartphones when people are driving.

エ　Sawa's nephew hasn't touched a smartphone because he is two years old.

問６　スピーチ終了後，下線部(3)について説明を求められた**サワさん**が，**具体例**を英語で述べています。サワさんになったつもりで下の(　)に入る表現を考え，１文を完成させなさい。ただし，**サワさんが述べていない内容**を，**３語以上**の英語で書くこと。

I won't use my smartphone when (　　　　　　　　　　　　　).

【第５問題】　次の問１～問４に答えなさい。

問１　次の１，２の会話文について，(　)に入る最も適当な**英語１語**を答えなさい。

１　Ａ：What is your brother's (　　　) music?

　　Ｂ：He always listens to K-POP.

２　Ａ：How old is your father, Yuji?

　　Ｂ：He is 52.　He was (　　　) in 1968.

問２　次の１～３の会話文について，(　)内の語句を意味が通じるように並べかえて，英文を完成させなさい。なお，解答欄には(　)内の語句のみを答えること。ただし，文頭に来るべき語も小文字で示されています。

１　Ａ：How about going to the hot spring in Sanbe?　It's a famous place in Shimane.

　　Ｂ：Good idea.　We can not (also / but / climb / only / relax) Mt. Sanbe.

2　A：Hi, Alex.　(is / talking / the man / who / with) Ms. Baker?
　B：James Baker.　He is Ms. Baker's husband.

3　A：This book is very interesting.
　B：If you like it, (back / can / it / take / you) home with you.　I don't read it any more.

問3　次の1，2のイラストについて，自然な会話になるように（a），（b）に入る適当な表現をそれぞれ3語以上の英語で書きなさい。2文以上になってもかまいません。なお，会話は①～④の順に行われています。
（．，？！などの符号は語数に含めません。）

1

2

問4　英語の授業で行っている話し合いの中で，フミ（Fumi）さんとユキノブ（Yukinobu）さんが自分の意見を述べています。最後の先生の質問に対して，あなた自身の意見を英語で書きなさい。ただし，次のページの＜条件＞①～④のすべてを満たすこと。
（＊印のついている単語には本文のあとに〈注〉があります。．，？！などの符号は語数に含めません。）

When I was a child, there were no convenience stores in my hometown.　Now there are a lot of those stores in this city.　They are very convenient, but do you think they have to be open late at night, too?

先生

I want them to be open 24 hours.　We can buy many kinds of things any time.　Some people can go shopping only at night.

フミさん

ユキノブさん

I don't think they should be open all night. I'm sure *robberies happen more often after *midnight. There are only a few people on the streets then.

Thank you for your opinions. Maybe there are more good and bad points. What do you think?

先生

〈注〉 robbery (robberies)　強盗　　midnight　真夜中

<条件>

①1文目にはフミさんとユキノブさんの**どちらの立場に賛成か**を書くこと。

②賛成する**理由を一つ**挙げて，その理由を**補足する事柄や具体例とともに**書くこと。

③吹き出しの中の語句を使ってもかまわないが，フミさんとユキノブさんが**述べていない内容**を書くこと。

④語数は**20語以上**とする。

解答欄への記入例

Is	that	a	school?	

（上の例は1文で，**4語**である。）

ただし，20語を超えたあとは次のように記入する。

Is that a school?

解　答　用　紙

英　語　注 意 検査場名と受検番号を下の欄（※）に必ず記入すること　令和２年度

第1問題

問1　1　　2　　3　　4

問2

問3　①　　②

③ Why don't you ＿＿＿＿＿＿＿＿＿＿＿＿＿＿＿＿＿＿＿＿＿＿＿＿＿？

第2問題

問1　1　　2

問2　1　　2

問3　1　　2

第3問題

問1　　問2　　問3　　問4

第4問題

問1　She agreed not to (＿＿＿ ＿＿＿ ＿＿＿ ＿＿＿ ＿＿＿ ＿＿＿).

問2　(1) = answering (＿＿＿ ＿＿＿ ＿＿＿ ＿＿＿)

問3　A　　B

問4　a　もし親が赤ちゃんに（　　　　　　　　）たら，

b　赤ちゃんは（　　　　　　　　）ということ。

問5

問6　I won't use my smartphone when (　　　　　　　　).

第5問題

問1　1　　2

問2　1　We can not (　　　　　　　　) Mt. Sanbe.

2　(　　　　　　　　) Ms. Baker?

3　If you like it, (　　　　　　　　) home with you.

問3　a

b

問4

＿＿＿ ＿＿＿ ＿＿＿ ＿＿＿ ＿＿＿

＿＿＿ ＿＿＿ ＿＿＿ ＿＿＿ ＿＿＿

＿＿＿ ＿＿＿ ＿＿＿ ＿＿＿ ＿＿＿

＿＿＿ ＿＿＿ ＿＿＿ ＿＿＿ ＿＿＿ 20

＿＿＿＿＿＿＿＿＿＿＿＿＿＿＿＿＿＿＿＿＿＿＿＿＿＿＿＿

＿＿＿＿＿＿＿＿＿＿＿＿＿＿＿＿＿＿＿＿＿＿＿＿＿＿＿＿

NO. 4	検査場名	※	受検番号	※

得点		採点者印	

※この解答用紙は192％に拡大していただきますと，実物大になります。

＜理科＞　時間　50分　　満点　50点

【第１問題】 次の問１～問３に答えなさい。

問１　次の１～４に答えなさい。

１　図１は，おもな種子植物の分類を示したものである。図１の C にあてはまる**分類名**として最も適当なものを，次の**ア**～**エ**から一つ選び，記号で答えなさい。

図１

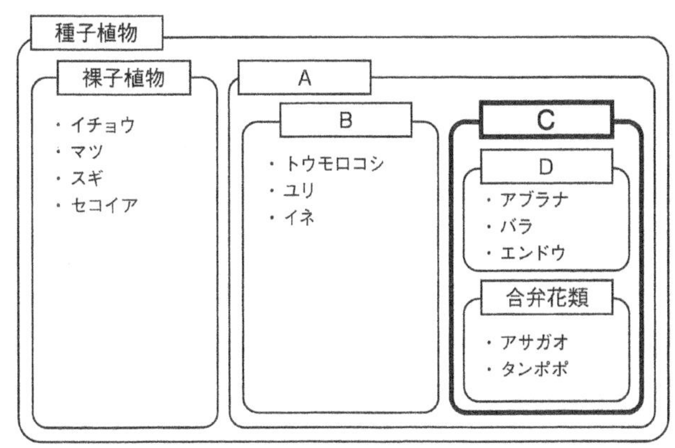

ア　被子植物　　**イ**　双子葉類　　**ウ**　単子葉類　　**エ**　離弁花類

２　ある気体Xを石灰水に通すと，石灰水が白くにごる。この気体Xを発生させる方法として適当なものを，次の**ア**～**エ**から**２つ**選び，記号で答えなさい。

ア　亜鉛にうすい塩酸を加える。

イ　石灰石にうすい塩酸を加える。

ウ　二酸化マンガンにオキシドール（うすい過酸化水素水）を加える。

エ　重そう（炭酸水素ナトリウム）を加熱する。

３　次の文章の ☐ にあてはまる語は何か，その**名称**を**漢字**で答えなさい。

> 図２のように厚いガラスの向こう側にチョークを置くと，直接チョークが見える部分と，厚いガラスを通して見える部分とがずれて見えた。この原因となる光の進み方を，光の ☐ という。

図２

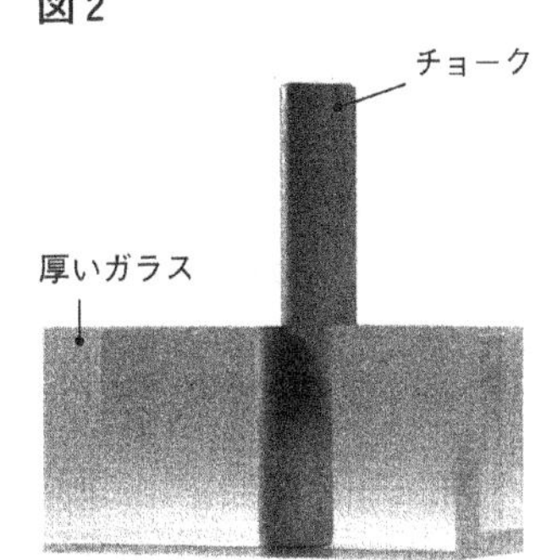

４　太陽や星などの天体は，天球とともに１日に１回地球のまわりを回っているように見える。１日における天体の見かけの動きを何というか，その**名称**を答えなさい。

問２　次のページの**図３**のように，電子てんびんで質量をはかって食塩水をつくる。これについて，次のページの１，２に答えなさい。

図 3

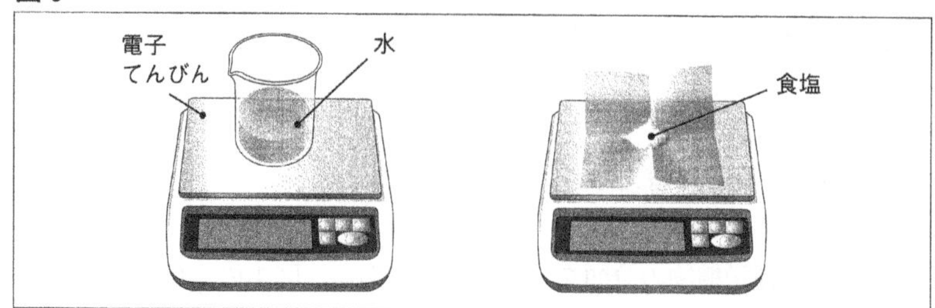

1　質量パーセント濃度が６％の食塩水100 g をつくるには，水と食塩をそれぞれ**何 g ずつ**はかりとればよいか，答えなさい。

2　電子てんびんを用いた質量の測定ではたらいている次のＡ～Ｃの力から，「力のつり合い」と「作用と反作用」の関係にあるものを，それぞれ**２つずつ**選び，記号で答えなさい。

　なお，Ａ～Ｃは図４に矢印で示された力と一致している。

Ａ　電子てんびんが水の入ったビーカーをおす力

Ｂ　地球が水の入ったビーカーを引く力

Ｃ　水の入ったビーカーが電子てんびんをおす力

図 4

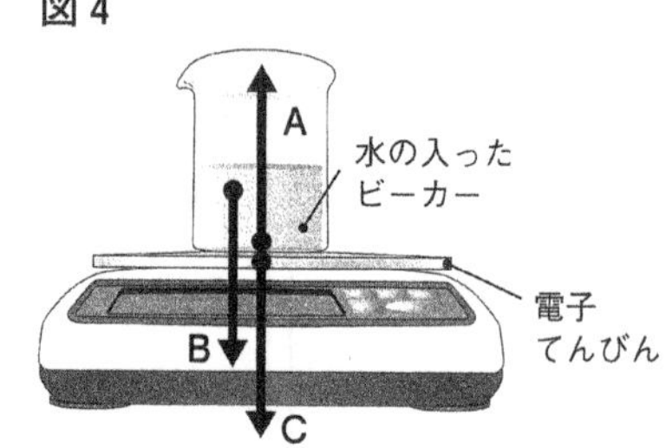

※それぞれの矢印は，見やすくするために少しずらしている。

問３　川の水は，生物が生きるために欠かせないものになっている一方で，災害をもたらすこともある。これについて，次の１，２に答えなさい。

1　図５は，ある年の夏の終わりごろの天気図である。図中のＡは，このときに島根県にかかっていた前線を示している。島根県ではこの日から数日の間にまとまった雨が降り，川が氾濫（はんらん）しそうになった地域があった。Ａの前線を何というか，その**名称**を答えなさい。

2　表のア～エの水生生物群は，川の水質調査の指標になるものである。このうち，「**大変きたない水**」の指標となる水生生物群はエである。表のア～ウを，「**きれいな水**」→「**少しきたない水**」→「**きたない水**」の指標の順に並びかえなさい。

図 5

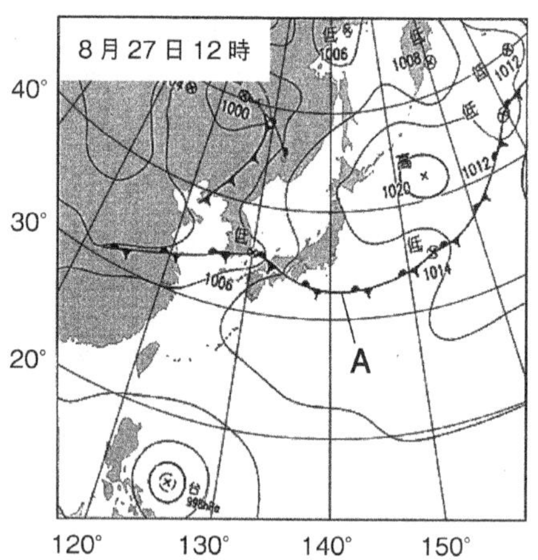

表

ア	ヒメタニシ，ミズカマキリ，ミズムシ，タイコウチ
イ	サワガニ，ウズムシ，ヘビトンボ，カワゲラ
ウ	カワニナ，ゲンジボタル，ヤマトシジミ，イシマキガイ
エ（大変きたない水）	アメリカザリガニ，サカマキガイ，セスジユスリカ

【第２問題】 次の文章を読んで，下の**問１**，**問２**に答えなさい。

サクラさんは，動物が生命活動に必要なエネルギーを得るしくみについて調べたところ，次の２点でガソリン自動車と共通することに興味をもち，研究を行った。

> **共通点①**：エネルギーは有機物からとり出すこと。
> **共通点②**：エネルギーをとり出すときに酸素が必要であること。

問１　**共通点①**について，動物ではエネルギー源となる有機物は体内で消化・吸収される。消化に関係するだ液のはたらきによってデンプンがどのように変化するかを調べる目的で**実験１**，**実験２**を行った。これについて，下の１～４に答えなさい。なお，**図１**は**実験１**の**操作１**～**操作３**を示したものである。

実験１

操作１　**試験管Ａ**，**Ｂ**を用意し，Ａにはうすめただ液２cm^{3}を入れ，Ｂには水２cm^{3}を入れ，Ａ，Ｂそれぞれを40℃に保った。

操作２　Ａ，Ｂそれぞれにデンプン溶液10cm^{3}を入れ，よくふり混ぜた後に40℃の状態で10分間保った。

操作３　Ａ，Ｂの溶液を半分ずつ別の**試験管Ｃ**～**Ｆ**にとり分けた。

操作４　ＣとＥにヨウ素液（茶褐色）を入れて反応を確認した。

操作５　ＤとＦにベネジクト液（青色）と沸騰石を入れてガスバーナーで加熱し，反応を確認した。

図１

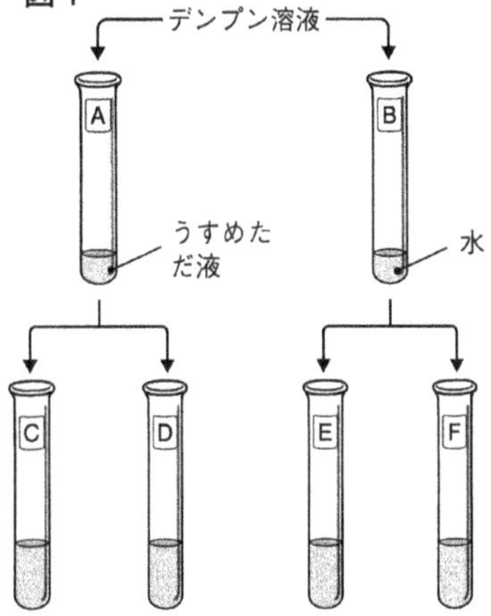

結　果　**操作４**と**操作５**の結果は**表１**のようになった。

表１

試験管	C	D	E	F
溶液の色	茶褐色	赤褐色	青紫色	青色

１　**操作５**で，試験管に沸騰石を入れたのはなぜか，その**理由**を簡単に答えなさい。

２　**試験管Ｄ**の溶液の色が赤褐色になったのは，試験管中のデンプンが分解されて何が生じたためか，生じた物質の**名称**を答えなさい。

３　**操作１**で，**試験管Ｂ**に水を加えて反応を調べたのはなぜか，その**目的**を簡単に説明しなさい。

実験２

だ液のはたらきと温度との関係を調べるために，**実験１**の**操作１**，**操作２**で，保った温度を40℃から２℃と75℃にかえ，その他は同様に操作して**試験管Ｃ**と**Ｄ**の反応を確認した。

結　果　実験の結果，各試験管の溶液の色は**表２**（次のページ）のようになった。

表2

保った温度＼試験管	C	D
2℃	青紫色	青色
75℃	青紫色	青色

4 温度によるだ液のはたらきのちがいについて，**実験1**，**実験2**の結果からいえることは何か，正しく説明したものを，次の**ア**～**エ**から**2つ**選び，記号で答えなさい。

ア 温度によるだ液のはたらきにちがいはない。

イ 温度によるだ液のはたらきにちがいがあり，40℃のときより75℃のときによくはたらく。

ウ 温度によるだ液のはたらきにちがいがあり，2℃のときにははたらかない。

エ 温度によるだ液のはたらきにちがいがあるが，15℃のときのはたらきはわからない。

問2 **共通点②**について，ヒトの肺呼吸によって気体成分の割合がどのように変化するかを資料で調べたところ，**図2**のようであった。また，からだのしくみと**共通点①**，**共通点②**について整理し，**図3**のようにまとめた。これについて，下の1～4に答えなさい。

図2

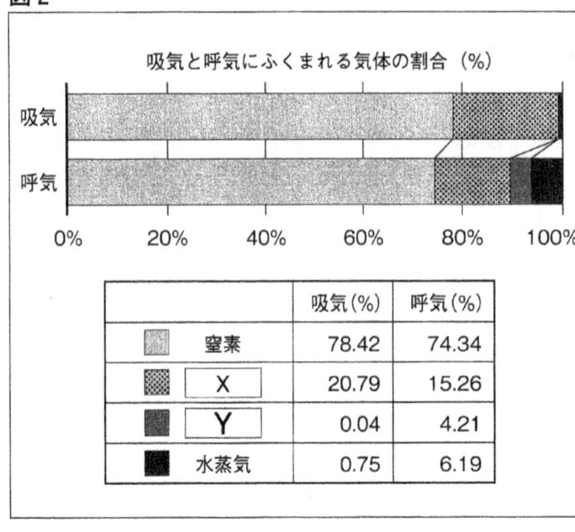

	吸気(%)	呼気(%)
窒素	78.42	74.34
X	20.79	15.26
Y	0.04	4.21
水蒸気	0.75	6.19

図3

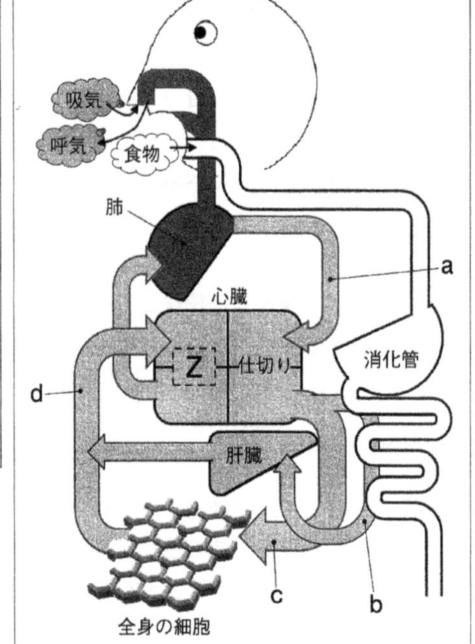

1 図2の Y にあてはまる気体は何か，その**名称**を答えなさい。

2 図3のa～dは血管と血液の流れを示している。このうち，消化・吸収によって取り込まれた養分が，最も多く含まれるものを，a～dから**一つ**選び，記号で答えなさい。

3 心臓は4つの部屋に分かれているが，動脈血と静脈血が混ざらないようにするための仕切りがある。図3の Z の位置にある仕切りの形を模式的に示したものとして最も適当なものを，次のページの**ア**～**エ**から**一つ**選び，記号で答えなさい。なお，選択肢の図の上下と図3の上下の位置関係は一致していることとする。

ア　イ　ウ　エ

4　激しい運動をすると，呼吸や心臓の拍動が激しくなるのはなぜか。エネルギーを得るしくみの**共通点①**と**共通点②**に着目して，説明しなさい。

【第３問題】　次の問１，問２に答えなさい。

問１　次の３種類の**水溶液Ａ～Ｃ**がある。それぞれの水溶液中のイオンの性質を調べるために，**実験１**を行った。これについて，下の１～３に答えなさい。

水溶液Ａ：うすい塩酸　**水溶液Ｂ**：食塩水　**水溶液Ｃ**：うすい水酸化ナトリウム水溶液

実験１

操作１　**図１**のような装置をつくり，それぞれの水溶液をしみこませた糸（たこ糸）を青色のリトマス紙の中央に置いて電圧を加え，青色のリトマス紙の色の変化を調べた。

操作２　**操作１**で用いた青色のリトマス紙を赤色のリトマス紙にかえて同様な実験を行い，赤色のリトマス紙の色の変化を調べた。

図１

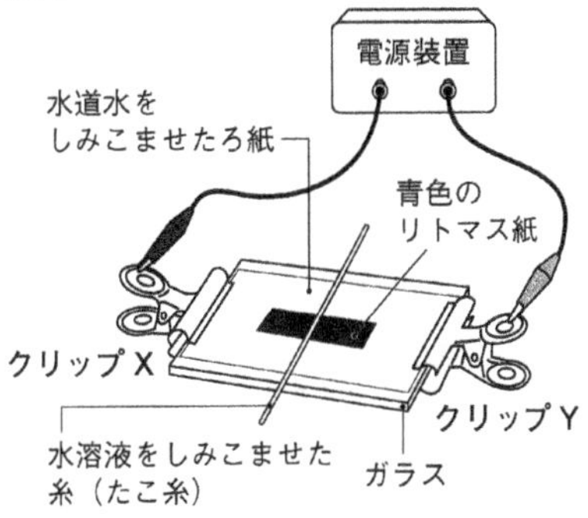

電源装置
水道水をしみこませたろ紙
青色のリトマス紙
クリップＸ
クリップＹ
水溶液をしみこませた糸（たこ糸）
ガラス

結　果

	操作１	**操作２**
水溶液Ａ	赤色に変化し，赤色が**クリップＸ**の方へ移動した。	色の変化はなかった。
水溶液Ｂ	色の変化はなかった。	色の変化はなかった。
水溶液Ｃ	a	b

1　３種類の**水溶液Ａ～Ｃ**は，それぞれ塩化水素，塩化ナトリウム（食塩），水酸化ナトリウムを水にとかしたものであり，いずれの水溶液も電流が流れる。このように水にとかしたときに電流が流れる物質を何というか，その**名称**を答えなさい。

2　**実験１**で使用した**水溶液Ａ～Ｃ**のそれぞれで，電離して生じているイオンを整理すると**表１**のようになる。**表１**と**実験１**の**結果**から，青色のリトマス紙を赤色に変化させる原因となるのはどのイオンであると考えられるか，**表１**の①～④から**一つ**選び，その**番号**と**イオン式**を答えなさい。

表１

	陽イオン	陰イオン
水溶液Ａ	①	②
水溶液Ｂ	③	②
水溶液Ｃ	③	④

3　実験1の結果の a および b にあてはまる文の組み合わせとして，最も適当なものを，次の**ア**～**エ**から**一つ**選び，記号で答えなさい。

	a	b
ア	色の変化はなかった。	青色に変化し，青色が**クリップX**の方へ移動した。
イ	色の変化はなかった。	青色に変化し，青色が**クリップY**の方へ移動した。
ウ	赤色に変化し，赤色が**クリップX**の方へ移動した。	色の変化はなかった。
エ	赤色に変化し，赤色が**クリップY**の方へ移動した。	色の変化はなかった。

問2　うすい塩化バリウム水溶液とうすい硫酸を反応させると，白い沈殿ができる。この反応について，反応する水溶液の体積と，沈殿した物質の質量との関係を調べるために，**実験2**を行った。これについて，後の1～3に答えなさい。

実験2

操作1　5つの**ビーカーA**～**E**を用意し，ある濃度のうすい塩化バリウム水溶液をそれぞれ50cm³ずつ入れた。次に，ある濃度のうすい硫酸を**表2**のように加えて反応させ，沈殿した物質をろ過して取り出し，よく乾燥させてから質量を測定したところ，下の**結果**を得た。**図2**は**結果**をグラフに表したものである。

表2

ビーカー	A	B	C	D	E
うすい塩化バリウム水溶液の体積〔cm³〕	50	50	50	50	50
加えたうすい硫酸の体積〔cm³〕	10	30	50	70	90

結　果

ビーカー	A	B	C	D	E
沈殿した物質の質量〔g〕	0.27	a	1.35	1.35	1.35

図2

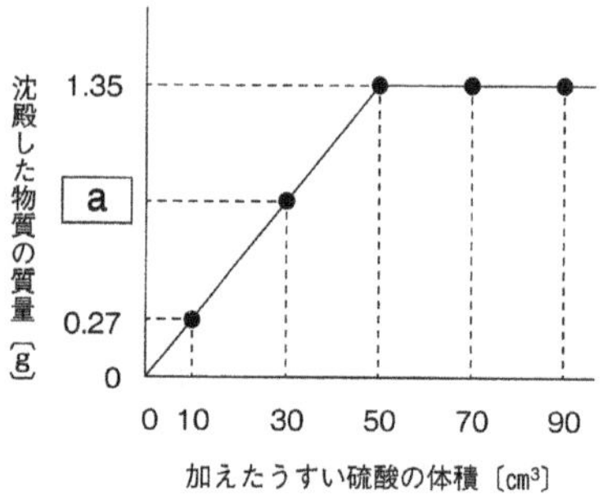

操作2　新たに5つの**ビーカーF**～**J**を用意し，**操作1**で用いたうすい塩化バリウム水溶液とうすい硫酸を，**表3**のようにそれぞれの体積の合計が100cm³になるように混合して反応させた。そして**操作1**と同様にして沈殿した物質の質量を測定した。

表3

ビーカー	F	G	H	I	J
うすい塩化バリウム水溶液の体積〔cm³〕	90	70	50	30	10
うすい硫酸の体積〔cm³〕	10	30	50	70	90

1　**操作1**で，うすい塩化バリウム水溶液にうすい硫酸を加えたときに起こった化学変化を化

学反応式で表しなさい。また，そのときに沈殿した物質の物質名を答えなさい。

2　操作1のビーカーBで，うすい硫酸30cm^{3}を加えたときに沈殿した物質の質量 a は何gであると考えられるか，結果の数値および図2をもとに小数第2位まで求めなさい。

3　操作2について，「混合したうすい硫酸の体積」と「沈殿した物質の質量」の関係をグラフに表すとどのようになると考えられるか，最も適当なものを，次のア～エから一つ選び，記号で答えなさい。

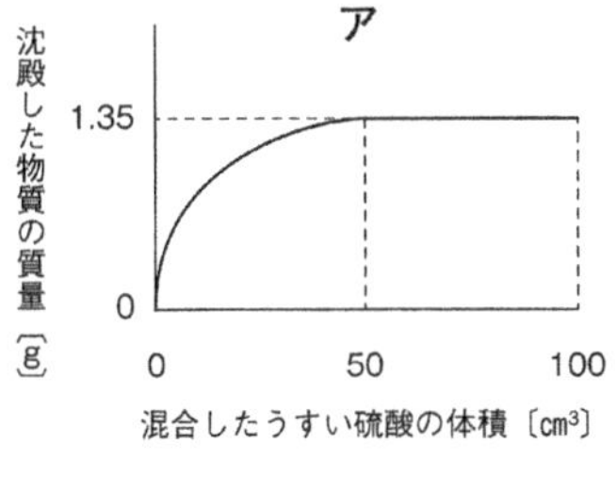

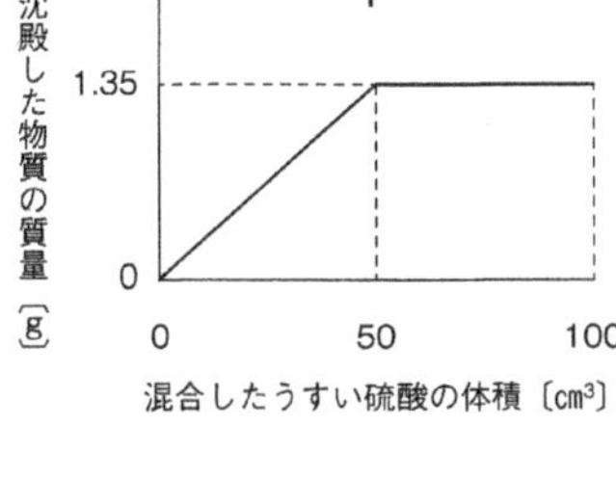

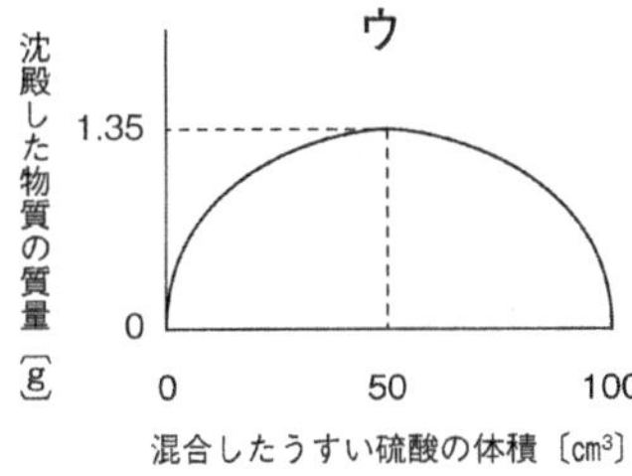

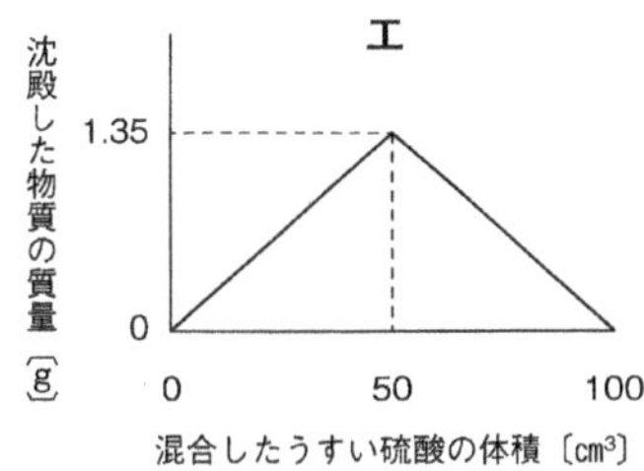

【第4問題】　次の問1，問2に答えなさい。

問1　図1の異なる3つの放電について考える。これらの放電は互いに離れたところにある2つの物体間において，一方から他方へ向かって粒子が飛び出すことにより電流が流れる現象である。表は，それらを比較したものである。これについて，次のページの1～4に答えなさい。

図1

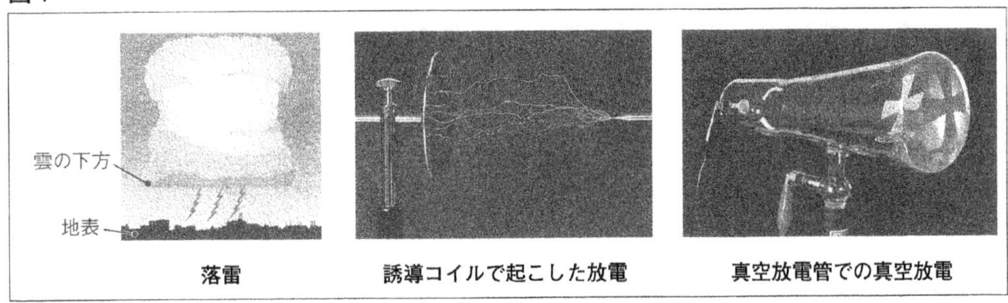

表

放電の種類	飛び出してくる粒子	放電のようす
落雷	A	電流の道筋が見える
誘導コイルで起こした放電	A	電流の道筋が見える
真空放電管での真空放電	A	電流の道筋は見えない

1　表において，[A] は３つの放電に共通であることがわかっている。[A] は何か，その名称を答えなさい。

2　雷雲の中では大小の氷の粒がこすれあって静電気が発生し，雲の中にたまる。異なる物質がこすれあうときに静電気が発生するしくみについて説明した文として，最も適当なものを，次の**ア～エ**から**一つ**選び，記号で答えなさい。

ア　一方の物質の－の電気が，他方の物質に移動することによる。

イ　一方の物質の＋の電気が，他方の物質に移動することによる。

ウ　一方の物質の－の電気や＋の電気が，他方の物質に移動することによる。

エ　摩擦により，はじめ物質にはなかった電気の粒子が発生することによる。

3　表の [A] が電気をもつことと，その電気が＋または－のどちらであるかを，**図２**のような真空放電管を用いて調べた。調べた方法と結果について説明した次の文章の [B] には適当な文を，[C] には＋**または**－**の符号**を入れなさい。

> はじめ＋極と－極にのみ電圧を加えると，蛍光板にうつる粒子の道筋は直進した。次に，もう一つ別の電源を準備し，**電極X**が＋極，**電極Y**が－極となるように電圧を加えてから，**図２**の左右の＋極と－極の間で真空放電させると，蛍光板にうつる粒子の道筋が [　　B　　] ので，飛び出してくる粒子は [C] の電気をもつことがわかる。

図２

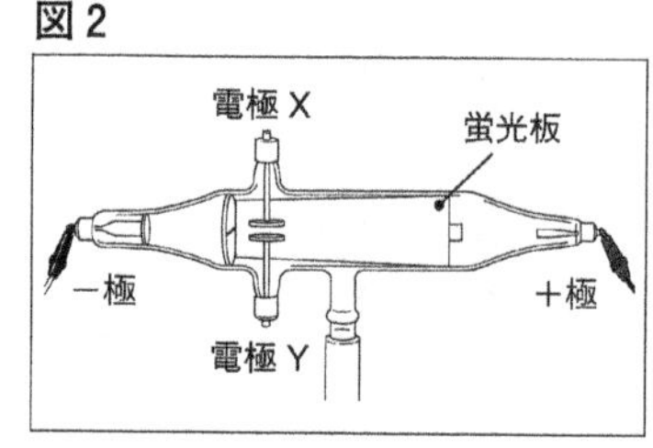

4　**図１**の落雷では，雲の下方から地表に向かって粒子が飛び出している。このとき，地表は＋極，－極のどちらの役割をしているか，答えなさい。

問２　電流回路において，抵抗の大きさやつなぎ方を変えたときに，電流の大きさがどのように変わるかについて調べる目的で**実験**を行った。これについて，後の１～４に答えなさい。

実験

操作１　図３の①～③の回路を，**抵抗器a**と**抵抗器b**を用いてそれぞれつくった。電源装置で抵抗器に加える電圧を調節し，「MN間に加えた電圧の大きさ」と「Pを流れる電流の大きさ」の関係を調べ，**結果１**（次のページ）を得た。ただし，測定を行うときには図の回路のスイッチは閉じている。

図３

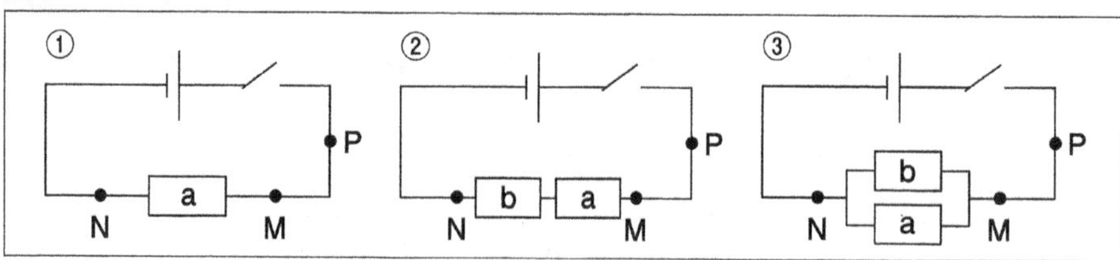

操作２　図３の③で**抵抗器b**を，抵抗の大きさがそれぞれ30Ω，50Ω，100Ω，300Ω，500Ωの別の抵抗器にとりかえた。MN間に加える電圧を5.0Vに固定して，「**抵抗器b**ととりかえた抵抗器の抵抗の大きさ」と「Pを流れる電流の大きさ」の関係を調べ，

結果2を得た。

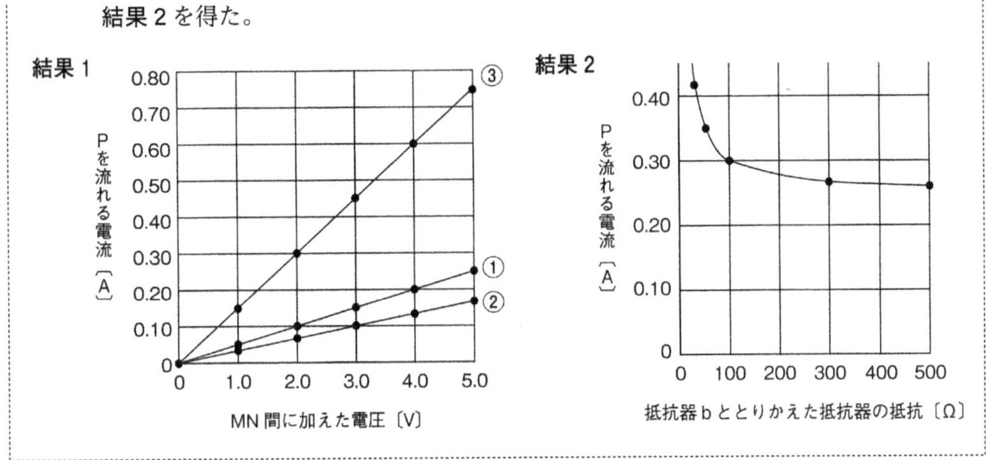

1　図3の①で測定を行ったときにつくった回路を，図4のそれぞれの器具の●印の間を線でつないで完成させなさい。線は互いに交差してもかまわない。

2　抵抗器aの抵抗の大きさは何Ωか，求めなさい。

3　抵抗器bの抵抗の大きさは何Ωか，求めなさい。

4　次の文章は，結果2を参考にして，操作2で抵抗器bととりかえる抵抗器の抵抗の大きさを500Ωよりもさらに大きくしたときの，Pを流れる電流の大きさについて考察したものである。 D には適当な語を， E には適当な数値を入れなさい。

図4

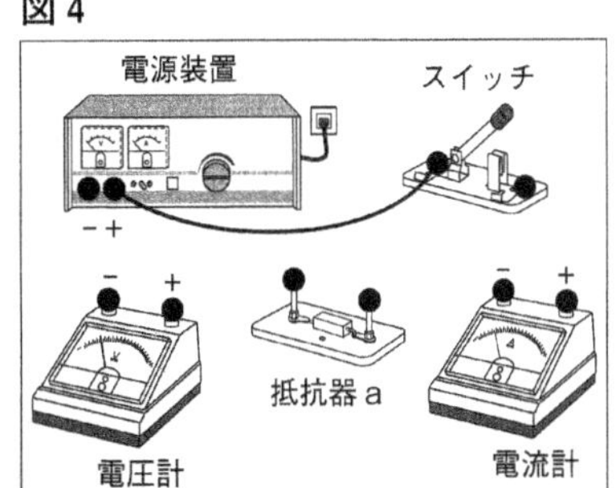

> 抵抗器bととりかえる抵抗器の抵抗の大きさをさらに大きくすると，Pを流れた電流のほぼすべてが D に流れるようになっていく。よって，Pを流れる電流の大きさはしだいに E Aに近づくと考えられる。

【第5問題】 次の問1，問2に答えなさい。

問1　リカさんは，自分の住んでいる地域で発生した地震について興味をもち，インターネットを使って調べることにした。調べてみると，過去に震源の深さ9㎞，マグニチュード7.3の地震が発生していたことがわかった。この地震について，次のページの表や図1のデータがのっていた。表は，各観測地点の震度，初期微動と主要動がそれぞれ始まった時刻をまとめたものである。図1は，この地震のゆれを観測地点Dで観測したときの地震計の記録を模式的に示したものである。これについて，後の1～4に答えなさい。

1　図1のaのように初期微動が始まってから主要動が始まるまでの時間を何というか，その名称を答えなさい。

2　この地震をさまざまな地点で観測したとき，「初期微動が始まった時刻」と「初期微動が始まってから主要動が始まるまでの時間」の関係はどのようになるか。その関係を表すグラフをかきなさい。ただし，発生する初期微動を伝える波（P波），主要動を伝える波（S波）

はそれぞれ一定の速さで伝わるものとする。

3　2でかいた**グラフの線と横軸との交点**は何を表しているのか，答えなさい。

4　地震の震度とマグニチュードのちがいについて説明した次の文章の X ，Y に入る適当な**語句**を答えなさい。

> 震度は観測地点における［　X　］を表しており，マグニチュードは［　Y　］を表している。

表

観測地点	震度	初期微動が始まった時刻	主要動が始まった時刻
A	5強	13時30分21秒	13時30分24秒
B	5弱	13時30分24秒	13時30分29秒
C	5弱	13時30分30秒	13時30分38秒
D	5弱	13時30分40秒	13時30分54秒

図1

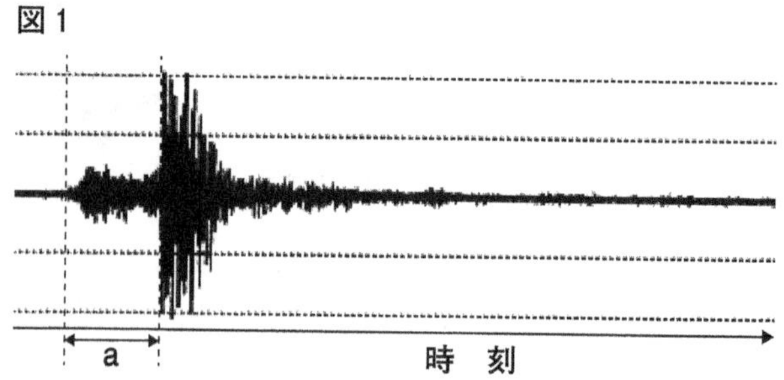

問2　リカさんは，日本付近で起きた地震についてインターネットを使ってさらに調べた。**図2**は，ある年の1か月間に起きた地震の震源を地図上に表したものである。また，**図3**は，過去に東北地方付近で起きた地震の震源の深さを地球の断面図上に表したものである。これについて，後の**1**～**4**に答えなさい。　（**図2**，**図3**は次のページにあります。）

1　次の文章は，地球の表面をおおっているプレートについて説明したものである。文章中の Z ，W のそれぞれにあてはまる語の組み合わせとして最も適当なものを，下の**ア**～**エ**から一つ選び，記号で答えなさい。

> プレートには，海のプレートと陸のプレートがある。海のプレートは，主に太平洋や大西洋，インド洋などの海底の［　Z　］で生じる。こうして生じた海のプレートは，［　Z　］の両側に広がっていく。海のプレートの一つである太平洋プレートは，日本列島付近では［　W　］の方向に移動している。

ア　Z－海溝　W－東から西　　**イ**　Z－海溝　W－西から東

ウ　Z－海嶺(かいれい)　W－東から西　　**エ**　Z－海嶺　W－西から東

2　日本付近には，4つのプレートがある。このうちのユーラシアプレートとフィリピン海プレートの地球表面上における境界として最も適当なものを，**図2のa～c**から**一つ**選び，記号で答えなさい。

3　リカさんが**図3**を分析すると，震源の深さには次の2つの傾向があることがわかった。**①について**，その**理由**を説明しなさい。

> ①　日本海溝から日本列島に向かって，震源の分布がだんだん深くなっている。
> ②　陸地では震源の浅い地震も起こっている。

4　地下の浅いところで大地震が起こると，そのときの大地がずれたあとが地表に残ることがある。このうち，再びずれる可能性があるものを何というか，その**名称**を答えなさい。

図2

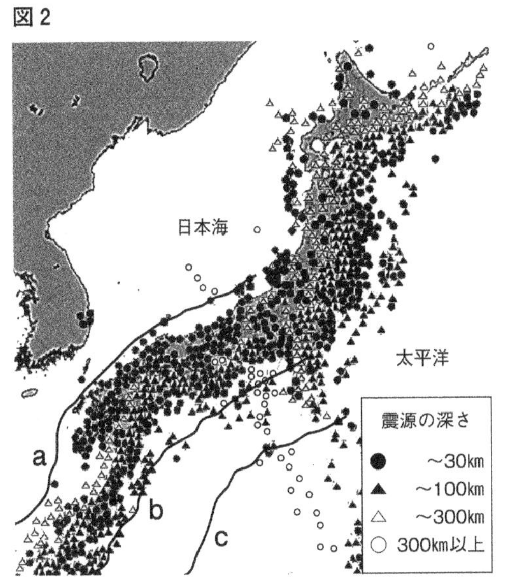

図3

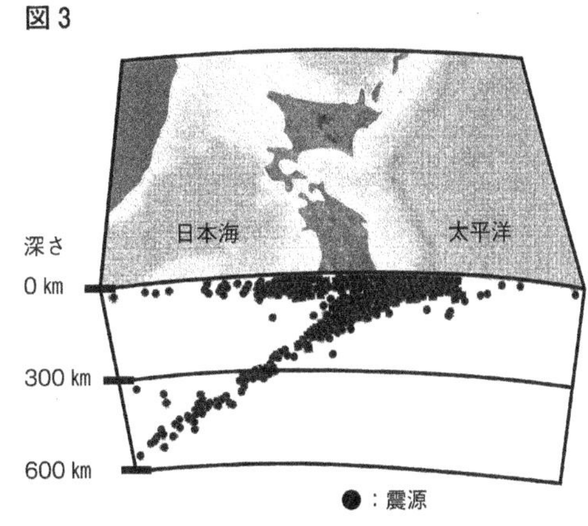

解答用紙

理科 注意 検査場名と受検番号を下の欄(※)に必ず記入すること 令和2年度

第1問題		
問1	1	2
	3	4
問2	1 水 g 食塩 g	2 力のつり合い と 作用と反作用 と
問3	1	2 きれいな水 → 少しきたない水 → きたない水

第2問題			
問1	1	2	
	3		
	4		
問2	1	2	3
	4		

第3問題			
問1	1	2 番号	イオン式
	3		
問2	1 化学反応式		
	物質名		
	2 g	3	

第4問題			
問1	1	2	
	3 B	C	
	4		
問2	1	2 Ω	
		3 Ω	
		4 D	E

第5問題		
問1	1	
	2	
	3	
	4 X	Y
問2	1	2
	3	
	4	

NO. 5	検査場名 ※		受検番号 ※	

得点		採点者印	

※この解答用紙は192%に拡大していただきますと,実物大になります。

＜社会＞　時間　50分　満点　50点

【注意】 解答に句読点，記号，数字が必要な場合は，それも一字として数えなさい。

【第１問題】 世界遺産に関連して，次の**問１**～**問３**に答えなさい。

問１　ゆみこさんは，世界遺産登録数が多い国を調べ，興味をもった５か国を**略地図①**に示しました。ゆみこさんが調べた５か国について，後の**１**～**５**に答えなさい。

略地図①

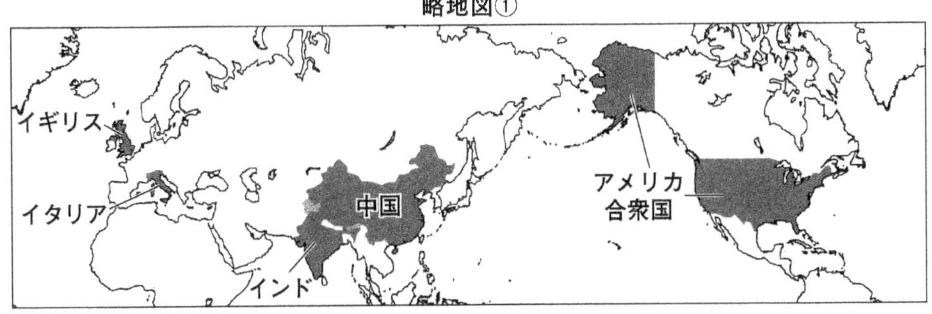

１　**イギリス**，**アメリカ合衆国**の首都の組み合わせとして正しいものを，右の**ア**～**エ**から**一つ**選び，記号で答えなさい。

	イギリス	アメリカ合衆国
ア	ロンドン	ニューヨーク
イ	ロンドン	ワシントンD.C.
ウ	パリ	ニューヨーク
エ	パリ	ワシントンD.C.

２　**写真①**はローマ帝国時代に建造された。ローマ帝国について述べた文として最も適当なものを，次の**ア**～**エ**から**一つ**選び，記号で答えなさい。

写真①　イタリアの代表的な世界遺産

ア　はじめはキリスト教を迫害したが，のちに国の宗教とした。

イ　東方との交流があり，中国へ絹を運ぶシルクロードを整備した。

ウ　都市国家が形成され，男性の市民による民主政が行われた。

エ　ギリシャやインドの影響を受けて，数学や天文学が発展した。

３　**資料①**は，**略地図①**に示した５か国のうち，いずれかの国について説明したものである。**資料①**で説明されている国の人口ピラミッドを，次のページの**ア**～**エ**から**一つ**選び，記号で答えなさい。

資料①

ヒンドゥー教徒が多数を占めるこの国は，数学の教育水準が高いことや，英語を話せる技術者が多いことなどを背景に情報技術（ＩＴ）産業が発展した。また，人口増加率が**略地図①**に示した５か国の中で最も高く，2030年ごろには世界最多の人口を抱える国になると予測されている。

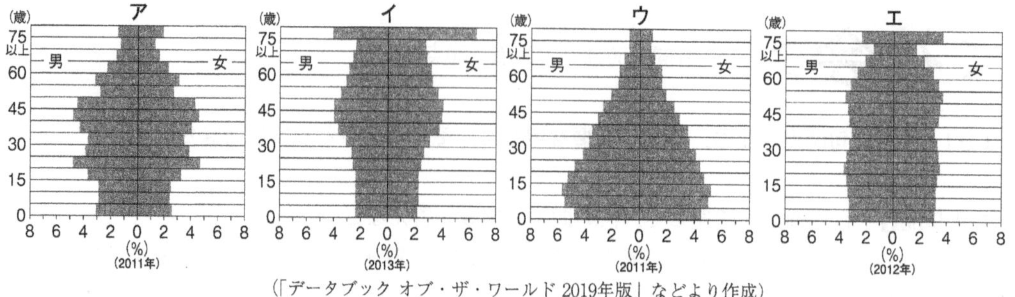

（「データブック オブ・ザ・ワールド 2019年版」などより作成）

4　**略地図①**中の4か国（**アメリカ合衆国**，**イギリス**，**インド**，**中国**）の貿易に関して，**表①**，**図①**からわかることについて述べた文として最も適当なものを，下の**ア**～**エ**から**一つ**選び，記号で答えなさい。

表①　4か国の世界全体への輸出額上位5品目（2017年）

	アメリカ合衆国	イギリス	インド	中国
1位	機械類	機械類	石油製品	機械類
2位	自動車	自動車	機械類	衣類
3位	石油製品	医薬品	ダイヤモンド	繊維と織物
4位	精密機械	航空機	衣類	金属製品
5位	化学薬品	原油	繊維と織物	自動車

図①　日本と4か国との貿易額（2017年）（億円）

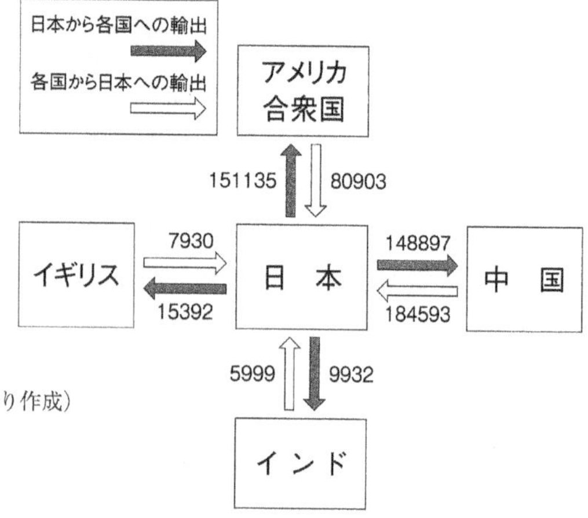

（表①，図①は「データブック オブ・ザ・ワールド 2019年版」より作成）

ア　**アメリカ合衆国**は，輸出額上位5品目すべてが軽工業の製品で，日本に対して貿易赤字である。

イ　**イギリス**は，輸出額上位5品目の中に地下資源が含まれ，日本に対して貿易赤字である。

ウ　**インド**は，輸出額上位5品目の中にレアメタルが含まれ，日本に対して貿易黒字である。

エ　**中国**は，輸出額上位5品目すべてが重工業の製品で，日本に対して貿易黒字である。

5　**略地図①**中の中国やインドは，アルミニウムの原料となるボーキサイトの世界有数の産出国である。日本では，ボーキサイトを輸入しアルミニウムを生産していたが，1980年代以降生産量が急激に減少した。アルミニウムの生産量が減少したおもな理由として考えられることを，**資料②**，**写真②**（次のページ），**グラフ①**（次のページ）を参考にして，解答欄に合うように，**20字以内**で答えなさい。

資料②

> アルミニウムは別名「電気の缶詰」と呼ばれるほど製造過程で大量の電力を必要とする。

写真②　トイレットペーパー売り場に殺到する人々

グラフ①　電気料金の推移

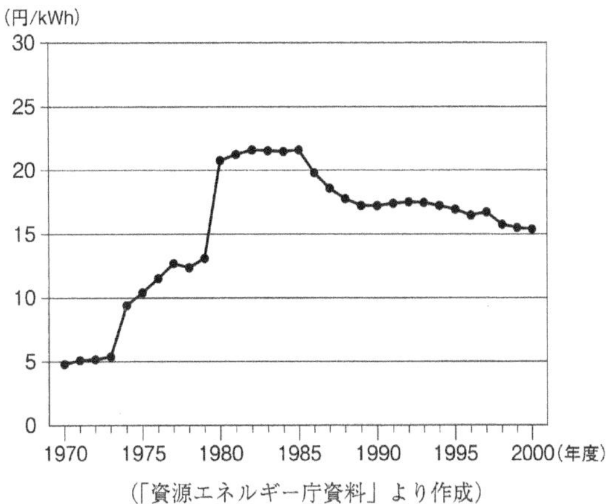

(「資源エネルギー庁資料」より作成)

問２　ゆうじさんは，これまでに訪れたことのある府県の世界遺産について調べ，**表②**にまとめました。下の１～５に答えなさい。

表②

府県	おもな世界遺産
沖縄県	(a)琉球王国のグスク
広島県	(b)厳島神社，(c)原爆ドーム
大阪府	(d)百舌鳥・古市古墳群
京都府	古都京都の文化財
奈良県	法隆寺，(e)古都奈良の文化財

１　下線部（ａ）の琉球王国や現在の沖縄県について述べた文として最も適当なものを，次の**ア**～**エ**から**一つ**選び，記号で答えなさい。

ア　室町時代，琉球王国は日本とポルトガルを結ぶ中継貿易で繁栄した。

イ　江戸時代初め，琉球王国は薩摩藩に征服され，明や清との朝貢貿易を禁止された。

ウ　明治時代，新政府は軍隊の力を背景に，琉球の人々の反対をおさえ，沖縄県を設置した。

エ　現在，沖縄県には，日本にあるアメリカ軍施設の総面積の約30％がおかれている。

２　下線部（ｂ）に関連して，平氏政権の権力を支えた基盤について，次の文章の［Ａ］，［Ｂ］にあてはまる語句を，次のページの**資料③**，**資料④**，**図②**を参考にして，答えなさい。

[平氏政権の権力を支えた基盤]

平清盛は，平氏一族を高い官職や位につけ，広大な荘園と多くの国々を支配した。また，［　Ａ　］で経済的な利益を得るとともに，娘を［　Ｂ　］にして，朝廷との結びつきを強めた。

資料③

瀬戸内海の航路を整備した平清盛は，航海の安全を祈るため厳島神社をたびたび訪れた。現在のような海上に浮かぶ建物は清盛の援助によってつくられた。

資料④

平清盛の義理の弟である平時忠は，「平氏一門でない人は人ではない」とおっしゃった。　（中略）

平氏の屋敷には華やかな服装の人々がいっぱいで，まるで花が咲いたように美しい。門前には車や馬がたくさん集まり，市場のようなにぎやかさである。中国の金や錦など珍しい宝物が集まり，何一つとしてないものはない。

（「平家物語」より引用。読みやすく改めてある）

図②　平氏関係略系図

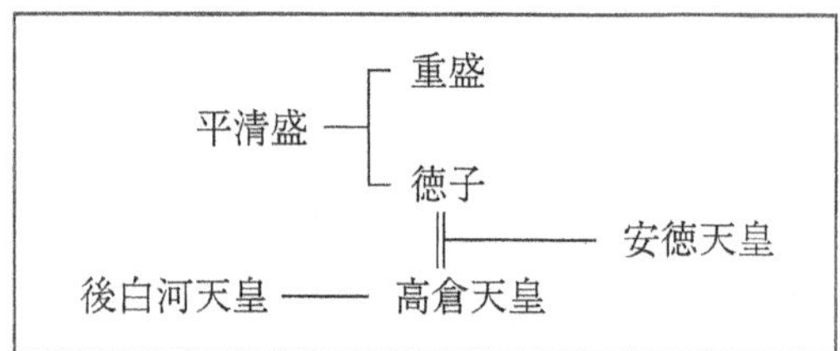

3　下線部（c）は，1996年に世界遺産に登録され，核兵器の廃絶と恒久平和の大切さを訴え続けている。日本が掲げている非核三原則を，解答欄の書き出しに続けて答えなさい。

4　下線部（d）に関連して，**写真③**は5世紀に築造されたとされる大仙古墳である。5世紀後半には，大和政権（ヤマト王権）の勢力が**広い範囲に及んでいた**と考えられる理由を，**資料⑤**，**資料⑥**，**略地図②**を参考にして説明しなさい。ただし，**資料⑤**，**資料⑥**中の C にあてはまる語を用いること。

写真③　大仙古墳

資料⑤　江田船山古墳出土鉄刀　　資料⑥　稲荷山古墳出土鉄剣

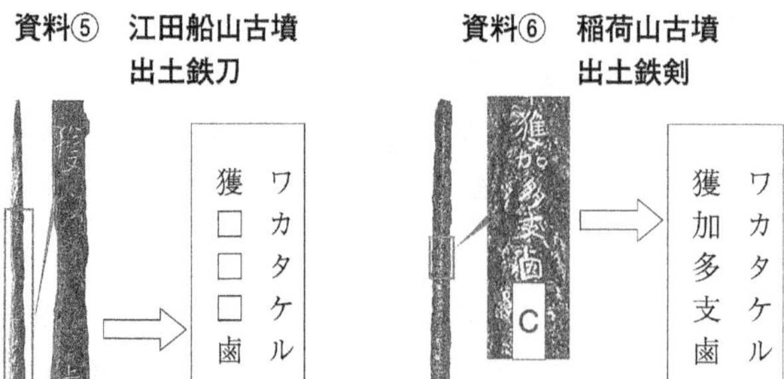

略地図②

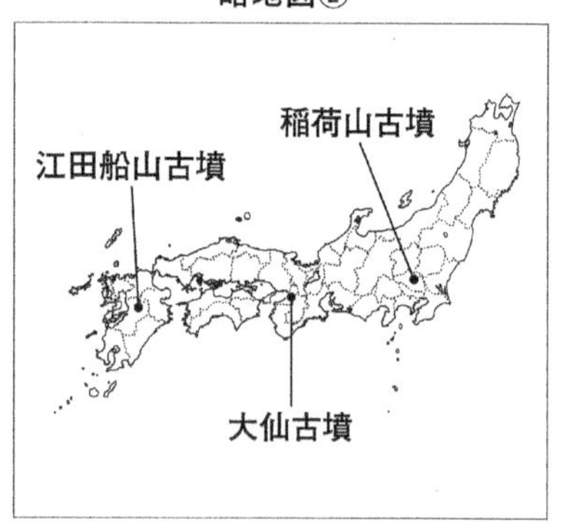

5　下線部（e）に関連して，東大寺にある**写真④**がつくられた時代と同じ時代の建造物を，次の**ア**～**エ**から一つ選び，記号で答えなさい。

写真④

ア

イ

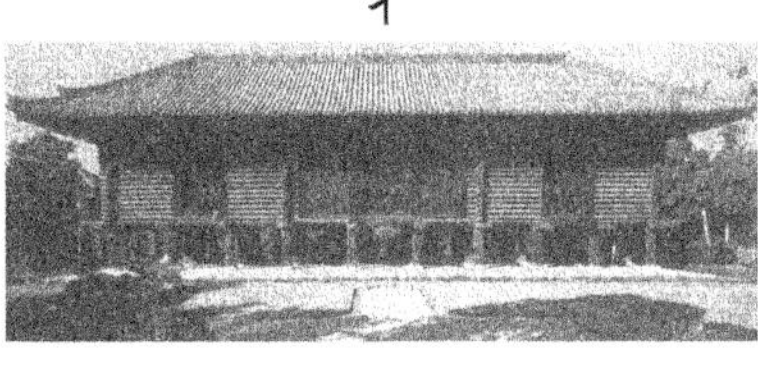

ウ

エ

問3　たかしさんは，世界遺産を認定するＵＮＥＳＣＯ（ユネスコ）が属する国際連合（国連）について調べました。次の**1**～**3**に答えなさい。

1　国際連合の説明として最も適当なものを，次の**ア**～**エ**から**一つ**選び，記号で答えなさい。

ア　国際連合は，スイスのジュネーブに本部があり，ＰＫＯなどの専門機関がおかれている。

イ　国連総会は，すべての加盟国が１国１票を投じ，全会一致で議決が行われる。

ウ　国際司法裁判所は，争っている当事国の両方の合意があって初めて裁判が開かれる。

エ　安全保障理事会は，10か国の常任理事国と５か国の非常任理事国とで構成されている。

2　**資料⑦**，**資料⑧**の［D］にあてはまる語を答えなさい。ただし，［D］にはすべて同じ語が入る。

資料⑦　マララ・ユスフザイさんが国連総会で述べたスピーチ（一部抜粋）

すべての子どもたちに［D］を受ける権利を保障してください。１人の子ども，１人の教師，１冊の本，１本のペンでも世界は変えられます。無学，貧困，テロリズムと戦いましょう。［D］こそがただ一つの解決策です。

資料⑧　日本国憲法条文

第26条①　すべて国民は，法律の定めるところにより，その能力に応じて，ひとしく［D］を受ける権利を有する。

3　ＵＮＥＳＣＯ（ユネスコ）の活動に対して，各国のＯＤＡ（政府開発援助）から支援が行われる場合がある。ＯＤＡに関する次のページののグラフ②，**グラフ③**中の**ア**～**エ**は，**日本**，**イギリス**，**ドイツ**，**アメリカ合衆国**のいずれかの国を示している。次のページの**資料⑨**を参考にして，日本にあてはまるものをア～エから一つ選び，記号で答えなさい。

資料⑨　日本のＯＤＡの現状

> 日本のＯＤＡ支出額は，財政難などを背景に削減する傾向にあったが，2015年以降は増加する傾向にある。しかし，ヨーロッパの国々と比べて，対ＧＮＩ（国民総所得）比率は高いとは言い難い。

グラフ②　ＯＤＡ支出額の推移

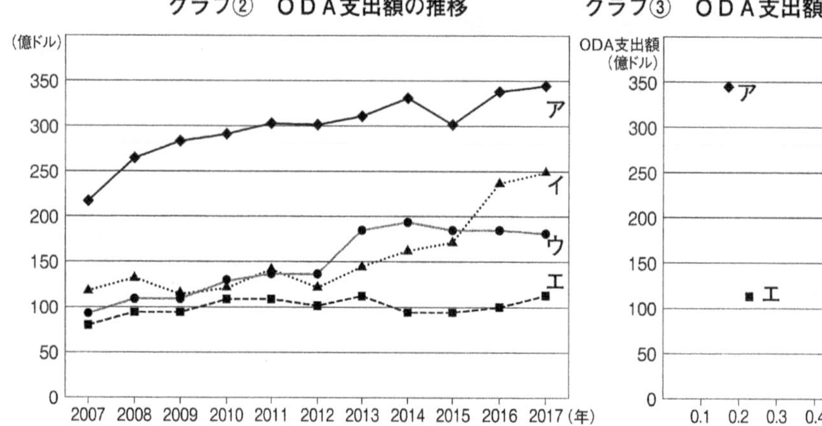

グラフ③　ＯＤＡ支出額と対ＧＮＩ比率（2017年）

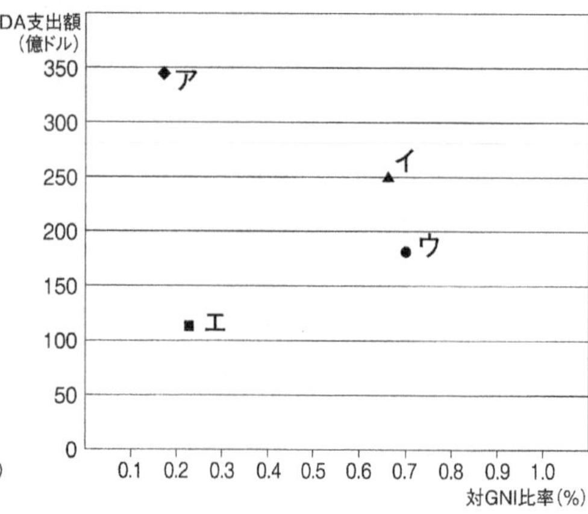

（グラフ②，グラフ③は「外務省資料」より作成）

【第２問題】 歴史について，次の問１，問２に答えなさい。

問１　古代から近世の日本について，次の１～４に答えなさい。

1　**写真①**の石見神楽には，奈良時代につくられた歴史書に書かれている神話を題材にした演目がある。歴史書の名称を，**漢字３字**で答えなさい。

写真①

2　**資料①**の下線部の「軍事と造作」のうち，「造作」は平安京の造営をさしている。「軍事」について説明した下の文の［A］，［B］にあてはまる語の組み合わせとして正しいものを，**年表①**を参考にして，次のページの**ア～エ**から**一つ**選び，記号で答えなさい。

資料①

> 桓武天皇の命令で，藤原緒嗣と菅野真道という二人の貴族が，よい政治について議論した。緒嗣は「現在，民衆が苦しんでいるのは<u>軍事と造作</u>のためです。この二つを停止すれば民衆は助かるでしょう」と述べた。
> （「日本後紀」より引用。読みやすく改めてある）

年表①

年	できごと
712	出羽国が設置される
724	多賀城が築かれる
797	坂上田村麻呂が，征夷大将軍になる
802	胆沢城が築かれる

> 軍事とは，朝廷の支配が及んでいなかった［A］に住んでいた［B］と呼ばれた人々を征服するための遠征などをさしている。

ア　A…東北地方　B…蝦夷　イ　A…朝鮮半島　B…蝦夷
ウ　A…東北地方　B…渡来人　エ　A…朝鮮半島　B…渡来人

3　**写真②**の石碑には，1428年（正長元年）に土倉や酒屋が襲われた土一揆のときの宣言文が刻まれており，宣言文を現代語にしたものが**資料②**である。土倉や酒屋はなぜ襲われたのか，解答欄に合うように答えなさい。

写真②　**資料②**

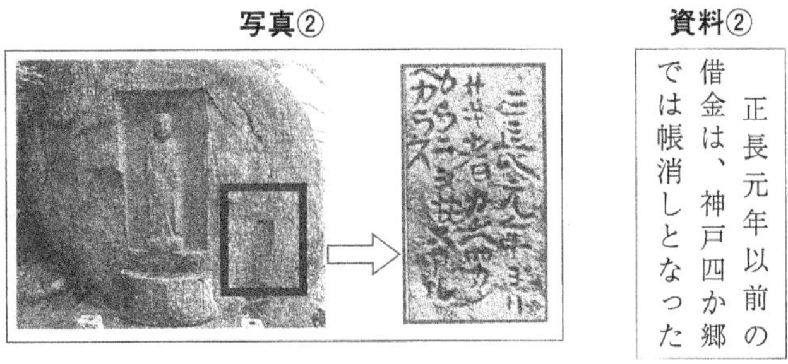

正長元年以前の借金は、神戸四か郷では帳消しとなった

4　**略地図①**にある「X」の地域が，江戸幕府により幕領（直轄地）とされた目的の一つを，**写真③**が何かを明らかにして，**25字以内**で答えなさい。

略地図①　島根県にあった幕領(直轄地)(17世紀中頃)　**写真③**

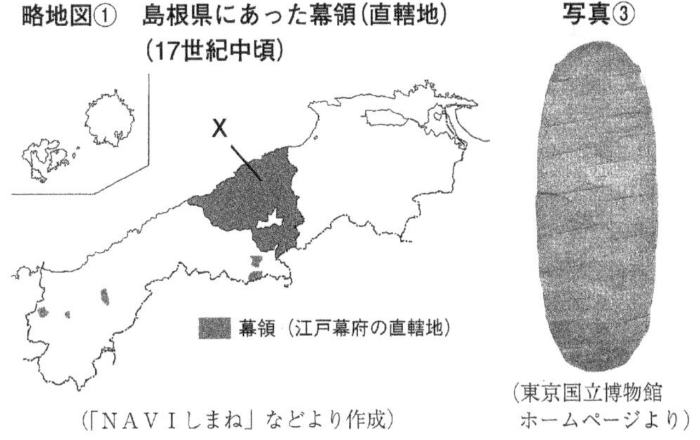

（「NAVIしまね」などより作成）

（東京国立博物館ホームページより）

問2　近代のおもなできごとを示した**年表②**を見て，次のページの1～5に答えなさい。

年表②

年	おもなできごと
1867	大政奉還 ｝(a)
1890	第1回帝国議会開催 ｝(a)
1894	(b)<u>日清戦争</u>始まる
1904	日露戦争始まる ｝(c)
1914	第一次世界大戦始まる ｝(c)
1925	日ソ基本条約調印 ｝(c)
	(d)<u>治安維持法</u>公布 ｝(c)
	男子普通選挙の実現 ｝(c)
1931	満州事変起こる
1932	(e)<u>海軍の青年将校が首相を襲撃</u>
1937	日中戦争始まる
1939	第二次世界大戦始まる

1 次のア～ウは，年表②中の（a）の期間に起きたできごとである。年代の**古い順**に並べて，記号で答えなさい。

ア 大日本帝国憲法の発布 **イ** 内閣制度の発足 **ウ** 民撰議院設立建白書の提出

2 下線部（b）に関連して，**写真④**は日清戦争後の1901年に操業を開始した施設である。**写真④**の施設でつくられたものは何か。**グラフ①**，**グラフ②**を参考にして，**漢字**で答えなさい。

写真④

グラフ① 日清戦争の賠償金の使いみち

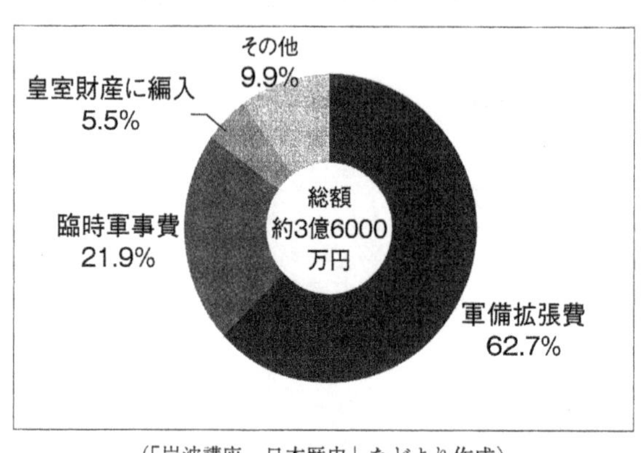

（「岩波講座 日本歴史」などより作成）

グラフ② 日本の石炭の産出量と輸出量の推移

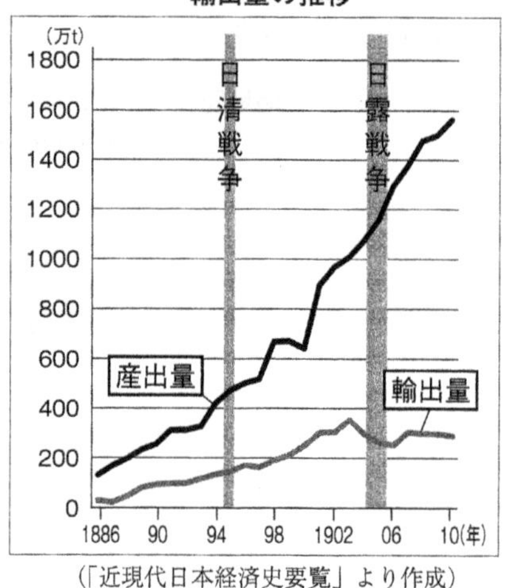

（「近現代日本経済史要覧」より作成）

3 **年表②**中の（c）の期間における日本について述べた文として**適当でないもの**を，次の**ア～エ**から**一つ**選び，記号で答えなさい。

ア 藩閥勢力を打倒し，憲法に基づく政治を守ることをスローガンとする運動が起こった。

イ 中国（中華民国）に二十一か条の要求を提示し，山東省のドイツ権益などを得た。

ウ 労働運動や農民運動が活発になり，農村で小作料の引き下げを求める小作争議も起こった。

エ ガス・水道・電気などが家庭に普及し，テレビ放送が始まり新聞と並ぶ情報源となった。

4 下線部（d）の治安維持法が1925年に制定された目的は何か。次のページの**図①**を参考にして，次の文の［C］にあてはまる語を次のページの**ア～エ**から**一つ**選び，記号で答えなさい。ただし，［C］には同じ語が入る。

> 男子普通選挙の実現を前にして，［C］思想の広まりを警戒した政府は，［C］運動を取り締まるために治安維持法を制定した。

ア　自由主義
イ　社会主義
ウ　帝国主義
エ　資本主義

図①　ロシアの旧勢力である皇帝や資本家を一掃するレーニンを描いた風刺画

5　資料③を参考にして，下線部（e）の事件名を答えなさい。また，下線部（e）の事件は，国内の政治にどのような影響を与えたか，表①，表②を参考にして，15字以内で答えなさい。ただし，「政党」という語を用いること。

資料③　1932年の事件を報じる新聞記事

首相遂に兇手に倒る
昨夜十一時廿六分絶命

表①　1927年～1936年の内閣総理大臣（首相）

在任期間（年）	首相	首相の所属
1927～1929	田中　義一	立憲政友会
1929～1931	浜口　雄幸	立憲民政党
1931	若槻礼次郎	立憲民政党
1931～1932	犬養　毅	立憲政友会
1932～1934	斎藤　実	海軍
1934～1936	岡田　啓介	海軍

表②　1932年の事件前後の内閣構成員比較

国務大臣の所属	1931年12月末	1933年1月初め
立憲政友会	9	3
立憲民政党	0	1
貴　族　院	1	5
軍　　部	2	2
そ　の　他	0	1

（「日本史要覧」などより作成）

【第3問題】 日本の地理について，次の問1～問5に答えなさい。

問1　東日本大震災により宮城県では漁業生産額が大きく落ち込んだが，2015年には，震災前と同様の全国第5位まで回復した。宮城県が全国有数の水産県である理由を述べた次の文の［A］，［B］にあてはまる語を，次のページの図①を参考にして，それぞれ答えなさい。

> 沖合では親潮と黒潮がぶつかることで好漁場の条件となる［A］となっており，海岸線は小さな岬と奥行きのある湾が入り組み，カキの養殖などに向いている［B］海岸となっているから。

図①　宮城県の水産地図

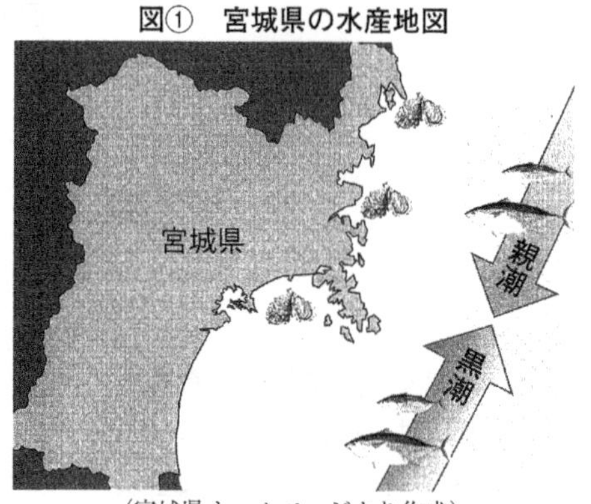

（宮城県ホームページより作成）

問２　略地図①～略地図③は，それぞれ2016年における「石油・石炭製品」，「情報通信機械」，「輸送用機械」いずれかの出荷額上位５都道府県を示している。組み合わせとして正しいものを，下の**ア**～**エ**から**一つ**選び，記号で答えなさい。

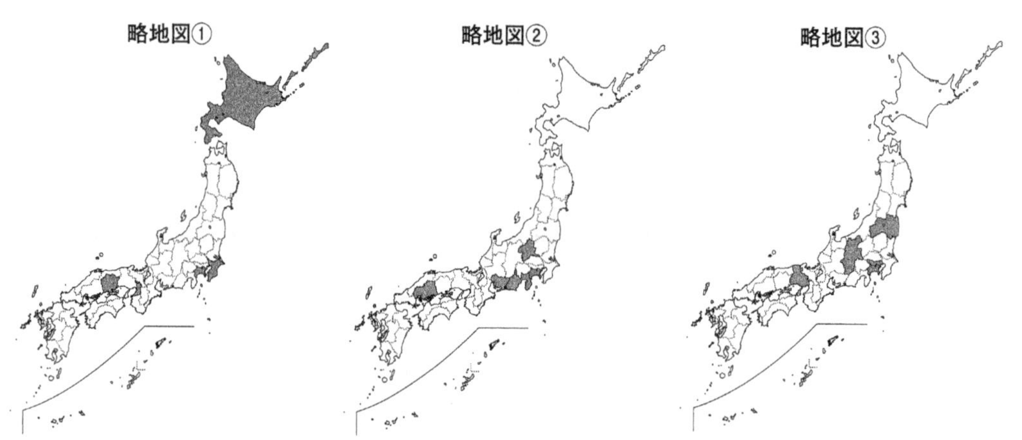

（略地図①～略地図③は「データブック オブ・ザ・ワールド 2019年版」より作成）

	ア	イ	ウ	エ
略地図①	情報通信機械	情報通信機械	石油・石炭製品	石油・石炭製品
略地図②	輸送用機械	石油・石炭製品	輸送用機械	情報通信機械
略地図③	石油・石炭製品	輸送用機械	情報通信機械	輸送用機械

問３　北海道について，次の１～４に答えなさい。

１　明治時代，政府が開拓使という役所をおいたことで北海道の開拓が本格的に始まった。その際，開拓とロシアに対する北方の防備にあたった人々のことを何というか，答えなさい。

２　札幌市中心部の街路をあらわしたモデル図として最も適当なものを，右の**ア**～**エ**から**一つ**選び，記号で答えなさい。

ア
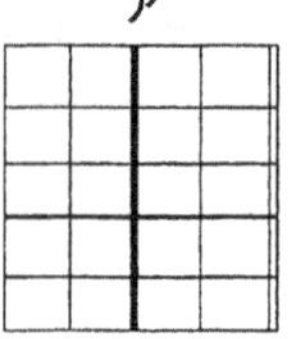
イ
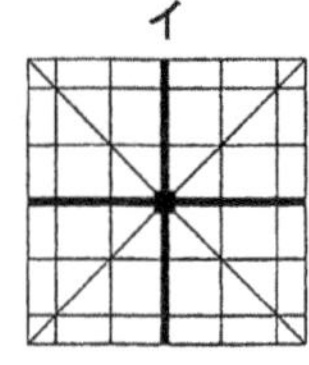
ウ
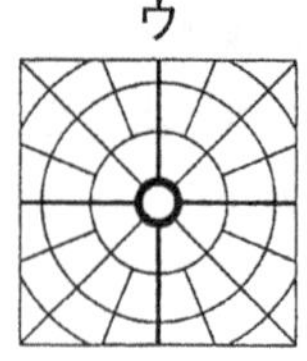
エ
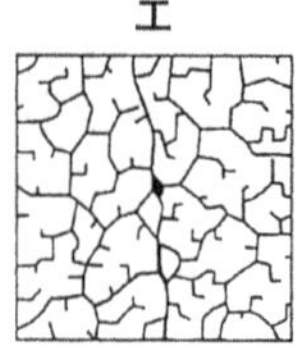

3　地図①について述べた文として最も適当なものを，下のア～エから一つ選び，記号で答えなさい。

地図①

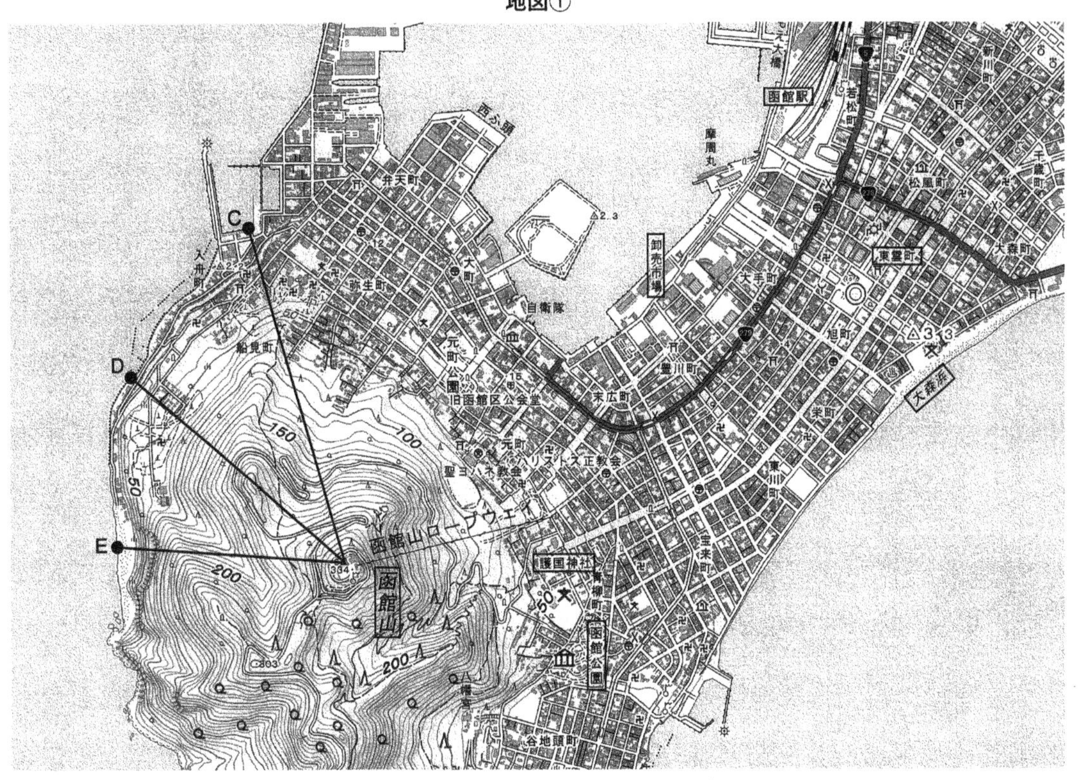

（2万5千分の1地形図「函館」より作成）

ア　東雲町　にある市役所の南西の方向には　函館公園　があり，公園内に図書館がある。
イ　大森浜　付近にある学校と　護国神社　近くにある学校の標高差はおよそ47mである。
ウ　函館山　の南側斜面には，主に果樹園と針葉樹林が広がっている。
エ　函館駅　と　卸売市場　を結んだ長さは約4㎝なので，実際の距離は約2000mである。

4　図②～図④は，それぞれ地図①中の函館山山頂と地点C～Eのいずれかを結ぶ断面を模式的に示したものである。地図①と図②～図④から判断して，山頂から直接見えると考えられる地点をC～Eから一つ選び，記号で答えなさい。

図②　　　　図③　　　　図④

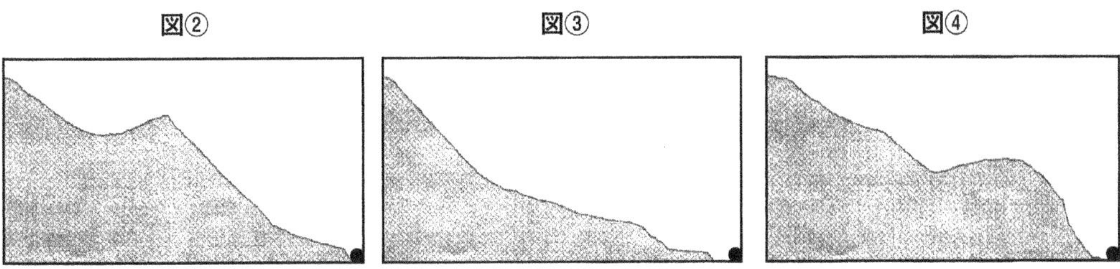
（図②～図④は，国土地理院ホームページ「地理院地図（電子国土Web）」より作成）

問4　都道府県別の人口に関するデータを示した次のページの略地図④，略地図⑤について述べたⅠ，Ⅱの文の正誤を判断し，組み合わせとして正しいものを，下の**ア**～**エ**から**一つ**選び，記号で答えなさい。

略地図④　人口増加率（2010～2015年）

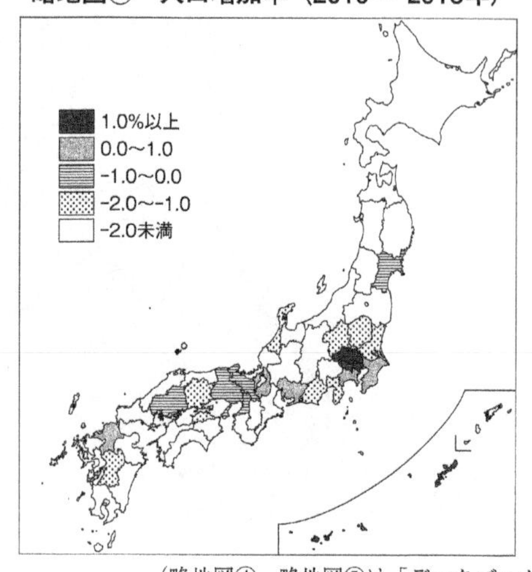

略地図⑤　人口密度（2015年）

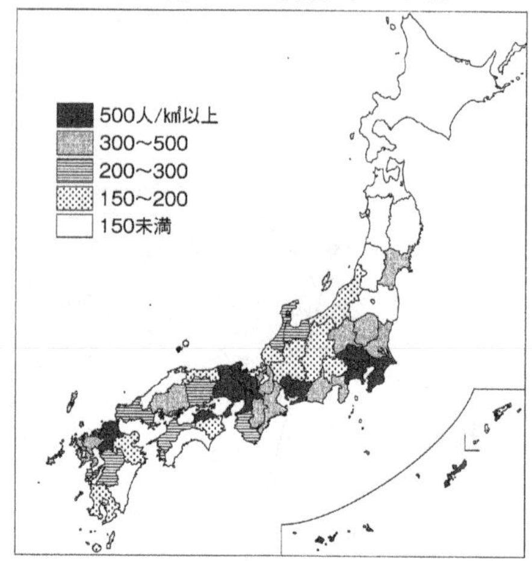

（略地図④，略地図⑤は「データブック オブ・ザ・ワールド 2019年版」より作成）

Ⅰ　人口が増加した都府県は全国に10以上あり，すべてが三大都市圏に位置している。
Ⅱ　人口密度が300人／㎢以上の都道府県は，すべて太平洋ベルトに位置している。

ア　Ⅰ…正　Ⅱ…正　　**イ**　Ⅰ…正　Ⅱ…誤
ウ　Ⅰ…誤　Ⅱ…正　　**エ**　Ⅰ…誤　Ⅱ…誤

問5　**グラフ①**にあるように，高松市の降水量が，鳥取市や高知市より少ない理由を，**図⑤**を参考にして，解答欄の書き出しに続けて，**45字以内**で答えなさい。ただし，**「季節風」，「空気」**という二つの語を用いること。

グラフ①　各都市の気温と降水量

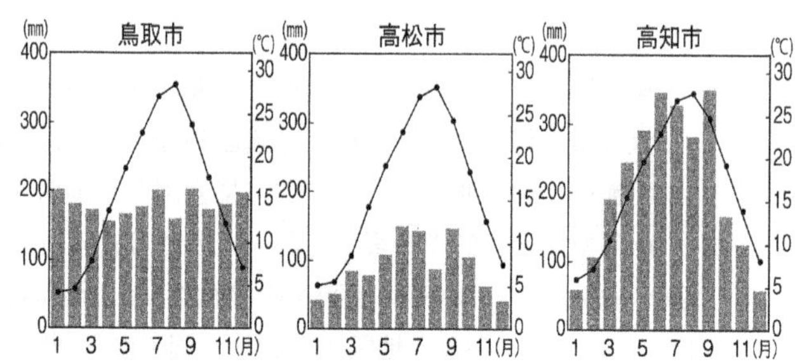

図⑤　鳥取市付近と高知市付近を結ぶ直線に沿った断面図

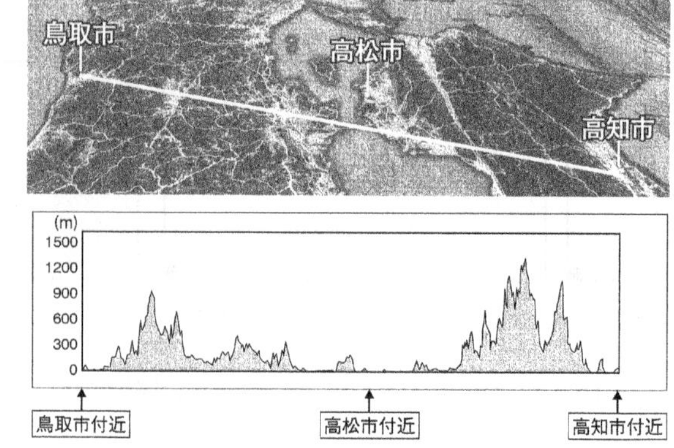

（国土地理院ホームページ「地理院地図（電子国土Web）」 およびGoogleマップホームページより作成）

【第4問題】 問1～問3に答えなさい。

問1　次の先生と生徒の会話文について，下の1～3に答えなさい。

> 生徒「憲法改正などの(a)法をめぐる議論がありますが，もし，国会へ憲法改正原案が提出されたらどうなりますか。」
> 先生「日本は(b)二院制をとっているので，衆議院，参議院それぞれの［A］の3分の2以上の賛成が得られると憲法改正の発議となります。」
> 生徒「それから国民投票となるのですね。」
> 先生「国民投票では有効投票の過半数の賛成があれば，国民の承認を得たことになりますが，投票ができるのは満何歳からか知っていますか。」
> 生徒「［B］からですよね。天皇が国民の名において公布するとなっているのはなぜですか。」
> 先生「それは日本国憲法の三大基本原理として［C］が定められているからです。」
> 生徒「そうだったのですか。ありがとうございました。」

1　会話文の［A］～［C］にあてはまる語の組み合わせとして正しいものを，次の**ア**～**エ**から**一つ**選び，記号で答えなさい。

	ア	イ	ウ	エ
A	総議員	総議員	出席議員	出席議員
B	18歳	20歳	20歳	18歳
C	国民主権	基本的人権の尊重	国民主権	基本的人権の尊重

2　下線部（a）に関連して，**資料①**のように地方公共団体が独自に制定し，その地方公共団体だけに適用されるきまりを何というか，答えなさい。

資料①　島根県が制定したきまりの一部

> 第1条　県民，市町村及び県が一体となって，竹島の領土権の早期確立を目指した運動を推進し，竹島問題についての国民世論の啓発を図るため，竹島の日を定める。

3　下線部（b）に関連して，予算の議決などにおいて「衆議院の優越」が認められている理由を，**資料②**を参考にして，解答欄の書き出しに続けて，**35字以内**で答えなさい。ただし，「**任期**」，「**反映**」という二つの語を用いること。

資料②　2000年以降の衆議院議員総選挙実施日

総選挙回次	総選挙期日
第42回	2000年6月25日
第43回	2003年11月9日
第44回	2005年9月11日
第45回	2009年8月30日
第46回	2012年12月16日
第47回	2014年12月14日
第48回	2017年10月22日

（衆議院ホームページより作成）

問2 経済について，次の1～3に答えなさい。

1 **図①**は，2024年度から使用される予定の紙幣のデザインである。日本の中央銀行である日本銀行は，紙幣を発行することから何と呼ばれているか，答えなさい。

図①

2 景気の状況に応じて，日本銀行が売買する国債の量や失業率などは変化する。景気変動（景気循環）にともなう「日本銀行が国債を売る量」と「失業率」の動きをあらわした一般的なモデル図として最も適当なものを，次の**ア**～**エ**から**一つ**選び，記号で答えなさい。

ア

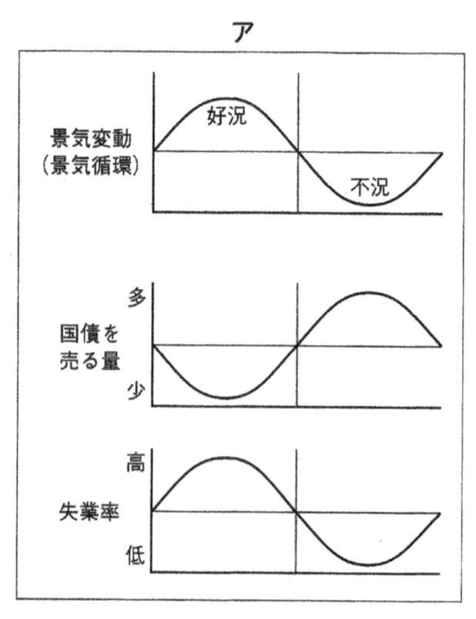

イ

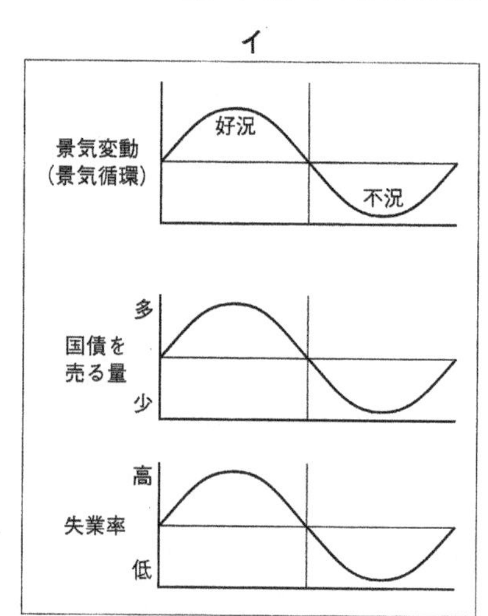

ウ

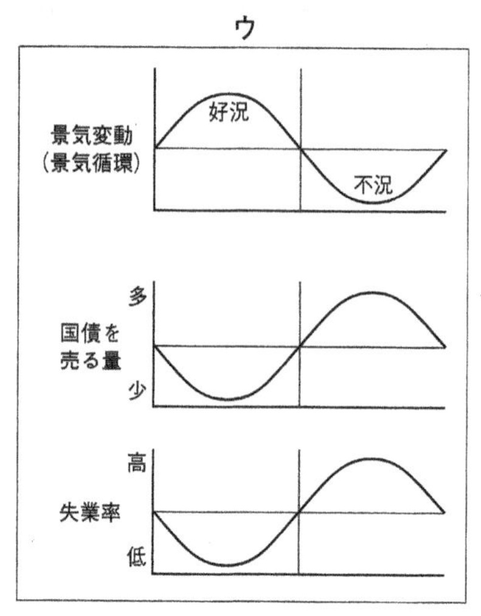

エ

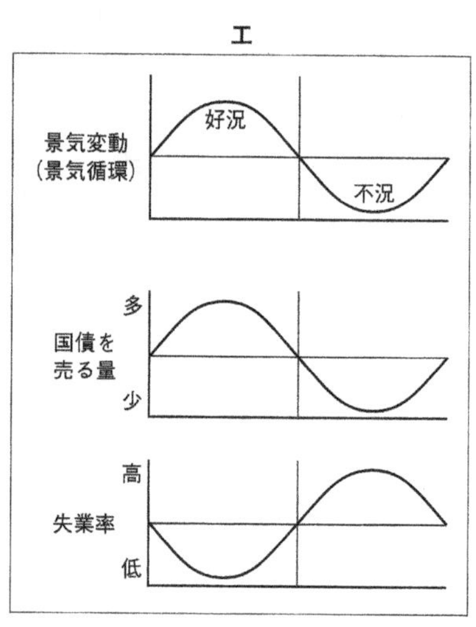

3　為替相場（為替レート）について述べた次の文の［D］，［E］にあてはまる語の組み合わせとして正しいものを，下の**ア**～**エ**から**一つ**選び，記号で答えなさい。

> 円とドルの為替相場は，2012年に１ドル＝80円程度であった状態から，2019年では１ドル＝110円前後で推移するようになった。この７年で円の価値がドルに対して［D］，一般的に日本の輸出企業にとっては［E］な状態となった。

ア　D…上がり　E…有利　　**イ**　D…上がり　E…不利
ウ　D…下がり　E…有利　　**エ**　D…下がり　E…不利

問３　地球環境問題やエネルギー問題について，次の１，２に答えなさい。

1　1997年に採択された京都議定書に関して述べた文として最も適当なものを，次の**ア**～**エ**から**一つ**選び，記号で答えなさい。

ア　京都議定書にもとづき，アメリカが率先して二酸化炭素などの削減をすすめた。
イ　京都議定書では，先進国に対して二酸化炭素などの排出を削減する数値目標を定めた。
ウ　京都議定書では，原子力発電はすべて廃止することが決まった。
エ　京都議定書では，発展途上国の工業開発を抑制することが合意された。

2　火力を用いた発電に対し，太陽光や風力，地熱といった自然エネルギーを利用した発電の利点について，**グラフ①**，**グラフ②**を参考にして，解答欄の書き出しに続けて答えなさい。ただし，「**温室効果**」という語を用いること。

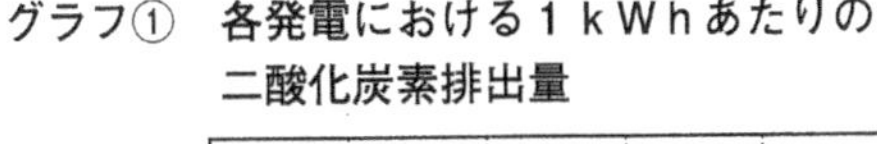

グラフ①　各発電における１kWhあたりの
二酸化炭素排出量

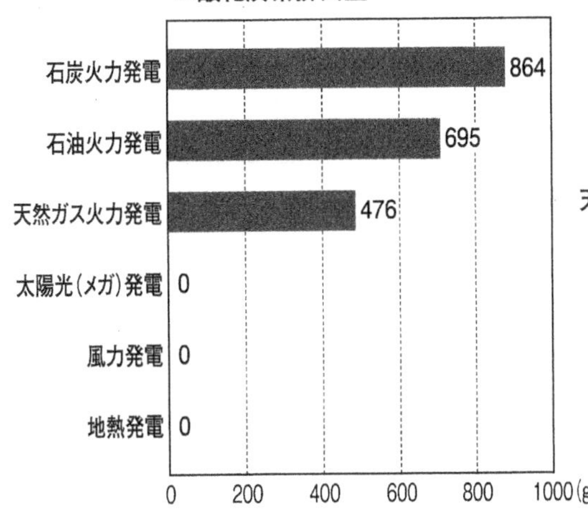

※二酸化炭素排出量は発電時の値。
（「資源エネルギー庁資料」より作成）

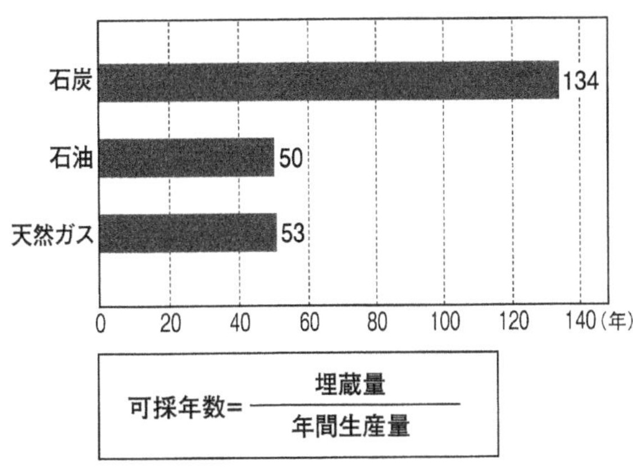

（「データブック オブ・ザ・ワールド 2019年版」より作成）

解答用紙

社会 注意 検査場名と受検番号を下の欄(※)に必ず記入すること 令和2年度

第1問題				
問1	1		2	3
	4			
	5	1970年代に発生した ことで，製造にかかる費用が増えたから。		
問2	1		2 A B	
	3	核兵器を		
	4			
	5			
問3	1		2	3

第2問題				
問1	1		2	
	3	土倉や酒屋は（ ）を営んでいたから。		
	4	(25)		
問2	1	→ →	2	3
	4			
	5	事件名	影響 (15)	

第3問題				
問1	A		B	
問2				
問3	1		2	3
	4			
問4				
問5		高松市は (45)		

第4問題				
問1	1		2	
	3	参議院と比べて衆議院は (35)		
問2	1		2	3
問3	1			
	2	太陽光や風力，地熱といった自然エネルギーは		

NO. 3	検査場名 ※	受検番号 ※

得点		採点者印	

※この解答用紙は192％に拡大していただきますと，実物大になります。

解　答　用　紙

国語　注意　検査場名と受検番号を左下の欄（※）に必ず記入すること

令和二年度

【第一問題】

問一　1（る）　2（る）　3　4

問二　1（びる）　2（く）　3　4

問三

問四（文節）

【第二問題】

問一

問二

問三　マラソン選手　小学生

問四　25　35

問五　1　2

【第三問題】

問一

問二

問三　30　40

問四

問五

問六　40　50

【第四問題】

問一

問二

問三　「彼」は…つまり　10　20　ということであり、…

問四

【第五問題】

問一

問二　1　2

問三　商店街（A寺通り商店街）での歩き食べ問題を改善するために、　150　180

採点者印

得点

※受検番号

※検査場名

NO. 1

※この解答用紙は175%に拡大していただきますと、実物大になります。

書き始めること。

商店街（A寺通り商店街）での歩き食べ問題を改善するために、

（**百五十字以上、百八十字以内**）

④ **百五十字以上、百八十字以内**でまとめること。句読点や記号も一字として数える。**解答欄の「〜改善するために、」に続くマス目から書き始め**、段落を設けないこと。

※読み返して文章の一部を直したいときは、二本線で消したり、余白に書き加えたりしてもよい。

歩き食べに【賛成】

観光客
歩き食べは、手軽においしいものを食べながら、あちこちのお店やお土産を見てまわることができるので、とても楽しいです。今回の旅行の目的です。

商店街の店主

一時期お客が減っていたこの商店街も、旅行雑誌に歩き食べが取り上げられて、大きく盛り返したから、喜んでいるよ。

【インタビュー後の礼子さんの感想】

礼子さん

商店街での歩き食べに困っている人が多いということは予想以上で、このままではいけないと感じました。改善方法を何か提案したいと思います。ただ、歩き食べに賛成の人も多いこともわかりました。**歩き食べに賛成の人のことも考えた改善方法にする必要がある**と思います。

問一　インタビューの際、インタビューする側（質問者）の態度として**適切でないもの**を、次の**ア**～**エ**から**一つ**選び、記号で答えなさい。

ア　回答者の話を、実際に起こった事実とその人の意見とを区別したり整理したりしながら聞く。

イ　回答者が言おうとする意図を正しくつかむため、要点をメモしたり、回答に対して追加の質問をしたりする。

ウ　回答者の時間を無駄にしないようにするため、できるだけたくさんの内容を一気にすばやく質問する。

エ　回答者の表情・うなずきなどの反応を見ながら、必要に応じ質問の言葉を言い換えたり話す速度を変えたりする。

問二　次は礼子さんがインタビューで話しかけるときの言葉です。**（１）・（２）**に入れるのに最も適当なものを、後の**ア**～**カ**からそれぞれ**一つずつ**選び、記号で答えなさい。

> 礼子「こんにちは。私たちは今、A寺通り商店街での歩き食べ問題について、ご意見を（　１　）いるところです。あなたの考えを（　２　）ください。」

ア　うかがって　　**イ**　おっしゃられて　　**ウ**　申して
エ　お聞かせ　　**オ**　お聞きになって　　**カ**　聞かれて

問三　A寺通り商店街での歩き食べについて、あなたが礼子さんならどのような意見文を書きますか。次の①～④の条件に従い文章を完成させなさい。

①　**礼子さんの立場に立って**、歩き食べに関する問題を改善するための**具体的な提案**を**一つ**書くこと。

②　先に示したインタビュー回答の**【反対】**と**【賛成】からそれぞれ一人の回答を選び**、その内容を提案と結びつけて文章中で取り上げること。取り上げる際に**誰の回答か示す**こと。

③　文章は、次の書き出しに続ける形で、**具体的な提案の部分から**

問一　傍線部①「燕君甚怒二其使者一」の書き下し文として、①に入れるのに最も適当なものを、次の**ア**～**エ**から**一つ**選び、記号で答えなさい。

ア　燕君甚(はなは)だ怒りて其(そ)の使者に
イ　燕君其(そ)の使者を怒ること甚(はなは)だしく
ウ　燕君甚(はなは)だ其(そ)の使者を怒り
エ　燕君の怒り其(そ)の使者に甚(はなは)だしくして

問二　傍線部②「彼」とは誰をさすか。次の**ア**～**エ**から**一つ**選び、記号で答えなさい。

ア　燕の王
イ　家臣
ウ　使者
エ　不死の術を知っていると言う者

問三　傍線部③「乃(チ)不レ誅(セ)。」とあるが、王が使者を死刑にするのをやめたのは、どのようなことがわかったからか。それを説明した次の文の（　）に**十字以上、二十字以内**の適当な語句を入れて、説明文を完成させなさい。

> 命を失ったということは、つまり「彼」は（　**十字以上、二十字以内**　）ということであり、自分を死なせないことなどできたはずはない、ということが王にはわかったから。

問四　本文の内容と関連の深い故事成語として最も適当なものを、次の**ア**～**エ**から**一つ**選び、記号で答えなさい。

ア　蛇足　　**イ**　矛盾
ウ　四面楚歌　　**エ**　五十歩百歩

【第五問題】

修学旅行で礼子さんたちのグループが訪れた「A寺通(どお)り商店街」は、通りの両側に食べ物を売る商店が数多く並び、いつも多くの人でにぎわっている有名な観光地です。しかし最近では、観光客による「歩き食べ（ものを食べながら歩くこと）」が迷惑行為であるとして商店街の周辺では問題になっています。礼子さんたちはここでインタビューを行い、それを元に意見文を書くことにしました。次のインタビューでの主な回答と、インタビュー後の礼子さんの感想を読んで、後の**問一**～**問三**に答えなさい。

【A寺通り商店街周辺でのインタビューで得られた主な回答】

歩き食べに【反対】

近所の住民
ここで歩き食べをした後、ゴミをポイ捨てする観光客が多くてね。街が汚れて、住んでいる者は困っているよ。

地元の高校生
歩き食べの観光客は前をよく見ていない人が多いから、よくぶつかったり、食べ物がこっちの制服に付いたりするんです。

エ　自分の振る舞いについてあれこれと説教する博美おばちゃんにいら立ち、冗談にしてしまうことで一刻も早くこの話題を終わらせるため。

問五　傍線部⑤「おばちゃんが目を細めて嘉穂を見た。」とあるが、ここに用いられている「目を細めて」の表す意味に最も近いものを、次の**ア**～**エ**から**一つ**選び、記号で答えなさい。

ア　にらみつけて　　**イ**　ほほえんで
ウ　悲しんで　　**エ**　あやしんで

問六　傍線部⑥「心が歌にむかっていく。」とあるが、このときの嘉穂の気持ちを、嘉穂の気持ちの変化に触れながら、**四十字以上、五十字以内**で説明しなさい。

【第四問題】　次の文章を読んで、後の**問一**～**問四**に答えなさい。

> 古代中国のあるところに、不死の術を知っていると言う者がいた。これを聞いた燕君（えんくん）（当時中国に存在した燕（えん）という国の王）は、「不死の術を急いで聞いてくるように」と使者に命じた。

（本文）

不捷而言者死。
①燕君甚怒其使者、加誅焉。
臣諫(注)曰、
「莫過乎生。
②彼自喪生。
安能令君不死也。」
③乃不誅。

（『列子』による）

（注）諫…目上の人に不正や欠点を改めるように忠告すること。

（書き下し文・現代語訳）

捷せずして言ふ者死す。
しかし使者が急がずのんびり旅をしているうちに、不死の術を知っていると言っていた者が死んでしまった。

［　①　］、誅を加へんとす。
死刑にしようとした。

臣諫めて曰はく、
家臣は王をいさめて次のように言った、

「生より過ぐるは莫し。
「人間にとって命以上に大切なものはありません。

彼自ら生を喪ふ。
彼自身、命を失ってしまったのです。

安くんぞ能く君をして死せざらしめんや。」と。
そんな彼が王を死なせないことなどできたはずがありません。」と。

乃ち誅せず。
そこで王は使者を死刑にするのをやめたのだった。

首をかしげた。

「じゃ、決まり。やってみなよ。後藤先生だっけ、あたしから連絡とってみるから。ひとみママから聞いてるから」

ひとみママはどこまでもおせっかいだ。その後ろにはひとみがいる。似たもの同士の母と娘だ。

(ひとみに余計なこと言わないでよって、文句いわなくちゃ)

でも、おかげで歌が習える。これはちょっとした出来事だ。おさえつけていた柔らかいボールにおしかえされるように、⑥心が歌にむかっていく。

声を出す。心が空っぽになる。体の中に風が吹き渡る。気持ちがよくって、おなかがすく。そんな時間を過ごすことができる。

(最高!)

「キャン、おいでぇ!」

声がいつになくはずんでいた。

(にしがきようこ『ピアチェーレ 風の歌声』による)

問一 傍線部①「先生は怒っているとも、驚いているともつかない表情をしている。」とあるが、このときの後藤先生の心情として最も適当なものを、次の**ア**~**エ**から**一つ**選び、記号で答えなさい。

ア 指示どおり正確に歌声を響かせるだけの嘉穂を見て、これ以上の成長は見込めないと才能の限界を感じている。

イ 嘉穂が予想どおり大きな才能を秘めていることがわかり、才能を見いだす自分の力の確かさに自信を深め満足している。

ウ たまたま歌わせてみただけの嘉穂に、実はかなりの才能が眠っていることに気づき、強く嫉妬している。

エ 初めてにもかかわらず、自分の導くとおりに気持ちよく声を出す嘉穂に、恐ろしいほどの大きな才能を感じている。

問二 傍線部②「突然、嘉穂の頭の中に黄色信号がともった。」とあるが、このときの嘉穂の心情を説明したものとして最も適当なものを、次の**ア**~**エ**から**一つ**選び、記号で答えなさい。

ア 嘉穂が後藤先生を訪ねたことが、博美おばちゃんにばれているかもしれないと感じ、警戒している。

イ 紅葉の話から、ひとみママとのお茶の話にいきなり話題が変わり、話についていけず、とまどっている。

ウ 二人に共通する楽しい話題で盛り上がっていたのに、急に話を中断する博美おばちゃんに、腹を立てている。

エ 博美おばちゃんには秘密にしてほしかった歌への思いを、ひとみママがばらしたことを知り、不満を感じている。

問三 傍線部③「あたしね、人工衛星になったみたいな気分になってるの。」とあるが、これは博美おばちゃんのどのような心情を言い表しているのか。**三十字以上、四十字以内**で説明しなさい。

問四 傍線部④「『は、反抗期ですから』」とあるが、嘉穂がこのように発言した意図として最も適当なものを、次の**ア**~**エ**から**一つ**選び、記号で答えなさい。

ア 何か言われると、口ではいい返事をしながら、心の中では博美おばちゃんに対する反発を感じていたことを、素直に認め許してもらうため。

イ 博美おばちゃんに対して素直な態度を取ることができないのは、反抗期のせいであり、自分でもどうしようもないことなのだと訴えるため。

ウ 最近の自分の態度が、博美おばちゃんに対する気づかいの結果であるということに気づかれないよう、反抗期のせいにしてごまかすため。

「キャンもそう思ってるよ」
リードを放されたキャンはおばちゃんの投げるボールを追いかけ、でも、そのまま持ち去ってしまった。
　歩きながら二人で笑った後、おばちゃんが口を開いた。
「ひとみママとお茶してきた」
②突然、嘉穂の頭の中に黄色信号がともった。
「いつ?」
「こないだの木曜日」
「ふーん」
「嘉穂、あんた、歌、習いたい?」
　前置きも説明もなく、いきなり核心をついてくる。おばちゃんのやり方には慣れているはずなのに、返事ができなかった。
「ひとみママ、ひどく、燃えてたよ。ひとみちゃんがおおげさに話したみたい」
「ひとみ、おせっかいなんだから、自分に関係ないんだから、ほっといてくれればいいのに」
「そう言いなさんな。娘の友人の一大事だってさ。笑っちゃうね。あたしは全然知らなかったのにね」
　おばちゃんの声がくもっていた。
　おばちゃんは嘉穂の学校の保護者会には大学の仕事を休んで必ず出席してくれる。中二になったばかりのとき、もうしわけなくて、お知らせのプリントを渡さなかったことがあった。そしたらひとみママから連絡がいった。めずらしく、本気で叱られた。
　嘉穂には遠慮がある。おばちゃんは嘉穂や穂高を育てるために結婚もできないでいる、と嘉穂は思っている。だから、なるたけ迷惑をかけないように、知られないように、努力している。
　おばちゃんがススキの穂をちぎった。
「心配してんだよ。これでもさ。嘉穂がこのごろ、硬い殻で覆われちゃったみたいでさ。なんて声をかけたらいいのかわかんなくなっちゃった。前はそんなことなかったのにな」
　ここはなんとかふざけるしかない。嘉穂は頭の中でとぼしいジョークをさがしはじめた。
「③あたしね、人工衛星になったみたいな気分になってるの。嘉穂のまわりをぐるぐると。なんか言うと素直な言葉とはうらはらに、むっとした顔をするし、手伝おうとすると、いらないって言ってはねのけられる。目だけは離さないでいようと思って、ぐるぐると嘉穂の周りを回ってる……」
(まずい。とにかく、これはまずい)
④「は、反抗期ですから」
　声が粘ってしまった。
　おばちゃんがススキの穂で頭を叩(たた)いた。
「大きくなっちゃったんだね。頭たたくのに、腕をのばさなくちゃいけなくなっちゃったなんてさ」
⑤おばちゃんが目を細めて嘉穂を見た。
「これだけは言っておくよ。歌、やりたくないんならやれとは言わないけど、やりたかったら是非是非やってほしい。なんにも気にすることなんかないんだよ」
「うん」
「迷ったらやってみる。これ、若さの特権。まだ、あたしにも通用するかなぁ」
　嘉穂は笑いだした。おばちゃんらしく、前向きだ。
「迷ってんの?」

て最も適当なものを、次の**ア**～**エ**から**一つ選**び、記号で答えなさい。

ア 「どうして～選択したのだろうか」「どうして～ならないのだろうか」など、読者に問いかける表現を繰り返し、それには答えず読者にゆだねることで、文章に余韻を持たせている。

イ 「木から草が進化をした」「雑草は踏まれたら立ち上がらない」など、間違っているように見えて実は真理であるという表現を用いることで、読者に強い印象を与えている。

ウ 「生きとし生けるものの逆らえない宿命である」「雑草魂というには、あまりにも情けない」など、文語的で堅苦しい表現をあえて用いることで、文章全体を格調高いものにしている。

エ 「とにかくでかかった」「自らの人生を重ね合わせて、勇気付けられる」など、作者個人の感想を複数織り交ぜることで、読者に親しみを持ってもらおうと工夫している。

【第三問題】 次の文章を読んで、後の**問一**～**問六**に答えなさい。

> 事情により両親と離れ、祖父母と博美(ひろみ)おばちゃん、弟の穂高(ほだか)とともに生活している中学二年生の嘉穂(かほ)は、ある日友人のひとみのピアノレッスンについて行くことになった。ピアノ講師で声楽家でもある後藤先生は、嘉穂が歌を好きなことや、一人でよく歌っていることを人づてに聞いており、「歌に挑戦しないか」と嘉穂を誘った。嘉穂は断り切れないまま、初めて人前で歌ってみることになった。

嘉穂は先生の指に魅入られたように、声をだし続ける。とても気持ちがいい。たくさん声をだしたくなってくる。するとそれがわかるのか、先生は両手で持ちあげるようなしぐさをする。それに勢いづいて声をだす。お腹(なか)に力をこめ、口を大きく開く。びりびりとした声で頭の中がしびれる。小さな声でそっと歌いたくなると、動きも小さくなり、てのひらがすぼまる。

まるで、嘉穂の気持ちがわかるかのようだ。

少し疲れたと思ったとき、上をむいたてのひらが坂をのぼるようにあがっていく。嘉穂はついていった。どこまで声がでるのだろう。

そして驚いた。ひりひりとするような硬質な声がのどの奥から、体の芯からでてゆく。消えゆくような高音の声が部屋に響いた。

先生が指を閉じて、遠くに音を投げるような振りをした。嘉穂はそのまま、音を遠くにあずけた。

フー。体から力と空気が一気に抜けていった。体が汗ばんでいる。両足に力が入っていたのか、おもわずつんのめりそうになった。

先生が嘉穂を見ている。見返した。

①<u>先生は怒っているとも、驚いているともつかない表情をしている。</u>

突然、ひとみが手をたたいた。

「す、すっごい。嘉穂、上手、きれい、すごい！」

イスから飛びあがって抱きついてくる。

嘉穂は思わずよろめいた。

「うん。レッスンはこんな感じでやる。で、もし、やりたかったら連絡ちょうだい」

土曜日、博美おばちゃんがめずらしくキャンの散歩についてきた。

ぶらぶらと二人で歩くなんて本当にひさしぶりだ。

「もう、秋だね。あっちの山は紅葉がはじまってる。ここ、いいよね。いつまでもこのまんま、放置グラウンドになってるといいね」

（B）

踏まれても踏まれても立ち上がる。

これが、多くの人が雑草に対して抱く一般的なイメージだろう。人々は、踏まれても負けずに立ち上がる雑草の生き方に、自らの人生を重ね合わせて、勇気付けられる。

しかし、実際には違う。雑草は踏まれたら立ち上がらない。確かに一度や二度、踏まれたくらいなら、雑草は立ち上がってくるが、何度も踏まれれば、雑草はやがて立ち上がらなくなるのである。

雑草魂というには、あまりにも情けないと思うかもしれないが、そうではない。

そもそも、どうして立ち上がらなければならないのだろうか。

雑草にとって、もっとも重要なことは何だろうか。それは、花を咲かせて種子を残すことにある。そうであるとすれば、踏まれても踏まれても立ち上がるという無駄なことにエネルギーを使うよりも、踏まれながらどうやって種子を残そうかと考える方が、ずっと合理的である。だから、雑草は踏まれながらも、最大限のエネルギーを使って、花を咲かせ、確実に種子を残すのである。まさに「変えてはいけないもの」がわかっているのだろう。努力の方向を間違えることはないのだ。

踏まれても踏まれても立ち上がるという根性論よりも、雑草の生き方はずっとしたたかなのである。

（（A）・（B）ともに稲垣栄洋『植物はなぜ動かないのか』による）

問一　傍線部①「木から草が進化をした。」とあるが、その過程として正しいものを、次の**ア**～**エ**から**一つ**選び、記号で答えなさい。

ア　地殻の変動→植物の巨大化→三角州の生成→草の発生

イ　地殻の変動→三角州の生成→大陸の移動→草の発生

ウ　地殻の変動→気候の変動→三角州の生成→草の発生

エ　地殻の変動→大陸の移動→植物の巨大化→草の発生

問二　傍線部②「考えてみると不思議である。」とあるが、ここでは筆者は何を不思議と言っているのか。最も適当なものを、次の**ア**～**エ**から**一つ**選び、記号で答えなさい。

ア　植物は長く寿命を保つ力があるのに、あえて短く生きるかたちに進化したこと。

イ　植物は数千年も生きることができるものもあれば、一年以内に死ぬものもあること。

ウ　草から木に戻ったものもいる一方で、虫媒花から風媒花に進化したものもいること。

エ　植物は何十年も何百年も生きることができ、中には何千年と生きる木もあること。

問三　傍線部③「マラソン選手も、全力疾走する小学生のバトンリレーにはかなわない。」とあるが、「**マラソン選手**」とバトンリレーをする「**小学生**」は何の比喩として用いられているか。それぞれ本文中より**漢字一字**で抜き出して答えなさい。

問四　傍線部④「『死』は地球上に生まれた生命が創りだした発明品である。」とあるが、「死」の「発明」によって、植物が手に入れたものは何か。「**更新**」という言葉を必ず用いて、**二十五字以上、三十五字以内**で答えなさい。

問五　（A）・（B）二つの文章の内容について、次の1、2に答えなさい。

1　（A）・（B）から共通して読み取れる、植物の究極の目的とは何か。（B）**の文章から七字**で抜き出して答えなさい。

2　（A）・（B）に共通する表現の工夫について説明したものとし

うして地殻変動が起こることによって、気候も変動し、不安定になっていったのである。

山に降った雨は、川となり、やがて下流で三角州を築いていく。草が誕生をしたのは、まさにこの三角州であったと考えられている。

三角州の環境は不安定である。いつ大雨が降り、洪水が起こるかわからない。そんな環境ではゆっくりと大木になっている余裕がない。

そこで、短い期間に成長して花を咲かせ、種子を残して世代更新する「草」が発達していったのである。その後、目まぐるしく変化する環境に対応して、草は、爆発的な進化を遂げた。陸上の哺乳類が、再び海に戻ってクジラになったように、環境に適応して、草から再び木に戻ったものもいる。昆虫の少ない環境では、虫媒花から再び、風が花粉を運ぶ風媒花に進化したものもいる。こうして、地球上のあちらこちらで、多様な植物が進化を遂げていったのである。

こうして、植物は、木から草へと進化していった。

しかし、②考えてみると不思議である。

木になる木本性の植物は、何十年も何百年も生きることができる。なかには屋久島の縄文杉のように、樹齢が何千年にも及ぶようなものさえある。一方、草本性の植物の寿命は一年以内か、長くてもせいぜい数年である。

その気になれば、数千年も生きることのできる植物が、わざわざ進化を遂げて、寿命が短くなっているのである。

すべての生物は死にたくないと思ってる。少しでも長生きしたいと思っている。千年、生きられるのであれば、千年、死なずにいたいと誰もが思うことだろう。それなのに、どうして植物は、進化の結果、短い命を選択したのだろうか。

長い距離のマラソンレースを走り抜くことは大変である。さらに障害物レースだったとしたら、どうだろう。四二・一九五キロ先のゴールにたどり着くことは、簡単ではない。

しかし、それが一〇〇メートルだったら、どうだろう。全力で走り抜くことができる。もし、多少の障害が待ち構えていたとしても、全力で障害を乗り越えられるはずだ。テレビ番組の企画で、マラソン選手と一〇〇メートルずつバトンリレーをする小学生の対決が行われるが、③マラソン選手も、全力疾走する小学生のバトンリレーにはかなわない。

植物も同じである。千年の寿命を生き抜くことは難しい。途中で障害があれば、枯れてしまうかもしれない。これに対して、一年の寿命を生き抜く方が、天命を全うできる可能性が高いだろう。だから、植物は寿命を短くし、一〇〇メートルを走り切ってバトンを渡すように、次々に世代を更新していく方を選んだのである。特に、植物は世代を経ることで変化したり、進化を進めたりすることができる。そのため、世代を進めることで、変化する環境や時代の移り変わりに対応することも可能になるのである。

仏教では「老いること」や「死ぬこと」は苦であるとされている。すべての生き物が「死にたくない」と思っている。それでも、すべての生き物は、老いさらばえて、最後には必ず死を迎える。それは生きとし生けるものの逆らえない宿命である。

しかし、である。すべての生き物は死ぬことなど望んでいないはずなのに、「老いて死ぬ」という行為自体が、生物が進化の過程で自ら創りだしたものなのである。

④「死」は地球上に生まれた生命が創りだした発明品である。

＜国語＞

時間　五〇分　満点　五〇点

【注意】解答に句読点、記号が必要な場合は、それも一字として数えなさい。

【第一問題】次の問一～問四に答えなさい。

問一　次の1～4の傍線部の読みを、それぞれひらがなで書きなさい。

1　紛争の解決を図る。
2　ご意見を承る。
3　任務を遂行する。
4　秋の気配を感じとる。

問二　次の1～4の傍線部のカタカナの部分を、それぞれ漢字で書きなさい。ただし、楷書（かいしょ）で丁寧に書くこと。

1　日光をアびる。
2　担当者が現場にオモムく。
3　お正月は故郷にキセイする。
4　平和思想が社会にシントウする。

問三　次の行書（ぎょうしょ）で書いた漢字を楷書（かいしょ）で書いたとき、この字と総画数が同じになる漢字を、後のア～エから一つ選び、記号で答えなさい。ただし、ア～エの漢字はすべて楷書で書くものとする。

福

ア　組　イ　照　ウ　過　エ　確

問四　次の文を文節で分けたとき、いくつに分かれるか、その数を漢数字で答えなさい。

この土地が、今日から家族の新しく住む場所になる。

【第二問題】次の（A）・（B）二つの文章を読んで、後の問一～問五に答えなさい。

（A）

ところで、巨大な大木となる「木」と道ばたの雑草のような小さな「草」では、進化の過程では、どちらがより進化をした形だろうか。

幹を作り、枝葉を茂らせる木の方が、より複雑な構造に進化をしているように思うかもしれないが、じつはより進化をしているのは草の方である。

コケのような小さな植物からシダ植物が進化したとき、頑強な茎と仮道管（かどうかん）という通水組織を利用して、巨大な木を作り上げた。その後、シダ植物、裸子（らし）植物、被子（ひし）植物の進化を通して、植物はすべて巨木の森を作っていたのである。

そして、①木から草が進化をした。

草が誕生したのは、白亜紀（はくあき）の終わりごろであると言われている。

恐竜映画などを見ると、巨大な植物たちが森を作っている。その時代の植物は、とにかくでかかった。恐竜が繁栄した時代は、気温も高く、光合成に必要な二酸化炭素濃度も高かった。そのため、植物も成長が旺盛（おうせい）で、巨大化することができたのである。

ところが、白亜紀の終わりごろ、それまで地球上に一つしかなかった大陸は、マントル対流によって分裂し、移動を始めた。そして、分裂した大陸どうしが衝突すると、ぶつかった歪（ゆが）みが盛り上がって、山脈を作る。すると山脈にぶつかった風は雲となり、雨を降らせる。こ

大切なことはメモしておこうネ！

2020年度

解　答　と　解　説

《2020年度の配点は解答用紙集に掲載してあります。》

<数学解答>

【第1問題】　問1　11　問2　$\frac{a+10}{6}$　問3　0
問4　みかん5個とりんご3個の金額の合計が1000円以下であること(を表している。)　問5　$(a+10)(a-2)$
問6　$x=\frac{5\pm\sqrt{13}}{6}$　問7　$y=6$
問8　1　エ　2　右図1
問9　1　$\angle x=57°$　2　$\angle y=92°$
問10　1　$2\sqrt{2}$ cm　2　$\frac{4\sqrt{2}}{3}\pi$ cm^3

図1

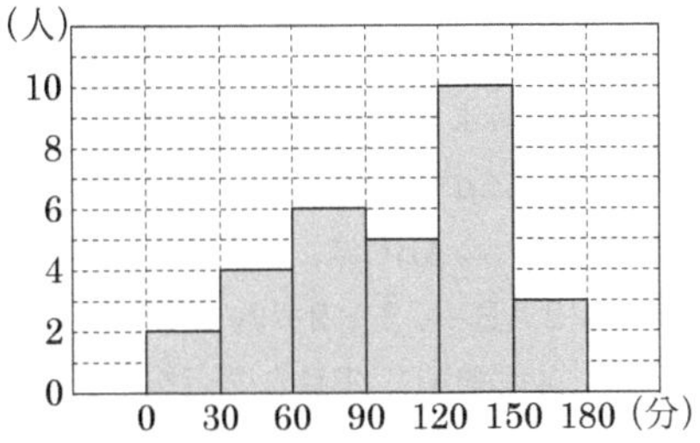

図2

【第2問題】　問1　1　C→A→B　2　(1)　$\frac{1}{6}$　(2)　$\frac{1}{9}$
問2　1　$y=5x^2$　2　イ　3　$y=-\frac{1}{3}x^2$

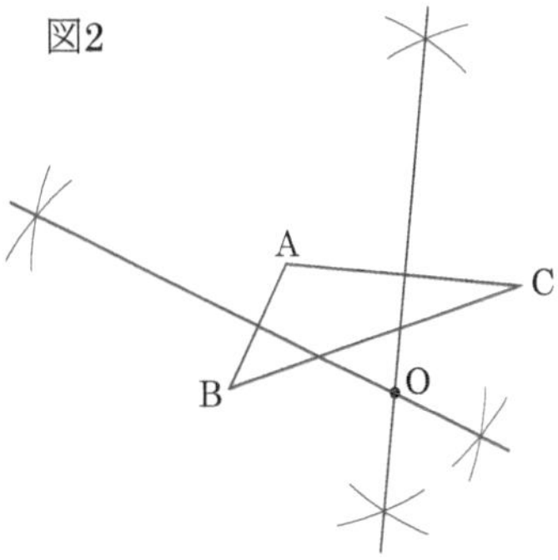

【第3問題】　問1　240円　問2　1　ア　5　イ　6
2　(1)　$600x+400y+300\times5=14700$
(2)　$x=18$, $y=6$　問3　1　750円
2　ウ　n　エ　$\frac{150\times4n}{5n}=120$

【第4問題】　問1　【作図】　右図2　問2　1　【証明】　解説参照　2　$\frac{20}{3}$cm　3　$\frac{25}{6}$cm　4　25：64

【第5問題】　問1　11時10分　問2　100分後　問3　1　分速0.5km　2　$y=\frac{1}{2}x-25$
3　10時14分　問4　11時50分から12時20分

<数学解説>

【第1問題】　(数・式の計算，平方根，不等式，因数分解，二次方程式，比例関数，最頻値，ヒストグラムの作成，平行線と角度，回転体の体積)

問1　$5-2\times(-3)=5+6=11$

問2　$\frac{2a+5}{3}-\frac{a}{2}=\frac{2(2a+5)-3a}{6}=\frac{4a+10-3a}{6}=\frac{a+10}{6}$

問3　$\sqrt{45}+2\sqrt{5}-\sqrt{125}=3\sqrt{5}+2\sqrt{5}-5\sqrt{5}=0$

問4　$5a$はみかん5個の金額，$3b$はりんご3個の金額を表しているから，この不等式は，みかん5個の金額とりんご3個の金額の合計が1000円以下であることを表している。

問5　$a^2+8a-20=a^2+(10-2)a+10\times(-2)=(a+10)(a-2)$

問6　解の公式より，$x=\frac{-(-5)\pm\sqrt{(-5)^2-4\times3\times1}}{2\times3}=\frac{5\pm\sqrt{13}}{6}$

問7　yはxに反比例するから，$y=\frac{a}{x}$(aは比例定数)とおいて，$x=3$, $y=-4$を代入すると，$-4=\frac{a}{3}$

$a=-4\times3=-12$　$y=-\dfrac{12}{x}$に$x=-2$を代入して，$y=-\dfrac{12}{-2}=6$

問8　1　60分以上90分未満の階級の度数は，$30-(2+4+5+10+3)=6$(人)　よって，もっとも度数の多い階級は120分以上150分未満の階級だから，最頻値は，$\dfrac{120+150}{2}=135$(分)

2　解答参照

問9　右図のように，直線ℓ，mに平行な直線nをひき，$\angle a$，$\angle b$，$\angle c$をとる。

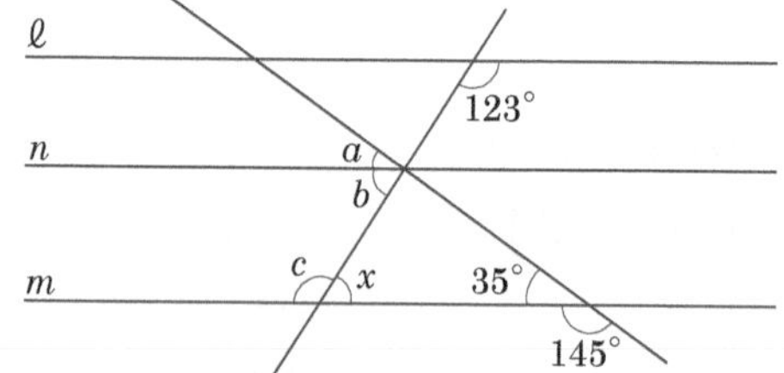

1　$\ell /\!/ m$より，平行線の錯角は等しいから，$\angle c=123°$　よって，$\angle x=180°-\angle c=180°-123°=57°$

2　$n /\!/ m$より，平行線の同位角，錯角は等しいから，$\angle a=180°-145°=35°$　$\angle b=\angle x=57°$　よって，$\angle y=\angle a+\angle b=35°+57°=92°$

問10　1　△ABCは，∠ABC＝90°の直角二等辺三角形だから，AB：AC＝1：$\sqrt{2}$　よって，AC＝$\sqrt{2}$AB＝$\sqrt{2}\times2=2\sqrt{2}$(cm)

2　対角線AC，BDの交点をOとすると，点Oは対角線AC，BDの中点だから，OA＝OB＝$2\sqrt{2}\div2=\sqrt{2}$(cm)　よって，求める立体は，半径$\sqrt{2}$cm，高さ$\sqrt{2}$cmの円すいを2つ組み合わせたものになる。したがって，体積は，$\dfrac{1}{3}\pi\times(\sqrt{2})^2\times\sqrt{2}\times2=\dfrac{4\sqrt{2}}{3}\pi$(cm^3)

【第2問題】(確率，関数$y=ax^2$)

問1　1　それぞれのチケットの当選する確率を考える。チケットAは，$\dfrac{1000}{15000}=\dfrac{1}{15}=\dfrac{8}{120}$　チケットBは，$\dfrac{1000}{20000}=\dfrac{1}{20}=\dfrac{6}{120}$　チケットCは，$\dfrac{1500}{20000}=\dfrac{3}{40}=\dfrac{9}{120}$　$\dfrac{6}{120}<\dfrac{8}{120}<\dfrac{9}{120}$より，当選しやすい順に並べると，C→A→B。

2　(1)　$a=b$となるのは，$(a,\ b)=(1,\ 1)$，$(2,\ 2)$，$(3,\ 3)$，$(4,\ 4)$，$(5,\ 5)$，$(6,\ 6)$の6通り。大小2つのさいころの目の出方の総数は，$6\times6=36$(通り)だから，求める確率は，$\dfrac{6}{36}=\dfrac{1}{6}$

(2)　$10a+b$は十の位の数がa，一の位の数がbである2けたの整数を表している。a，bの範囲を考えて2けたの整数を考えると，9の倍数となるのは，36，45，54，63　すなわち，$(a,\ b)=(3,\ 6)$，$(4,\ 5)$，$(5,\ 4)$，$(6,\ 3)$の4通り。よって，求める確率は，$\dfrac{4}{36}=\dfrac{1}{9}$

問2　1　yはxの2乗に比例するから，$y=ax^2$(aは比例定数)とおいて，$x=-1$，$y=5$を代入すると，$5=a\times(-1)^2$　$a=5$　よって，$y=5x^2$

2　関数$y=ax^2$のグラフはy軸について対称だから，xの値が1から3まで増加するときのyの増加量は8である。イのグラフは，点(1，1)，(3，9)を通るので，これを満たす。

3　$y=ax^2$ $(a<0)$…①とおく。$x=3$のとき$y=-3$より，①に代入すると，$-3=a\times3^2$　$9a=-3$　$a=-\dfrac{1}{3}$　よって，$y=-\dfrac{1}{3}x^2$

【第3問題】(連立方程式の利用)

問1　$300\times(1-0.2)=300\times0.8=240$(円)

問2　1　ジェットコースターに乗らなかった生徒は，$30-24=6$(人)だから，ア5，イ6

2　(1)　両方乗った生徒がx人，ジェットコースターだけに乗った生徒がy人，観覧車だけに乗った生徒が5人だから，$600x+400y+300\times5=14700$…(i)

(2)　ジェットコースターに乗った生徒の人数についての関係から，$x+y=24$…(ii)　(i)，(ii)を連立方程式として解く。(i)より，$3x+2y=66$…(iii)　(iii)－(ii)×2より，$x=18$　(ii)に代入して，

$18+y=24$　$y=6$　よって，$x=18$，$y=6$

問3　1　アイスクリームを5個買えばよいので，$150\times5=750$(円)

2　$5n$人分買うと，そのうち$_{ウ}\underline{n}$個が無料でついてくる。よって，1人あたりの金額は，$\dfrac{150\times(5n-n)}{5n}=$ $_{エ}\underline{\dfrac{150\times4n}{5n}}=120$(円)になる。

【第4問題】（作図，相似の証明，線分の長さ，円の半径，面積の比）

問1　線分AB，ACの垂直二等分線をそれぞれひき，2つの直線の交点をOとすればよい。

問2　1　(証明)(例)△ABEと△CDEにおいて，対頂角は等しいから，∠AEB＝∠CED…①　**円周角の定理**より，∠BAE＝∠DCE…②　①，②より，2組の角がそれぞれ等しいので，△ABE∽△CDE

2　△ABEで，**三平方の定理**により，$AE^2=AB^2-BE^2=5^2-4^2=9$　AE＞0より，AE＝3(cm)　△ABE∽△CDEより，AB：CD＝AE：CE　5：CD＝3：4　3CD＝20　$CD=\dfrac{20}{3}$(cm)

3　△ABE∽△CDEより，BE：DE＝AE：CE　4：DE＝3：4　3DE＝16　$DE=\dfrac{16}{3}$(cm)　よって，$AD=AE+DE=3+\dfrac{16}{3}=\dfrac{25}{3}$(cm)より，円Oの半径は，$\dfrac{25}{3}\div2=\dfrac{25}{6}$(cm)

4　円Oと円Dの面積の比は，半径の2乗に等しいから，$OA^2:CD^2=\left(\dfrac{25}{6}\right)^2:\left(\dfrac{20}{3}\right)^2=\dfrac{625}{36}:\dfrac{400}{9}$ $=25:64$

【第5問題】（一次関数のグラフの利用）

問1　グラフより，家を出発してから130分後＝2時間10分後だから，11時10分。

問2　公園で休憩をとっていた時間は30分間だから，休憩をとらなければ，130－30＝100(分後)に到着していた。

問3　1　10分間に5km進むから，$\dfrac{5}{10}=\dfrac{1}{2}=0.5$より，こうたさんのバイクの速さは分速0.5km

2　傾きは$\dfrac{1}{2}$で，点(50，0)を通るから，グラフを表す式は，$y=\dfrac{1}{2}x+b$とおいて，$x=50$，$y=0$を代入すると，$0=\dfrac{1}{2}\times50+b$　$b=-25$　よって，$y=\dfrac{1}{2}x-25$

3　家からの道のりが12kmの地点に公園があるから，$y=\dfrac{1}{2}x-25$に$y=12$を代入して，$12=\dfrac{1}{2}x-25$　$\dfrac{1}{2}x=37$　$x=74$　74分＝1時間14分より，10時14分に合流した。

問4　家からの道のりが20kmの地点に道の駅はある。$20\div\dfrac{1}{2}=20\times2=40$より，こうたさんが道の駅に到着するのは家を出発してから40分後だから，到着した時刻が12時30分から13時00分の間のとき，出発した時刻は，11時50分から12時20分の間である。

<英語解答>

【第1問題】　問1　1　ウ　2　ア　3　イ　4　エ　問2　ア　オ　カ
問3　①　Saturday　②　Japanese　③　(例)go to temples [read books about Japan ／ watch Japanese movies ／ wear a kimono]

【第2問題】　問1　1　イ　2　エ　問2　1　イ　2　ウ　問3　1　ウ　2　エ

【第3問題】　問1　ア　問2　エ　問3　ア　問4　エ

【第4問題】 問1 use a smartphone in her room 問2 the phone during meals
問3 A イ B ア 問4 a スマートフォンを与え b 泣き止む
問5 ウ 問6 (例)I am studying／I am with my friend

【第5問題】 問1 1 favorite 2 born 問2 1 only relax but also climb
2 Who is the man talking with 3 you can take it back
問3 a (例)You should go to the police.／That's too bad. You should look for it again. b (例)It says we can't go this way.／I can't believe it. This road is closed. 問4 (例)<フミさんに賛成の場合>
I agree with Fumi. When a dangerous thing happens, we can ask them for help. There is always someone in the store.
<ユキノブさんに賛成の場合> I'm for Yukinobu's opinion. If a convenience store is open 24 hours, somebody has to work late at night. It is not good for their health.

<英語解説>

【第1問題】 (リスニング)

放送台本の和訳は，67ページに掲載。

【第2問題】 (資料などの読み取り問題：英問英答)

問1 1 「家の外で使える一番安いコンピュータが欲しい。どのコンピュータを買いますか」 イ 「ルーカス」**portable「持ち運びできる」**もので一番安いものを選ぶ。 2 「コンピュータについて正しいものはどれですか」 ア 「ソフィアのバッテリーは長持ちする」は表のlong battery life「長時間バッテリー持続」欄を参照。 イ 「ルーカスはソフィアよりもメモリーが多い」は表のMore than 4GB memory「4GBより多いメモリー」欄を参照。 ウ 「コム10は4つの中で一番高い」は price「値段」欄を参照。 エ 「フォースプロは持ち歩きやすい」が正しい。

問2 1 「学校は2016年に一番多くの受検者を受け入れた」 2 「2014年には約2500人が学校のホームページを訪れた」

問3 1 「3人分を作る場合どれくらいの牛肉が必要ですか」上の ingredients (for four people)「材料(4人分)」を参照する。4人で200なら3人ではウの150となる。 2 「このレシピについて正しくないのはどれですか」 ア 「この料理を作るのに20分より長くかかる」下のHow to cook「作り方」の5に「20分煮込む」とあるので内容と合っている。 イ 「水としょう油を同時に入れる」作り方の4に「水とⒶを注ぐ」とあり，材料を見るとⒶは砂糖，塩，しょう油とわかるので内容と合っている。 ウ 「最初に肉と野菜を切る」作り方の1に「肉，ジャガイモ，玉ねぎ，ニンジンを切る」とあるので内容と合っている。 エ 「玉ねぎの前にニンジンを鍋に入れる」作り方の2の2文目で「牛肉と玉ねぎを炒める」とあり3で「ジャガイモと人参を加えて炒める」とあるので内容と合っていない。

【第3問題】 (短文読解問題：語句補充，語句解釈，内容真偽)

問1 ① 2つ目のアイコは「わかりましたがそこでどの電車に乗るべきでしょうか。B 駅行きかF 駅行きか」と聞いており，空欄①直後には「D 駅で降りろ」と言っているので，B 駅行きに乗ることがわかる。「B 駅行に乗って」　②「その駅からグランドホテルまで歩ける。そこに大体11時40分に着く」1つ目のアイコの発話2文目に「そこに正午までに行く必要がある」とある。

問2　下線部は「天は自ら助くる者を助く」ということわざ。レベッカが最後に「その通りね。まずは自分でやってみる」がヒント。　エ「誰かに助けを求める前に最善を尽くすべきだ」

問3　コウヘイは「部活に入ると高校生活が楽しくなる」，メアリーは「勉強も重要だがボランティアをするのがいい」という内容。　ア「コウヘイは部活にはいくつかいい点があると思っている」(○)　2～5文目に友達ができる，練習を通して上手になる，忍耐強くなることなどが述べられている。　イ「メアリーは生徒が学校で全ての重要なことを学べると思っている」(×)　3文目に学校にずっといて欲しくない，最終文には学校をでると学校よりも大切な何かがあることがわかるという内容がある。　ウ「コウヘイとメアリーは部活に入るのが生徒にとって一番いいと思っている」(×)　コウヘイの第1文参照。メアリーは部活のことについて述べていない。
エ「コウヘイとメアリーはボランティアを一緒にすることが一番重要だと思っている」(×)　コウヘイはボランティアについては述べていない。メアリーはボランティアがいいとは言っているが一番大事だとは述べていない。

問4　1段落目「賢者のもとを訪れた貧しい人々は毎日同じ悩みを賢者に話した」2段落目「ある日賢者が同じ冗談を何度も何度も彼らに言ったら最後には彼らは笑わなくなった」3段落目「賢者は彼らに毎回同じ冗談で笑えないなら，なぜ同じ悩みについて何度も何度も言うのかと言った」という内容。　ア「よりよいアドバイスを貧しい人たちに与えることはすばらしい」(×)
イ「何度も何度も笑うことは多くの人たちを助けるだろう」(×)　ウ「冗談を言うことはそれを聞くほどは面白くない」(×)　以上のような内容は述べられていない。　エ「同じ問題について話すことはそれを解決することにはならない」(○)　第3段落参照。

【第4問題】 (長文読解問題・スピーチ：英問英答，指示語，語句補充，内容真偽，条件英作文)

(全訳)　私たち中学生はよく先生や親からスマートフォンの使い方を教えてもらいます。昨年スマートフォンを使い始めたとき，両親が作ったルールに従うことに同意しました。自分の部屋でスマートフォンを使うことができません。大人はどうなんでしょうか。彼らは自分のスマートフォンの使い方について気を付けているのでしょうか。

先月，家族で夕飯を食べにレストランへ行きました。食事をしているときに父のスマートフォンから音が聞こえて，父はそれに出ました。彼の会社で働いている人からでした。話し終わったあと，母は$_{(1)}$<u>そのこと</u>で父と言い争いをしました。母は父が私たちを，食事を，そして私たちの気持ちを尊重していないと感じていました。この経験のあと，スマートフォンは悪いテーブルマナーの原因になりうると思い始めました。私はある調査の面白い結果を見つけました。約40%の人が食事中に他の人が電話に答えるのはよくないと言っています。

私たちの周りによくある光景について考えてみましょう。まだ運転中にスマートフォンを使っている大人もいます。これはマナーの問題以上のことです。安全の問題です。交通事故が起こるかもしれません。今は多くの親が子供を世話するためにスマートフォンを使っていることもわかりました。私には2歳の甥がいます。彼はすでに上手にスマートフォンを使い，それでビデオを見たりゲームをしたりします。彼はもうそれ$_{A}$(なしではやっていけ)ません。私の姉は彼が泣いているときに静かにさせておくのに一番いい方法だと言います。何年も前は赤ちゃんが泣くと母親が抱いて歌を歌いました。最近はただ赤ちゃんにスマートフォンを与えるだけの親がいて，$_{(2)}$<u>それがしばしばよく効くのです。</u>実際子どもの60%が2歳になる前にスマートフォンかコンピュータを見たり使ったりし始めています。子どもたちがそれに$_{B}$(頼り)すぎるなら，問題がいくつか生じるでしょう。例えば言葉を学ぶのにより時間がかかったり，他の人とのアイコンタクトが保てなくなったりすると聞きました。

スマートフォンは今私たちの生活の一部です。私たちはそれとうまくやっていく方法を学ぶ必要があります。私は自分のを(3)賢い方法で使いたいと思っています。

問1 「サワは何のルールに従うことに同意しましたか」「彼女は自分の部屋でスマートフォンを使わないことに同意しました」<agree to ＋動詞の原形>「～することに同意する」**<agree not to ＋動詞の原形>「～しないことに同意する」**第1段落2，3文参照。本文の代名詞 my をそのまま書かず，主語の she に合わせて her に書き直すこと。

問2 it は前に出てきた文の内容を指すことができる。ここでは第2段落第2文の電話に出た父親の行動を指している。この内容を端的に表している表現は同段落最終文にある「食事中に電話に出ること」となる。during「～の間」

問3 ア **depend on ～「～に頼る，依存する」** イ go without ～「～なしでやっていく」 ウ look after ～「～を世話する」 エ point at ～「～を指差す」

問4 下線部を含む文とその前の一文を読む。昔の話と今の違いを考える。

問5 ア 「サワの父親はレストランで忙しすぎて電話に出られなかった」(×) 第2段落第2文参照。 イ 「サワの母親は怒っていることを表すために夫のスマートフォンを取り上げた」(×) 第2段落第4，5文参照。 ウ 「サワは運転中にスマートフォンを使うことは危険だと思っている」(○) 第3段落第2～4文参照。 エ 「サワの甥は2歳なのでスマートフォンに触ったことがない」(×) 第3段落第7，8文参照。

問6 **社会問題に対する自分の意見を書けるように**練習しておくこと。解答例は「私が勉強しているとき[友達といるとき]スマートフォンを使いません」という意味。条件を必ず守ること。

【第5問題】 (語句補充，語句並べ替え，条件英作文：形容詞，助動詞，分詞，前置詞)

問1 1 「きみの弟[兄]のお気に入りの音楽は何？」 B が「いつも K ポップを聞いているよ」と答えているので **favorite「お気に入りの，大好きな」**だと考える。 2 「彼は1968年に生まれた」 **be born「生まれる」**

問2 1 (We can not)only relax but also climb (Mt.Sanbe.) 「リラックスできるだけでなく三瓶山に上ることもできる」 **not only A but also B「AだけでなくBも」** 2 Who is the man talking with (Ms. Baker ?)「ベーカーさんと話している男性は誰ですか」動詞の ing 形は名詞の前後について「～している」という意味を表す。ここでは the man talking with ～で「～と話している男性」とする。 3 (If you like it,)you can take it back(home with you.)「もしよければ家に持って行っていいですよ」助動詞 can に続くのは動詞の原形なので take「持って行く」が続く。持って行くものは it で本を指している。

問3 a ②で「カバンをなくしたと思う。どこにも見つからない」，④で「それをやってみる」とあるので③にはアドバイスを入れる。解答例は「警察に行った方がいい」「それは残念。もう一度探した方がいい」の意味。 b ②で「何と書いてある？」，④で「サインに従おう」とあるので，③はサインの意味を説明したものとなる。解答例は「この道は行けないと書いてある」「信じられない。この道は閉まっている」という意味。

問4 先生は「子どもの頃はコンビニはなかった。今はこの町にたくさんお店があり，便利だが夜遅くにも開いているべきだと思うか」という内容。フミさんは「24時間開いててほしい。いつでも色々買える。夜だけしか買い物できない人もいる」と述べている。ユキノブさんの意見は「一晩中開いてなくてもいいと思う。真夜中すぎの方が多く強盗があるに違いない。道には人が少ししかいない」という内容。**条件をよく読み解答すること。**解答例は「私はフミさんに賛成です。危険なことが起こったとき彼らに助けを求めることができます。お店にはいつも誰かがいます」「ユキノブさんの意見に賛成です。もしコンビニが24時間開いているなら，誰かが夜遅くに働かなくてはならなりません。それは健康によくありません」の意味。I agree with ～「～に賛成だ」 I'm for ～'s opinion「～の意見に賛成だ」**自分の意見と理由を表現できるよう教科書の文などを参考にして，接続詞などを使った長めの文の練習をすること。**

2020年度英語　リスニングテスト

〔放送台本〕

ただ今から放送による問題を行います。第1問題は，問1～問3まであります。途中でメモをとってもかまいません。

問1　二人の会話を聞いて，そのあとの質問に答える問題です。それぞれの会話のあとに読まれる質問の答えとして最も適当なものを，ア～エの中から一つずつ選び，記号で答えなさい。会話は1～4まであります。放送は1回のみです。それでは問題に入ります。

1番　A: Hi, Ken. You look excited. What happened?

B: Hi, Jane. I saw the new ALT at the entrance. The last ALT was a woman, but this time, it's a man.

A: Wow, really? What does he look like?

B: Well, he wears glasses, and he has short black hair.

Question: What does the new ALT look like?

2番　A: What a beautiful painting! I want to take a picture.

B: Look at that. You can't do it.

A: I see. I didn't see the sign.

B: That's OK.

Question: Which sign are the two people talking about?

3番　A: What's the problem?

B: I don't know how to write the word 'bicycle.' B-Y-C or B-I-C…?

A: Oh, I forgot. Let's use this.

B: Yes, let's do that.

Question: What will the two people use?

4番　A: Mom, I'll go to a stationery shop to buy some school notebooks. Will you give me some money for that?

B: OK. Here you are. But how many will you buy?

A: Just three. They sell one notebook for only one dollar.

B: Then, don't forget to give me back two dollars when you come home.

Question: How much money was given to the boy?

これで問1を終わります。次は問2です。

〔英文の訳〕

1番　A：こんにちは，ケン。興奮してるね。どうしたの？

B：やあ，ジェイン。入口で新しい ALT の先生を見たよ。この前の先生は女性だったけど，今回は男性だよ。
A：わあ，本当？　どんな感じだった？
B：ええと，メガネをかけていて，短い黒髪だよ。
質問：新しい ALT の先生はどのような感じですか。
答え：ウ

2番　A：なんて美しい絵！　写真撮りたい。
B：あれを見て。それはできませんよ。
A：わかりました。サインを見ていませんでした。
B：大丈夫ですよ。
質問：2人はどのサインについて話をしていますか。
答え：ア

3番　A：どうしたの？
B：bicycle という単語をどう書いていいかわからない。B-Y-C, B-I-C かな？
A：ああ，忘れた。これを使おう。
B：うん，そうしよう。
質問：2人は何を使いますか。
答え：イ　辞書

4番　A：お母さん，学校のノートを買いに文房具屋に行くよ。そのお金をちょうだい。
B：いいわよ。はいどうぞ。でも何冊買うの？
A：3冊だけだよ。そこではノート1冊たったの1ドルで売ってるんだよ。
B：それじゃ，家に帰ってきたら2ドル私に返すのを忘れないでね。
質問：少年はいくら渡されましたか。
答え：エ　5ドル

〔放送台本〕

問2　ジョンソン先生による家庭学習についての話を聞き取る問題です。話されている内容に合うものを，ア～カの中から三つ選び，記号で答えなさい。放送は2回くり返します。1回目の放送は15秒後に始まります。それでは問題に入ります。

Hello, everyone. Today I want to talk about how to study at home.

First, put only the important things on your desk. You don't need comic books or snacks when you study.

Second, go to the kitchen when you want to drink something, or keep it on a small table near your desk.

Third, choose a time to clean your desk and do it! If you do it every day, it will only take five minutes and you can start a new day with a clean desk.

Do you have a computer? Keep the information from the websites on your computer. If you print out everything, you will waste a lot of paper.

これで問2を終わります。次は問3です。

〔英文の訳〕

みなさん，こんにちは。今日は家での学習方法について話をしたいと思います。

まず，机に重要なものだけを置きます。勉強するときに漫画やお菓子は必要ありません。

次に，何か飲みたくなったときにキッチンへ行く，または机のそばの小さなテーブルにそれを置きます。

3つ目は，自分の机を掃除する時を選んで，掃除します！　毎日すればたったの5分しかかからず，新しい一日をきれいな机で始めることができます。

コンピュータは持っていますか？　ウェブサイトからの情報はコンピュータに保存しておきましょう。もし全てをプリントアウトすると紙を無駄づかいすることになるでしょう。

答え：ア　本当に必要なものを机の上に置く。
　　　オ　毎日机を掃除するのがいい。
　　　カ　ウェブサイトからの情報を印刷しすぎない。

〔放送台本〕

問3　あなたは日本を訪れているジェーンさんから送られてきた音声メッセージを聞いています。その内容に合うように，次の〈メモ〉を完成させなさい。また，メッセージの中にあるジェーンさんの質問に対して，あなたの答えを英語で書きなさい。ただし，①，②はそれぞれ英語1語で，③は与えられた書き出しに続くように答えなさい。放送は2回くり返します。それでは問題に入ります。

Last Saturday I had a wonderful experience. I went to *judo* practice in the morning, and learned many things about it. In the afternoon, I went to another place and enjoyed a tea ceremony. It is called *sado* in Japanese. After that, I was taught how to enjoy *ikebana*. It was a busy day, but I had a very good time. Now I want to ask you. What should I do next to know more about japan?

これで放送を終わります。

〔英文の訳〕

この前の土曜日私は素晴らしい経験をしました。午前中に柔道の稽古に行き，それについて多くのことを学びました。午後は他の場所に行きお茶の儀式を楽しみました。それは日本語で「茶道」と呼ばれています。その後生け花の楽しみ方を教わりました。忙しい一日でしたがとてもいい時間を過ごしました。さてみなさんに聞きたいことがあります。日本についてもっと知るために次にすべきことは何でしょうか。

答え：①　この前の土曜日の彼女の素晴らしい体験。
　　　②　日本の伝統について多くのことを学んだ。
　　　③　(例)お寺に行ったら[日本についての本を読んだら／日本映画を観たら／着物を着たら]どうですか。

<理科解答>

【第1問題】　問1　1　イ　2　イ，エ　3　屈折　4　日周運動　問2　1　(水)　94g　(食塩)　6g　2　(力のつり合い)　AとB　(作用と反作用)　AとC
問3　1　停滞前線　2　イ→ウ→ア

【第2問題】　問1　1　突沸を防ぐため。　2　麦芽糖　3　デンプンは水ではなくだ液によって分解されたことを確かめるため。　4　ウ，エ　問2　1　二酸化炭素　2　b　3　ウ　4　細胞の呼吸によってたくさんのエネルギーをとり出すために，酸素や有機物を全身の細胞にたくさん届ける必要があるから。

【第3問題】　問1　1　電解質　2　(番号)　①　(イオン式)　H^+　3　イ
問2　1　(化学反応式)　$BaCl_2 + H_2SO_4 \rightarrow BaSO_4 + 2HCl$　(物質名)　硫酸バリウム
2　0.81g　3　エ

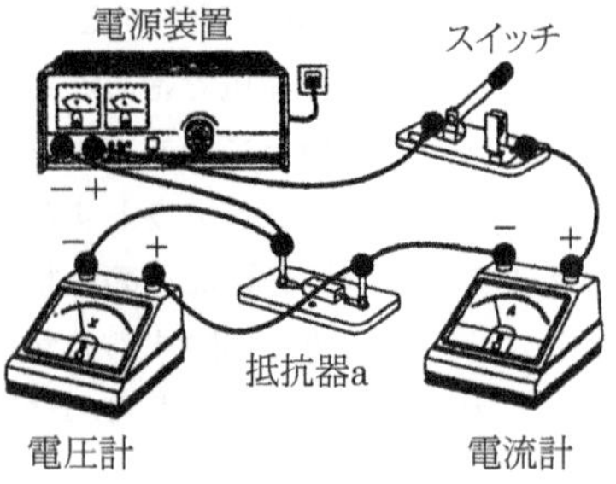

【第4問題】　問1　1　電子　2　ア　3　B　電極Xの方に曲がる　C　－　4　＋極
問2　1　右図　2　20Ω　3　10Ω
4　D　抵抗器a　E　0.25

【第5問題】　問1　1　初期微動継続時間
2　右図　3　地震が発生した時刻　4　X　地震によるゆれの大きさ　Y　地震の規模 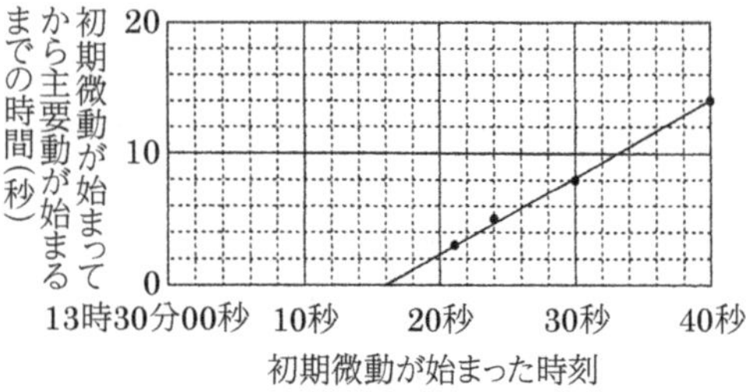
問2　1　ウ　2　b
3　日本海溝から日本列島に向かって，海のプレートが陸のプレートの下にだんだん深くしずみこんでいるから。　4　活断層

＜理科解説＞

【第1問題】　(小問集合―植物，気体の性質，光，天体，濃度，力のつり合い，気象，自然環境)

問1　1　A：被子植物，B：単子葉類，C：双子葉類，D：離弁花類。　2　二酸化炭素は石灰水を白くにごらせる。この性質は，気体の確認に利用される。亜鉛とうすい塩酸の反応では水素が発生し，二酸化マンガンにオキシドールを加えると酸素が発生する。　3　光が空気中からガラスに入るときは入射角＞屈折角となり，その光がガラスから空気中に出るときは入射角＜屈折角となる。　4　地球は北極と南極を結ぶ線(地軸)を軸として，西から東へ約1日に1回転している。天体の**日周運動**は，地球の自転によって起こる見かけの現象である。

問2　1　質量パーセント濃度(%)＝溶質の質量(g)÷溶液の質量(g)×100より，求める食塩の質量は，100(g)×6÷100＝6(g)。水の質量は，100－6＝94(g)　2　つり合いの関係でも**作用と反作用**の関係でも，それらの2つの力は大きさが等しく，一直線上にあって，その向きは反対である。つり合いの関係では，2つの力は同じ物体にはたらいているが，作用と反作用では2つの力はたがいに異なる物体に対してはたらいている。

問3　1　寒気団と暖気団の勢力がほぼ同じで，上空の風の向きが前線と平行になっていると，前線はほとんど動かずに**停滞前線**ができる。　2　水の汚れを知る手がかりになる指標生物は，きれいな水，少しきたない水，きたない水，大変きたない水の4つの段階のそれぞれに分かれている。

【第2問題】　(動物の体のつくりとはたらき―消化，吸収，血液循環)

問1　1　実験で液体を加熱するときには，急激に沸騰して実験器具からふき出すのを防ぐため，沸騰石を入れて加熱する。　2　ベネジクト液を入れて加熱すると，**糖**が含まれている場合には赤褐色の沈殿ができる。試験管Aでデンプンがだ液に含まれるアミラーゼによって分解されて，ブドウ糖がいくつかつながった麦芽糖になったため，試験管Dでベネジクト液に反応した。

3　試験管C，Dの結果がだ液に含まれる**消化酵素**のはたらきによるものでることを確認するために，だ液の有無だけ条件のちがう**対照実験**を行う目的で，試験管Bには水を加えている。

4　試験管Cでは2℃と75℃でいずれも青紫色になっていることから，デンプンが含まれたままであることがわかる。また，試験管Dではいずれも青色なので糖は含まれない。消化酵素のはたらきには適温があり，ヒトの体温近くでもっともよくはたらく。

問2　1　吸気(大気中の空気)に比べて呼気に含まれる割合が下がった［X］は酸素，割合が上がった［Y］は二酸化炭素である。　2　だ液や胃液，さらに小腸の消化酵素のはたらきによって分解された養分は，小腸の**柔毛**から吸収される。このうちブドウ糖やアミノ酸などは柔毛の**毛細血管**から門脈に入り，血液とともに肝臓に運ばれる。　3　心房と心室，心室と血管の間には，血液の逆流を防ぐ**弁**がある。**肺循環**では，右心房→右心室→肺動脈→肺→肺静脈→左心房→左心室と血液が流れる。［Z］にある弁は右心房→右心室の流れが逆にならないようにできている。

4　**細胞の呼吸**によって，酸素と養分をとり入れて生きるためのエネルギーをとり出し，二酸化炭素を放出している。

【第3問題】（酸とアルカリ―電離，化学反応式，イオンの反応）

問1　1　水にとかしたとき水溶液に電流が流れる物質を**電解質**，水溶液に電流が流れない物質を非電解質という。　2　それぞれの電解質は，水溶液中で次のように**電離**している。塩化水素：$HCl \rightarrow H^{+} + Cl^{-}$，塩化ナトリウム：$NaCl \rightarrow Na^{+} + Cl^{-}$，水酸化ナトリウム：$NaOH \rightarrow Na^{+} + OH^{-}$，①は$H^{+}$，②は$Cl^{-}$，③は$Na^{+}$，④は$OH^{-}$があてはまる。青色リトマス紙を赤色に変化させる**酸性**を示す原因になるイオンはH^{+}である。グリップXは－極，グリップYは＋極である。

3　**アルカリ性**を示す原因になるイオンはOH^{-}で，赤色リトマス紙を青色に変化させる。この陰イオンは＋極の方へ移動する。

問2　1　塩化バリウム($BaCl_2$)と硫酸(H_2SO_4)が反応して，白い沈殿の硫酸バリウム($BaSO_4$)と塩化水素(HCl)が生じる。　2　図2より，塩化バリウム水溶液50cm³とうすい硫酸50cm³がちょうど過不足なくすべて反応して，1.35gの沈殿した物質が生じたことがわかる。ビーカーBではうすい硫酸30cm³がすべて反応して，$1.35(\mathrm{g}) \times \frac{30}{50} = 0.81(\mathrm{g})$の沈殿が生じる。　3　塩化バリウム水溶液とうすい硫酸は，体積比が1：1のときにすべて反応するので，ビーカーHで沈殿した物質の質量が最大値の1.35gになり，その前後では塩化バリウム水溶液またはうすい硫酸が反応せずに残るので，沈殿は1.35gよりも少ない。また，沈殿の質量は反応に使われた水溶液の体積に比例する。

【第4問題】（電流―放電，電流回路，抵抗）

問1　1　たまっていた電気が流れ出したり，空気などの電流を流しにくい気体中を電流が流れたりする現象を**放電**という。放電で流れる電流は，－の電気をもつ小さな粒子である**電子**の流れである。　2　静電気は，物体の中にある電子が，摩擦によって一方の物体からもう一方の物体へ移動することで生じる。　3　図2の真空放電管の－極から出た粒子が，蛍光板を光らせる。この**電子線**は電子の流れなので，＋極である電極の方に曲がる。　4　雷は雲にたまった電気が雲の中や雲と地面の間を流れる現象で，落雷では雲の下方から＋極である地表に向かって電子が飛び出す。

問2　1　電流回路では，電流をはかるところに電流計を**直列**につなぎ，電圧をはかる部分に電圧計を**並列**につなぐ。　2　抵抗(Ω)＝電圧(V)÷電流(A)より，2.0(V)÷0.10(A)＝20(Ω)　3　図3の②は直列つなぎなので，抵抗器aと抵抗器bの抵抗の和が回路全体の抵抗の大きさになる。3.0(V)÷0.10(A)＝30(Ω)，30－20＝10(Ω)　4　図3の③は並列つなぎなので，一方の抵抗器の抵抗が大きくなると，そちらには電流が流れにくくなる。したがって，抵抗器aに流れる電流は，5.0(V)÷20(Ω)＝0.25(A)に近づく。

【第5問題】（地震―P波とS波，震度とマグニチュード，プレート）

問1　1　地震が起こったとき，**初期微動**を起こすP波と**主要動**を起こすS波は**震源**で同時に発生するが，P波のほうがS波よりも伝わる速さが速いので，観測地点に到着する時刻に差がでる。この時間を**初期微動継続時間**という。　2　表より，各観測地点での初期微動継続時間は，A：3秒，B：5秒，C：8秒，D：14秒。これらの点を記入して，直線を引く。　3　初期微動継続時間が0秒ということは，P波とS波が同時に発生した時刻を示している。　4　**震度**は観測地点での地面のゆれの程度を示し，日本では10段階に分けられている。一方，**マグニチュード**は地震が起きたときに放出されたエネルギーの大きさに対応するように決められていて，地震の規模(きぼ)を表す。

問2　1　地球の表面をおおう厚さ100㎞くらいの固い岩板が**プレート**で，海底の海嶺の部分でつくられる。各プレートは一定の方向へ移動し，海溝の部分で地下へ沈みこんでいると考えられる。　2　日本付近では4枚のプレートが押し合っている。陸のプレートであるユーラシアプレートの下に，海のプレートであるフィリピン海プレートが沈みこむ。　3　海のプレートが陸のプレートの下に沈みこむ日本列島のような場所では，地震や火山活動が起こる。このプレートの境界で起こる地震の震源は，プレートの沈みこみにそって太平洋側で浅く，日本海側にいくにつれて深くなる。　4　**活断層**とはかつて地震を引き起こした断層で，将来も再び動いて地震を起こす可能性がある断層のことである。日本では多くの活断層が知られている。

＜社会解答＞

【第1問題】　問1　1　イ　2　ア　3　ウ　4　イ　5　(1970年代に発生した)石油危機により，電気料金が高くなった(ことで，製造にかかる費用が増えたから。)　問2　1　ウ　2　A　日宋貿易　B　天皇のきさき　3　(核兵器を)持たず，つくらず，持ちこませず　4　ワカタケル大王の名を刻んだ鉄刀や鉄剣が，九州と関東それぞれから出土しているから。　5　エ　問3　1　ウ　2　教育　3　エ

【第2問題】　問1　1　古事記　2　ア　3　(土倉や酒屋は)高利貸(を営んでいたから。)　4　石見銀山でとれる銀を用いて，銀貨をつくるため。　問2　1　ウ→イ→ア　2　鉄鋼　3　エ　4　イ　5　(事件名)　五・一五事件　(影響)　政党中心の政治を崩壊させた。

【第3問題】　問1　1　A　潮目　B　リアス　問2　ウ　問3　1　屯田兵　2　ア　3　イ　4　C　問4　エ　問5　(高松市は)山地にはさまれているため，夏と冬の季節風がさえぎられて，湿った空気が届きにくいから。

【第4問題】　問1　1　ア　2　条例　3　(参議院と比べて衆議院は)任期が短く解散もあるため，国民の意思がより強く反映されるから。　問2　1　発券銀行　2　エ　3　ウ　問3　1　イ　2　(太陽光や風力，地熱といった自然エネルギーは)

発電時に温室効果のある二酸化炭素を排出せず，資源に限りがある石炭などに比べ，資源がなくなることがない。

＜社会解説＞

【第1問題】 (地理的分野―世界地理－人口・都市・産業・貿易・資源・エネルギー，公民的分野―国際社会との関わり・基本的人権，歴史的分野―日本史時代別－古墳時代から平安時代・安土桃山時代から江戸時代・明治時代から現代，―日本史テーマ別－外交史・政治史・文化史，―世界史－世界史総合)

問1　1　**ロンドン**は，イギリスの首都である。イギリスの正式名称は，グレートブリテン・北アイルランド連合王国である。**ワシントンDC**はアメリカ合衆国の首都で，ホワイトハウス・連邦議会・最高裁判所など，アメリカの国家機関が集中している政治の中心地である。アメリカ合衆国最大の都市であるニューヨークが，首都でないことに注意したい。　2　イ　漢王朝が支配していた時代の中国と西洋を結んだ交易路が**シルクロード**である。西洋へは絹が，中国へは羊毛・金・銀などがもたらされた。なお，シルクロード(絹の道)ということばは，19世紀のドイツの地理学者がつけたものである。　ウ　古代ギリシャの**都市国家**を，**ポリス**という。特に，多くのポリスで男子市民による**直接民主政**が行われたことが特徴であり，**アテネ**・スパルタ・テーベなどが有名である。紀元前8世紀頃に成立し，紀元前5世紀頃消滅した。エエジプトでは，**ナイル川**流域に強い統一王朝が成立し，**ピラミッド**が築造された。天文学や数学が発達し，太陽暦が使われた。イ・ウ・エのどれも別の国や時代の説明であり，アが正しい。3世紀に，**ローマ帝国**は，国家方針として**キリスト教**を弾圧した。また，4世紀初頭の皇帝は，各地の教会の破壊を命じた。3　インドでは，古くからの**カースト制**によって職業の貴賤が規定されているが，このカースト制度に規定のない**IT産業**が発展した。インドでは，毎年2500万人程度も人口が増える「**人口爆発**」という現象が起こっており，**人口ピラミッド**のウがあてはまる。　4　ア　アメリカ合衆国の輸出品上位5品目のすべてが軽工業の製品ではない。　ウ　**レアメタル**とは，地球上に埋蔵量が少ないか，技術的に取り出すことが難しく，または金属の特性から精錬のコストが高くなるなどの理由で，産業界での流通量が少ない，希少な金属のことをいう。チタンやコバルトなどがレアメタルであり，ダイヤモンドはレアメタルではない。　エ　中国の輸出品上位5品目のうち第2位が衣類，第3位が繊維と織物であり，重工業の製品ではない。ア・ウ・エのどれも誤りであり，イが正しい。イギリスは輸出額第5位に地下資源である原油が入っている。原油が豊富なのは，イギリスが排他的経済水域内に**北海油田**を有しているためである。　5　1973年に，**第4次中東戦争**を機に，**石油輸出国機構**(OPEC)諸国が石油価格を大幅に引き上げたことにより，世界経済全体が大きな混乱に陥いる**石油危機**が起こった。これにより電気料金が高くなったことで，生産にかかる費用が増えたからであることを，前の文につながるように，25字以内にまとめて指摘すればよい。

問2　1　ア　**琉球王国**がポルトガルと日本との**中継貿易**を行ったのは，室町時代ではなく安土桃山時代である。この貿易では，生糸・絹織物などが扱われていた。　イ　江戸時代の初頭に琉球王国は**薩摩藩**に征服されたが，明や清との朝貢貿易は許された。　エ　現在，沖縄県には日本にあるアメリカ軍施設の70％が集中している。ア・イ・エのどれも誤りであり，ウが正しい。このことを**琉球処分**という。　2　A　**平清盛**は大規模な修築を行って**大輪田泊**(おおわだのとまり＝現在の神戸港)を整備し，大規模な**日宋貿易**を行って，**平氏政権**の財源とした。日宋貿易では，日本からは刀や工芸品などが輸出され，宋からは大量の**宋銭**が輸入された。流入した宋銭は日本の市場で広く流通するようになった。 B 1150年代の**保元の乱・平治の乱**で勝利を収めた平清盛は，1167年に武士として初めて**太政大臣**の位についた。1172年に娘の徳子を**高倉天皇**のきさきとし，生まれた男子を**安徳天皇**として即位させ，平氏政権を築いた。 3 **非核三原則**とは，「**核兵器を持たず，つくらず，持ちこませず**」とする日本政府の政策をさす。1967年に，当時の自由民主党の**佐藤栄作**首相が，国会で初めて表明したものである。そして，佐藤内閣以降の内閣も方針を踏襲し，非核三原則は日本の基本政策として，今日まで引き継がれてきた。なお，「持ちこませず」とは，日本に来る**米軍**に核兵器を装備させないという意味である。 4 Cに当てはまる言葉は，「**大王**」である。**ワカタケル大王**とは,後に**雄略天皇**と呼ばれることになる**大和政権**の王である。その名を刻んだ鉄刀や鉄剣が，九州と関東それぞれから出土しているので，大和政権が九州から関東までの地域を支配していたと考えられることを簡潔にまとめればよい。
5 写真4は，**東大寺南大門**の**金剛力士像**である。東大寺の建造物の多くは，**源平の争い**で焼失し，この南大門の金剛力士像も，鎌倉時代に**運慶**らによって再建されたものである。アの写真は，室町時代前期の**北山文化**の時代に，幕府の3代将軍**足利義満**によって建造された**金閣**である。イの写真は，**聖武天皇**の時代に建造された**正倉院宝物庫**である。ウの写真は，江戸時代初期に建てられた**姫路城**である。ア・イ・ウのどれも別の時代の建築物であり，エが正しい。エの写真は，奈良時代に建造され，鎌倉時代に再建された**東大寺南大門**である。

問3 1 ア **国際連合**の本部が置かれているのは，国際連合の発足した1945年以来，アメリカのニューヨークである。ジュネーブにかつて置かれていたのは，**国際連盟**の本部である。 イ 国際連合の**総会**は，全会一致で議決が行われているのではない。国際連合の**安全保障理事会**では，5か国ある**常任理事国**が1か国でも反対すると，つまり全会一致でないと決議ができないことになっている。 エ 安全保障理事会は，5か国(アメリカ合衆国・ロシア連邦・中国・イギリス・フランス)の常任理事国と，10か国の**非常任理事国**からなっている。非常任理事国は総会で選ばれ，2年任期であるが，日本は10回以上連続で選出されている。ア・イ・エのどれも誤りであり，ウが正しい。**国際司法裁判所**に訴えを提起できるのは，個人ではなく国家だけで，裁判が行われるには，訴えられた国の同意も必要とされる。つまり，当事国両者の合意により裁判が始まることになる。なお，国際司法裁判所は，オランダのハーグにおかれている。 2 **日本国憲法**第26条では「すべて国民は，法律の定めるところにより，その能力に応じて，ひとしく**教育**を受ける権利を有する。」と定めている。なお，**マララ・ユスフザイ**は，パキスタン出身の女性で，子どもたちが教育を受ける権利を訴え続けて，2014年に**ノーベル平和賞**を受賞した。 3 日本の**ODA(政府開発援助)**は，横ばいから2013年には減少傾向になり，その後2015年以降は増加傾向にある，エである。また，日本のODA額は，アメリカに比べて3分の1程度であり，イギリスやドイツなど，ヨーロッパの国々と比べて，対**GNI(国民総所得)**比率が低い。よって，日本を表すグラフ上の記号は，エである。

【第2問題】 (歴史的分野―日本史時代別－古墳時代から平安時代・鎌倉時代から室町時代・安土桃山時代から江戸時代・明治時代から現代，―日本史テーマ別－文化史・政治史・経済史・外交史・社会史)

問1 1 712年に編纂された，日本最初の歴史書と言われる書物が「**古事記**」である。**天武天皇**が**稗田阿礼**(ひえだのあれ)に暗記させたものを，**太安万侶**(おおのやすまろ)が文書化した書物であり，天地の始まりなどの多くの神話と，**推古天皇**までの歴史を記している。なお，正史とされる**日本書紀**が編纂されたのは，古事記の8年後の720年である。 2 朝廷は，東北地方の原住民である**蝦夷**の居住地まで支配を広げようとして軍事行動を起こし，これに抵抗する蝦夷は，しばしば反乱を起こした。8世紀末に**征夷大将軍**に任命された**坂上田村麻呂**と，蝦夷の指導者アテルイの戦いが有名である。　3　**土倉**は，室町時代の高利貸業者である。鎌倉時代には**借上**(かしあげ)と称したが，質物保管のため土倉を建てたところからこの呼び名が一般化した。富裕な**酒屋**を兼業するものが多かったため，酒屋・土倉と併称されることが多く，ともに借金の帳消しを要求する**徳政一揆**の襲撃の対象となった。　4　Xの地域の中には，石見地方が含まれる。幕府がこの地を直轄地としたのは，**石見銀山**で採掘される銀を用いて，写真3のような銀貨をつくり，幕府の財政を豊かにするためであった。以上を25字以内で簡潔にまとめればよい。

問2　1　ア　**大日本帝国憲法**が，天皇が定める**欽定憲法**として発布されたのは，1889年である。イ　**伊藤博文**を首班に**内閣制度**が発足したのは，1885年である。　ウ　**明治六年の政変**で政府を下野した**板垣退助**らが，**民撰議院設立建白書**を政府に提出したのは，1874年である。したがって，年代の古い順に並べると，ウ→イ→アとなる。　2　写真は**八幡製鉄所**である。八幡製鉄所でつくられたものは**鉄鋼**である。八幡製鉄所は，**日清戦争**の**賠償金**の一部が建設費に用いられ，1901年に操業を開始した。北九州の八幡に製鉄所がつくられたのは，周辺の炭鉱の石炭を利用し，また，輸入の鉄鉱石を船で運び込むのに都合がよかったためである。　3　cの期間とは，1904年から1925年である。アは，大正時代に行われた**第一次護憲運動・第二次護憲運動**の説明である。イ　成立間もない**中華民国**に対して，**二十一か条の要求**を提示したのは，**第一次世界大戦**中で，大正時代のできごとである。　ウ　**農民運動**が活発になり，小作人が小作料の引き下げを求める**小作争議**が起こったのは，大正後期である。なお，賀川豊彦らによって**日本農民組合**が結成されたのは，1922年のことである。ア・イ・ウのどれも，cの期間に起こったことである。エが誤りである。ガス・水道・電気などが普及したのは，1950年代のことであり，**テレビ放送**が始まったのは，1953年である。cの時期ではない。　4　**治安維持法**の目的は，当時の日本の社会で流行していた**社会主義運動**を弾圧し，**天皇制**など**国体**の変革や，**私有財産制**の否定をうたっている反国家体制の運動を取り締まることにあった。　5　(事件名)　1932年5月15日に，海軍の**青年将校**らが**政友会**の**犬養毅首相**を殺害したのが，五・一五事件である。　(影響)　これにより，大正末から続いてきた**政党政治**に終止符が打たれた。以上を15字以内で簡潔にまとめればよい。

【第3問題】 (地理的分野―日本地理－地形・農林水産業・工業・都市・地形図の見方・人口・気候)

問1　1　A　温度の異なる海流がぶつかる場所の境目のことを**潮目**という。日本では，**暖流**である黒潮(日本海流)と**寒流**である親潮(千島海流)が三陸沖でぶつかり，多くの魚種のとれるよい漁場となっている。　B　起伏の多い山地が，海面上昇や地盤沈下によって海に沈み形成された，海岸線が複雑に入り組んで，多数の島が見られる地形を**リアス海岸**という。日本では，東北地方の**三陸海岸**が代表的である。波の衝撃を避けることができるため，カキの養殖などに適した地形である。

問2　略地図①は，石油・石炭製品である。石油・石炭製品の出荷額は1位が千葉県，2位が神奈川県，5位が北海道である。地図②は，輸送用機械である。愛知・岐阜・三重にひろがる工業地帯を，中京工業地帯といい，国内最大の自動車メーカーの本拠地を含んでおり，出荷額のうち突出して多いのは輸送用機械である。略地図③は情報通信機械である。東京や大阪，また東京・大阪と高速道路によって結ばれた地帯が出荷額上位となっているところからわかる。

問3　1　北海道の開拓，北方警備を担うために，明治政府によって北海道各地に家族単位で移住・配備された農兵のことを**屯田兵**という。　2　札幌の街並みは，縦横直角に道路が交わる「**条里制**」をもとにしている。京都の街並みと同様である。正答はアである。　3　ア　函館公園の中にあるのは，図書館「🕮」ではなく，博物館「血」である。　ウ　函館山の南側斜面に果樹園「○」はなく，あるのは広葉樹林「Q」と針葉樹林「Λ」である。　エ　この**地形図**の縮尺は2万5000分の1なので，計算すれば4cm×25000＝100000cm＝1000mとなる。ア・ウ・エのどれも誤りである。イが正しい。大森浜付近にある学校の**標高**は，**三角点**の表示で3m，護国神社近くにある学校の標高は三角点の表示で50m。したがって，両者の差は47mである。 4 山頂から，さえぎるものなく海岸が見える模式図は図3である。模式図3と地形図上の等高線から判断して，なだらかに下るCが正しい。

問4 Ⅰ **人口**が増加した都府県は，全国で10以下なので誤りである。 Ⅱ **太平洋ベルト**とは、日本の茨城県から大分県までを結ぶ，太平洋岸の一連の地域をいう。京都府は，**人口密度**が全国第13位であり，500人/km^{2}以上であるが，太平洋ベルトには含まれないので誤りである。

問5 高松市は，北側になだらかな中国山地が，南側にけわしい四国山地があるため，夏と冬の**季節風**がさえぎられて，湿った空気が届きにくく，温暖で冬に晴天が多く，1年を通して降水量が少なめである。高松市は**瀬戸内式気候**である。

【第4問題】 (公民的分野―憲法の原理・地方自治・国の政治の仕組み・財政・経済一般，地理的分野―日本地理－エネルギー,―環境問題)

問1 1 日本国憲法第96条に「この憲法の改正は，各議院の**総議員の三分の二**以上の賛成で，国会が，これを発議し，国民に提案してその承認を経なければならない。この承認には，特別の**国民投票**又は国会の定める選挙の際行はれる投票において，その**過半数**の賛成を必要とする。」との規定がある。**憲法改正国民投票法**の改正により，2018年6月21日以後にある国民投票においては，投票権年齢が**満18歳以上**に引き下げられることになった。ここにおいて関係のある憲法の原理は，国民主権である。 2 日本国憲法第94条で「**地方公共団体**は，その財産を管理し，事務を処理し，及び行政を執行する権能を有し，法律の範囲内で**条例**を制定することができる。」と規定されている。 3 **参議院**が6年任期なのに対して，**衆議院**は4年と任期が短く，解散もあるから，選挙も頻繁になり，その時点での国民の意思をより直接に反映する機関であると考えられるので，**衆議院の優越**が認められている。以上のような趣旨を，書きだし指定の語句に続くように，また字数制限に入るように記せばよい。

問2 1 **日本銀行**には，紙幣を発行する「**発券銀行**」の役割がある。そのため，すべての紙幣には**日本銀行券**という表記がある。日本銀行には「発券銀行」と合わせて，「**政府の銀行**」「**銀行の銀行**」の3つの側面がある。 2 日本銀行は，景気の良いときには，**国債**などを銀行に売る**公開市場操作**を行い，一般の銀行が保有する資金量を減らし，市場に通貨が出回りにくくする。これを**売りオペレーション**という。逆に不景気の時には，銀行が持つ国債などを買い上げ，一般の銀行が保有する資金量を増やし，市場に通貨が出回りやすくする。これを買いオペレーションという。これにより，失業率も低下させることができる。これを図で表せば，エとなる。 3 **為替相場**の変動で「1ドル80円」から「1ドル110円」のように，外国の通貨に対して円の価値が下がることを**円安**になるという。円安になると，日本からの輸出品の外国での価格が安くなるので，よく売れるようになり，輸出するのに有利になる。

問3 1 1997年に京都市で開かれた**地球温暖化防止会議**で，**京都議定書**が採択された。 ア アメリカは京都議定書に対しては，否定的な態度をとっている。 ウ **二酸化炭素排出量**の観点からすれば，**原子力発電**はむしろ有効であり，京都議定書では原子力発電の廃止については触れていない。 エ 京都議定書では，**発展途上国**の工業開発を促進するために，発展途上国に対しては，二酸化炭素排出量の削減は義務付けなかった。ア・ウ・エのどれも誤りであり，イが正しい。京都議定書では，**先進国**に二酸化炭素排出量の削減を義務付け，目標を初めて数値で定めた。 2 資源が有限でやがて枯渇してしまう石炭・石油などの**化石燃料**や原子力とは異なり，自然の活動によってエネルギー源が半永久的に供給され，継続して利用できるエネルギーのことを，**自然エネルギー**，または**再生可能エネルギー**という。**太陽光・風力・地熱・波力**などが自然エネルギーである。発電時に温室効果のある二酸化炭素を排出しないことが温暖化防止に有効だが，日本では自然エネルギーの利用があまり進んでいない。

＜国語解答＞

【第一問題】 問一 1 はか(る)　2 うけたまわ(る)　3 すいこう　4 けはい
問二 1 浴(びる)　2 赴(く)　3 帰省　4 浸透　問三 イ
問四 八(文節)

【第二問題】 問一 ウ　問二 ア　問三 (マラソン選手) 木　(小学生) 草
問四 (例)次々に世代を更新することで，変化する環境や時代に対応する能力。
問五 1 種子を残すこと　2 イ

【第三問題】 問一 エ　問二 ア　問三 (例)嘉穂に近づけない寂しさを感じながらも，心配で目が離せないと思う心情。　問四 ウ　問五 イ
問六 (例)今までおばちゃんに遠慮して隠してきた歌への思いを，もう隠さなくてよいのだと喜ぶ気持ち。

【第四問題】 問一 ウ　問二 エ　問三 (例)(…つまり「彼」は)本当は不死の術を知らなかった(ということであり，…)　問四 イ

【第五問題】 問一 ウ　問二 1 ア　2 エ　問三 ≪解答例1≫[商店街(A寺通り商店街)での歩き食べ問題を改善するために，]私は，大きなゴミ箱を通りのあちこちに置くことを提案します。インタビューでは，近所の住民がゴミのポイ捨てに困っていると答えていました。しかし商店街の店主の話から，歩き食べのおかげでお客が増え，歩き食べは商店街のために役立っている面があるとわかりました。私は，街の中で歩き食べをしても，ゴミをすぐに片付けることで，きれいな街と歩き食べを両立できると思います。
≪解答例2≫[商店街(A寺通り商店街)での歩き食べ問題を改善するために，]僕は，歩き食べをしていい時間帯を決め，それ以外の時間は歩き食べをしないようにするといいと思う。観光客は歩き食べを楽しみにやってきているということだから，歩き食べに夢中になっていると，地元の高校生が言っていたように，他の人の服を汚すようなこともあると思う。だから，通学や通勤の人が多い時間帯だけ歩き食べを禁止にすれば，観光客の楽しみも確保できると思う。

＜国語解説＞

【第一問題】 (知識―漢字の読み書き，筆順・画数・部首，文と文節)

問一 1 「**図る**」は，うまくいくように手順を整えること。 2 「**承る**」は「聞く」「引き受ける」の謙譲語。送りがなにも注意する。 3 「**遂行**」は，仕事などをやりとげること。 4 「**気配**」の「気」は「け」と読む。

問二 1 「**浴**」は「溶」と書き間違えない。 2 「**赴**」の音読みは「フ」で，「赴任」などの熟語を作る。 3 「**帰省**」は，ふるさとに一時的に帰ること。 4 「**浸**」を形が似ている「侵」と

混同しないこと。

問三　「福」は楷書で書くと**13画**になる。ア「組」は11画，イ「照」は13画，ウ「過」は12画，エ「確」は15画なので，正解はイである。

問四　この文を文節で分けると「**この／土地が，／今日から／家族の／新しく／住む／場所に／なる。**」と八つに分かれる。(文節)

【第二問題】　(論説文－内容吟味，文脈把握)

問一　傍線部①以降から進化の過程を読み取る。「恐竜が繁栄した時代は～植物も成長が旺盛で，巨大化することができた」→「**地殻変動**が起こることによって，**気候も変動**し，不安定になっていった」→「山に降った雨は～**三角州**を築いていく」→「**草が誕生**をした」という過程と合致するウが正解である。アとエは「植物の巨大化」の位置づけがおかしい。イの「大陸の移動」は「地殻の変動」「三角州の生成」より前に起こることである。

問二　傍線部②の三つ後の段落に「**どうして植物は，進化の結果，短い命を選択したのだろうか**」とある。筆者は，「すべての生物は死にたくないと思ってる」はずなのに，「数千年も生きることのできる植物が，わざわざ進化を遂げて，寿命が短くなっている」ことを不思議と言っている。このことを説明したアが正解。他の選択肢は，本文に書かれていることだが，筆者が「不思議」と言っていることではないので不適当である。

問三　長い距離を一人で走る「マラソン選手」は，長い寿命をもつ**木**の比喩である。これに対し，バトンリレーをする「小学生」は一人一人が走る距離は短いが，次々に交代して長い距離を走りきる。これは，寿命を短くして次々に世代を更新していく**草**の比喩である。

問四　限られた環境で，同じ種類の植物が同時にたくさん生育することはできない。ある植物が長生きするためには，次の世代への交代時期を遅らせる必要がある。しかし，一つの植物では環境の変化などに対応するとしても限りがあり，もしその植物が世代交代をする前に枯れてしまえば絶滅してしまうおそれがある。これに対し，「死」があれば，すなわち一つの植物の寿命が短ければ，「**世代を進めることで，変化する環境や時代の移り変わりに対応することも可能になる**」のである。「『更新』という言葉を必ず用いて」という条件があるので，「世代を進める」の代わりに「(次々に)**世代を更新する**」という表現を用いて制限字数内にまとめる。

問五　1　設問文の「植物の究極の目的」は(B)の文章では「雑草にとって，もっとも重要なこと」として「**種子を残すこと**」と書かれている。　2　アは，本文には「問いかける表現」の答えが示されているので誤り。イの「**間違っているように見えて実は真理であるという表現**」は効果的に用いられており，読者に強い印象を与えているので適当。筆者は「文語的な表現」を部分的には用いているが，全体としては口語的でわかりやすい表現が多いので，ウの説明は不適当である。エに示された「とにかくでかかった」は植物が大きかったという事実を示す表現であり，「勇気づけられる」も作者個人の感想とは言い切れないので，不適当な説明である。したがって，正解はイである。

【第三問題】　(小説－情景・心情，ことわざ・慣用句)

問一　嘉穂が歌ったのは，たまたま友人のひとみのピアノのレッスンについて行き，後藤先生に誘われたからである。しかし，**初めて**歌に挑戦した嘉穂は先生の**指示通りに声を出すことができ，**それを聞いたひとみが「す，すっごい」と感嘆するほどであった。そして，先生は嘉穂を歌のレッスンに誘うのである。先生が嘉穂に「**大きな才能**を感じている」とするエが正解。アの「才能の限界を感じている」は誤り。先生が嘉穂の才能を「予想」していたことは読み取れないので，イは不適当。ウの「嫉妬」は本文から読み取れない。

問二　信号の黄色は，**注意**を促す色である。嘉穂は，博美おばちゃんに対する遠慮から，**自分の歌への思いも後藤先生に歌のレッスンに誘われたことは秘密にしておくつもりだった**。しかし，博美おばちゃんの言葉から，その秘密がひとみとひとみママを通じて博美おばちゃんに知られたのではないかと思ったのである。嘉穂の心情を「警戒」と説明するアが正解。イのとまどい，ウの怒り，エの不満は，いずれも「黄色信号」に結びつかないので不適当である。

問三　人工衛星は地球の周りを回り続けるが，なかなか地球には**近づけない**。同じように，遠慮して自分のことを知られないようにする嘉穂は，博美おばちゃんの目には殻で覆われているように見えて，どう接していいかわからない。博美おばちゃんは「前はそんなことなかったのに」と**寂しさ**を感じながらも，心配して「**目だけは離さないでいよう**」と思っている。この心情を字数に注意して説明する。

問四　嘉穂は「ここはなんとかふざけるしかない」と考えている。本心を言えば博美おばちゃんに迷惑をかけるし，自分が遠慮していることがわかると博美おばちゃんが気にするから，**ごまかさなければならない**と思ったのである。正解はウである。「反抗期」は言い訳の言葉であり，嘉穂の心情と合わないので，アとイは不適当。エの「いら立ち」は，嘉穂の迷惑をかけまいとする気持ちと合わない。

問五　「**目を細める**」は，**うれしいことがあったり愛らしいものを見たりしてほほえむ**様子を表す慣用句。

問六　「おかげで歌が習える」「最高！」「声がいつになくはずんでいた」という表現から，嘉穂が本当は歌が大好きで，歌を習いたいと思っていたことがわかる。傍線部⑥直前の「おさえつけていた柔らかいボールにおしかえされるように」から，それまでは嘉穂が博美おばちゃんに対する遠慮からその気持ちをおさえつけていたことを読み取る。嘉穂が**自分の気持ちをおさえつけていた**ことと，**歌えることになった喜び**を説明する。

【第四問題】（漢文―内容吟味，脱文・脱語補充）

〈傍線部①の口語訳〉　燕君は非常にその使者に対して怒り

問一　「燕君甚」までは漢字の順に読む。「怒」は**二点**があるので，**一点**のある「者」より後に読む。したがって，漢字を読む順序は「燕君甚其使者怒」で，書き下し文はウ「**燕君甚だ其の使者を怒り**」となる。

問二　「臣」が「燕君」に対して言っている言葉の一部である。家臣の言葉から，「彼」が命を失ったことが読み取れる。本文1行目に「**言ふ者死す**」とあることから，ここで話題になっているのは「言ふ者」，すなわち「**不死の術を知っていると言う者**」であることがわかる。

問三　「彼」が本当に「不死の術」を知っているのであれば，自分が死ぬことはなかったはずである。王は，家臣の言葉を聞いて，**「彼」が本当は不死の術を知らなかった**ために自らの命を失ったということに気づき，そのような者に王自身を死なせないことなど不可能だということがわかったのである。

問四　「不死の術を知っている」と「死ぬ」ということは，同時には成り立たない。このように，**つじつまの合わない**ことを表す故事成語はイ「**矛盾**」である。ア「蛇足」は余計なものを付け加えること，ウ「四面楚歌」は周囲が敵ばかりであること，エ「五十歩百歩」は大した違いがないことを表す。

【第五問題】（インタビュー―敬語，作文，その他）

問一　**適当でない**ものを選ぶことに注意する。インタビューする側(質問者)の態度として，アの事実と意見を区別すること，イの要点をメモしたり追加の質問をしたりすること，エの回答者の反応を見て質問の言葉や話す速度を変えることは，適当である。しかし，ウのように「**たくさんの内容を一気にすばやく質問する**」と，回答者が混乱したり，必要な回答が得られなくなったりするおそれがある。したがって，適切でない態度はウである。

問二　1　インタビューで話しかけるときの言葉なので，「…ご意見を**聞いて**いるところです」という意味の表現になる。インタビューの相手に敬意を示すため，「聞いて」の代わりに尊敬語のア「**うかがって**」を用いる。　2「あなたの考えを**聞かせて**ください」という意味の表現になる。「聞かせて」の代わりに謙譲語のエ「**お聞かせ**」を用いる。

問三　①～④の条件に従った文章を書くこと。≪解答例1≫は**【反対】**から近所の住民の回答を選び，**【賛成】**から商店街の店主の回答を選んで，その内容と結びつけて**具体的な提案**を書いている。また，≪解答例2≫は地元の高校生・観光客の回答の内容と結びつけて，具体的な提案を書いている。

制限字数は**150～180字**で，解答欄の言葉に続くように書き，**段落は設けない**。書き終わったら必ず読み返して，誤字・脱字や表現の不自然な部分などは書き改めること。

解答用紙集

○月×日 △曜日　天気（合格日和）

◆ご利用のみなさまへ
＊解答用紙の公表を行っていない学校につきましては、弊社の責任において、解答用紙を制作いたしました。
＊編集上の理由により一部縮小掲載した解答用紙がございます。
＊編集上の理由により一部実物と異なる形式の解答用紙がございます。

人間の最も偉大な力とは、その一番の弱点を克服したところから生まれてくるものである。――カール・ヒルティ――

東京学参株式会社

※ 189%に拡大していただくと，解答欄は実物大になります。

解　答　用　紙

数　学　注 意　検査場名と受検番号を下の欄（※）に必ず記入すること　令和 6 年度

【第 1 問題】

問1	問2	問3	問4	問5
		$x=$	$x=$,$y=$	$x=$

問6 1	問6 2	問7	問8	問9 1	問9 2
			$\angle x=$ °		

【第 2 問題】

問1 1	問1 2(1)	問1 2(2)	問2 1	問2 2(1)	問2 2(2)	問2 2(3)
人			円	図4	円	個以上

図4　y(円)　20000　15000　10000　5000　0　50　100　x(個)

【第 3 問題】

問1 1	問1 2(1)	問1 2(2)	問1 3
			（　,　,　）

問2 1 ア	問2 1 イ	問2 1 ウ	問2 2 エ

【第 4 問題】

問1 1	問1 2	問1 3	問2 ア	問2 イ

問3 1	問3 2
$a=$	△OPQ：△BPR＝　：

【第 5 問題】

問1　∠OPQ＝　°

問2
1　図　（P, Q, O, ℓ）

2　【証明】△PCOと△ODQにおいて

△PCO≡△ODQ

問3　1　2

NO. 2	検査場名	※	受検番号	※

得点		採点者印	

※ 189%に拡大していただくと，解答欄は実物大になります。

解　答　用　紙

英　語　注 意　検査場名と受検番号を下の欄（※）に必ず記入すること　令 和 6 年 度

第1問題									
問1	1		2		3		4		
問2	1		2		3				
問3	①				②				
	③	I want to ＿＿＿＿＿＿＿＿ .							

第2問題				
問1	1		2	
問2	1		2	
問3	1		2	

第3問題					
問1		問2		問3	
問4	（　　　）→（　　　）→（　　　）				

第4問題		
問1		＿＿＿　＿＿＿　＿＿＿　＿＿＿
問2		
問3	a	（　　　）ならば，道が開けるとわかっているから。
	b	たとえ物事がうまくいかなくても，（　　　）ことができるから。
問4		She decided to（　　　）.
問5		
問6		～, you（　　　）.

第5問題				
問1	1		2	
問2	1	It（　　　）.		
	2	Because（　　　）more than ten hours.		
	3	Well,（　　　）is more difficult than English.		
問3	a			
	b			
問4		＿＿＿＿＿ 20		

NO. 4	検査場名	※	受検番号	※

得点		採点者印	

※ 189%に拡大していただくと，解答欄は実物大になります。

解　答　用　紙

理　科　**注 意　検査場名と受検番号を下の欄（※）に必ず記入すること**　令和6年度

第1問題	問1	1		2					
		3		4					
	問2	1	P	Q		2			
	問3	1	X	Y		Z		2	

第2問題	問1	1		2	丸形の種子：しわ形の種子 ＝（　　）：（　　）
		3	X	Y	
		4	対になっている親のもつ遺伝子が，減数分裂によって（　　）		
	問2	1		2	
		3	（　　）→（　　）→（　　）→ D		

第3問題	問1	1	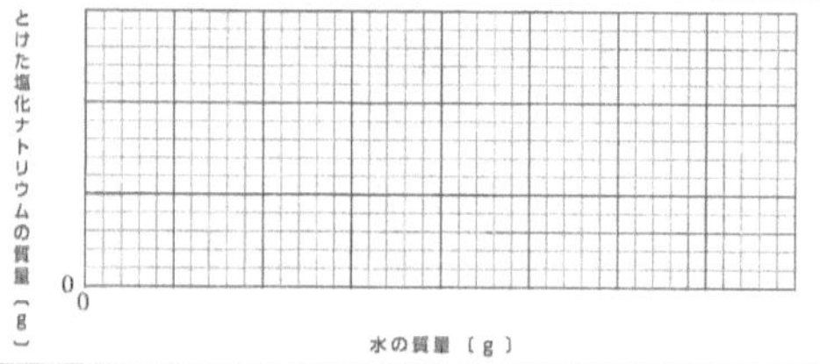				
		2	g	3		4	g
	問2	1	X	Y			
		2					
		3	操作				
			理由				
		4	（　　），（　　），（　　） 酸素と結びつきやすい ←→ 酸素と結びつきにくい				

第4問題	問1	1	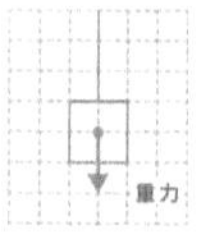	2	W		
				3			
				4	N		
	問2	1		2	X	Y	
		3	（　　）Ωと（　　）Ωを（　　）につなぐ	4			

第5問題	問1	1		2	
		3			
		4			
	問2	1	X	Y	
		2			
		3			
		4			

NO. 5	検査場名	※	受検番号	※		得点	採点者印	

※ 189%に拡大していただくと，解答欄は実物大になります。

解　答　用　紙

社　会　　注 意　検査場名と受検番号を下の欄（※）に必ず記入すること　　令和６年度

第1問題						
問1	1		2		3	
問2	1		2		3	
問3	1					
	2	7月は,				
	3		4			
	5					

第2問題						
問1	1		2		3	
	4		5			
	6	豊臣秀吉は, 全国統一を進めた。				
	7	→ →				
問2	1		2			
	3	第一次世界大戦では, 女性も工場などで働くことになった。				
	4		5	→ →		
	6		7			

第3問題						
問1	1		2			
	3	(1) 議席				
		(2) 小選挙区制に比べて，得票数の少ない政党も				
問2	1		2		3	
問3	1		2		3	

第4問題	
問1	
問2	工業団地の多くは, に 増設された。
問3	
問4	・ ・
問5	
問6	

NO. 3	検査場名	※	受検番号	※

得点		採点者印	

島根県公立高校　2024年度
※175%に拡大していただくと、解答欄は実物大になります。

解答用紙

国語　注意　検査場名と受検番号を左下の欄（※）に必ず記入すること　令和六年度

【第一問題】

問一　1（く）　2（えて）　3　4

問二　1（ける）　2（く）　3

問三　問四　問五

【第二問題】

問一　問二

問三　1　2　3

問四　問五

【第三問題】

問一　A　B

問二

問三

問四　問五

問六

問七

【第四問題】

問一　問二

問三　問四

【第五問題】

問一　問二

問三

採点者印

得点

受検番号 ※

検査場名 ※

NO.1

2024年度入試配点表(島根県)

数学	【第1問題】	【第2問題】	【第3問題】	【第4問題】	【第5問題】	計
	各1点×11	問1 1,問2 1·2(2) 各1点×3 他　各2点×4	問1 3,問2 2エ 各2点×2 他　各1点×5 (問2 2イ·ウ完答)	問1　各1点×3 他　各2点×3	問1　1点 問2 2　3点 他　各2点×3	50点

英語	【第1問題】	【第2問題】	【第3問題】	【第4問題】	【第5問題】	計
	問3 ③　2点 他　各1点×9	各1点×6	各2点×4	問3　各1点×2 他　各2点×5	問3　各2点×2 問4　4点 他　各1点×5	50点

理科	【第1問題】	【第2問題】	【第3問題】	【第4問題】	【第5問題】	計
	問3 1　2点 他　各1点×8 (問3 1完答)	問1 3·4,問2 3 各2点×3 他　各1点×4 (問1 2·3,問2 3各完答)	問1 1　2点 他　各1点×8 (問2 1·4各完答)	問1 4, 問2 3 各2点×2 他　各1点×6 (問2 2·3各完答)	問1 4,問2 4 各2点×2 他　各1点×6 (問2 1完答)	50点

社会	【第1問題】	【第2問題】	【第3問題】	【第4問題】	計
	問2 1, 問3 2·5 各2点×3 他　各1点×8	問1 6,問2 3　各2点×2 他　各1点×12 (問1 7完答)	問1 3(2), 問3 3 各2点×2 他　各1点×8	問2　2点 他　各1点×6	50点

国語	【第一問題】	【第二問題】	【第三問題】	【第四問題】	【第五問題】	計
	各1点×10	問一,問二,問三2 各1点×3 問三 3　3点 他　各2点×3	問一,問四,問五 各1点×4 他　各2点×4	問四　2点 他　各1点×4	問三　6点 他　各2点×2	50点

島根県公立高校　2023年度

※ 189%に拡大していただくと，解答欄は実物大になります。

解　答　用　紙

数　学　注 意 検査場名と受検番号を下の欄（※）に必ず記入すること　令和５年度

【第１問題】

問１　問２　問３ $x=$　問４　問５ $\angle x=$ °

問６　問７　問８ ３問解く日　日　５問解く日　日　問９ １ $a=$　２

【第２問題】

問１ １　２　３

問２ １　２（Ⅰ）　２（Ⅱ）

【第３問題】

問１ １(1) 円　１(2)　２(1)　２(2)

問２ １ 図３ y(kcal) 600 500 400 300 200 100 0 5 10 15 20 x(km/h)　２ $y=$　３ km/h

【第４問題】

問１　問２ １　２

問３ １　２(1)　２(2) Q（　，　）　３

【第５問題】

問１ １ △　２【作図】図１ A B C

問２ １【証明】△A′FEと△CFBにおいて

△A′FE ∽ △CFB

２ ∠　∠　３

問３

NO. 2　検査場名 ※　受検番号 ※　得点　採点者印

※ 189%に拡大していただくと，解答欄は実物大になります。

解答用紙

英語　注意　検査場名と受検番号を下の欄（※）に必ず記入すること　令和5年度

第1問題								
問1	1		2		3		4	
問2								
問3	①				②			
	③	I think I'll ________ .						

第2問題				
問1	1		2	
問2	1		2	
問3	1		2	

第3問題			
問1		問2	
問3			
問4	(　　) → (　　) → (　　)		

第4問題		
問1	________ ________ ________	
問2		
問3	a	自分たちの町を (　　) ためにたくさん話し合った。
	b	町長のところへ行き，自分たちの (　　)。
問4	... it could (　　).	
問5		
問6	... someone who will (　　).	

第5問題				
問1	1		2	
問2	1	Oh, a Ferris wheel (　　).		
	2	Do you know (　　) the world?		
	3	I bought it at the (　　) of the bookstore.		
問3	a			
	b			
問4	I agree with (Manami / Takashi). ← 必ずどちらかの名前を○で囲むこと ________ (15) ________ (25)			

NO. 4	検査場名	※	受検番号	※

得点		採点者印	

島根県公立高校　2023年度

※ 189%に拡大していただくと，解答欄は実物大になります。

理　科　注 意 検査場名と受検番号を下の欄（※）に必ず記入すること　令和５年度

第1問題	問1	1		2	
		3		4	
	問2	1		2	
	問3	1		2	

第2問題	問1	1	記号	訂正			
		2		3		4	
	問2	1		2			
		3	①	②			
		4					

第3問題	問1	1		2			
		3	銅と結びついた酸素の質量〔g〕 0.30 0.20 0.10 0 ／ 銅の粉末の質量〔g〕 0 0.20 0.40 0.60 0.80 1.00 1.20				
		4	g				
	問2	1	（　　）,（　　）,（　　）の順にイオンになりやすい。				
		2		3		4	

第4問題	問1	1	壁 鏡 ユウキさん Ⓐ	2	壁 鏡 ユウキさん Ⓐ		
		3	①	②		4	
	問2	1	Ω	2	J		
		3		4			

第5問題	問1	1		2		3	
		4					
		5	度				
	問2	1		2			
		3	X	Y		4	時頃

NO. 5	検査場名	※	受検番号	※

得点		採点者印	

※ 189%に拡大していただくと，解答欄は実物大になります。

解答用紙

社　会　注 意 検査場名と受検番号を下の欄（※）に必ず記入すること　令和５年度

第1問題

問1	1	2	3
問2		
問3	1	2
	3	欧米への羊毛の輸出から， (25)
問4	1	2	3
	4	牧草などの飼料を栽培して， (25)
	5	

第2問題

問1	1	2
	3	(30)
	4	5	6
	7	→ →
問2	1	2
	3	(30)
	4	
	5	F / G
	6	

第3問題

問1	1	2	3
	4	5
問2		地方公共団体の首長は， (25)
問3	1	問題	2
	3	(30)

第4問題

問1	1	2 右の図に記入すること →
問2		→ →
問3		(20)
問4	1	2 条約
問5		(30)

価格
高い
安い
0
少ない ←→ 多い
数量

NO. 3	検査場名 ※		受検番号 ※	

得点		採点者印	

島根県公立高校　２０２３年度

※１８９％に拡大していただくと、解答欄は実物大になります。

解答用紙

令和五年度

国語

注意　検査場名と受検番号を左下の欄（※）に必ず記入すること

【第一問題】

問一　1（める）　2（る）　3　4

問二　1（って）　2（う）　3

問三　問四　問五　問六

【第二問題】

問一　問二

問三　A　B

問四

問五　1　A　B　2

【第三問題】

問一

問二

問三　きれいな射型や的に中てることよりも、　が重要であるということ。

問四　乙矢が　A　ので、　B　から。

問五　A　B

問六

【第四問題】

問一　問二　問三

問四

【第五問題】

問一　問二

問三

採点者印	得点

NO.1

検査場名	※	受検番号	※

2023年度入試配点表(島根県)

数学	【第1問題】	【第2問題】	【第3問題】	【第4問題】	【第5問題】	計
	各1点×11	問1 1,問2 1·2(Ⅱ) 各1点×3 他 各2点×3	問2 3 2点 他 各1点×7	問3 1·2(2)·3 各2点×3 他 各1点×4	問1 1,問2 2 各1点×3 他 各2点×4	50点

英語	【第1問題】	【第2問題】	【第3問題】	【第4問題】	【第5問題】	計
	問3 ③ 2点 他 各1点×9	各1点×6	各2点×4	問3 各1点×2 他 各2点×5	問3 各2点×2 問4 4点 他 各1点×5	50点

理科	【第1問題】	【第2問題】	【第3問題】	【第4問題】	【第5問題】	計
	問2 2, 問3 2 各2点×2 他 各1点×6	問2 4 2点 他 各1点×8 (問2 2·3各完答)	問1 3·4 各2点×2 他 各1点×6 (問2 1完答)	問1 4, 問2 3 各2点×2 他 各1点×6 (問1 3·4,問2 4各完答)	問1 4 2点 他 各1点×8 (問2 3完答)	50点

社会	【第1問題】	【第2問題】	【第3問題】	【第4問題】	計
	問3 3, 問4 4 各2点×2 他 各1点×10	問1 3,問2 3 各2点×2 他 各1点×12 (問1 7完答)	問2, 問3 3 各2点×2 他 各1点×7 (問3 2完答)	問3,問5 各2点×2 他 各1点×5(問2完答)	50点

国語	【第一問題】	【第二問題】	【第三問題】	【第四問題】	【第五問題】	計
	各1点×11	問一,問三B 各1点×2 他 各2点×5 (問五 1 完答)	問一,問三,問四A, 問五B 各1点×4 他 各2点×4	問四 2点 他 各1点×3	問三 6点 他 各2点×2	50点

※ 189%に拡大していただくと，解答欄は実物大になります。

解　答　用　紙

数　学　注意　検査場名と受検番号を下の欄（※）に必ず記入すること　令和４年度

【第１問題】

問1	問2	問3	問4	問5
			$a=$	$x=$ ，$y=$

問6	問7	問8	問9	問10	問11
$x=$		$\angle x=$ °	cm		

【第２問題】

	1(1)	1(2)	2
問1	秒	%	

	1	2	3	4
問2	円	図2 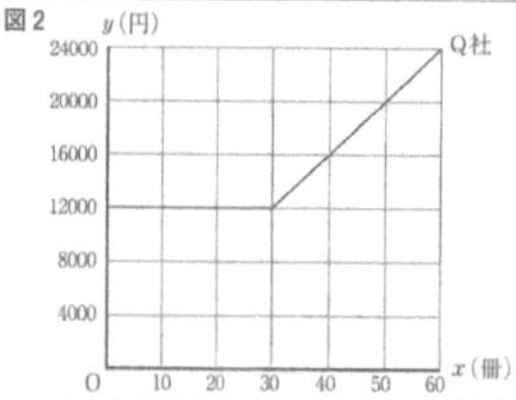	冊	冊以上

図2

【第３問題】

	1	2
問1	枚	枚

	1	2
問2		枚

	A	B
問3		

【第４問題】

	1	2
問1		
問2		C（　　，　　）

	1	2(1)	2(2)
問3		D（　　，　　）	点Rと　　　を通る直線

【第５問題】

問1　∠OPA＝　　°

問2　【作図】

図2

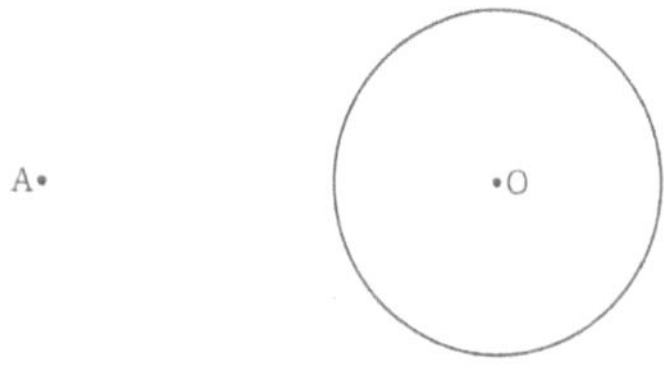

A•　　•O

問3　【証明】△APOと△AP′Oにおいて

よって，AP＝AP′

	1	2	3
問4			

NO. 2	検査場名 ※		受検番号 ※	

得点		採点者印	

島根県公立高校　2022年度

※ 189%に拡大していただくと，解答欄は実物大になります。

解　答　用　紙

英　語　注 意　検査場名と受検番号を下の欄（※）に必ず記入すること　令和４年度

第1問題									
問1	1		2		3		4		
問2									
問3	①				②				
	③	At night, ＿＿＿ there.							

第2問題				
問1	1		2	
問2	1		2	
問3	1		2	

第3問題							
問1		問2		問3		問4	

第4問題		
問1		
問2	a	大規模なスポーツ大会の運営は（　　）ということを叔母は知っていたから。
	b	叔母は他のボランティアの人たちと働くことで（　　）から。
問3	She（　　）.	
問4	(2) = to ＿＿ ＿＿ ＿＿ ＿＿	
問5		
問6	... because I want（　　）by doing the volunteer work.	

第5問題				
問1	1		2	
問2	1	It（　　）.		
	2	Well, the story was so（　　）reading it last night.		
	3	Many people say（　　）from the beach.		
問3	a			
	b			
問4	I agree with（ Yuto / Miki ）. ← 必ずどちらかの名前を○で囲むこと			

NO. 4	検査場名 ※		受検番号 ※	

得点		採点者印	

※ 189%に拡大していただくと，解答欄は実物大になります。

解答用紙

理　科　注 意 検査場名と受検番号を下の欄（※）に必ず記入すること　令和４年度

第1問題	問1	1		2	g
		3	W	4	
	問2	1		2	
	問3	1		2	

第2問題	問1	1		2	
		3			
	問2	1		2	
		3	g	4	g

第3問題	問1	1		2	
		3			
		4	イオンの数 / 0 / 0 2 4 6 8 10 / 加えた塩酸の量〔cm³〕		
	問2	1		2	
		3		4	

第4問題	問1	1	操作2	操作3	
		2		3	秒後
	問2	1	X		
			Y		
		2	cm/s		
		3	中央G / 重力		
		4			

第5問題	問1	1		2			
		3	(1)	(2)			
			(3)				
	問2	1					
		2		3	X	Y	
		4					

NO. 5	検査場名	※	受検番号	※

得点		採点者印	

※ 189％に拡大していただくと，解答欄は実物大になります。

解答用紙

社　会　注 意 検査場名と受検番号を下の欄（※）に必ず記入すること　令和４年度

第１問題
問１ 1
問１ 2
問１ 3 右の地図に記入すること →
問２
問３ 1
問３ 2
問３ 3 (30)
問４ 1 / 2 / 3
問４ 4 (45)
問５

第２問題
問１ 1 器 / 2 鳳凰堂
問１ 3 A / B
問１ 4 (30)
問１ 5 → → / 6 大名 / 7
問２ 1 → → / 2 / 3
問２ 4 (30)
問２ 5 ソ連中心の社会主義国と (30) がおきて，鉄鋼などの需要が増えたから。

第３問題
問１ 1
問１ 2 (1) / (2) (20)
問２ 1 / 2
問２ 3 (25)
問２ 4
問３ 1 / 2 / 3

第４問題
問１ 1 / 2 / 3
問２ 1 / 2
問３ 1 大震災 / 2 記号
問３ 2 理由 (20)
問３ 3

NO. 3	検査場名	※	受検番号	※

得点		採点者印	

島根県公立高校　２０２２年度
※１７５％に拡大していただくと、解答欄は実物大になります。

解答用紙

国語

注意　検査場名と受検番号を左下の欄（※）に必ず記入すること

令和四年度

【第一問題】

問一　1（む）　2（す）　3　4

問二　1（る）　2（す）　3　4

問三

問四

【第二問題】

問一

問二

問三　55　65

問四

問五　35　45

問六

【第三問題】

問一

問二　薔薇を持ち帰って　25　35　から。

問三

問四

問五

問六

【第四問題】

問一

問二

問三　1　2　B　C

【第五問題】

問一

問二

問三　150　180

採点者印

得点

受検番号　※

検査場名　※

NO.1

2022年度入試配点表(島根県)

	【第1問題】	【第2問題】	【第3問題】	【第4問題】	【第5問題】	計
数学	問11　2点 他　各1点×10	問2 3・4 各2点×2 他　各1点×6	問1 2,問2 2 各2点×2 他　各1点×4	問2 2,問3 2 各2点×3 他　各1点×4	問1,問4 1 各1点×2 他　各2点×4	50点

	【第1問題】	【第2問題】	【第3問題】	【第4問題】	【第5問題】	計
英語	問3 ③　2点 他　各1点×9	各1点×6	各2点×4	問2　各1点×2 他　各2点×5	問3　各2点×2 問4　4点 他　各1点×5	50点

	【第1問題】	【第2問題】	【第3問題】	【第4問題】	【第5問題】	計
理科	問2 2, 問3 2 各2点×2 他　各1点×6 (問2 2完答)	問1 3, 問2 3・4 各2点×3 他　各1点×4 (問1 2完答)	問1 4, 問2 4 各2点×2 他　各1点×6	問1 3, 問2 2 各2点×2 他　各1点×6 (問2 1完答)	各1点×10	50点

	【第1問題】	【第2問題】	【第3問題】	【第4問題】	計
社会	問3 3, 問4 4　各2点×2 他　各1点×10	問1 4,問2 4・5 各2点×3 他　各1点×9 (問1 3完答)	問1 2(2), 問2 3 各2点×2 他　各1点×8	各1点×9	50点

	【第一問題】	【第二問題】	【第三問題】	【第四問題】	【第五問題】	計
国語	各1点×10	問一　1点 問三　3点 他　各2点×4	問一　1点 問二　3点 他　各2点×4	問三2C　2点 他　各1点×4	問一　各1点×2 問二　2点 問三　6点	50点

※ 192％に拡大していただくと，解答欄は実物大になります。

解答用紙

数　学　注意 検査場名と受検番号を下の欄（※）に必ず記入すること　令和3年度

【第1問題】

問1	問2 $x =$	問3 $x =$ ， $y =$	問4

問5	問6	問7	問8 $\angle x =$ °	問9	問10

【第2問題】

	1(1)	1(2)	2	3
問1	点	点	$a =$	$x =$ ， $y =$

	1 ア	1 イ	1 ウ	2
問2				

【第3問題】

	ア	イ
問1		

問2	円

	1	2
問3		

y（円）　7000　6000　5000　4000　3000　2000　1000　O　20　40　60　80　x（人）

	1	2
問4	人と　人	円

【第4問題】

	1	2	3
問1			

	1	2
問2	P（　，　）	Q（　，　）

【第5問題】

問1 $c =$	問2

問3 【作図】

D　E　F

問4

1 【証明】△ACHと△CBHにおいて

△ACH ∽ △CBH

2

ア	イ	ウ
エ	オ	カ

NO. 2	検査場名 ※		受検番号 ※	

得点		採点者印	

※ 192%に拡大していただくと，解答欄は実物大になります。

解　答　用　紙

英　語　**注 意 検査場名と受検番号を下の欄（※）に必ず記入すること**　令和３年度

第1問題				
問1	1	2	3	4
問2				
問3	①（　）	②（　）	③（　）	
	④ We can ＿＿＿＿.			

第2問題		
問1	1	2
問2	1	2
問3	1	2

第3問題			
問1	問2	問3	問4

第4問題		
問1		
問2		
問3	（1）＝	
問4	a	家で授業を受けると，くつろぎすぎて（　）ことがある。
	b	オンライン環境がよくないと，（　）といった問題が起こることがある。
問5		
問6	Now I enjoy（　）with my friends at school.	

第5問題			
問1	1	2	
問2	1	Can（　）?	
	2	I've（　）game like this before.	
	3	Well, it（　）the movie we saw last week.	
問3	a		
	b		
問4	20		

NO. 4	検査場名 ※		受検番号 ※	

得点		採点者印	

※ 192%に拡大していただくと，解答欄は実物大になります。

解　答　用　紙

理　　科　　注 意 検査場名と受検番号を下の欄（※）に必ず記入すること　　令和３年度

第1問題	問1	1	類	2			
		3		4			
	問2	1		2	材料	溶液	
	問3	1		2			
第2問題	問1	1		2			
		3		4	X	Y	
	問2	1		2			
		3	(1)	(2)		4	
第3問題	問1	1	気体X	液体Y			
		2		3			
		4	操作				
			理由				
	問2	1		2		3	
		4	X	Y			
第4問題	問1	1		2	cm		
		3					
		4					
	問2	1	N	2	cm^3		
		3	N	4			
第5問題	問1	1	X	Y			
		2	北				
		3					
		4					
	問2	1		2		3	
		4	X	Y			

NO. 5	検査場名 ※		受検番号 ※	

得点		採点者印	

※ 192%に拡大していただくと，解答欄は実物大になります。

解　答　用　紙

社　　会　注 意 検査場名と受検番号を下の欄（※）に必ず記入すること　令和３年度

第1問題

問1		
問2		
問3	1	2 　 3
	4	→ →
問4	1	日本の川は大陸にある川に比べて，（30）
	2	3
問5		
問6	1	2
問7		

第2問題

問1	1	2 　 3
	4	A（20）
		B（20）
問2	1	
	2	日本は（40）方針をとった。
	3	4 　 5 → →

第3問題

問1	1	2 1960年 → 2000年 → 2015年
	3	船舶は，航空機に比べ（　　　）ため旅客輸送にはあまり利用されないが，（　　　）ため貨物輸送に多く利用されている。
問2	1	（20）
	2	
問3	1	2 表③ 　 図①
	3	農業
問4		

第4問題

問1	1	2
問2		
問3		
問4		
問5		
問6	1	
	2	累進課税とは，（20）しくみのこと。
	3	

NO. 3	検査場名	※	受検番号	※

得点		採点者印	

島根県公立高校　２０２１年度

※１７２％に拡大していただくと，解答欄は実物大になります。

解答用紙

国語

注意　検査場名と受検番号を左下の欄（※）に必ず記入すること

令和三年度

【第一問題】

問一　1（く）　2（る）　3　4

問二　1　2（しく）　3　4

問三　問四　問五

【第二問題】

問一　問二

問三　1　2

問四　1　2　という課題。

【第三問題】

問一　先輩の梶に、　と思われたからだ、と由香は考えている。

問二　自分にはイルカのトレーニングに関する　から。

問三　問四

問五

問六

【第四問題】

問一

問二　1　2　という欠点。

問三

【第五問題】

問一　問二

問三

NO.1	検査場名	※	受検番号	※

得点		採点者印	

2021年度入試配点表（島根県）

数学	【第1問題】	【第2問題】	【第3問題】	【第4問題】	【第5問題】	計
	問10　2点 他　各1点×9	問1 1, 問2 1ア・イ 各1点×3 （問2 1ア・イ完答） 他　各2点×4	問3 1,問4 各2点×3 他　各1点×4	問1 1,2　各1点×2 他　各2点×3	問3, 問4 1 各2点×2 他　各1点×6 （問4 2ア・イ,エ・オ各完答）	50点

英語	【第1問題】	【第2問題】	【第3問題】	【第4問題】	【第5問題】	計
	問3 ④　2点 他　各1点×9	各1点×6	各2点×4	問4　各1点×2 他　各2点×5	問3　各2点×2 問4　4点 他　各1点×5	50点

理科	【第1問題】	【第2問題】	【第3問題】	【第4問題】	【第5問題】	計
	問3 2　2点 他　各1点×8	各1点×10 （問1 2完答）	問1 4, 問2 4 各2点×2 他　各1点×6 （問1 1・4,問2 4各完答）	問1 3, 問2 3 各2点×2 他　各1点×6	問1 4　2点 他　各1点×8 （問1 1完答）	50点

社会	【第1問題】	【第2問題】	【第3問題】	【第4問題】	計
	問3 4, 問4 1　各2点×2 他　各1点×11	問2 2・5　各2点×2 他　各1点×8	問1 2・3, 問2 1 各2点×3 他　各1点×6 （問3 2完答）	問3,問6 2　各2点×2 他　各1点×7	50点

国語	【第一問題】	【第二問題】	【第三問題】	【第四問題】	【第五問題】	計
	各1点×11	問三 1　1点 問四 2　3点 他　各2点×4	問二　1点 問五　3点 他　各2点×4	問二 2　2点 他　各1点×3	問一　各1点×2 問二　2点 問三　6点	50点

解　答　用　紙

数　学　注 意 検査場名と受検番号を下の欄(※)に必ず記入すること　令和２年度

【第１問題】

問1
問2
問3
問4　を表している。
問5
問6　$x=$
問7　$y=$
問8　1　2
（人）10 8 6 4 2 0　0 30 60 90 120 150 180（分）
問9　1 $\angle x=$　°　2 $\angle y=$　°
問10　1　cm　2　cm³

【第２問題】

問1　1　→　→　2(1)　2(2)
問2　1 $y=$　2　3 $y=$

【第３問題】

問1　円
問2　1 ア　イ　2(1)　2(2) $x=$　，$y=$
問3　1　円　2 ウ　エ

【第４問題】

問1【作図】
A
C
B

問2　1
【証明】△ABEと△CDEにおいて

△ABE ∽ △CDE

2　cm　3　cm
4　（円Ｏの面積）:（円Ｄの面積）＝　：

【第５問題】

問1　時　分
問2　分後
問3　1 分速　km　2　3　時　分
問4　時　分から　時　分

NO. 2	検査場名	※	受検番号	※

得点		採点者印	

※この解答用紙は192％に拡大していただきますと，実物大になります。

解答用紙

英語　注意　検査場名と受検番号を下の欄（※）に必ず記入すること　令和２年度

第1問題								
問1	1		2		3		4	
問2								
問3	①				②			
	③	Why don't you ______ ?						

第2問題				
問1	1		2	
問2	1		2	
問3	1		2	

第3問題				
問1	問2	問3	問4	

第4問題				
問1	She agreed not to (______ ______ ______ ______ ______ ______).			
問2	(1) = answering (______ ______ ______ ______)			
問3	A		B	
問4	a	もし親が赤ちゃんに（　　）たら，		
	b	赤ちゃんは（　　）ということ。		
問5				
問6	I won't use my smartphone when ( ).			

第5問題				
問1	1		2	
問2	1	We can not ( ) Mt. Sanbe.		
	2	( ) Ms. Baker?		
	3	If you like it, ( ) home with you.		
問3	a			
	b			
問4	______ ______ ______ ______ ______ 20			

NO. 4	検査場名	※	受検番号	※

得点		採点者印	

※この解答用紙は192％に拡大していただきますと，実物大になります。

解　答　用　紙

理　科　注 意　検査場名と受検番号を下の欄（※）に必ず記入すること　令和２年度

第1問題				
問1	1		2	
	3		4	
問2	1	水　g　食塩　g	2	力のつり合い　と　作用と反作用　と
問3	1		2	きれいな水 → 少しきたない水 → きたない水

第2問題						
問1	1				2	
	3					
	4					
問2	1		2		3	
	4					

第3問題				
問1	1		2	番号　イオン式
	3			
問2	1	化学反応式		
		物質名		
	2	g	3	

第4問題				
問1	1		2	
	3	B		C
	4			
問2	1	電源装置　スイッチ　電圧計　抵抗器a　電流計	2	Ω
			3	Ω
			4	D　E

第5問題		
問1	1	
	2	初期微動が始まってから主要動が始まるまでの時間〔秒〕 0 10 20 / 13時30分00秒 10秒 20秒 30秒 40秒 / 初期微動が始まった時刻
	3	
	4	X　Y
問2	1	2
	3	
	4	

NO. 5	検査場名 ※		受検番号 ※		得点		採点者印	

※この解答用紙は192%に拡大していただきますと，実物大になります。

解　答　用　紙

社　会　注 意 検査場名と受検番号を下の欄(※)に必ず記入すること　令和2年度

第1問題						
問1	1		2		3	
	4					
	5	1970年代に発生した				
		20 ことで，製造にかかる費用が増えたから。				
問2	1		2	A		B
	3	核兵器を				
	4					
	5					
問3	1		2		3	

第2問題						
問1	1		2			
	3	土倉や酒屋は（　　　　）を営んでいたから。				
	4	25				
問2	1	→ →	2		3	
	4					
	5	事件名	影響	15		

第3問題					
問1	A		B		
問2					
問3	1		2		3
	4				
問4					
問5	高松市は	45			

第4問題						
問1	1		2			
	3	参議院と比べて衆議院は	35			
問2	1		2		3	
問3	1					
	2	太陽光や風力，地熱といった自然エネルギーは				

NO. 3	検査場名 ※		受検番号 ※	

得点		採点者印	

※この解答用紙は192％に拡大していただきますと，実物大になります。

解答用紙

国語

注意　検査場名と受検番号を左下の欄（※）に必ず記入すること

令和二年度

【第一問題】

問一　1（る）　2（る）　3　4

問二　1（びる）　2（く）　3　4

問三

問四（文節）

【第二問題】

問一

問二

問三　マラソン選手　小学生

問四　（25）（35）

問五　1　2

【第三問題】

問一

問二

問三　（30）（40）

問四

問五

問六　（40）（50）

【第四問題】

問一

問二

問三　…つまり「彼」は（10）（20）ということであり、…

問四

【第五問題】

問一

問二　1　2

問三　商店街（A寺通り商店街）での歩き食べ問題を改善するために、（150）（180）

NO. 1	検査場名	※	受検番号	※

得点		採点者印	

※この解答用紙は175％に拡大していただきますと、実物大になります。

2020年度入試配点表(島根県)

	【第1問題】	【第2問題】	【第3問題】	【第4問題】	【第5問題】	計
数学	各1点×13	問1 2(1),問2 1 各1点×2 他　各2点×4	問2 2(2),問3 2エ 各2点×2 他　各1点×5	問1　1点 他　各2点×4	問1～問3 1 各1点×3 他　各2点×3	50点

	【第1問題】	【第2問題】	【第3問題】	【第4問題】	【第5問題】	計
英語	問3 ③　2点 他　各1点×9	各1点×6	各2点×4	問3,問4　各1点×4 他　各2点×4	問3　各2点×2 問4　4点 他　各1点×5	50点

	【第1問題】	【第2問題】	【第3問題】	【第4問題】	【第5問題】	計
理科	問3 2　2点 他　各1点×8 (問1 2,問2 1各完答)	問1 3,問2 4 各2点×2 他　各1点×6 (問1 4完答)	問2 2・3 各2点×2 他　各1点×6	問2 3　2点 他　各1点×8 (問1 3完答)	問1 4, 問2 3 各2点×2 他　各1点×6 (問1 4完答)	50点

	【第1問題】	【第2問題】	【第3問題】	【第4問題】	計
社会	問1 5, 問2 4　各2点×2 他　各1点×12	問1 4　2点 他　各1点×9	問3 3, 問4,問5 各2点×3 他　各1点×6	問1 3,問2 2, 問3 2 各2点×3 他　各1点×5	50点

	【第一問題】	【第二問題】	【第三問題】	【第四問題】	【第五問題】	計
国語	各1点×10	問一・問二・問五2 各2点×3 問四　3点 他　各1点×3	問一・問五　各1点×2 問二・問四　各2点×2 他　各3点×2	問一・問二 各1点×2 他　各2点×2	問一　2点 問三　6点 他　各1点×2	50点

大切なことはメモしておこうネ！

T.G

大切なことはメモしておこうネ！

〈ダウンロードコンテンツについて〉

本問題集のダウンロードコンテンツ、弊社ホームページで配信しております。現在ご利用いただけるのは「2025年度受験用」に対応したもので、**2025年3月末日**までダウンロード可能です。弊社ホームページにアクセスの上、ご利用ください。
※配信期間が終了いたしますと、ご利用いただけませんのでご了承ください。

島根県公立高校　2025年度

ISBN978-4-8141-3282-9

[発行所] 東京学参株式会社
〒153-0043　東京都目黒区東山2-6-4

書籍の内容についてのお問い合わせは右のQRコードから ⇒

※書籍の内容についてのお電話でのお問い合わせ、本書の内容を超えたご質問には対応できませんのでご了承ください。

2024年6月7日　初版